新时代马克思主义译丛

张一兵 张亮——主编

意大利马克思主义史

STORIA DEL
Marxismo Italiano
DALLE ORIGINI ALLA
GRANDE GUERRA

从起源至 第一次世界大战前

〔意大利〕保罗·法维利——著
Paolo Favilli

杨晓晨——译

中央编译出版社
CCTP Central Compilation & Translation Press

图书在版编目（CIP）数据

意大利马克思主义史：从起源至第一次世界大战前 /（意）保罗·法维利著；张一兵，张亮主编；杨晓晨译. -- 北京：中央编译出版社，2025. 4. -- ISBN 978-7-5117-4814-0

Ⅰ．A811.692

中国国家版本馆CIP数据核字第2025T5R829号

著作权合同登记号：图字01-2024-4332号

Storia Del Marxismo Italiano: Daile Origini Alla Grande Guerra
Copyright © 1996 by Paolo Favilli
All rights reserved.

意大利马克思主义史：从起源至第一次世界大战前

责任编辑	李媛媛　高冀蒙
责任印制	李　颖
出版发行	中央编译出版社
网　　址	www.cctpcm.com
地　　址	北京市海淀区北四环西路69号（100080）
电　　话	（010）55627391（总编室）　（010）55625173（编辑室）
	（010）55627320（发行部）　（010）55627377（新技术部）
经　　销	全国新华书店
印　　刷	北京汇林印务有限公司
开　　本	880毫米×1230毫米　1/32
字　　数	460千字
印　　张	24
版　　次	2025年4月第1版
印　　次	2025年4月第1次印刷
定　　价	158.00元

新浪微博：@中央编译出版社　微　信：中央编译出版社（ID: cctphome）
淘宝店铺：中央编译出版社直销店（http://shop108367160.taobao.com）
　　　　　（010）55627331

本社常年法律顾问：北京市吴栾赵阎律师事务所律师　闫军　梁勤
凡有印装质量问题，本社负责调换。电话：（010）55627320

总 序

在马克思主义诞生170多年后的今天,其理论依然展现出强大的现实穿透力。当前人类社会正经历深刻变革,多极化格局与经济全球化并行,信息技术革命与文化多元碰撞交织,而资本主义体系暴露出的结构性矛盾日益复杂化。从金融危机到生态危机,从贫富分化到数字霸权,传统西方模式陷入多重困境。在此背景下,全球思想界掀起了重读马克思的热潮,马克思主义犀利的资本批判理论,为剖析平台垄断、技术异化等新矛盾提供了方法论;其揭示的人类社会发展规律,仍是理解数字经济、地缘冲突等时代命题的思想透镜。这种持续的生命力,既源于理论本身的科学性与开放性,更在于其始终指向对现实世界的深刻关切,使马克思主义始终保持着解码现代文明的密钥功能。

"新时代马克思主义译丛"由南京大学张一兵教授与张亮教授联合主编,汇集了来自意大利、日本、英国、美国、德国、巴西等多个国家的马克思主义研究成果,涵盖了历史、经济学、哲学、心理学等多个学科领域,共同编织出马克思主义在当代世界中的理论图景,试图在历史纵深与全球视野的交汇处,重塑马克思主义的当代生命力。

由张一兵、张亮主编的译丛的首批书目有:

保罗·法维利:《意大利马克思主义史》

不破哲三:《〈资本论〉是怎样形成的——追溯马克思经济学的发展历程》

特瑞尔·卡弗:《恩格斯传》

卡尔·拉特纳、达妮埃尔·努内斯·恩里克·席尔瓦:《维果茨基和马克思:迈向马克思主义的心理学》

迈克尔·海因里希:《卡尔·马克思与现代社会的诞生》

托马斯·T.关根:《资本的辩证法概述》

迈克尔·A.莱博维茨:《追随马克思》

保罗·法维利在《意大利马克思主义史》中梳理了意大利工人运动与马克思主义的关系:从第一国际时代到第一次世界大战前夕,马克思主义在意大利工人运动中不断裂变——它时而以严谨的科学姿态出现,时而化作鼓舞人心的政治口号。马克思的思想在不同地域、不同历史背景中呈现出多元化的意涵,而这恰恰证明了马克思主义并非教条,而是与各国具体实际相结合、相适应的科学理论与革命资源。

本译丛立足全球视角,重新梳理各国马克思主义理论与实践的历史脉络。日本学者不破哲三在《〈资本论〉是怎样形成的——追溯马克思经济学的发展历程》中梳理马克思手稿的演进轨迹。不同于传统线性叙事对理论连续性的强调,他揭示了《资本论》三卷本形成过程中的非连续性:

最初的"资本一般"框架如何被不断突破，最终扩展为涵盖资本主义生产总过程的宏大体系。这种对理论生成动态性的关注，在特瑞尔·卡弗的《恩格斯传》中也有所体现。借助 MEGA² 手稿，卡弗打破了"马恩一体论"的神话，呈现出两位思想巨人对立中蕴含统一的思想对话。

如果说历史研究为马克思主义注入了时间维度，那么空间维度的拓展则打开了新的认知疆域。德国学者迈克尔·海因里希在《卡尔·马克思与现代社会的诞生》中进行的文本症候阅读，将《资本论》的歧义性转化为理论创新的契机。这种"新马克思阅读"学派特有的阐释策略，与日本宇野学派形成跨时空呼应：托马斯·关根的《资本的辩证法概述》继承宇野弘藏的"三阶段论"，将《资本论》从具体历史语境中抽离，建构起批判金融资本主义的模型。巴西学者达妮埃尔·努内斯·恩里克·席尔瓦与美国学者卡尔·拉特纳在《维果茨基和马克思：迈向马克思主义的心理学》中将文化历史活动理论引入马克思主义心理学，为意识建构提供了唯物论的微观解释框架。这些来自非西方、外围国家语境的思考，共同构成对欧洲中心主义知识霸权的挑战。

本译丛的独特价值，也在于其跨学科的特质和交叉性。这种理论勇气在译丛中有多方面的体现：从意大利马克思主义与工团主义的交织并存，到宇野学派对《资本论》的方法论重构；从维果茨基心理学理论中的马克思主义内涵，到恩格斯手稿中潜藏的认识论革命——不同学科视角的碰撞，使马克思主义呈现出作为"总体性科学"的当代潜能。这些研究证明，马克思主义从未局限于某个学科领域，它始终是理解现代性危机的综合视角。

在21世纪全球资本主义世界加剧动荡的历史背景下，本译丛的出版具有双重意涵：它既是对马克思主义思想遗产的挖掘与梳理，也是对马克思主义当代形态的探索。在当今世界，金融资本的抽象统治渗透进意识领域，数字经济重塑雇佣劳动形态，生态危机动摇现代性根基，全球资本主义正面临着多重危机，"新时代马克思主义译丛"将马克思主义的历史具体性与开放性融入其构成的张力场，为理解当代世界的多重危机提供了多元互补的理论棱镜。它们也证明了马克思主义从未过时，而是正在焕发出全新的生命力。

正如列宁所言："没有抽象的真理，真理总是具体的。"来自不同文明、不同文化背景的马克思主义者在译丛中跨时空对话，他们的思想碰撞出的火花，或许正照亮着通往人类解放的新路径。

张一兵
2025年4月

英语版前言

马克思主义的历史发展

"马克思是俄罗斯人。"在一场当代史考试中,我让学生将马克思的出生地/早期形成过程和完全"西方"的地理/文化背景联系起来,于是得到了这样一个答案。这个似是而非的矛盾答案之所以没有令我震惊,原因有二。首先是由于我长期的教学经验,任何拥有类似工作经历的人都会听到许多值得收集起来的答案,而有时其中就包含着学生"最离谱"的错误。其次,这一矛盾的答案从某种程度上反映了"马克思主义"从西方过渡到东方的矛盾,这对于本书的逻辑有一定意义。如果完全无视马克思的传记事实以及马克思主义者和/或马克思主义文本的路径,就能够轻易将马克思主义和其20世纪时期的一个基本要素联系在一起:"亵渎实验"① 的诞生、发展和结束。当然,预备参加当代史考试的学生必然应知晓这些事件的基本特征,因

---

① 迪·莱沃,2012年。

此这名学生没有通过考试。即便如此,这一矛盾却引发了具有一定意义的反思,使"马克思主义"作为历史对象明朗化。我们称之为"马克思主义"的思想是极度不稳定、不同性质的混合物,并且恰恰是在苏联经验中,这一混合物各个组成部分的关系体系之间的冲突达到了极致。

我们来试着思索一下,在两部苏联文学背景下具有极高水准的作品中,马克思主义是怎样表现的:《日瓦戈医生》(*Dr. Zhivago*)和《生活与命运》(*Life and Fate*)。这是两位苏联作家鲍里斯·帕斯捷尔纳克(Boris Pasternak)和瓦西里·格罗斯曼(Vassily Grossman)的作品,同时他们也对"亵渎实验"的基本方面提出了批评。在这些作品中,马克思主义是思想和行动的必不可少的参考。

夕阳西下

顿时

电击波将金①

这就是 1905 年的隐喻性马克思主义;接下来我们将更为仔细地探讨闪电式启蒙性马克思主义,这是亚历山大·勃洛克(Alexander Blok)的诗歌和文化氛围中的马克思主义,帕斯捷尔纳克和他的朋友们在其中度过了自己的部分青春。②

---

① 选自帕斯捷尔纳克:《1905》。
② 帕斯捷尔纳克,1958 年,第 27—28 页。

在《日瓦戈医生》中，这种"强烈的热情、敏锐的洞察力和对世界的个性化看法"通过帕维尔·安季波夫（Pavel Antipov）的记忆转化为散文，他在1905年革命期间还非常年轻，后来成为斯特列利尼科夫（Strelnikov），在"我们祖国伟大而遭受苦难的……1918年"① 开始的内战中担任红色军事指挥官。

且看：

> 革命在进行，热血青年走上街垒；政论家大声疾呼，抨击金钱的罪恶，唤起并维护穷人的人性尊严，于是产生了马克思主义。马克思主义看到了祸害的根源，提出了根治的办法，成了上个世纪的巨大力量。

同时：

> 世界的工人运动、欧洲各国议会或大学中的马克思主义、一整套新的思想体系、新颖和迅速的推理、以怜悯为名而采取的其他一些辅助性残酷手段，所有这一切都由列宁所汲取并在他身上表现出来，以便向旧世界进攻，为过去的一切进行报复。②

---

① 布尔加科夫，1971年，第4页。
② 帕斯捷尔纳克，1958年，第14章，第17页。本书引用译文参照[苏]帕斯捷尔纳克：《日瓦戈医生》，力冈译，杭州：浙江文艺出版社2016年版。

然而，革命和这种理解马克思主义的方式之间的结合很快就会被改变，即便帕斯捷尔纳克认为1905年①是表现这一结合方式的典型一年：

> 一个崇高完美的理想会变得愈来愈粗俗，愈来愈物化。这种事在历史上是屡见不鲜的。……你读一读勃洛克'我们是俄罗斯恐怖岁月的孩子'这句诗，你立刻就可以看出这两个时代的区别。勃洛克这句诗不应该从字面去理解，是一种比喻。……恐怖也不是指的可怕，而是天意，具有启示的性质，这完全是两回事。可是现在这个比喻却成了事实，……恐怖就是恐怖。区别就在这里。②

从1905年到现在已经过去了40年，在十月之后的近30年里，米沙·戈尔东（Misha Gordon）和尼卡·杜多罗夫（Nika Dudorov）就是这样的想法，他们是已故的尤里·日瓦戈（Yuri Zhivago）的朋友，和安季波夫/斯特列利尼科夫一样，他们都是1905年那个伟大时代的青年参与者。

马克思主义那时已经成为一种枯燥的教科书式的刻板教义，即便是最矛盾的政治转折，它也成了能随之不断改变的意识形态，成了"始终如一的、系统性的两面性"③ 的

---

① 参见帕斯捷尔纳克长诗《1905》和《施密特中尉》。
② 帕斯捷尔纳克，1958年，第16章，第5页。
③ 帕斯捷尔纳克，1958年，第15章，第7页。》

最终理由。

如今的马克思主义,正如红军战士塔拉秀克(Taraska)一样,已经拿起步枪,在'帝国主义'战争中见识了武器的威力。

> "他很想成为有力量的强者。有武器的人就不是一般的人了。在古时候,这种人往往会由神枪手变成土匪。现在别想叫他放下枪,不信您试试看。忽然遇到有人喊:'掉转枪口。'于是他掉转了枪口。整个故事就是这样。这就是马克思主义。""并且千真万确,来自现实生活。"①

用力量换取胜利,这就是"本真的"马克思主义的"粗俗的物化"。在这里,力量是判断思想和行动正确与否的关键。

瓦西里·格罗斯曼在他的《生活与命运》中将这两大要素形成鲜明的对比,描绘了格曼诺夫(Getmanov)(军队政委)、诺维科夫(Novikov)(坦克部队指挥官)和涅乌多布诺夫(Nyeudobnov)(诺维科夫在最高指挥部的长官)间的以下这段对话。当时,苏军即将对斯大林格勒(Stalingrad)发起大型钳形攻势,包围保卢斯(Paulus),因此开始讨论为一个装甲旅选择一名新的指挥官。

---

① 帕斯捷尔纳克,1958年,第6章,第5页。

"是不是暂时派巴桑戈夫少校代理参谋长？"诺维科夫说。"他是一位精明能干的指挥员，在沃伦斯基新城战役中就参加过坦克战斗。政委没有意见吧？"

是有一点想法：第二旅上校副旅长是亚美尼亚人，现在又想让一个卡尔梅克人做他们的参谋长。要知道第三旅参谋长，那个叫利夫希茨的，也是卡尔梅克人。我们离了卡尔梅克人就不行吗？"他看了看诺维科夫，然后又看了看涅乌多布诺夫。

涅乌多布诺夫说：

"说心里话，按家常道理来说，您这话是对的，不过马克思主义要咱们从另外一个角度来看待这个问题。"

"要紧的是，这个同志怎样打德国人，这就是我的马克思主义。"①

面对诺维科夫援引马克思主义作为这一问题的最高裁决，政委的俄罗斯民族主义（这种民族主义将竭力试图理解这种裁决）只能往后退一步。

---

① 格罗斯曼，2011年，第205页。本书引用译文参照［俄］瓦西里·格罗斯曼：《生活与命运》，力冈译，桂林：广西师范大学出版社2015年版。

但是，如果我们通过对"根据文本的马克思主义"① 的分析来思考马克思主义的历史发展问题，那么诺维科夫和涅乌多布诺夫的马克思主义怎样才能胜过这种裁决呢？像帕斯捷尔纳克这样的伟大作家所概述的所有其他形式的马克思主义呢？

在以"文本马克思主义"为核心的历史叙述中，这些形式的马克思主义均未占据一席之地。然而，这些"来自现实生活"本身的马克思主义（因此，对帕斯捷尔纳克来说是"本真的"马克思主义）在"集体生活"中非常重要，也就是在历史中非常重要。至于它们的"本真性"，很明显，这是一个书面语，与文本语言学的实践毫无关系。然而，伟大作家的书面表述确实能够帮助我们把握超越事实叙述的真理要素。如果这是由于"来自现实生活"本身而成为"本真性"，那么这种"本真性"通过相互深刻联系的行为和存在方式代表了一种混合体，揭示了一个理想的世界（无论如何简化或伪造）。也就是说，是通过其必要的情景化过程。

在以上内容中，我使用了"马克思主义的**形式**"这一表述；我认为马克思主义的发展历史只可能是**其形式之间关系体系**的历史。而其中每一种形式反过来又都是多条道路尽头的十字路口，正如本书的一位法国评论家所说，"具有多元意义的相互关系的重叠"②。

---

① 1999 年，马基奥罗（Macchioro）用语。
② 《1900》，1997 年，第 221—223 页。

因此，这种多重性形式不同于**马克思主义**历史长期实践的形式。虽然后者产生了一些重要的知识成果，但前者是一种几乎只与理论马克思主义有关的多重性，也就是与马克思主义的一种**形式**有关。

通过分析"马克思主义形式"的历史演变，我们能够发现与经典马克思主义方法论相似的要素。事实上，马克思从《政治经济学批判大纲》（*Grundrisse*）开始就系统地使用了"形式/多种形式"一词，特别是在《资本论》（*Capital*）第一卷中，该词在他的阐述中是一个具有决定性意义的概念：一个忠实的、恰当的理论语言的节点。

显然，用以阐释"价值"蜕变的解释性语言，因其感知形式的增多，无法适用于历史上马克思主义诸种形式的关系体系。尽管如此，这种解释性语言确实揭示了分析"具体"与"抽象"关系的机制，而这对于总是以"抽象"参照（理论）解释"具体"现象（结构、心理、行为）的历史而言，可谓轻车熟路。

当然，历史学家用以理解"马克思主义的形式"的机制不可能拥有与用来解释"价值的形式"的变化的机制相同的分析的简洁性。相反，往往需要根据不同形式所处的背景，使用不同的分析范畴。事实上，有些范畴可以用来理解"长期"的形式，而其他范畴只能通过特定的历史时期划分来使用。我们会举两个例子来说明这一点。第一种情况下的马克思主义的形式必须使用多种范畴来进行分析，某些范畴超越了这种形式最明显的时期。第二种情况则相反，所使用的范畴（单数）只能够说明一种特定的形式，与一个特定有限的历史时期划分相联系。

（1）帕斯捷尔纳克和格罗斯曼的书面表述中出现的马克思主义形式的形成归功于一个特定的历史时期："战争马克思主义"。他们在两个可怕的事件中开创了这一表述，即第一次世界大战和俄国国内战争。前者标志着摒弃了这种文化在理论（无论是哲学、经济或社会）和政治实践之间的中介系统的发展方式。后者利用在极端残酷中流淌的血河形成的"黏合剂"，将从"灾难"开始的新阶段与特定的历史（俄罗斯的历史）牢固地粘贴在一起。"灾难"之前，绝大多数马克思主义文化中具有典型的从启蒙主义继承下来的普遍主义因素，而对这种发展来说，这段历史并不有利。一般来说，当我们考虑到俄罗斯和西欧历史之间的紧张关系时，我们倾向于将长期不间断的专制经验与自由现代性的传统相对照，其中隐含着通往民主的路线。最终对我所称的"战争马克思主义"产生更大影响的是俄罗斯社会的更深层次的问题：农民问题。

帕斯捷尔纳克写道："俄国启蒙运动已经变成了俄国革命"[①]，在已经提到的将崇高的理想转化为"粗俗的物化"的逻辑中，尽管如此，它"来自现实生活"，或者更准确地说，来自这种生活所沉浸的历史背景。而帕斯捷尔纳克专门写革命动乱的那几页，以及其他伟大的苏联作家的作品，

---

① 帕斯捷尔纳克，1958 年，第 16 章，第 5 页。

意大利马克思主义史:从起源至第一次世界大战前

凭借他们"穿透现实的能力,让他们的历史感具有坚实的基础并回应所提出的问题"①,使我们在同样塑造了马克思主义形式的"生活"的褶皱里"看到了更多"。

> 这时我把我的老爷尼基京斯基翻倒在地,用脚踹他,踹了足有一个小时,甚至一个多小时,在这段时间内我彻底领悟了活的滋味。我这就把我领悟到的讲出来,开枪把一个人崩了,只图得一个眼前清静,不用再见到他了,仅此而已,因为开枪把一个人崩了,其实是轻饶了他,而自己呢,心头虽轻松了些,总觉得不解恨。枪子儿是触及不了灵魂的,没法揪住他的灵魂,看看他还有什么招数能施出来所以我这人往往不怜惜自己,常常把敌人踹在脚下,踹他一个小时,或者一个多小时,要好好尝尝我们活着到底是什么滋味……②

就这样,布琼尼(Budionny)军队中的小犹太红军战士[伟大的作家伊萨克·巴别尔(Isaac Babel)]简洁地应对了一个既广阔又深邃的深渊:一个历史的深渊。在"'18'年",红军将军巴甫利钦柯(Pavlichenko),"地主"尼基京

---

① 艾斯波西多(Esposito),2013年,第46页。
② 巴别尔(Babel),2014年。本书译文参照[俄]伊萨克·巴别尔:《巴别尔全集》第2卷,戴骢、王若行译,桂林:漓江出版社2016年版。

斯基的前农奴，杀死了他的老主人，以获得他的'灵魂'并从他身上带走。不识字的巴甫利钦柯拿着一张白纸给他的主人读了一封列宁的信，然后痛打了他的主人。他以列宁的名义，以"最真切的那种"马克思主义的名义（"来自现实生活"的马克思主义）打了他。也许当巴别尔在1940年受斯大林的命令被枪决时，也有人与巴甫利钦柯一样对他读了一封列宁的信。

与巴甫利钦柯相同的动机（在长时间里积累起来的"仇恨的痉挛"①）由于出自西蒙·彼得留拉（Symon Petliura）的反布尔什维克（Bolshevik）、反马克思主义的民族主义，成了大规模屠杀其他地主的基础。

> 农民们对这位盖特曼庄园主（Lord Hetman）的憎恨就像憎恨一只疯狗一样……在农民们心中，盖特曼所谓的"改革"是代表地主和……的一场骗局，农民们真正需要的是自己几个世纪以来一直渴望的真正改革：所有土地归农民所有。②

而地主、军官的阶级和军衔直接刻在他们的皮肤上。③这些人是反布尔什维克和反马克思主义者，他们的行动基于使"红军"赢得内战的同样的口号、同样的方案。

---

① 布尔加科夫（Bulgakov），1971年，第107页。
② 同上。
③ 同上，第135页。

意大利马克思主义史：从起源至第一次世界大战前

> 我接受同志们在党的政治行为方面的僵化，甚至暴虐。但至于同志们是否有权宣告自己是科学问题的仲裁人……不，科学永远不会被付诸表决，即使是在所谓的未来社会！①

如果我们没有描述背景，拉布里奥拉（Labriola）的这一观点是显而易见的，正如他写就这篇文章时一样。然而，这一背景也发展了一些要素，这些要素存在于社会主义的起源、社会科学和整个文化维度相互联系的方式之中。在"战争马克思主义"出现之前，人们无法想象这一切的后果。这里有一种信念（而且是一种基本信念），政治的战略条件（有时甚至是战术条件）必然取决于"科学"的指导。自然，在马克思主义基础的背景下，这可能只是一个"实证科学"的问题；但在不同的背景下，这种相同的关系将在"科学"和/或"科学"的地位的不同认识论时刻再次被提出。

阿瑟·库斯勒（Arthur Koestler）用文学化的语言描述了其中的一个时刻，他提到了列宁去世前布尔什维克中央委员会（Bolshevik Central Committee）的讨论，现在的"老布尔什维克"鲁巴肖夫（Rubashov）回忆说，他即将被压在20世纪30年代的莫斯科审判（Moscow Trials）的车

---

① 安东尼奥·拉布里奥拉（Antonio Labriola）：《马克思主义、达尔文主义等》（Marxismo, Darwinismo, eccetera），载《社会批判》（*Critica Sociale*），1897年，第189页。

轮下。

> 在老领袖的一生中,不存在"理论家"和"政治家"的区别。在任何特定时刻采取的战术都是在公开讨论中直接从革命学说中推导出来的……在曾经装饰过伊万诺夫(Ivanov)墙壁的老照片上有编号的每一个人,对法律哲学、政治经济学和治国之道的了解比欧洲各所大学教授席上的所有高人都要多。内战期间国会的讨论达到了政治机构历史上从未达到的水平;这些讨论类似于科学期刊的报告,不同的是,讨论的结果关系到数百万人的生命和福祉,以及革命的未来。①

尽管这种态度产生的结果存在极大的差异、争议甚至是矛盾,却是贯穿整个马克思主义和社会主义发展的一股深刻的暗流。它使人们持续关注结构性表象,专注研究政治行动必须在其中履行的一般条件,仔细考虑作为相互依赖的更复杂网络中的一个环节的政治本身,以及作为这种政治的主要和不可或缺环节的文化。

然而,与此同时,"战术"的"科学"理由即使在最好的情况下,也极大地削弱了与此必然相关的认识论问题的深度,将偶然的政治选择的必要灵活性降低到僵化和教条主义的模式。在最糟糕的情况下,"科学"仅仅成了战术的

---

① 库斯勒,1968年,第142页。

意大利马克思主义史：从起源至第一次世界大战前

工具性附属品，沦为一种直观性的意识形态。一旦这些前提被假定，将"科学"简化为意识形态（甚至在"战术"维度）就几乎被视为理所当然。综上所述，即使是一种意识形态也可以发挥崇高的功能，而不一定会被转化成为一种可耻的工具。在涉及社会主义和马克思主义的现实历史进程中，科学当然一直占有一席之地，意识形态也被高尚地使用过，%但是也被无耻地使用过。红军战士塔拉秀克的刺刀在寻找"另一边"时也常常被误导。

因此，我们拥有一个长期的**马克思主义的形式**，其起源只能通过一个十分笼统的解释性框架来分析。但在这一漫长的时期内，各种非常具体的准则各自会提及一个起初的原型，而这个原型仅仅是它们在历史中的画面。其中每一个准则都只能通过具体的范畴来解释。求助于起初的原型不仅不够充分，而且%可能具有误导性。原型和这些准则之间没有必然的关系。这些准则的**马克思主义形式**必须使用在时间上与原型不一致的分析范畴，分别置于历史背景中进行研究；也就是说，使用的分析范畴必须与原型建立起一种问题式的（problematic）关系。

（2）在本书的第一部分，我们会经常遇到"马克思主义之外的马克思主义"这一表述。我们构想和使用这一范畴，是为了解释在马克思主义具有结构性要素**之前**的文化形成过程。

在我们20世纪的经验中，我们遇到的"马克思主义"首先是作为一个学派和学说体系、作为一场政治运动，甚至作为一套国家机构的形式。那么，这就是一种相当结构化的马克思主义。还有一种多元的马克思主义（马克思主义的多元性），这一事实并不与其大部分历史中的"组织化"特征相矛盾。

关于马克思主义的历史文献必然受到这种结构化维度在其中具有如此重要意义的经验的极大影响。因此一般来说，在马克思和恩格斯的**所有作品**中，关于马克思主义的理论坐标，以及"马克思主义政党"的早期形成、政治运动的坐标，这段历史的**起点**已经固定了下来。

尽管如此，当这样的马克思主义**本身**尚不存在时，马克思主义的发展道路也**完全属于**这段历史。正是因为其发展道路声称拥有"正确"的理论，表明了理论阐述和实际运动之间可能存在另一种关系，这种关系在被赋予该关系的政治组织之外运作。

即使在19世纪末，我们习惯于称之为马克思主义的东西已经在意大利文化的现实中以相当实质性和相对结构化的形式存在。此外（这是一个意义重大的考虑）在19世纪90年代形成的一个政党公开把"马克思主义"作为自己身份的基本要素。马克思主义由一套相当不同的"东西"组成，即使在那时，事实上，也有多种方式来识别"对象"马克思主义，但很难否认其整体的、有组织的特征。

关于前一时期的论述是一个相当不同的问题。在这些年里，**除了**任何"马克思主义政党"之外，意大利（不仅是意大利）看到了"马克思主义"逻辑的发展，工人工会

意大利马克思主义史：从起源至第一次世界大战前

用这种逻辑与抵抗任务和有组织的"阶级"可能发挥的政治作用联系起来。马克思主义逻辑在这里仅意味着与马克思关于工人运动的指示相吻合（无论它是有意识的还是无意识的，而且往往确实是无意识的）。尽管马克思从19世纪50年代的英国经验开始详述这些指示，但这些指示主要仍是通过第一国际（First International）的经验渐臻成熟起来的。

在第一国际的整个发展过程中〔至少在与巴枯宁主义（Bakuninism）的严重冲突将各学说选择之间的区别带到讨论的中心，以及它们作为标签被消极定义的趋势之前〕，"马克思主义"并没有作为一种"学说"、一个"政党"或一个"宗派"而特别突出。这种类型的马克思主义的发展是与马克思的意图完全无关的假设，而且，鉴于欧洲工人运动的实际趋势，这种假设本可能是完全不现实的。在1866年日内瓦代表大会（Geneva Congress）的《临时中央委员会就若干问题给代表的指示》（Intructions for the Delegates of the Provisional General Council）中，马克思明确指出，国际工人协会（International Association）的任务是"把工人阶级的**自发运动**联合起来，把它纳入共同的轨道，但是决不指使或强迫它接受任何空论主义的制度"[1]。此外，这种"强迫"也是做不到的。

马克思是总委员会中非常有影响力的成员，他与欧洲

---

[1] 《马克思恩格斯全集》第16卷，北京：人民出版社1964年版，第218页。

最重要的各个工人组织，特别是各个工会之间的关系并不轻松，也不是一成不变的。构建一个关于工人组织作用的马克思主义框架并非易事，它绝非一个线性发展的过程。工人组织与马克思主义的关系是其中一个重要方面，尽管在国际工人协会（International）内部，几乎没有任何一种可以被明确定义为"马克思主义"的思潮占据主导地位。

即使是在法国和德国这样存在"马克思主义之战"的地方，这种"外部"成分也是至关重要的。

例如，**工会联合会**（*chambres syndicales*）的成员也是国际工人协会各个支部的成员，他们的会议地点和总部往往位于同一处。他们的社会主义参照构架非常明确，但是普鲁东式（Proudhonian）的，当然不是"马克思式"的〔直到巴黎公社（Commune）成立前，马克思的名字在法国工人阶级圈子里几乎无人知晓〕。他们用普鲁东式的论点为自己的立场辩护，从而维持传统的意识形态参照构架。但是，就第一国际关于工人组织的作用和功能以及抵抗和政治主动性相结合的总路线而言，他们总是完全相信总委员会的立场。意识形态的选择仍然是国际工人协会"内部"逻辑的一个"外部"因素。同时在德国，正如马克思自己所认识到的，"拉萨尔式"的（Lassallean）的施魏策尔（Schweitzer）[①]难

[①] 让·巴普蒂斯塔·冯·施魏策尔（Jean Baptista von Schweitzer，1833年7月12日—1875年7月28日）是一位德意志政治人物。被斐迪南·拉萨尔领导的德意志社会民主主义所吸引。1864年，拉萨尔去世后，让·巴普蒂斯塔·冯·施魏策尔成为全德工人联合会主席。——编者注

道不是比"马克思主义"的李卜克内西（Liebknecht）对第一国际的逻辑更加"内部"吗？

在19世纪70年代和80年代的意大利更是如此，在那里形成了一种文化上的混合体，这种混合体在结构上与在意识形态优先等级中划分为"内部"和"外部"意识的做法不相容。正是在那些年的意大利，后来成为"马克思主义"的承载结构主要是通过意大利工人党（Partito Operaio Italiano）的经验和"非马克思主义"格诺基·维亚尼（Gnocchi Viani）的阐述而形成。这的确是一种"马克思主义之外的马克思主义"。

因此，这个范畴是为了在一个特定的、有限的背景下使用而产生的。然而，该范畴插入其中并为之提供理由的分析性整体，正是定义（实际上并未"定义"）我们的对象——在本卷中成形的马克思主义的整体，即作为一组历史上确定的形式。

本书所经历的时代

我在20世纪80年代"马克思主义危机"的高峰期开始创作这卷书，在"马克思主义死亡"和"历史终结"之后完成，现在的英文版在"马克思复兴"时出版。

马克思主义从"危机"到"死亡"的道路是围绕着这本书的阐述，特别是接受这本书的**时代精神**的一个决定性因素。时代精神的影响十分强大（在许多意义上，我们仍然能感受到它的影响），至少现在看来，即使是所谓的马克思复兴，也没有力量在任何决定性的意义上改变它的方向。毫无疑问，马克思复兴是一个极其重要的现象，如今已经超越了学术范畴，成了世界上最重要的艺术活动之一：威尼斯双年展（Venice Biennale）的核心内容。其2015年计划的"基石"是"现场气势磅礴地朗读三卷卡尔·马克思的《资本论》（Das Kapital）。《资本论》（将）成为一种演讲会：在为期七个月的展览中，现场朗读将会成为一个不间断的约会"①。正如威尼斯展览的策展人所解释道，"我把马克思带到双年展上，因为他对今天的我们具有吸引力"②。然而总体上来看，研究领域、艺术领域、高雅文化领域似乎与当前社会的发展脱节。

"马克思复兴"现象在这位特里尔（Trier）思想家被宣布"死亡"后不久就开始形成，与此同时，20世纪90年代金融衰退危机的第一次不祥的嘎吱声随之而起，这绝非偶然。之后随着我们今天仍然身陷其中的"大危机"的开始，这种现象开始指数级增长。个中原因显而易见：主流经济思想（由于具有突出的意识形态功能，今天几乎与"庸俗经济学"完全吻合）无法解释"世界经济"即世界资本主义正在显现出的不平衡的方式的深层逻辑关系。要对资本主义积累的现阶段提出正确的问题，并试图给出一些答案，**需要把资本主义本身作为一个问题来思考。没有马克思，**

---

① 《共和国报》（*La Repubblica*），2015年3月6日。
② 《新闻报》（*La Stampa*），2015年3月3日。

有可能做到这一点吗?

显然不可能。因此,大量关于马克思和马克思主义的写作(其中大部分是学术性的)又恢复了。数量之大,几乎相当于一个新的图书馆,为亚历山大(Alexandria)图书馆增添了真正的和适宜的藏书(幸运的是,该图书馆仍然存在),这些藏书经过长时间的收集,致力于马克思和马克思主义的问题群(problematics)。

意大利对于建设这一新图书馆做出了巨大贡献,经济学、哲学和社会学的学者们贡献了高水平的著述。马克思的基本文本经由全新的、细致的语言学研究仔细查阅。尤其是《资本论》成了最近一个重要的批判性版本的讨论对象,事实上,这一版本包括了马克思明确为实现第一卷而创作的所有文本,[1] 以及德国第四版(Fourth German Edition)之前的所有版本的主要异文,从而使我们得以直接进入马克思的实验室。这就是葛兰西(Gramsci)所说的"初步的详细的语言学工作……以最严格的准确性(和)科学的诚实性进行"[2]。语言学的位置是为理论的批判性解释服务。[3] 简而言之,是为理论服务。

到此为止,历史学者一直处于马克思复兴的中心线索的边缘:最好的情况是他们一直附和复兴的主导逻辑。马

---

[1] 《资本论》(Il capitale),《政治经济学批判》(Critica dell'economia politica),2011 年由太阳城(La città del sole)作为《马克思恩格斯全集》(*Marx Engels Opere Complete*)第 21 卷出版。

[2] 葛兰西,1975 年,第 420 页。

[3] 芬奇(Fineschi),2008 年。

克思复兴产生了非常广泛的研究全景，历史学家对这一全景的接受首先体现在与总的思想史、分析史和理念史的新诠释有关的作品上。

意大利的理论史传统悠久而有趣。意大利对马克思主义理论辩论的贡献在19世纪末（安东尼奥·拉布里奥拉）和20世纪（安东尼奥·葛兰西）都非常重要，这必然会影响整个研究传统。此外，马克思主义在"纯粹经济学"〔维尔弗雷多·帕累托（Vilfredo Pareto）〕和"纯粹概念"〔贝内德托·克罗齐（Benedetto Croce）〕方面的意大利对话者/对手代表了经济理论和理想主义哲学的国际高峰。

这一传统对我们的知识产生了（现在仍然产生着）重要的效果。在第二次世界大战后的**辉煌三十年**（Trente Glorieuses）中，人们探索各条马克思主义文化的社会历史道路，取得了不同的成果。这一史学研究框架并没有取代之前的框架，而是与之相结合。尽管存在某些摩擦，但这两个史学研究维度之间的一系列关系无疑就代表了马克思主义文化的丰富性。在"马克思主义终结"和"历史终结"使得与"现实运动"的联系变得问题重重之后，理论史被重新赋予了活力。但是现在理论史的参照完全外在于**马克思主义的形式**，如无论是在历史上还是在未来前景方面，这些参照都与底层的"对立面"的**形式**有关。目前对马克思理论材料的挖掘可能也会有助于形成一个新的历史和新的综合：不过目前在"马克思复兴"时期出版的一般作品的模式又是理论史的模式。例如，我们可以注意到最近的

意大利马克思主义史:从起源至第一次世界大战前

《意大利马克思主义史》(*Storia dei marxismi in Italia*):① 这本书具有相当高的、一丝不苟的分析智慧,但却明确地以"理论马克思主义的历史"呈现出来。② 一个仍在进行中的出版项目同样如此(这是一部计划分六卷出版的巨著,其中三卷已经问世③),许多意大利学者为之做出了贡献。这是一部非常有用的对比分析作品,但仍然处于我们所提到的逻辑的内部。

简而言之,似乎我们不会看到这样一部20世纪意大利马克思主义的历史:拥有与现在呈现给英语读者的这本书相同的标准。

前文提到的**时代精神**对我在整理本书时所使用的工具箱没有显著影响。相反,这一工具箱在很大程度上是根据史学研究创新的激烈周期中的认识论和方法论问题而**内部**形成的。在这一周期中,史学研究**作为**社会科学的项目(尽管有其自身的特殊性)正在经历逐步的学科理论化过程,正在为一个特定的模式寻找(和提出)一个特定的理论。简而言之,历史与理论的关系正在成为所谓的逻辑—历史方法的核心要素,成为唯物主义历史方法的基石。所有这些都是尝试为"正在形成中的马克思主义历史"做出

---

① 科拉迪(Corradi),2005年。
② 科拉迪,2005年,第7页。
③ 雅卡书屋(Jaca Book)的《另一个20世纪》(*L'altro Novecento*),《异端共产主义与批判性思维》(*Comunismo eretico e pensiero critico*),由皮埃尔·保罗·波吉奥(Pier Paolo Poggio)编辑。

贡献的一部分，整整一代的年轻学者都致力于此。①

"我们可以在更狭义或广义的理论化模式之间移动，但我们不能没有应理论要求所严密塑造的历史。而与经济领域的关系（这门社会科学发展出了最为缜密的理论框架，对于普遍冗杂的历史唯物主义来说，这是一门参照科学）最终也成为衡量历史文化中马克思主义程度的标准。"② 同样在马克思主义史方面，首先从经济学（经济史、经济思想史、经济分析史）着手似乎是必需的。这种方式既源自上述意大利理论史传统，对于任何想以唯物主义风格撰写历史的人来说也是必要的参照点。我在1980年出版的第一本关于意大利马克思主义历史的专著，也是这种氛围的成果。③ 虽然这部作品的确也试图把握理论与政治领域的所有可能的有机结合（articulation），但与意大利理论史传统基本一致。它试图将理论转化为伦理政治（因而也是历史）的术语，同时也是一部知识史和高级政治史。

意大利传统对于这部专著产生影响的另一个方面是关于语言学维度的问题。这一维度在我在佛罗伦萨（Florence）大学学习期间占有绝对的核心地位。对于所有的"严肃研究"，德利奥·坎提摩瑞（Delio Cantimori）一再表示，他和欧金尼奥·加兰（Eugenio Garin）是历史和哲学史上必要的参照点，詹弗兰科·孔蒂尼（Gianfranco Contini）

---

① 拉尔（Vilar），1973年。
② 法维利（Favilli），2006年，第232—233页。
③ 法维利，1980年。

意大利马克思主义史：从起源至第一次世界大战前

和贾科莫·德沃托（Giacomo Devoto）则是罗曼语（Romance）和古典文学的必要的参照点。显然，在这一理论史中，语言学方法仅适用于具有公认重要性的文本，即高级文化的文本。

因此，该书没有提及工人运动就此理论综合体的使用/实现的整个领域。我意识到（即我当时写作时）要想扩大我的主题，就需要解决"一系列包含不同调查研究和不同方法论的问题"；这一系列问题"等待着一种综合状态，而目前的研究状况似乎（曾经）并不能很快实现"[①]。我自己也会尝试获得这一综合，它在16年后出现了。

此外，随着20世纪80年代上半叶隐伏的"马克思主义危机"在80年代结束时转变为"马克思主义终结"，有关马克思主义和马克思主义史的"工具箱"也进一步丰富起来。为了使文化史（也是通过社会史）成为研究的催化剂，包括成为与马克思主义史有关的研究的催化剂，不需要具有后现代基质的意识形态的"文化主义"。

我们可以在都灵（Turin）出版社埃诺迪（Einaudi）的巨著《马克思主义史》（*Storia del marxismo*）中看到这方面的重要痕迹，这部作品在1978年至1982年间分四卷（五本书）出版，其设计者不出意外地包括了埃里克·霍布斯鲍姆（Eric Hobsbawm）和乔治·赫普特（Georges Haupt）。它

[①] 法维利，1980年，第11页。

与另一部在20世纪70年代初①构思的恢宏巨制（1499页）的差异再明显不过了。后者的新意在于试图"在理论维度上说明马克思主义"，不仅要说明它的"基本原则"，也要说明"它的具体性和多样性"②。实质上，这是一个在"多种马克思主义"中将"马克思主义"有机地连贯起来的问题。相反，在艾奥迪的《马克思主义史》中，这一方面十分显而易见，尽管理论方面和政治思维继续普遍存在，该书所寻求的阐述方式（articulation）则截然不同。它还关注所使用的概念的历史、语义背景，以及关于理论和思想在垂直分层方面的传播问题。正如霍布斯鲍姆所言，马克思主义的"辐照"③是全方位的：横向上是"受马克思思想启发或宣称受其启发的运动"④，纵向上是在确定背景下有用的理论的"自下而上"的使用过程。

霍布斯鲍姆在艾奥迪的《马克思主义史》中显然起到了关键作用。他不仅受托撰写具体的文章，还负责撰写各卷的导言，特别是第一卷（1978年）和第四卷（1982年）的重要序言，当时马克思主义危机（或者按他的说法，"马克思主义中的危机"⑤）已经成为公共话语中普遍使用的表述。事实上，这是汤普森（Thompson）和霍布斯鲍姆等人

---

① 由菲尔特里内利（Feltrinelli）出版社于1974年出版的《当代马克思主义史》（*Storia del marxismo contemporaneo*）。
② 扎纳尔多（Zanardo），1974年，第11页。
③ 霍布斯鲍姆，1979年，第61页。
④ 霍布斯鲍姆，1978年，第12页。
⑤ 霍布斯鲍姆，1982年，第49页。

的英国传统与意大利的马克思主义和工人运动的史学研究之间如今已经建立起来的持续对话的直接结果。

汤普森的研究深入探讨了底层的反对意识在各种有组织的形式中的自我表现的多种方式，霍布斯鲍姆的研究深入探讨了"不平常的人"的意识和底层民众设想其解放的多种形式，两者都将对学者们重新思考意大利马克思主义的历史产生重大的影响。

就本书的结构而言，正是在 20 世纪 80 年代后半叶开始，我前述提到的对话的影响起到了决定性作用。我现在觉得，前几年我集中精力进行的理论研究，特别是经济理论研究，现在已经**在马克思主义的历史方面**起到了能起到的所有作用。高级文化文本仍然是我熟悉的活动模式，尽管我清楚地意识到它们的特征是单一维度的。1986 年，菲尔特里内利基金会（Fondazione Feltrinelli）和弗里德里希·艾伯特基金会（Friedrich Ebert Stiftung）委托我筹备一个关于马克思和恩格斯作品的意大利语版本的展览，以及关于这些作品在意大利的路径的研讨会，展览和研讨会将在特里尔的卡尔·马克思故居的研究中心举行。① 我对这些意大利版本的轨迹所进行的语言学工作使我接触到了那些与我以前对经济理论研究完全无关的文本。

1972 年由艾奥迪在都灵出版的霍布斯鲍姆的《劳动者》（*Labouring Men*）已经成为劳工运动历史研究中的经典，

---

① 法维利，1988 年。

1986年霍布斯鲍姆的另一部作品在意大利发行,专门讨论劳工文化。① 在这一卷中最好的一篇关于"政治鞋匠"文章中,具有意识形态功能的普通人在其他普通人中扮演的角色得到了尖锐的定义。这些人是"对底层人说话的底层人"的关键人物,正是我在研究《工人联盟》(*Il Fascio Operaio*)等论文时会发现的人物。

我开始接触一些底层出版物,其中一些是完全由工人制作的新闻报纸;但正是这些出版物有时却会刊登马克思和恩格斯的作品的段落。这些选择背后的形态和因素成了马克思主义历史上一个新的篇章,同时也确实是一个非常有趣的篇章。这一维度没有取代马克思主义理论史,相反,它是不同**形式**之间关系体系的一个基本组成部分——这一关系体系对于任何马克思主义历史都必须存在。这项研究所需要的认识论和方法论的反思与我过去经验中的有所不同。因此,这就要求我完全沉浸在工具箱中。鉴于这些分析要求对有关工作至关重要,那么有关**时代精神**的内容(无论多么充分有力)始终都是外部的。

然而,一旦我的工作完成,对于工作成果受到怎样的评价,政治文化背景就绝不是一个次要因素了。在这种背景下,人们似乎很难理解,既然马克思主义现在终于死去了,怎么会有人花费近十年时间学习和研究马克思主义的历史。

---

① 霍布斯鲍姆,1986年。

意大利马克思主义史：从起源至第一次世界大战前

"你还在花时间研究马克思主义？"一位朋友带着同情的口吻问我。这位朋友是左翼民主党（Partito democratico della sinistra）〔意大利共产党（PCI）在名字中去掉共产主义后的第一个名字〕的最高领导人之一，也是未来中左翼政府的一位部长。大部分人通过一系列中转站从共产党走到民主党，在文化上毫无觉察并倾向于**改良主义**（trasformismo）①，而他不是这样的人。事实上，他后来的选择也证明了这一点，他的选择与政治作为一种职业的主流概念形成了鲜明对比。由于学业出色，对书籍充满热情，他保留了共产主义传统，即不断寻找文化阐述和政治实践之间的联系。正是由于这些原因，1995年面对"马克思的幽灵"时他的反应非常有趣：这最可靠地表明了在柏林墙倒塌后，无论是批评资本主义的理论集合体或在某种程度上受这些理论影响的政治都毫无容身之处，这种信念已经深入人心。

自然，这一现象不仅仅发生在意大利，但正是在这里，它呈现出在整个西欧历史上任何地方都无法比拟的规模。的确，在意大利，一个自称为"马克思主义"的政党所享有的威望和"知识遗产"是其他国家的政党所不能比拟的。"在巅峰时期，意大利共产党可以求助于一系列惊人的社会和道德能量，这些能量结合了比任何其他力量更深的民众

---

① 意大利马克思主义哲学家安东尼奥·葛兰西（Antonio Gramsci）将"改良主义"（trasformismo）描述为一种策略，通过在统治联盟中收买工人阶级的思想和领导人并使其中立化，从而阻止有组织的工人阶级运动的形成。——编者注

根基和更广泛的知识影响。"① 对于左翼政党来说,这是政治和文化上的参照点,在欧洲以外的地区也是如此。

> 对于意大利共产党来说,危机……来自外部,因此它具有完全"进口"的、上层建筑的和完全意识形态的特征:一个名称和记忆的危机,一下子就变得不可持续了。一个仍然强大和团结的政党,只存在着微小的分歧,但随着一场几乎肯定没有预料到的失败突然降临,对这场失败也无须负直接责任,这一政党几乎突然被迫蜕化(实际上是放弃自己的灵魂),采取新的道路,以便能够生存下去。就这样,经过简短的讨论,一切都得到了快速解决,尽管这也意味着分裂的创伤。直到最近还被认为是异端的立场和口号现在成了日常食粮。直到那一刻,之前构成凝聚力和共同教育核心的作者和学说突然就被遗忘了……这些男男女女数十年来都做出了慷慨激昂的承诺,突然在不经意间脱离了他们自己的历史(那段造就了他们"自己"的漫长征程)重新进入一个新的身份,与之相比,第一个身份不过是无用(和令人尴尬)的碎屑堆积。②

虽然这位意大利历史学家以非常戏剧性和充满伤感的语言描述了这一逆转,但他认为这在苏联解体后是**必要的**:

---

① 安德森(Anderson),2014年,第79页。
② 斯齐亚沃尼(Schiavone),1999年,第5—7页。

这一事件"改变了之前的整个叙述的意义"①。这意味着要把现有的所有苦心经营的实验室和场所都化为乌有。正如有人正确指出的那样,"这种自杀行为的冷静程度"确实令人印象深刻。②

在历史上,没有任何事件能将一切化为乌有。今天,关于其他据称将一切化为乌有的"事件"的批评性讨论充斥着整个图书馆。一名历史学家能够提出这样的论点,进一步说明了这一现象需要研究和解释。

另一名历史学者和微观历史的主角(一种既具有创新性又具有重大国际意义的意大利史学研究理论)会这样宣布:"我们所有人都在某种程度上受到了马克思主义的影响……当我看到**突然之间**没有人再是马克思主义者的时候,我感到非常吃惊:这件事令人震惊、骇人听闻。"③

实际上直到1989年,意大利的共产主义知识分子都是在对历史的长期思考中得到滋养的。他们中的相当一部分人现在非常迅速地几乎完全抵消了整个理论传统,在这一传统中他们形成了自己的整个学术人格(有些人跨越了数十年)和参考坐标(也曾用于形成其他人的学术人格和参考坐标)。这就开启了关于伟大的划时代转折点与个人体验方式以及个人责任之间的微妙界限的多种问题。

这里确实存在着一个划时代的转折点。一段对于未来

---

① 斯齐亚沃尼,1999年,第21页。
② 阿索尔·罗萨(Asor Rosa),1996年,第40页。
③ 李维(Levi),1990年,第225页。重点部分为本书作者所标。

充满激情的漫长时期却以对未来的否定而告终；这是一个深刻的、名副其实的历史性停顿，与媒体所描述的无数转折点和/或革命相差甚远。这样的事件压倒了其他一切。尽管如此，专业学者仍有责任区分不同的层次、逻辑、路径，即使总是伴随着大变革的黑暗使所有事情看起来都界线模糊。这就意味着要区分意识形态和分析，区分乌托邦和反面乌托邦，区分一种理论的直接政治用途和它的坚硬内核，以及区分一段长期经验的不同时期，而不是其所有时期都符合相同的逻辑。这项工作涉及长期研究和大量调查以及撰写大量书籍，但是用"不再流行"的某人的表述来说，①这项工作与"把学术作为一种职业"的人生选择密切相关（**必须如此**）。在时代精神如此强大的情况下，要做出区分并不容易，但还有一个办法是日益广泛传播的"契科提（Ciccotti）悖论"。我在本书中反复提到的埃托雷·契科提（Ettore Ciccotti），从19世纪末到20世纪初，是意大利最重要和最有创新性的马克思主义历史学家之一。在法西斯统治的20年，契科提最终同意成为一名参议员，因此在他1939年去世时，人们认为他完全为法西斯政权出卖了自己。然而，他生命的这一最后阶段并没有出现在任何关于契科提的研究中（或者只是纯粹出于对他生平的好奇心而短暂出现过）。他在意大利和欧洲文化中所扮演的角色（一个重要的角色）是与**马克思主义历史学家**契科提联系在一起的，

---

① 这一表述来自马克斯·韦伯（Max Weber）1917年的一次讲座名称。

而不是他后来作为一个"法西斯"的命运联系在一起。

我们的时代在政治反思方面十分丰富（这当然是不可或缺的，但如果这意味着把过去看成一个单义的、模糊不清的集团，也会带来真正的生平创伤）一定是在为我们准备许多**像**契科提那样"矛盾"的案例。如果在过去，自称是马克思主义者的历史学家或哲学家或社会科学学者创造了重要的作品，并不会因为此后发生的剧烈变化而失去意义。

其中一些学者对战后的意大利（不仅仅是意大利）文化确实很重要。他们创作的作品即使今天在他们的时代情绪之外阅读（不过难道不是每部作品都能保存这种情绪吗?），也能显示出仍然完整无缺的理论稳固性和批评意识。然而，有些学者却尤其顽固地信奉**记忆的诅咒**（damatio memoriae），将自己与那些昨日无足轻重、今日却吵吵闹闹的学者联合起来。

我们可能会问自己，对于那些现在几乎所有作品都被抛在脑后的人来说，考虑到他们给自己分配的"伟大任务"如今因自己的"伟大希望"已经陨落而被拖入深渊，同时也把过去的全部学术活动拖入其中，因而实际上也让人怀疑他们的（至少是过去的）德行和知识能力，那么他们是设法从自己作为学者（也许不仅仅是作为学者）的生活中归结出什么整体意义。

矛盾的是，如果要撰写20世纪下半叶的意大利文化史，有些人恰恰将作为马克思主义者出现在历史中（以极大的荣誉）。这些人物生命的最后一个篇章在学者们看来将是一个无关紧要的传记细节，就像埃托雷·契科提的情况一样。唯一的不同是，契科提不会因为以这种方式被历史学家记住而不快。尽管他的政治坐标发生了变化，但他从未与自己过去的学术工作一刀两断，也不后悔曾经是一名**马克思主义历史学家**，他意识到这一维度是他作为一个人和一名学者的生活基础。

然而，从这些前马克思主义者涉足媒体时的语气来看，这样的前景一定让他们中的一些人感到恐惧（他们中的许多人现在只出现在媒体上）。

在12年前上映的一部令人愉快的电影《野蛮入侵》（Barbarian Invasions）中，一群法裔加拿大朋友、魁北克大学（Quebec University）的历史教授，忧郁地讨论起他们的文化经历与他们生活经历的其他部分紧密地联系在一起。他们回忆起对当时每一种"主义"的忠诚：结构主义、毛泽东主义、情境主义等等。他们的结论是，他们唯一远离的主义是议会迷（cretinism）①。如果研究历史、哲学、经济学等学科的专业人士受限于历史的浪潮来回快速摇摆，我们可能会怀疑他们是否还能这样来安慰自己。

意大利马克思主义终结的这些形式仍在等待着被"严

---

① 议会迷（德语：parlamentarische Kretinismus）是卡尔·马克思创造的贬义术语，最早见于他1852年发表的《路易·波拿巴的雾月十八日》。该词被用于描述一种认为社会主义社会可以通过和平的议会手段实现的信念。马克思和恩格斯认为这是社会主义运动的致命错觉，相信这只会浪费时间而让反动势力发展壮大。——编者注

肃研究"。当然，尽管如此，这些形式是马克思主义历史的一个章节，也是20世纪意大利马克思主义历史的一个章节。

卢加诺（Lugano），2015年3月

目 录
CONTENTS

第一章 19世纪60年代和70年代：马克思主义被摒弃，与马克思主义的腐烂 ········· 1
  1 民主的对立面 ·· 1
  2 无政府主义的对立面 ·································· 30

第二章 19世纪80年代的马克思主义过渡时期的特点 ········· 71
  1 社会主义文化：社会学 ································ 71
  2 社会主义文化：政治经济学 ·························· 103
  3 有组织的工人世界中的文化调解 ···················· 139

第三章 19世纪90年代的马克思主义：基础——及正统？ ··· 195
  1 "马克思主义政党" ···································· 195
  2 意识形态、科学、乌托邦、宗教（religio）之间的关系 ··· 221
  3 "公民社会的剖析" ···································· 253
  4 世纪末的马克思全集 ································ 308

第四章　历史唯物主义 ·· 329
1　什么哲学？什么历史哲学？ ························· 329
2　唯物主义和"社会主义的哲学" ······················ 367

第五章　马克思主义和改良主义 ··························· 393
1　改良主义的理论根基是什么？"灾变论"的混乱网络 ··· 393
2　屠拉蒂，"马克思主义者"和"改良主义者" ········· 434
3　工人运动的经济理论 ································· 457
4　非马克思主义改良主义的表述、历史的回归及再谈改良主义 ·· 482

第六章　马克思主义和革命的工团主义 ····················· 514
1　工团主义是否扎根于世纪之交的"修正主义"？ ····· 514
2　"左派"马克思主义的早期定义 ······················· 558
3　恩里科·利昂纳与阿图罗·拉布里奥拉的工团主义理论"鼎盛"时期的马克思 ······························ 575
4　"小"工团主义知识分子世界中的马克思主义与精英主义 ··· 604
5　论人的尊严（De hominis dignitate）。工人工团主义马克思主义？费拉拉的《火花》（La Scintilla）与皮翁比诺（Piombino）的《铁锤报》（Il Martello） ····· 632

参考文献 ·· 649

第一章
19世纪60年代和70年代：
马克思主义被摒弃，与马克思主义的腐烂

1 民主的对立面

"一个多世纪以来，无论明示还是暗示，'工人'一词作为一种社会或职业状况的称谓，已经成为所有文化话语的一个要素。"① 这是伊塔罗·卡尔维诺（Italo Calvino）在20世纪60年代早期一篇文本中的话语，这些文本中的话语在具体的文学和社会理论之间以仔细校准过的平衡形式构建了起来，卡尔维诺是其中无与伦比的大师。卡尔维诺在处理"工人"一词的中心地位问题时，强调了一个意义深

---

① 参见卡尔维诺，1980年，第100页。

远的现象的产生："工人作为对立面的化身进入了理念史。"①

马克思主义的各种文化对于明确内在的普遍性价值至关重要，通过这一价值，"工人"一词表达了历史进程的主观性和客观性，这一进程在彻底解放的视域中结束，否定了当下存在的东西。这些文化对工人的对立性质做出了理论上的解释，在"工人"和这些文化的形成过程中基本上是共同的：一种理论和历史客观性的共生建设似乎已经使得这种对立面变得清晰可见。

工人和马克思主义的文化在辩证的过程中代表了**对立面**，这一辩证过程见证了在**论题**中和特定现实中否定的长期成熟。然后，这将达到一种分离，在这一分离中，仍然可能看到以遥远的、但期望中的**综合**的视角被重新组合的要素。在一个长期的过程中，"民主"和"民主主义者"现在是论题，现在是对立面，现在是综合。此外，"前一阶段的形式总会出现在较近阶段的理念中……一个时代的关键核心，一个扩张中的模糊主体，被引导到古老时代的历史结晶的形式中"②。

如果马克思和恩格斯第一次以欧洲民主的权威性倡导者的面目出现在意大利，我们不仅可以从年代上的巧合（19世纪40年代末的伟大民主起义）来解释这一点，而且

---

① 参见卡尔维诺，1980年，第101页。
② 罗伯特·穆齐尔（R. Musil）：《精神与经验》（Geist und Erfahrung），载《新水星》（*Der Neue Merkur*），1921年3月。

还可以从欧洲民主的一个极其广泛和激进的方面来解释。1847年马克思和恩格斯在纪念1830年波兰革命①周年时被称为"德国民主主义者",马克思在1848年写给《黎明报》(L'Alba)的著名信件中提到了"民主原则",以及在1871年11月的工人协会(Società Operaie)大会上提到了图奇(Tucci)和卡菲埃罗(Cafiero)的立场,当时他们试图证明马志尼(Mazzini)的立场与"民主"和第一国际本身相违背,②这一系列事件之间有一种显而易见的(纵然令人困惑的)连续性。这就是一张网,上面的丝线使人看到一种思想的发展和作为其发展中介的环境。

在19世纪60年代和巴黎公社(Paris Commune)之后不久,后来成为"马克思主义"的必需要素由民主报刊在意大利传播。

自1864年起,《成立宣言》(Inaugural Address)和《临时章程》(Provisional Rules)都得到了早期的广泛传播。1865年7月,这两份文件的第一个完整译本(尽管有一些小的遗漏)出现在热那亚的《职责》(Il Dovere)中。③《章程》已经单独出现在1865年2月的米兰《意大利联合报》(L'Unità Italiana)上。在《职责》的译本之前,只有三个英语版本和两个德语版本。然而到了19世纪60年代末,《临时章程》总共有了五个意大利版本,日内瓦大会上商定

---

① 参见《佛罗伦萨杂志》(La Rivista di Firenze),1847年12月24日。
② 参见德尔·博(Del Bo)(编者),1964年,第81—88页。
③ 参见胡内克(Hunecke),1971年。

的《共同章程》(General Rules) 有六个版本，《成立宣言》有一个完整版本，结论部分有两个版本；此外，1871年，《共同章程》又出版了十四次。然而，直到1901年历史学家埃托雷·契科提的新译本由蒙吉尼（Mongini）出版之后，《成立宣言》才再次在意大利出版。

  参与制作这些版本的报纸范围相对较广：除了我们已经提到的那些报纸之外，还包括那不勒斯的《自由与劳动》(*Libertà e Lavoro*) 和《意大利人民》(*Il Popolo d'Italia*)；米兰的《玫瑰宪报》(*Il Gazzettino Rosa*)；都灵的《意大利无产者报》(*Il Proletario Italiano*)；吉尔根蒂（Girgenti）的《平等报》(*L'Eguaglianza*)；拉文纳（Ravenna）的《罗马尼奥罗报》(*Il Romagnolo*)；曼托瓦（Mantua）的《火花报》(*La Favilla*)；洛迪（Lodi）的《人民报》(*La Plebe*)。后者将把《共同章程》与正常发行分开，以每份10**分钱**的价格出售。诚然，恩格斯写道，"所有这些本子固然都很糟糕，有些地方还译错了"[①]，但即便如此，这也意味着马克思的一份重要文件正在意大利民主和社会主义运动中决不可忽视的区域流传。马志尼的报纸在传播这些文本方面发挥了突出的作用，这一事实也标志着整个革命生态系统的相对渗透性：即使在马志尼"逐出"马克思以及爆发由此产生的激烈争论之后，这种渗透性仍将在一定范围内继续存在。

  [①] 恩格斯致库诺（Cuno），1872年1月24日；英文版《马克思恩格斯文集》第44卷，第306页。《马克思恩格斯全集》第33卷，北京：人民出版社1973年版，第390页。

相反，一个广泛的、多元的、**颠覆性的**①生态系统的存在（民主主义和社会主义极左派的激进分子长期使用这个形容词，不带任何负面含义）鼓励了"共同情操"的形成和巩固：一个"共同推论"和"共同**主题**"的纬线，作为底层本源，甚至能够承受深刻的学说分歧。这些横向分层提供了"关键理念"，这些理念后来在确定的情况下，在马克思主义体系的接受（或是构成则更佳）中找到了更完整的阐述，至少就像根据卡尔·马克思的著作的逐步扩展和认识的提高而获得的纵向线性特征一样。

1865年刊登于《职责》的《成立宣言》和《临时章程》②特别令人感兴趣，因为它是一个问题节点的高度象征，这一节点似乎一直是一系列之后注定会经历长期但有争议的成熟期的主题的出发点。

首先，因为在这里《成立宣言》和《临时章程》一起出版，应该作为一个整体来阅读，而不是每个文本单独出现。当时距圣马丁馆（St. Martin's Hall）会议召开后仅一年时间，这种出版方式并不常见。在第一次接触时，我们就可以立即看到这种联系能够证明民主和社会主义之间的关系问题的新指控，而这一问题倾向于现在提出：对于埃内斯托·拉焦尼埃里（Ernesto Ragionieri）来说，"《演说》考

---

① 意大利语sovversivo也有可能具有极大贬义，指缺乏政治方向的原始的反叛精神。

② 参见尼科洛·洛·萨维奥：《英国工人阶级的苦难》（La miseria delle classi operaie in Inghilterra），载《职责》，日内瓦，1865年7月29日，8月12日及26日。

意大利马克思主义史：从起源至第一次世界大战前

虑到了1848年的经历所引发的破裂，例如使社会主义和民主之间的关系充满革命历史主体的活动和倡议。"与此同时，《共同章程》的特点要素是"强调民主环节（moment），将其理解为充分表达一场新运动的可能性，同时，需要收集和统一一系列共同经验"。①

其次，是因为出版这份文件时的背景，即尼科洛·洛·萨维奥（Nicolò Lo Savio）对处于资本主义发展前沿的工人阶级的贫困状况的反思。关于意大利社会主义运动的史学研究已经多次论及洛·萨维奥的超前性和（部分）他作为社会主义者的成熟性。洛·萨维奥的这些特点（也正是这些特点让马志尼对他产生了怀疑，并对他报以并不友好的关注）②无疑表明了民主的多元性，这在当时被证明是最有利于对立面发展的文化领域。而且洛·萨维奥也正是因为邂逅了《成立宣言》和《共同章程》才找到了更为缜密的分析坐标。

洛·萨维奥在1865年8月写下了他最重要的"社会主义"干预措施之一——也就是说，在这些马克思的文本出版后不久，这些文本对他自己的写作的影响显而易见。他试图明确说明"解放"的含义，他称之为"社会主义的基本教义"：对洛·萨维奥来说，解放"不是像法律面前所谓

---

① 拉焦尼埃里，1968年，第11、13页。
② 1864年9月，马志尼指出，"社会主义"一词出现在洛·萨维奥关于工人状况的文章中，因此，"该问题错误的解决方案"也在文章中提出。参见桑塔瑞利（Santarelli）在安德鲁奇（Andreucci）和德蒂（Detti）（编者）中的关于洛·萨维奥的文章，1977年，第166页。

的平等那样短暂的、虚幻的平等,而是人与人之间条件的真正的、有效的平等。没有平等,就只能是贫穷和无产阶级主义。因此,社会主义是**卓越的民主公式**"①。贫穷不是自然的结果,相反,"贫穷和……无产阶级是所谓资本主义的后果"。在这里,我们也看到了《共同章程》**开场白**的反响,它应该被誉为"马克思著名的判断":② "工人们,培养别人会来拯救你们的痛苦的希望是没有用的;现在是打破这种思想混乱的时候了……,选择一条道路,你们自己负责保卫你们自己的福祉"。马克思在影响洛·萨维奥定义阶级意识和阶级意义时也同样明显:"你们作为一个社会阶级存在,不同于其他阶级……(这个阶级)不同于资产阶级,因为它有自己的**理念**,有不同于资产阶级的利益;在其社会经济学中宣称信仰完全不同于资产阶级经济学的基本原理"。③ 最后一段话直接受到了《成立宣言》中一个类似段落的直接启发。此外,洛·萨维奥对这些马克思的文本的引用,使他对如何定义资产阶级有了更为缜密的分析,而不是被道德范畴的包袱所压垮——后一个问题不仅在当时

---

① 参见洛·萨维奥:《工人的民主》(Alla democrazia operaia),载《无产者报》(Il Proletario)("工人民主的经济社会主义报纸"),佛罗伦萨,1865 年 8 月 20 日。重点为本书作者所标。

② 参见《人民的意大利》(L'Italia del Popolo),1890 年 8 月 11—12 日。

③ 同样的概念在一个月后的一篇文章中再次出现:"工人阶级和无产者觉得自己有别于资产阶级,他们有自己的理念,并且在自己的社会经济中宣称信仰完全不同于资产阶级经济学的基本原理。""生产合作社"(Le società cooperative di produzione),载《无产者报》,佛罗伦萨,1865 年 9 月 16 日。

的民主报刊中普遍存在，甚至在巴黎公社之后十年的民主和社会主义报刊中也是如此。① 也许注意到奥斯瓦尔多·格诺基·维亚尼（Osvaldo Gnocchi-Viani）② 对洛·萨维奥的框架的认同有些用处——格诺基·维亚尼这个人物的政治和思想轨迹将与意大利马克思主义之后采纳的独特形式有极大关联，我们将在后面看到这一点。

《成立宣言》和《共同章程》适时地结集出版，完美地概括了所有的主题，这些主题将在随后几年（尤其是在19世纪70年代）穿越政治和文化进程，这些进程将导致对"马克思的政党"的拒绝和对"马克思的政党"之外的"马克思主义"的逐步肯定。尤其是这些主题强调抵抗的必要性和为改善生活和工作条件而斗争的必要性，也就是说，强调在历史上灵活限制的框架内存在改善的可能性。这种可能的改善也会证明存在合理主张，即面对占主导地位的经济关系的所谓自然僵化，这种抵抗有一种对立的逻辑。一个很好的例子是"以最令人钦佩的毅力进行的斗争"，"英国工人阶级"通过这场斗争"成功地实行了《十小时工作日法案》（Ten-Hours Bill）"。正如马克思写道：

---

① 参见《企业家与员工》（Intraprenditori e lavoranti），载《无产者报》，佛罗伦萨，1866年1月7日。几年前，洛·萨维奥勾勒出了一个初步的剩余价值理论，将贫困定义为"工人的赤字"，并指出"提供的产品和收到的工资之间的不平等"是产生这一赤字的主要原因。参见尼科洛·洛·萨维奥：《工人与业主》（L'operaio e il proprietario），载《职责》，1863年7月25日。

② 参见《无产者报》，佛罗伦萨，1865年9月17日。

> 这场围绕用立法手段限制工时问题而展开的斗争……即构成资产阶级政治经济学实质的供求规律的盲目统治和构成工人阶级政治经济学实质的由社会预见指导社会生产之间的争论。因此,十小时工作日法案不仅是一个重大的实际的成功,而且是一个原则的胜利;资产阶级政治经济学第一次在工人阶级政治经济学面前公开投降了。①

因此,在工人要求的实践、在不同程度的意识中的阶级斗争实践、经济理论和社会理论之间存在着共同的相似之处——甚至在这些句子首次出现在意大利语译本中的那一年,马克思就已经阐述了这些相似之处。从长远来看,这种相似之处将被认为对有组织的工人作为其斗争的最终目标而设定的全面"解放"至关重要。

因此,"政治问题"很快就会成为产生激烈冲突的领域。

> 但是土地巨头和资本巨头总是要利用他们的政治特权来维护和永久保持他们的经济垄断。他们不仅不会促进劳动解放,而且恰恰相反,会继续在它的道路上设置种种障碍。请回忆一下帕麦斯顿勋爵在最近一

---

① 引用于洛·萨维奥《英国工人阶级的苦难》,载《职责》,日内瓦,1865年7月29日,8月12日及26日。英文版本引自《马克思恩格斯文集》,第21卷,第330页。《马克思恩格斯全集》第21卷,北京:人民出版社2003年版,第12页。

意大利马克思主义史：从起源至第一次世界大战前

次议会会议上攻击爱尔兰租佃者权利法案维护者的嘲弄口气吧。他大喊道：下院是土地所有者的议院。所以，夺取政权已成为工人阶级的伟大使命。①

国际工人协会成立时对"政治问题"的清晰定义表明，当我们评估1871—1872年关于《共同章程》第四段中出现的"作为一种手段"的不忠实的法语翻译的争辩时，② 我们应该分析它们特定的和偶然的性质，而不应超出这一背景

---

① 《马克思恩格斯全集》第21卷，北京：人民出版社2003年版，第13页。

② 我们将会看到，关于著名的伦敦会议（London Conference）第9号决议（Resolution ix）的争议的一个方面也与"对《总章程》的忠诚"问题有关，尤其是第四段"因而工人阶级的经济解放是伟大的目标，一切政治运动都应该作为手段服从于这一目标。"［引自：《马克思恩格斯文集》第3卷，北京：人民出版社2009年版，第226页］应该如何用最重要的欧洲语言来理解（和翻译）。19世纪70年代，这些是《总章程》最重要的版本：

1）《国际工人协会临时章程》（Provisional Rules of the International Working Men's Association）（1864年）

2）《国际工人协会章程和条例》（Statuts et réglements de l'Association International des Travailleurs）（1866年）

3）《国际工人协会章程和条例》（Statuts et réglements de l'Association International des Travailleurs）（1866年）

4）《国际工人协会章程》（Rules of the International Working Men's Association）（1867年）

5）《国际工人协会总章程》（Statuts généraux de l'Association International des Travailleurs）（1870年）。

他们各自对有争议的文本的阐述是：（1）"作为一种手段"，（2）没有翻译；（3）"作为一种手段"（comme moyen）；4）"作为一种手段"，5）"仅作为一种手段"（comme un simple moyen）。在马克思策划的德语版本中，我们看到的是"作为一种手段"（als Mittel）。

第一章 19世纪60年代和70年代：马克思主义被摒弃，与马克思主义的腐烂

过分延伸。事实上，在巴枯宁和总委员会（General Council）之间的冲突猛烈爆发之前，"政治问题"并不是任何特定的持久争议的关注核心。①

我们已经提到这样一个事实：在《成立宣言》和《共同章程》在意大利出现的同一年，《职责》版和《意大利联合报》版都提到②马克思在伦敦（实际上是在总委员会）采

---

① 因此恩格斯指出第IX号决议的前情时没有弄错："总委员会在无产阶级政治行动方面的地位已得到充分规定。"

1）根据《总章程》，序言的第四段写道："因而工人阶级的经济解放是伟大的目标，一切政治运动都应该作为手段服从于这一目标。"

2）协会《成立宣言》（1864年）的文本是官方《总章程》的重要评论，根据该文本："土地巨头和资本巨头总是要利用他们的政治特权来维护和永久保持他们的经济垄断的。他们不仅不会促进劳动解放，而且恰恰相反，会继续在它的道路上设置种种障碍……所以，夺取政权已成为工人阶级的伟大使命。"

3）根据洛桑代表大会（Congress of Lausanne）（1867年）的决议，大意是："工人的社会解放同他们的政治解放是不可分割的"

4）根据第IX号决议……（英文版《马克思恩格斯文集》，第21卷，第54—55页，中文版《马克思恩格斯全集》（第44卷），北京：人民出版社1982年版，第731页）。

② 《总章程》的两个版本有所不同。洛·萨维奥使用的版本直接来自与总委员会关系密切的人士，是伦敦意大利协会（London Società Operaia Italiana）成员朱塞佩·冯塔纳（Giuseppe Fontana）根据马克思直接给他的文本翻译而成〔参见联合出版社（Riuniti）出版的意大利语《马克思恩格斯全集》（MEOC），第四十二卷，第14页〕。刊登于《意大利联合报》上的文本却是基于同年的法语译本，模仿了其中的错误与原文的重要差异。例如，两个版本在著名的《总章程》第四段上明显存在分歧。《职责》上的版本是"（考虑到）工人阶级的经济解放因此是伟大的目标，每一场政治运动都应作为一种手段而服从于这个目标"，而《意大利联合报》上的版本是"（考虑到）由于这个原因，工人的经济解放是每场政治运动都应该服从的伟大目标"（参见1865年2月18日版）。

取了一次干预措施,发表了一次演讲,试图在经济理论和为要求而斗争的实践之间建立密切的联系。尽管这一演讲稿在意大利(不仅是意大利)直到19世纪末才为人所知,①但总委员会还是确立了一种分析态度,并划定了一种对待工人组织的方法(在"阶级政党"中构建工人组织的观点),简单来说,首先允许在"马克思主义"之外发展和巩固"马克思主义",然后**就是**"实践马克思主义"和"工人阶级马克思主义"。

1865年春天,木匠约翰·韦斯顿(John Weston)——"一个古怪的老好人,一个老欧文主义者"② 向第一国际总委员会提出了一个关于工会斗争的影响的理论—实践纲领。韦斯顿认为,工资的普遍上涨会立即被相似比例的物价普遍上涨所抵消。因此,工人的条件不可能通过争取工资上

---

① 该文本的第一个意大利版本实际上于1932年问世〔社会文化(Edizioni di coltura sociale)版的《工资、价格和利润》(Salario, prezzo e profitto),标记为"布鲁塞尔",但实际上在巴黎出版〕,但英语版本和法语版本几乎同时出现在1898年〔《价值、价格和利润》(Value, Price and Profit),由他的女儿爱琳娜·马克思(Eleanor Marx)编辑,以及同年的《融入社会主义》(Devenir Social)上的《工资、价格和利润》(Salaire, prix et profits),第385—405、439—525页〕。正如我们将看到的,后一版本将立即在意大利用于对马克思的工资理论的论战中,而这一论战就在那一刻开始发酵。

② 约翰·韦斯顿向总委员会提出了两项论点:"(1)工资率的普遍提高对工人不会有任何好处;(2)由于这一点以及其他原因,工联所起的作用是有害的。这两个论点——在我们的协会中只有他相信——如果被接受,那么,我们就会在这里的工联和现在大陆上流行的罢工潮面前闹大笑话。"英文版《马克思恩格斯文集》第42卷,第159页。《马克思恩格斯文集》第10卷,北京:人民出版社2009年版,第229页。

涨的方式得到改善；因此，工会大力投入的罢工行动毫无用处。这些论点在其他时候恰恰会被攻击为"马克思主义"。

马克思在总委员会的演讲中驳斥了韦斯顿的论点，他将工资**理论**与**历史**经验和英国工人工资状况的实际情况紧密结合起来。即使是以说教的方式，他也在这里介绍了当时即将完成的《资本论》第一卷中的一些范畴。[①]因此，工资理论一方面与价值理论相联系，另一方面通过定义利润率和剩余价值率的机制与积累理论相联系。因此，就其严格的分析框架而言，工资水平仅受制于资本价值化持续过程中的潜在风险——远非工资被限制在维持生存的最低水平（且马克思特别强调了这一最低水平的历史性和非固定性）。因此，决定是否达到这一限度的不仅仅是或主要是工资水平，而是影响利润率动态的所有多重因素。此外，劳动生产率的提高也带来了一般财富的增加，在强劲增长的条件下（尤其是在1849年至1859年的十年间）出现了没有被生活成本的增加所吸收的工资上涨。在同一时期，官方登记的贫困人口数量也有所下降，即使下降的幅度不大。那么在每个经济发展的紧要关头，在劳动力价格的最低和最高限度之间的利润率变化范围内，什么力量能够改善工人条件呢？"很明显"，马克思回答道，"在**最高利润率**的这两个界限之间可能有许多变化。利润率的实际水平只是由

[①] 马克思不是一个"普及者"，即使"他的大部分经济教学是在对工人的讲座中首次表达的；他在这些情况下的阐述无论如何都是清晰和简明的典范"〔伯林（Berlin），1978年，第2页〕。

资本与劳动的不断斗争确定的"①。

马克思强调了有关员工一方的冲突处于中心地位，紧接着他强调了扩大这种必须有政治维度的斗争的必要性：

> 至于谈到限制工作日，在英国像在其他各国一样，向来只靠立法的干涉，如果没有工人从外部经常施加压力，这种干涉永远也不会实现。无论如何，这种结果决不是工人和资本家的私人协商所能获得的。这种采取普遍政治行动的必要性本身就证明，资本在其纯粹经济的行动上是比较强有力的一方。②

工人组织通过生产现场的斗争赢得更好的工作条件；**工人组织**对于政治领域施加影响，例如对已经取得的改进措施给予立法批准，并为"解放"的伟大任务赋予总体内容和深度。这是国际工人协会向欧洲工人指出的两条紧密相连的道路（事实上一些地区的工人已经开始走上这些道路），并且出现在国际工人协会的官方文本及其内在的理论分析中。这些道路往往变化莫测、迂回曲折；有时这些道路会消失，然后在不同的场景中重新出现，只可能确定一

---

① 英文版《马克思恩格斯文集》，第20卷，第146页。重点部分由本书作者所标。《马克思恩格斯文集》第3卷，北京：人民出版社2009年版，第75页。

② 同上。

条淡淡的路线痕迹。这些道路后来被证明是多种路线的交汇点，通过这些交汇点，工人运动、社会主义和马克思主义之间复杂的互动关系最终得以具体化。

生产现场的冲突几乎总是意味着罢工。无论是在理论层面还是在罢工的实际发展领域，与"罢工问题"的交锋将是第一国际在整个19世纪60年代的一项持续性任务。此外，国际工人协会的基础在某种意义上与这个问题有关。从这十年末的负面微循环开始，几乎整个欧洲工业界都受到了强大的罢工浪潮的影响，有时气势汹涌的斗争超出了工作场所，有时则与政治当局发生了尖锐的冲突，由此导致了镇压的出现。这些罢工不是由国际工人协会推动的，但总的来说确实多次导致了与国际工人协会的交锋。正如马克思所说，"至于说里昂事件，那并不是国际把工人推向罢工，相反，却是罢工把工人推向国际的队伍"①。这一问题几乎出现在国际工人协会的所有内部辩论中；我们在国际工人协会的内部文件、马克思和恩格斯之间的通信以及他们与其他对话者之间的通信中都能看到这一问题；从1866—1867年的胜利罢工（通过这些罢工"证明"了国际的"直接的实际好处"已经"在讲求实际的英国人的头脑中留下了印象"）②，到1869年的比利时悲剧和屠杀，无不

---

① 英文版《马克思恩格斯文集》第21卷，第75页。中文版《马克思恩格斯全集》第16卷，北京：人民出版社1964年版，第425页。

② 英文版《马克思恩格斯文集》第42卷，第272页。中文版《马克思恩格斯全集》第31卷，第北京：人民出版社1972年版，第519页。

如此。罢工问题对马克思、总委员会和国际工人协会的不同表现形式的重要性，当然也反映了一个在各个层面都极为吸引人的现实。然而与此同时，罢工似乎具体地表明积极实践的阶级斗争既加强了工会的要求也加强了广泛的意义，这些广泛意义最终超越了狭隘的工会意义。正是由于这个原因，马克思认为国际的首要任务是开展激烈的活动，"直接达成协议和采取共同行动，而对阶级斗争和把工人组织成为阶级的需要则给以直接的滋养和推动"，同时也应觉悟到"一切集中的、社会的、因而也是可以通过**政治手段**（例如，**从法律上缩短工作日**）"都可以被定义为带有革命性质。[①] 通过法律减少工作日（显然是在实现这一目标所必需的冲突过程中进行考虑）似乎是一种革命现象，因此，管理妇女和未成年人劳动，以及所有为了通往"完全解放"的**道路前进**而允许工人和阶级实现条件和工具的规范性机制，也都是一种革命现象。

国际的纲领是革命性的，但在任何意义上都不是"灾变论主义"或一元化的；相反，纲领高度清晰，并且关注到了阶级斗争的所有表现形式。我们可以从1866年日内瓦大会的《给临时中央委员会代表的关于若干问题的指示》(Instructions for the Delegates of the Provisional General Council-The Different Questions) 中看出这一点。这些指示的关键

---

① 英文版《马克思恩格斯文集》第42卷，第326页。重点部分由本书作者所标。中文版《马克思恩格斯全集》第31卷，北京：人民出版社1972年版，第533页。

部分涉及为缩短工作日而进行的斗争,"是一个先决条件,没有这个条件,一切进一步谋求改善工人状况和工人解放的尝试,都将遭到失败"①〔这一阐述在1868年布鲁塞尔大会(Brussels Congress)上再次得到批准〕,管理童工以及促进合作社劳动("我们承认,合作运动是改造以阶级对抗为基础的现代社会的各种力量之一")。②当然,核心问题是促进和支持工人的抵抗:"工会……现在必须学会自觉地作为工人阶级的组织中心、为工人阶级的**彻底解放**的最大利益而行动。它们对这方面的任何社会运动和政治运动都必须给予支援。"③巴塞尔大会(Basle Congress)批准了一项关于"抵抗协会"的决议,呼吁国际主义者支持这些机构并投身于它们的斗争。马克思还指出,普雷斯堡(Pressburg)工人在被禁止进行任何形式的政治或工会示威活动数月后,对维也纳内务大臣的反应是工人阶级行为的典范:"因为国家大事影响到工人的状况,工人当然要过问政治,而且一定要过问政治。"④

总而言之,国际工人协会逐渐形成的总路线(在伦敦

---

① 英文版《马克思恩格斯文集》第20卷,第187页。中文版《马克思恩格斯全集》第21卷,北京:人民出版社,2003年版,第268页。
② 《马克思恩格斯文集》第20卷,第190页。中文版《马克思恩格斯全集》第21卷,北京:人民出版社,2003年版,第271页。
③ 《马克思恩格斯文集》第20卷,第192页。中文版《马克思恩格斯全集》第21卷,北京:人民出版社,2003年版,第273页。
④ 马克思在《马克思恩格斯文集》中引用,第21卷,第79页。中文版《马克思恩格斯全集》第16卷,北京:人民出版社1964年版,第429页。

意大利马克思主义史:从起源至第一次世界大战前

委员会与巴枯宁的激烈冲突动摇其根基之前),是由一系列复杂的论证构建而成,这些论证总体上具有内在一致性。这条路线的核心是阶级组织,它具有双重内涵,既是抵抗的主要工具,又是政治领域的必要投射。这一概念之后将在马克思著名的定义声明中得到总结:"一切阶级运动本身必然是而且从来就是政治运动。"① 因此,其必然结果就是致力于服务社会立法,"批准"在改变阶级之间的权力关系方面已经取得的进展,并服务合作社运动,可以为如何构建不同于主导关系的劳动关系提供指示。在1871年7月18日马克思接受《世界报》(*The World*)的采访中,他以示范性的清晰方式总结了这一国际工人协会的纲领:

> 他们必须改变他们与资本家、地主之间的关系。这就是说,他们必须改造社会。这就是每一个大家知道的工人组织的共同目的;土地和劳动同盟,工会和互助会,合作商店和合作生产,都不过是实现这一共同目的的手段。在这些组织间建立充分的团结,便是国际协会的事情。②

---

① 英文版《马克思恩格斯文集》第43卷,第491页。中文版《马克思恩格斯文集》第10卷,北京:人民出版社,2009年版,第333页。
② 该文本未出现在《马克思恩格斯文集》中。采访发表于《红色威胁》(The Red Menace),1979年冬天,网址为:http://www.connexions.org/CxLibrary/Docs/CX5169-MarxInterview.htm. 中文版《马克思恩格斯文集》第3卷,北京:人民出版社2009年版,第612页。

在巴黎公社之后第一国际正面临着全面的反弹，尽管当时马克思准备承认国际工人协会的任务曾经是，而且不仅仅是现有各个组织之间的简单的团结协调，但仍存在这样一个事实：马克思在发表《成立宣言》和在19世纪60年代详尽阐述的所有其他演说时，他所面对的工人阶级实际上是一个正在斗争中的有组织的工人阶级；① 这一工人阶级中最先进的组织已经成立了国际工人协会。这意味着这些有组织的机构的需求和他们的斗争在国际工人协会构建总路线时具有决定性意义。正如我们所看到的，这是一条可以被定义为具有革命性的路线，在某种意义上与民主和社会主义传统的革命形式没有区别。这条路线易于与19世纪初的非还原主义改革派产生关联（部分情况也的确如此），并且在与**民主的对立面**的逐步冲突中逐渐成熟。

这条路线的坐标是马克思根据运动中正在进行的实际进程构建的，毫无疑问，该路线可以被认为是国际本身的路线。当然，这一考虑不应建立在过于严苛的标准上。当然，这是总委员会的路线；尽管有时是通过渐进的构建方式而非简单的线性方式，该路线在19世纪60年代逐渐盛行——在国际工人协会的基本法定机构将其作为自己的路线之前，这是国际工人协会大会采取的路线。但是，国际工人协会不仅仅是其机构所在地的集合，无论这些机构是多么重要。由于欧洲各地工人运动的发展水平不同，以及

---

① 卢森伯格（Rosenberg），1939年。

文化、政治传统的差异，导致对这一纲领的接受和运用方式也各不相同，有些地方甚至呈现出碎片化的状态，尽管该纲领本身的结构是高度连贯的。此外，各支部的隶属机制也鼓励了一种非意识形态化的参与方式。各小组申请加入国际工人协会的动机往往是偶然的，即便这些动机很重要，例如罢工。他们对国际工人协会的历史、立场和论点知之甚少。有时，促使他们加入的甚至是关于伦敦组织（被高估）的权力、手段和干预能力的神话。马克思和恩格斯意识到这种一连串事件的差异的存在和持续存在，并确信鉴于"因为同一个国家的工人的各种队伍和不同国家的工人阶级的发展水平必然是极不相同的，所以，实际运动也必然以十分不同的理论形式反映出来。"[1] 正如马克思和恩格斯经常强调的那样，对隶属支部提出的唯一必须遵守的要求是尊重《共同章程》。然而，即便有这唯一的要求，也无法保证其实施的一致性。原因包括：对文件有不同解释、是否要同时遵守《成立宣言》存在争议、原文本的翻译质量参差不齐，以及有些地方只采用了文件的部分内容。

19世纪60年代，事实证明意大利与第一国际的联系不仅在组织方面很脆弱，而且在了解第一国际的必要阐述方面也很脆弱，这些阐述即使在意大利半岛上也是局部使用，因此意大利的局势额外促成了国际工人协会和马克思为其赋予的文本之间形成不协调的关系。在这些年里，不仅在

---

[1] 英文版《马克思恩格斯文集》第43卷，第235页。中文版《马克思恩格斯全集》第32卷，北京：人民出版社1974年版，第255页。

更广泛的底层阶级阶层的意识中，也在更关注社会、更有远见的统治阶级圈子里，开始有力鲜明地提出"社会问题"，统治阶级有时也把"社会问题"作为一种见识，但视角各异。在这些年里，工人的联合主义不断发展，虽然表现为不同的政治和文化形式，但还是构建了一个关系网、一个关于劳动层面的大部分共同的经验以及一套复杂的价值观，慢慢形成坚实的沉淀。除了以大会日期为标志的意大利**工人协会**的韵律（尽管很重要）、标志着一个时期与另一个时期的分裂的节奏、家长式的互助主义、马志尼的《兄弟会契约》（Patto di Fratellanza）以及与巴枯宁国际组织结盟的**协会**——也许应该适时思考那些深刻塑造了工人阶级对立面发展方式的运动。即使是权威性的大会也提供了重要证据，证明各组织从人们认为已经被"超越"的阶段中"幸存"下来。1864年当《兄弟会行动》（Atto di Fratellanza）在那不勒斯获得批准时，意大利当时大约六百个工人协会中只有57个有代表出席，其中12个来自那不勒斯本地。① 甚至在1877年〔10月28—31日在博洛尼亚（Bologna）举行互助协会大会〕，377个**协会**的427名代表出席。② 尽管政府采取了帮助代表的措施（减免他们的旅费），这些数字仍然值得深思，因为通常这一数字比马志尼和国际主义大会的数字要高得多。即使是1871年罗马大会上由国际主义者挑起的兄弟工人协会（Società Operaie Affra-

---

① 罗马诺（Romano），1966年，第100—101页。
② 马纳科尔达（Manacorda），1963年，第149页。

tellate）的分裂，也是少数人的事情。1872年至1873年，受马志尼主义启发的工人协会获得了无法令人忽视的蓬勃发展，① 但这并不妨碍互助协会的发展，因为互助协会也在不断发展。② 但是，即使除了这些（仍然很重要的）"幸存"下来的组织——本身就给任何以"分阶段"来看待工人运动发展的观点带来了问题，还有一个事实是，正如桑巴特（Sombart）在19世纪末指出的那样，③ 意大利工人的联合主义由连贯性的线索串联而成，这在一定程度上使任何"阶段主义"的读数失效了。有一条明显的红线贯穿互助协会、工人联盟（Fasci Operai）、意大利工人党（Partito operaio italiano）和19世纪90年代的劳工商会（camere del lavoro），即"团结之感……互助主义传递给……（工人的）抵抗……不同行业之间持续流动的团结性"。④ 潜藏在这些接连不断的"阶段"背后的，是一种不可抗拒的趋势，即

---

① 马纳科尔达，1963年，第122—6页。

② 1862年互助协会的数量为443个，有111608名会员，1873年协会数量上升到1447个，有218822名会员。参见农工商部（Maic），《互助会统计》（*Statistica delle Società di Mutuo soccorso*），罗马：梅塔斯塔西奥版式（Tipografia Metastasio）1888年版，第6、9页。根据另一个消息来源，同年互助协会的数量达到1600个。参见《指导委员会关于兄弟工会第十四次代表大会讨论问题的报告》（*Relazione della Commissione Direttiva sui quesiti proposti alla discussion del xiv Congresso Generale delle Società operaie affratellate*），罗马：雷吉亚出版社（Regia Tipografia）1876年版，第4页。当然，这些不仅仅是工人协会。关于收集互助协会的统计数据所依据的标准，参见马鲁科（Marucco），1981年，第201—222页。

③ 罗马诺，1893—1895年。

④ 参见博纳齐（Bonacchi）与佩斯卡罗（Pescarolo），1980年，第40页。

通过对阶级自治的必要确认,将"团结"逐步转化为"抵抗",① 最终甚至能在那些仍然是"家长式"的互助协会中出现。

> 我们的反对与民主或特权阶级无关〔面对"荣誉"会员试图影响协会决策,罗韦雷托(Rovereto)互助协会的成员、工匠弗兰切斯基尼(Franceschini)表示〕。我们工匠也是人,是聪明人,我们不想傲慢地拒绝那些对我们的社会提出有益建议的好心人的建议……但另一方面,我这样一个工人和贫穷的工匠,怎么能求助于这些人来指导我们的社会?我绝不可能有这样的信心。

紧接着,这位工人更直截了当地阐明了阶级归属的含义:"记住我告诉你们的:如果你们没有能力领导自己,你们就只是一群傻瓜;所以我呼吁那些和我有同样想法的人到左边来。"②

事实上,对提案进行投票时,除了一人投了弃权票外,工人们确实都向左转了。

---

① 从工会组织的历史观点来看,互助主义和抵抗之间有过明显的中断。但这里的问题与其说是互助协会转变为抵抗组织的问题(这种转变在许多情况下确实发生过),不如说是考虑拓展互助主义典型的团结活动在创造抵抗条件的"前提"和"深度"中起到的作用。对这一问题的示范性分析可见托马西尼(Tomassini),1984 年。

② 引用于拉法埃利(Raffaelli),1955 年,第 234 页。

意大利马克思主义史:从起源至第一次世界大战前

就这样,那棵将成长为"阶级政党"的植物的根(这棵植物的成长将与意大利马克思主义的一个最基本的方面相联系)沉入了一片土地,其养分通过深层过滤,不能以每个单一阶层的政治—意识形态"成熟度"来区分。

19世纪60年代,在意大利"罢工同样开始在工作场所斗争的习俗中体现公民权利"。① 然而,马志尼兄弟会(Società affratellate)的成员反对罢工,"家长式"的互助协会更是如此。② 那十年的罢工〔按时间顺序集中在1863—1864年和1868—1869年,工业罢工集中在伦巴第(Lombardy)和皮埃蒙特(Piedmont)(尽管那不勒斯也有重大罢

---

① 参见罗塞利,1967年,第125页。

② 因此,在一次全国互助协会的大会上,所有介入的人都急于驱除罢工,人们有可能听到以下的话:"先生们!从这个公民权利保卫组织发出的每一个声音,以及当下提出的每一条命令,都发出了反对罢工的呼声;他们已经谴责了自己,因为他们气势汹汹地说:'工人必须永远工作,永远受苦,永远不能为捍卫自己的事业而造反。'然而,先生们,我的观点正相反:我将是孤独的——这并不使我烦扰,但我的信念是通过劳动、研究、痛苦形成的,它不可动摇。我将用几句简单的话向你们解释。看看社会的构成,研究治理社会的法律,这种法律总是呈现出这种基本特征,即捍卫积累的劳动、资本,它们赋予这种行为行使自己的权利,而工人只拥有纯粹的权利。我不能行使的技艺有什么用?好吧,先生们,在这种情况下,当可怜的工人感到自己的倾向受到阻挠时,他必须走哪一条道路呢?在我看来,他只有一条路,那就是放弃车间,以此来显示自己的能力,停止劳动的工人了解自己的尊严和自己的权利"。参见《1872年4月罗马举行的意大利工人协会大会》(Congresso generale delle società operaie italiane tenuto in Roma nell'aprile del 1872),罗马:巴伯拉出版社(Tipografia Barbera)1873年版,第176页。

工),农业罢工集中在伦巴第和威尼托(Veneto)]① 并不总是与工人组织,尤其是互助协会分开发生,即使这根本算不上是一种直接关系。当这种关系确实存在时,这几乎总是按照行业组织起来的互助协会的情况,"预示着、鼓励着在会员之间巩固一种不同类型的团结,更多地扎根于生产结构本身"。② 例如,处于1863年至1864年里窝那(Livorno)罢工行动核心地位的面包师助手协会、③ 同样处于1864年热那亚(Genoa)罢工行动核心地位的码头工人协会(尽管马志尼**协会**在理论上反对罢工,但却被迫加入)、④ 同时,第一个为期两年的罢工浪潮中最重要的罢工之一〔1863年的比耶拉(Biella)纺织工人罢工〕由瓦莱莫索(Croce Mosso)织工互助协会推动和支持,这是"一个真正的、适当的抵抗联盟"⑤。这种斗争在目标上可能会显得"落后",因为它试图保护具有强大专业能力的工人的"工匠"工艺方法,但这并不妨碍通过他们的斗争和组织,一种"阶级感"正在形成,在大多数情况下,这种阶级感倾向于呈现出各种形式的"意识"。正如有人恰当地指出的那样:

---

① 参见《1878年2月3日由皇家法令任命的罢工调查委员会于1879年3月向内政部长阁下提交的报告》(*Relazione presentata a s. e. il ministro dell'interno nel mese di marzo 1879 dalla com- missione d'inchiesta sugli scioperi nominate col r. decreto 3 febbraio 1878*),罗马:雷吉亚出版社1885年版。
② 参见贾诺拉(Gianola),1988年,第40页。
③ 参见巴达洛尼(Badaloni),1951年。
④ 参见蒙塔莱(Montale),1960年,第44—45页。
⑤ 参见福阿(Foa),1973年,第1785页。

> 阶级组织的历史……首先是一系列复杂的尝试，以阻止资本能够充分发展并逐渐使社会状况服从于自身，然后才是工人阶级对抗资本主义关系的历史。①

就工人阶级组织的历史本身而言，最初似乎完全"与致力于保护'工匠贸易'的有机组织密切相关"，② 并实则捍卫了某些前资本主义的劳动习俗。这是一种联系，"也构成了复兴运动（Risorgimento）的民主传统流入社会主义意识形态和各个组织的主要渠道之一"。③ 1868—1869年，不管当时同时发生了反对磨坊税的暴动，罢工运动得到了深化和扩大，尽管水平较低，但几乎遵循了当时在工业发达国家正在进行中的趋势。在这种情况下，与现有组织的联系不能被阐释为罢工与"先进的"**工人协会**之间存在逻辑上的相似之处。但这里存在一个真实的新事物，实际上是一个强大的催化因素，即第一国际的存在。保守派报纸《国家报》（*La Nazione*）在评论1868年8月8日博洛尼亚的罢工时，指出了变化之处，以此来说明新的风气（尽管毫无疑问地扭曲了事实）：

> 就其性质和发展而言，博洛尼亚的混乱似乎是这一悲惨闹剧的又一个插曲，而这一闹剧在英国、法国、

---

① 贝儿塔（Berta），1979年，第299页。
② 同上。
③ 同上。

比利时、瑞士和巴伐利亚，现在可以说是在欧洲每个地方都发展得有一段时间了。最近几天日内瓦报纸上的披露也许可以使人们了解这一插曲。据这些报纸报道，该地的罢工仍在继续，并将它完全归咎于在那里成立的国际工人协会的黑暗的诡计……①

正如我们所知，声称国际工人协会是那一时期在欧洲蔓延的罢工运动的幕后推手，这是没有根据的，即使国际工人协会确实在许多事件中给予了支持。更确切地说，也正如我们所看到的，恰恰是罢工"把工人推向国际的队伍"，而这一点非常重要。因此，确实很难说国际工人协会是19世纪60年代意大利罢工倡议的起源，甚至很难说它在罢工爆发后进行了干预。即便如此，真正的运动也扩大了国际工人协会的影响范围：但不是通过建立支部，至少在当时不是（那不勒斯和吉尔根蒂的支部无法建立直接关系），而是因为它成了一个参考点，成了无产阶级阶层对救赎和"解放"的希望的汇聚点，最终使民主的土地肥沃起来。

国际工人协会在意大利（那不勒斯）的第一个支部的报纸立即发表了马克思在1869年巴塞尔大会上的报告，同时把《共同章程》中使用的最马志尼式的表述作为自己的格言，这就说明了问题，马克思认为这纯粹是对意大利人

---

① 引自罗塞利（Rosselli），1967年，第194页。

的让步："没有义务就没有权利，没有权利就没有义务。"①这句话将无数次出现在 19 世纪 70 年代的"颠覆性"、巴枯宁派、马志尼派和"实验性社会主义"的出版物中，甚至还不止这些。这就表明在马克思通过马志尼、马志尼通过马克思传播的背景下，在一套本身就非常深刻的意识形态分界线下交错着许多思路。我们还可以以 1881 年罗马涅革命社会党（Partito Socialista Rivoluzionario di Romagna）的成立大会为例：也许无政府主义分子没有试图反对"叛逃者"科斯塔（Costa）为这一新的政治组织提出第一国际的原始《章程》，这是因为他们深信巴枯宁撰写了这份文件？②

即使在《平等报》出版的不完整版本中，③马克思在巴塞尔大会上的报告仍然非常能代表我们称之为国际工人协

---

① 沃尔夫（Wolff）为"显然是马志尼策划的"章程提出了提案。正如马克思在 1864 年 11 月 4 日给恩格斯的信中解释的那样，小组委员会责成马克思对其进行重新考虑：引言中采纳"义务"和"权利"这两个词，以及"真理、道德和正义"等词，但是，这些字眼已经妥为安排，使它们不可能为害。总委员会会议以很大的热情（一致地）通过了我的《告工人阶级书》，等等。英文版《马克思恩格斯文集》第 42 卷，第 17—18 页。中文版《马克思恩格斯全集》第 31 卷，北京：人民出版社 1972 年版，第 16—17 页。

② 参见加拉斯（Galassi），1989 年，第 260 页。

③ 参见《国际工人协会第四次代表大会总理事会报告》（Rapporto del Consiglio generale del 4' Congresso dell'Associazione Internazionale degli operai），1869 年 9 月 7 日于巴塞尔读到，《平等报》（*L'Eguaglianza*），《工人杂志》（*Giornale degli Operai*），那不勒斯，1869 年 12 月 24 日及 31 日。在 1964 年在《社会主义历史杂志》上再版之前，这仍然是该份报告唯一的意大利语译本。

会**总路线**的核心。该报告以罢工问题为中心，按照旨在强调这种形式的阶级斗争的政治价值的论证思路而展开。

接着在19世纪60年代，民主派和国际主义报纸发表了一些有关马克思思考的基本文件。这些文件的产生是由于他接触了使国际诞生的**真正的运动**，而国际将为这些运动的进一步发展注入新的刺激。这并不是在绝对意义上说，这些结盟成了工人阶级组织的斑驳陆离的世界或同样丰富多彩的民主社会主义世界的参考点。即使马克思的重要文本出现在各种期刊上，也不足以证明这样的结论——尤其是我们考虑到这些文本不是以一种持续性的或计划性的方式重新出现，而是作为出版背景的一部分，相当于无数条"通用社会主义"的小溪。即使我们匆匆翻阅最初几年的《人民报》（这份报纸后来在社会主义文化的发展中发挥了重要作用，意大利的马克思主义将在其中深深扎根），我们可以看到，这一刊登重要的马克思文本的早期出版物也没有留下深远影响。作为一份"共和主义的、理性主义的、社会主义的"报纸，它在特刊中发表的18条社会主义"思想和短语"中没有一句是马克思的。[1] 这份报纸一般把无产者看作与"富人"相对立的"穷人"，[2] 并认为"社会各阶层之间的平等"的解决方案来自"法律的应用"，通过这些法律"工作（将）被确认是穷人的权利，与富人的财富按

---

[1] 《思想与意见》（Pensieri e sentenze），载《人民报》，1868年7月24日。

[2] 《无产者》（I proletari），载《人民报》，1869年5月11日。

比例相联系"①。

然而，如果认为本文中出现的马克思文本仅仅是一个偶然事件，不能留下具有一定重要性和可见性的沉淀作用，那就错了。这些年中这些文本的出现，证明了对于阐明民主对立面的思考范围之广。与这些文本密切相关的国际的**总路线**，将通过地下旅程最终重新出现在一个有可能积极接纳其重要残余的环境中。

2 无政府主义的对立面

第一国际的存在及其在意大利引起的反响在19世纪70年代早期〔法国事件的影响、加里波第（Garibaldi）与孚日军（Army of the Vosges）的冒险活动，尤其是巴黎公社的结局〕都激起了质的飞跃。

与此同时，这一时期的马克思和恩格斯文章的传播似乎也失去了它的偶发性特征。现在，马克思和恩格斯著作的传播反而成为直接干预意大利社会主义和工人阶级运动的一个构成因素，对于第一国际层面正在作出的重大选择来说，它也成了一个参考点和确认点。我们只需想一想马克思关于法国内战的讲话，其部分版本登载于1871年11月和12月吉尔根蒂②

---

① 《社会问题》（Del problema sociale），《人民报》，1869年7月2日。

② 吉尔根蒂（Girgenti），即阿格里真托，意大利西西里大区阿格里真托省的省会。——编者注

的报纸《平等报》。①

意大利社会主义和民主报刊上大量登载马克思和恩格斯的文章，似乎与这样一个事实相矛盾：他们对当时正在形成的社会主义运动形式没有产生任何明显影响。事实上，在研究这些文章时，有人问道："在意大利工人运动中，阶级斗争潮流的形成出现了延迟是否真的是'不可避免的'？"② 除了这句话的暗示（尽管几乎没有详细说明），即我们或许可以重新考虑现代资本主义的延迟发展与工人运动的"自然"落后之间有直接关系的论点之外，它可能还带有这样的信念（确实是个一点不隐秘的信念）：工人运动的"阶级斗争潮流"和"马克思主义潮流"之间存在着必要的联系。我们现在很清楚，"阶级意识"的动态现实的形成过程是多么复杂，在不断重新定义的平衡中，有多少复合"阶层"投入了这一形成过程。对马克思主义系统阐述产生的影响（而不是马克思主义，在19世纪70年代马克思主义在人们通常理解的意义上并不存在）肯定不是此处唯一的决定性的意识形态因素；此外，在这一过程中，意大利巴枯宁主义的经验不应被看作与这些阐述的影响处于绝对矛盾中。

---

① 卡尔·马克思：《法兰西内战》（La guerra civile in Francia），《国际工人协会总委员会致欧洲和美洲协会成员的宣言》（Manifesto del Consiglio generale della Società Internazionale degli operai ai membri della Società in Europa e in America），载《平等报》，吉尔根蒂，1871年11月12日，第12期；以及12月3日、10日及27日的第21、22及24期（卡菲埃罗译）。

② 波西奥（Bosio），1955年，第14页。

意大利马克思主义史：从起源至第一次世界大战前

众所周知，罗伯特·米契尔斯（Robert Michels）认为巴枯宁启发的意大利国际主义者的发展轨迹一直都是"马克思主义"阶段的必要"智力准备"。

> 第一国际纲领的基本原则在意大利广为人知，这些都是作者马克思的知识财产。现代社会主义的宣传在意大利进行，并且是通过马克思主义进行，尽管马克思主义理论的名字没有出现。我们可以认为，受到巴枯宁主义者思想浸淫的意大利工人因而在心理上已经为接受马克思的思想做好了准备。①

然后还需要考虑这样一个事实，即"就像拉萨尔（Lassalle）是普鲁士民主制度的鲤鱼池中的狗鱼一样，巴枯宁也用炸药般的暴力猛力砸开了意大利民主制度的堡垒"②。

米契尔斯的论点后来被意大利权威学者所采纳，③ 这背后是有原因的。然而，同时我们也应该强调它的维度并不全面。

首先，把第一国际在1871—1872年的蓬勃发展直接归功于巴枯宁主义者的活动和思想是错误的。19世纪60年代末，那不勒斯已经有了一系列的倡议，如自由与公正（*Libertà e Giustizia*）小组的倡议，这显然是民主人士内部演

---

① 米契尔斯，1926年，第50页。
② 米契尔斯，1909年，第62页。
③ 参见瓦利亚尼（Valiani），1973年。

变的成果。① 如果这些倡议确实是巴枯宁提出来的，那也不是他自己的创造。当时这个小组与总委员会并无矛盾，该团体呼吁工人依靠自己的力量，并发表声明确认自己隶属于"在伦敦有常设中央委员会"的那组协会。② 但是，即使在马克思和巴枯宁之间的冲突已经发生之后，在海牙大会（Hague Congress）之前，尽管意大利国际主义是意大利民主的苦难的当事方，却没有明确地与任何一方结盟。

这两年的国际主义报纸忠实地反映了这种不确定性和当时正在进行中的无畏的过程。重要的吉尔根蒂分会的机关报告诉我们，"据说，如果卡尔·马克思屈服了，俄国的巴枯宁……就会成为这个著名协会的负责人"。③《人民报》的一位柏林记者甚至可以把"杰出的卡尔·马克思"定义为"德国的巴枯宁"④（从而暗示巴枯宁是意大利的马克思……），并指出"加里波第、马克思、巴枯宁和其他民间救世主的画像在这里……在我们报刊店的橱窗里受到敬仰和崇拜，在柏林的主要大厅和俱乐部里也是如此"⑤。最终，这与马切拉塔民主协会（Macerata Associazione democratica）的做法没有什么不同：建议马克思"与公民朱塞佩·加里

---

① 参见罗马诺，1966 年，第240—252 页。
② 参见《工人协会》（Le associazioni operaie），载《自由与公正》，1867 年8月，第17期。
③ 参见《平等报》，1871 年9月17日。
④ 参见《柏林来信》（Lettere da Berlino），载《人民报》，1872 年1月5日。
⑤ 参见《柏林来信》，载《人民报》，1872 年2月4日。

波第（Giuseppe Garibaldi）和朱塞佩·马志尼（Giuseppe Mazzini）一起成为名誉**三巨头**（triumvir）",① 这一决定受到了恩格斯的嘲笑，他也许还没有深刻理解意大利形势的复杂性，尽管这一形势肯定显示出"落后"的因素，但同时也激烈酝酿着新的和原创性发展的潜力。②

米兰的《玫瑰宪报》对意大利民主的苦难进行了典型的报道。尽管比佐尼（Bizzoni）拥有激进的反马志尼的路线（尤其是通过对公社和"使徒"的哲学"理想主义"的立场），并在国际主义方向上十分坚定，却仍然完全不介入马克思与巴枯宁的**争吵**（querelle）。在这里，**民主的对立面**再一次得到了发展和放大：民主"如果不与工人运动结盟，就会违背自己的原则"③。当然，第一国际的旗帜预示着"各阶级的废除"，但仅在"没有义务就没有权利，没有权利就没有义务"这一公式范围内。④ 这位"国际主义工人"在本报专栏中与阿尔贝托·马里奥（Alberto Mario）进行了论战（在充分尊重对话者的人格的同时），在充分尊重对

---

① 参见德尔·博编：《马切拉塔马克思民主协会》（Associazione Democratica di Macerata a Marx），1871年12月22日，1964年，第166页。

② "马切腊塔（在罗曼尼亚）的一个团体选举了加里波第、马克思和马志尼三人为名誉主席。这种混乱状态可以使你对意大利工人的舆论有一个明确的概念。再加上一个巴枯宁就齐全了。"恩格斯致李卜克内西，1872年1月2日，《马克思恩格斯文集》第44卷，第289页。中文版《马克思恩格斯全集》第33卷，北京：人民出版社1973年版，第371页。

③ 参见《时事问题》（Questioni del giorno），载《玫瑰宪报》，1871年11月26日。

④ 参见《国际及其诋毁者》（L'Internazionale e i suoi detrattori），载《玫瑰宪报》，1871年11月20日。

话者人格的同时，明确划定了这一**开放**时期的民主国际主义的坐标，就在几年之后，国际主义在意大利几乎成了巴枯宁主义的同义词。然而，"高尚"人物阿尔贝托·马里奥指责第一国际煽动阶级仇恨，这位国际主义工人的回应如下：

> 国际主义在其决策和活动的基础上，确立了这样的原则：工人的解放必须由工人自己完成，目标是无产阶级的完全解放。国际只要求让它自由发展。它所渴望的革命是一场和平革命，在这些原则得到充分确立和经济问题的解决方案成熟时，这场革命会顺其自然地发生。①

但仍应明确"如果不废除阶级，无产阶级（不能）实现自己的解放"②。这位工人表示他不属于"马克思的专制学派"（当时正在进行的政治意识形态斗争的某些风格上的特异性留下了深远影响），但是，他仍然忠实于第一国际，这个协会"没有任何领袖，无论是马克思还是巴枯宁"③。确实，他将一再表示自己"不忠于马克思"，而是"忠于

---

① 《国际工人》（Un operaio Internazionale），《语言的困惑》（La confusione delle lingue），载《玫瑰宪报》，1872年7月15日。

② 同上。

③ 《国际主义工人》（L'operaio internazionalista），《国际，回复阿尔贝托·马里奥》（L'internazionale, Risposta ad Alberto Mario），载《玫瑰宪报》，1872年7月25日。

意大利马克思主义史:从起源至第一次世界大战前

《临时章程》和《共同章程》"——因此,在某些方面他对马克思的忠诚度不容忽视。① 马克思主义在意大利的扎根,将基于这种表面上的不连贯性,以及马克思主义理论与脱离现实运动的发展因素之间逐渐达成一致的过程。也就是说,即使在意大利国际主义舞台上几乎所有人都拒绝"马克思主义",马克思思想的基本要素变得越来越普遍了。

在这两年里,意大利局势的变化可以用一个事件来充分体现,泰奥多尔·库诺(Theodor Cuno),这位严厉的德国工程师在总委员会对意大利半岛的干预行动中,曾短暂处于核心地位。佩扎(Pezza)邀请库诺在一个工人互助联盟的集会上发言。令他"非常惊讶"的是,库诺发现自己"面对的是一个由密谋派的极端马志尼者组成的协会。他们对国际一无所知,甚至不知道自己的章程和宣言是抄袭我们的"。② 库诺"坚定地参加了辩论",并"在捍卫国际的事业方面取得了一些成功",甚至宣称自己确信"在几周内"这个由"极端马志尼者"组成的工人协会将加入国际。③ 但是像这样的事件(基于一种基本的影响力,而这种影响力在伴随着巴黎公社的经验和之后的空前活跃的协会氛围中肯定是普遍存在的)是否只是标志着这些协会处于"混乱状态",以及他们就像"初学走路的孩童一般"的状

---

① 《国际主义工人》,《国际,回复阿尔贝托·马里奥》,载《玫瑰宪报》,1872年8月3日。

② 库诺致恩格斯,1871年11月30日,戴尔·博(编者),1964年,第105页。

③ 同上,第106页。

况,应对他们进行教育,而不是过于"粗暴"地对待他们?① 或者说,这些事件是否也说明了他们非常愿意倾听能够开辟新视角的声音,即使没有忘记他们所关心的现实,甚至是他们所关心的背景的独创性?

像曼托瓦的《火花报》、博洛尼亚的《工人联盟》、那不勒斯的《钟声》(其引语为"没有责任就没有权利——没有权利就没有责任")等报纸,以及在这种情况下同时诞生或恢复的许多其他报纸,都严厉反对马志尼主义,却持续受到马志尼主义主题的影响。同时,在马克思和巴枯宁之间做出选择这一问题仍未进入他们的考虑范围。

可以肯定的是,马克思已经明显地出现在他们的视野里。他没有以"学者"的身份出现,因为当时社会主义者甚至意大利的学术界都没有把他当作学者来看待。毫无疑问的是,在《资本论》第一卷由迈斯纳(Meissner)在汉堡发行后不久,在《自由与公正》②上出现的对《资本论》导言的一小部分的简短评论和翻译,对于"激进"的阅读者来说是不够的,即使它可能确实对科维利(Covelli)和卡菲埃罗产生了一些影响。非社会主义报刊上关于《资本论》的新闻、③ 甚至迪·门萨(Di Menza)④ 或《铁锤报》(Mar-

---

① 库诺致恩格斯,1872年4月25日,戴尔·博(编者),1964年,第194页。
② 参见《自由与公正》,那不勒斯,1867年10月27日。
③ 参见布拉沃(Bravo),1992年,第83—85页。
④ 参见迪·门萨,1874年;1874年,第5页。

tello)① 的更学术的评论,也不足以鼓励"科学界"展开讨论。在这一层面上,第一次真正的、适当的质的飞跃是在维托·库斯玛诺(Vito Cusumano)的著作中实现的。②

对于阅读马克思学术的激进分子来说,这些年意大利的情况与德国的情况非常不同。在德国,早在《资本论》出版之前,马克思已经是一个学术领域的权威人物,对有组织的工人而言也是如此。两名工人在1865年11月13日解释说:"对马克思的尊重不需要证明,就连不那么坚定的激进分子提到他的名字时也会表示极大的敬意,他们最终都无法忽视马克思的学术成就。"③ 我们可能也记得,在布鲁塞尔大会上,是德国工人代表提出了一项决议(该决议得到了大会的批准)向"所有国家的人推荐马克思的作品《资本论》",并呼吁他们"尽一切可能把这部重要的作品翻译成尚未完成翻译的语言",进一步宣称"卡尔·马克思做出了卓越的贡献,他是第一个对资本进行科学分析并将其简化为基本要素的经济学家。"④

我们也不应忘记拉萨尔派的施韦泽对《资本论》的长篇评论,该评论于1868年1月22日至5月6日在《社会民主党人报》(Social-Demokrat)上分12部分发表。马克思本人对这篇评论给予了特别赞扬(即便他与施韦泽在政治上

---

① 参见《铁锤报》,1873年,第472—473页。
② 库斯玛诺,1873年、1874年及尤其是1874年,第314—315页;1875年。
③ 引自布拉沃,1979年,第7页。
④ 引自布拉沃(编者),1978年,第1卷,第316页。

第一章 19世纪60年代和70年代：马克思主义被摒弃，与马克思主义的腐烂

争执不断），因为他认为这篇评论比"马克思主义者"李卜克内西的文章更具优势。① 因此，早在19世纪60年代，政治马克思主义和马克思的经济理论就不一定相一致了。

相反，在1871—1872年的意大利，马克思的名声更多的是与他被赋予的"国际的创始人和总领袖"的角色有关，有时还伴随着某种神话化："卡尔·马克思是一个面对各种挑战时精明勇敢的人。他从一个国家旅行到另一个国家，不断改变他的伪装，使他能够逃避欧洲每一个警察间谍的监视。"② 这种不切实际的说法（鉴于国际主义报纸习惯于摘抄转载彼此的文章，这些说法确实有一定的传播能力）③，没有实质性地影响人们作为名人的马克思的看法，也没有影响他与巴枯宁的冲突，这种冲突甚至在意大利很快就会显现出来。然而，这些说法表明了一种倾向：对来自国际工人协会的革命宣言产生**阴谋性**理解，从"意大利革命"的经验来看，这完全可以理解。这种态度对意大利国际主

---

① "同时寄上施韦泽的信，用后请退还。迈斯纳写了几行字给我，谈了他所干的蠢事，他曾告诉施韦泽说，在我表态以前，要他暂停发表他摘的摘录。多蠢呀！……虽然他有时候犯错误，但他研究过此书，并且知道重心在哪里。这种'不良意识'毕竟比海因岑其人的'正直意识'或者小威廉其人的'高尚意识'要有益得多！"《马克思致恩格斯》，1868年3月23日，英文版《马克思恩格斯文集》第42卷，第556页。中文版《马克思恩格斯全集》第32卷，北京：人民出版社1974年版，第50页。
② 《卡尔·马克思，国际的最高领袖》（Carlo Marx capo supremo dell'internazionale），载《意大利无产者报》（Il Proletario Italiano），都灵，1871年7月27日。
③ 参见赞盖里（Zangheri）1993年，第1卷，第234—236页，关于这如何影响马克思的生平细节的流传。

义舞台上即将作出的决定不无重要性。

作为"国际的领袖",马克思引起了马志尼的愤怒;因此,这位特里尔哲学家将在民主派的内部分裂正呈现出新身份创立时期特有的尖锐的痛苦的背景下,扮演反马志尼的角色。① 正如《火花报》在1871年的秋天这样报道:

> 马志尼称马克思是一个**具有破坏性的……天才,具有支配性的性格等等**,也许是因为马克思能够很好地摧毁按马志尼的命令行事、危害国际的密谋小集团……如果他确实是正确的,那么国际一定很高兴自己的成员中有一位以这种方式**具有破坏性**和**支配性格的天才**——使组织在七年中独立自强,并比任何其他人更努力地使它达到目前的卓越地位。②

---

① 这就解释了记者卢恰尼(Luciani)在1871年9月提议为马克思祝酒时为什么能获得热烈的掌声:"上星期,罗马的革命党宴会欢迎里乔蒂·加里波第;我接到了罗马《首都报》所载有关此事的报道。一个发言人(卢恰尼先生)提议为工人阶级和"成为它的孜孜不倦的工具的卡尔·马克思"(《a Carlo Marx che(qui)se ne(en)èfatto(a fait)l'instancabile instrumento(l'instrument infatigable)》干杯。"马克思致燕妮·马克思,1871年9月23日,《马克思恩格斯文集》第44卷,第220页。《马克思恩格斯全集》第33卷,北京:人民出版社1973年版,第298页。卢恰尼尖锐地提到了反马志尼人士,呼吁"衷心诚挚地提议为卡尔·马克思、为国际协会主席、为这位被马志尼大力指责的人而干杯",得到了"热烈的、发疯似的"掌声。赞盖里,1993年,第233页。

② 《国际工人协会》(Associazione internazionale degli operai),载《火花报》,曼托瓦,1871年9月7日。

米兰的《铁锤报》引用了马克思的话，并部分转述了《共同章程》的第二条内容，为了强调它与马志尼主义在理论上的深刻差异，发表了如下声明："由于工人对资本的经济依赖是所有其他奴役的根源，无论这种奴役是物质的还是道德的，是政治的还是经济的，我们希望废除现行的工资制度。"①

出现在这些文件里的来自国际的信息中（往往是以相当重复的方式），有时是关于小细节的问题，马克思的名字（"公民马克思"这个名字）具有独特的重要性。加之他在总委员会上发言的选段得到转载，总委员会的文件也出版了，都使得马克思被赋予了某种特权。② 总之，在这些文件中不可能找到对马克思或伦敦"中心"的任何负面偏见。

相反，似乎是马克思和恩格斯在理解当时在意大利半岛上进行的革命进程方面有一些困难。他们通过与巴枯宁同时发生冲突的逻辑棱镜来过滤在意大利发生的事情，并使用"落后"这个范畴来描述意大利的社会经济状况。这

---

① 参见第一期《铁锤报》，《工人民主报》（Giornale democratico degli operai），载《米兰工人界机关报》（Organo del circolo operaio di Milano），1872年2月4日。正是在这一期中，它宣称效忠于国际。

② 例如，《玫瑰小报》发表了总委员会的许多文件，包括恩格斯的《马志尼反对国际的言论》（L'intervento di Mazzini contro l'Internazionale）（1871年9月13日）、《总委员会关于开除杜朗（Durandd）的决议》（Risoluzione del consiglio generale sulla espulsione di Durand）（1871年10月20日），以及马克思的《总委员会关于涅恰也夫盗用国际名义的声明》（Dichiarazione del Consiglio generale sull'abuso del nome dell'Internazionale da parte di Neciaev）（1871年11月3日）。

意大利马克思主义史：从起源至第一次世界大战前

两个因素无疑都非常真实，但最终掩盖了一个相当不平衡的情况的重要方面。恩格斯说意大利是一个"困难的地区"，使他的工作"非常棘手"，这当然没有错，① 但同时他也没有注意到所有这些困难的**全部**意义。意大利人通过突然增加国际的支部来表达自己，这不仅仅代表了一个"落后的农业民族还想给大工业民族的工人指出他们应该通过什么道路获得解放，那只能使自己成为笑柄"②，而且还代表了一个能够超越这些落后条件的革命传统；在这种传统达到高潮时，能够动摇似乎是由这种落后导致的僵化状态。

尽管恩格斯似乎并不完全理解，但这种迹象早在1871年底就已经出现；事实上，这种迹象完全没有受到一点巴枯宁的影响。卢多维科·纳布鲁齐（Ludovico Nabruzzi）与恩格斯取得了联系，他写道：

> 在整个意大利，特别是在罗马涅，国际将成为一个本质上革命的组织。我们的工人阶级青年在很大程

---

① 恩格斯致李卜克内西，1872年1月18日：英文版《马克思恩格斯文集》第44卷，第299页。中文版《马克思恩格斯全集》第33卷，北京：人民出版社1973年版，第382页。正如他在给另一位对话者的信中所说的那样，"可恶的意大利人给我带来的麻烦比整个国际给总委员会带来的麻烦还要多，尤其令人烦恼的是，只要意大利工人还听任一小撮空谈家——报界的下流作家和律师们——作为他们的主要代言人，那就显然不会有什么成效。"〔恩格斯致贝克尔（Becker），1872年2月16日：英文版《马克思恩格斯文集》第44卷，第321页〕。中文版《马克思恩格斯全集》（第33卷），北京：人民出版社1973年版，第407页。

② 恩格斯致库诺，1872年6月10日，《马克思恩格斯文集》第44卷，第393页。

度上继承了一生都是密谋家的父辈的反叛愿望,以及他们在街道上进行斗争的愿望,并像巴黎公社的英雄卫士那样出现在街垒上。①

阅读纳布鲁齐的文章,我们不仅要注意到提及了密谋和反叛的层面(尽管这些确实是直言不讳的,而且也是赞同巴枯宁观点的肥沃土壤),而且还要注意到存在与"意大利革命"传统的非常强烈和持久的联系。这是一个长期的因素,并且在20世纪初,科斯塔本人将通过提到这种连贯性的根源,回顾社会主义在意大利的第一批重要表现形式,尤其是国际的影响。

> 如果我们再加上意大利人民刚刚经历了一场民族革命;工人和资产阶级一起共谋,一起受苦,一起希望;相当一部分青年和老年民众政党跟着人民一起不断发展;那么我们就可以理解为什么国际一出现就由如此多样的因素组成:工人、无产者、**老烧炭党人**②、学生、加里波第的老战士,他们渴望更美好的事物,并准备以为了意大利独立而战斗的同样的勇气来进行

---

① 纳布鲁齐和雷斯塔(Resta)致恩格斯,1871年11月25日,德尔·博(编者)1964年,第80页。
② 烧炭党是1800年至1831年间活跃于意大利半岛,特别是南部地区的秘密民族主义组织。该组织致力于推动意大利统一和自由,在意大利统一运动中发挥了至关重要的作用。——编者注

意大利马克思主义史:从起源至第一次世界大战前

社会革命的战斗。①

科斯塔指出,意大利新生的社会主义意识形态无法将工人阶级置于特权地位。这不仅源于经济社会'落后'的结构性因素(恩格斯在反对巴枯宁主义的论战中已着重强调),还与对'意大利革命'遗产和生活方式的独特理解有关。

这是意大利社会主义的一个"基础"方面,几乎不能被归类为"先天缺陷"。马克思主义和社会主义的发展以不同的方式、在不同的背景下运作,甚至当**社会党**(Partito Socialista)〔以及后来的**共产党**(Partito Comunista)〕正式将自己定义为工人阶级的马克思主义政党时,两者也在一个以多元社会参照系为特征的宏观背景下持续发展。意大利的马克思主义政党从来就不具有**先锋党**(parti ouvrier)的特点和心态;事实上,意大利社会主义的一个特别的(也是非常重要的)特点是,它在社会阶层(例如农民)中也拥有重要的政治和组织影响,一般来说,这与欧洲的马克思主义政党形成的"经典"模式格格不入。

正如恩格斯所预测的那样,自然正是在所有社会主义方法(从组织层面到文化层面)的核心中逐渐建立起工人

---

① 科斯塔,1900年,第10页。科斯塔在另一篇世纪之交的文章中给出了类似的分析:"这是一个必要的和富有成效的时期,当我们说它是不可避免的,这就说明了一切;它符合我们的气质、文化和传统的条件,以及我们面临的经济条件。不管是好是坏,它都不可能是另外的样子。它显示了在经过三代人的革命之后,在被认为是疲惫、软弱和精疲力竭的新一代中的热情、克制、牺牲的美德、转化的可能性所能达到的程度。"(科斯塔1952年〔1898年〕,第324—325页:他在狱中写的回忆录)。

阶级的判断标准，才使得"巴枯宁主义者"的阶段得以克服，"马克思主义"阶段开始扎根。但是，透过**民主对立面**和**无政府主义对立面**的滤镜，"意大利革命"早期根源的持久连续性对马克思主义的这个特点产生了不小的影响。

"我们也许不都可能属于所谓的**资产阶级**吗？毕竟，我们当中有谁是真正意义上的工人？我们当中有谁曾经必须用血汗供养那些体面人？我们当中有谁在车间里流过汗？"[①] 这些话（可能出自于小科斯塔）出现在1872年初的《工人联盟》上，表明在形成日后将成为意大利国际主义的主导部分的过程中，"工人阶级的中心地位"这一范畴是相当陌生的。同时也表明，这一范畴的陌生与分析社会时缺乏概念的严谨性密切相关，之后我们也将继续看到这一点。然而，这种对能够造成政治和文化不稳定的"资产阶级"因素的看法，尤其是对有组织的工人阶级之外的极其广阔的社会领域的看法（做出最大牺牲的底层（subaltern）民众、"真正死于饥饿、寒冷和发热的民众"[②]）将一直是意大利作

---

① 《摊牌》（Carte in Tavola），《工人联盟》，载《社会民主期刊》（*Periodico Democratico-Sociale*），博洛尼亚，1872年3月2日。

② "国际（以及所有的工人协会和政党）仅由人民中的一小部分人组成，他们拥有优越的智力，实际上在经济条件方面也相对优渥。而广大人民群众，那些真正死于饥饿、寒冷和发热的民众，对社会革命（接下来的）拥有最大兴趣的民众，对社会主义宣传所做的一切仍然完全无动于衷，一无所知；尽管作出了种种努力，（这种宣传）从未渗透到这一社会外壳之下，隐瞒也无济于事。"安德烈埃·科斯塔（Andrea Costa），《法律社会主义与革命社会主义》（*Il socialismo legale e il socialismo rivoluzionario*），载《铁锤报》，泽西（Jesi），1877年2月24日。部分内容引自德拉·佩鲁塔（Della Peruta）1965年，第302页。

为"社会主义者"和"马克思主义者"的方式。

根据这一点也可以看出,在与总委员会决裂之后,需要以这样的方式来阐释意大利的国际主义经验:不应把它简单概括为马克思主义者和巴枯宁主义者之间的斗争。尤其是考虑到,虽然在19世纪70年代确定"巴枯宁派"较为容易,但是确定"马克思主义派"的任务却提出了相当不同的问题,即使我们的确认为这完全有可能。

意大利国际主义者对马克思的论战当然非常严厉,而且往往充满怨恨、针对个人,甚至诉诸公开的诽谤;更笼统地说,巴枯宁与马克思之间的斗争如火如荼。这场斗争虽然在某些方面看似偶然,但是否能将其视为意大利社会主义发展过程中的必然结果,这一点值得商榷。特别是,这场斗争似乎成功地将早期的马克思主义思潮排除在意大利社会主义运动之外,但这种结果是否符合历史发展的内在逻辑,仍然令人怀疑。在19世纪70年代和80年代初的意大利社会主义运动中,寻找我们今天所理解的"马克思主义"元素是不恰当的。因为马克思主义的理论体系直到19世纪80年代后期才开始逐渐成形和巩固,它的概念框架和政治主张在更早的意大利社会主义运动中并不存在。

在1871—1872年发展起来的对马克思(这位"第一国际的总领袖")的兴趣,尽管或多或少会有意识地使用马克思的文本,却决不意味着对"马克思主义政党"的效忠。由于文化和结构的原因,在意大利不可能存在这样的政党。

对"马克思主义党（partito marxido）"的讨论①〔在与路易吉·斯特凡诺尼（Luigi Stefanoni）的论战中提到的一系列"**马克思主义者**"〕涉及一个似乎只触及马克思与巴枯宁冲突的表层的论战层面，即个人诽谤。②然而即使读完了这一论战，我们也可以看到，意大利国际主义对"集权主义"和/或"专制主义"做法有一种特殊的敏感性。为马克思的**《临时章程》**和**《共同章程》**辩护、反对阿尔贝托·马里奥的"国际的工人"已经提到了（显然不是正面的）"马克思的专制主义流派"；《玫瑰宪报》的主管同样如此，也同时为马克思辩护，反对斯特凡诺尼，指责总委员会犯了"严重错误，想要集中（用了一个时髦的词）各行业，强制要自己成为过去和现在一切行动的领导者，使各支部丧失自治权"③。如今，来自伦敦的"中央集权"的趋势并非比佐尼所概括的那些，但仍存在一个事实：即使是对总委员会没有敌意的圈子也正在提及一个显然相当普遍的形象。援用官僚主义的逻辑依据，宣称"这些人正在建立自己的国际；他们从未申请加入国际，从未交纳会费，但所作所为，

---

① 参见《斯特凡诺尼的来信》（Lettera di Stefanoni），载《玫瑰小报》，1872年5月9日。

② 尽管有这一主要方面，但是通过马克思、恩格斯、李卜克内西和卡菲埃罗的干预，斯特凡诺尼引发的论战的确使一条捍卫国际并明确其特征的路线应运而生。参见《马克思与恩格斯》，1955年，第43—62页。

③ 参见阿基尔·比佐尼（A. Bizzoni），《有关斯特凡诺尼的来信》（A proposito della Lettera di Stefanoni），载《玫瑰小报》，1872年5月9日。

好像是参加了国际似的"①,事实上,这显然是承认了已经成熟了一段时间的失败,在意大利的情况下,"他们也许从未公开加入(过)巴枯宁主义者和马克思主义者之间的斗争"②。

正是卡菲埃罗的立场转变发出了明确的信号,即意大利国际主义的绝大多数人不再属于总委员会。如果说卡菲埃罗和恩格斯之间分裂的基本原因在于《宣言》(Manifesto)的分析不适用于南方**普通公民**的情况〔"我建议你和马克思在我们人民的第一次社会起义中出现,并向我们卡拉布里亚(Calabria)和阿布鲁佐(Abruzzo)的农民提议**组建农业军队**"〕,③ 他确定这一信念的框架是举足轻重的"反威权主义"框架,这是意大利国际主义圈子里一个尤其具有吸引力的范畴。

卡菲埃罗试图通过《宣言》来阐释第9号决议,尤其

---

① 参见恩格斯致贝克尔,1872年8月5日;英文版《马克思恩格斯文集》,第44卷,第419页。《马克思恩格斯全集》第33卷,北京:人民出版社1973年版,第510页。再如,关于出席里米尼会议(Rimini Conference)的各支部:"必须指出,有代表在这个决议上签字的21个支部中,只有一个支部(那不勒斯支部)属于国际。其余20个支部中没有一个履行我们的共同章程和条例所规定的接受新支部的任何一个条件。因此,根本不存在任何国际工人协会意大利联合会。正是那些妄图建立这个联合会的人,在伟大的工人协会之外建立自己的国际。"英文版《马克思恩格斯文集》第23卷,第217页。《马克思恩格斯全集》第18卷,北京:人民出版社1964年版,第140页。

② 参见阿尔伯尼提(Albonetti)1982年,第42页。

③ 卡菲埃罗致恩格斯,1872年6月12日,参见德尔·博(编者)1964年,第220页。

是试图通过《宣言》来阐释未来的"共产主义"社会，即使这一分析层面与落后状况之间的关系非常真实，这在很大程度上也是错误的。除了其他人以外，他也没有把握住自19世纪40年代末以来在马克思和恩格斯身上发生的观点变化，而这正是第一国际经验产生的结果。此外，为了强调这部作品的"威权"性质，卡菲埃罗断然否定了这部作品的普适性倾向，在每一个场合都把它说成是"德国共产党宣言"。① 在同一时期，在最后的决战时刻，巴枯宁也使用了同样的阐述，② 这当然不是偶然的，尽管他很了解《宣言》，曾在一定程度上参与过《宣言》的俄文翻译。③ 纪尧姆（Guillaume）也使用了这一阐述，认为总委员会有正式的学说，早在20年前就在《德国共产党宣言》（*Manifest der deutschen Kommunisten-Partei*）中发表了。多年后，他承认这是过度辩论，但他会用勉强可信的说法为自己开脱，因为该文本是用德语写就，用德语出版，其他版本也是从德语翻译而来，"我们习惯于称它为**德国共产党的宣言**，这再自

---

① 德尔·博（编者），1964年，第219、221、222页。
② 参见他写给比利时报纸《自由报》（*La Liberté*）的信，1872年10月5日，引用于布拉沃（编者）1978年，第857—880页，提及（第874页）《德国共产党宣言》。
③ 纪尧姆，1905—1907年，第1卷第1篇，第283页，主张巴枯宁是第一个将《宣言》翻译成俄文的人，尽管他是根据马克思和恩格斯在1883年俄文版序言中的声明而这么做的。就伯特·安德烈亚斯（Bert Andréas）来说，他认为马克思和恩格斯"对《宣言》俄文版诞生的确切情况不了解"，而更愿意将其归功于涅恰耶夫（Nechayev）的倡议（安德烈亚斯，1963年，第49—53页）。

然不过"①。

在伦敦会议上讨论并通过了著名的第9号决议,这代表了已经发生了一段时间的冲突达到了高潮,也代表了当时即将来临的分裂已无回头路可走。处于讨论中心的基本问题是对《共同章程》的忠诚和对"政治问题"的理解方式。尽管分裂最终导致对这些问题提出了完全不同的解释,但这些解释本身在具体情况下,包括在意大利的情况下,具有不同的含义。

在伦敦会议的讨论中,马克思多次插入了《共同章程》和政治行动的每个问题(显然是相互联系的)的讨论。关于第一个问题,他认为迫切需要"出版……《国际章程》(International Rules)的真实、字面的译本",因为托伦(Tolain)的第一个法语译本在好几个重要问题上"充满故意的错误";例如,提到"平等的权利和义务",但没有提到呼吁"消灭一切阶级统治";用"资本"一词代替"劳动资料";最重要的是,在提到"一切政治运动都应该作为手段服从于这一目标"时,省略了"作为手段"的字眼,从而使《共同章程》第四段的含义完全不同。② 关于第二个问题,他要求明确强调,没有任何单一的政治方式,必须"根据每个国家的条件"来运作。面对当局的敌意,有必要"用我们所拥有的一切手段来做出回应"③。

---

① 纪尧姆,1905—1907年,第1卷第2篇,第303页。
② 英文版《马克思恩格斯文集》第21卷,第89—90页。《马克思恩格斯选集》第3卷,北京:人民出版社2012年版,第171页。
③ 布热朗(Burgelin)和其他人1962年,第2卷,第162—163、195—196页。

要主张第 9 号决议与《共同章程》，特别是与第一国际的历史相抵触，确实很困难。事实上，反对派在这一点上的理由很薄弱，甚至是站不住脚的。纪尧姆认为，直到那时，《共同章程》"一直被视为仅仅表达了作者和批准章程的总委员会成员的个人意见"。

罗宾（Robin）甚至声称，1864 年的英语版本是由日内瓦的法语文本"修改"而成的。纪尧姆纠正了罗宾的错误，承认英文本是原文，但即便如此，他仍主张法语、英语和德语版本"都是同样真实的"。① 真正的答案在两年前，即 1870 年 4 月罗曼迪联盟（Fédération Romande）的绍德封（Chaux-de-Fonds）代表大会上，在第一国际第一次真正的重大分裂结束时就已经给出。在总委员会呼吁分裂者遵守第一国际的《共同章程》之后，后者在 1870 年 7 月 24 日的《团结报》（La Solidarité）上回应说，《共同章程》说政治运动作为一种手段必须服从于经济运动，他们认为自己"完全符合这一点，因为我们已经把政治运动很好地服从于经济运动，已经决心不再从事政治"②。

因此，这里的区别点是"政治"而不是"政党"，就像在伦敦会议和海牙大会上的情况一样，这两次会议的辩论与其说是围绕着工人的政党问题展开，不如说是为"政治斗争原则"的必要性进行辩护。③

---

① 纪尧姆，1905—1907 年，第 1 卷，第 2 篇，第 203、205 页。
② 同上，第 58 页。
③ 赫普特，2011 年，第 7 页。

意大利马克思主义史：从起源至第一次世界大战前

然而，如果我们要遵循真正严格的标准，"政治"层面本身就不能立即被确定为区别点。这也是由于巴枯宁把协会理解为一个真正的、正确的政党，是对国际的补充，而国际必须具有更多社会党的特征："国际的（纲领）……包含了协会整个纲领的萌芽，但只是萌芽。协会的纲领是对国际（纲领）的最后解释。"巴枯宁认为，国际必须将不同行业和不同国家的工人聚集在一起，形成一个巨大的、紧凑的方阵。协会将为他们提供革命的领导，"一个积极而坚定的政治和社会主义纲领"。[1] 正如恩格斯所嘲笑的那样，实际上必须有两个总委员会，"设在伦敦的实践的总委员会和设在日内瓦的理论的即'理想主义的'总委员会"[2]。矛盾的是（如果不是完全如此的话）在国际的发展历程中，让"来自外部的意识"作为"阶级"的重要萌芽的想法，更多的是巴枯宁的看法而不是马克思的看法。[3]

---

[1] 巴枯宁（Bakounine），1974年，第34页。

[2] 法语未译，出现在英文版《马克思恩格斯文集》第43卷，第191页（恩格斯致马克思，1868年12月18日）。《马克思恩格斯全集》第32卷，北京：人民出版社1974年版，第220页。

[3] 像德巴普（De Paepe）这样的人，当然对"威权主义者"没有好感，他强调，根据巴枯宁的方法，工人阶级基础将成为外部政治—意识形态精英的意识形态渗透的对象。他将责备巴枯宁矛盾地、错误地希望"完全自主地……在国际工人协会内部……建立一个具有主动性的团体，通过形势的力量，成为一个领导团体，一种统治阶级，就像我们今天所说的那样"。这篇文章在巴枯宁去世后，于1876年8月1日出现在《社会经济》（L'Economie sociale）（布鲁塞尔）上，并引用于纪尧姆1905—1907年的凸版转载的维勒米尔（Vuilleumier）的介绍性文章。参见纪尧姆，1980年，第1页。

因此简单来说，这是一个"反威权主义者"对政治的不同看法的问题，而不是仅仅拒绝政治的问题。巴枯宁倾向于从他们对未来社会的不同看法中得出他们目前在政治概念上的差异，而"马克思和恩格斯只处理与目前的斗争有关的'未来'，用已经构成对这些斗争的实际干预的术语来论述'未来'"①。我们绝对不应该低估期望的重要性和"对社会或多或少遥远的未来的看法"作为"对立双方"之间的区别点的重要性；② 这些考虑将在很长一段时间内占据社会主义出版物的大量篇幅。但是归根结底，对于这些"政治"中的任何一种的成功起到决定性作用的是经济和社会的一般理论与真正的、实际展开的组织和斗争的运动之间的对应关系。

卡洛·卡菲埃罗（Carlo Cafiero）也是通过阐释"德国共产党宣言"来拒绝第9号决议，这种阐释主要是投射在关于未来社会组织的激进分歧上。通过这种阐释，"反威权主义"这一范畴最终被绝对化，导致对现实情况的具体分析避而不谈。在与恩格斯决裂的几个月前，卡菲埃罗对第9号决议写下了以下评论：

> 我们从未主张工人阶级及其最高理想的代表——国际工人协会——应该完全摒弃政治。恰恰相反，我们一直坚持认为，工人阶级必须发展出符合自身阶级

---

① 巴里巴尔（Balibar），1974年，第83页。
② 巴枯宁，1974年，第174页。

利益、能够实现其正当诉求的政治主张；这种政治无论如何都不能是资产阶级政党的政治，所有这些政党都在维护现有体制方面拥有利益……因此，第9号决议不仅没有推动无产阶级与资产阶级的政治交易商结成共同事业（与《共同章程》相抵触），而且基本上是指望让国际的成员遵守完全属于自己的行为路线，从而与任何现有的政治产生分歧和对立。①

从"威权共产主义"对现在和未来的投射来看，很难说这种解释是无效的。

卡菲埃罗立场的转变，对于意大利国际工人协会联合会（Federazione italiana della Associazione Internazionale dei Lavoratori）的加速成立起到了决定性的作用。然而，我们不应该把与总委员会的分裂（在1872年里米尼会议上正式颁布，被夸张地称为"意大利第一个现代政党的出生证"）②视为马克思主义历史在意大利半岛的社会主义和无产阶级舞台上传播的一个明显的中断点。这本来就不可能，同时由于在"反威权主义"阵营中，即使有些摇摆，但仍然有成员坚定忠诚于《共同章程》以及社会的一般理论，只要他们了解马克思的工作，社会的一般理论就不可避免地会有马克思作为参照点。

---

① 一名国际主义者（卡菲埃罗），《国际》（L'Internazionale），载《玫瑰小报》，1871年12月20日。
② 马西尼（Masini），1973年。

第一章　19世纪60年代和70年代：马克思主义被摒弃，与马克思主义的腐烂

巴枯宁本人甚至在向总委员会宣战之后，也多次在这方面明确自己的观点。马克思的"永恒的荣誉"是，他寻找并发现了"从（现代无产阶级）自己的历史传统和日常经验中所产生的一些实际思想，我们在文明世界所有国家的工人的情感和本能中（甚至不总是作为反映的思想）都能发现这些思想，它们构成了现代无产阶级的真正教义"。也就是说，马克思不是在随便一个经济和哲学体系中，而是在现代无产阶级自身的普遍意识中寻找和发现了这些思想。这一切都在《临时章程》和《共同章程》中得到了庄严的表达，这两大文本构成了"我们协会的真正的、唯一的、有创设权的、基本的、强制性的原则"①。在"致罗涅国际主义者的信"（Lettre aux internationaux de la Romagne）中，他又把收信人的注意力转移回了《临时章程》上，全文转载，确保他们能正确认识它，并加入了他自己的评论，解释其中的每一个要点，② 结论是《临时章程》和《共同章程》对所有希望被承认为国际成员的个人和俱乐部都

---

① 《社会革命》（La Révolution sociale）文章，1872年1月，巴枯宁，1974年，第175页。

② 当然，他的个人注释有时会曲解文本的含义，（尤其是关于经济解放的段落把翻译"作为一种简单的手段"，并解释说，这"意味着国际拒绝采取任何当下直接的目标不是经济和社会革命本身的政策，只有这种革命才能带来建立在所有人真正平等基础上的每个人的完全自由的胜利"——《致罗马涅国际主义者的信》，1872年1月23—26日，巴枯宁1974年，第209页）然而，完整地复制该文本，传递巴枯宁的所有权威，仍然具有非常重要的意义。

是"绝对强制性的"①。

至于马克思理论的基础（即他的历史唯物主义和经济理论，即使是在还原论和决定论的意义上理解它们）巴枯宁不仅从未试图与之保持距离，还不断指出它们是所有社会主义的必不可少的遗产。

早在1868年底，这位俄国革命家就给马克思写了一封信，在这方面相当有说服力：

> 因为我现在比任何时候更清楚地了解到，你是何等的正确，你要我们都走经济革命的康庄大道……我现在所做的，就是你二十年前已经开始了的事情……如今我的祖国就是国际，你是它的主要创始人之一。因此，亲爱的朋友，你可以看到，我是你的学生，我为此感到自豪……②

由于巴枯宁希望在协会和国际之间能形成协调的关系，这封信整体上有可能带有策略上的考虑。然而，我们上文

---

① 巴枯宁，1974年，第210页。
② 《巴枯宁致马克思的一封信》（Ein Brief Bakunins an Marx），1868年12月22日，载《新时代》（Die Neue Zeit），19期，1900—1901年，第7页。中文译本参照《马克思恩格斯与俄国政治活动家通信集》，北京：人民出版社1987年版。他在这一点上进一步补充说，当"我们处于友好关系时，他比我先进得多，就像今天他毫无疑问比我知识渊博得多，甚至更先进。那时我对政治经济学一无所知……我的社会主义也不明确……他说我是个多愁善感的理想主义者，他是对的。"巴枯宁1974年，第2卷，第123页。

第一章 19世纪60年代和70年代：马克思主义被摒弃，与马克思主义的腐烂

提到的声明并非如此，因为它们与巴枯宁甚至在"宣战"之后阐述的其他甚至更坚定的判断相一致。

事实上，他对《资本论》有如下的评价：

> 这部作品早就应该被翻译成法语了，因为据我所知，没有任何一部作品能把如此深刻、有启迪作用、科学、决定性的分析汇集在一起（如果我可以这样说的话），无情揭露了资产阶级资本的形成以及这种资本继续对无产阶级的劳动进行的残酷、系统的剥削。①
>
> 卡尔·马克思先生是统计和经济科学的一个无底洞。他关于资本的著作（不过不幸的是，该书充斥着哲学上的奥妙和公式，使广大读者无法理解）是一部最高程度的实证主义和现实主义著作，因为除了事实的逻辑之外，该书不接受任何逻辑……②

总之，在科学层面上，不可能否认他是无可争议的"我们这个时代最杰出的社会主义和经济学者"③。

诚然，在"反威权主义"的圈子里，有些人提出了编写"与马克思的《资本论》相对应的著作"的问题；④然而这样的任务显然是不可能实现的。纪尧姆是这一计划的

---

① 巴枯宁，1974年，第3卷，第209页。
② 巴枯宁，1974年，第4卷，第63页。
③ 巴枯宁，1974年，第2卷，第216页。
④ 参见纪尧姆，1905—1907年，第2卷，第122页。

支持者，在几年前的国际洛桑（Lausanne）大会上，当他通过埃卡留斯（Eccarius）的介绍了解到马克思的理论时，他的反应就相当不同。在一个与大会同时举行的集会上，代表们就舒尔兹·德里奇（Schultze-Delitzsch）和拉萨尔的理论体系发生了冲突。其中一位发言者是毕希纳（Büchner），他是非常受欢迎的《力与物质》（Force and Matter）的作者，马克思曾强烈批评过该书。① 然后埃卡留斯插话，最初就毕希纳刚刚谈到的主题表示"声音单调，毫无风度"。接着他说明道：

> 卡尔·马克思的伟大历史理论。渐渐地，他的声音变得更有表现力，他把目光从地板上移开，变得更活灵活现，他的讲话有了一种熟悉生动的说服力，令人难以置信。我们被他的魅力所俘获，转变后的埃卡留斯现在让这几百个人全神贯注地听着他的每一句话……这种状态持续了将近两个小时，当他结束时，整个会场爆发出暴风雨般的掌声……②

---

① "毕希纳关于达尔文主义的讲稿我收到了。他的确是一个'著述家'，很可能是因此才姓'毕希纳'的。他关于唯物主义历史的肤浅的废话显然是从朗格那里抄来的。这样的侏儒处理象亚里士多德这个和毕希纳不属于同一类型的自然科学家的方式，实在令人惊奇。"——马克思致库格曼，1868年12月5日，英文版《马克思恩格斯文集》第43卷，第173页。中文版《马克思恩格斯全集》第32卷，北京：人民出版社1974年版，第567页。15年后，"毕希纳可能是《新时代》首次问世时登上页面的最杰出的名字。"拉焦尼埃里，1968年，第85页。

② 纪尧姆，1905—1907年，第1卷，第39页。

第一章 19世纪60年代和70年代：马克思主义被摒弃，与马克思主义的腐烂

纪尧姆在大会上进一步评论了他与埃卡留斯—马克思的关系："埃卡留斯中断了他与《时代》（Times）的通信，以便向我阐述马克思的理论。多么幸福的时刻啊！在八天里，我向这些可敬的权利和正义的捍卫者所学到的东西能够填满一整卷书。"①

这就表明，即使仅与马克思思想的基本方面（当然已经"通俗化"）存在间接的关系，在国际主义者圈子里也产生了十分不寻常的效果。巴枯宁在这一点上说得非常清楚，在历史理论方面也是如此。

> 卡尔·马克思有幸确立了这一观点：**所有的演变，即使是人类历史上最理想的演变，都在人类社会经济组织的连续的、不可避免的转变中有着其最初的原因，在任何地方都是如此……**②

那么，如果我们考虑到他为无产阶级提出的基本口号是"全世界无产者联合起来！"（针对外交政策）和"工人阶级的解放应该由工人阶级自己去争取"（针对国内政策），③那么无政府主义文化全景中的马克思的文本最终就会变得十分重要，几乎不可能被忽视。

自然，这并不是说巴枯宁的"马克思主义"（就历史理

---

① 纪尧姆，1905—1907年，第1卷，第40页。
② 巴枯宁，1974年，第2卷，第185页。
③ 同上，第168页。

论和资本主义理论而言）能够立即影响年轻的意大利国际主义者的倾向，后者在1872年成立了国际工人协会意大利联合会。但是，这确实表明在这些年轻的激进分子强调需要用经济和社会理论来补充他们的社会主义的时候，与马克思理论的关系似乎是完全自然的，与他们自己的无政府主义的传统一点也不矛盾。

年轻的意大利国际主义者在19世纪70年代初选择巴枯宁作为他们的老师，他对马克思的主要文本有一定了解，同时也与欧洲文化中最活跃、最重要的潮流有过接触。这与"老兵"和"年轻的唯物主义者"（如科斯塔所定义的那样）的情况不同，他们奠定了第一批**工人联盟**（fasci operai）和国际的第一批支部的基础。① 他们的"唯物主义"主要是基于毕希纳那本风靡一时、顺风顺水的《力与物质》，该书刚刚以意大利语翻译出版，② 他们的历史理论尽管无疑建立在唯物主义的基础上，却远远没有超出目的论—进步主义的看法。这些观点在"进步的"和/或"革命的"（各种形式的）常识中非常普遍，我们甚至可以在19

---

① 《平等》（Égalité），1880年3月18日，引自贝尔塞利（Berselli）（编者）1982年，第27—8页。

② 1868年由米兰的加塔诺·布里戈拉出版社（Geatano Brigola Editore）出版意大利语版。两年后，曾编辑《力与物质》译本并撰写其序言的路易吉·斯特凡诺尼，将策划毕希纳的《过去、现在和未来的人——关于人类的起源、地位和前景的最新科学研究结果的通俗报告》（*Man in the Past, Present and Future. A Popular Account of the Results of Recent Scientific Research as Regards the Origin, Position, and Prospects of the Human Race*）的意大利语版。

第一章 19世纪60年代和70年代：马克思主义被摒弃，与马克思主义的腐烂

世纪下半叶初期的俄国最深处，在屠格涅夫所展示的小业主和小贵族的世界中找到它的痕迹，即使在他们表面上不动声色的情况下，也已经受到了欧洲长距离浪潮的影响。[1]

但是与此同时，"老兵"和"年轻的唯物主义者"恰恰在他们创建了一个公开与马克思和总委员会决裂的意大利联合会的时候，仍然顽强地坚持《共同章程》和"国际纲领原始的《临时章程》"[2]。这几乎是强制性的，甚至与巴枯宁的建议无关，因为从1871年起，以上文件在大量联盟和支部（sezioni）中被大量使用。[3] 有时，这些文件的原始文

---

[1] 今天早上我正坐在那里读普希金（Pushkin）……我记得是《吉普赛人》(The Gipsies)……突然，阿尔卡狄（Arkady）走到我面前，没发一言，脸上带着仁慈的怜悯，温柔得好像我是个婴儿，把我手中的书拿走，在我面前放了另一本书——一本德语书……然后笑着带着普希金离开了。"说实在话！他给了你什么书？""这本"。尼古拉·彼得罗维奇（Nikolai Petrovitch）从他外衣后下摆口袋里掏出了毕希纳的第九版专著。屠格涅夫（Turgenev）1950年，第53页。

在被问及与他自己的时代相比是否有积极的变化时，国家农民（odnodvortsy）（一小块由一个家族拥有的土地的自由业主）的一位老成员是这样回答的："在你的时代，以前的情况更好，不是吗？"——"有些事确实更好，我会告诉你……我们的生活更平静：以前更安闲舒适，真的……但是，话虽这么说，现在的情况更好；以后对我们的孩子来说还会更好。"屠格涅夫1907年，第101页。

[2] "国际工人协会。意大利地区联合会（Federazione Regionale Italiana）。第二届联合会大会（Secondo Congresso Federale），1873年3月15日。"马西尼（编者）1964年，第62页。

[3] 一个特别有说服力的例子是1872年由佩兰出版社（Tipografia Perrin）在都灵出版的《无产阶级解放的社会章程》(*Statuto sociale della società l'Emancipazione del Proletariato*)。

意大利马克思主义史：从起源至第一次世界大战前

本会受到"反威权主义"和"无政府主义"①的评论，但**仍然被使用和传播**，成为社会主义常识中越来越基本的要素。绝非偶然的是，在意大利联合会的危机开始成熟时，它的结论是果断而明确地指出："国际在伦敦而不是在日内瓦成立，我们在这里（采取我们所采取的行为路线）恰恰是处在伦敦最初的《章程》的范围内。"②《临时章程》和《共同章程》最终成为一个变量系统的固定点，**真正的运动**的发展根据其自己的基本需要而改变。

真正的运动，确实是决定性的；如果没有这一点，要像马克思在1864年考虑的那样，提出重新考虑"伦敦的原始《章程》"，③就会困难许多。而**真正的运动**首先意味着罢工和组织抵抗。在19世纪70年代，尽管罢工行动在时间上

---

① 在国际工人协会意大利地区的第一次马尔凯（Marche）和翁布里亚（Umbria）大会上仔细制定纲领之前，有一套《临时章程》，其中部分是马克思的，但又夹杂着旨在为无政府主义立场辩护的论点。因此，"工人的解放必须由工人自己完成……由于这个原因，工人在本质上是反独裁和无政府主义的——也就是说，不承认任何在他之上的权力应该推动或引领他走向解放的道路或为解放而斗争"；或者认为"经济解放是每场政治运动必须服从的伟大目标，这种（经济解放）在目前的国家和财产组织中不可能实现"。马西尼（编者）1964年，第80—82页。

② "1877年2月17日和18日在米兰托（Milanto）召开的上意大利联合会及其成员第二次代表大会（Secondo Congresso della Federazione dell'Alta Italia e nuclei aderent）"，马西尼（编者），1964年，第191页。

③ 上意大利联合会（Northern Italian Federation）大会投票的意义并没有逃过马克思的眼睛，他请恩格斯注意"上意大利联合会发表了一项重要声明，它在声明中说，它一向遵守国际的'最初章程'。"马克思致恩格斯，1877年3月3日，英文版《马克思恩格斯文集》第45卷，第203页。《马克思恩格斯全集》第34卷，北京：人民出版社1972年版，第36页。

不连续、在地理分布上不均衡，且其发展态势并非由意识形态选择直接决定，但罢工越来越被证实是社会运动解体和重组的重要场域。①

这十年间最重要的罢工②和国际工人协会意大利联合会成立的同时性，当然具有强烈的象征意义。1872 年夏天在米兰和都灵举行的罢工与一个特殊的关键阶段和人力供应的波动有关，这就无法顾及到罢工结果及其所涉及的组织的稳定性；然而，它们显然承担了"催化分散对抗性的工人阶级意识的形式的功能"③。

最初的工资诉求有平等主义倾向，即使这一定位会遇到一些最强大和最专业的范畴的抵抗。初期工作合同的实现注定（除了别的以外）会在关键情况发生变化后崩溃，这促使诞生了管理合同的组织，这些组织倾向于促进工人抵抗。尽管如此，新生的意大利联合会实质上对现代阶级斗争的这些重要表现形式漠不关心。

事实上，并不是所有国际组织的支部都与 1872 年夏季的罢工无关。例如，都灵的无产阶级解放（L'Emancipazione del Proletariato）俱乐部关注着运动的进展，并直接参与了运动。俱乐部向雇主们发表了如下言论："如果你们在起草

---

① 参见《1878 年 2 月 3 日皇家法令任命的罢工调查委员会于 1879 年 3 月向内政部长阁下提交的报告》（*Relazione presentata a s. e. il ministro dell'interno nel mese di marzo 1879 dalla commissione d'inchiesta sugli scioperi nominate col r. decreto 3 febbraio 1878*），罗马：雷吉亚出版社 1885 年版。
② 参见奇沃拉尼（Civolani），1977 年。
③ 奇沃拉尼，1977 年，第 427 页。

合同时认为人力是你们自己的，是属于你们的东西，在整个合同存续期间价格不变，那么你们的计算就是错误的"①，从而展现出对作为商品的劳动力的矛盾性和特殊性的敏锐认识。与那些否认使用罢工行动的人相比，这个国际主义支部指出，即使——

> 使用这种武器，工人自己也会受到打击，我们可以说，如果没有罢工，意大利没有一家工厂、建筑工地或车间会为那里的工人规定（固定的）工作时间。那些通过无产阶级的劳动致富的人的仁慈之心也不会让他们明白他们给工人的工资是不够的，如果不是罢工，一分钱都不会增加……②

无产阶级解放支部没有参加里米尼会议，在这一时期仍与总委员会保持着积极的关系。支部报纸《人民》③"完全由工人编辑"，其视野是"阶级党"的视野。

> 我们协会的职责和目标之一就是在工人阶级中宣传这些思想，以此建立一个伟大的独立的党，即工人党，它必须是斗争的重要组成部分，将工人的利益作

---

① 《罢工》（Gli scioperi），载《人民》（Il Popolino），《工人监督》（Monitore dei lavoratori）（都灵），1872年7月。

② 《什么是权力?》（Qual è la potenza?），载《人民》，1872年8月4日。

③ 参见1872年6月1日版。

为自己的目标，而不是资产阶级手中的简单武器。这就是国际崇高承诺的任务……①

里米尼会议与会者（riministi）之所以对罢工和工人阶级组织几乎完全没有兴趣，毫无疑问应该从19世纪70年代意大利工业的结构层面和国际主义者自己所处的社会地位类型中确定（正如他们已经确定的那样）。有人指出，制造业的劳动组织，生产部门之间的相互依赖程度较低，工业集中度不高，机械化发展水平低，"使得斗争的集体经验很难沉淀在工人的意识中"，反而鼓励"在工人和雇主之间建立一种私人类型的关系"，使"对抗意识形成于与雇主斗争的单边和简化的视角内"②。还有人注意到，国际主义者自身在工会化趋势非常有限的支部拥有更大的影响力，而在传统的联合主义正在转变为抵抗的支部几乎不存在；依赖于经济二元论的组织二元论助长了"对争取到大多数劳动力的真正可能性的实质性怀疑"③，从而抑制了在工作场所进行的任何组织性努力。

然而，我们不应忘记"反威权主义者"自己所展示的

---

① 《工人党》（Il partito operaio），载《人民》，1872年6月29日。在那一年春天情况仍不稳定时，博洛尼亚的《工人联盟》支持车站搬运工人的罢工，称"市政府必须履行其职责：如果成功做到了，我们会很高兴；但如果做不到，我们的协会因此会被迫走上抵抗的道路，我们不会自相矛盾，也不会承担责任。"参见《抵抗》（Resistenza），载《工人联盟》，1872年3月10日。
② 参见奇沃拉尼，1981年，第25、27页。
③ 同上，第43页。

意大利马克思主义史：从起源至第一次世界大战前

远见——正是基于他们举行的国际大会，讨论关于改善无产者生活条件的可能性、工作场所斗争的特点以及使用组织抵抗。无政府主义国际在圣伊米耶（St. Imier）举行的成立大会在这些方面给出了非常明确的指示：

> 在许多地方，已经有人试图组织劳工，以改善无产阶级的状况，但即使是最轻微的改善，也很快被特权阶级重新吸收……对我们来说，罢工是一种宝贵的斗争手段，但我们绝不对它的经济结果自欺欺人。我们认为这是劳工和资本之间对抗性的产物，有其必然的结果……无产阶级通过简单的经济斗争，为最终的伟大革命斗争做准备……①

毫无疑问，意大利的国际工人协会联合会在一个特殊的社会经济环境中运作，在某些方面也表现出了这一点。然而，它完全响应了圣伊米耶的逻辑，正如我们所见，这种逻辑与"意大利革命"的传统完全不矛盾。

与罢工和抵抗问题有关的一系列问题的性质，我们可以看到在意大利联合会的环境中也有共鸣。事实上，有些支部提出了他们是否"应该通过行业和同业公会的支部来促进国际的组织"的问题。② 在一次大会辩论中，我们还可

---

① 参见布拉沃（编者），1978年，第840—841页。
② 1876年7月那不勒斯支部的询问，引用于马西尼（编者），1964年，第130页。

以看到，"当务之急是所有支部都要研究资本和劳工之间所有关系中的一切抵抗手段；在任何情况下，为行业和同业公会组织单一的支部并将它们联合在每个行业和同业公会的工会中都十分有益，这样就能够更容易地进行抵抗"①。然而，在这一领域，**里米尼大会与会者**的活动和他们的阐述以完全不同的方向为导向，在这种情况下，"任何偏离革命母题的行为都会阻碍无产阶级进步"②，因此，就这些支部而言，他们不是在"局部斗争"中"开展和支持反对资本的斗争"，而是要"为最高斗争做好准备"。③

当然，正是这种观点的危机，才使得马克思在《临时章程》和《共同章程》中的指示以及他关于"作为一个阶级"的工人组织的指示出现了新的结合。这是在**真正的运动**中发生的，在这一时期，不需要直接提到马克思。在这场危机中，意大利国际主义的一个分支被里米尼主义拆散后重新组合。格诺基·维亚尼曾试图在罗马支部内建立一个抵抗组织，然后在该支部与意大利联合会取得一致时被

---

① "国际工人协会。意大利地区联合会。第二届联合大会，1873年3月15日。"马西尼（编者），1964年，第66页。

② "国际协会意大利联合会（第三届）大会"，1876年11月，马西尼（编者），1964年，第141页。

③ 《佛罗伦萨联合会以及波马兰切和科尔托纳支部授予出席日内瓦国际大会的维克多·西里尔代表的授权》（*Mandato della Federazione di Firenze e delle Sezioni di Pomarance e di Cortona a Victor Cyrille delegato al Congresso Internazionale di Ginevra*），1873年8月，马西尼（编者），1964年，第85页。

排斥，① 现在他再次坚持需要"预备贸易与手工业协会（societies of trades and crafts）"——他的意见得到了倾听。他说："这些贸易与手工业协会是令人恐惧的"，他说道，"因为它们代表着劳工在与对手进行斗争。而由于斗争最能唤起团结，我相信贸易与手工业协会比其他社会形式更能鼓励工人团结起来。"② 这番话的背景是意大利社会主义者要建立"伟大的意大利工人党"③。

从这个意义上来说，米契尔斯的部分论点是正确的，他认为就传播受马克思主义启发的思想而言，从完全对立的角度来考虑意大利巴枯宁主义的抛物线是错误的。然而，如果我们把视角从意识形态论战的层面转移到**真正的运动**层面，会发现它的发展既没有摧毁马志尼的社会，也没有摧毁互助主义的社会，那么关于巴枯宁主义的"狗鱼"部分是值得怀疑的。此外，不能忽视巴枯宁主义的危机，事实证明，巴枯宁主义是加速整个过程的毫无疑问的重要因素。

鉴于这一**危机**的成熟过程具体涉及无产阶级"阶级意

---

① 德拉·佩鲁塔，1952 年。
② 《1877 年 2 月 17 日和 18 日在米兰举行的上意大利联合会及其附属核心第二次代表大会》（*Secondo Congresso della Federazione dell'Alta Italia e nuclei aderenti tenuto in Milano nei giorni 17 e 18 febbraio 1877*），马西尼（编者），1964 年，第 183 页。
③ 国际工人协会联合会（Associazione internazionale degli operai-Federazione Lombarda）：《工人、意大利年轻人宣言》（*Manifesto agli Operai, alle Operaie, alla gioventù d'Italia*），1876 年，马西尼（编者），1964 年，第 259 页。

识"的形成过程中具有决定性意义的一个方面,并且之后在19世纪90年代从马克思主义意义上得到了确认,即工人阶级组织的问题,这一点就更加真实了。事实上,由于工人阶级组织**联系**着外部"阐述""社会主义意识"和"工人阶级社会意识"——即纯粹通过在生产过程中的组合搭配而决定的一套非正式做法和习俗,因此它是这一链条上的基本环节。①

从这一观点来看,巴枯宁主义的危机在19世纪70年代中期就已开始显现,当时国际主义者集结在切雷西奥支部(Sezione del Ceresio)和巴勒莫(Palermo)的《穷人》以及最重要的《人民报》(现在的米兰报纸)等报纸中,并不局限于批评巴枯宁派"考虑不周的起义"②,而是日益将自己的注意力转移到组织抵抗的问题上来。同时,他们还致力于建立这样的组织,或者在已经存在这种组织的地方进一步加强。1876年至1877年期间,社会主义圈子努力将各种组织联系起来,特别是将初期的工人运动作为他们的参照点。他们不仅希望这些组织成为具有不同程度稳定性的宣传团体,还希望它们承担更多的责任。有时,他们成功做到了这一点,比如隶属于上意大利联合会的曼托瓦总工会(Associazione generale dei lavoratori di Mantova);该曼托瓦协

---

① 这方面参见霍布斯鲍姆1984年评论。
② 参见《国际劳工协会第八次大会》(Ottavo congresso generale dell'Associazione internazionale dei lavoratori),载《穷人》(*Il Povero*),1876年10月3、23日。

会在 1877 年有约 1982 名会员，其中 1666 名是农业工人。①

因此，巴枯宁主义的危机本身正是在"社会主义意识"和"工人阶级社会意识"之间的**联系**中成熟起来的，由于这些原因，危机的结果对意大利社会主义的未来特征具有重大意义。

当然，无论是聚集在《人民报》或《穷人》周围的团体，还是团结在上意大利联合会内的团体，都不能被定义为马克思主义者。相反，他们认为马克思主义者和巴枯宁主义者是"两个野心勃勃的教派，他们之间相互斗争"②，并且都对国际的死亡负有责任。不过，他们决心将社会主义和工人运动建立在更为坚实的基础上，这一点证明对接受马克思和恩格斯的框架所提供的指示特别有利，即**民主对立面**和**无政府主义对立面**在**工人阶级的对立面**中得到了解决。

---

① 德拉·佩鲁塔，1965 年，第 262 页。
② 《我们的通信》（Nostra corrispondenza），载《穷人》，1876 年 12 月 26 日。

第二章
19世纪80年代的马克思主义过渡时期的特点

1 社会主义文化：社会学

《五月一日》(*Primo maggio*)这部小说在好几个方面都是19世纪90年代许多知识分子皈依社会主义的典范，小说的主人公逐渐意识到，作为一个社会主义者，他的成熟将意味着与他的一些老朋友彻底决裂，这让他感到"深深的悲伤"。"与他交谈的老朋友仍然是同一个人；但他似乎离他很远，在一条宽阔的河流的对岸，两人都无法再跨越。"①在他"悔改"之前，可能存在"对政治、艺术和哲学的严重分歧"，但仍有可能通过同意避免讨论过具争议性的话题

---

① 德·亚米契斯（De Amicis），1980年，第239页。

来挽救友谊。然而，如果他们"在社会主义思想上有完全的分歧，而社会主义思想包含了一切，因此对一切都有分歧"，就不可能保持这种友谊。①

这种"整体"社会主义的概念与19世纪90年代社会主义所构建和推广的自我形象（不仅是现实）极为一致。这是一个知识概念的关键要素汇聚的焦点，同时也是它们的出发点；也就是说，一个知识概念倾向于将意识过程包含在一套根据自我参照的整体性模式而构建的单一关系中。显然，这涉及需尤其强调运动的绝对文化自主性，明确地界定了它与其他文化的界限，并建议使用从它自己的原理政治经济、社会学等方面提取的分析工具。简而言之，这是一个已有意识地计划好的文化分离的过程，现在可以认为正在经历其最后的阶段。

我们可以把这一过程想象成一个已经进行了一段时间的渐进过程：在某种意义上，它根植于社会主义的遗传基因中，注定要随着它的自然成长而日渐成熟。然而，如果我们确实要讨论自然发展，那么很难认为其具有线性发展的特征。如果说在19世纪90年代初，自给自足的需求日益成为社会主义身份的一个显著特征（对马克思主义整体视野的有意识接受，是这一特征最明显的体现），那么在此之前的十年，情况则明显更加复杂，且

---

① 德·亚米契斯（De Amicis），1980年，第239页。

没有定型。

事实上，正是在19世纪80年代，社会主义文化自主性的原因（当时也有时提到的论点）最终被证明是阐述实证主义宇宙密集网络的特定环节，而且只能如此。

实证主义作为一种"方法论方向"、作为一种"精神形式"和作为一种"学说"①之间的既定区别，直接关系到这十年的社会主义文化。这种文化在一个与"积极"需求和实证主义文化积累的许多"主义"特性共生的层面上发展，而实证主义文化积累在其抛物线顶点的第一阶段抵达了意大利。

埃米尔·涂尔干（Emile Durkheim）已经非常敏锐地指出了这种与实证主义的主要社会科学（社会学）共生关系的某些方面，他说，"在不止一个点上，（社会主义的）历史与社会学本身的历史混合在一起"②。然而，社会主义文化的历史和实证文化的历史之间的"混合"程度还有许多其他可能的变化。这不仅是由于与特定时代的文化氛围有关的不言而喻的各个因素，而且还由于这一事实："社会问题"是检验政治选择、思想状态、认识论和方法论实验的基本试验场。"社会问题"是个绝妙的矛盾性的场所——政治经济学的矛盾性、社会学的矛盾性和改革政策的矛盾性，都围绕着核心的矛盾性："社会问题"，无论是对抗性的"社会问题"还是清空这种对抗性的

---

① 参见利门塔尼（Limentani），1924年，第1页。
② 参见涂尔干，1986年，第98页。

"社会问题"。社会主义及其文化，作为预见未来并为其做好准备的先锋，在这一复杂多元的整体中扮演了举足轻重的角色。

自然，社会主义有其自身的结构独特性和特定的存在理由，其特定文化的实证主义必然要与之结合。在两个历史的发展中，它们的相互联系将涉及整个漫长而重要的时期，正是社会主义的推论将迫使人们打开预先构成的系统，并为一般方法论的坐标和意识形态的参照点的变化准备好基础。此外，19世纪70年代的意大利社会主义只是偶尔提到，现在正在形成定义的广泛的政治和社会选择需要建立在一种"哲学"甚至是本体论前提之上。这一问题直到这十年结束时才开始提出，并且更为重要紧迫，因为一个自认为已经超越了偶发的初始阶段的运动和文化现在需要找到统一的"科学"参照物。答案显然是既定的，就其最普遍的特征而言：如果社会主义的对手否认自己有一个哲学原则，一个伟大的鼓舞人心的标准，那么"他们（怎么会）看不到社会主义（曾是）一个伟大的反理想主义潮流？……社会主义总体上（曾是）一种实证的、现实主义的、唯物主义的哲学"？[①] 这是一种哲学信仰的职业，在其最巧妙的形式下，甚至会导致对在"宇宙中能量的一般分布的基础上"提出的剩余价值理

[①] 《社会主义原理》（La filosofia del socialismo），载《人民报》，1879年6月1日。

论的阐述。①

自然，这样一个苛求的哲学选择（不管事实上的必要性如何）现在可以作为从政治经济学到人类学的广泛的社会分析全景中的理论工具，从它自己的基础实验开始。在欧洲的某些情况下，社会主义文化和理论首先在政治经济学的层面得到了检验，②但在意大利反而选择了犯罪社会学的道路。

我认为在这方面，值得仔细思考一位研究19世纪民主和社会主义的学者所提出的声明：马西莫·甘奇（Massimo Ganci），他认为"纳波利昂纳·科拉詹尼（Napoleone Colajanni）的《社会主义》（*Il Socialismo*）是……意大利工人运

---

① 作者的意图是根据"宇宙中能量的一般分布"，来证明"马克思提出并为社会主义者所接受的生产理论，根据这一理论（用物理学的语言来表达自己）人类劳动在其产品中积累的能量比用于生产工人力量的能量要多"。参见谢尔盖·波多林斯基（S. Podolinski），《社会主义与体力的统一》（*Il socialismo e l'unità delle forze fisiche*），载《人民报》（月刊），第3—4期，1881年。恩格斯读了这篇文章，写信给马克思说，"波多林斯基离开自己的一个很有价值的发现而走入歧途，因为他想为社会主义的正确性寻找一个新的自然科学的论据，因而把体力的和经济的东西混为一谈。"他指出"他由此得出的全部经济方面的结论都是错误的。"[恩格斯致马克思1882年12月19日，《马克思恩格斯文集》第46卷，第409—412页，中文版《马克思恩格斯全集》第35卷，北京：人民出版社1971年版，第129页]。

② 我们可以注意到，在非常不同的"工业"和社会政治发展背景下，如19世纪初的法国和德国，孔德和黑格尔等人对古典政治经济学的不同意识和考虑（特别是对这些社会及其文化的代表）后来会反映在本世纪下半叶同样这些国家的社会学和政治经济学以及社会主义和社会学的不同关系中。参见内格特（Negt）1964年。

动的第一个理论平台"①。

《社会主义》明确地将自己呈现为一篇犯罪社会学的文章，甚至在其标题中也是如此，在这个范围内，"菲利波·屠拉蒂（Filippo Turati）、莱奥尼达·比索拉蒂（Leonida Bissolati）、卡米洛·普兰波利尼（Camillo Prampolini）、（和）纳波利昂纳·科拉詹尼……（已经）将欧洲的实证主义者经验以社会主义的方法进行了修正"②。这意味着将社会学作为一个总体范围，犯罪社会学作为一个特定的调查领域。

当时正在形成的过程显然不允许九十年代的社会学传统有任何概念系统的统一性。事实上，即使经过一个多世纪的逐步学科专业化之后，仍然存在着深刻的认识论争论和"矛盾的假设"③。然而，这一传统广泛关注底层阶级的生活状况、行为模式以及道德与犯罪现象，并将这种关注贯穿于实证研究之中。我们可以说，在很长一段时间里，社会学的独特特征是"（曾）把现代社会解释为工业社会"；④ 它是一种深深沉浸在新世界中的、由新世界产生的知识，它呈现一个古老的罪恶（贫穷）的方式也是新的。这种类型的贫困和与之相关的现象，及其物质和行为的后果，为揭示社会关系的运作机制提供了最明显的手段——

---

① 参见甘奇1968年，第151页。
② 甘奇（编者），1959年，第20页。
③ 参见阿多诺（Adorno），1976年。
④ 参见罗西（Rossi），1982年，第15页。

而且是在一个正在经历着逐步的、不可逆的转变的世界中。

这种对社会机制的系统性兴趣（从打乱既定秩序的现象开始）长期以来一直是研究底层阶级的主要灵感。即使在美国这样的背景下也是如此，美国比意大利更好地整合了斯宾塞的超个人主义的核心部分，但仍在继续探索贫困的变化无常。在这里，我们还远远没有达到这一阶段："社会"这个词（即使与科学相结合）本身被视为带有太多意识形态的含义，并与工业资本主义现代性堕落的恐怖景象有过多联系。因此，有人会建议用"行为"这样据称更中立的词来取代它。① 相反，在这一时期，格诺基·维亚尼可以完全前后一致地认为，社会学只不过是一种"社会化学"，集体主义是它的"完美运作"；② 如果"面对科学时，它（曾被）称为**社会学**，在社会活动家的生活中，它则（曾被）称为**社会主义**"。③ 《国际社会主义杂志》（*Rivista*

---

① 参见西恩（Seen），1966 年。
② 格诺基·维亚尼，1879 年，第 5 页。
③ 正如他在《我们的理想》（Il nostro ideale）中以及在《现代社会主义》（Il socialismo moderno）（格诺基·维亚尼 1886 年）中所说，"……社会主义是科学，或者，如果你想用另一个词来形容，那么社会主义就是社会学。不做社会学家、不研究社会科学，就不能成为社会主义者。但是，你可以不做社会主义者而成为社会学家"。值得注意的是，根据蒙塔尔万（Montalbán）的说法，自称为马克思主义者的西班牙革命团体一度感到被社会学强烈吸引——也就是在 1950 年代，当时社会学和马克思主义之间的关系决不简单："有很多人愿意（进行）社会学分析，因为社会学已经开始作为一种本质上颠覆性的科学而流行，可以抛弃政治的墨守成规。"蒙塔尔万 1993 年。

意大利马克思主义史：从起源至第一次世界大战前

Internazionale del Socialismo）写道，"（如果）社会主义没有受到社会经济学作品和其他科学所遵循的方法的启发，（就）没有存在的理由"，结论是"但是，从这个角度来看，社会主义变成了社会学"①。正如我们刚才所说，这对我们而言就是犯罪社会学。

纳波利昂纳·科拉詹尼的书除了其内在的优点，确实代表了意大利社会主义文化中一个划时代的时刻。该书逐步得出的论点并不一定比其他社会主义者已经产生的论点更有创意。例如，正如我们看到的，屠拉蒂不仅预见到了这项工作，而且是一个更为精确、探索不止的分析家。然而，这位年轻的卡斯特罗乔瓦尼（Castrogiovanni）共和派社会主义者的作品的构架方式完全符合他那个时代科学出版物的规矩：一本成体系的书卷，围绕着一系列分支，在涉及范围上甚至是百科全书式的。然而，尽管该书规模庞大，但并不像最初计划的那样详尽，人们认为它只是一部专著的第一部分；事实上，五年后出版的巨著《犯罪社会学》（*Sociologia criminale*）② 被宣传为作者 1884 年作品的逻辑延续。

这是一本完全符合那个时代的科学的书，切合当时的理论问题，而且是完全实证主义性质；但它同时从社会主义的角度解释了实证科学的基本方面。该书与科学的一致

---

① 参见《社会主义与社会学》（Socialismo e sociologia），载《国际社会主义杂志》，1880 年版，第 2 卷第 2 篇，第 40 页。
② 科拉詹尼，1889 年。

性还在于表明了社会主义是科学一致性的第一要素。

一种似乎后来铭刻于社会主义文化基因中的态度,在意大利首次尝试"科学社会主义"时几乎最终成形:这种态度在不同时代或成为这种文化的优势,或成为其短板。正是这种态度支撑了一种"马克思主义"的假设,即存在一个首要的参照视角,并最终发展成为一个完整的参照体系。然而,这种演变在不同"马克思主义"的复杂关系中,留下了深刻且持续的影响。

那么,只有当社会主义符合科学证实的进化发展的一般趋势时,才能被认为是**不可避免**的。因此,如果社会主义文化不是解释这种趋势的最严格范式的领导者和镜子,那显然十分荒谬。此外,"必要性"的维度也预先假定了"社会主义科学"的持续和渐进的普遍性,并将变得更加"自主"和"主要"。在本世纪末,安东尼奥·拉布里奥拉用嘲讽批判的语气提到"许多人狂热地将他们掌握的任何……科学强行纳入社会主义的范畴";这种狂热是由于以下事实:

> 在意大利,那些(曾)致力于社会主义的人,而不仅仅是作为鼓动者、演讲者和候选人,他们(曾)认为,如果不以某种方式把它与现有的事物演变的概念联系起来,就不可能(曾)使它在科学上具有说服力,而这种概念多多少少(曾是)所有其他科学的基础。[①]

---

① 安东尼奥·拉布里奥拉:《马克思主义、达尔文主义等》,载《社会批判》,1897年,第190页。

然而，这种狂热有着深厚的根基，也不只涉及意大利。拉布里奥拉尖锐的语气和缜密的方法也无法阻止其持续存在，并具有重大意义。

任何直接进入意大利"实证科学"的"上层梯次"的人都会努力避免认识到犯罪人类学的中心地位。龙勃罗梭（Lombroso）的人类学学派，即意大利犯罪人类学学派，实际上在实证主义文化领域尤其意义重大，"在国际科学舞台上取得了巨大的成功"[1]。我们几乎可以认为，正是在这个特定领域，要克服看来源自孔德的实证主义和社会主义之间的矛盾因素似乎最容易。也就是说，一种强调"由社会总体经济决定的各阶级间和谐的相互影响"[2]的文化与一种必然坚持对抗特性的文化之间的矛盾（实际上是不可解决的对抗性），这种特性就存在于现有关系的背景下。我们将继续看到最终将从这一矛盾的结中解开的不同因素。

对"犯罪"的研究考虑到了与所有实证主义的知识模式之间存在着几乎直接的相符之处：从统计—分类模式到互动的生物—精神模式，具有强烈的地理—自然主义联系；此外，犯罪的概念本身"被迫成为许多全然不相干的要素的容器"[3]。这一概念的基础是共同的反唯意志主义情绪，这是社会学在其漫长的初始阶段的独特特征；反雅各宾遗产的一个方面，为业已强大的传统提供了支持，这一传统

---

[1] 帕帕（Papa），1985年，第19页。
[2] 内格特，1964年。
[3] 波塔利亚蒂—巴博斯（Portigliatti-Barbos），1985年，第428页。

坚决倾向于限制政治在社会演变过程中的作用。"自由意志"的说法经常出现在社会主义期刊上，人们将其理解为"科学（曾）每天都在做更多的事情来赶出自己的巢穴"的残余时刻；① 如果拒绝"自由意志"在犯罪人类学的"意大利学派"的领导者和追随者中基本上是一种普遍现象，那么对于这种决定论背后更深层次的因果关系，并没有类似的共识。可能在这个"学派"的具体范围内，异议仅限于某些"持异端者"②〔如加布里埃尔·塔尔德（Gabriel Tarde）所称〕，如科拉詹尼、屠拉蒂，以及我们也许可以算上普兰波利尼。从确定该学科的科学地位的角度来看，他们相当边缘化，但是他们确实提出了一些问题，这些问题对于如何保持在实证主义的范畴内，以及如何将其与建设更井井有条的社会主义文化的需求结合起来，都具有重要意义。

目前盛行的史学研究方法的解释可能有一定程度的夸张，即把龙勃罗梭和菲利（Ferri）刻板僵化的自然主义决定论与屠拉蒂和科拉詹尼（以及普兰波利尼）的社会历史主义相对照，至少在一定程度上是如此。如果这种解释被认为是"保守社会主义"③和**完全**（*tout court*）社会主义之间区别的基础时，情况尤其如此。有人正确地指出，至于

---

① 《我们满怀信心地等待！》（Aspettiamo fiduciosi!），载《前进！》（Avanti!），1882 年 5 月 20—21 日。

② 塔尔德，1887 年，第 50 页。

③ 布尔费雷蒂（Bulferetti）1951 年使用这一措辞来表明龙勃罗梭的地位。

自然主义范畴，龙勃罗梭在生物自然的历史概念中分析了人类，"一个正在生成的物种和种族的集合体，一个结构和种型都简化为演变和退化或衰退现象的集合体"①。毫无疑问，就以前的犯罪学流派而言，将罪犯解释为病态是一个质的飞跃；然而，"持异端者"的立场标志着社会学层面的进一步延伸，如今被宣称为社会主义本身的一个方面。

屠拉蒂很清楚他的对话者的"进步"立场（"我们喜欢和那些像我们一样走向未来的人做斗争"）。② 然而，与此同时，他指责他们没有得出方法论机制的全部后果，而这些机制已被证实是真正的实证科学，并且与资产阶级常识越来越不相关，现在这种常识"随着其所有偏见的完全崩溃而正在消亡"③。因此，龙勃罗梭和菲利需要扩大他们的视野，恰恰是使用那些已经让他们大大推动科学发展的有力工具，而不是停留在"犯罪的直接、偶然的情况下，忽视其更真实、更深刻的社会原因"④。如果这种讨论本来可以局限于方法问题，那么屠拉蒂却有意识地提出了将必要的方法论发展与社会主义的需要相结合的问题："涉及犯罪关系时，社会主义的理想如下：建立一个社会秩序，使犯罪

---

① 布尔费雷蒂，1975年，第17页。从龙勃罗梭对达尔文的阐释中，意大利出现了首先在政治方面使用进化论决定论的趋势。参见兰杜奇（Landucci）1977年及潘卡尔迪（Pancaldi）1983年。

② 屠拉蒂，《关于犯罪问题的说明》（Appunti sulla questione penale），载《人民报》，1882年11月5、12、19、26日及12月3、10、24、31日。

③ 同上。

④ 同上。

行为既无必要也无任何用处……刑罚问题首先并且在最本质上是一个社会变革的问题"①。屠拉蒂将他的研究定义为"实证主义和社会学",是一篇"激进社会学"的文章,②但无疑他也认为这篇文章是社会主义的作品,即使目前可能还在萌芽阶段。

事实上,尽管屠拉蒂积极的、混乱复杂的评价起到了促进作用,却是科拉詹尼把这个问题的大纲变成了我们所说的"科学社会主义"的连贯作品。这就产生了一部作品,注定要在意大利社会主义历史上发挥领导作用的整整一代的年轻知识分子都可以产生共鸣。此外(以不同的角色和形式,无论是直接还是间接)他们中的一些人对这部作品的酝酿做出了贡献,其基本论点甚至在这卷书出版之前就已经部分讨论过了。毫无疑问,这些人中首先是屠拉蒂,他曾敦促科拉詹尼创作此文,并"怀着激动和一丝忧伤的心情"看着这位卡斯特罗乔瓦尼博士,他"以巨大的力量支持(他)"③,对作品的标题和结构提出了建议,并对手稿提出了不可忽视的意见。这些人中还包括普兰波利尼(科拉詹尼试图让他参与进来,因为他在《皮夹克》(*Lo Scamiciato*)上发表过一些文章)还有比索拉蒂(Bissolati)和康

---

① 屠拉蒂,《关于犯罪问题的说明》(Appunti sulla questione penale),载《人民报》,1882 年 11 月 5、12、19、26 日及 12 月 3、10、24、31 日。
② 同上。
③ 参见 1884 年 2 月 13 日屠拉蒂致科拉詹尼的信,甘奇(编者),1959 年。

德拉里（Candelari），① 他一直在通信和谈话中向他们通报工作的进展。就这样，在"科学"领域、新闻业和书信交换之间建立了直接的、即时的联系。②

事实上，这些讨论是相互关联的：屠拉蒂注意到调和"正义与生存斗争的必要性"的困难尚未解决，就向自己提出了"进化论实证主义的危险的矛盾性"的问题，并向他的朋友普兰波利尼提出了同样的问题。③ 实质上，这要求对达尔文主义的解释与社会主义的愿望不相违背。正如屠拉蒂在与友人科拉詹尼的通信中立即解释的那样，他学习密尔（Mill）的样，使这一问题的答案渐臻完善。这是一种"司法的、公正的、有益的、契约性的"解释，将生命之争的"平等的武器"转化为竞争的条件；这种竞争随着"决斗"取代"争吵、仲裁、决斗等等"而逐渐变得更加文明；这是一种"斗争的转变"，在其中"（可以）找到社会主义

---

① 此外，康德拉里已经介入了达尔文主义和社会主义调和的可能性问题，其定位非常接近当时由普兰波利尼采用、后来由科拉詹尼发展的定位。他主张，"实证主义学派在动物领域显示了一种生命斗争的规律，这种规律由不同环境中生殖力量和的能力之间的不平衡所导致"。如果改变这种规律发生作用的环境（在人类社会中可能发生），那么"就会开始实现生命力和环境之间渐趋平衡的有益趋势"：参见罗密欧·康德拉里：《选择法则与社会平等》（La legge di selezione e l'uguaglianza sociale），载《人民报》（月刊），1881 年第 3 期。
② 例如参见屠拉蒂：《犯罪与社会问题》（Il delitto e la questione sociale），载《火花报》，1883 年 4 月 1 日。
③ 屠拉蒂致普兰波利尼，1883 年 10 月 7 日，马米尔罗利（Marmiroli）（编者），1966 年。

和达尔文主义之间理想的调和点"①。就科拉詹尼而言，他似乎更倾向于普兰波利尼的解释，以至于该书收录了后者一封信的长篇段落。其中包括他的一封信中的很长一段话。这是一个选择了"社会学"和机体论达尔文主义的普兰波利尼；一个有机体的生存条件不在于不同方面的斗争，而在于"联盟、团结……（以及）权利和义务的平等"。普兰波利尼认为，"生存竞争"是一种法则，或者更确切地说，是一种威力，生物体通过这种威力获得了最大的力量，对敌对的自然界进行了最大的抵抗；很容易表明，这也是促使被剥削者反叛的力量，然而，这种威力也不可避免地引导人们走向越来越紧密的团结、越来越多的平等、越来越广泛的平等。② 事实上，我们可以在科拉詹尼的书中找到这种观点的某些方面，达尔文主义和社会主义在过程中实现了结合："人类的组织越是社会主义化，达尔文主义的生存竞争在人与人之间就越是被减少和削弱"③。

把所有这些汇总起来，科拉詹尼对这个问题的第一次系统化处理有些灵活。意大利的斯宾塞主义似乎完全认同

---

① 屠拉蒂致普兰波利尼，1884年2月13日，甘奇（编者），1959年。这类似于将生存竞争转化为"生命竞争的斗争"的立场。参见《社会主义与达尔文主义》（Socialismo e Darwinismo），载《火花报》，1884年1月27日。

② 普兰波利尼致科拉詹尼，1883年11月13日，甘奇（编者）1959年。

③ 科拉詹尼，1899年，第2卷，第46页。

生物和社会学的方法①（这在一定程度上也表现在普兰波利尼身上）与之相反，科拉詹尼明确主张生物学和社会学"并行不悖，但决不会混淆"②。此外，进化论本身预示着质的飞跃，在社会进化领域，**精神规则**将对**物质规则**发挥逐步替代的作用。事实上，政治决定论的社会经济基础是通过一些机制发展起来的，这些机制当然与自然机制不同，但并不与之相矛盾。社会发展所依据的规则没有写在任何基因密码中，而是"在一定范围内和一定条件下实现，如果范围和条件发生变化，规则本身也会改变"③。然而，拒绝作为"宿命论"的决定论似乎并不意味着否认历史进程确实有一些方向。社会主义就其本身而言具有"不亚于社会学的科学性"④，相反，恰恰由于社会主义不能超出进化

---

① 意大利社会主义者的斯宾塞主义并没有达到我们可以在一些不同的背景下发现的极端的"生物主义"，这些背景将这种生物主义发展成一种普遍的常识。我们在 20 世纪初的一部通俗小说的主人公的话中看到了这一点："工具的演变、竖琴的演变、音乐和歌舞的演变，都有优美详尽的阐述；但人类自身的演变呢……生物学的最大方面……生物因素，正是用它来编织出了所有人文科学的结构、所有人类行动和成就的经纬纱。"伦敦 1982 年版，第 772 页。

② 科拉詹尼，1884 年，第 59 页。

③ 科拉詹尼，1884 年，第 250 页。五年后，这些坐标仍未改变："决定论从经验、从对事实的观察、从生理学和心理学中获得过，并不断获得新的活力，并试图在实践科学中尽可能广泛地利用这些经验……每个**现象**都有一个**原因**，如果这个**原因**不再起作用，（现象本身）就会消失；如果恢复，现象必然会再生。在相同的条件下，我们的现象相同；如果条件发生改变，现象也随之改变。这就是**决定论**。"科拉詹尼 1889 年，第一卷，第 19 页。

④ 科拉詹尼，1899 年，第 275 页。

的一般规律之外被解释，因此代表了"最伟大和最重要的篇章"。① 这些方向在 19 世纪 80 年代保持不变，并在 1889 年的《犯罪社会学》（La sociologia criminale）中得到了全面的重申。事实上，这部作品被认为是一部科学作品，同时也是"对社会主义和人类的激烈辩护"②。

因此，科拉詹尼描绘的形象〔考茨基（Kautsky）称之为**志同道合者**（Gesinnungsgenosse）（译成意大利语为**同道中人**，但更确切地说，是指**思想伙伴**：分享自己思维方式的同志）〕在其他以各种方式对政治—文化辩论作出贡献的**拥有思想的伙伴**中，也基本上司空见惯，而这一形象即从这些辩论中诞生。

当然，社会学和一般的实证主义工具是现在正在构筑的社会主义文化的一个组成部分，这不是什么新奇的事。从民主共和党人到社会主义共和党人，多种多样的"进步人士"世界从根本上为实证主义的传播提供了有利的环境，包括支持接触欧洲实证哲学最精彩的部分的有利机会〔如孔德与贝内德托·普罗富莫（Benedetto Profumo）的通信〕③，以及卡塔内奥（Cattaneo）的本土传统。在不太遥远的过去，只要留心翻阅几页拥有相对悠久传统的共和社会主义期刊，如《人民报》，就足以证明具体的社会主义文化

---

① 科拉詹尼，1899 年，第 302 页。
② 参见见《未来的太阳》（Il sole dell'avvenire），罗密欧·康德拉里（Romeo Candelari）的长篇评论，1890 年 8 月 3 日。
③ 参见拉里扎·洛利（Larizza Lolli），1985 年。

意大利马克思主义史：从起源至第一次世界大战前

要素的定义是逐渐产生的，以及这些要素与实证主义范畴存在共生关系。

然而，在19世纪80年代初也发生了一些新鲜事，因为分散的论点和立场现在倾向于围绕一个具有强烈自主倾向的意识形态中心连贯起来，并为其自身逻辑服务。而这些逻辑将对该中心现在与"科学"正在建立的关系产生很大影响。

从某种意义上说，正是由于《皮夹克》是许多在社会主义报刊中没什么特别分量、也没有特殊或光荣的传统的短命出版物之一，因此它的经历是这方面的典范。然而，这份没有任何历史的小报有一个特点，那就是它诞生于1882年①，由一群年轻的学生和刚毕业的大学生（其中最值得注意的正是普兰波利尼）发起，因此出现之时正是我们现代性的一位伟大解释者定义为"精确生活的乌托邦"在社会主义知识界日益盛行的时候②。在这个特殊的时刻，试图对自己的选择和政治实践获得一个"理论"上的定义，被认为是一项根本性的重要任务，这并非偶然。如果我们考虑到卡米洛·普兰波利尼在意大利社会主义大军中的重要作用和长期的激进主义从未和任何特殊的理论倾向相联系，就更有意义了，然而他却在这里提出了初步问题，即社会主义和科学之间的关系这一理论上的问题（尽

---

① 参见扎瓦罗尼（Zavaroni），1979年，第85—107页。
② 穆齐尔，1997年，第二部分，第61段。

管这个问题也有明显的实际后果)。这肯定是一个理论问题,但他处理这个问题的目的正是证明"社会主义学说的历史真理和科学真理"①。毫无疑问,正如有人指出的那样,当时的普兰波利尼是"少数愿意……探索科学进步和人类进步之间关系问题的年轻人之一"②,但如果说他处理这些问题的知识态度确实使他具备了胜任这项任务的分析"能力",那就更有问题了③。事实上,普兰波利尼几乎是不言自明的说法,即"根据科学,我们的梦想和人类的未来之间存在着同一性"④,这似乎是他研究的基本前提。可以肯定的是,"认识论的实证主义"和"存在主义的实证主义"⑤之间的紧张关系确实代表了这一文化历史中的一个常量,这种"存在主义的社会主义实证主义"似乎与19世纪80年代初的普兰波利尼、科拉詹尼和屠拉蒂具有特殊的相关性,即使程度有所不同。这很难不影响"认识论—逻辑实证主义"的质量。此外,**存在主义**维度的密度极大,在提出社会主义和科学之间的关系问题时,甚至在这个漫长的发展阶段之后,都会感受到它的

---

① 普兰波利尼:《科学与社会主义》(Scienza e socialismo),载《皮夹克》,1882年1月15日。
② 马西里·米格里奥里尼(Mascilli Migliorini),1979年,第62—63页。
③ 马西里·米格里奥里尼,1979年,第62页。
④ 普兰波利尼致科拉詹尼,1883年11月13日,甘奇(编者),1959年。
⑤ 索拉(Sola)使用的一种表述,1983年,第70页。

影响。

犯罪人类学是第一个公开宣传自己为社会主义社会学的系统化的领域，它将这两个术语完全整合在一起，逐渐走向成熟。然而，现在作为社会主义文化发展特征的态度，也使它有了扩大其介入范围的重要趋势。这里所假定的是实证的（创新的）文化的进程的逐步融合，共同致力于社会的**必然转型**。年轻的康德拉里担任了谦逊的"低微宣传员"的角色（与他更有天赋的朋友普兰波利尼、屠兰蒂和科拉詹尼相比），他特别宣传了后者的著作，将其描述为"社会（社会主义）学说……最好的（作品）之一……用本世纪的所有科学写就"。因此，他特别清晰有力地解释了社会主义文化包揽所有最新蓬勃发展成果的趋势。正如康德拉里在谈到现实主义文学的发展和扎根时写道的那样：

> 现实主义文学如今可以被认为是社会主义最有力的辅助手段之一。也就是说，如果我们所说的社会主义不仅是指下层阶级的崛起运动，而且是指对制度、习俗和人文科学产生变革作用的全部社会现象，那么现实主义文学就可以视自己为社会主义这一卓越变革不可缺少的组成部分……新概念正在从可知的每一个分支中出现；新的建设者正在人文科学和科学的每一

个领域中前进。①

总而言之，无数条小溪正在流入社会主义的大河，因此对社会主义来说，"每一个科学进步"都是"新的胜利"②。并非偶然的是，与此同时人们可以在《人民报》中读到，社会主义只不过是"现代科学公理的数学推论，可视为一体"，"这些公理"的发现者是"伽利略、达尔文和马克思……他们每个人都引起了所有反动分子的仇恨"③。第二年，恩格斯本人在马克思的墓前讲话时，将他的威望赋予了马克思和达尔文间的这一比较。

一般来说，我们习惯于认为，援引马克思和恩格斯的权威或马克思和恩格斯各自权威（甚至相互对立）的确切阐述、寻常言论、关键思想和动员要素，是某些文化和政治进程背后初始的、决定性的因素。当然，这些要素（尤其是在"马克思主义"被假定为社会主义的总体意识形态视野之后）几乎总是会在它们恰好出现的文化背景方面经历分离和疏远的过程。这些文化背景有时因"马克思主义"的侵入而发生深刻的变化，而在其他时候，又似乎完全自然地接受了"马克思主义"，完全不认为它是外来的。此

---

① 康德拉里:《真实主义文学与社会主义》(La letterature verista e il socialismo)，载《前进!》，1882 年 6 月 4 日。

② 《预言》(Una profezia)，载《前进!》，1882 年 3 月 26 日。

③ 参见《我们的战斗与我们的理想》(La nostra battaglia e il nostro ideale)，载《人民报》，1882 年 7 月 18 日。

外,这种"自然"的接受和随之而来的"质的飞跃"并不必然被视为自相矛盾。

社会主义者不需要恩格斯在马克思墓前的讲话,就可以认为达尔文是一位学者,他的基本理论可以为他们的信念提供更为坚实的基础,即他们正在"随着历史的进展"前进,从而能够仔细制定"原创"的学说体系,拆除"生存竞争"的"炸弹"。由于马克思被认为是一位学者,并且他在经济学和资本主义发展理论化方面的工作为人类历史的发展方向提供了保障(就像达尔文为"自然历史学"提供了坚实保障一样),正是这种形势的威力迫使马克思与达尔文结合起来。这种形势的威力出现在达尔文所促进发展的一个共同的领域①内,在这里会遇见"马克思、恩格斯、拉萨尔、舍夫勒(Schäffle)、盖得(Guesde)、德佩(De Päpe)、考茨基、海德门(Hyndman)、莫里斯(Morris)、格兰隆德(Gronlund)和其他一百个人的名字";这一共同的领域"宣布(了)工人要求的合法性,毫无疑问地表明(了)他们想要的社会……不仅(曾)是可能实现的,而且确实是由自然法则和资产阶级本身的成就所准备的经济秩序"②。

---

① 这是科拉詹尼和考茨基相遇的共同领域,在此基础上,考茨基向他的意大利志同道合者提出了严格的进化主义历史观——尽管这一历史观有一个"螺旋"运动,显然让人想起维柯(Vico)。参见考茨基致科拉詹尼,1884年8月30日,甘奇(编者),1959年。

② 卡米洛博士(Dott C.)(普兰波利尼):《进化与革命》(Evoluzione e rivoluzione),载《公正》(*La Giustizia*),1888年3月4日。

如果意大利社会主义者通过对"生存竞争"的各种解释①，认为自己已经证明了"社会主义"达尔文的可能性，而不是资产阶级的达尔文，他们也仍需要澄清他们想在"进化与革命"之间建立的关系。对于像科斯塔和他的追随者这样的社会主义者来说，情况尤其如此，直到最近他们还在赞美革命行为本身的神奇功效，甚至现在还不想放弃他们"革命者"的称号。这个问题在随后以"马克思主义"占主导地位的时期也将会再次重新提出——显然这一问题的一再提出受到了对于"社会主义"达尔文主义的各种讨论方式的深刻影响。

---

① 连同屠拉蒂将"生存竞争"简化为逐渐更为平等的竞争，以及科拉詹尼（部分是普兰波利尼）对人类领域逐步扩展到动物领域的解释（利他主义领域扩展到利己主义领域的解释），还有其他平行或互补的解释并存。有可能通过改变环境来改变人类的行为，从而保留自然主义的框架：归根结底，"实证主义学派在动物领域（已经）显示了由不同环境中生殖力量和的能力之间的不相称所导致的生存竞争的法则"。如果改变这种法则发生作用的环境（在人类社会中有可能发生），那么"就会开始实现生命力和环境之间渐趋平衡的有益趋势。"参见罗密欧·康德拉里：《选择法则与社会平等》（*La legge di selezione e l'uguaglianza sociale*），载《人民报》（月刊），1881年第3期。同时得到支持的其他论点则拥有与之对立的因素。因此，一方面历史环境与自然环境不同，而自然环境本身又为利他主义的进步性提供了证明：生产一切的工人比什么都不生产、"除了挥霍工人生产的东西什么都不做"的资产阶级更适应环境；同时，有适应社会的物种在发展，而其他适应性差的物种在衰退。参见《卡洛·达尔文》（Carlo Darwin）（讣告），《人民报》（月刊），1882年第6期。洛里亚（Loria）也对这一问题进行了权威性的介入，拒绝先验图式地将达尔文主义应用于人类历史领域。社会斗争中的选择往往与自然斗争中的选择相反：参见《卡洛·达尔文与政治经济学》（*Carlo Darwin e l'economia politica*），载《科学哲学评论》（*Rivista di filosofia scientifica*），1884年5—6月。

意大利马克思主义史:从起源至第一次世界大战前

首要的是,由于强迫性地坚持将"社会主义"和"科学"这两个术语联系起来,现在已经习惯于将"科学"层面与偶然的政治选择紧密结合起来。因此,以"科学"来保证长期路线,即历史的方向还不够;确切地说,"科学"还必须保证特定"转向"的正确性。如果现在弃权主义者策略被视为过时,那么就有可能在适应环境的"达尔文主义者"理论的基础上放弃它。

> 现代生物科学认为,物种有机体胜利的秘密在于它们适应环境的能力。如今在社会环境中,需要各种各样的武器进行斗争,那些仅仅因为受到特权污染而放弃使用这种或那种民间武器的政党将永远不会成功,最后还将屈服。因此,如果社会主义工人党能够使其战略行为符合它今天战斗所处的历史—民间领域的特殊性质,那么该政党就将取得胜利。①

而如果安德烈埃·科斯塔和部分社会主义者在某一时刻已经选择了其他"斗争领域",

> 如果有人把大多数社会主义者的这种策略变化归结为一个或几个人的个人效能,那就表明他们对政治力量和政治时代命中注定的发展不甚了解。这些胸无

---

① 康德拉里:《自信地前进》(Avanti con fiducia),载《前进!》,1884年4月27日。

城府的人将把形式与内容混为一谈。不：这些社会主义者之间发生这一事态发展是因为它必须发生……这不是任何人的个人行为，而是时代、环境、条件变化、非个人因素的必然结果。①

简而言之，是"进化领域"。

因此，不仅是战略，而且"战术"也必须以"科学"为指导。这是一个对社会主义和马克思主义的后续发展产生深远影响的根源，产生了差异极大、具有争议的甚至是相互对立的结果。这一根源促使人们持续关注结构性现象，深入研究政治行动所必需的一般条件，将政治视为复杂相互依存关系中的一环，并认识到文化作为政治不可或缺的首要组成部分。然而与此同时，即使在最好的情况下，"科学"对"战术"进行的辩护也极大削弱了与此必然相关的认识论问题的深刻性，使偶然的政治选择的必要灵活性陷于固执僵化和教条主义的模式。在最糟糕的情况下，"科学"仅仅成了战术的工具性附属物，简化为一种直观性意识形态。实际上，如果考虑到这些前提，将"科学"简化

---

① 康德拉里：《从一个极端到另一个极端》（Da un estremo all'altro），载《前进！》，1884年6月15日。在该文中，作者重新提起了三年前科斯塔因"转向"受到批评而为自己辩护时所用的几乎完全相同的论据："我们认为人不应对自己的行为负责，因为人是自己所处环境的产物；人不会创造、最多是确切阐述社会现象的规律；主观判断和谴责是荒谬和不人道的行为。"科斯塔：《致我的朋友们和敌人们》（Ai miei amici ed ai miei avversari），载《前进！》，1881年9月15日。

为意识形态几乎必然会发生。归根结底，即使是意识形态也可以发挥高尚的功能，而不一定会被转化为庸俗、工具性的东西。而在涉及社会主义和马克思主义的历史进程的现实中，科学当然占有一席之地，甚至意识形态的高尚用途也有一席之地——但也有着相当不那么高尚的用途。

与此同时，在标志着19世纪70年代末和80年代初的过渡时期（在"转折"前后的氛围中）中，"进化与革命"①之间的关系问题出现了，成为检验仍然崇高的意识形态层面的功能能力的主要依据之一。

对于那些"革命者"来说，由于他们的达尔文（然后是达尔文—马克思）进化法则指明了通往再生的必经之路，"进化"和"革命"这样的范畴难道不会被证明是矛盾的？也是在这种情况下（正如在"生存竞争"—"社会正义"的二元论情况下一样），旨在将这两个术语编织在同一织物中的图案的丝线也在不断地交织。

正如刚才所述，一般来说，老巴枯宁主义者坚持和解的机制，正是因为他们想保留过去的身份。否认革命是不可能的，尤其不可能否认革命的"斗争、无规律的战栗……（和）快速而剧烈的转变"的特征。② 这种革命与"自然秩序的进化规律"并不互相对立，相反，它表现为"当一种

---

① 在这一时代的社会主义报纸上，以该标题登载的文章数量确实令人印象深刻。

② 《进化与革命》（Evoluzione e Rivoluzione），载《未来的太阳》，1882年10月7日。

自然以外的力量"介入，挑战这种规律本身的自由展开。事实上，有人认为，存在着两种互补的规律，即进化规律和革命规律。

> 由于第一种规律是各种自然力量的展开和和谐共存的结果，因此是有条不紊、缓慢生效的。第二种规律由于是人类科学和自然界自身的作用方式之间的差异产生的结果，因此是断断续续、剧烈生效的。一种决定了人类的自然选择，另一种决定了人为选择，两者结合在一起推进人类的完善，并由一种更普遍全面的规律来支配（进步的规律），不断驱使人类使自己的行为与自然界的行为尽可能地统一。①

因此，"进化"和"革命"构成了同一个过程的一部分，而进化的行进过程必然会"在平衡中遭遇突然转变"②。此外，**罗马涅革命社会党**的纲领明确指出，革命是"民众暴力的、物质的叛乱，反对现有机构妨碍确认和实现人民意愿的障碍"③。同样在这些年里，有些人预言，随着在18世纪末导致法国大革命（French Revolution）爆发的相同因素的积累，到19世纪末将出现"更加剧烈的新的社会动

---

① 《进化与革命》（Evoluzione e Rivoluzione），载《未来的太阳》，1882年10月7日。
② 齐拉迪尼（Zirardini）:《进化与革命》，载《未来的太阳》，1889年7月20日。
③ 该纲领作为1881年9月6日《前进!》的增刊出现。

荡，使资产阶级的反应更加激烈"①。同时，有人指出，革命的发展不会取决于"任何人的自由意志，而是不可避免的、在形势的真正本质中具有其存在的理由"②。事实上，在这里具有重要意义的是乔瓦尼·罗西（Giovanni Rossi）尖刻的方案"准备进化，实现革命"③。这一方案可以把科斯塔周围的社会主义圈子和"纯粹的""实验性的"进化论者结合起来。毕竟，普兰波利尼不是主张过，革命"只是一种不可避免的现象"吗？④尤其是在进化所积累的各种力量"（发现）常规道路被封锁"的时候，社会被迫投身于"混乱之中"⑤。科拉詹尼在他的名著中（该书已成为所有社会主义者的参照点）写道，"进化"和"革命"不能被视为"不同的、对立的、二律背反的"范畴，"当一方只是另一方的一个时刻，一个历史阶段的开始或完成，而不是这个阶段一个多变或偶然的插曲"⑥。这一进化与革命的关系问题的背景是那个时代的"社会主义科学"术语。一个有力的阐述为19世纪80年代初对这一问题的理解方式提供了一

---

① 《给〈民主〉（Democrazia）伊莫拉记者的答复》（Risposta al corrispondente Imolese della Democrazia），载《前进!》，1882年10月5—6日。

② 《我们满怀信心地等待着》（Aspettiamo fiduciosi），载《前进!》，1882年5月20—21日。

③ 卡尔迪亚斯（Cardias）（罗西）：《学院》（Accademia），载《前进!》，1884年4月13日。

④ 《革命的时刻》（L'ora della rivoluzione），载《皮夹克》，1883年8月19日。

⑤ 《进化与革命》，载《皮夹克》，1883年8月12日。

⑥ 科拉詹尼，1899年，第384页。

个相当清晰的形象:"革命是……理性和科学的胜利"①。与此相关的基本问题(决定论和唯意志论之间的关系)将在整个社会主义文化史上不断被重新提出,并在不同的"科学背景"下得到解决,有时甚至是在非常精细的理论层面解决。

如今被编织在一个大型构图中的线是"科学社会主义"的线,深深地织入一个已经历长期发展的文化的基本结构中。在这种情况下,"科学社会主义"的表述也不需要马克思(在这一特定情况下也不需要恩格斯)才能成为社会主义世界中一个被自然接受和完全寻常的环节。在这方面,我认为我们应该完全同意这样的论点,即恩格斯建构的有效性的一个基本方面首先在于他有能力"把工人阶级运动本身内部发展起来的思想和实践的要素以一种能成为新理论结构的内在组成部分的形式传递出去"②。

此外,马克思和恩格斯本身并未以一种明确的方式提出"科学社会主义"的问题,也没有基于任何公理信念来宣称他们是"科学革命"的奠基人。事实上,"科学社会主义"这一说法甚至在1848年以前就在法国社会主义圈子里广泛使用;③ 马克思认为没有必要对这一说法进行任何系统化的深思,1848年以后只是偶尔使用;1880年,在拉法格

---

① 《革命理论》(Teoria rivoluzionaria),载《火花报》,1883年6月17日。
② 斯特德曼·琼斯(Stedman Jones),1977年第103页。
③ 佩尔格(Pelger),1983年。

的要求下，他重新开始使用这种说法，"可能只是作为对法语中使用的一种说法的让步"，并且"直到他去世，再也没有在德语中使用过"①。马克思确信他正在研究一门"革命的科学"，但这与构建新的系统化的"科学社会主义"无关；相反，他感兴趣的是由真正的历史运动所产生的科学，最终使他瞥见了历史经验的另一面。马克思警告说，只要无产者"探寻科学"，"只是创立体系"；只有当他们也看到推翻现有社会秩序的"一面"时（这不可能任意发生），我们才会有"由历史运动产生并且充分自觉地参与历史运动的科学"——一种"不再是空论，而是革命的"科学。②

正是关于杜林（Dühring）的激烈争辩给"科学社会主义"这一表述带来了新的动力和意义。杜林（在德国社会民主主义圈子里被认为是科学的代表，在这一时期我们可以显示出真正的"社会民主主义对杜林的迷恋"③）指责马克思缺乏科学性，这一事实导致恩格斯坚持特里尔哲学家的完全"科学社会主义"，并通过指责这位德国教授是"乌托邦社会主义"的最新模仿者来进行反击。这本诞生于特定背景下的书之所以能转变成为真正的、适当的"马克思主义百科全书"，既要归功于它的构建方式（也许是恩格斯第一次向自己提出了"理论成为物质力量的后果问题，这

---

① 施耐德（Schieder），1983 年第 106 页。
② 英文版《马克思恩格斯文集》第 6 卷，第 178 页。《马克思恩格斯选集》第 1 卷，北京：人民出版社 2012 年版，第 236 页。
③ 参见道尔（Dowe）与滕菲尔德（Tenfelde），1983 年，第 196 页。

第二章 19世纪80年代的马克思主义：过渡时期的特点

种理论在其本身的形式中就带有这种物质力量")①，也要归功于它在德国社会民主党内部成了政治斗争的对象，符合该党自身的实际需求。

在19世纪70年代末和80年代初在意大利使用"科学社会主义"的表述，似乎不太可能归因于由《反杜林论》及其附和者所推动的"百科全书式"氛围的直接影响（这种氛围已经以"区分的意愿"为标志）。首先，考虑到这本书的出版历史：意大利第一版于1901年问世，② 我们不应过分夸大这一事实的重要性；毕竟，一些圈子（无论多小）在任何情况下都可以引证1878年的德文原著，而其知识遗产主要是以《社会主义从空想到科学的发展》这一文本的缩减版本出现。③ 缩减版本的意大利语版本由帕斯夸勒·马尔提涅蒂（Pasquale Martignetti）翻译，于1883年首次出现；由马尔提涅蒂自费在贝内文托（Benevento）印刷，④ 发行量极少，1880年的法语版本或许更便捷可得。⑤

然而，引人注目的是，"科学社会主义"这一表述甚至在1876年就出现在了《人民报》中，⑥ 指的是马克思和他

---

① 内格特，1979年，第112页。
② 在米兰和巴勒莫出版，由恩里科·菲利（Enrico Ferri）作序，伯恩施坦（Bernstein）写了引言。
③ 这一文本有26个意大利版本，其中9个在法西斯时期之前就已出现。
④ 恩格斯，1883年。
⑤ 恩格斯，1880年。马尔提涅蒂将该保罗·拉法格（Paul Lafargue）出版的版本译成意大利语。
⑥ 《社会主义的胜利》（Un trionfo del socialismo），载《人民报》，1876年10月22日。

的经济理论，尽管其总体背景与稍后的《反杜林论》及其各种派生物的情况完全不同。尽管从先后顺序上来讲，现在可能会产生更直接的影响，不过19世纪80年代初对这一表述的使用似乎也没什么太大不同。诚然，在1882年有人说科学社会主义是"现代的东西",① 并且拉萨尔和马克思（以及倍倍尔）被称为"科学社会主义"的"传播者",② 但总的来说，奏效的似乎是一种持续感。

实质上，正如马隆（Malon）和格诺基·维亚尼所定义的那样，"科学社会主义"似乎已经更像是社会主义发展的第三阶段的产物；也就是从"科学或实验"③ 时期开始，随后是"科学和实验"的社会主义。这是一门科学，与科拉詹尼在同一时期详尽阐述的内容有很多共同之处：④ 吉斯莱里（Ghisleri）多年后回忆说，这位年轻的共和社会主义医生早已出版了"意大利第一本科学社会主义的书"，从根本上来说，他没说错。⑤ 事实上，同时期一家从不自命具有科学性的报纸的评论文章强调，科拉詹尼的书建立了"科

---

① 《社会问题》（La questione sociale），载《前进!》，1882年8月13日。

② 参见1882年9月23日见《未来的太阳》上巴别尔死亡（显然是假的）消息后发布的讣告。

③ 某某某（可能是格诺基·维亚尼）：《关于当代社会主义的信件》（Lettere sul socialismo contemporaneo），《人民报》，1875年5月1日。

④ 《一位社会主义者对罗西参议员四次会议的答复》（Risposta di un socialista alle quattro conferenze del Senatore Rossi），载《人民报》，1882年9月17日。我的重点。

⑤ 吉斯莱里至科拉詹尼的信件，1898年2月26日，甘奇（编者），1959年。

学社会主义的原则……以及这些原则与自然规律和社会的关系"①。

首要的一点,我们应该强调一个因素,它甚至存在于像科拉詹尼这样与马克思无关的作者身上。也就是说,在19世纪70年代末和19世纪80年代初的这一转折期间,将"科学社会主义"与马克思的名字联系起来的趋势愈演愈烈。这种联系的发展路径不一定与杜林先生的辩论所产生的系统化相吻合。

2 社会主义文化:政治经济学

因此,社会主义文化的不同组成部分在社会学领域中被汇集起来(在其犯罪人类学的具体层面),以试图"科学地"协调这些部分。将社会学视为一种普遍知识,使其能够渗透到多个学科领域。这些学科往往以共同的认知方法来维护其独特的科学地位。这种渗透机制很可能促进了社会主义者对科学的接受。然而,他们认为这门科学的现代起源和发展,是对底层阶级及其文化的敌视。陀思妥耶夫斯基在他的《罪与罚》中描述了19世纪60年代一位"现

---

① 科拉詹尼明确地把他的"科学社会主义"的基础之一归功于马克思,他"确定了社会演变不是由多愁善感的考虑决定的。社会演变的原因在于经济结构中,在于支配财富分配的生产资料的交换中,以及因此而形成的阶级及其等级制度中;社会演变的发生不是因为它们符合更高的正义理想,而是因为它们符合当时的经济秩序"。——科拉詹尼1899年,第275页。

代"俄国老板的意识形态状况,他写道:"但是随时注意新思想的列别加尼科夫先生前几天就向我解释过:在现代,同情心甚至为科学所不许,在创立了政治经济学的英国就是这样做的。"① 同时,绝大多数社会主义者本可以轻易地从贫穷、受压迫的马美拉多夫(Marmeladov)口中的这个政治经济学形象中认出自己。②

事实上,没有哪一门学科能像它一样,因其与研究对象的共生关系而如此引人注目——在这种情况下,现代资本主义从 18 世纪下半叶开始,尽管在这一时期"政治经济学"的表述拥有不同的含义,但人们也开始普遍使用这一表述。并在其形成过程中由于深深地扎根于贵族—资产阶级环境,甚至是完全的资产阶级环境,而与一种确定的社会形式相联系。

在 1848 年之前,马克思本人就把"经济学家是资产阶级的学术代表"与"社会主义者和共产主义者是无产阶级的理论家"相对立。③ 他曾强调,经济学家"把分工、信用、货币等资产阶级生产关系说成是固定的、不变的、永

---

① 陀思妥耶夫斯基,1917 年,第 13 页。[俄] 陀思妥耶夫斯基:《罪与罚》,朱海观、王汶译,北京:人民文学出版社 2016 年版。

② 几年后,一份社会主义报纸写道:"政治经济学纠正了封建恶习,发展了各行各业,增加了财富的生产;但它的利己主义、反人道主义的理论及其维护特权和延续苦难的二律背反必须由有利于全人类的社会科学所取代。"《革命理论》(Teoria rivoluzionaria),载《火花报》,1883 年 6 月 17 日。

③ 英文版《马克思恩格斯文集》第 6 卷,第 177 页。《马克思恩格斯选集》第 1 卷,北京:人民出版社 2012 年版,第 235 页。

恒的范畴"①。他强调,斯密和李嘉图这些"古典派"(他们自己时代的资本主义发展的"历史学家")调查研究了"在资产阶级生产关系下如何获得财富",将"这些关系表述为范畴、规律",并认为贫穷"只不过是每一次分娩时的阵痛,无论是自然界还是工业都要经历这种情况"②。与此同时,马克思的科学纲领(如果也被定义为对政治经济学的批判)当时确实进入了经济范畴的维度,并得以重新制定,构建了一个分析模型,能够将经济、历史和社会插入同一个认知全景中。当然,对社会主义者来说,要把握**政治经济学批判**的经济这一层面并不容易:在这一学科的专业化条件下,把握马克思作为一个经济学家的**特性**。通往马克思—经济学家的社会学路线最终会显得合乎常情,实际上这几乎是必经之路——也就是说,应该使用从大众熟悉的文化中提取的标准清晰定义一名学者的特征,使其具有辨识度,否则就很难做到这一点。

在统一后的意大利,社会主义者认为经济学家是部署反对他们的力量的重要部分。如果我们考虑到"从一开始,经济学家的等级地位就是统一后的统治阶级的专家组成部分,是执政者与被执政者、政府与公民社会之间必不可少的纽带",那么这一点就不应该令人意外了。③ 如果我们考

---

① 英文版《马克思恩格斯文集》第6卷,第162页。《马克思恩格斯选集》第1卷,北京:人民出版社2012年版,第218页。
② 英文版《马克思恩格斯文集》,第6卷,第176页。《马克思恩格斯选集》第1卷,北京:人民出版社2012年版,第235页。
③ 福奇,1981年,第19页。

意大利马克思主义史：从起源至第一次世界大战前

虑到面对任何可能转化为社会立法的思想迹象，当时意大利的主要经济学家弗朗切斯科·费拉拉（Francesco Ferrara）会发出社会主义正在逼近的警告，并威胁说"社会主义不应该被讨论，而应该被粉碎"①，这就更不足为奇了。

还是在 1875 年，尽管社会主义者结合了自身这些年对各个经济学科及其发展的持续关注，却仍将经济学家评价定义为"资产阶级社会的神学家"②，他们持有的整体观点比这一定义所暗指的含义更有问题、更不平衡。

早在 1874 年，《人民报》就已强调需要从那些被经济学家的分析认为是"不可避免的"另一面的人群的角度来研究经济：那些遭受痛苦和贫穷的人群。"经济学家"已正确地指出"机器和劳动分工（曾是）现代工业的伟大征兆"。这一说法完全正确，但是对无产阶级来说，这一现象给他们已然灾难深重的境地增加了新的苦难。这是社会主义者必须解决的核心问题，并由此产生了"将自己投身于研究经济问题并为之奋斗"的需要；更确切地说，是需要作为一个阶级"按车间和行业"组织起来，并"研究机器和劳动分工的重大问题"③。"研究和解决"这些问题"因此是同一件事"。后一个表述表明了未来对理论层面的处理方式，在理论层面上，这两个词已经代表了无产阶级"科

---

① 费拉拉，1975 年，第 319 页。
② 某某某（可能是格诺基·维亚尼）：《关于当代社会主义的信件》，载《人民报》，1875 年 5 月 1 日。
③ 《劳动分工和机器》（La divisione del lavoro e le macchine），载《人民报》，1874 年 6 月 7 日。

学"的一个原始要素。

此外具有重大意义的是,对经济问题的关注集中在米兰经济学家会议上,该会议正式开启了"方法之争"和**讲坛社会主义**(Kathedersozialismus)① 问题的讨论,此时距离弗朗切斯科·费拉拉在一篇"戏剧性的、发自肺腑的"文章中对"经济日耳曼主义"② 进行猛烈抨击不过一年时间。③ 在这篇文章中,费拉拉试图把**讲坛社会主义者**(Kathedersozialisten)和真正的社会主义者混为一谈,并识别出潜伏在"日耳曼主义"幕后的《资本论》的德国作者的幽灵。因此,他警告说:"从一开始就读马克思的《资本论》的身无分文的人,将不可避免地屈服于这毁灭性的海妖的旋律,并撞向悬崖。"④ 同样具有显著效力的是同年举行的大会,开启了《经济学家图书馆》(*Biblioteca dell'Economista*)丛书的第三辑,该辑由专门研究"知识交点"的杰罗拉莫·博卡尔多(Gerolamo Boccardo)指导。在该辑的第一卷中,博卡尔多出版了德国经济历史主义的创始人和倡导者罗雪尔(Roscher)的文章。⑤《人民报》向大会派出了自己

---

① 经济历史学派是 19 世纪在德国兴起的一种学术经济学和公共管理方法,该学派的教授们编撰了大量的德国和欧洲经济史。由于学派成员多为教授身份,他们被蔑称为讲坛社会主义者(Kathedersozialisten)。——编者注

② 《意大利的经济日耳曼主义》(*Il germanesimo economico in Italia*),载《新选集》(*Nuova Antologia*),1874 年。

③ 参见马基奥罗,1996 年。

④ 《意大利的经济日耳曼主义》,载《新选集》,1874 年,第 985 页。

⑤ 马基奥罗使用的表述,1995 年,第 11 页。

的"代表"①，并对大会发表了评论，表明他们能够区分不同层面上对经济和政治的阐述。记者特别强调了伦巴第-威尼托人（Lombardo-Venetians）②的理论创新，尤其强调了经济科学的进步性将有可能克服意大利斯密主义的理论抽象概念，这也要归功于正确运用"积极方法"所带来的广阔视野。正如《人民报》所指出的，"统计学尤其是经济科学的一个新生的、在不断生长的器官，为经济科学带来了许多迄今尚未观察到的新的事实，因此必须扩大它的学说以保持与时代同步。"③ 人们认为所谓日耳曼主义者的理论—方法论前提，以及他们最感兴趣的观察领域，都值得注意：事实上，"经济学家们干涉了第一次会议，听到他们在会上做出的全盘承诺，我们可能会相信他们想全心全意地投入到社会改革中"。然而，尽管有这些积极的前提，大会"仅设法制定了三条非常温和的建议"，报告这样总结道：

> 在解散之前，大会成立了一个促进**经济研究进展**的协会。好吧，这一协会对工人来说无足轻重；大会终究是以自己的方式证实了这样一条真理：**工人的解**

---

① 提及的代表为贝努瓦·马隆（Benoît Malon）；参见布里格利奥（Briguglio）1979年，第21页。

② 伦巴第-威尼托，是一个位于意大利北部的王国，并由当时的奥地利帝国所控制。——编者注

③ 某某某（参加会议的人民代表）：《米兰经济学家代表大会 一名社会主义者的总结和记录》（Il Congresso degli economisti in Milano. Riassunto ed appunti di un socialista），载《人民报》，法国共和历87年雪月26日（1875年1月15日）。

第二章 19 世纪 80 年代的马克思主义：过渡时期的特点

放必须由工人自己完成。①

当然，大山只生出了一只老鼠，② 但这并不意味着社会主义者会放弃到处寻找理论和政治经济学的要素（甚至在非社会主义经济学家的详述中），他们认为用这些要素可以使**自己的**大厦更加稳固。

从这个角度来看，与意大利**讲坛社会主义者**的多种形式的世界的关系（也是长期的关系）往往通过一个复杂的"交叉路径"的网络出现。意识形态上的反对只是问题的一个方面，甚至不是最重要的方面。同时，许多线索将社会主义激进分子的经济解释与**讲坛社会主义**的某些部分联系起来，即使这些联系并不一目了然：特别在经济问题上是

---

① 某某某（参加会议的人民代表）：《米兰经济学家代表大会 一名社会主义者的总结和记录》（Il Congresso degli economisti in Milano. Riassunto ed appunti di un socialista），载《人民报》，法国共和历 87 年雪月 26 日（1875 年 1 月 15 日）。

② 典故来自《伊索寓言》：古时候，在一座山里发出了一阵隆隆巨响，据说这是大山要临产了。人群从四面八方聚集起来，观看大山会生出什么后代。大家企盼了许久，并且作了许多聪明的推测，结果从那里跳出一只老鼠。——编者注

请注意，在这一时期，除了那些意在从理论上建立在社会发展的目的论观点上的"最大"立场之外，还有真实的、适当的"痛苦的呼喊"，它们只是需要一个不同于"正统"的参考框架，以满足某种希望感。"你会有很多麻烦，你的经济学家流派诡辩（声称）**工业现象是不可改变的，人们不能试图去改变它们**；你知道他们会怎么回答你吗？任何劳动都有权利获得公正的报酬；这是自然法则，我们希望我们的劳动至少能得到足够的报酬使我们不再饥饿"。《一名社会主义者对〈世纪报〉经济学家的评论》（Osservazioni d'un socialista all'economista del giornale Il Secolo），载《人民报》，法国共和历 84 年雨月 19 日（1874 年 2 月 7 日）。

如此，在经济方法论和更广泛的社会发展理论之间的联系上也是如此。其中相当重要的一点，自然是对马克思主义经济范畴的社会学阐释。当然事实情况是，德国和意大利差异巨大的结构条件使我们很难在每个国家的讨论之间建立一种不仅是"外在的和偶然性质"的关系，而且关于"经济日耳曼主义"的许多辩论"主要是自由贸易者和保护主义者之间更普遍的有关意大利资本主义发展的争论的一个方面"。① 鉴于伦巴第–威尼托人中最具代表性的人物，如兰佩蒂科（Lampertico）和科萨（Cossa）的理论视野的发展也并非线性，情况就更是如此了。

  一方面，他们把德国历史学派新的理论—实践的详尽阐述引入意大利，另一方面，他们仍然坚持意大利自由主义的亲英传统，提出英国模式是平衡高效地解决社会问题的最佳范例。②

这只是表面上的矛盾，因为在"调解"的主导氛围下，这种情况以及其他类似形式得以共存。③ 然而，与此同时，1875 年时仍属少数派的讲坛社会主义的某些分支，却在长期发展中对意大利自由主义与改革之间的若即若离的周期

---

① 拉焦尼埃里，1961 年，第 34—35 页。
② 斯卡尔达菲利（Scaldaferri），1992 年，第 242 页。关于意大利**讲坛社会主义**在方法论方面的混合特征，参见戈齐（Gozzi）1989 年、罗维西（Roversi）1986 年、斯奇拉（Schiera）1988 年。
③ 参见马基奥罗，1996 年。

性阶段产生了影响，特别是在"税收问题"方面。① 这是一个充满遭遇和冲突的地带，社会主义者无法轻易抽身；同时，这些经历也深刻影响了他们理论—政治身份（无论是马克思主义者还是其他流派）的塑造，而这一切绝非理所当然。

并非偶然的是，在伦巴第-威尼托学派的倡导者中，费拉拉特别针对维托·库苏马诺（Vito Cusumano），在1874年将他定义为"日耳曼经济主义""最纯粹和最坚决的信徒"②。实际上，他的"老师"科萨也曾责备过他，认为他过度同情社会主义。③ 在他的德国经历中，这位年轻的西西里经济学家事实上已经证明对瓦格纳（Wagner）的理论非常敏感。后者在某种意义上代表了德国**讲坛社会主义者**的"左"翼，库苏马诺甚至在写给兰佩蒂科的信中，说明了正在扩散的关于他已经接近社会主义者的说法。④ 兰佩蒂科把库苏马诺在德国的一些"报告"发表在《维琴察日报》（*Giornale di Vicenza*）上，修改了他认为最激进（实际上也是最有说服力）的观点，这也不是什么巧合，在"伦巴第-威尼托"改革者非常温和的环境中，这些观点不会被接受。⑤ 事实上，继瓦格纳之后，库苏马诺早在19世纪70年代上半叶就已经在从**历史**方面来构想自由竞争制度，认为财产权并非没有限制，并且坚定拥护财政政策的分配性和

---

① 法维利，1990年。
② 《意大利的经济日耳曼主义》，载《新选集》，1874年。
③ 科萨，1976年。
④ 库苏马诺致兰佩蒂科，1873年1月29日，引自萨尔沃（Salvo），1979年第61页。
⑤ 引自萨尔沃，1979年，第48—50页。

意大利马克思主义史：从起源至第一次世界大战前

普遍平等性。此外，在自由贸易经济的生产领域之外，他还假设存在一种"**共同的、集体的**经济，这种经济（必须）不像私人（经济）那样本身就是目的，而是满足共同需求的手段"①。实则库苏马诺在开始从事经济学家的职业时，就似乎认为"社会问题"是该学科应该证明自己的主要试验场。在他看来，"乐观主义者"的方法在这场测试中已经不及格了，他们的态度是：尽一切可能增加生产，然后将分配问题留给市场自由发挥。那么，为什么（库苏马诺自问）尽管生产在 19 世纪的过程中得到了极大的提高，"工人阶级的相对状况正在恶化"？"如果提高生产（曾经）是**解决社会问题**的唯一手段……那么为什么我们这个以发明和发现闻名的世纪仍然没有解决这个问题？"②

在库苏马诺表达这些立场时，绝对不是在考虑"社会主义制度"的可能性，更不是在鼓励革命的概念；相反，他可以被认为是第一批"致力于"在改革和革命之间建立决定性的对立的知识分子之一，坚持认为有必要实施前者以抵挡后者。"改革，改革，更多的改革：这是我们实践方案的最后一句话。"③ 然而，结果他代表了关系结构中的一

---

① 库苏马诺致兰佩蒂科，1872 年 6 月 6 日，引自萨尔沃，1979 年第 52 页。
② 参见库苏马诺，1873—1874 年（引自 1874 年，第 314—315 页）。
③ 库苏马诺 1875 年，第 360 页。在同一时期，他曾以同样的措辞写信给莱昂·瓦尔拉斯（Léon Walras），坚持认为经济学家有责任"感受他所处时代的活生生的气氛"，在他的时代，这种气氛围绕着"社会问题"展开，因此需要国家干预来"影响社会事实"。"今天的社会主义"，他写道，"所谓的**第四等级、红色的幽灵**，必须用**改革、经济**和立法的**改革**来对抗。" 1873 年 1 月 3 日致瓦尔拉斯的信，见杰斐（Jaffé）（编者），1965 年，第 1 卷。

个要素，某些对经济学的社会主义阐释和马克思本人将在这一结构中成熟，并且正如我们将看到的，这一结构的大部分纬线将由阿基尔·洛里亚（Achille Loria）编织而成。这在很大程度上与其说要归功于这位西西里经济学家在1892年加入意大利社会党（PSLI）的可能性①（即使这原本不会不重要），不如说是他坚持使用一种经济分析的"方法"，而这种"方法"与正在构建的社会主义文化的总体坐标绝不可能毫不相干。

即便不是为了构建一个连贯的形象这个不现实的目标，我们也可以在上面提到的那些马赛克上再加一块；即指出对"学者"马克思的第一个广泛的说明性解释（《资本论》中的马克思）正是归功于库苏马诺，因为之前科维利（Covelli）②

---

① 参见斯波托（Spoto）1984年。
② 埃米利奥·科维利（Emilio Covelli）曾是杜林的学生，在意大利介绍杜林的作品时关注了《资本论》。科维利对马克思作品的引用实质上是偶然的，甚至值得注意的是，他坚持按照"科学社会主义的最理性的、最现代的方法"对《资本论》进行了"正面"的解释。参见埃米利奥·科维利：《政治经济学与社会主义批判史，欧根·杜林博士著》（Storia critica dell'economia politica e del socialismo del dott. E. Dühring）、载《帕耳忒诺珀杂志》（Rivista Partenopea），1871年7—8月期、9—10月期、1872年1—2月期、3—4期。引文出自最后一期，第117页。另参见马西尼（Masini）1951年。事实上，正如马西尼的标题所称，这并不是《资本论》在意大利的"第一条新闻"，因为早在1867年，那不勒斯的报纸《自由与公正》上就刊登了序言中的一段话，并附有《资本论》的新闻，"这段话将在蒲鲁东（Proudhon）的书之后标志着社会主义文献史上的一个光辉时代"。参见巴索（Basso），1962年。两年后，在一份23页的小册子中，科维利再次回到了《资本论》的"实证主义。"参见科维利，1874年。

意大利马克思主义史:从起源至第一次世界大战前

和迪·门萨①的参考作品(尽管在性质上非常不同)特点是更为松散和/或具有意识形态导向性。库苏马诺的著作则具有完全不同的深度。尽管他的作品与原始资料的关系颇有争议,② 但他确实设法提供了一个"科学的"马克思和"科学社会主义者"马克思的形象;在 19 世纪 70 年代初的意大利,这一形象不仅在意大利文化中、包括社会主义文化中

---

① 朱塞佩·迪·门萨(Giuseppe Di Menza)是巴勒莫科学院(Palermo Accademia delle Scienze)的"顾问"兼秘书,他与马克思搭讪(非原文)打算公开反对他,证明了他的"终极假设"的虚假性。他的马克思基本上是蒲鲁东式的:"马克思的学说甚至没有新颖性的优点,因为除了其他因素外,他的学说不过是他的前辈蒲鲁东的再次修改,尽管几乎总是没有提及。"参见迪·门萨:《我们时代的社会状况》(Le condizioni sociali dei nostril tempi),见《科学院公报》(Atti della Accademia di Scienze),《巴勒莫的文学与文科》(Lettere e Arti di Palermo),新系列,1874 年第 4 期,第 1—25 页;《社会主义的演变》(Evoluzione del socialismo),《卡尔·马克思与他的学说》(Carlo Marx e le sue dottrine),《回忆》(Memoria)(前期记忆的附录)(Appendice alla memoria precedente),第 1—18 页。引述自第 5 页。

② 布拉沃 1992 年,第 91 页,对库苏马诺是否"直接阅读了这部作品"提出了严重怀疑。安德烈亚斯(Andréas)1963 年,第 74 页指出,库苏马诺的 1875 年卷是"基于耶格尔(Jäger)1873 年的(作品)"而作。布拉沃描述耶格尔的《现代社会主义》(Der moderne Sozialismus)为一部"重要且使人增长知识的作品",该书于 1873 年 1 月在柏林出版,与此同时,这位年轻的西西里岛经济学家也在柏林,毫无疑问,他充分利用了这一机会,特别是在刊登于《法律档案》(Archivio Giuridico)上的作品的初稿。然而,在这第一次接触之后,库苏马诺确实着手拿到了《资本论》的德语第二版,并对其进行了研究(1874 年 6 月 9 日致兰佩蒂科的信,引自斐理伯(Filippi)1984 年,第 143 页)。因此事实似乎可能是,尽管耶格尔仍然是他的"基础",但他的阐释现在可以被认为是因与文本产生的直接关系从而强化意识后的成果。斯波托的倾向是将他的分析建立在"对文本的直接阐释"之上(斯波托 1984 年,第 235 页)。

不为人知,并且以自己的方式与文化和思想的斗争联系在一起,而这些文化和思想正以"社会问题"的形式将"新的方法"的拥趸吸引过来。库苏马诺甚至试图揭示马克思分析的"方法",特别是区分经济系统的本质和形式以及经济规律的历史有效性和如此之后的相对有效性。在这方面,他公开主张马克思和"历史学派"拥有一个共同的领域,即"虽然他注意在经济现象中找到规律性,但他似乎把不同的经济形式归于历史经济发展的每个不同时期"。①"历史学派"和马克思之间的差异似乎不是方法问题,而是该学派"渴望(过)一个相对的而不是绝对的善,即很难实现的经济理想"②。尽管库苏马诺对马克思理论的某些方面进行了批判(包括绝非微不足道的方面,如价值理论和利润理论),但他似乎特别强调了源于这种"相对"和"绝对"的对立的政治分界线:"改革"和"革命"之间的界限。总而言之,我们可以从中得出结论,虽然他认为马克思作为一名经济学家基本上是可以接受的,但是"革命者马克思"是不可接受的,显然,"经济学家马克思"中为"革命者马克思"提供基本论据的那些方面同样不可接受。这不是没有意义的,尤其是考虑到在意大利对马克思的"改良主义"阐释并不是在世纪末的"危机"**之后**,在"伯恩施坦辩论"(Bernstein-Debatte)的煽动下才开始的。正如我们将看到的,至少在政治层面上(但不仅仅是政治层面)对马克思

---

① 参见库苏马诺1875年,第316页。
② 同上。

的"非革命"解释是其影响的不断变化的基础的一个不可忽视的因素。这是所谓"社会问题和马克思主义之间'吞没'对方的斗争"的一个方面,① 而如果这场斗争在19世纪90年代达到顶峰,其根基就在于19世纪70年代中期,当时的氛围孕育着国家经济政策的新方向(保护主义立法的开始)和统治阶级的内部变化(议会革命)。事实上,库苏马诺对19世纪70年代的意大利社会主义特别严厉,他们大多数人都采取了巴枯宁而不是"德国"的选择。离奇的是,他对这种深受"怪人……政治阴谋家……(和)一文不值的记者"影响的社会主义的看法,② 似乎与恩格斯的看法产生了共鸣。那么,会不会邂逅一种社会主义,它的"科学"会"自然地"缓和由弥漫着无效的革命主义的"自

---

① 这一表述出现在马基奥罗1970年,第501页。他非常适时地展示了库苏马诺和"关于时代方向的辩论"对洛里亚和他那一代人的影响。他引用了洛里亚回忆录中的一段话(洛里亚1927年,第13页及以下),其中《资本主义财产分析》(*Analisi della proprietà capitalista*)的作者回忆说,这些讨论和阐释"突然点燃了"他"对新学科(经济学)的狂热热爱……这是一道真正的闪电,是一场激情的雷暴"。(引自马基奥罗1970年,第493页)。

② 参见库苏马诺:《欧洲的社会问题,特别是关于英国、德国、意大利的社会问题》(La questione sociale in Europa con ispeciale riguardo all'Inghliterra, alla Germania e all'Italia),1875年4月在巴勒莫大学(University of Palermo)的演讲。原文已遗失,但萨尔瓦托雷·英格尼耶罗斯·纳波利塔诺(Salvatore Ingenieros Napolitano)在1875年4月12日、19日和26日的《山猫报》(*La Lince*)中对该讲座进行了全面的记述。这段话出现在4月19日的版本中。《人民报》还报道了从这次演讲中得出的德国社会主义的消息:参见《德国社会主义》(*Il socialismo in Germania*),1875年5月5日。

由意志"造成的危险的极端情况？

同时仍然存有一个不容置疑的事实，即社会主义文化中至少有一部分人对研究"资产阶级"政治经济学感兴趣，以便找到对加强自己的观点有用的论据。对米兰经济学家大会的关注只是这种情况的一个症状。而应如何理解经济规律的"自然性"的问题，使得正统的经济学家成了社会主义者和讲坛社会主义者的共同敌人。

"正统的"斯密经济学家宣称，社会组织和经济组织的现状是"自然的"。相反，"由于对自然科学和历史的研究"，社会主义者已经能够发现人类历史的"进步性"，从而提出一项几乎是呼吁的评价：

> 你们这些谈论自然法则的经济学家们：你们确定已经找到自然法则了吗？难道你们不认为社会科学的开普勒、伽利略、笛卡儿、牛顿会出现，发现社会动态的自然法则，解释你们现在认为是不可改变的一般法则的矛盾现象，因为你们把结果与原因、特殊与一般混淆了？①

这预示着"社会科学的牛顿（达尔文？）"即将到来，我们也知道，这一迫切表达的需求会真正地得到实现。通过对自然科学和历史的研究，对社会主义未来存在的根据

---

① 《对社会经济的记录和思考》（Note e pensieri sull'economia sociale），载《人民报》，1876年1月21日。该文已在前一年发表。

(以及期望)必定会得到加强。

寻找论据使社会主义观点合法化并得以巩固的工作(也包括研究非社会主义经济学家的作品)很早就开始了,并倾向于围绕集体财产的可能性和/或不可避免性这一主题有机地连贯起来。例如,在1873年的意大利,即约翰·斯图尔特·密尔(John Stuart Mill)去世的那一年,流传着这样的观点:

> 现代经济学家和政论家中最为杰出的人物,在他金光闪闪的**自由**之书中以如此丰富的知识、如此强大的逻辑和意志力为经济学家的无限个人主义辩护之后,(密尔)最终在他的最后一部作品中改变了他的想法,接受了他早先顽强抗争的集体主义理论。①

这是一个"比喻意义上的"② 密尔,而不是真实的密尔。对他的这种解释在马隆③和格诺基·维亚尼④指出的社会主义者中特别普遍,而且在无数专门讨论集体主义的身份界定问题的文章中也反复出现。

事实上,集体财产的模式正在成为构建更为精确的社

---

① 《国际》(L'Internazionale),载《人民报》,1873年10月11日。
② 马基奥罗,1993年,第242页。
③ 参见马隆,1979年。
④ "如果密尔今天还活着,他将被经济学家批驳,社会主义者将把他的名字列入他们的先驱者中。"格诺基·维亚尼于他的《密尔》(Mill)序言中,1880年,第7页。

会主义身份的可资识别的标准之一。① 甚至社会主义的进展往往依据对这种模式的支持程度（实际的或推测的）来判断，特别是在"资产阶级经济学家"方面的支持程度：例如，拉弗勒（Laveleye）和早在他之前的"著名的斯图尔特·密尔，当代英国最为杰出的思想家"一样，表现出是这种模式的热情的支持者。② 据称这是一个"自然过程"，并使

> 其他支持斯图尔特·密尔的人士认识到，在实验科学的大熔炉中（正在讨论）的"集体主义"渐渐（使之有可能）预测一个社会组织的构造线条，该组织的公共职能可能（不会）是政治或宗教，但显然是社会性的……③

---

① 1879 年，格诺基·维亚尼曾坚持认为集体主义和社会主义之间的这种联系是牢不可破的。这也意味着重新提出了与科学和社会主义之间关系的联系问题。事实上，集体主义在成为所有社会主义学派的共同要素之前，早已在科学层面上被提了出来，当然第一个提出的人也不是马克思："首先在理性科学中为集体主义施以洗礼并使其占有一席之地的是科林斯（Colins），他出生于著名的 1789 年纪元的五年前。"（事实上是六年前，让-纪尧姆-恺撒-亚历山大-希波吕忒-科林斯著（Jean-Guillaume-César-Alexandre-Hippolite），比利时裔法国经济学家，生于 1783 年，卒于 1859 年）：参见格诺基·维亚尼 1879 年，第 4—6 页。

② 《一个赞扬和鼓吹集体所有制的资产阶级经济学家》（Un economista borghese che encomia e predica la proprietà collettiva），载《人民报》，1876 年 3 月 29 日。

③ 格诺基·维亚尼：《社会三项式》（Il trinomio sociale），载《人民报》，1875 年 3 月 28 日。

意大利马克思主义史：从起源至第一次世界大战前

自19世纪80年代起，关于土地财产、其起源和合法性的讨论开始成为意大利经济学家之间辩论的一个非常重要的时刻，① 使讲坛社会主义领域的所有不同趋势形成对抗。社会主义者也深度参与其中，想要把握斯图尔特·密尔人士数量增加的"自然"趋势。

又是科拉詹尼，他现在致力于划定"科学社会主义"的所有坐标，试图从关于土地集体管理的国际辩论中得出第一批结论。

他断言，即使集体主义已经"成为所有社会主义学派的共同基础"，也不应由此被认为仅仅与该运动有狭隘的联系。**事实**清楚地表明了这一点——"这些事实与过去和现在存在的、我们可比作集体主义的财产制度有关；这些事实与许多在社会主义队伍中不活跃的知名作家最近对（这一问题）的纯**客观**研究有关"。他列举了大量的作者，他们最低标准是没有采取反对土地集体财产的先验立场：从舍夫勒到德·拉弗勒（De Laveleye），从纪德（Gide）到瓦尔拉斯（Walras），从已故的密尔到斯宾塞（Spencer）。此外，土地集体财产仍然存在于当代世界的许多地区，而且不局限于俄国**村社**，尽管这确实似乎也是一个极其有趣的因素，充满了未来的可能性。"它并不像某些人认为的那样，是斯拉夫世界的某种特殊遗产，它代表了一个**发展的阶段**，而非**停滞的阶段**"。科拉詹尼所说的"回归集体财产"，完全

---

① 不仅在他们之间：参见格罗西（Grossi），1977年。

不是在暗示反驳或否认进化理论，因为未来的秩序不会遭受过去的所有障碍和阻挠。相反，这标志着理论进步的一个阶段。①

社会主义者的对话者必然仍然是所有在讲坛社会主义氛围中行进的人士。从米兰大会开始，社会主义者对讲坛社会主义者的态度保持不变：赞赏他们对经济科学中的方法问题的态度，同样也赞赏"社会问题"在他们的详尽阐述中所占据的中心地位，但是严厉批评他们温和的社会和政治提议，以及他们缺乏勇气彻底将与他们对经济学的思考相关的原则付诸实践。

绝非机缘巧合的是，正是在这一时刻出现的一篇文本在19世纪80年代初米兰的工人中流传，这篇文本与卡洛·卡菲埃罗的《资本概要》（*Compendio del Capitale*）和奥斯瓦尔多·格诺基·维亚尼（Osvaldo Gnocchi-Viani）的《三个国际》（*Le tre internazionali*）一起，几乎象征着意大利最现代化的大城市中有组织的无产阶级的意识形态参照。② 这是茹尔·盖得（Jules Guesde）写给参议员兰佩蒂科的一封公开信，于1876年发表在《人民报》上，③ 并在第二年变成了一本31页的小册子，这份出版物甚至在工人阶级圈子里也得到了广泛传播。

---

① 科拉詹尼，1887年，引言来自第3页及第16页。
② 参见安齐（Anzi），1917年，第17页。
③ 《财产的 致兰佩蒂科参议员的信》（Della proprietà. Lettera al Senatore Lampertico），载《人民报》，1876年9月19日。

在这封信中，盖得向兰佩蒂科表示，想要抓住他对土地私有财产（而不是对土地的"权利"）的纯粹经济上的、因此本质上是历史上的、相对的理由与他反对社会主义集体主义的绝对性之间的矛盾。对盖得来说，从科学的角度来看，兰佩蒂科和一般的讲坛社会主义者的理论从根本上来说与社会主义演变相一致，但这与他们作为土地所有者的利益逻辑相冲突。如果这不是一个直接的社会利益问题，那么财产的逻辑就是一个感情上的残余问题，注定要随着时间的推移而被超越。

因此，另一位关注"调解"和"社会问题"的关键人物彼得罗·埃莱罗（Pietro Ellero）（实际上并不是经济学家，而是一位"实证"法学家，基于自己对资本主义的批判立场谴责辩护性的经济学家①）"由于他批判财产，对社会问题感兴趣，以及与乐观的经济学家意见不一致"②，因此实际上被归入广泛的未公开社会主义者之列。在埃莱罗又写作了另一卷书之后，人们对他愈加赞赏，③ 如果有人因此批评对一个非社会主义者的作品过度热情，那么《人民

---

① "Apologetic economists""辩护性的经济学家"是指那些试图为某个政策、行为或经理论进行辩护或辩解的经济学家。这个词通常带有负面的含义，暗示这些经济学家可能忽视了某些问题或提出了不切实际的论点。——编者注

② 某某某：《彼得罗·埃莱罗的社会问题》（La questione sociale per Pietro Ellero），载《人民报》，1875年1月20日、1875年1月23日、1875年1月27日、1875年1月31日、1875年2月4日、1875年2月10日、1875年2月14日、1875年2月18日。此处的评论书籍为埃莱罗，1874年。

③ 埃莱罗，1879年。

报》就将多愁善感的、尚未成为社会主义者的埃莱罗与已经成为社会主义者的学者埃莱罗形成对照。①

自然，正如德·拉弗勒的情况（以及其他许多人的情况）所表明的那样，一个**潜在的**社会主义者并不必然会成为一个**实际的**社会主义者。这确实会招致失望，但是同时，这些反应非常清楚地表明了社会主义者与可能来自"大学讲坛"的任何一种社会主义的关系的关键因素之一：有人说，"无论如何，我们都应该感谢德·拉弗勒，因为他在大学教职上明确承认了社会问题，承认有一些（很多）事情需要完成。毕竟，作为一名经济学家为被剥削者的事业发言，他确实树立了一个好榜样"②。

我们已经看到，这只是解释将讲坛社会主义与激进社会主义联系起来的极为模糊的关系整体的一个关键（尽管是一个根本的关键）。这是一套复杂的关系，也围绕着对伟大的经济结构的"历史真实性"及其运作"规律"的共同信念而发展，这将导致社会主义者更成熟地意识到，正如通过"痛苦的呼喊"所表达的那样，他们需要与政治经济学建立一种无须过多通过底层逻辑过滤的关系。菲利波·屠拉蒂在与科拉詹尼就**《社会主义与犯罪社会学》**（*Socialismo e Sociologia criminale*）的内容丰富的对话中强调了一句

---

① 《他将成为社会主义者》（*Diventerà socialista*），载《人民报》，1879年5月4日。
② 参见 A. P.：《政治经济学要素》（*Elementi di economia politica*），载《人民报》（月刊），1883年第2期。

评论，非常能够说明这种意识现在已经达到的水平。科拉詹尼似乎在社会主义和经济学之间建立了一种缺乏任何特定深度的关系，屠拉蒂在回应他时这样提出了该问题：

> 在我看来，社会主义不仅仅是一种**看待经济发展的方式**（而且这是一个令人不快、含糊不清的说法），还是一个基于对自然和历史规律的解释的行动纲领，这种解释与正统经济学的解释相当不同，因此，社会主义不仅是一门**自然科学**，也是一门**应用科学**或**艺术**，而且不仅仅为社会学**提供要素**，还利用社会学的要素供自身进行演绎和提出建议。①

从这段话中，我们可以看到一种对经济学的考虑，它在不同层次上构建，对不同的价值观持开放态度，与正统政治经济学形成鲜明对比。这种考虑不仅体现了理论到社会主义经济政策的可转变性，还强调了理论本身的社会主义特征以及社会学和经济学之间的双向互动。当然，正如我们将看到的那样，对"学者"马克思的考虑在19世纪80年代初的社会主义环境中蓬勃发展，对于在更广泛的条件下提出政治经济学问题做出了不小的贡献。屠拉蒂对这种类型的经济社会学知之甚少，这一点并不重要：主流的文化氛围以及社会主义激进主义的要求使他毫不费力就被同

---

① 屠拉蒂致科拉詹尼，1884年2月13日，见甘奇（编者），1959年。

化到了这种解释中。60多年前,路易吉·布尔费雷蒂(Luigi Bulferetti)非常有力地描述了这一相互作用的组合:

> 社会学实际也是在社会主义意义上为以社会问题为名的政治和司法问题的研究提供了刺激因素。它为经济学研究注入了新的活力(即便也是具有争论性的活力)。依据自然、作为自然的社会、人的需求和使用的世界的优先重点,意味着也对直到那时还被称为经济学的东西赋予了最大的重要性,而对社会学的最大贡献最终来自经济学家、法学家和政治学家,他们以不同的名义,实质上关注着同样的现象。事实上,(经济学家)设法了解到,政治权力对拥有它的人来说是一种经济物品,而唯一能拥有政治权力的人是那些拥有相对更多经济物品的人,他们找到了政治体制的经济基础。(法学家)发现,司法系统响应了那些如(政治学家)证明已经征服了权力的人的要求。①

屠拉蒂已经表明,他对这一问题的整体重要性了然于胸:政治经济学不能一直是社会主义者文化阐述的一个偶然或唯一的论战时刻。相反,它必须成为一种从"科学"和"社会问题"出发的各种线索可以在其中会合的认识,而能够滋养科学的其他线索又可以反过来从其中出发,从

---

① 布尔费雷蒂,1951年,第35—36页。

而加强其"实证"的特征,并指示出可以开始解开"社会问题"的方法。

屠拉蒂凭借其敏锐的直觉,能够准确把握当时阶段中典型的政治和文化问题所蕴含的"社会主义"意义(在其最普遍的维度和关系体系中)。然而,由于偶然的原因(他的信件中经常提到青年时神经衰弱),以及他的生活选择和知识结构,他无法将直觉性的概略转化为符合当时科学范式所需的严谨体系——而且他也没有打算这样做。在犯罪社会学领域亦是如此——这一学科方向与他的专业兴趣在多方面高度契合;在某种意义上,这对于他提供给科拉詹尼的原始梗概提出了进一步发展的要求。尽管社会学具有强大的整合能力,但将其应用于他的经济思想研究却面临着更大的挑战。①

---

① 但是,这并不意味着屠拉蒂的"直觉"品质使他无法非常认真地用"实证"方法的标准来衡量自己,这种方法来自于趋于优先考虑事实的认识论概念,并要求发展针对研究和事实本身分类的认识定位。1885年,他与安娜·玛利亚·莫佐尼(Anna Maria Mozzoni)一起负责协助阿戈斯蒂诺·贝尔塔尼(Agostino Bertani),后者正在领导卫生调查,以补充斯特凡诺·雅西尼(Stefano Jacini)的农业调查(Inquiry)。

贝尔塔尼的指示既有趣又现代:"你的目标是:土地上工人的**物质生活**"(1885年4月16日的信)。接着他会对屠拉蒂的工作表示赞赏:"我仔细阅读了你关于托雷·德尔格雷科(Torre del Greco)的报告,内容准确、意义深远、结构合理,包含了与我有关和无关的一切:这是一部独一无二的专著,这是属于你的功劳,对我会有很大帮助,并会让我更加渴望看到其他地方的类似报告。"(1885年5月9日)参见斯基亚维(Schiavi)(编者)1947年。

我们还可以考虑他通过对犯罪人类学的研究而收集到的大量数据。在这一领域,屠拉蒂也会给科拉詹尼提供精确的指示,这一点从甘奇(编者)1959年的信件中可以看出。

第二章 19世纪80年代的马克思主义：过渡时期的特点 Ⅱ

在19世纪80年代，屠拉蒂对经济学表现出浓厚的兴趣，尽管这种兴趣是通过大量社会学文献的视角来理解和阐释的。在他的图书馆里发现了这一时期的大量经济学文本，特别是路易吉·科萨（Luigi Cossa）的作品①，由于他在意大利经济学家中事无巨细地披露了讲坛社会主义的文化氛围，我们无须强调这个被称为"新羊群的神父"者的重要性②，尤其（与这项工作的目标更为直接相关）不应忘记科萨是维托·库苏马诺和阿基尔·洛里亚的老师，至少在一定程度上是老师。在当时以及随后的若干年里，他的藏书中唯一的马克思著作是卡菲埃罗所著的《资本概要》。这与马西尼在比萨马志尼纪念馆（Pisa Domus Mazziniana）的吉斯莱里（Ghisleri）文件中发现的"屠拉蒂传给莱奥尼达（比索拉蒂）的藏书"清单完全吻合。该清单主要由政治经济学著作组成，包括博卡尔多、科萨、兰佩蒂科和埃雷拉（Errera）等作者的作品。正如马西尼所指出的，这些年轻人的阅读材料中几乎没有马克思的著作，"除了卡菲埃罗的《资本概要》"③。与此同时，政治经济学逐渐成为一种核心的知识，而马克思的思想通过这一学科日益占据核心地位；这一发展后来被证明对社会主义身份的长期确立具有至关重要的作用。科斯塔为证明他的"转向"而提供的论据之一是需要"浸没在政治经济学的冷水中"，这绝不是偶然。④

---

① 参见蒙特莱昂（Monteleone）1987年有关他的图书馆的绝佳分析。
② 马基奥罗，1970年，第494页。
③ 马西尼（编者），1961年，第7页及第20页。
④ 科斯塔，1952年。

事实上，尽管这些证据表明，这些年轻的社会主义知识分子虽未直接接触马克思的主要著作，但他的思想却始终萦绕在他们的成长历程中。正如我们将看到的那样，一些出版物已经开始推测，是否存在一种受这位特里尔哲学家启发的理论范式；然而，正在构建的学科分析机制所依赖的逻辑（在这种情况下，为政治经济学）直接取决于更接近本土的文化背景。社会问题获得的往往是假设，而不是分析。但是，如果在19世纪80年代中期的意大利，有一种理论建设能够把关于这个问题的多种主题结合起来，这些主题如今正以某种异质化的方式从讲坛社会主义的语境中浮现出来（尽管带有"德国主义"色彩，但仍保留了典型的内生性特征），这种理论建构也不可能源于马克思思想的直接影响。不过，如果没有一个既与他们保持距离、又在某种意义上成为他们思想负担的马克思，他们或许根本不会尝试构建这样一种理论体系。

洛里亚在很年轻的时候，写他的获奖论文时，被德国的经济学派深深迷住，产生了"狂热的爱"和"雷鸣般的激情"，并在他处理土地财产与法律和经济学的关系问题时，"所有学问顶峰的伟大三巨头：李嘉图—杜能—马克思（Ricardo-Thünen-Marx）"使他神魂颠倒①。而现在，恰恰是那个曾经是费拉拉的绝妙的论战目标的人，对他的思考提出了可能性的发展的建议。维托·库苏马诺激励他"思考

---

① 洛里亚，1927年，第20—21页。

第二章 19世纪80年代的马克思主义：过渡时期的特点

今天的社会主义，解释马克思、拉萨尔和其他著名社会主义者的理论"，鉴于他一直在"处理产权问题"，他可以轻松地转向"**价值理论，**（这）只不过是财产的起源理论"①。

在某些方面，洛里亚在其获奖论文中业已存在的直觉的基础上继续构建的厚厚一卷内容，②将保留库苏马诺提出的问题的印迹；这个问题与那些年轻人的共同感受相呼应，他们已经能够清楚地识别出那些表面上中立的分析背后所隐含的意识形态倾向。洛里亚试图借鉴公开的马克思主义思想，将这种感觉转化为一种更加明确和连贯的意识。

马克思和洛里亚之间短暂而又断断续续的书信来往（1880—1883年），以及后来恩格斯对他的尖刻反应（首先是面对这个"卑鄙的灵魂"③指责马克思将《资本论》第二卷塑造成一个"借以回避科学论据的狡猾诡计"④，然后在19世纪90年代又面临洛里亚主义可能成为意大利社会主义者的马克思主义的危险）使得有关这一问题的文献资料低估了两者之间的文化联系，与这位22岁的意大利经济学家向"当代最伟大的思想家"展现自己的方式有关。⑤

---

① 库苏马诺致洛里亚的信，1877年6月11日，于洛里亚的文件中，直到1980年还保存于《皮埃蒙特大区与瓦莱达奥斯塔大区监督档案》（Soprintendenza Archivi del Piemonte e della Valle d'Aosta）。
② 洛里亚，1880年。
③ 恩格斯致洛里亚，1883年5月20日，见英文版《马克思恩格斯文集》第47卷，第25页。《马克思恩格斯全集》第25卷，北京：人民出版社2001年版，第613页。
④ 洛里亚，1902年，第48页。
⑤ 洛里亚致马克思，1879年11月23日，于德尔·博（编者），1964年。

除了这位年轻的曼托瓦人（Mantuan）的夸张风格之外，洛里亚在给马克思的第一封信中附上了《基金会收入》（La rendita fondaria）一书的副本，这清楚地表明了他寻求建立联系的根本动机。从他表达这种关系的方式来看，若仅将其归因于外部环境因素，显然是一种误解。

洛里亚警告马克思，他不是"共产主义社会理论的追随者"，但却因为马克思给予了他"经济研究的真正方法，即（马克思）引入政治经济学的分析方法"，因此他欠马克思一份情为由，认为自己有充分理由把书寄给他。后来紧接着，他对这一方法的某个方面进行了澄清说明：马克思是"划时代的杰作"的作者（尽管"不幸的是，是不完整的杰作"），这部杰作"永远地驱散了辩护性的科学冷酷无情的幻想"①。两年后，马克思与洛里亚的关系急剧恶化，他向恩格斯对这位年轻学者进行了"残酷的心理描写"②，同时不仅承认他的"才能"，还承认他"他在当时力所能及的范围内，力求掌握、而有时还不无成效地掌握了他在《资本论》中找到的研究方法"③。

---

① 洛里亚至马克思，1879年11月23日，于德尔·博（编者），1964年。
② 福奇（Faucci），1978年，第601页。
③ 马克思致恩格斯，1882年8月3日，见英文版《马克思恩格斯文集》，第46卷，第298页。《马克思恩格斯全集》第35卷，北京：人民出版社1971年版，第76页。俄国人卡布卢科夫（Kablukov）1886年4月24日至洛里亚的一封信也间接证明了他的判断不是简单的线性判断。卡布卢科夫表示，他从鲁萨诺夫（Rusanov）处听说了洛里亚的工作（同样引自洛里亚1927年，第42页），他写道："卡尔·马克思和我谈到了你的《论地租》（on rent）一书，并详谈了一会。虽然他并不完全同意你的许多论点，但他提及你的作品之处非常有趣，唤起了我浓厚的兴趣，这种兴趣随着我加深对你的作品的了解而增加"。菲尔特里内利档案室（Archivio Feltrinelli）：《洛里亚的通信》（Carte Loria）。

要理解在洛里亚表示自己获得了马克思的"经济研究的真正方法"时所要表明的意义,关键在于他将《资本论》明确描述为一部明显的反意识形态作品。尽管他将这种方法简化为带有明显自然主义色彩的僵化的经济决定论,但这一方法仍然贯穿于他庞大的学术成果中,并始终与马克思的思想相对立。洛里亚在马克思的作品中确定了两个不同的组成部分,"**愿景**(唯物主义的历史概念)和**分析**(价值理论和价格理论)"①,并且认为可以从其中一方汲取灵感,同时不会受到另一方的干扰。洛里亚声称从《资本论》的方法中推断出的根本的中心思想,早已出现在他1880年寄给马克思的那卷沉甸甸的书籍中,即试图证明地租理论和"正统"经济学家所捍卫的资本主义发展理论背后的真正现实。当然,这并不妨碍他坚持认为,现代剥削的主要机制不是"资本主义性质的,而是地域性质的"②。

《资本论》对洛里亚的影响无疑十分重大:它不仅塑造了他独特的理论体系,更对他日后成为一名经济学家起到了决定性作用。马克思去世之后,他立即撰写了一篇著名文章,这篇文章也是他与恩格斯决裂的原因,在该文中,他用以下措辞表达了自己对第一卷(对他来说也是唯一的一卷)的看法:

> 这部作品……是社会科学领域真正的大事件,它

---

① 福奇,1978年,第601页。
② 洛里亚,1880年,第291页。

产生的影响是巨大的。经济乐观主义的理论家们看到自己的乌托邦被对英国状况的统计学阐述所摧毁。政治经济学的教授们愤愤不平地看着一个半吊子、一个宗派主义者,带着惊人的学说降临到科学舞台,使他们一成不变的、毫无生气的、草草拼凑的论文与一部有机的、令人激动的、充满事实和思想的作品形成对照,后者的思想将生命注入详尽得不可思议、浩瀚而又协调的科学材料。①

我们知道《资本论》对经济界的影响根本不符合这一描述,尤其是在马克思还活着的时候。不过很可能,这一描述确实符合它对阿基尔·洛里亚产生的影响。

如果像维托·库苏马诺这样的"左翼""担任大学教职的社会主义者"在其他方面非常准确地向意大利科学界展现马克思,在涉及经济范畴时,完全在"经济日耳曼主义"的条件下阅读马克思的作品,那么洛里亚的情况则完全不同。"洛里亚与马克思之间的关系"(有人评论说)"(以及)洛里亚与马克思主义之间的关系,在第一阶段是通过洛里亚自己的个人研究开展下去的:进入文化世界时他偶然遇见了马克思,并将在接连的同意、剽窃,同时也有拒绝的过程中跟他算账"②。因此,这是意大利学术界对马克思认识的一个真正的、恰当的质的飞跃,而且是通过洛里

---

① 洛里亚,1902年,第21页。
② 阿罗卡蒂(Allocati),1990年,第18页。

亚发生的。这位年轻的曼托瓦经济学家的个性在这方面起到了决定性的作用。然而，洛里亚发现自己处在来自各个领域和方向的多重压力的交汇点上。来自讲坛社会主义的潮流与弥漫在这个环境中的强烈的、明显的社会主义伦理政治倾向混合在一起，洛里亚在这种环境中得到训练，这也将是屠拉蒂、菲利、比索拉蒂和普兰波利尼所处的环境。科拉詹尼也将使他的"理解演变和……资产阶级利益的方式"①与洛里亚描绘的社会演变过程相一致。在某些方面，仅在几年前作为对科拉詹尼的《社会主义》的回应所形成的相同过程也将在后者的情况中重复，尤其是在19世纪80年代的主要作品②所承担的作用方面。不过学科背景不一样，这是一部政治经济学作品，而不是犯罪社会学作品（尽管有同样重要的社会学框架），这些作品的水平以及它们在短期和长期内的反响也都非常不同。它们不仅在整合分散要素方面发挥着相同的作用，而且都体现了对系统性获取充分认识的共同需求。

只有当存在一种**松散**的马克思主义——即一种由复杂的心理因素、分析工具、历史发展愿景、身份认同、角色意识以及学说要素共同构成的氛围，而这些要素的选择又源于组织实践和"先锋"斗争的经验——马克思主义才有可能（主要基于实际观察）作为一个有科学依据的整体被有机地构建起来。这种松散的形式使得人们更容易理解一

---

① 科拉詹尼致洛里亚，1886年4月7日，《洛里亚的通信》。
② 参见洛里亚，1886年，1889年。

个过程，即如何从非马克思主义的起点中产生马克思主义的成果。

这种松散的马克思主义（并非其所有的组成部分都必然有意识地与此有关联）由分散的粒子细胞组成，在某一时刻，这些细胞经历了快速的凝结过程。它关系到意大利马克思主义的形成过程被有机连贯起来的**所有**层面，包括高雅文化。甚至连洛里亚现象也可以被认为是这种松散的马克思主义的一个方面。

关于这一现象，已经形成了广泛的史学研究讨论，其中很大一部分是沿着恩格斯、拉布里奥拉、克罗齐和葛兰西对洛里亚作出的非常严厉的判断的思路发展的。这一争论的痕迹今天仍然存在于最新的研究中。即使今天不止一个人由此问起阿基尔·洛里亚是谁，[①] 在19世纪的最后十年，他在意大利和欧洲备受讨论的作为实证主义"知识分子类型"的形象，[②] 也是马克思主义发展的必要的磨炼。

"洛里亚问题"（与马克思主义在意大利的传播方式、扎根和"质量"有关）无疑包含了相当大范围的意义，尽管在这些意义中我们可以确定两个基本组成部分。

关于洛里安启发的意大利马克思主义的"质量"（具有非常重要的意义），恩格斯、拉布里奥拉和克罗齐在政治—文化斗争中所表达的判断已经基本得到了证实。这无疑表

[①] 加利亚诺（Gallino）1985年的记录。
[②] 奥塔维亚诺（Ottaviano）1985年的表达。

明，洛里亚现象的实质是对马克思主义的曲解和空洞化，其"决定论社会学"最终沦为科学界的耻辱，并对马克思主义的内容造成了严重的负面影响。总之，就在20世纪之初，在"知识分子的革命"的时刻，通过洛里亚来打击马克思变得相当容易。①

与此同时，从19世纪80年代下半叶开始，洛里亚发现自己（不一定是自愿的）成了学术界**松散的马克思主义**的一个基本要素。他的大学生涯和从1883年到本世纪末的智力产出几乎得到了一致认可，屠拉蒂把他定义为"在某种意义上，意大利经济学家中最社会主义的、最马克思主义的（忽略某些小的区别，这些区别对学者来说很重要，对公众来说不太重要）"②。这对于处于理论"科学"认可的堡垒中的马克思主义的"尊严"的增长起到了首要的作用。因此，在**松散的马克思主义**产生影响的不同层面之间建立了稳定的联系：在工人运动中，马克思主义作为**阶级**推论的"科学"基础的意识正在慢慢成熟；这种意识进一步得到强化，因为人们意识到，即便是资产阶级的"科学"庇护所，也必须严肃对待将资本主义的最终命运与无产阶级的光辉前景联系起来的理论。因此，洛里亚主义应该被认为是19世纪80年代后期至90年代初期促进马克思主义影响范围扩大的合奏中的非次要组成部分，是不同协同作用

---

① 马基奥罗1970年提出了一个特别清晰的论点。
② 1890年12月26日屠拉蒂至洛里亚：作为法维利附录出现，1980年，第181—182页。

的真正的、适宜的加速器。

因此，形成了一个模棱两可、相互矛盾的现实：这是一个难以与假设洛里亚问题的两个术语具有互补性的框架相协调的现实。

正如我们所见，社会主义运动自诩为历史和社会发展"一般规律"的忠实解释者，这似乎得到了"实证科学"最新发现的证实。这种神话般的自我定位，既是马克思主义确认的基石，也为洛里亚式阐释的盛行提供了土壤。我们接下来的观点，是完全站得住脚的：《政治体制的经济理论》（*La teoria economica della costituzione politica*）这本书被屠拉蒂认为是"或许甚至是过于片面的马克思主义正统观念"[①]的例子，该书是意大利社会主义的几乎所有知识分子/领导人接受历史唯物主义的基本文本，从未来的改革者菲利波·屠拉蒂到埃马努埃莱·莫迪利亚尼（Emanuele Modigliani），[②] 到未来的革命工团主义者阿图罗·拉布里奥拉（Arturo Labriola）[③] 和恩里科·利昂纳（Enrico Leone），[④] 到如加塔诺·萨尔韦米尼（Gaetano Salvemini）一样颇负盛名的历史学家和非正统政治家。[⑤] 甚至格诺基·维亚尼也会利用该文本来激励自己，不仅反驳政治领域的首要地位，

[①] 屠拉蒂致吉斯莱里，1886年11月2日，马西尼（编者）1961年。
[②] 参见阿里纳（Arena），1962年、凯鲁比尼（Cherubini）1990年。
[③] 参见拉布里奥拉，1945年。
[④] 参见莱昂内（Leono）：《捍卫洛里亚系统》（*La difesa del sistema loriano*），载《社会批判》，1901年，第221—222页、第234—237页。
[⑤] 参见阿尔蒂弗尼（Artifoni），1981年。

甚至反驳政治领域的自主性。该文本完全符合实证科学的原则：它是自然主义的、决定论的、进化论的，同时，还能"客观地"证明超越资本主义制度的历史必要性。它可以满足"科学尊严"和"社会革命"的要求，从这个意义上来说，在19世纪的最后15年里，它将在意大利界定与马克思主义认同的范畴中发挥重要作用。事实上，《反杜林论》在其他背景下发挥了同样的作用。

在社会主义文化领域中，不朽的《资本主义财产分析》（*Analisi della proprietà capitalistica*）[①]的影响比不上1886年那篇更薄尤其是更"社会学"的文本。即使洛里亚把这部作品想象成试图克服"古典科学和社会主义的局部冲动"，因为两者对利润的研究没有涵盖"整个经济构造"[②]，社会主义知识分子也根本不认为这部作品与《资本论》相矛盾。然而，很难怀疑洛里亚在马克思方面要建立自己的理论自主性的意愿。在这部《分析》中，对马克思的明确提及……几乎完全属于批判的层面，用李嘉图式的论证或（关于价值理论）源于洛里亚自己体系中的论证来批评马克思。此外，这一体系的核心在于"土地保有权理论"（"自由土地"理论），洛里亚认为这是一种没有外部影响的社会发展的一般手段，与马克思的范畴完全无关。可以肯定的

[①] 洛里亚，1889年，第1卷。洛里亚构建该文本的野心以及他将自己置于与马克思相同领域的公开意图，也从他在私人信件中提及该文本的方式中闪现出来。派特莱昂尼（Pantaleoni）把该文本说成是他的朋友洛里亚的《资本论》。参见菲奥罗特（Fiorot）1976年，第473页。

[②] 洛里亚，1889年，第7—8页。

是，洛里亚的分析观点的明显的指导原则仍然是他的"历史唯物主义"，对此他已经在1886年全面阐明了它的一般规则。事实上，他在1886年的作品中已经指出，司法和政治的"上层建筑"绝对依赖于财产关系的假设，必须搭配这些关系的自然演变理论才完整，而"自由土地"的理论实际上将作为一个补充因素加入其中。因此，弥漫在他两卷作品中的"经济决定论"的持续不散的光环，仍然有可能掩盖了他对马克思的阐述立场的准确认识。

就社会主义者而言，这种"不理解"也有其他原因。首先，像《分析》这样的作品所进入的环境，与能够顺利接受《政治体制的经济理论》这样的书的环境不同。前者是严格的学术性书籍，后者则涉及范围更为广泛、成分也更为复杂。例如，屠拉蒂曾阅读、思考、评论过《经济理论》，但几乎可以肯定他完全没有翻开过《分析》的书页。然而，与此同时，这样的作品在选出洛里亚作为"意大利最著名的经济学家"的形象方面具有决定性的作用，他也是"对社会主义最有好感的人"[①]。如果我们考虑到，甚至在19世纪80年代末，意大利社会主义还没有吸取"马克思主义"思想作为一个整体的意识形态参考点，那么就不难想象，"意大利最著名的经济学家"是如何能与"巨人"马克思安排在一起的，尽管他们之间有"微小的区别"，但他们都在一起为社会主义经济科学提供一个更安全的定义。

---

① 拉布里奥拉，1945年，第51页。

3　有组织的工人世界中的文化调解

列夫·托尔斯泰（Leo Tolstoy）用以下措辞描绘了19世纪末马克思主义革命工人的形象，如同他的王子聂赫留朵夫（Prince Nekhlyudov）在前往人间地狱西伯利亚流放地的途中所看到的一样。

> 他是借习惯的力量成为禁欲者的，满足于极少的一点点物质需要。如同一切从小习惯于劳动，练出一身发达的肌肉的人一样，任何体力劳动他都能承担，干得又多，又轻松，又灵巧，不过他最珍视闲暇，这使他在监狱里和旅站上可以继续学习。目前他在钻研马克思的第一卷。他极其小心地把这本书藏在他的背包里，当作无价之宝。①

这位被称为孔德拉季耶夫（Kondratieff）的工人有"屈辱的感觉"，但是只有当一位"著名的女革命者"和知识分子来到他的工厂"做女工"，给他提供了说明自己状况的工具时，他才产生了压抑不住的学习热情："他相信知识既然能够向他指明他所处的地位不公平，那么知识也就能够纠正这种不公平。"不过，这一定是一个有非凡

---

① 托尔斯泰，1899年，第208—209页。[俄]托尔斯泰：《复活》，汝龙译，北京：人民文学出版社1979年版。

意大利马克思主义史:从起源至第一次世界大战前

天赋的工人,"两年之间他学会了代数、几何和他特别喜爱的历史,而且涉猎了全部文学著作和评论著作,特别是社会主义著作"①。

托尔斯泰提出的模式很难被认为具有广泛推广的可能性。在19世纪80年代末的米兰(那里并不落后),意大利工人党甚至连卡菲埃罗的《资本概要》都难以在"自觉的"工人中传播。② 要假设博卡尔多的《资本论》第一卷也能在同样这个环境中传播似乎完全不现实。③ 这并不是说,自学成才的工人在社会主义著述方面设法达到高级知识水平的经验(不仅如此)对社会主义历史来说不重要。事实上,在某些方面,一些人试图在工人的集体解放与通过文化发展实现的个人提升之间建立紧密的联系,这是这段历史中最有趣的方面之一。我们只需想一想像安齐和拉扎里(Lazzari)这样的工人阶级和意大利工人党领袖,他们非常熟悉他们那个时代最广为流传的有关社会主义和社会学的文本,包括未翻译的法语文本。甚至像里戈拉(Rigola)和维尔齐(Verzi)这样的人,我们知道他们在意大利社会主义的历史上扮演了非常重要的角色:前者除了小学之外没有继续上学,13岁就已做了木匠学徒,而后者在受过基础教育之后几乎没有再受过教育,他的所有社会

---

① 托尔斯泰,1899年,第208—209页。[俄]托尔斯泰:《复活》,汝龙译,北京:人民文学出版社1979年版。
② 安齐,1946年,第62页。
③ 出版于1886年都灵。

经济文化都是自学成才的。更不用说工人贝努瓦·马隆（Benoît Malon）了，他不仅迅速掌握了现有社会主义著述的重要部分，而且是这些对法国和意大利的社会主义都产生了极大影响的著述的倡导者之一。自然，与这些工人一样并且在这些工人之后，还有广泛的工人群体，他们在不同层次上分享、实践这种态度和价值体系。然而，所有这些工人——包括那些成功跻身运动最高层的工人——都有一个共同点：他们与《资本论》的分析之间基本上不存在任何关联。这是唯一可能的情况，事实上，即便是大量拥有不同分析工具的学者也有同样的困难。

在托尔斯泰描绘的理想类型中，几乎涵盖了所有可能的路径，这些路径被认为将社会定位与对这种定位的意识以及由此产生的社会经济发展总体逻辑的意识联系起来：无产阶级最初仅有一种模糊的阶级"直觉"。当他们接触到外部理论时，这些理论必须与无产阶级的实际情况相结合，使理论具体化、生动化。在这个过程中，无产阶级对文化和智识的认知既保持天真，又逐渐产生自觉意识。这种进步不仅体现在知识层面上的努力与乐趣，还体现在他们与理论文本之间既理性又充满"神圣"感的关系中。面对这样的文本，工人本可以对作者说同样的话，就像默默无闻的校对员纳撒尼尔（Nathanäel）对他那个世纪的伟大哲学家所说的那样：

意大利马克思主义史：从起源至第一次世界大战前

> 在我看来，先生设法将事物（我指的既是物体也是人的思想）与比事物本身更微妙、更强大的语言连接起来。当语言不够时，就用数字、字母、符号，就像用钢索一样……①

语言、数字、字母、符号，就像紧绷的钢索，构成了一个极其牢固的概念结构体，能够给混乱的事物带来秩序，确保科学与正义、对美好未来的向往与确定性之间的一致性；因此，这一文本逐渐融入所有那些社会主义已成为其生活一部分的无产者的共同情感之中，以重生的希望弥补因暴力中断而留下的空白。

这一形象逐渐呈现出清晰而具体的形式，但其实现的手段和路径仍深陷于一个相对模糊的现实之中，而其有机结合的层次似乎并非僵硬固定或先验确定的。当然，它在高雅文化或无产阶级环境中以许多各种各样、不尽相同的方式实现，但在这两者之间还有一个巨大的、并非总是无缝衔接的中间层。

尤其是在19世纪70年代末到80年代初，像《人民报》这样的出版物真正代表了一个基本环节，在阐明社会主义文化的不同层面间进行交流。这是一份社会主义报纸，它在"严格意义上"极少数的工人报纸中扮演着独特的角色，然而它并未将任何单向的教学活动理论化，而是认为有必

---

① 尤瑟纳尔（Yourcenar），1987年，第83页。

第二章 19世纪80年代的马克思主义：过渡时期的特点

要通过持续的讨论和参与，实现"相互加强和自我纠正"。①这是一份社会主义报纸，它在一段时间内对于一种根本区别非常清楚，即被其对手定义为国际中的政治潮流的"马克思主义"与作为社会科学，或更准确地说，作为资本科学的马克思理论之间的区别（这种区别即使在今天也经常被那些因分析精妙而受到敬重的解释者所忽视）。正是这份社会主义报纸发表了《资本论》第一卷的重要部分的第一个译本：第二十四章第六节，关于"所谓的原始积累"②。

面对马克思的伟大著作《资本论》，《人民报》毫不犹

---

① 在工人报纸和社会主义报纸之间的区别以及确定两者之间现有关系的方式的基础上，有一种社会主义—工人阶级关系的观念，当然不允许我们在《人民报》文化和工人主义之间建立**直接的**联系，一些关于这一主题的著述已经强调了这种联系："严格地说，**工人报纸**通过三个非常确定的特性来区分自己，即：难以被干扰的实践意识、对于穷人最迫切需求的清晰的、未败坏的意识，以及对**经济问题**的本能的、持续的重视。这意味着工人报纸走在正确的道路上，公正而可敬，与社会主义报纸有很多相似之处，后者同样基于经济问题而成立，不过除了工人阶级的迫切需求之外，他们也同样研究人类由社会复兴而再生的遥远的需求。但是在研究这些问题时，他们往往背离工人的实际轨道，以研究未来**理想**的形式。然而，这两种（类型的）报纸都注定要相互加强、相互纠正。"《跨越1881》（Attraverso il 1881），载《人民报》（月刊），1882年第2期。

② 参见《工业资本家的起源》（Genesi del capitalista industriale），《人民报》，1879年2月11日、16日、23日及3月9日。该文不是从德语直接翻译过来的译本，而是从法语版本翻译而来。事实上，《资本论》一节在意大利的真正首次翻译是在1867年迈斯纳版在汉堡出版后几周才出现的。那不勒斯报纸《自由与公正》（Libertà e Giustizia）为名字相似的工人俱乐部的机关报，于1867年10月27日的版本中发表了马克思导言的中心部分和最后部分。参见巴索1962年。

豫地充分肯定其在科学和社会主义方面的重大意义。

> 这是我们这个世纪最重要的作品之一，它预示着社会科学史上的一个新时代的来临。在这位德国作家的书中（这只是马克思正在全面思考和写作的伟大作品的第一部分），他没有发明一种**制度**，也没有发明达成社会主义目标的**手段**……任何想要在这部作品中寻找新的社会主义学派的人都会感到失望：但是假如他寻找的却是一部具有极大破坏性的科学评论作品，那么他就会感到十分满足。他的评论中确实清晰地闪现出驱使大家走向社会主义的历史必然性。如果资产阶级阅读马克思的作品并准确领悟，如果资产阶级出于善意行事，就必须驳斥自己的所有错误，并臣服于新的社会潮流。我们向马克思的这一著作致敬，它是我们事业胜利的不可战胜的先驱。①

在马克思的总体阐述中（我们也可以在比尼亚米（Bignami）和格诺基·维亚尼的报纸专栏中读到）政治方面当然是社会主义者争论的对象，但在"任何当代社会主义者"中，对经济理论，尤其是对"价值的定义、工资规律和资本的形成"则不存在这种争论。此外（进一步明确指出）"马克思的经济理论……（曾经）在其基本要点上来说只不

---

① 《卡尔·马克思推荐（Rec. a K. Marx），〈资本论〉（Le Capital），巴黎，拉沙特出版社（Lachâtre）》，载《人民报》，1877 年 12 月 4 日。

过是自 1869 年巴塞尔大会宣布必须建立集体财产的那天以来，整个国际接受的社会主义纲领"①。

我们可以在此处看到，《人民报》认为在马克思和社会主义之间建立的关系的定义越来越清晰：《资本论》将马克思置于"19 世纪……批判性经济学家中的第一位"，同时勾画出一个由"经济演变规律"决定的过程，根据这一过程，对集体财产的需求正在逐渐成熟。作为一个"批判性经济学家"，他完全属于科学世界，但鉴于他在这个领域产出的材料既证明了工人斗争的正当性，也证明了这场斗争的最终观点的正当性，因此他也完全属于革命。因此，马克思应当被视为社会主义的"科学领袖""极为深刻的思想家"②，同时也是"最伟大的现代社会学家"③。

这根本不意味着社会主义者必须把自己定义为"马克思主义者"。"马克思主义者"曾是国际内部的一股潮流（"中央集权至上者""威权共产主义者"）而且在 19 世纪 70 年代晚期，他们仍然是一条远未消除的裂痕的基本名称之一。相反，马克思更深的理论层面在实践中被证明是结构上的统一因素。他所取得的"客观"科学成果甚至将逐渐被资产阶级经济学家和社会学家所接受，或者至少被那些智力活动不受阶级利益和偏见蒙蔽的人士所接受。而

---

① 《社会主义的胜利》（Un trionfo del socialismo），载《人民报》，1876 年 10 月 22 日。
② 《卡尔·马克思》（Carlo Marx），载《人民报》（月刊），1883 年第 4 期。
③ 参见格诺基·维亚尼，1886 年。

意大利马克思主义史：从起源至第一次世界大战前

《人民报》显示出特别关注记录当时被认为正在进行中的进程的所有症状，从拉弗勒到舍夫勒。除了直接参考《资本论》的分析核心之外，社会主义者将因此从马克思那里得到"一个普遍的、被广泛接受的社会主义思想，足以使各个文明国家的激进无产阶级团结起来"：① 该社会主义思想形成自1869年巴塞尔大会"经济"纲领的共识。

因此，《人民报》的社会主义者将马克思作为社会经济科学的主要参考点（作为长期观点的普遍视野）而不意味着当时被定义为"马克思主义"的政治形式具有任何潜在的可转换性。② 《人民报》在当时的政治辩证法中看到了这些形式的最佳范例，即"德国工人阶级世界，按照马克思的学说，（看到）只有通过组织一个人民的国家（Volksstaat）才有解放的可能性，该国家则通过在工人中选出的民主社会主义代表的议会多数来构建"③。

我们试图保持这两个层次有所区分，甚至相互对应。然而，鉴于它们之间明显的差异，最终它们继续发展的方式不可避免地会导致相互干扰。更确切地说，前者所显露

---

① 《马克思的社会主义》（Il socialismo di Marx），载《人民报》（月刊），1883年第5—6期。

② 这一现象不仅关系到《人民报》的社会主义，甚至也关系到意大利的经验。正如科拉科夫斯基（Kolakowski）所正确指出的，"除了国际内部的影响冲突之外，或许可以说从19世纪60年代起，马克思主义是对立的社会主义意识形态中最重要的，因为全世界的学说和纲领都是参照它来确定自己的立场的。"科拉科夫斯基1978年，第257页。

③ 《工人报》（Arbeiter-Zeitung）、《铁锤报》，法布里亚诺（Fabriano），1876年8月26日。

出来的重要性和作用是后者无法完全比拟的。如果有人主张，社会主义运动现在可以引证一个能够解释资本主义发展逻辑的理论框架，而且，归根结底，该框架也将能够解释一个基于不同生产关系的社会的内在和未来发展背后的因素，那么就很难避免扩大该理论框架的使用空间。在对这一分析领域的探索刚开始之时恰恰就是这种情况，而新的探索阶段和工业社会节奏的加快似乎相互阐明了对方的解释。要摆脱构建这样一套既实用又有效工具的责任是很困难的，而这套工具在某种意义上并非来源于被认为是社会科学至今达到的最高点的系统（即人们普遍理解的那样）。

事实上，在这两个层面之间有效建立的关系是**必然性**和**偶然性**之间的关系。在这种情况下，**偶然性**当然具有不小的意义：它涉及政治领域，并非在简化的意义上理解，还涉及一种感觉自身是社会主义者和革命者的方式，这种方式源自一种短暂但生命力旺盛的意大利传统，已经建立起了不只是处于表面的分层结构。然而，面对一种似乎展示出越来越大的能力来解释社会关系动态的经济和社会理论，而社会主义正是从这种关系中获得其存在的理由的基础，想象一种投射到现实中的**必然性**似乎并非不可能，这种现实逐渐需要一种不同的**偶然性**。

换句话说，在19世纪70年代末和80年代初，将近《人民报》的历史末期，这份出版物的社会主义中毫无疑问完全不存在"马克思主义"。然而，马克思在其中却经常出现，并且非常明显地插入其社会主义的深层分析核心中。那么，对于未来发展的影响，这一方面是否应该被认为是次要的？

与这一分析核心的中心地位几乎自然而然建立起来的特殊关系，现在也滋养了这种社会主义的特殊性，它的特点使它在倾向于"研究"和"节制"的问题方面（当然不是无关紧要的问题）区别于其他类型的社会主义。实际上，有些人坚信，如果没有"对作为一种科学经济运动的社会主义的各种基础和过程的清晰概念"①，工人阶级的解放以及他们的道德和物质救赎就不可能成功，他们显然认为"学习"是革命进程的一个必不可少的时刻。与此同时，这与其说是与"节制"（该词更多地被其反对者使用，带有明显的贬义）相结合，不如说是与对生产力发展所达到的水平的必要关注相结合（即使在此处研究中的时期内没有使用这种马克思主义话语）。

这也许看起来很矛盾，却表明了伟大的、极为盛行的文化的道路是多么曲折，以及在强大的激进主义背景下，马克思主义作为"绝对反对的意识形态"成为社会主义的官方意识形态，而十年前，经过重新加工的"马克思主义"要素（甚至是被反对者称为"马克思主义"的要素）恰恰被移植到"合法主义"和渐进主义的视角。②

---

① 格诺基·维亚尼，1875年，第66页。
② 正如雷纳托·赞盖里（Renato Zangheri）指出的："甚至警察也倾向于把持不同政见的团体与归属于马克思的'合法'路线联系起来。例如，在米兰，'国际党（Partito internazional）'被称为'马克思理论的追随者，提出通过演变和宣传来实现社会共产主义'。"赞盖里，1993年，第486页。

第二章 19世纪80年代的马克思主义：过渡时期的特点

这一视角的反对者在严厉谴责"合法主义"和渐进主义时，通过基于"人民国家的专制理论"① 的德国社会主义所树立的榜样的棱镜来看待这一视角，因此他们因"投票""在议会选举中彻底失败"而用言辞表达"投票"②。自然，《人民报》的人（有充分的理由）会拒绝任何关于同情**人民的国家**的指责，但他们会竭力否认自己与如今在灵感方面被刻画为"马克思主义"的框架的基本方面完全一致。对于那些"在意大利也是"把学习放在行动之前的社会主义者是这样描述的："他们是社会主义者……但只是将政治经济的负担加诸社会主义，或是迫使其一点点地推进……通过手工业和贸易，以纯粹的经济活动形式进行，他们除了提倡节制外，几乎不宣传其他任何内容。"③ 更确切地说，"合法社会主义"是那些想要"科学地研究经济过程，集中研究工人组织"的社会主义，对他们来说，"在无产阶级的组织力量（可以）真正相信有可能和平解放之前，革命（必须）到来"④。

从这个角度来看，革命不需要学习政治经济学："巴黎的工人甚至不需要听说过马克思的书《资本论》就可以创

---

① 《意大利社会主义》（Il socialismo in Italia），载《前途报》（L'Avvenire），摩德纳（Modena），1878年7月27日。

② 《德国的选举》（Le elezioni in Germania），载《前途报》，摩德纳，1878年7月6日。

③ 《逐渐地》（Poco a poco），《铁锤报》，杰西（Jesi），1876年11月19日。

④ 《法律社会主义与革命社会主义》（Socialismo legale e socialismo rivoluzionario），载《铁锤报》，杰西（Jesi），1877年2月24日。

建自己的公社。"① 这些"国际主义无政府主义者"将《资本论》② 当作经济科学研究的象征，而"合法社会主义"则将其作为意大利同一时期"实验社会主义"的基础，这并非偶然。③

事实上，"马克思主义"衍生的理想和观点最容易扎根的很大一部分连接组织，实际上是由非"马克思主义"的文化环境创造的，即便马克思主义成为意大利社会主义的霸权意识形态，在这种文化环境的主要人物如奥斯瓦尔多·格诺基·维亚尼和恩里科·比尼亚米（Enrico Bignami）身上，情况也不会继续这样下去。

如果我们思考一下这一场景的直接文化产品，即安德烈埃·科斯塔（Andrea Costa）"转向"的第一个"纲领性平台"④〔即《国际社会主义杂志》（Rivista Internazionale di Socailismo）〕，那么我们可以非常清楚地确定它的一些决定性方面。

事实上，正是格诺基·维亚尼本人（科斯塔处于自己的领域中，而不是任何假想的马克思主义的领域），通过强调**克服**巴枯宁主义的核心要点来评估意大利社会主义文化。

---

① 《意大利社会主义》，载《前途报》，摩德纳（Modena），1878年7月27日。

② 在各种情况下提及马克思的名字时，往往把《资本论》作为主要的、直接的识别要素；例如提到"《资本论》一书的作者卡尔·马克思先生"，《社会运动》（Movimento sociale），载《前途报》，摩德纳，1878年7月6日。

③ 安吉利尼（Angelini），1994年。

④ 参见德拉·佩鲁塔（Della Peruta），1965年，第333页。

格诺基·维亚尼提到了近30种意大利期刊，这些期刊从巴黎公社开始就代表了"从马克思到巴枯宁，从恩格斯到赫尔岑（Herzen），也就是从专制社会主义一直到无政府—共产主义社会主义"的所有类型的社会主义。① 但是，在表明意大利社会主义著述的现代性时，他只引用了《人民报》和《国际社会主义杂志》，这是仅有的两份"以激进的标准和**科学的**观点来解决财产问题"的出版物。② 在列举欧洲社会主义大师时，他认为唯一有资格称为"学者"的人是卡尔·马克思，他把其他人称为哲学家或思想家。格诺基·维亚尼在这一点上从未改变他的观点，而且在后来出现在他的回忆录中的思考中，他仍然会说"巴枯宁是一个有信仰的人，马克思是一个有科学的人"③。

然后，他在刻画意大利社会主义著述的特点时，是这样表述的：

> 意大利并不贫乏的领域是概要、草案，也就是说，是社会科学的片段。这使我们想到……这些片段与其说是一个完整的、现成的科学被分解成碎片的效果，以使其流经社会的所有血管，不如说是科学的部分尝试，在这里和那里播下了富有成效的种子，并等待着未来的合成批判，在一个**科学**系统中纠正、完成、发

---

① 格诺基·维亚尼，1880年，第12页。
② 同上。（重点部分为本书作者所标）。
③ 格诺基·维亚尼，1974年，第154页。

展、协调这些环节。①

对于19世纪80年代初成为意大利社会主义新路线主角的出版工作来说，其**主题**是需要对发展中的工人运动的政治视野提供**科学**的参考。这甚至将是确认"马克思主义"的主要途径之一，通过它可以找到其合法性的最高点。

显然，在《人民报》和《国际社会主义杂志》诞生的时代背景下，马克思主义并未被理解为对各种社会主义实**践进行科学总结的理论体系**，也没有被理解为比其他文化阐释更具有权威性的要素。他们的文化参考点仍然是多重的，而且经常相互联系，并与"不能归结为'日耳曼学派'的文化思想、计划和冲动"的巧妙的折中主义结合在一起。② 然而，如果涉及解释社会问题的**经济**机制时，那么优先参考马克思几乎成了一种必须。

在格诺基·维亚尼不得不解决"资产阶级资本"及其内部运作模式的问题时，他似乎明显受到了马克思模式的影响，而不是受到他心爱的马隆的影响。不过，后者会在这些经济要素以"理想"和"道德"术语进行解释时重新出现。因此，他不仅对劳动力的特殊性质进行了适当的确定，也对绝对剩余价值和相对剩余价值的形成进行了正确的图式表达，同时还把资本增殖的过程定义为"以自己的

---

① 格诺基·维亚尼1880年，第15页（重点部分为本书作者所标）。
② 乔万尼尼（Giovannini），1984年，第147页。

第二章 19世纪80年代的马克思主义：过渡时期的特点

溃疡性体液为食的溃疡性肿瘤"。① 与此同时，他认为市场对劳动力交换价值的确定具有欺骗性质，是一种"使用虚假尺度"的交换。②

《国际社会主义杂志》很快就会发表一篇马克思对价值进行分析的相当有趣的论文。③ 这实际上是对价值理论的一种解释（或者更确切地说，是一种解释的开端），而且似乎还注意到了"价值形式"的多样性，而不是完全局限于交换价值的**数量**条件。在这一点上，它无疑比从19世纪90年代起成为**社会党**官方推广的范式的阐释更具有洞察力。④

毫无疑问，这篇陈述也比不到两年后在意大利的社会主义者之间就价值理论进行的第一次辩论所产生的阐释更有洞察力。即使"总的来说，这是一段相当小的插曲"⑤，但也表明了对马克思经济理论的兴趣不再是一个偶发的时刻或纯粹的外部参照点，而是一个必须在马克思自己的分析范畴内勇敢面对的问题因素。可以肯定的是，在这场辩

---

① 格诺基·维亚尼，1879年，第6页。
② 同上，第7页。
③ A. 皮斯托莱西（A. Pistolesi）：《卡尔·马克思与他的"价值分析"》（Carlo Marx e la sua "Analisi del valore"），载《国际社会主义杂志》，1880年，第3期，第10—17页。
④ 参见雅各布·斯特恩（J. Stern）：《卡尔·马克思的价值理论》（La teoria del valore di Carlo Marx），载《社会批判》，1892年，第149—151页、170—172页。
⑤ 科尔泰西（Cortesi），1971—1972年，第14页。

意大利马克思主义史：从起源至第一次世界大战前

论中，主角们①所使用的工具的不足似乎证明了马克思自己对这场辩论持不屑态度的正当性，②但是我们应该考虑到，直到那时，在国际社会主义运动中，包括在它发展得较早的地方如《前进报》（*Vorwärts*），也已经表达了对价值理论的"最奇怪的看法"。③

此外，我们应该注意到，在这些专门介绍马克思经济理论各个方面的意大利著作中（在这些著作中不容易区分普及他的作品的目标和丰富社会主义文化的目标），几乎完全不用马克思自己的词汇。众所周知，社会主义运动中的马克思主义成分为其语言带来了崭新而重要的贡献，而这些语言创新的普及，成为马克思主义传播最具特色和吸引力的标志之一。然而，我们的印象几乎是，有关著作是在把马克思的分析范畴**翻译**成当时广泛流行的社会主义

---

① 参见罗密欧·康德拉里：《对现代激进经济学的批判》（La critica dell'economia radicale moderna）、《拉弗勒和洛贝尔图斯》（De Laveleye e Rodbertus）、《马克思的价值理论》（La teoria del valore secondo Marx）；卡洛·卡菲埃罗：《争论》（Polemica）；以及罗密欧·康德拉里：《争议 再论马克思的价值理论》（Polemica. Ancora sulla teoria del valore secondo Marx），分别见《人民报》1882年10月8日、10月15日、10月22日和28日、11月5日、11月12日。

② "在《人民报》上为我的价值理论而互相反驳的三个争论者——拉弗勒、卡菲埃罗、康德拉里——都在胡说八道。但是，如果就康德拉里从马隆所著的《政治经济学批判史》一书中摘录的关于我的价值理论的引文而论，马隆事实上比这三个见识浅薄的人还要肤浅。"——英文版《马克思恩格斯文集》，第46卷，第392页。《马克思恩格斯全集》第35卷，北京：人民出版社1971年版，第118页。

③ 参见斯蒂芬（Stephan），1977年。

语言。①

六年后（如果我们继续跟随意大利社会主义的这一趋势），情况已经发生了显著变化，不容忽视。《意大利社会主义杂志》（Rivista italiana del socialismo）（一份可以被认为是《国际社会主义杂志》的直接后继者的出版物，也是安德烈埃·科斯塔周围环境的成果，在这一环境中，出现"马克思主义政党"的可能性仍然相当遥远）显示了当时在这些社会主义者的文化参照点上所正在发生的变化的迹象。这篇评论的纲领性文章是最明确的表现。

这篇文章②被认为是19世纪80年代中期意大利社会主义的一种宣言，即使完全停留在"实证科学"、机械论和目的论的典型术语内，显然优先诉诸马克思的分析。由于引入了马克思的术语和语言风格，它的词汇和语言总体上得到了丰富，文本中唯一的引文来自马克思的著作。

此外，在这份评论杂志的短暂生命中（1887年停刊），它为把马克思和恩格斯的文本介绍到意大利做出了不可忽视的贡献：发表了《法兰西内战》《阶级斗争》（《哲学的贫困》中的一页）、恩格斯的《美国工人运动》（他在1887年为《英国工人阶级状况》所写的序言）以及德维尔（Deville）概要的一小部分。这些是马克思和恩格斯在**19世纪80年代**从社会主义文化中计划性地提出的第一批文本。

---

① 参见1968年勒坎（Lequin）1973年罗宾有关这一方面的观点。
② 参见安东尼奥·兰佐尼：《我们如何理解社会主义》（Come intendiamo il socialismo），载《国际社会主义杂志》，1886年，第1期，第3—9页。

意大利马克思主义史:从起源至第一次世界大战前

事实上,在此之前,已经出现了《社会主义从空想到科学的发展》和《家庭、私有制和国家的起源》等出版物,分别于1883年和1885年出版,完全是由帕斯夸勒·马尔提涅蒂个人倡议,而1886年出版的《资本论》第一卷则是一个值得高度赞赏的学术倡议。

当然,这并不意味着马克思这颗星星在意大利社会主义者的文化参照点的天空中闪耀得多么强烈,甚至在19世纪80年代下半叶也是如此,以至于难以察觉来自其他星星的光芒。例如,在同一份《意大利社会主义杂志》中,在前文提到的纲领性文章之后,紧接着有一段摘自舍夫勒的《社会主义的精髓》(Quintessence of Socialism)的长篇引语,内容涉及集体主义制度中的生产组织。这表明了这本命中注定的小册子在这些年里所扮演的特殊角色,科斯塔将其(从马隆的法语版)翻译过来,并立即被放入了《人民报》的"图书馆"。这本可靠准确的社会主义百科全书式的手册被不断推荐给所有想要对社会主义有一个总体系统的看法的人,因为正如格诺基·维亚尼自己后来描述的那样,"我们找不到比舍夫勒的书更好的书"[1]。科斯塔认为舍夫勒是比马克思更彻底地指出"即将到来的社会主义的必然后果"的作者,[2] 他被认为是社会主义文化的**内部**成员,以至于当他急剧疏远德国社会民主主义时,人们尖刻地责备他的行

---

[1] 格诺基·维亚尼,1909年,第135页。
[2] 《社会主义的精髓》(La quintessenza del socialismo)(评论文章),载《国际社会主义杂志》,1880年,第2期,第32页。

为与他的科学阐述完全相悖。①

因此，没必要再次强调贝努瓦·马隆这颗星星在19世纪80年代也在发光，而且绝非微弱的光芒；② 相反，甚至在意大利社会主义环境中马克思作品受到极大关注的那个部分中，马隆也是作为主导意识形态的一个特别宏观的要素出现的。

1886年，屠拉蒂亲自推荐马隆的《社会主义评论》(*Revue socialiste*)作为想要开始社会主义研究的青年的基本参照点，因为他概述了各种指示的全貌，其中马克思和恩格斯与拉弗勒、舍夫勒、兰格、拉萨尔、车尔尼雪夫斯基(Chernyshevsky)等人被汇总在一起。③

然而，面对这位特里尔哲学家在非马克思主义者中的威望和影响力的逐步扩大，或者说，在这一情况中，是在那些"马克思主义者"反对到最后的人中，即使是马隆的抛物线也完全被深深印刻在了其中。还是在1870年，马隆甚至不知道卡尔·马克思的名字。纪尧姆这样回忆起1870年3月发生的这一奇特的经历：

> 马隆后来告诉我，拉法格是如何邀请他吃午饭的，并在介绍了自己的妻子后，有些强调地说：

---

① 纳波莱昂内·科拉詹尼：《社会主义与舍夫勒》(Il socialismo e Schäffle)，载《意大利社会主义杂志》，1886年，第1期。
② 布里古里奥（Briguglio），1978年。
③ 菲利波·屠拉蒂：《组织、研究、宣传（针对年轻社会主义者的核心群体）》〔Organizzazione, Studi, Propaganda (A un nucleo di giovani socialisti)〕，载《意大利社会主义杂志》，1886年，第2期。

意大利马克思主义史:从起源至第一次世界大战前

"这是卡尔·马克思的女儿。"

"卡尔·马克思,"马隆有点困惑地说道,不知道他说的是谁,"我想我听说过这个名字,他不是一个德国教授吗?"

"不是,他是《资本论》一书的作者。"

然后拉法格去找那本沉甸甸的书。

"你不知道这本书?"

"不知道。"

"不可能,你确定?你不认识总委员会的领导人卡尔·马克思?"①

只有在19世纪70年代间,在与意大利的社会主义环境《穷人》(*Il Povero*)、《山猫报》和后来的《人民报》的密切接触中,在一个相互影响的系统中,马隆才会对马克思的阐述先慎重作出一个总结性的认识,然后改变关系,最终在他1879年的《社会主义史》(*Histoire du socialisme*)中把一章献给《资本论》的作者。② 1892年,他提到马克思是"当今社会主义所产生的知识最丰富、考虑最深刻的书的作者"③,尽管当时他几乎不熟悉这本书,更不用说它的完整版本了。④

---

① 纪尧姆,1905年,第1卷,第285页。
② 马隆,1879年。
③ 马隆,1892年,第135页。
④ 马隆简短的书中所有引用《资本论》的内容都来自德维尔的《概要》。

第二章 19世纪80年代的马克思主义：过渡时期的特点

此外，未来的马克思主义者和马克思理论的关系并不一定与马隆和马克思理论的关系多么不同。我们只需要想想盖得，他是理论马克思主义的主要普及者之一，[①] 也是政治马克思主义的主要组织者之一，马隆顽强的政治对手。尽管如此，盖得在给富尼埃（Fournière）的信中（1912年3月13日）承认，当他1872年在罗马写下《论社会主义基本原理》（*Essai de Catéchisme socialiste*）时，他"仍然没有读过马克思的任何一句话"[②]。1873年他搬去米兰，而他写给兰佩蒂科的那封著名信件，确实是米兰的气候和他与那个城市的工人运动及其文化的关系所带来的成果。[③] 德维尔写道，甚至在1876年，盖得"只是通过拉萨尔和舍夫勒的意大利译本了解马克思主义"。回到法国后，他（同样据德维尔说）"对马克思很有好感"，但对于通过马隆了解到的舍夫勒的《精髓》充满了热情。[④] 从对理论拥有更多认识方

[①] 我认为威拉德（Willard）说法国工人党（Parti Ouvrier Français）在法国进行了"第一次明确连贯地传播马克思主义的基本思想"是正确的，并进一步补充说道，"以德国社会民主主义为榜样，盖得想开展两项伟大的历史任务：在无产阶级中介绍科学社会主义，即由知识分子仔细制订的学说，起初只有知识分子可以宣扬；［和］实行马克思主义潮流与自发的工人运动的融合。"威拉德1965年，第13—14页。这种马克思主义的"质量"问题当然不是无足轻重的。但是从合理评价历史分析的角度来看，这一分析特别注意结构层面和文化之间的相互依存体系，通过从未完全明确的对立关系和渗透关系发展，我认为在这里精确限定真假马克思主义之间的界限不是一个优先问题。

[②] 引自多曼杰（Dommanget），1969年，第25页。

[③] 参见威拉德，1965年，第25页。

[④] 多曼杰，1969年，第156页。

面来说，盖得是在 1877 年开始接近马克思。

因此，那些（非常恰当地）被称为"有意图的马克思主义者（marxistes d'intention）"的人士和那些在圣埃蒂安大会（Saint-Étienne Congress）上明确意图要将自己与**马克思主义者**区分开来的人士所走的道路没有任何特殊区别，在大会上，**马克思主义者**这个词也许是第一次在法国被使用。[①] 在 19 世纪 70 年代间，尤其是在这十年间的后五年，马克思的形象及对他在《资本论》中理论核心重要性的认知，成为**整个**欧洲社会主义环境中日益关注的焦点，这与国际令人痛心的结局所带来的分化效应无关。

毫无疑问，盖得—拉法格—德维尔**三人组**（而在这三人中，毫无疑问又是后者最熟悉马克思的文本）从圣艾蒂安分裂之前的阶段开始，就在赋予法国工人党（POF）以马克思主义倾向性方面起到了决定性作用。依然众所周知的是，马克思那句非常著名且经常被引用（有时被引用得太多了）的短语"我不是马克思主义者"（je ne suis pas marxiste），指的正是这种马克思主义（尤其是他女婿的马克思主义），既指其内容，也指当时使用该名称时不可避免带有的宗派烙印。

在我们研究的这一阶段中，鉴于我们所选择的分析维度，衡量盖得的《平等》或布鲁斯（Brousse）的《无产阶级》（*Le Prolétaire*）中的马克思主义与马克思理论的基本名

[①] 多曼杰，1969 年，第 122、161 页。

第二章 19世纪80年代的马克思主义：过渡时期的特点

称之间的相似程度并不重要。在任何情况下，都很难将最重要的马克思主义理论的奖项授予这两份社会主义出版物中的任何一份。在"马克思主义者"和"可能主义者"之间的争论中，保罗·布鲁斯（Paul Brousse）在这方面发表了如下言论，我们完全同意：马克思主义并不包括成为马克思思想的党徒……从这个意义上来说，他目前的对手中有好几个，尤其是目前的作者，都是马克思主义者。① 对于布鲁斯来说，马克思主义反而代表了将德国社会民主主义的模式转移到法国社会主义的组织传统和政治传统的趋势。简而言之，这是一种仍然是"政治的"马克思主义，几乎是重新提出了导致国际产生裂痕的同样的精神，而在这一时期，真正的运动的发展和理论方面的发展本身已经取得了更大的进展。

即使在反社会主义法律颁布之前的德国社会民主主义中，将马克思主义作为政党意识形态的问题仍然令人困惑，而且没有完全明确地提出来。然而，德国具备所有条件让作为理论的马克思主义和作为政党意识形态的马克思主义结合在一起迅速出现。德意志帝国的形成使德国的社会主义者完全被孤立，随后的快速工业化进程加强了社会民主主义的阵营，但没有改变他们与社会其他部分的关系。在德国，社会主义世界的分离通过所谓的"消极整合"机制既发生在制度层面，也发生在社会层面。② 帝国当局将社会

---

① 引自赫普特（Haupt），1978年。
② 罗特（Roth），1963年。

意大利马克思主义史:从起源至第一次世界大战前

主义者严格排除在国家的一切表达之外,这与对工人阶级的完全排斥和歧视相对应,因为工人阶级的形成和发展与工业社会的发展相辅相成。这种排斥"从工作场所开始,经常报道雇主对工人的蔑视,清楚地表现在不问候他们、对他们说话的方式、要求工人俯首帖耳,拒绝社会交往"①。

此外,在理论—意识形态方面,这一运动与马克思和恩格斯的关系存在长期不断的连续性,"大师们"多次介入德国工人和社会主义联盟的事务。尽管倍倍尔和李卜克内西采取了"实践"的方式,但也认为与理论的某种关系是必不可少的,他们被认为是德国运动和"伦敦人"之间的直接调解因素。事实上,他们确实发挥了这一作用:即使李卜克内西和倍倍尔两人都使他们的自主性不受外界影响,不过如果伦敦人的指示符合他们自己的信念,他们一般都会遵从伦敦人的指示行事,这"不是一个单向的"影响系统。②

恩格斯痛苦地决定对杜林进行干预,这足以表明,在接近19世纪70年代末时,德国社会民主主义的理论参照是不稳定的。如果说在很大程度上,是《反杜林论》本身为一场真正的、适当的"马克思主义之战"提供了起始信号和主要工具,那么,是反社会主义的法律为新的意识形态的接受模式和形式创造了更为合适的条件。而这场战斗的坐标恰恰在于构建一个能够直接将**理论**转化为**政治**和**政党**

---

① 引用于科卡(Kocka),1871年,第51页。
② 隆吉诺蒂(Longinotti),1974年,第822页。

特性的理论联系。然而，即使在这种情况下，也有一些马克思主义理论家虽然直接参与了社会民主主义的各种活动，却并不打算融入政治马克思主义，而这种政治马克思主义在19世纪80年代的极端对比中正处于被定义的过程之中。例如，卡尔·奥古斯特·施拉姆（Carl August Schramm）就是如此，直到19世纪70年代末，他一直被认为是"继马克思和恩格斯之后，德国社会民主主义在经济领域最权威的理论家"①（考茨基明确认可这一点，并在随后的十年中与他进行了激烈的斗争)②，他反对经济理论直接转化为政治激进主义，同时也不赞成党采用任何僵化的意识形态立场。

因此，在法国和德国（即使考虑到两者情况在社会经济和文化方面存在深刻差异）使"科学"和"社会主义"融合成"意识形态的马克思主义"的逻辑，回应了政治冲突的机制，这是社会主义运动内部为争夺领导权而展开的正当斗争。这并不意味着马克思的经济理论和社会理论正在逐渐承担的角色（不仅是在激进的社会主义者中）对随后的结果没有产生影响。当然，"马克思主义之战"在这方面也具有不小的重要性，然而即便如此，也没能抵消"马克思主义"之外仍然存在一个"马克思主义"。

在意大利，正如我们已经不完全看到的那样，这一过程不仅在不同时段上完成，而且最重要的是，是以非常不同的方式完成的。在19世纪80年代，没有为马克思主义进

---

① 斯坦伯格（Steinberg），1979年，第16页。
② 考茨基，1960年，第433页。

意大利马克思主义史:从起源至第一次世界大战前

行过的重要的斗争,没有把自己定义为马克思主义者的群体,甚至没有可以扮演法国工人党角色的群体,更不用说扮演德国社会民主党(SPD)的角色这一更为古怪的期望了。然而,恰恰是"马克思主义"之外的"马克思主义"在决定这一过程的目的地方面具有决定性的重要性,它不断与阶级斗争所呈现出的各种形式紧密结合(有时是共生关系),打算成为阶级斗争的意识和促进因素。

这种特殊的理论环境容易接受部分马克思主义思想,甚至它可以被定义为马克思主义的氛围。它产生于人们现有的感知与思维方式,与他们从马克思著作中获得的系统化理论观点之间的相互呼应。这既涉及马克思主义的普及者,也涉及这种普及所针对的人群。

19世纪70年代末,在与马克思的通信中,盖得告诉这位在伦敦与他谈话的人自己"一直在思索"贯穿于他们通信中的大部分理论要素,后来他又向《新时代》(Ère Nouvelle)的创始人乔治斯·戴芒迪(Georges Diamandy)吐露秘密,"他在了解马克思的作品之前就已经构想出了马克思主义"[1]。就像工人阶级背景的德国社会民主党激进分子阿德尔海德·波普(Adelheid Popp)坚持认为的那样,在《资本论》(她可能是通过概要的方式接触到的)中,她

---

[1] 引自多曼杰,1969年,第155页。威拉德已经证明(无可辩驳地证明)盖得在了解马克思的作品之前所构想的马克思主义与马克思的理论,尤其是与经济领域有关的马克思理论的关系有多微不足道。他一直以来思考的内容是工资的铁律,这多半也是欧洲马克思主义普遍思考的内容。

"清楚地听到并令人信服地表达了我本能地感受到的东西"①。在又一次提到《资本论》时（这本书的声誉甚至传播到了那些从未阅读过它的人群中。尽管如此，他们逐渐认为这本书系统地阐述了他们在无产阶级阶级斗争中的亲身经历），一位工人组织者对这种现象做出了极为有效的解释，他给出了一份从米兰社会主义宣传委员会（Commissione di propaganda socialista）借来的财务状况账目，提出甚至连卡菲埃罗的《概要》发行量都很差，强调"马克思的《资本论》是通过工作中的日常斗争来解释和诠释的"②。要理解马克思理论与工人抗争的政治和组织过程之间的对应关系，确实需要具体分析，这是一个复杂的课题。但正是通过解开这个难题，我们才能阐明一个多维、不断发展的文化体系中，各个层次之间是如何相互联系的。

另一位工人组织者科斯坦蒂诺·拉扎里（Costantino Lazzari）（他和安齐一样在意大利工人党中发挥了领导作用）几乎是在补充安齐的说明，他写道，这个领导小组的主要任务是激发他们的工友"有意愿了解他们悲惨的境遇的原因，使他们认识到团结的巨大力量，使他们渴望正义和平等的理想未来，并为改善和解放他们阶级的有条不紊、持续不断的工作奠定基础"。这将通过实施"工人的解放必须由工人自己完成这一基本格言"来实现。③ 记住，这条格

---

① 引自罗特，1963年，第207页。
② 参见安齐，1946年，第62页。
③ 拉扎里，1952年，第618—619页。

言作为"卡尔·马克思的名言"而正流行。

正是由于这条格言有能力对科斯坦蒂诺·拉扎里提出的问题给出具有说服力的答案（不管是现实的还是意识形态的），意大利马克思主义才获得有效定义。

现在有一种常识性的说法，当时和如今说得一样：从根本上来说，工人从来没有读过马克思，马克思主义本身从来没有引起过他们的兴趣；如果他们加入了自我定义为马克思主义的工会和政治组织，那是因为他们认为可以通过这种组织来捍卫自己的直接利益。然而，这让我们仍然需要解释，对有组织的工人来说，为什么在某些时期与马克思**更坚固的**关系似乎是最适合捍卫他们**直接**（？）利益的工具，尤其是当我们所讨论的组织几乎是工人自己直接倡议的唯一成果时。

在任何情况下，如果没有"哲学"，会有"工人阶级运动"吗？在某些方面，作为"工人阶级运动"的意识本身就来自强大的理论基础——当然这也是它的**基础**。该基础通过植根于社会结构的组织结构转化为一种扩散性的意识形态的意识，并且能够有效地将具体的要求与更普遍的"运动"前景联系起来。从这个意义上来说，"哲学"作为社会政治化的有力工具，是阶级斗争最激烈的时刻的力量点和稳定点。单一的斗争和单一的征服（即便是最直接、最基本的斗争和征服）事实上本来就是赋予其普遍价值的历史进程的一部分。因此，似乎不可能将"工人阶级运动"与"哲学"分开：工人阶级组织正是在开始把自己定义为

"运动"时，才开始用更有远见的理论参照点进行思考。而之所以如此，正是因为工人阶级的历史和工人阶级运动的历史并不重合。当"来自外部的意识"明确了从"**自在阶级**"过渡到"**自为阶级**"的特征时，发生在工人阶级组织内的"质的飞跃"这一著名问题（这一问题贯穿了一个多世纪的社会主义历史）显然受到了意识形态投射的影响。这些意识形态的投射只能通过对组织本身的内部分析来调和，这与组织认为其发展所需的文化密切相关。

马克·布洛赫（Marc Bloch）提醒我们，在封建社会的形成过程中，将形形色色的附庸世界维系在一起的特殊的相互依赖关系网的一个极重要的方面，是由敲奏出这个社会节奏的"急切的呼喊"决定的："空空的肚子的……急切的呼喊。"① 这不仅仅是农民世界的饥饿问题，也不仅仅是那些没有名字、没有历史的群体的普遍饥饿（可以被认为是理所当然的），而且是任何在某种意义上进入附庸关系的群体的饥饿。

阅读19世纪最后三十年中特载工人信件的工人报纸或社会主义报纸，出现了同样强迫性的呼吁："饥饿！饥饿！这是一个巨大而可怕的幽灵，它每时每刻都在敲打着我们可怜的工人们的大门。"② 即使在这种情况下，这也不仅仅是一般**庶民**的饥饿问题，而是产业工人的饥饿问题，是那

---

① 布洛赫，2014年，第173页。
② 《来自里窝那的信件》（Corrispondenza da Livorno），载《未来》(*L'avvenire*)，摩德纳（Modena），1878年7月7日。

些在现代工厂工作、成为现代经济发动机的人群的饥饿问题，是那些发现自己实际上被迫将工厂劳动视为"一种难以忍受的负担，但却是作为糊口的唯一手段，为了（维持自己的）肉体继续生存下去，必须被视为更大的利益"的人群的饥饿问题。这是一种随时可能失去的工作，一种"被恐惧支配的劳动"①。在工人与**这种劳动**建立的关系的基础上，在不可避免地交织在一起寻找解释、改善和未来的出路的时刻中，形成了一种文化混合体；这种混合体在结构上不适合被分为**内部**觉悟和来自**外部**的觉悟，而是在意识形态优先级的级别上进行协调。

那么，这一分析层面绝对不能忽视工厂的中心地位和源于工厂的**新的**社会关系的**独特性**。在意大利，这意味着回到19世纪80年代，在工人工联主义的形式"在资本和劳工之间的对立似乎仍然没有不可调和"时真正进入了危机，而来自传统互助主义的旧的保障形式似乎已经"面对资本的力量而被解除了武装"②。在这些年里，与直接反对当代雇主教育学的阶级身份和意识相联系的整个文化真正开始在工人中形成。所有这一切都意味着再次注意到意大利工人党和所有在某种意义上受到这一政党影响的**抵抗**的组织形式的核心重要性。

此外，即便在当时，人们也完全意识到，工人在"社

---

① 19世纪德国作家亨利希·贝特齐希（H. Bettziech）的呼声，引自库钦斯基（Kuczynski），1967年，第73页。

② 布罗基（Brocchi），1907年，第15页。

会经济党"中的有组织的存在，为意大利社会主义的主流带来了新奇的特征。在议会就 1886 年米兰工人领袖被捕一事对内政部（Interior Ministry）进行的调查中，安德烈埃·科斯塔强调，"意大利**工人党**的出现（不是）偶然的，也不是任何人一时的心血来潮……（而是）生产条件本身的必然结果……（和）资本对劳动力的支配的必然结果"。他还补充说，意大利工人党出现在"比其他地方渗入更多现代工业的伦巴第、米兰"，这不是偶然的事情。①

在意大利工人党和工业资本主义之间，以及意大利工人党和这种发展所产生的社会经济环境之间存在着互动，这种互动的效果有助于通向马克思主义的道路，这条道路不再从"社会主义流派"之间的竞争和他们所有旧有的**争吵**的残留物中穿过。相反，在**阶级政党**中形成的对抵抗组织的必要态度是"描述现实，而不是向它宣布法律"②，这是理解生产关系的机制，在这种关系中，阶级政党试图以最大的效率运作以进行自我保护、进攻。

在 19 世纪 80 年代的大部分时间里，我们可以通过研究被称为"第一份真正的米兰工人报纸"③ 的《**工人联盟**》，看到这条路线**之下**（en bas）具有某些绝非微不足道的方面。这不是"落后的"社会经济状况的成果，而是"上意

---

① 参见《众议院，第十六届立法机关，辩论，1886 年 7 月 2 日会议》（*Camera dei Diputati*, *Leg. xvi*, *Discussioni*, *Tornata del 2 luglio* 1886）第 1 卷，第 433—436 页。
② 朱利亚（Julliard），1983 年，第 358—381 页。
③ 胡内克，1982 年，第 346 页。

意大利马克思主义史：从起源至第一次世界大战前

大利"的一种表达，正如恩格斯所说，这"不仅在战略方面，而且在整个农业半岛的工人运动中，都起着决定性的作用"①。

《工人联盟》的编辑确实是一群特殊的工人（而且首先是专业化的工人），他们是真正的、体面的"有文化"（即使是自学成才）的工人**精英**的典型代表。他们中的一些人学会了外语（几乎总是指法语），并且能够阅读未经翻译的社会主义文献。因此，他们对当时在意大利传阅的大部分社会主义著述非常了解。可以肯定的是，他们不能被认为是整个意大利北部工人阶级的代表样本，甚至也不能被认为是已经拥有**自为**意识的那部分人——即意识到自己相对于其他阶级的分离性和反抗的必要性。

但是，他们仍然是工人，多半继续在与自己的无产阶级同志相同的环境中工作。他们是这一环境的**直接**表现，表露出了环境的需要和要求；同时，他们能够（没有任何意识形态外来帮助的嫌疑）在其中引入那些对于**阶级斗争的**需要做出最佳回应的社会主义文化要素，因为**阶级斗争**既是理论上的又是实践上的。

然而，恰恰是这种概念和表达方式（"阶级斗争"）在19世纪80年代初的意大利工人运动（或法国工人运动）②

---

① 马克思致恩格斯，1877年2月23日，英文版《马克思恩格斯文集》第45卷，第200页。《马克思恩格斯全集》第34卷，北京：人民出版社1972年版，第34页。

② 参见佩罗（Perrot），1974年，第11卷，第625页及以下；穆勒（Muller）1911年。

中却很少使用。确切地说,对于《工人联盟》来说,工人阶级组织的所有活动都必须围绕的逻辑—历史中心才是阐释社会现实的真正关键。

该报的专栏一再将阶级斗争描述为产生被剥削者和剥削者的社会经济关系中一个核心的、不可消除的因素。专栏解释说,"如果到目前为止,工人阶级和剥削者阶级之间还存在着某种和平,这是因为工人阶级对自己的力量和自己的价值一无所知。在获得这种知识和意识时,**和平必然会被扰乱,**(因为)**通过彻底思考,我们已经明白我们被奴役完全没必要**"①。

格诺基·维亚尼后来回忆说,"科学地"证明这种"奴役""没必要"的基本论据来自马克思本人:

> 历史唯物主义学派由卡尔·马克思创建并以博学的方式领导,我们可以说,它推翻了围绕经济问题高筑起来的所有屏障,无人否认这一事实,甚至没有任何模糊的怀疑。不仅如此,马克思还用令人畏惧的批判的锋利的、削尖的犁,打碎、分裂了阻碍任何探明经济世界底层真相的外壳,揭露了**资本**的寄生性起源和过度发展,奴役性**劳动**的有害的激情(要么工资低,要么根本没有),以及令人欣慰的经济救赎的路线和方法。

---

① 《阶级斗争》(La lotta fra le classe),载《工人联盟》,1885年10月31日—11月1日。重点部分为本书作者所标。

> 第一个治疗方法是，通过宣传，拔起穷人心中的罪孽信念的根基，即贫穷是上帝不可改变的天命。贫困是人类可悲的作品，正如人类使其存在一样，也能够而且必须使其消失。①

即便阶级斗争按等级排列，表现出来的形式却多种多样。

首先是罢工；"工人……必须在手工业和贸易协会中组织起来，目的是抵制特权资本家的种种弊端劣迹和阴险行为。罢工是工人的第一件武器。"② 罢工具有双重功能：获得工作条件的改善，同时使工人组织更好地获得自为意识。但是，罢工并不是一种原始的武器；相反，"当工人被证明有能力发动罢工时，就意味着他们已经取得了一定的进步，他们开始感到有能力作为人去争取其他更重要的进步"。在落后的情况下，"贫穷更深、无知更甚的情况下……尽管没头没脑，也会有倔强的冲动，而不是真正意义上的罢工"③。

我们已经知道，罢工问题一直是工人阶级历史、工人阶级运动历史和社会主义历史的核心要素，同时也是决定性要素；是各条路线真正的、适当的十字路口，是许多不同线的交叉点。罢工，是"工人丰富的、密集的目的""一

---

① 格诺基·维亚尼，1909 年，第 115 页。
② 《罢工》（Gli scioperi），载《工人联盟》，1884 年 10 月 18 日—19 日。
③ 同上。

种施压的手段和表现方式"，① 在工人阶级运动尝试其最初的组织形式的时期，是"个体工人的个性延伸"的重要时刻，启动了"阶级意识"全面形成的第一批机制。②

当《工人联盟》的工人写下上述评论时，在罢工问题上已经出现了分歧和澄清，③ 他们已经有过一些重要的经验，例如 1871—1872 年的经验。④ 但只有在这时，即 19 世纪 80 年代，意大利的罢工运动（或者更确切地说，在正处于工业化进程的意大利）才会成为社会全景的一个永恒不变的特征，尽管其水平仍然远远低于这种类型的冲突性在欧洲其他地方达到的水平。事实上，从 1883 年开始，在马上会成为意大利工人党的发展基础的抵抗联盟急剧增加的同时，工业领域的罢工运动出现了质的飞跃，有 12900 名参与者，而前一年只有 5854 名。这个数字以后再也没有低于这个水平，然后又回升至 1896 年的 96051 人（尽管有一些波动）。⑤ 罢工现在已经不再是强加给工人的**最终手段**，即使他们的确只是在有真正迫切的理由这样做时才会求助于罢工行动，罢工也已经成为一种**工具**和**价值**。罢工的胜利

---

① 佩罗，1984 年，第 13 页、第 9 页。
② 霍布斯鲍姆，1984 年，第 27 页。
③ 在马西尼（编者）1964 年转载的里米尼会议批准的文件中，罢工"被认为在物质上对工人没有什么用处，但在发展劳工同资本作斗争中的团结意识方面非常有成效"（第 34 页）。
④ 奇沃拉尼，1977 年，瓦利安尼，1950 年。
⑤ 巴巴多罗（Barbadoro），1979 年，修订农业、工业、商业部（Ministry of Agriculture, Industry and Commerce）1900 年《罢工统计》（*Statistica scioperi*）中的原始资料。

不仅满足了寻求改善劳工条件的要求，而且还象征着**劳工**对**资本**的胜利。此外，罢工是构建组织结构的决定性时刻，**传递了劳工和资本之间冲突的偶然性和必然性**，因此既传递了具体性和乌托邦式的设计，也传递了社区意识和扩大这一群体行动范围的需要，"这是政治时刻、理想时刻和道德时刻的混合，预示着依附于新的社会的新人类"①。因此，罢工被证明是"从社会化劳工的觉悟唤醒到组织反对资本主义变革的斗争，以及这种抵抗与政治力量和思想**在相互条件作用的背景下相遇的过程**"的极度重要的加速器。② 这是最有利于后来成为工人阶级理解马克思主义的模式的连接过程。

罢工之后，是政治。政治一直为统治阶级所垄断，他们长期"鞭打"、现在仍然"继续鞭打"底层阶级。现在，工人编辑们解释说，"我们觉得有必要……看看我们是否能够稳当地像握住线轴……或其他此类劳动工具一样，将这根鞭子握在手中"③。

那么，一般来说，阶级斗争将"在所有可能的领域展开。为什么呢？因为公共生活的大路对工人阶级是封闭的，或者几乎是封闭的，或者即便是开放的地方也受到威胁。所以有必要拆毁这些道路的大门，或者赶走所有的敌人。

---

① 参见梅利（Merli），1972年，第614页。
② 福阿，1973年，第1788页。
③ 《政治学》（La Politica），《工人联盟》，1884年9月13—14日。另请参见1886年5月1—2日版本的《政治投票箱》（L'urna politica）以及1886年5月8—9日的《工人候选人》（Candidature operaie）。

这就是为什么有必要采取行动，而不是袖手旁观"①。政治是"公众舆论成为巨大的思想熔炉"的场所，是"长期以来蒙蔽和扫荡被压迫者的人性的臭名昭著的大混乱"的熔炉。正如《工人联盟》的工人们所坚称的，"我们也必须投入其中"②。

当然，无论是保守派、温和派还是激进派，无产阶级不可能像传统的资产阶级政党那样参与政治，而是"**作为一个阶级**，要求自己的正当权利"③。

总的来说，这是一个相对明确有力的、也是强烈激进的阶级斗争概念，但肯定没有超出 19 世纪 80 年代末在"马克思主义者"中逐渐成熟的常识的范围。事实上，《工人联盟》将为读者提供阿图罗·拉布里奥拉本人在这一意义上的解释说明。④

正如我们所知，把工人阶级组织成一个政党的计划一直被认为是"马克思主义"和"非马克思主义"社会主义之间的区别要素。我们已经看到，在这一特定领域内（在涵盖各种不同背景的相对长期的比较中），区分"政治马克

---

① 《政治学》（La Politica），《工人联盟》，1884 年 9 月 13—14 日。另请参见 1886 年 5 月 1—2 日版本的《政治投票箱》（L'urna politica）以及 1886 年 5 月 8—9 日的《工人候选人》（Candidature operaie）。

② 1886 年 5 月 1—2 日版本的《政治投票箱》。

③ 《对于即将到来的市政选举》（Per le prossime elezioni comunali），载《工人联盟》，1890 年 6 月 15 日，重点部分为本书作者所标。

④ 安东尼奥·拉布里奥拉：《阶级斗争》（La lotta di classe），载《工人联盟》，1890 年 6 月 15 日。这是拉布里奥拉在雷焦·艾米利亚（Reggio Emila）的《公正》上发表的一封信中的一系列内容。

意大利马克思主义史：从起源至第一次世界大战前

思主义者"和"非马克思主义者"会更加准确。在这里，另一个不一定相关但也很重要的方面，是越来越多地提到马克思理论的其他核心内容的扩展过程。然而，我们也可以注意到，即使是直接涉及"工人阶级的政党"问题，区分路线也没有呈现出完全清晰可见的轮廓。

这首先是事实，因为除了马克思不断理论化工人阶级政治自治的必要性，以及他将阶级斗争理论化，认为阶级斗争起作用的范围内也**总是**包含政治斗争，在他的思想中，我们找不到关于政党/外部阶级意识关系的任何单一确定的方向，也找不到政党和阶级之间的直线性概念区分，这两个方面显然是相关的。虽然我们不会完全接受这样的主张，即对马克思来说，**政党**的概念相当于**阶级**的概念，[①] 但事实是，他在 1848 年及其后一个时期的著作中处理这一问题的方式，与他在工人阶级组织开始成为欧洲工业社会全景的结构性要素时处理这个问题的方式是有区别的。在第一个时期，马克思确定**共产党人**是对阶级的真正运动获得了总体意识的知识精英，因此，党将依靠他们的存在所代表的刺激因素来给自己下定义并继续发展——这正是对工人阶级的自治和真正运动的"外部"意识。相反，在第二个时期，重点不再是共产党员作为自治的刺激因素，而是"有组织的阶级"。"在消除了所有关于知识分子特殊职能的提法后，政治运动以有组织的阶级作为其主体，有组织的阶

---

① 吕贝尔（Rubel），1974 年。

级就是党。"① 我们已经看到,《工人联盟》激励工人参加"作为一个阶级"组织的政治斗争,作为面对政治问题的恰当手段。在意大利工人党的曼托瓦代表大会(Mantua Congress)上,其章程的第一条规定,"**工人党**绝对不属于任何政治或宗教政党",同时突出这一重要推论:"**工人党**将作为一个阶级参与公共斗争。"② 在每一种情况中,都使用了与马克思起草的国际文件中已经出现的完全相同的表达方式;这也是马克思在他对哥达代表大会(Gotha Congress)的批判性解释中,在一篇专门论述无产阶级政党政治的文章中使用的同样的表达方式,这是《工人联盟》的编辑和意大利工人党代表大会的与会者都不可能知道的表达方式。③

意大利工人党,即"作为一个阶级组织的工人党",一直拒绝将自己视为一个"政治"党,而更倾向于"经济"或"社会"党的称号。意大利工人党的具体历史清楚地表明了这种"经济"或"社会"特征的非常强大的政治价值。但工人党的一位理论启发者在几年前就已经在这方面做了一些澄清(而且,他还会在许多另外的场合重复这些概念),他表示:"政治问题不是经济问题,但经济问题吸收

---

① 马纳科尔达(Manacorda),1981年,第259页。
② 佩利(Perli),1972年,第80页。
③ "不言而喻,为了能够进行斗争,工人阶级必须在国内作为阶级组织起来,而且它的直接的斗争舞台就是本国。"英文版《马克思恩格斯文集》第24卷,第89页。《马克思恩格斯选集》第3卷,北京:人民出版社2012年版,第368页。

意大利马克思主义史：从起源至第一次世界大战前

并消灭了政治问题。"① 很难否认，意大利党的这种概念（和实践）也是不以"马克思主义者"为名的"松散的马克思主义"的一个组成部分。当然，即便我们承认有可能明确这些年在意大利的"马克思主义正统"的坐标，并指出哪些文化和政治力量以及哪些组织是其承载者，要评价这在多大程度上符合"马克思主义学说的正统准则"②，就更成问题了。

因此，《工人联盟》专栏中所表达的阶级斗争概念是一个明确且激进的概念。这种观念的激进性，一方面与"大萧条"时期的雇佣劳动条件有关（意大利1887年至1894年的微观萧条周期是大萧条大周期的尤为艰苦的一段时间），另一方面也与日益倾向于在工人运动中传播的对资本主义社会及其历史命运的看法类型有关。当然，这种类型的观点本身也部分地取决于"大萧条"的影响。

第一次现代资本主义大重组的周期为接受我们习惯于称为"马克思主义"的一系列复杂的理论和/或意识形态要素创造了更为有利的条件。③ 这种接受不是一种单一的现

---

① 参见奥斯瓦尔多·格诺基·维亚尼：《经济问题和政治问题》（La questione economica e la questione politica），载《人民报》，1878年6月20日。

② 格诺基·维亚尼，1989年，第98页。引用自安吉利尼的介绍性文章。

③ 阶级斗争的激进主义激发了一种接受马克思主义的特殊类型，给出了接受马克思主义的**一个**方面，不能绝对归结为一种文化和政治态度，即赞成"马克思主义"向工业革命的影响宣布发起"内战"。对于那些试图对一个多世纪的社会斗争在马克思对工业革命的"现代性"所宣布发起的"内战"和列宁对俄国布尔什维克革命所宣布发起的"内战"之间的连续性方面作出全面描述的解释性公式来说，历史进程的滞重的现实没提供多少基本原理。参见诺尔特（Nolte），1983年、1987年。

象,"接受者的社会倾向、政治倾向、心理倾向"也至关重要。① 现在有大量文献,描写了关于"大萧条"对欧洲雇佣劳动界产生的影响,不仅分析了"大萧条"所造成的结构变化,也分析了文化变化和心理变化。对于我们目前的研究来说,值得强调的是,在意大利的经验中,社会主义和工人运动之间的关系体系的影响仍然明显。更确切地说,是社会主义者对劳动世界的切身利益所产生的实际要求承担了政治责任,甚至塑造了劳动世界的组织形式。工资问题、关于工作日长度的问题以及一般的工作条件,在社会主义报刊中占据了更大的空间,社会主义的总体文化也发生了明显的变化;对于"社会主义学派"之间的辩论和**争吵**的关注越来越少,"抵抗"之风日益吹透社会主义本身。工人阶级的组织、组织的斗争、价值观、饶勒斯(Jaurès)所说的"创造性的天才"、在政治领域中"作为一个阶级"的自我定位,都构成了社会主义发觉必须处于内部的结构密集的连接组织。任何停留在这一背景之外的东西,不仅没有机会影响真正的运动,而且注定会因为缺乏生命力而干涸。即使在欧洲的环境中,社会主义政党在19世纪80年代已经是相对成熟的有机组织,甚至在德国社会民主党的德国,该党也深深呼吸着有组织的工人运动的空气。在意大利,**社会党**远远不是政治全景的关键要素(尽管在一些地区的当地有相当多的社会党存在),已经成熟的不仅仅是

---

① 道尔和滕菲尔德,1983年,第176页。

抵抗联盟和党的相互依存关系（这也很重要），相反，正在成熟的是"作为一个阶级"组织起来的党。

由此产生的激进主义与旧有的反叛冲动无关，而是"现代性"的直接成果，其运行方式与这种现代性的范畴有关。无产阶级试图理解资本主义的运转机制，试图为现代生产关系的基本主体勾勒出清晰的角色，并试图说明他们的状况，辨认出一条他们可以超越这种状况的途径，这些都丰富了无产阶级的激进主义。如果"阶级的定义"在社会主义者中一度是"不精确的、通用的"，**平民**往往代表着"工人阶级和资本主义的特权"①，那么现在有组织的工人阶级负起责任亲自直接开展了更为精确的分析——这也将反映在其专门词汇中。所有这一切都发生在这样一种氛围中：工作环境和适合解释这些环境的思想范畴之间的关联趋于被强化。

我们已经提到，"饥饿！"的呼声出现在工人阶级世界的每个角落，甚至出现在最现代的社会关系中。这种饥饿不仅影响到工人随时可能被迫加入的庞大而不稳定的"后备军"，还影响到劳动力价格的整体层面：工资本身的现实。"大萧条"时期加剧了从结构上来说已经非常严重的局势。在19世纪的最后30年里，② 绝大多数产业工人的工资

---

① 赞盖里，1979年，第20页。
② 事实上，尽管某些地区有所改进，但这种结构状况在乔利蒂（Giolittian）时代的扩张阶段一直保持不变。这一点从19世纪最后几十年和20世纪关于工人阶级家庭的收入和支出的大量文献中可以看出。多年前本文作者重建了乔利蒂时期的末期一个工人阶级家庭（技术工人）的经济状况，他在意大利工业最现代化的行业之一工作，即具有战略意义的钢铁工业。结果只是证实了这一情况。法维利1974年，第88—94页。

仍然低于医生和社会学家确定的最低生活标准，尽管他们经常使用非常具有限制性的标准来确定这一水平。一般来说，只有技术工人才能达到这样的标准，但这是一种相当不稳定的平衡：任何不可预见的事件（对于缺乏几乎任何安全网的工人阶级家庭来说，有许多这样的事件）都会迫使他们陷入债务的深渊，这在当时是极难逃脱的。受基本生存需求的压力，有组织的工人为提高工资而进行斗争。在这个过程中，他们也在探寻一个问题：为什么即使付出劳动也仍然贫困？他们需要一个能解释这种现象背后原因的工资理论。因此，工人们与马克思的工资理论相遇是几乎必然的。然而，工人形成的"马克思主义理论"包含了许多独特的心理因素，这些因素与"马克思的理论"并不完全重合。

这同一种机制也涉及工人状况的另一个关键点，即工作日的长度和强度，这一点与工资一起成为阶级斗争理论和实践的中心对象。实际上，在 19 世纪 80 年代，意大利工业的竞争能力在很大程度上归功于它掌管着一支用之不竭的后备劳动力，并有可能利用这一点来弥补相对于更为先进的欧洲工业经济体在技术和组织上的落后。因此，在增加"绝对剩余价值"的目标和增加"相对剩余价值"的目标之间存在着非对立的主要特征，即在很长一段时间内，实际上一直到 19 世纪末，工作日的长度和劳动的强度都在增加。

马克思用语言描述了这种现象，其中的**感染力**和现实主义与更为恰当的分析时刻紧密相连：

> 资本由于无限度地盲目追逐剩余劳动,像狼一般地贪求剩余劳动,不仅突破了工作日的道德极限,而且突破了工作日的纯粹身体的极限。它侵占人体的成长、发育和维持健康所需要的时间。它掠夺工人呼吸新鲜空气和接触阳光所需要的时间。它克扣吃饭时间,尽量把吃饭时间并入生产过程本身,因此对待工人就像对待单纯的生产资料那样,给他饭吃,就如同给锅炉加煤、给机器上油一样。资本把积蓄、更新和恢复生命力所需要的正常睡眠,变成了恢复精疲力竭的有机体所必不可少的几小时麻木状态。在这里,不是劳动力维持正常状态决定工作日的界限,相反地,是劳动力每天尽可能达到最大量的耗费(不论这是多么强制和多么痛苦)决定工人休息时间的界限。资本是不管劳动力的寿命长短的。它唯一关心的是在一个工作日内最大限度地使用劳动力。①

这一文本的基本要素不断被唤起,不依赖对其内容的任何直接了解。② 难道不是马克思证明了"资本主义生产的真正目的是生产额外的剩余价值,即勒索额外的劳动",并

---

① 英文版《马克思恩格斯文集》,第35卷,第271页。《马克思恩格斯选集》第2卷,北京:人民出版社2012年版,第191—192页。
② 也许极少数与马克思的文本有直接关系的工人,在读到这些段落时,会有一种"头皮发麻"的感觉,就像1519年年轻的苏黎世人道主义体力劳动者托马斯·普拉特(Thomas Platter)"从讲坛上听到完整的、无杂质的上帝之言"一样;参见班顿(Bainton)1952年,第82—3页。

第二章 19世纪80年代的马克思主义：过渡时期的特点

由此产生了"资本毫无怜悯、毫不犹豫地延长工作日的本能"吗？① 那么，这不就是对工人阶级状况的解释吗？这种状况使工人"由于劳动时间过长而成为资本手中的原料"，"对无产阶级的智力、精神和身体造成了最可悲、最强有力的损害"②。这就是经济分析与工人生活经验之间的对应关系，这种对应关系现在被证明是"深刻的马克思主义"的重要组成部分。

有人说，资本主义的历史命运问题代表了工人阶级斗争概念的激进主义的另一面。然而，《工人联盟》的编辑们直接将他们对资本主义社会及其动态的概念归因于"社会经济科学的灿烂光芒，这些光芒穿透了无产阶级黑漆漆的偏僻通道"，唤醒了他们的意识，正是由于这些光芒使得无产阶级能够沿着确定的社会发展道路步履稳健地前进，"完全不同于顽固地坚持错误理论的资本家"③。因此，不同"社会主义学派"之间的竞争，以及其中一派或另外一派成为工人运动霸主的前景，就体现在（也在工人意识的直接层面上）他们为无产阶级提供"科学"保障的能力上。

显然，他们提到的这套"科学"假设既狭隘又有先验性，但与此同时，该假设也以非常连贯的关键思想的网络

---

① 《卡尔·马克思和正常的工作日》（Carlo Marx e la giornata normale di lavoro），载《工人联盟》，1890年5月1日。
② 《人权和工作时间的减少》（Il diritto umano e la riduzione delle ore di lavoro），载《工人联盟》，1890年5月1日。
③ 《新的政党》（Il nuovo partito），载《工人联盟》，1884年12月13—14日。

形式出现，具有显著的集成能力。

这里的一个基本趋势是不断重复的信念，即工人和资本家之间的对立在现有的社会结构和政治结构条件下是完全不可能解决的。① 与此同时，对社会演变的"科学"分析假设了这些结构会有一个（灾难性）结局以及诞生一个完全不同的秩序。这一分析把社会两极分化的趋势确认为资本主义的基本矛盾，"一边是不断增长的贫困，另一边是不断增长的财富"②。这种生产体系所固有的无政府状态以及**工资铁律**导致的持续性消费不足导致危机在趋势上越来越具有破坏性（划分资本主义道路**不可避免的**阶段），而**工资铁律**不允许工人的状况超过仅能维持生存的水平。③

不过有趣的是，即使《工人联盟》完全接受"灾变论主义"的看法，在资本主义"崩溃"的视角下，也不妨碍它坚称，包括从"理论"的角度来看，寻求增加工资和减少工作时间的斗争既有用又公正。事实上，《工人联盟》的工人毫不犹豫地对乔瓦尼·罗西（卡尔迪亚斯）发起了论战（即使是以相当礼貌的措辞），他是19世纪80年代工人

---

① 报纸专栏以多种不同的方式系统阐述过这一概念。更为系统的版本参见《资本家》(*Il capitalista*)，《工人联盟》，1885年1月2—4日/24—25日、1885年1月31日—2月1日。

② 《话，话，话》(Parole, parole, parole)，载《工人联盟》，1885年10月23—24日。

③ 《现代社会的危机与破产》(Crisi e fallimento della moderna società)，载《工人联盟》，1885年3月7—8日、1885年6月28日。

运动中最受欢迎的"社会主义寓言"之一的作者,① 他关于在资本主义制度下实现这种改善是"不切实际"的论点受到了质疑。而且他们的论战是通过求助于马克思的权威,这也许是该报在1890年之前唯一直接提到这位特里尔思想家的地方。② 因此,即使在一个马克思极少被引用的情况下,他也**最终**扮演了"科学"权威的角色。

《工人联盟》主张马克思对调节工资动态的最低维持生活的限度赋予了相对价值,而不是绝对价值:维持生命所必需的需求水平可以提高,转化为"立即改善……(工人)的状况"③。因此,他们坚称为提高工资和减少工作时间而斗争是正确的,即使他们仍然相信"工人问题(继续)存在,(需要)其唯一可能的解决办法,即从资本主义的枷锁中彻底解放工人"。毕竟,实现部分这些目标将同时代表着工人"……的状况迅速得到改善和增加……争取……彻底解放的斗争力量的有力手段"④。

总之,这是一套几年后几乎会完全流入无产阶级政治组织的"马克思主义意识"的主张,现在正代表着一个大

---

① 《社会主义公社》(Un comune socialista),署名"卡尔迪亚斯",1878年于米兰出版。1880年,在社会主义宣传图书馆(Biblioteca di Propaganda Socialista)收录的近50本书籍和小册子中,罗西的文本是唯一一本销售一空的作品,由此可见其受欢迎程度。

② 参见《再次强调我们的最终目标》(Ancora il nostro scopo finale),载《工人联盟》,1885年12月5—6日。

③ 同上。

④ 《工作时间的减少》(La riduzione delle ore di lavoro),载《工人联盟》,1885年11月21—22日。

众化的、集体的马克思主义的核心力量。至于这套主张将拉萨尔的**铁律**和马克思自己的工资概念混为一谈，这实际上将长期保持不变，并且不仅涉及**底层**（en bas）的马克思主义，也将涉及学术经济学家的精华，无论是社会主义还是其他。[①] 我们甚至可以问，工人文化中的这种混淆因素是否只是由于语言学上的缺陷和/或阅读马克思文本的困难，或者是否与总的"灾变论主义"的解释有关（工资理论可以被视为其中一个方面），这似乎几乎是工人运动早期发展中的一个必要阶段。我们常常有一种马克思主义通过血统渗透的概念：从马克思到社会主义政治运动再到工人运动。这种类型的途径表明存在一个有**主体**然后有**客体**的接受过程：马克思的**作品**和工人运动各自都是如此。实际上，正如我们已经看到的，工人运动本身也是这一过程中的**主体**。我们只需要想一想这个概念（被认为是工资理论的推断结果）根据这一概念，工人有权利获得"自己劳动的全部收益"。尽管我们在马克思那里没有找到这样的论点（事实上，马克思明确反对这样的概念），但这将长期成为有组织的工人阶级的感受方式和自我表达方式中的"马克思主义"的常态。

到目前为止，我们所遵循的路径使我们能够更好地理解《工人联盟》从19世纪90年代开始与德国社会民主党所代表的"马克思主义模式"建立的关系所具有的特征。

---

① 法维利1980年。

第二章　19世纪80年代的马克思主义：过渡时期的特点

对于德国社会民主党在1890年选举中的胜利对马克思主义在意大利工人运动和社会主义运动中的决定性胜利所起的作用，一篇影响深远的文献对此进行了阐明，德国社会民主党的成功"在欧洲公众舆论看来，显然是其继任过程中链条上不可避免和必要的一环"①。这种质的飞跃从《工人联盟》中可以立即看出，尽管《工人联盟》先前也对德国社会民主党的选举活动显示出过兴趣。②

因此，对于德国社会民主党的选举成功，意大利最具代表性的工人报纸报道说："德国工人团结在社会党内，给我们的事业带来了巨大的、宏伟的胜利。"③从那时起，该报发表了（并刊登在显眼位置）许多马尔提涅蒂翻译的《社会民主党》（*Sozialdemokrat*）的文章，这些文章专门论述意大利工人运动，德国报纸通过马克思主义的分析范畴来跟踪工人运动的发展。④马尔提涅蒂本人利用《资本论》中的一些引文，介绍了马克思关于工作日长度的立场，完全自然地谈起"我们的马克思"，他现在显然被认可为他们

---

① 拉焦尼埃里1961年，第159页。
② 参见《德国的工人和选举》（Gli operai e le elezioni in Germania），《工人联盟》，1884年10月25—26日。
③ 参见《胜利与希望》（Vittorie e Speranze），《工人联盟》，1890年3月16日。
④ 《3月18日》（Pel 18 marzo）、《5月1月与意大利工人运动》（Il i° maggio e il movimento operaio in Italia）、《德国同志如何评价意大利的社会环境》（Quel che dicono i compagni tedeschi sulla situazione sociale d'Italia）、《德国如何评价意大利工人的社会主义运动》（Come viene giudicato in Germania il movimento operaio-socialista italiano），分别摘自《工人联盟》，1890年3月23日、5月25日、6月29日、8月17日。

意大利马克思主义史：从起源至第一次世界大战前

共同的家园的**守护神**。① 现在，编辑们利用安东尼奥·拉布里奥拉的《马克思主义》更好地说明了自己对资产阶级激进主义的立场。②

虽然《工人联盟》是意大利工人党的机关报（也就是说，在该党内部曾就是否采用"社会主义"这一标签进行过长期讨论），但它几乎完全受社会主义观点支配。因此，这一经历和我们迄今所分析的主题可以被阐释为19世纪80年代工人阶级社会主义演变的一个重要方面。然而，它们并不只涉及社会主义环境。在19世纪80年代，所有真正表现"抵抗"并完全接受阶级斗争逻辑的力量，都独立于它们理想参照的全景，还发展出一种相对同质的文化，并具有基本类似的目标，其全景也在阶级斗争中发挥了显著作用。

同样在恩格斯提到的工业化的"上意大利"，另一份完全由工人创作的报纸《科莫工人》从1888年开始在一个由古老的制造业传统塑造的环境中印刷。实际上，《科莫工人》的编辑们认为由于"教师和律师"也合作参与了《工人联盟》的创作，因此《工人联盟》不是"真正的工人报纸"，他们还自豪地补充说"我们《科莫工人》的人都是工人"③。

---

① 《卡尔·马克思和正常的工作日》，载《工人联盟》，1890年5月1日。

② 《资产阶级激进主义和工人党》（Il radicalismo borghese e il partito operaio），载《工人联盟》，1890年5月18日。

③ 《和坏人在一起不如自己一个人好》（Meglio soli che male accompagnati），载《科莫工人》（Il Lavoratore Comasco），1888年3月17日。

该报的灵感来自马志尼和加里波第，宣称自己对社会立法甚至传统政治形式持开放态度，只反对"那些将政治作为职业……或出于业余爱好的人"①。它与意大利工人党之间不乏争论，意大利工人党常常被认为过于社会主义化，不够工人阶级化。但是，除了意识形态上的差别之外，《科莫工人》确实承认与意大利工人党有一些共同之处，并且完全符合他们共同的"口号：**抵抗是手段，解放是目的**"。它既激进又果断地选择将"无产阶级的组织"视为"不可阻挡地终结社会特权统治"的主要工具，并连同终结被有力描述为"人剥削人"的行为。②

《科莫工人》的激进立场体现在两个方面：一是将解放确立为最终目标，二是强调阶级对立。然而，它同时也严厉批评了几种倾向：暴力行为、华而不实的革命主义，以及无政府主义者和"社会主义的江湖骗子"所宣扬的短期末世论期望。③ 相反，解放将来自工人自我教育的客观发展和其组织自治的渐进过程。然而，马克思再一次被当作通往解放的渐进主义道路的科学保证人。

只有在这份报纸诞生后的头几个月的一篇文章中（在

---

① 《致朋友和对手 工人与政治 国际劳动法》（Agli amici e agli avversari. Operai e politica. La legislazione internazionale del lavoro），载《科莫工人》，1888年2月18日和3月31日。
② 《工人党或社会党》（Partito operaio o socialista），载《科莫工人》，1888年3月3日。
③ 《社会主义的江湖骗子》（I ciarlatani del socialismo），载《科莫工人》，1888年3月31日。

意大利马克思主义史:从起源至第一次世界大战前

这一时期,也有一些矛盾①)马克思才作为少数社会主义潮流的激励者出现,他坚信"如果不通过暴力、武力、革命,无产阶级的解放就永远不会到来"②。在此之后,马克思和德国社会民主党的经历将成为积极的范例,是受《科莫工人》启发的抵抗联盟所做决策的榜样。

如果李卜克内西在选举中获胜,那是因为他拒绝过于"排外主义"③,而他的政党能够不断取得成功,那是因为该党是工人利益的真正体现,并且没有酿成内部争斗。④ 当然,即使在德国社会主义者中也有不和,但是倍倍尔作为第一流的人物,多年来一直保持着非常温和的态度……因此,狂热的革命者确实对倍倍尔心存芥蒂,因为他的表现说明他的思想是温和的。⑤ 此外,倍倍尔在哈勒的一场反对**老少对立**的冲突中获胜,他的胜利是关注政治层面的非极端社会主义的胜利。⑥ 德国的这些趋势为国际无产阶级指明

---

① 例如,该报总是极为尊敬巴别尔和李卜克内西的立场,他们被定义为"马克思学派在德国最大胆的两名推动者"。《俾斯麦与社会问题》(Bismark e la questione sociale),载《科莫工人》,1888年6月9日。

② 《法国—意大利—瑞士劳工运动》(Il movimento operaio Franco-Italo-Svizzero),载《科莫工人》,1888年7月21日。

③ 《德国社会主义的胜利》(Le vittorie del socialismo in Germania),载《科莫工人》,1888年9月8日。

④ 《德国的例子》(L'esempio della Germania),载《科莫工人》,1890年3月1日。

⑤ 《德国社会主义者的不和》(Le discordie dei socialisti tedeschi),载《科莫工人》,1890年8月30日。

⑥ 《德国社会主义者代表大会》(Il congresso dei socialisti tedeschi)、《哈勒代表大会的反响》(Echi del congresso di Halle)、《哈勒代表大会之后》(Dopo il congresso di Halle),载《科莫工人》,1890年10月18日、10月25日、11月1日。

了方向，国际无产阶级已经开始吸取教训；已经宣布以减少工时为目标的马克思主义国际是"一个法律主义者的国际……注定要取得胜利"①。

因此，两年后，在政治选择发生变化的情况下，马克思本人的出现是"与资本主义做斗争是不值得的"这一主张的保证，因为"它自己就在与自己做斗争"②，这是一种完美的连续性，这是一个不鼓励"阶级仇恨"的马克思，因为"资本家和被剥削者都是当前制度的必要工具"③。

这条得以在《科莫工人》上发表观点的通向"马克思主义"的道路（"渐进主义"和"法律主义"的道路）将只是工人阶级世界"转型"的一个方面，而且也许是最明显的外部方面。另一个内在的方面（甚至对于这些直到1892年还没有把自己定义为"明确的社会主义者"的工人们来说④）与这样一个事实有关：不管他们的意识形态参照点是什么，他们最终都会"作为一个阶级"在一个政党中组织起来。虽然他们最初的纲领似乎是温和的，但他们马上就与老板们"抵抗"的非常严酷的现实发生了冲突。⑤ 他

---

① 《反思》（Riflessioni），载《科莫工人》，1890年5月10日。
② 《意大利社会主义》（Il Socialismo italiano），载《科莫工人》，1892年6月4日。
③ 《什么是社会主义（读马克思）》〔Che cosa è il socialismo（leggendo Marx）〕，载《科莫工人》，1892年12月31日。
④ 《告别》（Commiato），载《科莫工人》，1892年8月6日。
⑤ 这一纲领在社会经济层面的基本观点是"劳动者分享生产利润"、"正常工作日"、以及限制妇女和儿童的工作时间；在政治层面则是普选权和支付当选代表的费用：参见《纲领》（Programma），1888年5月26日。

意大利马克思主义史:从起源至第一次世界大战前

们因此面临着诉诸罢工行动的需要,"因为无产阶级已经没有武器了";① 劳工自由的去神秘化,"因为工人有自己的法律,而且很可怕:饥饿的法则不允许他不工作,像一个违法者一样随心所欲";② 以及一个主要必需品,即不受社团主义限制的组织。在此基础上,无论他们的论战如何,他们都不能把自己与意大利工人党隔绝开来。然而,有必要"自下而上"开始建立党,从建立省级抵抗联盟开始,"就像当时召开一次强大的代表大会来决定意大利工人党联盟"③。

在与意大利工人党的互动过程中,工人们积累了丰富的阶级斗争经验:罢工成功时建立联盟,失败时联盟瓦解,同时他们也意识到《罗马公约》并不能真正保证工人团结。这些经历最终推动《科莫工人》的支持者与意大利工人党的成员共同建立了一个统一的意大利工人党(Partito dei lavoratori italiani)。考虑到这种"抵抗"的逻辑,《科莫工人》不可能不与《工人联盟》和社会主义相遇。而接替前任编辑阿里斯特·巴里(Ariste Bari)的年轻人是一个"工人激进分子",因拒绝报纸新的"明确的社会主义"定位而离开,他可以理所当然地提醒巴里,从根本上说,《工人联盟》和社会主义只是在巴里自己经营的学校里"成长和培

---

① 《我们的罢工》(Il nostro sciopero),载《科莫工人》,1888 年 11 月 24 日。
② 《裁员的道德》(La moralità dei licenziamenti),载《科莫工人》,1888 年 4 月 28 日。
③ 《抵抗》(La resistenza),载《科莫工人》,1888 年 12 月 1 日。

第二章 19世纪80年代的马克思主义：过渡时期的特点

养"的方式的成果。① 因此，在社会主义报纸上出现的马克思的第一篇著作并不涉及政治领域绝非偶然，而是涉及工人劳动状况的各有关内容，这一直是《科莫工人》关注的中心：工作日的长度问题和劳动力作为商品出售的模式。② 同样绝非偶然的是，它们提议根据工人的实际经验来示范和考验马克思的分析范畴。③

因此，我们可以认为《工人联盟》（以及它所代表的意大利工人党）和《科莫工人》的成果即使是在"一般社会主义"的氛围中与其他意识形态的主题同时（有时在混淆中）成熟的，它们在很大程度上也是"马克思主义"的。④ 接着，许多这些意识形态主题继续伴随着马克思主义的发展，与之平行或相交，甚至远远超出了我们所谈到的成果。

显然，这是一种特殊的、贫乏的"马克思主义"，丰富的史学研究一再强调其先验式、决定论的特征以及与其他文化的混合。然而，这种马克思主义将成为无产阶级政治组织的意识形态结构的基本要素，成为无产阶级政治组织

---

① 《介绍》（Presentazione），载《科莫工人》，1892年8月13日。

② 《劳动节》（La giornata del lavoro）、《劳动的价值》（Valore del lavoro），分别摘自《科莫工人》，1892年9月10日、12月31日。

③ 《社会杂志》（Rivista sociale），载《科莫工人》，1892年10月15日。

④ 警方的线人肯定也得出了这些结论，因为在卡萨蒂（Casati）的档案中，对19世纪90年代初一名最"排外主义"的意大利工人党成员的立场有如下描述："他是马克思理论的崇拜者，但有时也表现出无政府主义思想"。参见布里古里奥1971年附录中转载的《中央政治记录》（*Casellario Politico Centrale*）文件，第88页。

的社会主义身份的基本要素，成为庞大的**通俗化**计划的对象。

但是，重要的是要注意，在这种情况下，这些特征根本不是有意识的通俗化过程的结果，事实上在这个过程开始**之前**就已存在。这些要素当然存在于各种"社会主义学派"的广泛遗产中，并且有时很难区分它们"属于"哪个具体学派，但它们也直接与强烈激进的工人先锋队的文化要求、政治要求和组织要求相符。实质上，我们在这里面对的是一种**松散的马克思主义**，一种混乱的马克思主义，在有组织的工人运动中最先进的部分的**实际**要求的推动下，其基本组成部分已经倾向于在一个大体上有机的系统中构建自己。这种已经活跃的趋势急剧加速，是由于外部事件（德国社会民主党选举胜利）产生了积极影响，而在其中被用作旗帜、被强调为典范的明确的"马克思主义"似乎从根本上发挥了重要作用。这意味着尽管外部影响很重要，但如果遇到了具有明显自主特征、已经活跃的进程，注定要在意大利马克思主义的独特性上留下极为深刻的痕迹。

第三章
19世纪90年代的马克思主义：
基础——及正统？

1 "马克思主义政党"

> 意识到自己使命的工人党（*Partito dei lavoratori*）已经或正在发展，只是在政党组织已经非常活跃的地方，无论是在米兰、科莫等城市，还是在曼托瓦、艾米利亚（Emilia）和波莱西内（Polesine）等（省的）农村……意大利的工人运动现在已经到了一个历史性演变的时刻……①

这是在1890年，写下这些句子的作者安东尼奥·拉布

---

① 拉布里奥拉，1973年，第1卷，第133页。

意大利马克思主义史：从起源至第一次世界大战前

里奥拉很快就会在意大利"马克思主义政党"的建立中发挥领导作用。同时他指出，只有在现代阶级斗争的条件已经成熟的地方才有可能建立这样的政党，而在19世纪90年代的最后十年，意大利半岛的工人运动也有可能出现转折点的迹象。

因此，在伦敦会议著名的第9号决议和国际的分裂（有关特定的这一点，国际在海牙大会上发生了分裂）将近20年后，现在是否有条件使马克思以前的指示也能在意大利实施？两年后诞生的"马克思主义政党"[①]，或者另一个"欧洲的马克思主义政党"（几乎都是19世纪80年代下半叶和19世纪90年代的成果，新的"马克思主义国际"正在进行协调）能否真正被认为是马克思在第一国际时代苦心经营的直接继承者？

我们在前几章中看到，由于《资本论》的作者马克思对"政党结构问题、组织问题或社会学问题没有表现出多少兴趣，而这些问题为后来的理论家们所关注，因此不可能从马克思自己的阐述中构建任何系统化的政党理论。[②] 但是，代表这一阐述的红线的两个基本要素，即"独立"（Selbständigkeit）（即工人阶级实际运动的自主权）和"确

[①] 这一用语被明确使用过，参见《手段问题》(La Questione dei mezzi)，见《阶级斗争》，1893年1月7—8日。几年后，很容易就能将社会党称为"门上挂着马克思名字的公司"或"马克思的公司"。《预算》(Il bilancio)，载《社会主义年鉴》(Almanacco Socialista)，1899年，第23—25页。

[②] 霍布斯鲍姆，1978年，第260页。

认资本主义社会中阶级斗争的政治性质",① 仍被视为与当时正在进行的历史进程有关,因此对确定"政党形式"具有决定性意义。

在一个充满革命气息的时期(无论是正在进行的革命还是即将复兴的革命),往往会出现这样一种现象:精英阶层被赋予核心地位。这些精英已经形成了对阶级整体利益的"意识",掌握了关于阶级和社会"真实发展"的"科学认识"。即便这些精英与阶级群体本身并不完全重合,政党理论仍然强调他们的基础性作用。然而,在以生产力持续快速增长的长期趋势为标志的情况下,似乎划定了一个基本"成熟"的历史时期,这种外部意识的行动区域的坐标发生了变化。这就是为什么带有一种意识形态的政治团体,即一种不是直接来自生产过程内在**矛盾**的核心的"哲学",也不是直接来自**自主**意识到这种矛盾的普遍意义的阶级的"哲学",就不能再被描述为政党,而是被描述为"教派",尽管是"社会主义教派"。国际的经验对于确定马克思对工人阶级"政治"党派的反思中一个特别重要的观点具有根本性的意义:

> 成立国际是为了用工人阶级的真正的战斗组织来代替那些社会主义的或半社会主义的宗派。只要看一下最初的章程和《成立宣言》就会发现这一点。另一

---

① 马纳科尔达,1992年,第163页。

方面，要不是历史的进程已经粉碎了宗派主义，国际就不可能巩固。社会主义的宗派主义的发展和真正工人运动的发展总是成反比。只要宗派有其（历史的）存在的理由，工人阶级就还没有成熟到可以进行独立的历史运动。一旦工人阶级成熟到这种程度，一切宗派实质上就都是反动的了。①

而就在前一年，在国际的新巴黎支部成立之际，马克思曾向他的女儿劳拉（Laura）和拉法格推荐：

> 寄上给昂·韦累先生的全权委托书。让他不要给正在筹建的新支部起任何宗派主义的"名称"，不管是"共产主义的"还是任何别的名称。在国际协会中必须避免宗派主义的"标签"。工人阶级的共同愿望和意向是从它所处的现实条件中产生的。正因为如此，这种愿望和意向为整个阶级所共有，尽管在工人的意识中运动以极其多样的形式反映出来，有的幻想性较多，有的幻想性较少，有的较多符合于这些现实条件，有的较少符合于这些现实条件。②

---

① 马克思致波尔特（Bolte），1871年11月23日，英文版《马克思恩格斯文集》第44卷，第251页。见《马克思恩格斯选集》第4卷，北京：人民出版社2012年版，第496页。

② 马克思致拉法格，1870年4月18日，英文版《马克思恩格斯文集》第43卷，第485页。见《马克思恩格斯全集》第32卷，北京：人民出版社1974年版，第658页。

第三章 19世纪90年代的马克思主义：基础——及正统？

如果主要从与巴枯宁的辩论的逻辑来理解这场针对"宗派"的论战（这是贯穿马克思和恩格斯在19世纪60年代和70年代的私人干预和公共干预的常态），那就错了。这场论战发生在巴枯宁的冲突开始之前，完全符合从国际成立的那一刻起马克思对国际经验的考虑方式。马克思在政治层面和理论层面上都充分参与到了这一经验中，并在当时正在进行的真实过程的基础上进行了行动和思考相互作用的干预。这些都是真实的过程，阶级组织和阶级斗争似乎在其中以政治和经济领域结合为特点的方式开展。这是马克思非常希望看到的结合，他认为这种结合是期望中的（并积极寻求的）形成"作为阶级的政党"的过程的主要标志。

在上一章中我们看到，在意大利的情况下，**这种"马克思主义"政党的概念**（根据这种概念，"政党"和"阶级"这两个词几乎可以作为同义词使用）使得我所说的"马克思主义之外的马克思主义"逐渐扎根。但是我们也知道，第二国际（也包括第三国际）的"马克思主义政党"的意识形态的基本要素之一是经济和政治之间分离的理论化，及工会特有的层面和政党特有的层面之间分离的理论化。意大利的"马克思主义政党"，正如《阶级斗争》所明确称呼的那样，也不例外，[①] 尽管这种分离的轮廓线条还在不断地调整。其他政党也不能幸免于关于这些流动的边界

---

① 《手段问题》，载《阶级斗争》，1893年1月7—8日。

的讨论，包括德国的社会民主党。

鼓励这种"分离"理论的结构特点和政治文化氛围，显然与马克思自己阐述的政治观点和反思不同。但是，从19世纪80年代末和19世纪90年代初起，欧洲的"马克思主义政党"开始扎下牢固的根基时，普遍的条件（无论它们在不同的背景下是多么地同质化）仍然没有给马克思在60年代和70年代关于政党和阶级的整体指示带来任何格格不入的感觉。在"制度化的过程、行动方式的仪式化和手段的法典化"① 还未开始的时期，存在一些不容忽视的问题。

即使在德国，史学研究界的某些人士长期以来也试图强调"马克思主义政党"独立于工人组织的**首要**地位，将其视为工人组织的衍生力量。然而，直到19世纪90年代初，政党与工会的关系问题仍未能按照后来确立的基本原则进行界定。② 即使在德国，在哥达代表大会之前，主要由有组织的劳工提出、后来被定义为"社会民主"的思想在工人阶级世界中产生的影响——思想趋势、能力和斗争经验在**工人协会**（Arbeitervereine）内部成熟。③ 即使在德国，特别是在奉行反社会主义惯例的时期，在经济危机和政治压迫似乎证实了马克思主义对社会和国家的分析的形势下，这种影响也是通过工人组织和政党之间的密切联系而发展，

---

① 赫普特，1981年，第216页。
② 施罗德（Schröder），1975年。
③ 参见德罗兹（Droz），1981年，第103—113页。

没有任何特定的优先级。由于这种联系为社会民主主义提供了现实主义和动员能力方面的经验,[1] 甚至在19世纪90年代也产生了显著效果,[2] 伯恩施坦后来对这种联系做出了积极评价。正如工会领导人卡尔·勒吉安(Carl Legien)在1893年社会民主党科隆大会上所解释的那样,工人组织是:

> 政治鼓动的最好的工具,在使工人成为性格坚定、具有牺牲精神的同志方面,是比政治组织要好得多、适合得多的一所学校。事实上,政治组织对其成员的要求并不像工会组织那样多。工会组织……要求在为工资进行的争斗中,为了集体的利益,每位成员都要毫无保留地给出他的整个生活、他的整个人……[3]

这里有一些特色和要素,使工会作为"社会主义学校"的概念具有特别的价值:这一概念当时在"马克思主义政党"中被广泛接受。

在意大利,工人组织一直并继续被视为一个真正的、适当的学校,而不仅仅是一个预备班。即使在这个阶段,菲利波·屠拉蒂也了解它的基本性质,认为它是建设**意大利工人社会党**(Partito socialista dei lavoratori italiani)必不可少的要素。当然,在19世纪80年代末和90年代初,他

---

[1] 伯恩施坦,1900年。
[2] 瑞特(Ritter),1959年。
[3] 引自本韦努蒂(Benvenuti),1981年,第69页。

意大利马克思主义史：从起源至第一次世界大战前

几乎不熟悉**理论上的**马克思主义，正如我们将看到的那样，这种不熟悉甚至在随后的几年里仍然会继续存在。然而，在这种情况下，他最后还是**政治**马克思主义的杰出解释者、是马克思第 9 号决议在意大利的执行者。

在该党成立前夕，屠拉蒂活动和思考的背景尤其有利于加速"上意大利"工人运动已经处于运转之中的发展趋势。这次行动的其他重要人物之一科斯坦蒂诺·拉扎里（Costantino Lazzari）写道："鉴于我们所处的环境，以学说为导向是我们必须做的。"[①] 1891—2 年以社会危机和工业危机的重要时刻为特征，发生了许多生动的工人抵抗事件。推动 1891 年**意大利工人代表大会**（Congresso operaio italiano）的整个工人和知识分子群体全部参与了这场抵抗运动，**社会主义联盟**（Lega socialista）和意大利工人党在大会上表明，真正的融合是可能的。此外，**社会主义联盟**经常与意大利工人党紧密合作，并经常依靠后者的倡议，以致这不太能被认为只是一个"外部意识"的问题。

这些罢工经验，尤其是"赫尔维蒂"（Elvetica）[②] 的罢工（工人团结的典型表现）将屠拉蒂的思考与工厂中无产阶级既稳固又具有潜在脆弱性的组织过程深刻地联系起来。这些罢工经验逐渐巩固了他对一个阶级的认识，这一阶级

[①] 拉扎里，1952 年，第 791 页。
[②] 1891 年 8 月 25 日，米兰"赫尔维蒂"机械厂的工人们决定举行罢工。抗议活动在几天内迅速扩大，引发了米兰全城机械厂的总罢工。——编者注

正是通过"阶级斗争"的持续实践正在使自己成为一个**政党**。这是屠拉蒂将试图直接干预的一个冲突,包括他为1891年11月7日大会表决通过的《米兰冶金工人和矿业工人抵抗联盟章程》(Statuto della Lega di resistenza fra gli operai metallurgici ed affini di Milano)撰写的序言,这可以说是19世纪90年代早期意大利社会主义文化中关于抵抗组织的复杂形态及其在"阶级—政党"建设中所起作用的最成熟的论证。

抵抗是"革命"的"第一步","在这场革命中,工人不再是人类历史动乱的盲目工具",而是成为历史发展的"有意识的参与者"[①]。相关的领域仍然是(完全是马克思的)以一种广泛明确的方式构想的"阶级斗争"。当然,对于屠拉蒂和马克思来说,"阶级斗争"并不完全局限于有组织的工人运动作为主人公的社会动态;然而与此同时,如果没有组织化的工人运动,没有联盟和行业联合会,阶级斗争就会失去所有深度,变得转瞬即逝,沦为一个表面的政治计划。

另一方面,工人运动不仅不可能没有关于其自身在经济和社会中所起作用的理论,而且在实践中,其发展本身也倾向于成为该理论一个必不可少的功能。在这一点上与格诺基·维亚尼争辩时,《社会批判》(La Critica Sociale)的主管坚称,工厂的客观情况会让人产生一种"本能"的感觉,即"资本主义积累的奥秘以及(这)不可能是其他

[①] 屠拉蒂,1898年,第21页。

意大利马克思主义史：从起源至第一次世界大战前

任何东西，而只能是一种掠夺的结果"的感觉，但只有当"科学分析（提出）剥削的精确公式"时，阶级斗争真正的质的飞跃才会发生。① 因此，理论被描述为工人运动的**必要条件**，与此同时，这一运动的发展和扩展以及工会行动本身也被认为既是构建理论也是确认理论的**必要**因素。在19世纪90年代初屠拉蒂的作品中，我们也发现了这样的信念，即这种**确认**只不过是对理论的**科学性**进行有效的、必然实现的证明。

抵抗运动最终具有多重意义：它不仅是工人为改善自己的生活条件而承担的"义务"，也不仅是阶级的"拯救和十足的荣誉"②。不，更重要的是，它超越了狭隘的经济领域，以至在各阶级之间的社会和司法关系及其政治表现方面也发挥了作用。实际上，"马克思主义科学"的规律认为，向社会主义的过渡现在正在发展，在社会斗争中已经可以看到它的要素，尤其是在更先进的国家。屠拉蒂怀着十分浓厚的兴趣关注着卡尔莫（Carmauz）③的罢工（我们也应该记住这些罢工对饶勒斯的重要性），他认为这些罢工具有与我们刚才描述的相同意义上的丰富经验。

---

① 《给格诺基·维亚尼的附言，阶级斗争的挥发》（Postilla a O. Gnocchi-Viani, La volatilizzazione della lotta di classe），载《社会批判》，1892年，第200页。

② 屠拉蒂，1898年，第20页。

③ 在法国卡尔莫矿场，一次被认为不公正的解雇引发了一场长期而尖锐的社会冲突，引起了媒体的广泛反响，并对法国的政治辩论甚至该国的政治平衡产生了重大影响。

第三章 19世纪90年代的马克思主义：基础——及正统？

在小工业的制度下，赶走工人的老板并没有违反任何法律。社会甚至不要求他解释为什么夺走了一个为了他的利益付出巨大汗水的人的生计……在这些情况中，无疑是工人处于弱势地位。随着工业的发展，解雇工人的权利突然开始遭受限制：而这种限制的程度恰恰是工人们相互团结的力量增长的程度：当工人们真正比这种权力强大时，（这种权利）就失去了其不容置疑的形式。因此，会有监管法律和禁止法律，在某些情况下，今天被视为权利的行为将会被视为犯罪。就像财产在变得比无财产更强大的那一天，就不再是一种侵占。当无财产状态被社会力量所充实时，财产又会作为侵占出现。司法标准和道德标准完全遵循契约，而相互竞争的力量的大小则遵循结果的模式。①

因此，在卡尔莫的情况中，虽然现行法律允许解雇工人，但有组织的抵抗迫使公共当局诉诸仲裁，从而强迫老板一方声明放弃其雇用和解雇的绝对权利。除了这场斗争的范围和痛苦之外，它还对议会内外的政治力量进行了澄

---

① 《卡尔莫的冲突与法国的政党游戏》（Il conflitto di Carmaux ed il gioco dei partiti in Francia），见《社会批判》，1892年，第322页。安东尼奥·拉布里奥拉在与屠拉蒂进行激烈争论的同时，也参与了创建"马克思主义政党"的工作，他贴切地抓住了卡尔莫罢工的示范性层面："在我看来，在卡尔莫发生的事情就是一个典型的例子，将被当作一次受到启迪的经历和一种动力。"屠拉蒂致恩格斯，1892年10月5日，见拉布里奥拉，1983年，第2卷，第391页。

意大利马克思主义史：从起源至第一次世界大战前

清和新的阐述。资产阶级阵线出现了裂痕，防止了可怕的"单一反动主体"的固化，而社会主义阵线则由于更直接、更具体的阶级参照物而变得充实起来。

四年后，同样的动态将再次在卡尔莫生根（这次不是在矿场，而是在玻璃工人的车间），其影响之大，以至激发了一场政府危机。实际上，这场危机促使形成一个"集体主义"核心，理念是成立一个工人玻璃制造合作社：这无疑是一个冒险的想法，但也充满了积极创新的要素。①

简而言之，阶级斗争不仅仅局限于工厂：它走出了工厂的大门，涉及政治组织和社会组织的各个层面。罢工和抵抗联盟是社会主义政治层面极大程度上的内部巡回的基本要素，是社会主义存在和生命力的血肉之躯。反过来，社会主义作为一门"科学"，在这一真实运动的滋养下，给了工人运动以"独立"（Selbständigkeit），没有它就不可能摆脱区区"社团主义"。

因此，19世纪90年代初工人运动的功能和作用的构想方式直接源于在对资本主义发展和向社会主义过渡的**有机、完整**的幻想中使用、理解马克思主义的方式。这是一种马克思主义的概念，在这种概念中，工会和政治层面必然是一体的，而不是分裂的，因此形成了确保整个结构稳固性

---

① 参见菲利波·屠拉蒂：《现代伟大斗争和新无产阶级法》（Le grandi lotte moderne e il nuovo diritto proletario）及《合作的双面性 卡尔莫的工人玻璃制造商》（Il doppio versante della cooperazione. La vetreria operaia di Carmaux），载《社会批判》，1896年，各自摘自第341—343页及第354—356页。

的基本支柱。这一概念在"党"的建立时期达到了成熟和稳定,屠拉蒂的意图是在其社会主义核心**本质**和其**多样性**的原因之间建立牢不可破的联系。这就需要划定一个领域,深化一种**意识**,建立一种**意识形态**——19世纪90年代的《社会批判》就主要致力于这些目标。① 这是《社会批判》主管以连贯而坚定的方式遵循的一个计划,没有任何**意识形态的**折中主义。除了这篇评论文章中出现的一批作家的折中主义之外,② 我们还应该遵循编辑、屠拉蒂、屠拉蒂-库里西奥夫(Turati-Kuliscioff)、"边注"和"序言"等非常密集的干预模式,追随一条按照精确的、充满着非常深刻的内部一致性的规划不断展开的路线。这条路线是否总是能成功确定这本出版物的总体格调(作为评论的形象)这个问题必须通过对具体问题的研究来确认。

在任何情况下,都很难否认屠拉蒂将严格界定党的**多样性**的可能性与完全接受马克思主义作为一种**意识形态**紧密联系了起来。屠拉蒂看来是(而且在很大程度上确实是)

---

① 《在苏黎世国际大会上提交的报告》(Rapportopresentato al congresso internazionale di Zurigo)(意大利人在苏黎世代表大会上提交的报告)中有明确说明,载《社会批判》,1893年,第252—254页。

② 在开始出版时,屠拉蒂立即确保澄清,所承诺的辩论"训练场"应该被理解为"一个斗争和思想的训练场,(旨在)达到**指定目标**",从而保留了自己在谨慎而坚定地确定讨论方向中的作用。事实上,就在第一期,面对一个宣布"作为像罗萨这样的共和党人、像阿迪戈(Ardigò)这样的自然主义者,像你这样的社会主义者,我不能不(回应合作的呼吁)"的博维奥(Bovio)(信,1891年1月4日),屠拉蒂小心翼翼地将这份出版物所提倡的社会主义与"通用社会主义"区分开来:《政党和社会主义》(I partiti politici e il Socialismo),载《社会批判》,1891年,第7页。

意大利马克思主义史:从起源至第一次世界大战前

该计划的推动者和"大师"。① 对屠拉蒂来说,社会主义的**多样性**在于它建立在对资本主义生产力的发展及其历史对手——工人阶级的科学分析之上。社会主义只有在它是**科学的**时候才是社会主义,而只有在它是马克思主义的时候才是**科学的**。这一时期的屠拉蒂把**科学社会主义**和**马克思主义**(甚至经常仅仅是**社会主义**)作为同义词使用,这并非偶然。

今天的历史问题(马克思主义、社会主义和工人运动相遇的形式问题)对当时的屠拉蒂来说,是一个毫无疑问的问题:由真正运动的实际过程所孕育的马克思主义不过是社会主义思想的目的地。

他现在接受了19世纪90年代初界定马克思主义主体的所有学说组成部分。在马尔提涅蒂翻译广受欢迎的恩格斯重编的《雇佣劳动与资本》(Wage-Labour and Capital)导论的序言中,屠拉蒂表明,他毫不怀疑"劳动价值理论"和"工资制度"理论是"马克思主义评论资本主义的根本基础",因此"在某种形式上是科学社会主义的基础"。

"马克思的分析,"他补充道,"在任何不受偏见支配的细心读者看来,是合乎逻辑的,如此简单,如此无可辩驳,

---

① 无数人承认屠拉蒂是他们的马克思主义"老师",不仅是那些与他共同经历了整个意大利社会主义历史的人士,如亚历山德罗·斯基亚维(Alessandro Schiavi),还有那些成为他的"左派"对手的人士,如莱昂内、拉布里奥拉,以及像博诺米(Bonomi)这样的"右翼"人士。1950年,博诺米在为屠拉蒂的议会干预的书籍版本的序言(出版供众议院讨论)中回忆起第一次听说他是在1893年夏天,当时"他还不是(议会)议员、仍然不是一个伟大政党的领袖;他是《社会批判》的主管、是最尖刻的辩论家、也是年轻的意大利马克思主义者中最有天赋、最敏锐的人"。屠拉蒂,1950年,第15页。

如此显而易见",而他指责"官方经济学""隐藏了该系统主要的、指导性的基本思想"。他继续说道:

> 马克思主义的集体主义作为一种科学理论,在众多社会观点和解决方案中独树一帜。它超越了那些江湖骗子的欺骗性言论,也区别于那些善意但缺乏实效的社会倡议。在众多优柔寡断、逻辑混乱的理论中,马克思主义避免了利益与虚荣心的不当交易,远离了形式化的慈善和各种欺骗行为,展现出了其高尚而宁静的本质……①

---

① 菲利波·屠拉蒂:《马克思认为资本家与工人之间冲突的内在原因》(Fra capitalista e lavoratore, Le ragioni intime del loro conflitto secondo Marx),载《社会批判》,1891 年,第 149 页。
对古列尔莫·费列罗(Guglielmo Ferrero)的文章《卡尔·马克思被查尔斯·达尔文杀死 我们的第二位达尔文主义者》(Carlo Marx ucciso da Carlo Darwin secondaryo un nostro darwiniano)〔《社会批判》,1891 年,第 133—135 页及第 135—138 页的评论)〕的长篇评论使我们能够掌握屠拉蒂在 19 世纪 90 年代初的马克思主义意识形态的基本要素。
1)马克思主义是任何乌托邦式"社会浪漫主义"的终结;"社会浪漫主义被历史所取代,真正的社会的自然历史。这不仅仅是博学或政治编年史的问题,而是基于自然事实、对社会机体随时间演变的规律进行明智的探索。这种方法使马克思主义相较当代任何其他社会主义学派都具有巨大的优越性。换句话说,马克思确实是社会科学的达尔文"。
2)"马克思不限定自己仅注意到物种和生物随着时间的推移而发生的变化,而且还注意到支配(或更准确地说,是表现)不同演变层次上的现象的规律的变化……政治经济学家、资产阶级时期的辩护者的著名的自然永恒的规律也不过是历史范畴,昨天诞生,明天就被抛在后面。这是马克思主义唯物主义的另一个主要观点"。
3)当今世界的所有趋势"从威胁性的失业危机到无产阶级日益牢固、自觉的组织,从小资产持有者的加速毁灭到军国主义的兴起……所有这些重大的现象,以及随之而来的贸易战争……殖民竞争等在马克思主义公式中都有其解决方法,并由它来解释"。
4)马克思的发现将"像牛顿、伽利略、沃塔(Volta)的发现一样,像所有那些(至少在历史的一个阶段)完整确定的东西一样老化,不允许新增任何根本性的东西或容忍任何胡乱摆弄;像任何滋养了一整个时期几代人的精神的杰作一样老化"。

意大利马克思主义史：从起源至第一次世界大战前

六年后，在"马克思主义危机"前夕，尽管在劳动价值理论上有些动摇，他的总体学说仍然没有改变，我们将稍后在本章解释。面对一位批评家问他，自从他被问到关于最能满足人的知识需求的五部作品的"心灵调查"之后（他回答说，第一部是卡尔·马克思的《资本论》，第二部是卡尔·马克思的《资本论》，以此类推，直到第五部），他的思想是否没有改变，他坚持认为：

> ……在坦布里尼（Tamburini）的调查之后的几年里，这几句话的作者没有真正改变他对卡尔·马克思的价值的看法：或者说，在他看来他已经改变了，由于随着他已经能够进一步钻研这位伟大的德国人的不可估量的天才的深刻性，并察觉出以前仍然留在阴影中的某些方面，他对这位天才的钦佩持续加深。马克思的荣耀是那种与日俱增的荣耀，因为每一次新的历史经验都像一把钥匙，打开这个充满预言性直觉的百宝箱的一个新的抽屉，这个百宝箱有一千个秘密和一千个惊喜，是一个取之不尽的知识发现的宝库，对于刚刚听说过它的人来说，它使那些努力"驳斥"它的人的狂热显得相当微不足道。①

---

① 菲利波·屠拉蒂：《给艾哈迈德·贝拉的附言，反科学社会主义》（Postilla a A. De Bella, Socialismo antiscientifico），载《社会批判》，1897年，第167—169页。

第三章 19世纪90年代的马克思主义：基础——及正统？

因此，在"马克思主义政党"建立和首次扎根的过程中，屠拉蒂通过紧密结合两个并不必然计划在这一共生层面上使用的环节来利用马克思主义。他的文化敏感度以及他全身心投入工人运动组织和斗争时的专注力，使他能够深刻理解并掌握"阶级"与"政党"之间复杂关系的所有表述。因此，这些使他能够指导运作建立"政党"，同时保持**具体意识**的整个遗产的完整无缺和价值稳定，这将成为意大利社会主义的永久财富。这是一条开放的马克思主义的道路——就其本身而言，它注定不会是僵化的正统派。

建立一个具有鲜明特性的政党的需求与所有形式的亲缘主义①截然分离，并为不可预测的"完全反抗"时期做好准备，这不可避免地使他强调马克思理论的"系统性"和意识形态层面。"政治时刻"当然的确有利于一个非开放的马克思主义，容易倾向于将自己呈现为正统，但是如我们已经提到的，这种正统的特点也因屠拉蒂对马克思最苛刻的文本不熟悉而受到极大影响。这使他无法充分挖掘自己文化感受力和政治智慧的所有潜力。

在建党的工作中，屠拉蒂的马克思主义当然是第9号决议的马克思主义，尽管他无法对马克思一般理论进行更为深入的探索。相反，他可以从真正的工人运动经验中获得的扎实背景中受益。

---

① （也就是说，与表面上相似的趋势合作）。

在同一倡议中，安东尼奥·拉布里奥拉的马克思主义也是第9号决议的马克思主义，但在这种情况下，相反地，它牢牢扎根于马克思普遍理论的腹地。但是，拉布里奥拉无法从真正的工人运动经验中获得的扎实背景中受益。

我认为，当我们评估屠拉蒂和拉布里奥拉的"马克思主义"时，我们应该考虑到这些事实，因为他们面临着构建一个打算将其定义为"马克思主义政党"的政治组织的考验。这种现实甚至连这场合作/冲突的主人公们自己都几乎没有察觉，这种对比最终使《社会批判》的主管和"社会主义哲学家"之间的政治关系和个人关系变得非常别扭。甚至在20世纪50年代和60年代之交的史学研究辩论中也没有充分认识到这一点。尽管这场辩论确实对我们的知识做出了很大贡献，并具有相当高的分析技巧，但它并没有完全表明能够（在这种情况下可能是不可能）摆脱各种影响其参与者的政治、文化传统。

拉布里奥拉在1892年公开描述自己是"一个马克思主义者，这就是我"；[①] 而不久之前，屠拉蒂就宣告自己是"一个马克思主义者……（和）德国模式的爱好者"[②]。当然，这位49岁的那不勒斯教授经过漫长艰难的缜密研究得出了马克思主义的结论，而且确实站在实证主义文化氛围之外，对于他来说，成为"马克思主义者"与对于35岁的

---

① 拉布里奥拉，1973年，第1卷，第178—179页。
② 屠拉蒂致科斯塔，1890年9月30日，见马纳科尔达（编者），1963年，第403页。

第三章 19世纪90年代的马克思主义：基础——及正统？

米兰律师来说不一定具有相同的意义，后者完全是"实证"文化的一部分，并且是通过将这种文化与相对先进的工人运动的蓬勃发展相结合得出的马克思主义。然而，他们两人在这一**特殊的**背景下（即党的成立）都特别坚持**这种**自我定义，这并非没有意义。

尽管与屠拉蒂相比，拉布里奥拉无疑更应该被认为是真正的工人运动和有组织的社会主义的"局外人"，但这并不意味着他缺乏关于与社会主义有关的一切发展的信息（确切地说是详细的信息），或者缺乏在当时正在进行的进程中承担更直接的角色的意愿（至少在某个时期是这样）。除了与在意大利社会主义内部起到各种作用的人物进行大量私人联系和书信联系外，他不仅特别关注社会主义世界最"高尚"的出版物，而且还特别关注因该出版物而正在诞生的无数小型地方报纸。他与罗马社会主义的关系虽然还算密切，但主要还是停留在教学方面，不过在19世纪80年代末和90年代初，当他认为有可能建立一个社会主义政党，能够接受更先进的欧洲经验（其中首先是德国社会民主主义）并将其"翻译成意大利语"时，他的行为举止越来越倾向于几乎像一个政治领导人，尤其是在国际关系网方面。意大利社会主义在国际舞台上的重要存在，要归功于拉布里奥拉在哈勒代表大会上的讲话（该讲话在马克思主义意义上面对并澄清了一些问题，包括那些具有重大理论意义的问题，例如"工作权"的口号），这是他直接倡议的成果，他与菲利波·屠拉蒂密切协作，统一意图，构思

意大利马克思主义史：从起源至第一次世界大战前

并撰写了这一文本。①

尽管其最终结果并不令人满意，但在当时非常微妙意外的情况下，这次合作对于扩大屠拉蒂的活动范围做出了不小的贡献，也给拉布里奥拉本人提供了思考的线索。两人都是第9号决议的实施者，都认为对社会民主党模式的深刻理解至关重要，都想作为主角参与到为意大利社会主义构建一个强大明确的身份的过程中。然而，从一开始，我们也可以在他们的著作中看到不同的特点，有可能产生不同的发展道路——这确实会发生。出于我们研究的目的，没有必要揭示拉布里奥拉和屠拉蒂在关于厄立特里亚殖民地的讨论中关于其使用"社会主义"〔也是根据洛里亚的"自由之地"（terra libera）理论〕的可能性的分歧，以强调教授对屠拉蒂的回应，后者坚持需要用"有意识的工人组织"的标准来衡量任何社会主义的假设。"我完全同意你的观点，社会主义的基础必须是无产阶级"，拉布里奥拉回答道，"……但我认为有两点是不能忽视的：无产阶级必须由那些理解的人领导，而这种理解要求对历史上的各种政治力量有充分的认识"。②拉布里奥拉将多次回到这一点来更好地澄清他的想法，这样对他**反雅各宾派**的品质就不会有

---

① 1890年9月21日，屠拉蒂就哈勒代表大会上的讲话写信给拉布里奥拉——"接受（我不会再说什么）有关你的讲话。在意大利，没有人能比这篇讲话更高尚、更纯粹、更有效、更公正"。《写给拉布里奥拉的信》（Lettere a Labriola），见《那不勒斯省历史档案馆》（Archivio Storio Per le Province Napoletane），1990—1991年，第615页。

② 拉布里奥拉，1973年，第1卷，第113、115页。

疑问了。"我们不是**领导者**（condottieri），"他后来说道，"而是工人政党的教师。只要群众看起来在宣传中受到了教育，因自己的经验而变得敏锐，我们就会融入群众";① 此外，"无产阶级（需要）习惯于这种情绪，即如果**社会民主主义**把雅各宾派意义上的领导人排斥在外，它并不排斥教师。远非如此！"②

拉布里奥拉赋予自己和"我们同伴中有学问的成员"③的这种"教育"功能大体上源自两个不同的信念，由这位那不勒斯教授在对意大利社会主义的总体形势完全悲观的基本看法中结合起来。第一个信念关于社会主义文化的弱点，即几乎无法克服的关于满足时代要求的"理论马克思主义"的发展问题。正如他写给恩格斯的那样：

> 意大利缺乏一个能够连接……无产阶级革命的自发现象和成熟意识的环节，而这个缺失的环节就是社会主义文化。我们的工人肯定不会成为德国哲学的继承人，正是因为这种哲学甚至很难通过任何一位意大利教授唯一的头脑。新的一代只知道实证主义者，对我来说，他们是资产阶级类型的白痴堕落的代表。④

---

① 拉布里奥拉，1973年，第1卷，第165页。
② 拉布里奥拉，1983年，第2卷，第289页。
③ 同上，第299页。
④ 同上，第326页。

意大利马克思主义史：从起源至第一次世界大战前

如果说"有科学教养的意大利社会主义者的阵容"很小，那么"意大利工人党"也"力量不大"①。虽然拉布里奥拉认识到，在"上意大利"的某些地区，"机器（早）已经在发挥很大作用"，但他对通过这项劳动取得的成果并没有很高的评价。在"上意大利"的一些地区，"机器（已经）开始工作了"，但他对通过这种劳动取得的成果评价不高。他和屠拉蒂一样完全确信，没有"**工人党**的社会主义（是）有名无实的"②，而他所看到的党并不是一个配得上这个称号的**工人党**（Partio operaio）。不是迄今为止一直使用这一名称的政党，该党现在在转型过程中自称为工人党（Partito dei lavoratori）。他认为该党的纲领仅提供了"三等工会主义的精神"③，该党的行为在"政治活动"和"社团主义"之间摇摆不定，因此他闷闷不乐地得出结论："在意

---

① 拉布里奥拉，1973年，第1卷，第148页。拉布里奥拉将这两个方面联系起来，以此来解释普遍存在的"折中主义"氛围。"你的折中主义当然不是你的智力或认知不成熟的结果，而是对我们所生活的世界的必然反映，在这个世界中，一切都是主观的、任意的、偶然的，因此没有组织科学的地位，没有政党纪律的地位"：1891年8月4日给屠拉蒂的信，见拉布里奥拉，1983年，第2卷，第342页。他就同一主题写信给恩格斯（第391页；1892年10月5日）："折中主义不会很快消失。它不仅是智力混乱的结果，而且是某种处境的表达。当**一些**或多或少的社会主义人物向无知的、不审慎的、很大程度上是反动的无产阶级讲话时，他们几乎不可避免地会像乌托邦主义者一样推论，并像煽动者一样行事。"

② 写给普兰波利尼的信，1890年6月1日，见拉布里奥拉，1983年，第2卷，第293页。

③ 写给恩格斯的信，1892年3月6日，见拉布里奥拉，1983年，第2卷，第357页。

大利没有工人组织"①,因此"阶级斗争和基于工人的政党(是)不成熟的东西"②。

对形势的这种看法只符合意大利工人运动发展的部分现实（拉布里奥拉把这种判断也延伸到米兰）③ 表明,他作为一个"局外人"（即便是一位见多识广、专心致志且头脑清晰的人）,也难以完全掌握当时已颇为发达的"阶级斗争"长期历史所积累的丰富经验。这是一段已经产生了几次与社团主义立场决裂的历史,这是一段已经遇到政治的历史（即使它想用"阶级"术语来定义它）和一段已经遇到马克思主义的历史,即使它并不总是这样定义它,或将"马克思主义"定义为能够在斗争中加强阶级的文化氛围。"来自"运动内部的屠拉蒂,对正在进行的进程、对现在沉淀的历史、对"阶级政党"以积极方式发展的可能性,甚至在短期内,都有更准确的认识。因此,他还决定利用有利的偶然情况,基于"根据科学社会主义的结论制定一个计划的需要",迅速确定他与社会主义世界其他组成部分的关系;④ 他会负责地回应对话者的要求和请求,同时确保自己不会因此陷入被动。拉布里奥拉对热那亚党的成立做出了"没有上诉"的裁定,然而,这并不表明该党是突发事

---

① 写给恩格斯的信,1891年9月16日,见拉布里奥拉,1983年,第2卷,第351页。

② 同上,第350页。

③ 同上。

④ 奥林达·马拉戈迪（O. Malagodi）,见科尔泰西,1961年,第147页。

件的产物。大会上并未发生质的飞跃，一个政党的形成，远比屠拉蒂在一次私人会议上与戈里和卡萨蒂的意见分歧复杂得多。① 从根本上说，在热那亚发生了什么？"那些在那之前一直是**机会主义者**的人突然变成了'迷恋逻辑路线的马克思主义者和德国人'，听任他们**自己的**纲领由**他们的对手**去支配，一夜之间通过一项**修正案**成为社会党（Partito socialista）的创始人。"②

尽管这一"原罪"确实继续沉重地压在这位那不勒斯人在90年代对该党作出的几乎总是非常严厉的判断上，甚至连拉布里奥拉自己都很难忽视，这一政党最终会成为一个参照点。最重要的是，他根本不认为热那亚大会的成果是"马克思主义政党"。至于**意大利社会党**（Partito socialista italiano），这只是一种单纯的神秘化，③ 他甚至在1895年还会给维克多·阿德勒（Victor Adler）写信。在其他偶然的情况下，他使用的阐述并不那么确定，有时也会出现某些同情（sympátheia）的时刻；但他对这一政治组织的马克

---

① 写给屠拉蒂的信，1892年8月22日，见拉布里奥拉，1983年，第2卷，第383页。

② 写给恩格斯的信，1892年9月2日，见拉布里奥拉，1983年，第2卷，第385页。

③ 写给阿德勒（Adler）的信，1895年3月5日，见拉布里奥拉，1983年，第2卷，第568页。而且，"总部设在米兰的官方社会党既没有灵活性，也没有热情，更没有扩张力和说服力，如果沿着这条它选择的道路继续下去，最终会成为一个学究的党。**社会民主主义**（Sozialdemokratie）的诞生需要数年时间，它需要两个要素的结合，即激动不安的无产阶级中最持久、最顽强的部分和官方政党中最英勇、最审慎的群体"。给艾伦伯根（Ellenbogen）的信，1894年9月11日，第511—512页。

思主义质量的评价从未有任何转变。

矛盾的是（在有限的范围内），尽管屠拉蒂以前非常缺乏理论方向，但根据我们在过去几页中看到的模式，他会从党的基础上出现，寻求将其扎根于马克思主义的意识形态假设中（以设置一种潜在的马克思主义正统观念），而拉布里奥拉，这位严格的理论马克思主义者，最终会否认正统观念的可能性。

在后面的研究中，我们将看到这位"哲学教授"的理论马克思主义的一些特点。现在，我们关心的是注意拉布里奥拉的关于构建"马克思主义政党"的可能性的立场，这一立场尤其具有独创性，更确切地说是对他那个时代（不仅是那时）的马克思主义的相反倾向。

毫无疑问，拉布里奥拉深刻体会到，党的建设、其结果以及发展过程，犹如一次真正的个人失败——一次他试图直接以教师—战士身份参与的失败。而且，他根本不愿承认自己也曾对屠拉蒂产生过影响。他觉得自己不是如今正在形成的政治组织的"士兵或队长"，而是"随波逐流"的人。[①] 因此，他前些时候表达的立场得到了证实："现在，在意大利采取实际行动是不可能的。现在，在意大利的实际行动是不可能的。现在需要的是撰写书籍来指导那些想当老师的人。意大利比其他国家的科学和经验落后半个世

---

① 写给恩格斯的信，1893年8月22日，见拉布里奥拉，1983年，第2卷，第430页。

纪。我们必须填补这一空白。"①

如果他已经从"意大利的政治公民"的身份中"辞职",但他不能"从意大利人的身份中辞职";② 而且他确实需要写作。正如我们所知,他将致力于填补这一空白,而且仍然是(正如他自己清楚意识到的)意大利和社会主义的政治公民。

实际上,他在第一次对"理论马克思主义"的思考中提出了一个重要的区别,而在同一时期,其他人正试图为党构建一个马克思主义意识形态。他引用了意大利的情况和意大利政党的例子(尽管他的考虑也适用于这一特定情况之外),他用以下措辞表达了自己的观点:

> 近年来,社会主义开始建立和具体化**社会民主**的一般类型,但具有极大不确定性,也就是说,没有什么精确性(在脚注中继续阐述了这一点)。许多人称之为**马克思主义**。马克思主义是,而且仍然是一种**学说**。政党不会从学说中获得自己的名称和要旨。③

拉布里奥拉的思考具有普遍性,他不仅考虑到意大利不确定和不精确的社会民主主义(democrazia sociale),而

---

① 写给恩格斯的信,1892年8月3日,见拉布里奥拉,1983年,第2卷,第378页。
② 写给克罗齐的信,1895年5月15日,见拉布里奥拉,1983年,第2卷,第584页。
③ 拉布里奥拉,1977年,第49页。

且还考虑到在德国这样的背景下形成的经验，即"通过特殊的历史条件"，①将马克思主义假定为政党意识形态的趋势已经找到了"扎根生长的最有利的土壤"。② 当谈到"马克思主义政党"的问题时，拉布里奥拉重新提出了马克思在19世纪60年代和70年代采取的立场。他提出了任何将"理论"直接转变为"政治"的可能性的问题性，拒绝在文化政治背景下将学说简化为意识形态，而事实上这种背景尤其有利于这种操作。这将仍然是19世纪90年代意大利"理论马克思主义"的一项主要收获，在社会主义政治领域也结出了硕果（即使不是立即，也不是以线性的方式）。

2 意识形态、科学、乌托邦、宗教（religio）之间的关系

"科学社会主义"的主导视野所具有的力量，其普遍性（包括传播其纲领的影响和准备赞同地接受这种力量的领域的影响）形成了一个必不可少的连接要素，把倾向于正统阐述的意识形态的需要与社会主义"同伴"中"有学问"成员的文化传统结合起来。它代表了"松散的马克思主义"阶段和"马克思主义政党"阶段之间最密切的连续性环节。

热那亚大会确实为意大利社会主义奠定了重要基础，使其成为"在科学社会主义旗帜下战斗的意大利无产阶级

---

① 拉布里奥拉，1965年，第209页。
② 帕纳乔内（Panaccione），1988年，第196页。

的积极力量"。①《社会批判》这样的评论杂志的创办，正是为了"引导意大利社会主义走上科学道路"。② 于是，人们能够限制自己对"科学社会主义"仅仅采取"同情的"的态度吗？"卡尔·马克思之于社会科学，正如伽利略之于天文学，达尔文之于自然科学。您会问我们对地球自转或自然选择是否采取或多或少同情的态度吗？"③ 不，"**工人运动本身的清晰的、科学的意识**"不可能真正激起这种情绪。④

假设这些前提之后，显然还必需"给阶级斗争一个绝对科学的基础"，这意味着"确定每个时间和每个地点的事实，阶级斗争的社会学法则可以以此为基础"。⑤ 而且鉴于社会主义"以历史的必然性和宇宙的必然性为名，以数学公式的精确性"⑥向前发展，为什么甚至不提及一个"科学政党"，在该党内，"社会主义者的科学资本和他们的科学

---

① 《社会批判》（La c. s.），《从热那亚到雷焦艾米利亚，下届代表大会的任务》（Da Genova a Reggio Emilia. Il compito del congresso imminente），载《社会批判》，1893年，第257页。
② 屠拉蒂致恩格斯，1891年2月23日，见德尔·博（编者），1964年，第372页。
③ 菲利波·屠拉蒂：《所谓社会主义探究》（Cosidetta inchiesta sul socialismo），载《社会批判》，1894年，第144页。
④ 《工人代表大会》（Congresso operaio），载《社会批判》，1892年，第242页，重点部分为原文所标。
⑤ 贝内德托·贝尔塔雷利（B. Bertarelli），载《寻找阶级斗争科学基础的远征》（Spedizione alla ricerca del fondamento scientifico della lotta di classe），载《社会批判》，1893年，第107页。
⑥ 阿多尔福·泽博格里奥（A. Zerboglio），载《社会主义的现实可行性》（L'attuabilità pratica del socialismo），《社会批判》，1893年，第140页。

力量"将使人们有可能准确识别"(现在)强加给自己的社会改革"?①

19世纪90年代初的特点是，**这种**马克思主义在每个受社会主义启发的工人运动明确表达自我的层面上都得到了计划性传播；这是一种真正的、适当的文化同质化尝试，针对的是意大利社会主义的所有表现形式。

当然，更"高尚"的参照对象仍然是《社会批判》，但从这个角度来看，周刊《阶级斗争》在其短暂的抛物线（1892—1898年）中所保持的路线也具有象征意义，该抛物线与意大利社会党的成立和早期巩固时期相吻合。这份出版物具有吸引力，因为它连接了《社会批判》所代表的社会主义文化。而《社会批判》的参照对象是知识界和宣传领域，主要通过地方报纸和廉价小册子进行社会主义传播。简而言之，它在一定程度上代表了社会主义组织全貌中常见的感受，这些组织全貌通常是工人阶级，或者无论如何都起源于最近才出现的工人阶级，而且它明确地将自己与《工人联盟》的遗产联系在一起，坚称要在意大利工人党机关报中断的地方重新开始。因此，它使我们能够清楚地识别出跨越长期经验的连续性和不连续性的因素。现在，它以"全世界无产者，联合起来——卡尔·马克思"作为引语；它想自豪地以"马克思主义政党"的名义发言；② 它坚

---

① 奥林达·马拉戈迪，《科学派对》(Partiti scientifici)，载《社会批判》，1893年，第341页。
② 《手段问题》，载《阶级斗争》，1893年1月7—8日。

持需要与社会主义的知识分子紧密结合，以避免社团主义的风险。

从第一期开始，它就明确表示要与马克思主义建立关系：工人问题是一个社会问题，解决这一问题需要"当代科学的全部贡献""马克思的伟大作品——他是本世纪最强大的社会学思想家，甚至他的敌人都承认……对现代阶级斗争及其必要性的说明和分析"。①

整个高潮都是基于这条路线：社会主义者的特殊定位和**多样性**来自他们的"工人运动的科学概念"，② 就像他们在社会改革方面的激进主义立场一样，他们认为"科学教导我们，如果没有这种至高无上的改革（财产的社会化），所有纠正和改进的工作都只能取得平庸的、不确定的、脆弱的结果"。③

工人运动正在经历的阶段是"实证的或科学的社会主义"④，而正在横跨意大利的各个事件（克里斯皮时期的镇压）"最广泛地证实了我们从对历史现象的实证调查中推断出的学说的准确性"⑤。实际上，"只有**社会党**看到了病因，

---

① 《阶级斗争》，1892 年 7 月 30—31 日。
② 《政党纲领》（Il programma del partito），载《阶级斗争》，1892 年 8 月 6—7 日。
③ 《阶级斗争》，1892 年 9 月 24—25 日。
④ 《意大利社会党的演变》（Evoluzione del Partito socialista in Italia），载《阶级斗争》，1893 年 4 月 28—29 日。
⑤ 《人之将死，其言也善》（L'uomo che muore, l'anno che nasce），载《阶级斗争》，1894 年 12 月 29—30 日。

第三章 19世纪90年代的马克思主义：基础——及正统？

并提供了疗法"①，主要是因为"各地形形色色的社会主义派别正在逐渐消失，让位于……卡尔·马克思的坚强学说"②。

它将《宣言》呈现为一部"尽管相当通俗，本质上是科学的作品"，③其中"以清晰深刻的方式简要阐述了我们的所有纲领"。④

最后，通过拥有这些分析工具，有可能为未来勾勒出某些前景："我们的不妥协与其说是为了我们的现在（它不太重要）不如说是为了我们的未来"⑤，为了"未来生活的安全"⑥。

这是一个以某种力量在激进分子团体中以及在这些"大沙漠中的绿洲"之外（即社会主义者的核心，通过使用所有典型的改变政治信仰的工具，完全致力于培育、滋养社会巨大的敌意和冷漠的空间）投射的形象。这部作品中广泛存在的许多寓言式的图像说明之一（图像也用于在识字率低下的环境中进行煞费苦心的解释）在这方面特别有

---

① 《阶级斗争》，1894年6月30日—7月1日。
② 《实用社会主义》（Socialismo pratico），载《阶级斗争》，1895年5月11—12日。
③ 这出现在介绍"第一个也是唯一一个忠实（于原文）的意大利语译本"，载《阶级斗争》，1892年9月3—4日。
④ 《阶级斗争》，1895年8月10—11日。
⑤ 《我们的不妥协》（La nostra intransigenza），载《阶级斗争》，1893年3月18—19日。
⑥ 科斯坦蒂诺·拉扎里：《我们的过去和未来》（Il nostro passato e il nostro avvenire），载《阶级斗争》，1893年4月28—29日。

说服力。正如发表这一寓言的报纸所描述的那样：①

> **资本主义**（是一头狂野的公牛）横跨了**社会理想**的道路，就像一列闪电般飞驰的火车，冲破所有障碍，将所有障碍轧成碎片，把所有试图阻挡其"不可避免的进步"的力量夷平。这列火车由火车头（国际社会主义）和马车（国家社会主义，其中首先是德国的社会主义）组成。火车的头灯代表着科学，在这一语境下是马克思主义的同义词，马克思主义（正如在另一种通俗的语境下所重复的那样）意味着为资本主义集权化所造成的状况带来解决方案的科学……②

这种理解马克思主义的方式在社会主义身份的形成过程中具有特殊的重要性。事实上，该理论的**乌托邦式**愿景对形成社会主义者的**长期战略思维**起着关键作用。这种思维方式帮助他们应对镇压、反思历史，并坚定地维护自身身份。他们认为，正是因为坚持自身的**差异性**，社会主义才能走向"普遍"的未来。

在这种心态的支撑下，即使是数量上看似微不足道的政治和文化力量，也能发挥潜在的替代作用，成为与统治

---

① 《社会主义寓言》（La allegoria socialista），载《大众社会主义——插图杂志》（Socialismo Populare-Rivista Illustrata），第六期，1892年12月4日。

② 《社会主义年鉴》（Almanacco Socialista），1896年，第29页。

第三章 19世纪90年代的马克思主义：基础——及正统？

阶级平起平坐的辩证对话者。即便从抽象角度看，权力关系很容易将这些力量局限于边缘地位。

正如我们将看到的，倾向于作为党的意识形态而形成的马克思主义类型只是19世纪90年代意大利马克思主义的一个方面，其某些定位的僵化也是由其"分离"的意愿/需要所决定的。但是，这难道不会为其本身带来无关紧要、不被理解以及无法为国家的经济社会发展提出建议的风险吗？这是真实存在的风险，但也基本上被避免了，即使有一些挫折。这不仅要归功于存在于意大利社会主义领导集团中的（广义上的）对现实的敏锐感受，其中以屠拉蒂为首（由于他们缺乏教条主义，无论他们如何慷慨陈词），也要归功于区分这种意识形态的马克思主义的整个形成过程的矛盾性质。事实上，马克思主义意味着反对暴动式的革命概念，这是它扎根的基础之一。革命是通过客观力量和主观力量的增长、通过唯意志论和决定论的结合而日复一日建立起来的。马克思主义也代表了分离的意愿，对确定身份的肯定。从根本上说，它意味着"渐进主义"与"绝对反对"在同一意识形态结构中共存，这种"渐进主义"包含社会主义主动性的所有内容。虽然前一术语长期以来注定要保持不变，但后一术语将不得不应对政治经验中更为变化无常的状况。总而言之，如今正在构建的"马克思主义政党"必须奋起应对挑战，将具有强烈未来性的规划和眼前利益的动态结合起来。这在一场优先将其规划投射到未来的运动中并不容易，这场运动使用了一个意识形态模板，试图通过该模板来"勾勒出未来实现的各个阶段"①。

这就提出了一个问题：如何使对马克思主义的"灾变论主义"② 阐释与社会主义当下能够采取的改良措施共存，也就是改善底层阶级的生活条件，无论是通过提高工资、减少工作日，还是（在这里，理论问题和政治问题变得更加复杂）使用税收减免，"社会立法"以更公平地收税。

当受到这样一个问题的压力时，汇集在马克思主义身份定义中的要素就显得尤为重要了。

首要的是，这关系赋予了国家什么作用、国家与统治阶级的关系以及国家在阶级斗争动态中的定位等问题。当然，社会主义者对国家的阶级性质及其**结构上的**非中立性是毫无疑问的。然而，考虑到有可能实现更为平等的税收负担分配，而且社会主义者可以努力实现这一点，即意味着拒绝严格机械的国家/统治阶级关系的概念，而支持更为明确的、富含复杂中介关系的视野概念。这意味着承认"国家可以扮演一个明显的中介的角色，正是因为国家就斗争中的阶级问题上具有一定程度的自主权，（扮演着）整个

---

① 米凯莱·普罗斯佩罗（M. Prospero）：《长期的改良主义》（*Il riformismo di lunga durata*），1990 年 3 月 27 日。灾变论主义，即未来会突然发生的剧烈变化，而不是渐进式的改变。——编者注

② 米契尔斯，1922 年，第 213 页提出，1870 年至 1900 年间出版的大部分应用经济学文本都提出了被称为"灾变论主义"的论点，即日益加剧的贫困和阶级的两极分化。

社会秩序的最高保护者的角色"[1]，整个社会秩序也可能因统治阶级阶层自身内部的"极端"派系而受到损害。这也就意味着有可能确定执政阶级内部的停顿路线和矛盾路线，并有必要直接干预其内部冲突，包括通过与其中一些派系建立联盟或至少是保持接触的手段。

要干预这一难解的集合体，就必须不断地重新定义"学说"和"政治"之间困难的平衡关系。恰恰是那些像屠拉蒂一样把建立"马克思主义"政党的意识形态大厦作为自己的目标的人，他们非常关注政治原理的阐述。在19世纪90年代间，"税收问题"的中心地位代表了社会主义者衡量"政治"与"马克思主义"、"渐进主义"和"绝对反对"的主要领域。

早在1891—1892年，社会主义场景就开始讨论这一"问题"的轮廓特征。主要是那个创始时期的主角、公认的马克思主义和社会主义的老师菲利波·屠拉蒂，他倾向于引导、挑选该问题的特征，并尽可能地将这些特征吸收进某种社会主义可识别性的框架。在这一点上，他最关心的是以明确的方式规定社会主义领土的边界，强调领土的**多样性**，它在所有民主、人道主义和社会改革者的**亲缘主义**方面的完全自主性，与任何类型的"通用社会主义"的鲜明区别，以及因拥有一种所有政治建议都必须回归的"科学"理论而得以保证的独特性。

---

[1] 瓜斯蒂尼（Guastini），1977年，第199页。

意大利马克思主义史:从起源至第一次世界大战前

就在19世纪90年代初的社会主义环境中,支持对财政改革方向进行某种干预的要求相当多,在屠拉蒂看来,这些要求的目的正是模糊社会主义大厦和丰富多彩的**亲缘主义**世界之间的差异。因此,面对所有那些认为累进税和其他改革将有助于"改善无产阶级的生活状况,使如今处于不那么不利的地位的无产阶级能够与欺压自己的资本做斗争"的人,和那些因此不会"无视所有改革,只要它们能改善工人的状况,哪怕只是一点点"的人,《社会批判》主管的回应是重新提出这些建议的社会主义**实质**的根本问题。"当然,"屠拉蒂坚称:

> 可能改善工人状况的改革,哪怕只是一点点,都是宝贵的,但是这就没有触及这样一个问题:哪些(改革)在阶级意义上而不仅仅是个人意义上对他有利,哪些改革不会通过分割力量而使他与同志们分离,而且不仅仅是海市蜃楼、琐碎小事、浪费时间,而是**社会主义本身必须支持的**那些改革①。毕竟,还有一些改革和微不足道的变化,在严酷的斗争中可能对我们有帮助,也可能没有帮助;从某种意义上说,它们都是有用的,首先是无用的,因为它们证明了自己的无用性,因此不会再出现。但是,也有一些是资产阶级自己承担、自愿给予的,因为资产阶级认为它们可以

---

① 重点部分为本书作者所标。

第三章 19世纪90年代的马克思主义：基础——及正统？

起到缓冲作用，作为抵御（遭受到的）打击的垫子，而真正的社会主义与这些东西混为一谈是没有意义的。总而言之，这些都构成了我们宣布与之无关的"合理的"（"无害"的委婉语）社会主义。①

屠拉蒂在此清晰地概述了这一论点，它仍然是所有税收改革假设的参考框架。在这一框架内，显然没有**考虑改革本身**的空间。但是，它也没有隔绝在一套复杂的可变因素中有机地插入改革的可能性，从而加强而不是损害意大利社会主义的成长和自主性。不排除（实际上，在那个时候，这看来几乎是一种偏好）提议的改革可以有工具性的、煽动性的意义。

因此在1893年期间，在一项由一些党代表签署的税收改革法案被提交给议会讨论时，屠拉蒂呼吁社会主义者进行讨论，因为正如他所说，"这是该党……自从真正成为一个政党以来，第一次发现自己正在与一个检验其性质的具体论点做斗争；这不是一个单纯的理论问题，而是一个本质上的实践问题，一个微妙而复杂的问题。这里所采取的态度表明了它的特点、性质和倾向"。②

---

① 西卡尔迪·屠拉蒂：《两个马尾辫的故事和社会主义纲领》（La storia di due code di cavallo ed il programma socialista），载《社会批判》，1891年，第155页。

② 《现在让我们放下风帆吧！回复教授阿尔贝托尼和奥林达·马拉戈迪》（Ed ora ammainiamo le vele! Replica al prof. Albertoni e ad Olindo Malagodi），载《社会批判》，1893年，第265页。

意大利马克思主义史：从起源至第一次世界大战前

讨论很快就由于重新提出了表现为"至少对社会主义者来说是科学的公理"而中断,① 即**工资铁律**的存在。无论如何它都会使无产者的状况保持在维持生命所必需的最低限度，因此，任何税收改革都不会在这个水平上产生任何效果。即使统治阶级有悖常情地把全部税收负担压在自己身上，这也会自动转化为同等的工资总量。如果确实有必要在改革的层面上进行操作，那么最好是为能给无产阶级提供实现有效改进的工具而奋斗，如市政自治和普选。

另一方面（有人反对）统治阶级不是一个同质化的集团，社会主义先锋队更有可能和有责任利用这些阶级的内部矛盾。不管这里讨论的提案的目标是否确实具有"救济贫困阶级的一些小意义"，这项改革本身将具有"巨大的意义，作为颠覆意大利建国以来所实行的税收制度的开始而具有巨大的意义"②。

至于具体的经济方面，尽管没有否认工资铁律的"不言而喻的"存在，仍有人试图把这一问题所引起的理论—学说性质的关切转化为意大利社会经济状况的现实。事实上，据说税收改革和调节工资水平的定律之间存在的关系完全不明确。即使铁律确实起到物理学规律的作用，它在完美的资本主义环境中也能起到相同的作用，也就是说，

---

① 埃米利奥·加拉夫雷西（E. Gallavresi）：《围绕阿尔贝托尼税收改革项目的争议和批评》（Dissensi e critiche intorno al progetto Albertoni di riforme tributarie），载《社会批判》，1893 年，第 164 页。

② 奥林达·马拉戈迪：《对于阿尔贝托尼项目和方法论》（Pel progetto Albertoni e pel metodo），载《社会批判》，1893 年，第 177 页。

当财富和财产的集权化导致社会关系的强烈简化时也能起到相同的作用。意大利的情况并非如此,这是一个非常落后的国家,其中存在着不少中间人物:也就是说,在这样的背景下,这一定律的一般趋势很容易受到阻碍。

然而,屠拉蒂对社会主义对该法案的支持发起了猛烈的攻击。在学说层面上,他质疑由那些谈到"工资铁律的""倾向性"特征的人所提供的解释,他认为这种解释过于通用。而且根本没有证明这种类型的税收改革会真正成为该定律的"反趋势"。

对屠拉蒂来说,这一问题的确不具有理论性质和学说性质;相反,这是一个崇高的政治问题:与**可能主义**的斗争。屠拉蒂非常坦率地承认了政治的首要地位。

> 争论工资的铁律是否有更多或更少的绝对影响或相对影响没有多大意义……在我们党的生命的这个时刻,支持阶级斗争还是最近的事,它的价值还没有被每个人正确理解,我们党的队伍正在为伟大的战斗而受到指责,这种(举动)用资产阶级可能同意的一个小小的税收法案,用带来小收益的海市蜃楼来使他们分心,……用一个小小的慈善法案,不承载社会主义的任何重大问题,而是用一套太过巧妙的措施,涉及最低限度的社会主义纲领中最能为我们的对手所接受的那些部分……用这样一个海市蜃楼来使(队伍)分心,对我们来说,比以往任何时候都更像是一种

意大利马克思主义史:从起源至第一次世界大战前

倒退。①

党的成立在"社会主义世界"中有效激起的质的飞跃,确保了新的组织将不可避免地发现自己处于政治需求的中心,而这种政治需求不能仅仅以"再生"来衡量。此外,处于热那亚大会倡议中心的团体也因其希望赋予政治层面的中心地位而与众不同,其纲领坚持以"阶级"责任"搞政治"。意识形态的构建不应当与这一主要需求相矛盾。意识形态倾向于加强的"绝对反对"当然是该党成立和巩固时期的必需品,但它也是由对工人和社会主义结社自由主义的迫害决定的,该运动在那十年的几乎所有时间里都被迫处于半合法状态。然而,即使在这种情况下,这种学说上的强调并没有阻止社会主义者在可能的范围内"搞政治"。屠拉蒂坚持认为,社会主义者所支持的每一项改革措施都必须"**了解该学说基本科学的准则**"②,但绝对没有排除这是该党的一个可能的方向;当地方当局似乎出现裂缝时,"马克思主义政党"确实致力于"社会主义性质的"改革倡议。③ 马克思主义和改革倡议之间的关系不能完全从对立的角度来阐释,甚至在一个**该学说基本科学的准则**似乎

---

① 《现在让我们放下风帆吧!回复教授阿尔贝托尼和奥林达·马拉戈迪》,载《社会批判》,1893年,第267页。

② 佐尔法内利(Zolfanello)的序言,《政府和社会党的财政计划》(Il programma finanziara del governo e il Partito socialista),载《社会批判》,1893年,第267页。

③ 参见法维利1990年,第176—201页。

第三章 19世纪90年代的马克思主义：基础——及正统？

最后承担了调整任何"改革派"假设的功能的时期也是如此。

即使是该学说中**与基本科学准则相关**的乌托邦式预测，也并非完全排斥改革政策的可能性。即使在最抽象的乌托邦设想中，也会优先考虑绝对层面的变革，而非相对层面的改革。通常，现实中的乌托邦可以表现为"一种启动各种改革项目的**永动机**"。① 在马克思主义的历史上，这种类型的**永动机**经常被证明是一个因素，更确切地说是一个非偶发因素，激发了政治行动和社会想象力——即作为集体行为基本要素的表象体系。② 考虑到资本主义机制（除了资本增殖之外，从任何角度看都是"不合理的"）给生产过程中的底层人物带来了痛苦，乌托邦是在绝望中寻求意义的道路之一。这种对意义的要求甚至在俄罗斯伟大的革命前作家中或许最不直接"投入"的人身上惊人地出现了，他书中的一名人物科罗廖夫（Koryolov）医生，在穿过工厂区去厂主家里给丽莎·利亚利科夫（Lisa Lyalikov）治病时，用以下语言进行了思考：

> "当然，这是一种不能理解的事……"他想，瞧着暗红色的窗子，"一千五百到两千个工人在不健康的环境里不停地做工，做出质地粗劣的印花布，半饥

---

① 巴齐科（Baczko），1979年，第47页。
② 参见卡斯托里亚迪斯（Castoriadis），1975年，安萨尔（Ansart），1977年。

半饱地生活着，只有偶尔进了小酒店才会从这种噩梦里渐渐醒过来。另外还有百把人监督工人做工，这百把人一生一世只管记录工人的罚金，骂人，态度不公正，只有两三个所谓的厂主，虽然自己一点工也不做，而且看不起那些糟糕的印花布，倒坐享工厂的利益。可是，那是什么样的利益呢？他们在怎样享受呢？利亚利科娃和她女儿都悲悲惨惨，谁瞧见她们都会觉得可怜，只有赫里斯京娜·德米特里耶芙娜（Chrisina Dmitryevna）一个人，那戴夹鼻眼镜的、相当愚蠢的老处女，才生活得满意。这么说起来，这五座大厂房里所以有那么多人在做工，次劣得花布所以在东方的市场上销售，只是为了叫赫里斯京娜·德米特里耶芙娜一个人可以吃到鲟鱼，喝到红葡萄酒罢了。"①

可以肯定的是，马克思和当时（几乎所有）19世纪90年代的马克思主义者都会严厉拒绝任何将他们的思想产物与"乌托邦"领域相提并论的尝试，认为这是丑恶的。而事实上，对于19世纪末的马克思主义者来说，鉴于**《社会主义从空想到科学的发展》**这样的文本在决定他们的马克思主义方面所起的作用，这两个领域之间的紧张关系本来

---

① 契诃夫（Chekhov），2003年，第178—179页。[俄]契诃夫：《出诊》，汝龙译，北京：人民文学出版社1982年版。

第三章 19世纪90年代的马克思主义：基础——及正统？

似乎可以是完全自然的。①

几乎一个世纪以后，在20世纪的漫长岁月中，对乌托邦的另一种负面评价（这次是指**整个**马克思主义）将被认为是政治文化氛围的基本组成部分。被定义为马克思主义乌托邦的崩溃成为乌托邦本身的范式，如今几乎完全被视为**消极乌托邦**。诚然，这种阐释对乌托邦学者的世界只有微不足道的影响，这些学者是现在得到公认并达到很高水平的研究传统的继承者。然而，这种阐释确实在所有其他层面的总的文化生产和媒体中普遍传播（而且至今仍然盛行），使得产生一种广泛流行的常识，即乌托邦思想仅仅等同于危险和不可实现的幻想的领域。正如君特·格拉斯（Günther Grass）在1990年描绘的一位哲学系学生所说："我们正在严厉抨击布洛赫。所有那些乌托邦的胡扯，都已经完蛋了！"② ——对考虑乌托邦层面的普遍方式给出了一个完美贴切的形象。

罗伯特·穆齐尔主张，"如果有一种现实感，那么也一定有一种可能性感"，正是现实唤醒了可能性；我们刚才提

---

① 我认为，我们仍然应该反思熊彼特（Schumpeter）对空想社会主义和科学社会主义之间关系的考虑："因此，尽管仍然大体符合事实的是，马克思与他的大多数前辈不同，他的意图是合理化现有的运动而不是梦想，而且他和他的继任者实际上获得了对该运动的部分控制，但这种差异仍然比马克思主义者让我们相信的要小。正如我们所看到的，乌托邦主义者的思想中存在着更多的现实主义，而马克思的思想中存在着比他们承认的更多的不切实际的空想。"熊彼特，2003年，第310页。

② 格拉斯，1993年，第151页。

到的常识认为现实与滋养乌托邦思想的那种可能性相互对立。①

然而，即使是伟大的19世纪自由主义之父之一亚历克西·德·托克维尔（Alexis de Tocqueville），也具有敏锐的"现实感"，正是他在人们认为社会主义被击败了、声名狼藉的时刻对社会主义的命运进行反思时，才发现了"可能性感"，而此时社会主义被认为是失败的和不光彩的。因此，在1848年革命之后，他调查研究了那些"理论"的命运……，"它们之间非常不同，往往是相反的，有时是敌对的；但是它们的目标都低于政府，并试图影响作为其基础的社会本身"；这些理论已经接纳了"社会主义"名称。这是一个想要"改变构成社会本身的永恒的规律"的社会主义。可以肯定的是，这让托克维尔立即感到"不切实际"；但经过进一步思考，正是从所谓的财产权出发，他得出了这样的结论："我很想相信，我们所谓的必要制度往往不过是**我们所习惯的制度**，至于社会的体制，其**可能的领域**比生活在每个社会中的人所能想象的要广阔得多。"②

总之，即使是贵族式的德·托克维尔（现实主义者，对他认为不可避免的民主制度不抱幻想的批评者）似乎也变得确信"乌托邦和政治现实主义之间的界限是可改变的，并且是由历史决定的"③。

---

① 穆齐尔，1997年，第10页。
② 德·托克维尔，1964年，第95—97页，重点部分为本书作者所标。
③ 洛苏尔多（Losurdo），1986年，第436页。

第三章 19世纪90年代的马克思主义：基础——及正统？

在马克思和 19 世纪的马克思主义中，科学/乌托邦的对立具有现实/可能性的对立以外的依据和意义。如果布洛赫写道："没有希望，理性就不能开花，没有理性，希望就不能说话；两者都必须在马克思主义的统一体中运作；其他科学没有未来，其他未来也没有科学"，① 值得怀疑的是，马克思是否会接受这位马克思主义者的阐述、他的**通过学习获得的希望**（Docta spes）的概念和"存在于可能性"的概念，或者把马克思主义视为"热"趋势与"冷"趋势的关系的思想？说得确切一点，也许他只会被确认为"冷静的侦探"，② 冷漠地操纵着绝对严密的分析工具。

事实上，马克思对"空想社会主义者"自己的乌托邦式预测的积极价值观念的承认，只涉及那些表达了某种一致性的方面，即与被压迫者的世界中正在发展的一系列深刻的感情相一致。因此，对马克思来说，乌托邦思想的价值仅仅只是作为一个不同的、根本上具有重要性的分析阶段的"预期"，这一阶段需要使用科学的认知工具，而这些工具只能用于分析（密切相关的）过去和现在，当然不能用于未来。③ "规范性乌托邦"④ 为建立在正义标准上的**另一个社会**的形象和结构提供了基础，当分析表明能够提供关于社会变革的深层机制的知识时，"规范性乌托邦"将崩

---

① 布洛赫，1971 年，第 33 页。
② 同上，第 36 页。
③ 参见罗塔·吉博迪（Rota Ghibaudi），1987 年，第 343 页。
④ 科拉科夫斯基（Kolakowski），1974 年。

意大利马克思主义史：从起源至第一次世界大战前

溃。只有认识到这些机制，才有可能确定一些普遍性指导假设，以使这个未来更加接近——当然，这也不是未来社会的完整形象。因此，"科学"至少以一种想象的形式否定了乌托邦，即试图根据道德或"意识形态"① 的标准来设计"未来城市"的特征。但它并未否定"可能性"，只要后者牢固地扎根于科学分析所能揭示的历史进程的"客观"趋势。这是革命进程的优先任务：毕竟，"对普遍秩序感到满意的人，既不需要也没有兴趣根据科学分析来改造社会"②，而是用意识形态的面纱来掩盖它。

不可否认，如果这是马克思以他卓越的分析才能制定的纲领的一个方面，那么他的全部**作品**结合了真正的科学知识、价值判断、对行动的呼吁以及某种程度的预言，因此不能被认为与乌托邦思想的所有线索无关。其中一条线索被定义为"马克思末世论"③，但这一定义仅在特定的框架中才可接受。即使承认马克思确实从命运的逻辑和人类

---

① 我相信，根据马克思考虑这种智力生产形式的方式，"意识形态"一词可以应用于社会主义和工人阶级集体想象的**这些**倾向。如果我们也将这一术语用于指由工人运动本身发展起来的一系列受马克思主义启发的历史和社会观念，那么保持这种一致性就会更加困难，尤其是考虑到革命无产阶级不需要穿越假想和虚幻的领域。很难高估马克思的意识形态理论对于**现实地**理解关系体系的重要性，思想的产生和社会学本身的发展都被插入该体系中。像熊彼特这样的马克思批评家可以证明他"对我们洞察历史进程和社会科学的意义做出了巨大贡献"（熊彼特，1986 年，第 33 页）。然而，仍然存在的事实是：马克思，尤其是马克思主义者，在认识到其思想生产的边缘部分、有时是实质性部分的"意识形态特性"方面存在严重困难。
② 托皮奇（Topitsch），1975 年，第 40 页。
③ 费尔尼亚尼（Fergnani），1969 年，第 479 页。

的最终目的方面来思考社会主义（在马克思那里，即使不是公开的矛盾，也常常在基本的哲学的线性特征和对历史的具体进程的分析之间存在着区别①），这种命运在历史上也表现为人的**意志**在结构**决定**的背景下的产物。仅仅通过将出自黑格尔（Hegelian）来源的历史哲学同化为源自犹太教与基督教的乌托邦思想传统的最终目的的观念，并通过"其末世模型的世俗化"而变形，② 不可能推断出这样一种"马克思末世论"，就像卡尔·洛维特（Karl Löwith）在一个论点中暗示性地提出的那样，该论点后来被大量的解释所采纳，其中一些解释的价值显然微不足道。积极行动中的人类③行走在历史的艰难道路上时没有遇到绝对的事物，而历史本身仅留下过人类的痕迹，人类有时甚至会对自己"未来成就"的可能性产生极大怀疑。我们仍然停留在"相对"乌托邦而不是"绝对"乌托邦的范围内，以遵循曼海姆（Mannheim）古老的、但仍然非常恰当的区分。④ 或者甚至是"努力将静

---

① 马克思在《宣言》的第一部分就已经暗示，无产阶级的胜利是"不可避免的"，但同时（将历史的经验称为阶级斗争的历史）他指出，这是"一场每次要么以整个社会的革命性重建而告终，要么以相互竞争的阶级的共同毁灭而告终的斗争"。

② 洛维特，1957 年，第 2 页。

③ 布洛赫，1971 年，第 23 页。

④ 绝对乌托邦是一个幻想性现实的问题，而相对乌托邦是一个今天不真实但原则上明天可能成真的预测。曼海姆，1954 年。例如，一些与意大利世纪之交的"市政社会主义"氛围相关的改革倡议就是典型的例子。"他们证明，一些关于工作合理化、公共服务市政化以及引入学校教育和援助计划的建议实际上属于（19 世纪 90 年代）初期的乌托邦领域，然而，几年后将成为要实现的纲领的一部分。"奥德尼诺（Audenino），1955 年，第 16 页。

态的乌托邦与历史联结起来，为所有人类的变革计划所遇到的障碍、瓶颈和反常的后果提供地图，同时指出克服它们的可能路径"①。简而言之，很难将马克思对一个完全不同的社会的预测（他预测中的乌托邦方面的内容）归因于长期末世论的传统。

马克思思想中的另外两个因素据说属于乌托邦的层面，即使是以一种不太明显的方式：具有完美"透明度"的乌托邦,② 以及与马克思（和一般的社会主义）自己"对质量的渴望"有关的乌托邦。③ 这种对质量的要求与"对一个社会的渴望"密切结合，"在这个社会中，正是因为人与物具有质的差异，因此无法相比较"。④ 我认为，我们完全可以强调最后这一点在今天的相关性，并坚决认为我们需要一种始终保持这一乌托邦层面的生活——这是积极乌托邦的一个明显的例子。第一点提出了乌托邦的问题，部分与马克思的一些分析机制的阐述相结合。巴齐科坚称，在试图掘穿虚幻来触及"真正的"人、"真正的现实"以及"赤裸裸的，被剥去了面具、服装、梦想、（和）表象"的社会主体时，我们似是而非地创造了另一个"形象"，一个也是结构的形象。"对'**真正的人**'和'**真正的社会团体**'（也就是剥去它们的虚幻）这些对象的建构与一个社会和一段历

---

① 博代（Bodei），1995年，第20页。
② 巴齐科，1979年。
③ 科拉科夫斯基，1974年，第103页。
④ 同上。

史的集体梦想完全结合在一起,而这一社会和历史对于创造它们的人来说最终将是透明的"。① 当然,我们不能否认,"透明"的意愿在不同的地方以不同的方式始终贯穿于马克思几乎所有的作品,作为揭示"幻想"和"意识形态"的意愿,作为把握现实的意愿,即隐藏在其出现的**形式**之下的社会经济关系的现实。我们也不能否认,这种进入**深处**的旅行也带有寻找**本质**的味道。同样地,我们也不能否认,遵照他在《资本论》中的分析,增殖的动态、商品的形式以及人与生产过程之间的关系确实更加**透明**了。

"我们不对世界做出教条式的预期,只想通过对旧世界的批判找到新世界":年轻的马克思就是这样提出**现在**的现实和未来的**另一个**社会之间的关系问题的:"这不能通过仅仅对立'一些现成的体系,例如《伊加利亚旅行记》(*Voyage en Icarie*)'而构建起来。"他补充说:"我们不是以一种教条主义的方式用新的原则来面对世界:这就是真理,跪下!"他的"计划是符合现实需要的,而现实的需要也一定会得到真正的满足"②。马克思的乌托邦将永远固定在他作为一名25岁的哲学家所获得的这种意识上。

然而,马克思理解乌托邦的方式以及他自己详尽阐述的乌托邦的特征,遇到了一个完全投射于未来的社会主义

---

① 巴齐科,1979年,第55页。
② 马克思致卢格(Ruge),1843年9月,见英文版《马克思恩格斯文集》第3卷,第142—144页。见《马克思恩格斯全集》第47卷,北京:人民出版社2004年版,第64页。

运动，这个运动依赖未来的意象，并形成了一个自己的乌托邦层面，独立于马克思的乌托邦层面。即使马克思主义在19世纪90年代被正式采纳为社会民主党的理论观点，社会主义乌托邦仍然不乏特有的特征（即使是在"马克思主义"的幌子下）。这些特征不应当必然被认为是旧有的、如今已被"科学"所超越的"乌托邦主义"的幸存物，而应当是表达了对持续预测未来的深刻需求。这种需求确保现在获得的科学的确定性（一门似乎已经证明这一未来必然确定的科学）不会用以代替曾经（并且仍在）使用的关于这一未来的虚幻的视野。相反，这些科学的确定性似乎能够为一系列已经在这些图像中确定成形的复杂的希望和期待提供新的光线和色彩。

根据19世纪90年代"社会主义宣传"界的一位领军人物关于"中等文化的宣传者"应当参考的原始资料的指示，这种"科学"和"虚幻"之间的关系显得尤为清晰。

首先，对达尔文和斯宾塞的理论进行扼要重述将使学生了解现代科学思想的方向。马克思将以他最著名的、不可或缺的《资本论》来凑齐这一三人组，这是当代社会主义者的福音。在菲利最近出版的《社会主义与实证科学》（*Socialismo e scienza positiva*）一书中，学生将看到这三位大师之间的一致性，他们彼此相辅相成……还可以阅读贝拉米（Bellamy）的《回顾》（*Looking Backward*）。这是一本小说，我们不能过

第三章 19世纪90年代的马克思主义：基础——及正统？

于信赖其中的每一部分，但即便如此，它确实为我们未来不明朗的道路散发出一线光明。①

那么，即使是对科学有扎实掌握的社会主义，② 也不能没有"一线光明"，让人看到将要建设的未来的特征。

这本书还指出了对工人阶级背景的宣传者最有用的新闻来源：《阶级斗争》，它是我们前文提到的工人出版物和适当的社会主义出版物之间的"铰链"。这份出版物特别急于坚持马克思主义和科学的确定的、坚实的结合（确切点说是认同）。即使在这种情况下，也有人主张"科学社会主义"只能由"未来生活的安全"来保证，③ 而贝拉米的《回顾》能够使人了解它的一些特点。④ 此外，正是在宣传层面，即信息传播的最低层面，⑤ 最常出现对未来社会特征的描述，这在更"高尚"的文献中一般不存在。工人阶级在文化制度的真正的、适当的建设过程中也发挥了主导作

---

① 莫加里（Morgari），1896年，第14页。

② 在本研究的其他部分，我们看到了这一三人组所代表的那种"科学"，我们将就此继续讨论。

③ 科斯坦蒂诺·拉扎里：《我们的过去和未来》，载《阶级斗争》，1893年4月28—29日。

④ 参见《常见的错误》（I soliti errori），《阶级斗争》，1897年2月27—28日。事实上，该出版物还刊登了那些告诫不要把社会主义想象成"贝拉米的《回顾》中所代表的样子"的人，"比起斯宾塞的《社会学原理》（Principles of Sociology）或马克思的《资本论》本身，这本书阅读范围更广、获得更多赞誉"。克劳迪奥·特里夫斯（C. Treves）：《社会策略》（Strategia sociale），载《阶级斗争》，1892年11月5—6日。

⑤ 皮萨诺（Pisano），1986年。

用，这充分证明了声称"梦想得比想象的多"的隐患。① 当然，不过"梦想"也完全是工人阶级解放的"巨大"任务的一部分。②

有时，乌托邦的观点似乎几乎被有意识地接受了，正如德·亚米契斯给尼蒂（Nitti）的一封信中所写：

> 我不需要确定集体主义宣传中所表达的社会主义理论是可实现的。对我来说，只要确定社会主义的**趋势**是道德的、公正的和必要的就够了。我对这一点毫不怀疑。对我来说，集体主义能否实现是次要的。③

除了在德·亚米契斯的思想中始终明确的道德论证对社会主义的重要性之外，对另一个社会的预测也有了自己的价值，作为一种克服历史重压的必要张力，与实施这一项目的实际可能性无关。正是因为认真面对德·亚米契斯意味着"认真面对19世纪90年代（意大利）社会主义的实际理论框架"，因此出现在《五月一日》（*Primo Maggio*）

---

① 勒坎，1986年，第16页。
② "无产阶级就像被锁在悬崖坡上的普罗米修斯。贫穷，在这里是一条大蛇，紧紧盘绕着他。以兀鹫为代表的资本主义吸走了他胸口的血。资产阶级政治经济学为巨大的伤口提供缓和剂和绷带，但徒劳无功。不幸的人们遭受痛苦，反复讨论，等待社会主义到来并解放自己。"《工人解放的寓言》（Allegoria dell'emancipazione operaia），载《大众社会主义》（*Socialismo Popolare*），威尼斯，1892年8月3日及7日。
③ 德·亚米契斯致尼蒂，1893年6月17日，见贝尔加米（Bergami），1985年，第367页。

(他最教条主义的小说,因此也是我们研究逻辑中最感兴趣的一本)中的乌托邦部分,似乎有力表明了乌托邦进入"普通"知识生产的文化框架的方式。也就是说,这不是专家的思想,而是合理忠诚地反映了社会主义世界中流传的一整套理念。即使也有像安东尼奥·拉布里奥拉这样的人,认为刻画未来社会的尝试就像是"对社会主义的客观讽刺,(描绘为)对幻想的期待"。①

那么,未来的社会主义社会会展示出什么特征呢?德·亚米契斯让他的主人公比安奇尼(Bianchini)回答道:

> 我不知道。没有人可以预测,在任何时候都没有人预测过二十年后的未来社会将是什么样子,因为这取决于所造成的时机,而这些时机是无法预测的。确定未来社会的确切形式有什么要紧吗?只要确定它的倾向就够了。当然,集体主义是一面吸引人的宏伟旗帜,对于集结军队、加速演变、激发那些本来会长期处于休眠状态的能量是必要的。我认为这不是不可能的。但是,也许未来不会太像今天的社会主义改革者的计划那样……未来……孕育着比最大胆的乌托邦主义者的构想更优越的社会形式。②

---

① 1896年7月23日致克罗齐的信,见拉布里奥拉,1983年,第2卷,第700页。
② 德·亚米契斯,1980年,第402页。

提出乌托邦作为终极理想的德·亚米契斯，以及忠于马克思、拒绝接受未来手册食谱的德·亚米契斯，也是认为"学说中最薄弱的部分"与社会主义者提出的"所有秩序的根本转变"①呈现的特征相呼应的德·亚米契斯。毕竟"这一**想法**不是一个梦，而是一个明亮的反千里眼"②。

因此，他开始勾勒出未来的轮廓特征，与此同时又尽可能地保持谨慎。首先是革命的各种模式，是在长期的"演变"之后，由一个"激烈但短暂的行动"组成。这场革命"不会产生深刻或持久的混乱，因为人民（将）在真正的文明方面取得巨大的进步"。革命"之后会出现一个无产阶级的政治专政，一段经济正义和逐步集体主义的教育时期，即使仅在最初从中产生巨大而明显的好处，也会让人民保持镇静慎重"③。革命后的新国家，在短暂的"无产阶级的政治专政"时期之后，将承担起服务社会的角色，放弃任何统治的意图。此外，新国家将通过权力分散来进行精简，"其活动再次从二级机构开始，在贯穿所有社会生活的新原则下，各个地方政府机构出于需要，一点一点（出现）"④。资本家肯定会被征用，但会通过一种赎回其资产的形式，通过"在商定的时段内以享有手段的形式……获得分红"⑤。最终解放的劳动和生产世界将显示出意料之外的发展能力：

---

① 德·亚米契斯，1980年，第48页。
② 同上，第194页。
③ 同上，第96—97页。
④ 同上，第81页。
⑤ 同上，第90页。

第三章 19世纪90年代的马克思主义：基础——及正统？

它将凭借其伟大的理性文化使土地生产力倍增，但现在由于财产的分散，这一目标无法实现；它将大力发展机械化生产，但如今由于生产过剩、人类劳动成本低廉和私人资本的不足，这一发展受到了限制；通过压制寄生虫、中间商和无用商品的生产，将会有更多工人涌现。①

自然，所生产的财富的分配将由"价值法则"调节，并受到平等原则的启发。这种平等由集体主义社会保证，这种社会预示了一种简朴而理性的生活。对于旧社会中不那么简朴的方面，这种形象有时也带有遗憾的痕迹。②

这是当时社会主义常识中一个广泛认同的形象，这一形象可以被认为是社会主义乌托邦传统的深层要求与同时出现在马克思主义传统中对"未来指南"的简要提及的结合。

然而，更为坚实的，甚至更为有机的，是社会主义乌托邦和马克思主义之间在历史的"科学"方向方面的结合，以及它的"保证人的作用"，我们在整个研究中已经看到了

---

① 德·亚米契斯，1980 年，第 87 页。
② "'有时他甚至悲伤地想，在未来的社会，在平等和全民劳动的严格法律的支配下，不会再有像这样的女性，拥有一种在闲适中长大的人的雅致风度，所有这些精致的优雅都归功于她习惯了舒适和奢华，几乎只为享乐而生，是情人的精髓。'比安奇尼教授如此反映，笼罩着一种柔和的忧郁，他是一位严格的社会主义者，关注着该学说的各种不同色彩。" 德·亚米契斯，1980 年，第 167 页。

意大利马克思主义史：从起源至第一次世界大战前

对这一作用的逐渐肯定。① 欧洲社会民主主义的伟大人物之一奥托·鲍威尔（Otto Bauer）在这方面特别有效地表达了自己的观点：

> 对世界历史性发展的改革力量的信心，以及这种力量一定会战胜并击倒任何障碍，这是马克思一生的工作给我们带来的最宝贵的东西；这种信念是使成千上万的纯朴工人在最糟糕的日子里坚持下来的神奇力量……即使对我们来说，也只有信念（当然是来自科学的信念）才能提供移山的力量②

维尔弗雷多·帕累托并没有忽视这一方面的重要性，他在《社会主义制度》（*I sistemi socialisti*）中非常尖锐地论述了其中一些最重要的说明性含义。然而，帕累托的出发点是预设（以极大的意识形态力度坚持）在马克思的分析范畴中不存在科学领域，③ 因此，这种现象应该完全在宗

---

① 帕纳乔内，1995年，第99页。

② 奥托·鲍威尔：《奥古斯特·倍倍尔》（August Bebel），见《争斗》（*Der Kampf*），1999年，引自米勒（Miller），1985年，第41页。

③ 按照这种观点，马克思的经济理论"适合通过与思想的联合来激发有利于阶级斗争的情绪。马克思经济理论中的一切基本内容都在约翰·斯图尔特·密尔（John Stuart Mill）的《政治经济学原理》（Principles of Political Economy）中得到了体现。马克思只是改变了术语"。他继续表示："实际上，虽然《资本论》是马克思最为全面的著作，但我们是在《共产党宣言》中找到了这个中心点（价值理论/剩余价值理论），而《资本论》只是一本附录，旨在清除基于政治经济学可能对该学说提出的反对意见。"参见帕累托，1974年，第695—696页。

第三章 19世纪90年代的马克思主义：基础——及正统？

教的幌子下（sub specie religionis）以一种完全一维的方式来阐释。① 反马克思主义者，或者，无论如何，非马克思主义者倾向于强调马克思主义作为一种意识形态所具有的宗教性质，但这并不一定意味着在马克思的理论整体方面作出类似判断。

几乎就在帕累托详尽阐述他的《……**制度**》的同时，在社会主义文化中也出现了一些非常有趣的评论，涉及社会主义运动心理学中普遍存在的末世论色彩、对马克思的某些阐述做出的目的论的天意性解释，以及乌托邦的积极特征：

> 世界被新的眼泪净化，被新的痛苦重新施洗，为自己树立新的信仰，将目光转向新的光明——并继续前进。朝着尘世的救赎前进？朝着其他的幻想前进？同时那信以为真的、渴望的幻想被赋予了新的生命，它本身使这个领域充满灵感，也是最活跃的力量，创

---

① 罗宾森（Robinson）完全不怀疑马克思理论的科学性，也不怀疑"他对'资本主义运行规律'的分析的范围和渗透力"，她认为，正是"马克思主义的科学方面""必须让位给信条的需要……马克思主义应该发展成为一种信仰而不是一门科学，这是不可避免的，而且在某种意义上是正确的。科学革命的概念是虚妄的。采取行动的速度必须比科学得出结果的速度快得多。马克思首次尝试了建立资本主义运行规律。他的假设已被某些时刻的事件所证实，也被另一些时刻的事件所推翻。检查、修正、建立假设是一项需要几代人完成的计划。"参见罗宾森，1962年，第424—427页。

意大利马克思主义史:从起源至第一次世界大战前

造了新的历史。①

与帕累托不同,契科提对马克思的分析范畴的启发式能力和深刻的创新特性有创造性的体验。这激励了他创作一些先驱性的历史作品,这些作品是 19 世纪最重要的古代史研究之一。契科提教授当时正在编辑第一部计划中的意大利语版的马克思和恩格斯的作品,内容比较广泛。因此,他的观察是基于这样一种认识,即社会主义非凡的扩展能力和更广泛的影响来自一个组合系统,该系统当然具有许多典型的接受马克思主义的"神话性"的要素,但也将这些要素与 19 世纪过程中发生的最彻底的科学革命的真实的、非常茁壮的存在结合起来。事实上,对社会主义到来的确定性最终加强了末世论倾向和千年王国倾向,这些倾向作

---

① 契科提,1903 年,第 8 页。"我们坚信资本主义制度本身也是一个历史范畴,注定会因其内部的瓦解而发生转变,这意味着我们可以以同样的优越感和同情心来看待它的最后抵抗,就像我们看待一个如今被判死刑的病人的幻想、突发奇想和极度的恶意一样。这种对于社会主义到来的确定感,因信仰而变得生动,将我们自己的道德生活的中心推向未来……这种心态反映在拥有极大的确信,使得没有文化的人会挑起与比他们有文化的对手的争端,他们非常相信自己拥有真理,并在这个真理中找到了最强大的援助。其中一些心态会让人想起更好的时期(基督教和其他新兴宗教的英雄时代),但这种比较完全有利于社会主义者,因为他们认为自己可以以某种方式为未来做出贡献,不会让他们变得死气沉沉。此外,由于所有自私自利的动机都已被抹去,正如社会主义者(通常)深信的那样,他们本人不会为自己的痛苦获得补偿,而只会远远地看到应许之地。最多,未来的太阳会亲吻他的坟墓。这种感情的牢固性是党的凝聚力的第一要素,它不仅转化为纪律原则,而且转化为纪律趋向,是生存和胜利不可或缺的条件。"(第 131—132 页)

为长期的精神结构早已存在于大众阶层中。然而，这背后的科学层面无论如何都一直是一个具有基本的文化意义和实践意义的事实。

3 "公民社会的剖析"

我们已经看到，在19世纪80年代，社会主义者是如何走过了一条所谓的"社会学"的道路，走向"政治经济学"。这使他们与意大利经济学传统的一些倾向有了特别的调谐，而意大利经济学传统在19世纪90年代（尽管有边际主义的进展）仍将显示出影响意大利半岛经济文化的显著能力。然而，在"马克思主义政党"被构建、马克思主义被正式接受为社会主义者的意识形态视野的时刻，显然不可能避免对马克思的经济范畴做出**自主阐释**的问题。"阐释《资本论》"这一活动一直受到"时代精神"和"**地方精神**"（genius loci）异乎寻常的影响。马克思那种花岗岩般的形象——即"在最后一步"代表着社会主义命运坚不可摧的基石的学者——必须从学科的框架中被拆解，以便在科学的每个分支中提供同样的"保证"。那么，马克思作为"经济学家"，应如何被切割成这块花岗岩呢？

事实上，要对马克思的经济学领域进行任何准确的界定没有那么简单（不仅是在19世纪90年代），因为它是马克思全部作品中一个独立的部分，在这些作品中，社会学、哲学和历史似乎与经济时刻不可分割地联系在一起。莱谢克·科拉科夫斯基（Leszek Kolakowski）坚定地指出，"卡尔·马克思是一位德国哲学家"，① 并在此基础上将马克思的经济范畴有力阐释为"哲学人类学"的成果，坚持认为《资本论》应该被"理解为一部哲学作品"。对阿尔都塞（Althusser）来说，《资本论》对马克思年轻时的哲学作品构成了真正的"认识论革命"，这些作品是一种与他以前的"哲学"层面决裂的"科学"的基础。

马克思当然**也**是一位德国哲学家，他年轻时期的一些主要哲学问题当然没有从他成熟的思考的视野中消失——甚至包括异化问题。但同样重要的是，在得出政治经济学之后，他"用二十年的时间研究了这门当时新出现的科学，其兴趣程度完全超过了其他的知识分支"②。这显然对他详尽阐述新的认识论节点产生了一些影响，但这并不意味着我们必须获得一种对立面的逻辑，就像阿尔都塞的解释中隐含的那样。

成熟的、**善于分析的**马克思是一位**政治经济学家**。更大的问题是他的方法和他的经济学概念的独特性。熊彼特在《资本论》中强调了历史和经济理论联合的"化学性质"，并以下列措辞论述了经济学和社会学之间的关系：

> 现在，尽管马克思从社会学角度给资本主义下定义，即通过对生产资料的私人控制制度，但资本主义

---

① 科拉科夫斯基，1978年，第1页。
② 乔萨（Jossa），1987年，第423页。

第三章 19世纪90年代的马克思主义：基础——及正统？

社会的构造由他的经济理论提供。这种经济理论是为了说明阶级、阶级利益、阶级行为、阶级之间的交换等概念中所体现的社会学数据是如何通过经济价值观的媒介来证明可行的。①

哲学的情况则不同，（同样按照熊彼特的说法）哲学最多是影响了马克思的"远见"，即"分析前的认识行为"，而可以证明的是，"他的每一个经济和社会学的主张，以及他对整个资本主义进程的看法，或许要么可以追溯到哲学以外的来源（比如李嘉图的经济理论），或者理解为他自己严格凭借经验分析得出的结果。②这是一种充满反思意味的观察，尽管它也未能避免对哲学的批评（人们指责哲学将其杂质带入科学范式）。这正是经济学家长期以来的典型态度：在最佳情况下，哲学应被视为与他们的学科完全分离；而在最糟糕的情况下，哲学则被看作一个复杂但空洞的口头废话场所。这一传统直到最近才被一些经济学家提出质疑。③

正如科拉科夫斯基的解释所说，哲学在《资本论》的

---

① 熊彼特，2003年，第20页。此外，"马克思的两个'经济过程的参与者阶级'资本家和无产阶级不仅仅是类别，而是社会阶级。这一特征对于马克思主义体系来说必不可少。它将相同的阶级概念作为社会学和经济学的基础，从而统一了他的社会学和经济学。一方面，社会学的社会阶级根据事实本身就是经济理论的范畴；另一方面，经济理论的范畴根据事实本身就是社会阶级"。熊彼特，1986年，第525页。

② 熊彼特，1986年，第390页。

③ 扎马尼（Zamagni），1994年。

论证中所起到的作用比熊彼特认为的更重要，尽管这并不意味着经济分析失去了其特殊性，也不意味着经济范畴是哲学范畴的空壳。首先，"看法"，即"分析前的认识行为"，对分析过程的方向有重要影响。正是这一点确定了预先建立的分析模型的组成部分，它是由"分析前的"的整体原则中的依赖顺序形成的。其次（但肯定也同样重要）"看法"直接反映在更普遍的方法决定中，以及他面对和解决该学科的认识论问题的方式中。我们只需要想一想在马克思对价值理论的分析中，方法和分析对象之间的明确联系。①

马克思的"政治经济学批判"首先面对经济学的"庸俗"概念，将其视为方法的革命，从对经济科学和更广泛的社会科学基础的认识论反思开始。如果科学的任务是识别现象形式的"内在联系"，从而"把看得见的、只是表面的运动归结为内部的现实的运动"②，那么对这些联系的探索研究就恰好符合分析模型的逻辑，而与探求任何形而上学的"本质"毫无关系。非马克思的历史唯物主义模型的作者莱谢克·诺瓦克（Leszek Nowak）甚至还为《资本论》作者的"本质主义"构筑了一个非形而上学的参考框架。对诺瓦克来说，马克思所称的抽象方法与"理想化"方法相联系，后者标志着从"不成熟的科学"阶段到"理论科

---

① 诺瓦克，1980年。
② 英文版《马克思恩格斯文集》第37卷，第312页。《马克思恩格斯全集》第46卷，北京：人民出版社2003年版，第348页。

学"阶段的过渡。① 通过引入"理想化"的概念模型来理解对于解释所观察的现象之间关系系统的"本质结构"的确定,这些概念模型用于将被认为是次要的因素与被认为是最重要的因素隔离开来。一旦在"理想化"假设的基础上确立了在经受分析的过程的深层规律性,这些"深层规律性"的**逐步**具体化就会通过"所讨论现象的理论形象和经验现象本身"的逐步比较而得以实现。② 因此,这种"本质主义"不是决定性的,而是建立在假设基础上的,并不是一种"反经验"的本质主义。③ 对诺瓦克来说,这正是《资本论》的主要任务:构筑资产阶级经济学的"理想化理论",与此同时将理想化的方法引入社会科学,并且成为"社会科学的伽利略"④。

这种阐释方式赋予《资本论》一种内在的复杂性。尽管经济范畴在此并未丧失其独特性,但它们也被视为能够有效解释其他学科领域的问题。当然,这一阐释在19世纪

---

① 诺瓦克,1983年。
② 同上,第54页。
③ 显然,这是一种**实证的本质主义**,与"波普尔意义上的终极解释"的本质主义完全不同。参见波普尔(Popper)2014年,第139页及以下。
④ 诺瓦克,1983年。即使像科拉科夫斯基这样的人也反对所谓的"波兹南学派",他们尤其重视马克思年轻时的哲学作品,并试图证明成熟的马克思只是将他的哲学转化为经济学术语,并没有设法完全反驳马克思-伽利略的比较:"当然,现代物理学只能……凭借理想化模型才能发展,其中一些决定性条件无法在现实中得到证实。当马克思分析某些想象中的情况,然后才逐渐纳入其他'令人不安的因素'时,在他本人身上也可以发现这种思维方式。"科拉科夫斯基,1974年,第68页。

意大利马克思主义史：从起源至第一次世界大战前

的最后十年中给自己带来了非常严重的困难。这不仅是因为对马克思年轻时的哲学作品极度（甚至完全）缺乏了解，其中只有一小部分已经出版，而且很难获得，[①] 而且还因为关于政治经济学，包括最新获得的"经济科学"的必要辩论，实际上提出了一种认识论模型的不同类型学。

那么，在意大利，学术经济科学、社会主义和"马克思主义经济学"的早期发展之间的交点，具有非常特殊的意义。如果通过建立"马克思主义政党"，将"科学社会主义"与任何类型的民主慈善—亲缘主义和通用社会主义"分隔开"的政治行动，可以被认为已到达没有退路的地步，那么同样的评价不能用于"马克思主义经济学"与政治经济领域的其他形式的亲缘主义之间的"分隔。也就是说，以足够清晰的程度定义"政治马克思主义"是一回事，而定义"经济马克思主义"的范围是另一回事。考虑到社会科学的发展可以自然而然地流向后者，包括深深融入社会学范畴的政治经济学，并直接致力于为解决"社会问题"做出自己极为关键的贡献，情况尤其如此。

"社会问题"在确定意大利经济科学的坐标方面是一个

---

① 就连安东尼奥·拉布里奥拉也很难接触到《神圣家族》（Holy Family）。他在德国报纸上刊登广告，宣称自己准备为该作品付出"任何代价"。康拉德·施密特（Conrad Schmidt）曾答应借给他一本，但经过长时间的搜索后只设法得到了一本。他最终使用了恩格斯的副本，甚至这本也只使用了一个月。参见拉布里奥拉致恩格斯，1893年12月20日、1894年2月15日和3月14日，见《拉布里奥拉》1983年，第2卷。

至于未出版的作品，有一种众所周知的意见是批评这些作品的所谓"中心地位"，正是考虑到马克思本人决定不出版这些作品。

具有关键重要性的因素，而这些坐标早在 19 世纪 70 年代就随着限制主义者（vincolisti）对费拉拉主义者（ferrariani）①的胜利而被采用了，这一胜利在 19 世纪 80 年代没有再受到怀疑。社会问题的这条红线在 19 世纪 90 年代不仅没有消失，而且在这些年甚至有了质的飞跃。与"面粉厂"暴乱甚至罗马涅和马泰塞（Matese）地区的暴乱相比，西西里岛的**联盟**和卢尼贾纳的暴乱尽管规模不同，却发出了非常不同的信号。尽管**联盟**在当地有很深的根基，但他们必然要面对社会主义组织在意大利达到的水平，包括现在存在一个"马克思主义政党"的事实。也许"西西里运动（不是）意大利无产阶级社会主义的第一次行动"②，正如安东尼奥·拉布里奥拉所承认的那样，但它肯定会为意大利社会主义提供一个相当广阔的视野，而且在党建立后不久就做到了。然而，最重要的是，它是"意大利第一次从阶级斗争中涌现出的普遍性政治危机"，即使与其说是因为"**联盟**运动本身"，不如说是因为"统治阶级和政治阶级（自由主义阶级的各种表述）对该运动的反应"方式。③

"巨大的恐惧"带来了两种反应，它们有时相互抵消，有时又相互补充。在这个意义上，19 世纪 90 年代不能仅从

---

① 即弗朗切斯科·费拉拉的追随者。后者反过来又将所有呼吁在经济中发挥任何形式的国家作用的人称为"限制主义者"（vincolisti）〔对经济力量的自由发挥加以限制（vincoli）〕，包括保护主义。

② 拉布里奥拉至艾伦伯根，1894 年 9 月 11 日，见拉布里奥拉，1983 年，第 2 卷。

③ 马纳科尔达，1992 年，第 85 页。

意大利马克思主义史：从起源至第一次世界大战前

总的围困状态和镇压措施来阐释，尽管它们确实广泛而深入地打击了工人运动，在法治保障的结构上扯开了裂口。不，改革的理论，与改革政策的尝试一样，是这种镇压的另一面——这一点甚至没有隐瞒。它们是对爆发"社会问题"的不同反应的假设，是一种积极的反应，与不断发展的社会的基本趋势一致，比如科学能够定义它们。因此，就改革文化而言，19世纪90年代意味着一个享有殊遇的探索领域，无论是作为"吸收和结束整个'经济日耳曼主义'进程的十年"[1]，还是由于一个对立的新功利主义首次尝试检验其现代化激进主义的某些要点。[2] 然而，在某些领域（并非无足轻重的领域）知识分子的改革倾向、探索规范性假设的**科学**基础的意愿、随便尝试被"希望的极光"和"恐惧的极光"[3] 穿透的时期所固有的所有可能性的意愿（19世纪90年代所特有的情况），最终在20世纪初的"改革"氛围中被大大削弱。1910年的尼蒂很难重复他在1894年所说的话，"我们都是社会主义者，我们接受税收不仅必须有财政功能，而且首先要有社会功能"[4]。此外，他的《社会改革》（*Riforma Sociale*）配备的措辞也肯定与路易吉·伊诺第（Luigi Einaudi）的不同，也不会发挥同样的作用。

---

[1] 马纳科尔达，1985年，第151页。
[2] 弗兰齐纳（Franzina），1976年。另请参见弗兰齐纳，1974年。
[3] 马基奥罗，1985年，第154页。
[4] 巴尔巴加洛（Barbagallo）引用，1984年，第58页。

第三章 19世纪90年代的马克思主义：基础——及正统？

在19世纪90年代，政治经济学不再仅仅是在1875年胜出的"科学"范式的范围内处理"社会问题"，而是使用与另一种范式即"纯粹经济学"的范式相联系的"愿景"，在这十年中这当然为"社会经济学"的超越和边缘化奠定了基础。作为分析工具的数学化，以及（而且通常是首要的）作为意识形态的数学化，似乎再也找不到与经济科学核心因此所面临的挑战处于相同水平的任何障碍。然而，这并不意味着从这十年的初期开始，"带着火焰之剑的天使长"已经真正成功地击溃了所有虚假的学派，并"宣告了纯粹经济学的主权"。① 实际上，正是当我们从派特莱昂尼的方法中脱身，不把注意力集中在从"错误"的海洋中抽象出来的"真理"岛屿上时，② 我们才看到19世纪90年代意大利经济学的文化全景似乎非常丰富多彩，维度很多，而"纯粹经济学"这颗珍贵的宝石本身似乎需要一名熟练的钻石切割师，以清洗掉玷污其光辉的斑点。此外，正如有人恰当地观察到的那样，"关于思考思想的论述总是导致对其公民影响的思考"，尤其是当"我们处于一个经济学家非常专注于干涉主义的时代，可以使人彻底改变对我们的框架的想法，他们表明最重要的理论表达是**在他们的大册书之外**发现的，在所谓**零散的**论文和期刊领域，因为这些

---

① 当然，所讨论的天使长为马菲奥·派特莱昂尼（Maffeo Pantaleoni）。参见里奇（Ricci），1939年，第44页。
② 派特莱昂尼，1897—1898年。

意大利马克思主义史：从起源至第一次世界大战前

大册书只不过是浓缩和科学化了在其本身之外发现的内容"。① 这适用于整个"意大利传统",很大程度上包括纯粹经济学家。

与19世纪90年代冲突的主角相称的两份期刊是《社会改革》(*La Riforma Sociale*) 和《经济学家杂志》(*Giornale degli Economisti*),前者是为讲坛社会主义者的继承者而办,后者是在佐利(Zorli) 的控制期结束后为新边际主义范式的持有者而办。这些都是直接干预经济政策和政治的理论评论和出版物。在这一时期,与公共财政有关的主题确实是意大利经济和政治辩论的中心,"财政问题"(鉴于意大利税收制度的形成方式,已经是一个长期存在的、紧迫的问题)已经成为对立组织战略(有时甚至是战术)的血肉之躯〔即使他们有时确实参与到不可避免的**变革主义**(trasformismo)② 的渗透中〕。因此,新学派立即针对这一核心问题来衡量自己似乎也不足为奇。此外,另一个"意大利传统"(即大学教职的社会历史传统),也多将财政问题作为国家干涉主义政策的重点领域来处理。因此,边际主义者的"纯粹"方法论和科学方法论几乎自然而然地优先考虑试图解决他们想要迅速达到清算之日的领域的要点。

"财政科学",显然,是边际主义在意大利传播的便捷

---

① 马基奥罗,1985年,第6页。
② 变革主义(Trasformismo)是建立灵活的中间派政府联盟的策略,它在意大利统一后孤立了意大利政治中的极左翼和极右翼。——编者注

途径,① 尽管这也确实使得时期划分问题悬而未决。相反,人们对这样的假设有些怀疑,即纯粹的财务科学的基础能够(一出现一直到至少 20 世纪初之前)将财政思想的"市场"上已经存在的东西变成**白板**(*tabula rasa*),甚至是将其边缘化。

从 1887 年到 1891 年的关键时期,出现了德·维蒂·德·马可(De Viti de Marco)和派特莱昂尼的主要作品,②并且通过里卡·萨莱诺(Ricca-Salerno)的调解,边际主义开始设法进入历史—社会—"大学教职"的环境。③ 在这种背景下,即使是一些被认为是支持国家财政经济理论的学派的坚定拥护者的人,他们的立场也会大量借鉴与他们自己的分析框架完全不一致的分析框架。

例如,奥古斯托·格拉齐亚尼(Augusto Graziani)在处理累进税的问题时,并没有使用享乐主义的假设(以萨克斯的方式)来确定这种税收的**原因**和**模式**,而是引入了从经济和社会的进化论观点中得出的论点和机制,明显带有洛里亚的特征。④ 此外,在讨论累进税时,马佐拉(Mazzo-

---

① 布拉奇(Barucci),1980 年,第 69—71 页。
② 参见德·维蒂·德·马可,1888 年;派特莱昂尼,1889 年;派特莱昂尼的作品中特别阐述了有关金融的内容,请参见他的早期作品派特莱昂尼 1882 年和 1883 年。关于后一个时期的研究,埃米利奥·萨克斯(Emilio Sax)写道,"在 1883 年,(派特莱昂尼)构想出将新的价值理论应用于金融现象的想法,而无需在形式理论中将它们分开。"萨克斯,1924 年,加莱加蒂(Gallegati)1984 年引用。
③ 里卡·萨莱诺,1887 年。
④ 格拉齐亚尼,1891 年。

la)本人(他也对洛里亚的"单边"观点进行了严厉的批评)坚称只有在中低收入者拥有政治权力(由于整体经济增长),将部分财政负担转嫁到其他收入群体时,这才被作为一个具有现实意义的问题提出来。① 事实上,正如格里齐欧特(Griziotti)很快注意到的那样,"尽管他以其他方式解释公共负担的分配问题,但他将该问题与洛里亚提到的同样深刻的经济原因联系在一起。"② 那么,一个具有象征意义的情况就是在意大利"打开……传播萨克斯作品的大门"③的人:朱塞佩·里卡·萨莱诺。④ 里卡·萨莱诺以1894年发表在《新选集》上的一篇长文介入了关于累进税的讨论,⑤该文观点是组合逻辑的真正的、适当的模式,而这种逻辑是19世纪90年代很大一部分意大利经济文化的特性。最后,还有第一次出现在金融研究的全景中的科尼利亚尼(Conigliani),他的书"是一颗使用边际主义图式的'小宝石'",其分析结构"以一种理论上的严密性部署,在某些时刻让人想起派特莱昂尼的《原则》(*Principii*)的分析结构";⑥ 然后他大量依赖洛里亚的理论观点;⑦ 而他的"艺术品"所产生的

---

① 马佐拉,1895年,第61—83页、第119—176页。
② 格里齐欧特,1909年,第490页。
③ 布拉奇,1980年,第84页。
④ 值得注意的是,格拉齐亚尼、马佐拉和里卡·萨莱诺最近被认为是受萨克斯启发的国家财政经济理论最激进的拥护者。参见佩特雷托(Petretto),1984年。
⑤ 里卡·萨莱诺,1894年。
⑥ 布拉奇,1980年。参见科尼利亚尼,1890年。
⑦ 参见法维利,1986年。

第三章 19世纪90年代的马克思主义：基础——及正统？

结果，屠拉蒂本人认为"在许多基本的经济概念上非常接近（社会主义者）"。① 简而言之，我们需要重新思考这样一种观点，即维托·库斯玛诺于19世纪70年代初在意大利传播并由其最"杰出"的代表阿基尔·洛里亚体现的**讲坛社会主义**范式与"由萨克斯创立并由里卡·萨莱诺于1887—1888年在意大利传播的范式"之间存在"巨大的二分法"②。

如果洛里亚继续（主导）全面研究一个各种倾向在其中似乎仍然相当混杂的形势，那么，为什么新生的"马克思主义经济学"不应该发现"最社会主义、最马克思主义的……意大利经济学家"③ 是一个基本参照点？此外，洛里

---

① 参见屠拉蒂：《卡罗·安杰洛·科尼利亚尼的讣告》（Necrologio di C. A. Conigliani），载《社会批判》，1901年，第380页。

② 斯波托，1985年，第32页。

③ 此前，当我评论《社会批判》主管"认可"洛里亚"作为社会主义者和马克思主义经济学家的角色"时，我曾引用过屠拉蒂写给洛里亚的一封信中的这句话，因此被指责对屠拉蒂有偏见。参见戴因诺森（Degl'Innocenti）1995年，第105页。在这里我不想讨论这种对屠拉蒂的所谓"偏见"的问题：读者可以根据1980年的书以及这本书来做出判断，在这方面两本书是完全一致的。然而，事实上，德依诺琴蒂指责我使用了一种在科学层面和道义论层面上都严重不恰当的方法来表现出这种偏见：即篡改屠拉蒂给洛里亚的信。因此，德依诺琴蒂写道："为了证明他的主张是正确的……法维利从其字面背景和环境背景中推断出'最社会主义、最马克思主义'这一唯一的表达方式，同时抛开了提及**'意大利经济学家'的比较级**，最终结果是改变了总的意义"（第106页）。现在，是我本人在那本书的第181—182页上**首次完整**公开了所讨论的这封信。确切点说，作者在正文中篡改一份文件，然后在附录中完整地转载一份，这是自相矛盾的。但这还不够。让我们来看一下我在正文中转载的引文，在这一页中，我还转载了这封信的其他段落，以便更好地概述**环境**背景："为什么阿希尔·洛里亚不和我们一起来？从某种意义上说，他难道不是意大利经济学家中最社会主义、最马克思主义的吗（忽略某些对学者来说很重要但对公众来说不太重要的轻微差别）"（第56页）。如果将这段引文和整个页面与德依诺琴蒂所说的进行比较，我们就拥有所有必要要素来确定科学缺陷的所在了。（重点部分为本书作者所标）。

意大利马克思主义史：从起源至第一次世界大战前

亚"超越了"（**超越**是他的专长）意大利的**讲坛社会主义**传统，并将他对社会未来的大胆想象远远投射到任何胆怯的国家干预主义之外。那么，为什么还要拒绝**讲坛社会主义**传统的那些方面，这些方面不仅可以证明普遍存在的经济关系和社会关系的不公正性，还可以证明需要超越这些关系——超越**讲坛社会主义**的主要拥护者往往具有的反社会主义政治倾向？那么，"公民社会的剖析"就可以通过多种手段来实现；而这本身并不意味着需要与这种"科学"的毗连性决裂，因为这些毗连性与马克思主义的浩大河流千丝万缕地流淌在一起，明确证明了社会主义的历史必要性。

科学的"**亲缘主义**"不应与政治的"**亲缘主义**"置于同一平面。在19世纪90年代初，社会主义者已经为他们的政治自主构建了一个精确的可识别的系统，而他们在自主经济理论方面还远远没有做到这一点。

"帕维亚（Pavia）的路易吉·科萨学派"是公认的政治上和理论上的反社会主义与文化环境共存的典型例子，而这一文化环境具有政治定位和理论定位的显著多元性，甚至可以达成公开的社会主义结果。据那些经常光顾的人说，这是一个受"典型折中主义体系"启发的学派，也是受科萨在"派特莱昂尼和洛里亚的极端立场"之间天生的"平衡"感启发的学派。① 在该学派中，库苏马诺、洛里亚、德·维蒂·德·马可、格拉齐亚尼、戈比（Gobbi）、科尼

---

① 科莱蒂（Coletti），1925年和格里齐欧特1938年的记述。

第三章　19 世纪 90 年代的马克思主义：基础——及正统？

利亚尼、蒙特马尔蒂尼（Montemartini）等人的路线有时会相交。它很好地表达了一种本质上仍充满"经济德国主义"的文化氛围，其本土变体弥漫着深刻的社会学气质（经由"社会问题"成为社会主义气质），并且能够共存，甚至部分地滋养毗连的**马克思主义通用论**（marxismus genericus）。① 这种文化在 19 世纪 90 年代初表现出已达到巅峰的姿态，从《经济学家图书馆》（*Biblioteca dell'Economista*）第三辑传递到第四辑，从杰罗拉莫·博卡尔多到萨尔瓦托勒·康涅提·德·马蒂斯（Salvatore Cognetti de Martiis），看来好像几乎在庆祝自己的长期连续性。这种文化明确赋予政治经济学以通过**应用**经济学"促进**普遍福祉**"② 的任务，（正如科萨所坚决认为的）"被那些害怕它所促进的**改革**或渴望它所斗争的**革命的**人和阶级所憎恨"。③ 因此，这位经济学家是一位"坚定的"知识分子，站在"社会问题"的第一线。他是"帕维亚学派"的大师、"活的档案柜"，达尔·帕内（Dal Pane）称其为"正在实行的和正在被实行

---

① 来自于马基奥罗，1989 年，第 89 页的表述。
② 参见科萨，1892 年，第 12 页。"政治经济学有双重**权限**。它探求财富社会秩序的**本质**、**原因**和**规律**，为**政治机构**的经济活动提供**指导原则**。因此，**理性的**或**抽象的**政治经济学（科学）与其寻求普遍繁荣的共同**目标**的**应用的**或**具体的**版本（如艺术）之间存在区别。与**理论**（包括科学和艺术）不同的是**实践**（行动），它受益于科学的**真理**和艺术的**原则**，并将它们与经验的要求相结合……科学解释；艺术指导；实践执行。"参见科萨，1895 年，第 8 页。
③ 科萨，1895 年，第 10 页。

的学说的历史学家"，① 他提出了温和、"平衡"的建议，这些建议也适合使社会主义"激进主义"边缘化。② 然而与此同时，他培养的社会承诺的环境特别适合与易向不同方向生长的种子共存。路易吉·科萨和他的儿子埃米利奥试图在"古典经济学家的方法"的保护伞下使"历史学派"和边际主义者和解，这种方法被扩大到超出了所有比例③（尽管没有扩大到能够包括马克思的方法）。然而，他不能阻挡自己的学派也出现**马克思主义通用论**的要素。

经历过科萨学派的经济学家之一，也就是在其知识生产中试图将边际主义和**讲坛社会主义**的各个方面结合起来的奥古斯托·格拉齐亚尼，如今试图将**讲坛社会主义者**与社会主义者分开。面对社会中明显的"非常强大的不平等"，并且缺乏任何"道德上的正当理由"，前者提议国家

---

① 见科萨，1693年，第7页。
② 政治经济学的研究对工人也将非常有用，他们将通过这一研究了解自己利益的真正本质，以及使这些利益发挥作用并与他人权利相一致的适当方式。政治经济学将教会他们资本的必要性及其真正的经济功能、储蓄的优点、挥金如土的危险、罢工几乎总是会引起的破坏、建立保证与合作的效用等等。以大众形式向工人阶级传授的适当的政治经济学课程……还将给社会带来不可估量的好处，保护社会免受许多危机和危险；因为这样就为颠覆性学说的突破设置了屏障，这种学说在没有文化的头脑中和属于工人阶级的人们的易激动的幻想中找到了有利的地形。那么现在，我们将政治经济学作为抵御"社会主义的危险学说"的屏障。科萨，1892年，第112页。
③ "当前工作的范围是调和当今经济科学学者所追随的各种方向，用纯粹客观的标准对它们进行调查，并努力证明它们可以在因天意而出现的古典学派的旗帜下和平地聚集在一起，这对科学有显著好处。"科萨1895年，第7页。

第三章 19世纪90年代的马克思主义：基础——及正统？

坚定干预经济改革和社会改革，"保护工人阶级"，而后者则远远地指向"生产资料的集体化"。① 然而，没有什么能阻止在前半段道路上出现重大的会合。而且在**方法**的层面上，毫无疑问，尽管马克思主义支持"夸张的单边主义"，它也已经发挥了"有益的影响……对经济科学的进步"。特别是：

> （马克思主义）开始批判经济范畴和经济制度，迫使学者们从新的角度重新审视那些似乎已经无法讨论的规则和原则，并解释经济体系的基础，而古典经济学家只是草草地关注过这些问题。因此，社会主义有力地促使了对古典学派的征服走出已被封闭其中的辉煌的圈子。②

这种区分的逻辑并不意味着对另一种同样存在的逻辑建立不可逾越的壁垒，相反，它促使了这些环境之间接触点的增加，也证明了阿基尔·洛里亚的系统具有无限的调节能力。

同样的逻辑出现在康涅提·德·马蒂斯的《经济实验室》（Laboratorio di economia）中，这一学派在某些方面是

---

① 《理论社会主义与政治经济学》（Il socialismo teorico e l'economia politica），锡耶纳大学法律小组（Circolo giuridico della r. Università di Siena）的讲座，1895年3月9日，第6页。
② 《理论社会主义与政治经济学》，锡耶纳大学法律小组的讲座，1895年3月9日，第26页。

意大利马克思主义史:从起源至第一次世界大战前

"帕维亚学派"的延续,在其他方面则与之毗邻。在这一点上,没有高墙把"自由主义者""民主社会主义者"和"基督教社会主义者"分开①,他们都致力于"解决生活问题的科学,指出'使现代社会焦躁不安的众多重大问题'的可能的解决方案"。② 这些努力中第一个相当有力的成果其实就是《社会改革》,其1894年的编辑小组"在很大程度上是'《实验室》'的产物"。③ 这是"社会主义者"和"洛里亚式"尼蒂的《社会改革》。那么,在《社会批判》的专栏中,关于"公民社会的剖析"有什么自主的研究任务呢?

毫无疑问,社会主义者确实意识到自己与目前在意大利经济文化中占主导地位的科学倾向的"毗连性"。但毫无疑问的是,他们并不打算将自己与这些倾向混为一谈。在这种情况下,使用特定的社会主义和马克思主义范畴带来了几乎难以克服的问题。确切点说,《社会批判》很容易回应帕累托针对马克思经济理论发起的猛烈攻击,即通过出版他对纪尧姆版本的拉法格《资本论》节选的介绍。④ 甚至正如帕累托本人私下评论的那样,他的介绍"没

---

① 参见路易吉·伊诺第:《萨尔瓦托勒·康涅提·德·马蒂斯》(Salvatore Cognetti de Martiis),《经济学家杂志》,1901年,第2期,第21页。

② 参见波利亚诺(Pogliano),1976年。他在第148页上引用了1901年的奥托伦吉(Ottolenghi)。

③ 吉瓦(Giva),1985年,第325页。

④ 马克思,1893年。

第三章 19世纪90年代的马克思主义：基础——及正统？

有经济重要性"；① 相反，这是一篇意识形态论文，其唯一的目标是对社会主义者的学说遗产进行沉重打击，因为社会主义者不想与这些节选所代表的政治运动决裂。② 那么，从抽象意义上讲，有可能在社会主义者的提议/身份与"马克思的主要经济范畴"的"正统"解释之间建立密切联系。③

然而，当需要认真面对其中一些范畴时，《社会批判》并没有真正设法建立标准，以使这种宣称的"正统"得以确认。

1894年在《社会批判》专栏中开始的关于马克思经济理论，尤其是劳动价值理论问题的讨论，为这些困难提供了清晰的证明。

当然，意大利的社会主义经济文化还没有足够的能力以合适的方式来处理如此复杂的问题。直到那时，它还没有把马克思的价值理论作为一个问题来面对，在这种环境中，恩格斯在1885年邀请他们"等的平均利润率怎样能够并且必须不仅不违反价值规律，而且反而要以价值规律为

---

① 写给瓦尔拉斯的信，1893年1月22日，见杰斐（编者），1965年，第208—9页。
② 写给派特莱昂尼的信，1893年2月23日及4月18日，见德·罗萨（De Rosa）（编者），1960年，第349、364—365页。
③ 参见《一口吞掉马克思的自由资本主义骑士》(Un cavaliere del libero capitalismo che si divora Marx in un boccone)，以及埃托雷·金达尼（E. Guindani）、莱奥尼达·比索拉蒂：《意大利自由主义经济学家的剩余价值诡辩》(Il sofismo del plusvalore in un economista liberista italiano)，见《社会批判》，1893年，第285—288页。

意大利马克思主义史：从起源至第一次世界大战前

基础来形成"，但没有人接受邀请。① 如果说在德国，最重要的是，这一要求由康拉德·施密特（和其他人一起）所接受，② 他以显著的独创性③首先提出了后来成为转型问题的问题，那么在意大利的**社会主义者**（socialisteggiante）环境中，盛行的仍然是洛里亚过去的立场，④ 而在社会主义者中，没有一个具有科学权威的专家能够对它提出质疑。

19世纪90年代上半叶的意大利社会主义者是否本可以提出价值理论在政治经济学批判的总体背景下所发挥的作用这一问题？或者本可以意识到"资本科学"由"政治经济学"和"政治经济学批判"组成，⑤ 并且价值理论已经兴起为解释这一分析上的两重性的根本关键？社会主义者在经济领域的文化参照体系，如我们迄今所勾画的，似乎不容许他们这样做，即使他们不能避免处理这一理论所仍然承担的中心地位。

如果说"关于马克思的一切都已经说过了——而且是很久以前"⑥，那么这个"一切"的主要部分就是关于价值理论的辩论。这是一个长期的过程，其特点是存在众

---

① 英文版《马克思恩格斯文集》第37卷，第11页。《马克思恩格斯全集》第45卷，北京：人民出版社2003年版，第25页。
② 施密特，1889年。
③ 恩格斯非常尊重施密特的研究，但责备他"在非常接近解决方案时误入歧途"。《马克思恩格斯文集》，第37卷，第15页。
④ 洛里亚发起了许多攻击，包括对施密特的论点发起了严厉的攻击；参见布拉沃1970年，第542页。
⑤ 伦吉尼（Lunghini），1994年，第7页。
⑥ 萨尔瓦蒂（Salvati），1994年，第69页。

多一再重复的时刻,这无疑再次反映了这一理论的"中心地位"。

在一个世纪的研究和经常具有激烈争议的讨论中产生的令人叹服的文献,是否只是对一个最终倒更多是像"巫术"的理论进行的"宗教战争"的结果?[①] 当然,这其中有一些宗教战争的要素,在这起事件中,有时会露出与文化史上某个章节的惯常形象不一致的面孔。但是,在讨论劳动价值理论时突然出现的一些问题并不仅仅涉及马克思"体系"的内部一致性。讨论这一理论,并试图回答有关它所符合的知识类型(是哲学知识?是经济知识?是什么类型的哲学、什么类型的经济学?)的问题,也是在讨论经济科学的认识论基础。当一些人自欺欺人地认为,由于"纯粹"经济科学明确排除了劳动价值"方法"的基本问题,因此他们已经牢固确立了"纯粹"经济科学的最终坐标时,他们发现自己拥有一个"工具箱",其可能的用途在本质上仅供自我参照。事实上,"通过商品来生产商品"不能被认为只是一个代数分析的难题。商品是"社会的东西",是人类之间特殊关系的镜子。但是,既然是这样的话,"通过商品来生产商品"的过程,就其整体的、全球性的意义而言,是经济科学的内部问题还是外部问题?

在回答这个问题时,我们需要找到一个既紧密依赖于经济理论,又能与其区分开来的空间。这种诱惑贯穿了马

[①] 这一表述来自乔安·罗宾森(Joan Robinson)。参见罗宾森,1966年,第22页。

意大利马克思主义史:从起源至第一次世界大战前

克思主义传统中一个极为重要的部分,并一直延续到已故的纳波莱奥尼的观点,他认为劳动—价值—异化是自主哲学评价的核心对象,这种看法在对哲学领域进行非帕累托式考量时显得尤为自然。① 通常情况下,既没有刻意的意识也没有明确的意愿去做出区分。然而,坚持马克思劳动—价值范畴的双重意义,已证明能够为那些事先并不一定渴望的结果开辟道路。鲁道夫·希法亭(Rudolf Hilferding)坚决否定了任何这样的分隔,但他是欧洲马克思主义传统中第一个认为,在马克思那里,劳动价值理论不仅具有决定利润率和生产价格的功能,而且还具有决定资本主义社会关系**质量**的功能,以至于"基本的经济思想因此与历史唯物主义概念的基本思想完全相同"。② 继希法亭之后,弗兰茨·佩特里(Franz Petry)是第一个③明确阐明价值理论的"方法论二元论"的人,同时也明确谈到价值理论的**数量**方面**有别于质量**方面。这里隐含着这样的信念:这两个层面的分析可以**分开**使用。但是,即使是佩特里也不认为马克思对"**是什么**"的分析与纯粹经济学对"**如何做**"的

---

① 纳波莱奥尼,1985 年、1992 年。
② 希法亭:《庞巴维克对马克思的批评》(*Böhm-Bawerk's Criticism of Marx*),来自于 marxists.org 的文本。
③ 希法亭和佩特里是马克思主义者中"第一个"用不完全是李嘉图的术语来解释马克思的基本经济范畴的人。他们是"第一个"自己的框架随后成为了对有关这些主题进行广泛讨论的参照点的人。然而,正如我们将看到的,在世纪之交,还有一种"意大利传统"对自己提出了这些分析范畴的"质量"问题。

分析是不同的,是与经济分析相分离的。①

西方马克思主义的视野变化〔随着卢卡奇(Lukács)和科尔施(Korsch)的作品的出现,这些作品"否定了马克思主义作为科学社会学的思想的真正根源"②〕将特别影响到马克思主义者对经济领域的限制的考虑。这并不是因为各个领域之间的分隔被公开理论化了,而恰恰是因为经济范畴是以哲学术语来思考的。③ 当然,似乎不再可能将《资本论》置于通常划分科学的条件之内,它也不再完全属于"经济科学"的内部。

在长达一个世纪关于马克思的劳动价值理论的"一切都已经说过了"的讨论中,我们已经提到其中时常出现的重复时刻。确切点说,辩论和研究将围绕展开的基本坐标在1900—1915年、20世纪20年代和30年代就已经提出了。斯拉法(Sraffa)正式用于解决转型问题的复杂数学技术的精确应用,显然是把德米特里耶夫(Dmitriev)和鲍特凯维兹(Bortkiewicz)的分析装置视为理所当然。④ 而且,为了

---

① 佩特里,1916年。
② 科莱蒂(Colletti),1979年,第43页。
③ "**商品**以及,以甚至更为显而易见的形式……源自这些基本形式的资本主义商品生产的所有其他形式,例如资本、雇佣劳动等,都是现在时期的社会生产关系所呈现的拜物形式的例子。马克思在此所称的《商品世界的拜物教》(*Fetishism of the World of Commodities*)只是他之前在黑格尔—费尔巴哈(Hegel-Feuerbach)时期所描述的同一事物的科学表达,即'人类的自我异化'。"卡尔·科尔施:《卡尔·马克思》,来自 https://www.marxists.org/archive/korsch/1938/karl-marx/ch02.htm 的文本。
④ 德米特里耶夫,1974年、波特凯维茨,1952年、1984年。这些作品最初分别创作于1904年、1906年和1907年。

把我们自己限制在意大利,20世纪头几十年的全套问题近年来又被提了出来,即使是在无疑高得多的分析意识水平上。这是一种完全属于经济学和古典传统的劳动价值理论;这是一种拥有"允许在现有框架内,以当时唯一确实可能的方式确定利润率"的作用的理论。[1] 这是一种在两个不同层面上明确阐述的理论:由斯拉法解决的**定量**层面和与"抽象劳动"概念相联系的**定性**层面;必须粉碎的联系是"马克思观点的极为紧密的特性"。[2] 甚至,在对已故纳波莱奥尼的立场进行批判性反思的基础上,将劳动价值理论完全恢复到经济科学中——这次不是基于李嘉图的前提,而是基于对该理论的基本核心"价值、活劳动和社会冲突之间的联系……资本主义剥削的独创性"[3] 的认识,定义了一项理论内容,其正确性并没有被任何**后来的**数学形式化所证实、否定或证明。

正因为对劳动价值理论的讨论总是伴随着对经济科学基础的讨论,所以这场辩论中最重要的时刻总是以方法之争的回声为特点。甚至在19世纪90年代中期,[4] 这场斗争的回声仍未消失。相反,这场战斗现在正在进入历史社会学派和"纯粹经济学"之间冲突的决定性阶段:在这一特

---

[1] 加列格纳尼(Geregnani),1981年,第56页。
[2] 维亚内洛(Vianello),1986年,第163页。参见维亚内洛,1978年。
[3] 贝洛菲尔(Bellofiore),1993年,第133页;1993年。
[4] 我建议读者查阅法维利,1980年,第70—84页,对这场辩论的分析性讨论。

定情况下，是洛里亚的多形态主义和意大利边际主义的积极先锋之间的冲突。

1894—1895年的辩论，既标志着社会主义者与被视为意大利社会主义经济科学奠基人的洛里亚之间出现了裂痕，也标志着他们试图在方法论层面上重新建立某种特殊联系。弗朗切斯科·科莱蒂（Francesco Coletti）是洛里亚的门生，他在这场辩论中的步骤在很大程度上是由他的老师指导的。在这种情况下，两位年轻的社会主义者，安东尼奥·格拉奇亚德伊（Antonio Graziadei）和阿图罗·拉布里奥拉，作为经济学家开展了他们的第一次工作，得出的结论确实与"杰出的社会主义者"的结论不同。然而，他们自己也在洛里亚的环境中经受训练，此时此刻，他们心目中的洛里亚的马克思要比《资本论》中的马克思多得多。也许不可避免的是，"政治经济学批判"是这场辩论中缺少的重要要素，但"生产成本"理论不一定是所有参与者论点的参照点。在**方法之争**（Methodenstreit）的这个阶段，这是一条相当不确定的防线。

这场辩论也是"科学社会主义"的试验场，《社会批判》的主管认为这是社会主义身份的基础，而这份评论杂志将自己表现为意大利对社会主义身份最合格的解释者。结果不是特别乐观。屠拉蒂自己要求进行这一"试验"，最后非常难堪。这种难堪不仅暴露在一起众所周知的事件中，即恩格斯的《资本论》第三卷导言（在对洛里亚的论战中十分严厉）是否应该出版，还反映了一个更为严重的问题，

意大利马克思主义史：从起源至第一次世界大战前

即屠拉蒂没有能力考虑到所讨论的主题的理论结果和政治结果，他认为他可以用一些尊重科学自主性的含糊其词的宣言来使这些结果自己消失。有充分的理由相信他曾打算介入辩论，只是第三卷的出版使他确信不能做出任何仓促的决定。然而，我们可以找到一些要素，让我们深入了解屠拉蒂的做法可能是什么样的。实际上，早在1893年，他就对科莱蒂的一篇宣布马克思的价值理论"不可持续"的文章进行了润色，他坚称自己认为该理论"对于科学社会主义学说而言不是绝对必要的"。①

一些非常权威的马克思主义者为这一观点进行了（并继续进行）辩护。事实上，意大利社会主义最重要的理论评论杂志的主角们得出这样的结论（如果他们确实得出了的话），不是基于对文本严格的批判性分析和对理论讨论的新条件的真正参与，而是基于**直接**的政治上的考虑。需要澄清的是，这些是完全与围困的偶然状态密切相关的政治问题；面对这种情况，不可能在队伍中表现出弱点。然而，这种态度也有另一个更深层次的动机：以**政治方式**思考与明确的科学领域和知识领域的关系的习惯。如果认为维护与某些圈子的关系（在这种情况下指的是洛里亚环境）是优先关切的问题，那么，确实有可能牺牲被认为"对于科学社会主义学说而言……不是绝对必要的"价值理论。第三卷的出版和恩格斯的"入门"当然使这一问题变得更加

---

① 领导层（La Direzione）：《附言》（Postilla），载《社会批判》，1893年，第9页。

棘手，但并没有改变这种知识观点。

一些社会知名人物身上显而易见的弱点、他们在处理复杂知识现实时的草率态度，以及围绕讨论形成的略显模糊的氛围（屠拉蒂多疑的性格往往会夸大这种氛围），都为他提供了充足的理由，以这种措辞来回避考虑这一问题。

安东尼奥·拉布里奥拉对这场辩论的态度也基本上是出于政治关切，因为他的出发点是假设现在进行的讨论缺乏任何科学正当性。"这不是一个知识问题和科学问题，"他在给恩格斯的信中写道，"而是一个伦理问题……确切点说是一个礼仪问题……确切点说是一个无礼问题……确切点说是一个江湖骗术的问题"①。

但所提出的问题的层面（其中一些非常真实）远远超出了各种不同主角所使用的工具的不足。试图理解和更新"批判共产主义"的经济理论的探索（拉布里奥拉非常清楚地意识到这一需要）需要一个完全不同的反应，而不是他面对意大利社会主义迄今表明能够产生的唯一具体结果时轻蔑地耸耸肩。此外，尽管安东尼奥·拉布里奥拉不是经济学家，但他后来以显著的独创性和丰富的阐述，表达了他对所讨论主题的中心点的看法。然而，在意大利社会主义者的理论意识处于如此微妙发展的时刻，他缺席《社会批判》专栏所带来的沉重后果，依然是一个错失的重要

---

① 写给恩格斯的信，1895 年 1 月 21 日，见拉布里奥拉，1983 年，第 2 卷，第 549 页。

机会。

党的领导人已深深地内化了政治至上感，而"哲学教授"则非常关注（不仅仅是"内部"）理论逻辑，他们都坚信在由党的权威所保证的科学领域不可能存在"正统"。

颇为谨慎的是，屠拉蒂克制住自己，没有对劳动价值理论做出自己的解释，而《社会批判》也不再处理一个密度大到本来难以用它手头的"工具箱"来处理的问题。① 在某些方面，这一理论会流入意大利社会主义文化的河流，而没有流入它的主要水流。从事经济学家职业的社会主义者，在意大利的政治经济学变动的三角洲中选择了一条或另一条支流；而马克思的劳动价值理论也在这些选择的基础上被拒绝接受或重新解释。介入1894—1895年讨论的两名年轻学生安东尼奥·格拉奇亚德伊和阿图罗·拉布里奥拉，正如我们将在本书的其他章节中看到的那样，正是在这些条件下进行更具分析性的工作的。

---

① 1895年和1896年期间，对于这一问题有过一些讨论的痕迹：亚历山德罗·格罗帕里（A. Groppali），《经济因果原理对于马克思来说是次要的，对于洛里亚来说也是次要的》（*Il principio della causalità economica secondaryo il Marx e secondaryo Loria*），1895年，第359—361页；亚历山德罗·格罗帕里：《再说一遍，经济因果原理对于马克思来说是次要的，对于洛里亚来说也是次要的》（*Ancora il Principio della causalità economica secondary il Marx and secondary il Loria*），1896年，第27—29页；亚历山德罗·格罗帕里：《结束关于经济因果原理的争论》（*Per chiudere la polemica sul principio della causalità economica*），1896年，第43—45页。从理论的角度来看，这没有什么意义，但我们仍然在这里看到了马克思和洛里亚这两个巨人之间的斗争。这场战斗还表明，"我们社会主义者也为自己创造了福音和我们认为绝对正确的主教，这是一个错误的传说。"

第三章 19世纪90年代的马克思主义：基础——及正统？

理论"漂浮"在一个基本上没有能力以政治经济学批判的术语来处理它的环境上；这导致了社会主义试图利用其解释能力来尽真正的可能分析实际存在的资本主义时更普遍的"轻率"倾向。这种"轻率"也可以从"马克思主义的危机"在意大利的表现方式中看出。

这种"轻率"进一步凸显了安东尼奥·拉布里奥拉的理论的可靠性（注意到这一点很平常）。这位"哲学和社会主义教授"不是经济学家，也从未写过关于价值或纯粹经济学的具体文章。他认为马克思的经济思想与历史的唯物主义分析不是分开的，并且他总是从全球视角来进行解释，这是马克思方法的最重要的方面之一。因此，克罗齐声称，对拉布里奥拉来说，"马克思主义的'剩余价值'理论和'历史唯物主义'对社会主义的实际目的来说是最重要的"[1]，这可能部分是真实的；但不是这位那不勒斯哲学家所指的公开还原意义上的真实，因为他认为他的对话者显然不愿意完全解决那些可能给工人解放运动带来困难的科学节点。同样真实的是1899年后，"剩余价值经济理论的拉布里奥拉不再开口"[2]，但其动机是否与克罗齐所暗示的相同？

拉布里奥拉在讨论历史唯物主义时确实陈述了自己对价值的看法（如果不是价值规律的话，因为他对实证主义

---

[1] 克罗齐，1961年，第302页。
[2] 同上，第322页。

者和形式主义的所指对象都不屑一顾①),并且对《资本论》的基本主题做了非常笼统的阐述。

> 它最重要的主题是(在这里是指资本主义生产的)**剩余价值**的起源和过程,然后,在从生产延续到资本流通之后,是**剩余价值**的分割本身。
>
> 这是通过经济科学的一个半世纪的详尽阐述而得以完成的整个价值理论的前提:这一理论从来都不代表从庸俗的演绎中得出的**经验事实**(factum empirico),也不陈述一个简单的**逻辑立场**(像某些人想象的那样),而是典型的前提,没有该前提,其他的都不可能存在。②

因此在这一点上,价值理论是经济论述的**典型前提**。他的朋友克罗齐对拉布里奥拉自己的《讨论社会主义和哲学》(*Discorrendo di socialismo e filosofia*)发起了辩论性介入,③ 并将对这一立场提出异议:

---

① "言辞总是倾向于将自己关闭在纯粹的形式定义中,从而导致错误的观念,即很容易将自然和历史的难解的、巨大的复杂性简化为简单、明显的术语。它让人相信,很容易就能看到多种多样且非常复杂的因果模式,就像在剧院舞台上一样。更尖锐地说,它抹杀了这些问题的意义,因为它只看到名称。"拉布里奥拉,1965 年,第 62 页。
② 拉布里奥拉,1965 年,第 191 页。
③ 克罗齐,1961 年,第 57—114 页。

第三章　19世纪90年代的马克思主义：基础——及正统？

> ……你总是提到马克思的价值理论。我只知道，马克思有一种部署和使用价值理论的方式，这种方式十分明显。他指派给该理论的角色是不同的，没错——但不是理论本身不同。而为了论述这一角色，我们就必须研讨整个历史和社会学的评论文章。再者：你真的想让自己相信，这种劳动价值理论的意义比它对经济潮流的意义更广泛——也就是说，作为一种微不足道的日常解释？

如前所述，这些都是非常笼统的说法，对劳动价值理论在资本增殖过程中的作用更感兴趣，而不是对理论本身的内部阐述感兴趣。应该理解的是，使用和部署这一理论的"明显"方式并不是古典经济学家所特有的方式。① 相反，这只是一种认识（这也是一种非常笼统的认识，以后将在政治经济学领域中得到理论上的系统化）即劳动是资本增殖过程的起源。这种认识被带入社会进程的活生生的现实中，并融入生产方式的概念中，具有独创性的**形式**（完全脱离了古典传统）从而有可能解释资产阶级经济和社会的真实的、而不仅仅是现象的运动，其中市场价格和生产价格的形成代表的只是一个方面。

---

① 参见纳波莱奥尼在他的《马克思未出版的第四章的讲座》（*Lezioni sul capitolo iv inedito di Marx*）（纳波莱奥尼1975年）中对这一问题清晰且堪称典范的框架。另请参见格罗斯曼（Grossmann）1977年、米克（Meek）1956年、以及福奇和佩斯夏雷利（Pesciarelli）（多编者之一）1976年的第2章、第3章和第二部分。

意大利马克思主义史:从起源至第一次世界大战前

维护《资本论》认知综合体的**统一核心**的真正需要,结合处理这一问题的**哲学**方法("**哲学**"在这里仅指没有掌握经济科学所特有的一些技术)(因而拉布里奥拉拒绝陷入使用他认为是马克思体系的典型前提来论述日常经验证明),一定程度上解释了他为什么没有对价值理论做出任何有机的干预。更确切地说,基于这样的前提,他认为这是一个自己无法胜任的任务,但同时也是一个在持续的批判性反思和应对新问题的过程中不可或缺的任务,他认为这是马克思主义在理论上严谨性的必要功能。在这里,写给克罗齐的一封信再次证明了这一点:

> ……我逐渐确信,经济学的形式原则必须完全重新考虑:既然我自己不会进行这种修正,我就不想读讨厌的书让自己厌烦。这种情绪一直伴随着我的一生。马克思是唯一一个试图使经济学成为一门批判性科学的人,但他只触及了整个经济学的一部分……而且他也没能为他所运用的概念提供预备知识:就像今天的物理学家没有为他的预设所采用的**能量**提供预备知识一样。①

这并不意味着拉布里奥拉认为他迄今为止提出价值问题的方式是错误的,在他直到去世前的通信中的众多评论

---

① 写给克罗齐的信,1898 年 5 月 31 日,见拉布里奥拉,1983 年,第三卷,第 865 页。

第三章 19世纪90年代的马克思主义：基础——及正统？

也表明，这不是他的观点。相反，他只是认为，鉴于他已经说过的内容，解决这一问题的唯一真正严格的方式在于重新思考经济理论的一些形式原则。在这个意义上，"他没有再说话"；而且最终他也没有在克罗齐所暗指的意义上谈论过这一问题。

安东尼奥·拉布里奥拉的指示有助于双重考虑的顺序。他坚持将劳动价值理论视为生产方式（作为一个**在第一阶段本身**就很明显的概念）分析中的一个基本环节，与马克思本人在1868年7月11日给库格曼的著名信件中明确表达的立场完全一致。① 此外，这种坚持与马克思通过这一理论定义社会科学的真正对象的方式完全一致，即"马克思以生产中建立的社会关系为基础来研究社会的项目"。② 简而言之，拉布里奥拉证明自己完全进入了政治经济学批判的

---

① "胡扯什么价值概念必须加以证明，只不过是由于既对所谈的东西一无所知，又对科学方法一窍不通。任何一个民族，如果停止劳动，不用说一年，就是几个星期，也要灭亡，这是每一个小孩都知道的。小孩子同样知道，要想得到和各种不同的需要量相适应的产品量，就要付出各种不同的和一定量的社会总劳动量。这种按一定比例分配社会劳动的必要性，决不可能被社会生产的一定形式所取消，而可能改变的只是它的表现方式，这是不言而喻的。自然规律是根本不能取消的。在不同的历史条件下能够发生变化的，只是这些规律借以实现的形式。……科学的任务正是在于阐明价值规律是如何实现的。所以，如果想一开头就'说明'一切表面上和规律矛盾的现象，那就必须在科学之前把科学提供出来。"马克思致库格曼，1868年7月11日，英文版《马克思恩格斯文集》第43卷，第68—69页。《马克思恩格斯选集》第4卷，北京：人民出版社1995年版，第580页。

② 参见德·马奇（De Marchi）、拉·格拉萨（La Grassa）、图尔切托（Turchetto），1994年，第28页。

意大利马克思主义史:从起源至第一次世界大战前

维度。而且"还有必要证明,建立在这一特定概念基础上的价值理论实际上能够为摆在它面前的问题提供真正的解决方案",① 其中包括**作为**资本主义经济过程真正基础的价值理论与价格论之间的一致性问题。马克思本人根本没有低估这一考虑的重要性,他确信解决这一"转型问题"只需要一些形式上的调整。直至今日,关于这一问题的评论文献依然令人叹服,它们不断涌现,并呼吁对这一议题进行更加深入和问题化的反思。

在19世纪末和20世纪初的意大利(不仅是意大利)马克思主义文献中,引人注目的是(即使在正确理解马克思的经济对象的情况下),对于经济科学的进步所引起的分析性问题缺乏考虑。这些分析性问题不可能都被描绘为"意识形态"性质的问题。当然,"工具箱"不能脱离它为之准备的和它必须发挥作用的对象,因此,"分析性问题"并不独立于"经济科学"更为普遍的概念。但与此同时,一门科学因采用了越来越精细的分析技术而逐渐结构化,而对于定义对象的更广泛的、一般的过程而言,这些技术仍然相对自主。尽管关于分析工具的"中立性"的辩论有很大一部分具有争论性,但事实是,即使是重要的马克思主义作家如奥斯卡·兰格(Oskar Lange),也熟悉"计量经济学"的路径,尤其是"人类行为学",它作为一种"理性活动的逻辑"② 与技术的

---

① 米克,1956年,第164页。
② 参见兰格,1963年。再想一想几乎将经济科学转变为人类行为学的一个分支的新古典主义倾向:罗宾斯(Robbins)1972年。

第三章 19世纪90年代的马克思主义：基础——及正统？

"中立性"问题密切相关。

对这一要素的低估（长期以来是马克思主义经济文献的主要内容，产生了极为有害的影响，葛兰西本人也引起了关注①）往往导致了"政治经济学"和"经济"分析之间的分歧。

拉布里奥拉没有用这些术语来提出问题，或者更确切地说，没有试图用这些术语来阐述问题（他的"科学"塑造是一个完全不同的问题），而是在方法和一般原则的层面上处理"纯粹经济学"。这并不意味着他"不知道在新古典学派中成熟起来的马克思的评论，除非这些评论渗透到了克罗齐的'修正主义'著作中和伯恩施坦的著作中"②。相反，如拉布里奥拉所理解的那样，19世纪末的边际主义不

---

① "一方面，抛开对这一问题的优劣作出任何判断，人们可以注意到，**现代**经济学家为了不断完善其学科的**逻辑工具**，对自己的学科进行了仔细的研究，以至于人们可以说，经济学家所享有的极高**威望**是由于他们形式严谨、表达精确等。同样的趋势在**批判**经济学中并不存在，批判经济学常常使用刻板的表达方式，并表达出未经阐述证实的优越论调，给人一种令人厌倦的傲慢印象，仅此而已。"葛兰西，1995年，第175页。

② 阿雷（Are），1974年，第55页。在这方面，阿雷还认为，拉布里奥拉仅在"'听说过它'、'知道它存在'的极端学术书目意义上"知道庞巴维克对《资本论》第三卷的评论。阿雷，1974年，第56页。事实上，在《总结马克思主义体系》（*Zum Abschluss des Marxschen Systems*）出版后，拉布里奥拉在1896年7月立即就拿到了手。相关副本（未出售的版本）是马佐拉借给他的，而且是拉布里奥拉在克罗齐访问佩鲁贾（Perugia）期间（可能是同一个月）将其展示给克罗齐（而不是相反）。克罗齐用它来研究"马克思主义的一些概念"。参见拉布里奥拉致克罗齐，1896年7月9日，日期不详（但写于1896年10月2日至28日之间）；以及1896年12月20日，见拉布里奥拉，1983年，第2卷，第694—696页、第725页、第750—753页。

仅是对马克思经济理论的一种替代，而且也是一种方法论混乱的对象，使很大一部分的意大利社会主义文化错综复杂，正是这一事实意味着他必然是这一学派的一名细心的批评观察者。不仅他在《附言》(*Postscriptum*)和《讨论社会主义和哲学》中的评论证明了这一点，他写给克罗齐的某些信件也证明了这一点。当然，他是以我们提到的方式来处理这一问题的（即作为一个普遍原则的问题，没有认真面对其具体的分析性阐述），但总是拥有关于这一问题的最重要的文献的直接信息。例如，我们可以从他在1897年编写的关于《资本论》第三卷的研究提纲所附的长篇书目说明中看到这一点，该提纲可能是供他的儿子弗兰茨使用的。[1]

在19世纪末，年轻的意大利社会主义经济学家们（以及安东尼奥·拉布里奥拉，以他自己的方式）继续探讨价值问题。安东尼奥·格拉奇亚德伊、阿图罗·拉布里奥拉和恩里科·利昂纳在这些年里仍然在讨论这个问题（我们将在本书后面追随他们的轨迹），但最重要的是，随着意大利的"方法之争"达到决定性阶段，关于劳动价值理论的讨论成了更广泛的关于"政治经济学"和"经济学"科学地位的辩论中的一个要素。

在意大利，关于价值的讨论展示出强烈的洛里亚特征。从根本上说，正是"杰出人物"预料到了后来在庞巴维克

---

[1] 拉布里奥拉，1946年，第34—37页。

第三章 19世纪90年代的马克思主义：基础——及正统？

的《总结马克思主义体系》中发现的一些主题，但这些主题并不是在世纪末的意大利氛围中辩论的特定要素。相反，我们应该注意到，像索雷尔（Sorel）和梅利诺（Merlino）（也是在这场"马克思主义危机"背景下的主角）这样在政治文化路线和使用理论工具的能力方面不同的作者，也倾向于超越被分析性展开的对象来阐释马克思的经济范畴，包括价值。

从索雷尔将价值理论视为马克思的"新的真正的形而上学"[1]的一个必不可少的科学要素，到认为价值理论"在新的光线下被照亮……充满了司法上的关注",[2] 在这趟旅程的一个重要阶段，在一篇也交织着某些相当深刻的解释时刻的论文中，他增加了一条注解，试图将理论作为两个在分析上非常不同的领域之间的联系。事实上，索雷尔坚称，马克思引入劳动作为价值尺度的概念是为了与假设的共产主义社会建立一条平行线，在这个社会中，劳动价值将是生产和分配的社会准则。特别是，提出这种"平行性"假设使他能够避免对未来社会产生过于激进的乌托邦式想象，尽管运作机制不同，他仍将其与某些已存在的形式相联系，甚至这些形式在资本主义社会中也有所体现。[3]

如果说对索雷尔来说，价值理论和未来社会主义社会之间的联系是嵌入实证可能性的视野中的话，那么梅利诺

---

[1] 索雷尔，1894年。
[2] 索雷尔，1903年，第196页。
[3] 索雷尔，1897年。

的观点则是另一种。

在这里,我们关注的不是考查梅利诺对马克思劳动价值理论的"内部"解释(这种解释的理论深度仍然远远低于"马克思主义危机"其他主角的解释),而是它对资本主义社会领域的"外部"投射。早在《支持和反对社会主义》(*Pro e contro il socialismo*)中,[①] 我们就能看出被视为"集体主义社会"功能的劳动价值理论;但这种联系在短暂而激烈的《社会主义批判性评论》(*Rivista Critica del Socialismo*)的经历中被更为明确地提了出来。在这种观点中,价值理论的基本的、特殊的任务是使"社会主义,说得确切一点是共产主义的论点"成为一个貌似合理的论点。这一论点将直接从价值理论中"演绎"出来,为此,"马克思必须想象利润的不断增加和工资的逐渐减少,财富和贫困的两极分化"[②]。那么,价值理论将成为集体主义"新的社会秩序"的"关键"。"马克思主义的乌托邦"正是由这种机制构成的。

> 马克思主义的**乌托邦**是这样一种设想:劳动条件、能力、品味和欲望可以变得平等,所有的土地都可以变得同样肥沃,所有的城市都具有同样的吸引力,所

---

① 梅利诺,1897年。
② 弗朗切斯·萨维里奥·梅利诺,《论剩余价值理论与集体主义》(Intorno alla teoria del plusvalore e al collettivismo),载《社会主义批判性评论》,1899年,第109页。

有的小村庄都变成了城市（或者反之亦然）所有的工业都具有同样的生产力，用机器消除所有的劳动困难，把所有的劳动简化成平均水平，即马克思所想象的社会劳动，所有的事物简化成这种想象的劳动的凝结物。①

除了我们能在多大程度上在《资本论》中识别出这种类型的乌托邦的问题之外，这里在全面考虑价值理论时使用的方法（揭示出它在资本主义社会和"集体主义社会"中的作用）提出了最近成为相当重要的辩论对象的问题。事实上，根据一种观点，有可能识别出从《资本论》的分析范畴出发、直接和**必然**导致"实际存在的社会主义"的经验的路径。也就是说，不仅这种可能性是在"实际存在的社会主义"的经历展开**之后**被证明的，而且这些轨迹甚至在它们实际上行至终点**之前**就可以被推断出来，正如某些19世纪末的作者的远见卓识据称早已论证的那样。因此，价值理论本身在这里被认为是由卡尔·马克思的**责任**所构成的如今巨大非凡的大厦的基石之一。

这里不是处理这一关于马克思责任的**争论**的地方，现在它具有宗教战争的形式和特点——确切地说，是一场意欲根除一个原始的、邪恶的根源作为结束的战争。当然，当涉及严格的历史研究和能够证明复杂的历史进程的具体性、黏性和矛盾性的证据时，这场争论显得相当单薄，而这

---

① 弗朗切斯科·萨维里奥·梅利诺：《我的异端》（La mia eresia），载《社会主义批判性评论》，1899年，第331页。

些历史进程据称与确定的理论框架相一致。相反，它充斥着大量具有推论性质的文献，在这些文献中，理论责任链上的各个环节很容易通过完美的逻辑一致性机制联系在一起。

以萨维里奥·梅利诺（Saverio Merlino）的直觉为具体例子，可以建立以下类型的推论链：事实上，劳动价值是一种社会主义规划的理论，并且独立于马克思反复争论的内容，而规划总是需要极权主义的政治结构，因此……

我认为毫无疑问的是，我们可以从马克思少数几次提及"未来的食堂"①中合理地推断出，他正在考虑一种在某种意义上计划好的经济。然而，如果说我们可以从马克思的经济范畴（特别是从劳动价值理论）中得出一个特定的工具，或者更简单地说，得出可以在此基础上构建一个规划模型的方向，那就是完全不同的事情了。"命运的嘲弄!"（一位社会主义规划专家会问道）"马克思的经济学对社会主义经济中生产资源的最佳分配问题能做出什么贡献?"②纯粹经济学的某些分析包袱可能比马克思更有助于达成这一目的。不管怎样，意大利"纯粹经济学"传统的观点最清晰的拥护者之一，是否也许没有在20世纪初成功地解决这一理论上的可能性?③

---

① 《马克思恩格斯选集》第2卷，北京：人民出版社1995年版，第109页。

② 兰格，1935年，第190页。

③ 参见巴罗内（Barone）：《集体主义国家的生产部长》（Il ministro della produzione nello stato collettivista），载《经济学家杂志》，1908年，第267—293页、第391—414页。

第三章 19世纪90年代的马克思主义：基础——及正统？

即使撇开（用佩特里的语言来说）价值理论的"质量方面"，并停留在其"数量方面"的范围内，劳动价值理论也倾向于被装扮成一种简单商品生产的平衡理论，一种商品生产和交换的偶然波动以此为基础的**更深层次的秩序**。因此，如果引入一种控制生产流动和交换流动的**规划秩序**，那么在"无政府状态"状态中保证平衡的"法则"就会失去作用。正如斯威齐（Sweezy）所主张的：

> 在**社会主义社会**的经济学中，**计划**理论应该与资本主义社会的经济学中的价值理论占据同样的基本地位。价值和**计划**，出于同样的原因，就像资本主义和社会主义一样是对立的。①

马克思的劳动价值理论是一种**资本主义的理论**，在其质量方面和数量方面都是如此。与其说是因为马克思不断地说明这一点，用意识形态的面纱来遮蔽他的视野，还不如说是因为这完全符合《资本论》的深层分析核心，这不是偶然地从研究资本主义生产和分配过程的主要范畴的**形式**开始的：商品。② 正是在这一研究过程中，价值的第一种**形式**获得了定义，这并非偶然。随后的整个分析层面的展

---

① 斯威齐，1964年，第54页。
② "'商品'这一范畴以商品关系的普遍存在为先决条件。它随着中心流程盛行而消失，当然条件是这些流程不具备确保劳动力商品特性的功能。"参见比岱（Bidet），1990年，第68页。

意大利马克思主义史：从起源至第一次世界大战前

开与这些前提完全一致：这种一致性并没有因为某些转变的形式解决方案也遇到的困难而受到质疑，例如**转型**难题的关键问题。如果《资本论》和《政治经济学批判大纲》中的某些段落提到，一个消除了资本主义的假设社会的会计需要**衡量**劳动时间，这并不意味着可以用总的劳动价值理论来确定什么是社会主义。① 这些段落只是证明了马克思对计划经济的倾向，以及"计算和记账也构成了社会经济规划方法的历史出发点"的建议。②

然而，正如我们已经注意到的，19 世纪末关于价值理论的讨论更多的是集中在"方法"问题上，而不是"优点"问题上；集中在经济分析的"对象"上，而不是集中在分析工具的内部自相矛盾上。定义"经济环节"的过程很快就成为"方法之争"最后阶段的核心要素，该过程的作用是迅速促成了 19 世纪 90 年代意大利经济文化中早已出现的停滞。而这种文化中以各种方式受到马克思经济学启发的那部分，也许也早已开始在洛里亚的氛围中以评论的方式运作，突然发现自己面临着"纯粹经济学"作为学科"科学"特性的唯一保障——其专业化的唯一保障。现在从洛里亚的影响中出现的社会主义经济学学者并没有得出拉布

---

① 最近一本关于梅利诺的书（在很多方面都值得称赞）的作者提出了一种相当不同的解释。然而，这本书想要证明马克思的**所有**分析范畴，包括《资本论》的分析范畴，都与古拉格（Gulag）完全**不可避免的**结果之间绝对一致，这一点显得过于好战。参见贝尔蒂（Berti）1993 年，第 291—294 页。

② 兰格，1963 年，第 181 页。

第三章 19世纪90年代的马克思主义：基础——及正统？

里奥拉提供的方法论指示，而是得出了派特莱昂尼和帕累托的指示。

贝内德托·克罗齐在这种过渡逻辑中的作用当然是至关重要的。的确，有像蒙特马尔蒂尼这样的社会主义经济学家一直是边际主义者。但是蒙特马尔蒂尼不能像克罗齐那样发挥一般的文化作用，而且由于他一直是个边际主义者，因此没有需要进行或提议进行的过渡。

克罗齐的转型是在"马克思主义环境"和另一个不同的环境之间的移动吗？当然，意大利文化史上这一阶段的两位伟大的主角，拉布里奥拉和克罗齐，坚定地排除了这种可能性。但是索雷尔、梅利诺、派特莱昂尼、帕累托和秦梯利（Gentile）本人（更不用说许多其他在这场"马克思主义的危机"中扮演主角和其他龙套角色的人了）确实在某个时刻明确提到了这种移动，甚至谈到了"皈依"。拉布里奥拉一再要求他的朋友克罗齐明确声明，他从来都不是马克思主义者也不是社会主义者。在这样的请求中，我们可以看到（除了这位哲学家严格的学说分界线之外）还有他对"马克思主义的危机"目前所呈现的特性的政治关切。这位教授试图在可能的范围内，将这场危机限定在一个大体上的"外部"层面。就他来说，克罗齐"就像在棺材里一样"收集了他的马克思学著作之后，现在反而根据历史时间和思想的演变以不同的方式提及另一个环境，同时敏锐地断言他的发展具有一致性——包括与这些著作相关的发展。然而，在他的《对自我评论做出的贡献》（*Cont-*

ributo alla critica di me stesso）的类乎坦白中，他清楚地声明自己的第一批著作是为了"捍卫和纠正""马克思主义的概念"①。他将谈到"被腐蚀的信仰"，并使这种"捍卫"与他曾甚至被社会主义运动诱惑的短暂时刻处于时间关系。他解释说，社会主义者的思想和他们的激情，

> 震撼了我，第一次在我内心唤醒了一丝政治激情，让我对新事物有了一种奇怪的感受，就像一个不再年轻的男人第一次坠入爱河，观察自己内心新的激情的神秘过程……我带着信仰和希望来到这里，呼吸着人类通过工作和在工作中得到救赎的新生。②

当然，这并不足以让我们认为克罗齐是一个具有"革命政治信仰"的社会主义者和马克思主义者，③ 即使在一个短暂的时期内也不是；但确实足以让我们瞥见一个分界线没有清晰确定的边界地带。这是一个由**松散的**马克思主义和拉布里奥拉的严格的、评论的马克思主义环绕的边界地带。此外，他1896年的文章（第一篇关于历史唯物主义，另一篇关于阿基尔·洛里亚）完全融入了拉布里奥拉关于马克思主义理论实质的介入计划，消除了任何"科学社会主义的调和物"④，

---

① 克罗齐，1989年，第35页。
② 同上，第34—35页。
③ 斯皮里托（Spirito），1965年，第77页。
④ 写给克罗齐的信，1896年12月24日，见拉布里奥拉，1983年，第3卷，第755页。

并"净化了社会主义在意大利呼吸的空气"。[①] 拉布里奥拉和克罗齐意见相同的问题远远多于他们意见不合的问题,例如我们刚才提到的。这些意见不合不管怎样都被认为是完全属于一个共同的范围,在这一范围内(在他们的研究展开的层面上)不需要尊重或强加任何正统性。拉布里奥拉可能没有意识到"争论的毒液";[②] 但在这一点上,克罗齐也没有意识到。"争论的毒液"只有在通往另一个范围的通道被划定*之后*才会显现出来。此外,这种过渡借此展开的概念发展并不总是完全符合自然地、逐渐地产生这种毒液的论点。否认马克思主义具有"形而上学的唯物主义"、目的论、宿命论的历史观念以及经济还原论特征(这一点在第一篇文章中表现得尤为明显),将无法在后来的发展中得到延续。

那个时代的文化所关注的过渡(其主角及其最重要的对话者都否认了这一点)确实发生了,但在时间和形式上,这一过渡的分界线和可识别性却显得相当不确定。另一个过渡也在进行中(拉布里奥拉另一位昔日的对话者索雷尔的过渡),以及所有这一切都发生在"马克思主义的危机"的背景下,这也可以被定义为过渡的熔炉,这些事实对于一名来自"马克思主义环境"、意外遇到"纯粹经济学"的作者来说,赋予了特殊的意义和重要性。实际上,这位作者能够在极为精细的分析层面上解释当前正在进行的进程

---

① 克罗齐,1961 年,第 298 页。
② 同上,第 304 页。

意大利马克思主义史：从起源至第一次世界大战前

的意义。

马菲奥·派特莱昂尼对克罗齐的立场可以被认为是这一过程、过程的方向和它所发生的时代的标志。在克罗齐关于洛里亚的文章的意大利语版本出现后（其中没有对"纯粹经济学"的明显偏见，而是不知怎的对它有着相当积极的看法），派特莱昂尼仍然认为他是一名社会主义作家，他必须澄清"谁（曾经）第一个、最清楚地谈论废话"，马克思或是洛里亚。① 两年后，在一封以经济学方法问题为中心的长信中，他可以写信给上述作者："在你与拉布里奥拉教授的争论中，我认为你是完全正确的"。② 实际上，就经济方法问题而言，克罗齐现在已完全吸收了边际主义者的概念装置，并在此基础上与他自己的分析性决定一起运行，即使这些分析性决定是以哲学术语来详尽阐述的。正是在这一领域（"经济原则"的领域），他也将面对像帕累托这样的纯粹经济学的伟大人物，③ 帕累托"把经济学哲学留给

---

① 派特莱昂尼：《关于维尔弗雷多·帕累托的政治经济学课程》（A proposito del Cours d'Economie Politique di Vilfredo Pareto），载《大众杂志》（Rivista Popolare），1897年4月15日。

② 派特莱昂尼至克罗齐，1899年5月30日，保存于克罗齐的文件中。我感谢卢卡·米切利尼（Luca Michelini）使用他藏有的未出版的派特莱昂尼写给克罗齐的信件来写作关于派特莱昂尼的专著——并感谢他允许我看到这一文本。

③ 克罗齐，1961年，第219—263页；帕累托，《论经济现象 写给贝内德托·克罗齐的信》（Sul fenomeno economico. Lettera a Benedetto Croce），载《经济学家杂志》，1900年8月刊，第139—162页，以及《论经济原理》（Sul principio economico），载《经济学家杂志》，1901年，第131—138页。

第三章 19世纪90年代的马克思主义：基础——及正统？

了克罗齐，反而更适度地满足于研究经济公理"。① 然而，《资本论》在"经济范畴"以及一般经济学领域的道路上，已经不再拥有任何通行权。它的对象是别的东西，也许也是一个重要的对象（克罗齐认为它所拥有的重要性会随着他思想的演变而变化），但同样是一个与经济科学无关的对象。

克罗齐的过渡结果与"纯粹经济学"的认识范式相结合将（正如我们所说）对"马克思主义环境"中的年轻的社会主义经济学家产生非常重大的影响，他们现在发现自己处于科学结构和职业抱负的关键性阶段。在本书的另一章中，我们将研究像阿图罗·拉布里奥拉和恩里科·利昂纳这样的人的路线，他们仍想做"马克思主义者"，同时（尽管是以一种非常不同的方式）做"纯粹经济学家"。在这种联系在意大利被封死的时刻，只有一名非经济学家的马克思主义者最终能够在这一系列问题所要求的分析层面上进行介入：而这一次，又是安东尼奥·拉布里奥拉。确切点说，他是唯一能够将自己置于纯粹经济学的概念体系之前，并部署一种能够区分话语的"认识"和"认识论"层面的解释途径的人。②

---

① 布西诺（Busino），1974年，第143页。
② 对马克思和马克思主义的分析是基于两个探究层次的区别（"认识"，直接科学的、直接客观的知识所特有，以及"认识论"，处于"科学理论"的层次），这种分析处于波兰哲学家西梅克（Siemek）著作的核心，最近由埃米利奥·阿加齐（Emilio Agazzi）在意大利重述。参见阿加齐，1987年。

当然，鉴于这位哲学教授的理论构建，他的干预首先将在这第二个层面上具有特殊的重要性。实际上，面对"纯粹经济学"的范式，他明确提出了"任何科学问题的初步概念中都会遇到的困难"的重复出现的问题，这些困难"出现的原因不仅是马克思，而且四分之三的当代思想仍然难以理解"①。"形式逻辑"作为"知识的仲裁者"的回归并不必然意味着提出抽象的分析工具，而且抽象和隔离的过程无论如何都是"任何从经验基础出发寻求原则之路的科学所特有的"。② 然而，这一具体案例与其说是**确定的抽象**的问题，不如说是**不确定的抽象**的问题，这种抽象完全忽视了那些经济学也是其血肉之躯的历史过程。拉布里奥拉指出，"在这种抽象的原子论中，我们不再知道什么是历史，而进步也仅仅限于表象。"③ 因此，在"批判性的合理思考"和"知识问题"④ 以及"具体地思考，并且能够抽象地反映数据和可思考性的条件"的不可能性之间出现了更加急剧的分离。⑤ 由此产生的是一门倾向于自指的科学——一门无法考虑到社会经济组织中出现的基本问题的科学，一门对这些问题没有答案的科学。新的体系认为对于经济学而言，这些问题不值得研究：为什么在确定的经

---

① 拉布里奥拉，1977年，第289页。
② 同上，第288页。
③ 同上，第222页。关于"纯粹经济学"与"进步"的关系，我们只需想想几乎所有经济发展理论所得出的重要结论即可。
④ 同上，第217页。
⑤ 同上，第224页。

第三章 19世纪90年代的马克思主义：基础——及正统？

济环境中,"有组织的贫困"是"财富生产"的必要条件①以及这一过程是如何产生的。

甚至就在拉布里奥拉去世前几天,当时他的课题失败已经有一段时间,他又回到了科学分析的对象问题上。正如他写给克罗齐的那样：

> 你的哲学思考由简单的分析性判断组成。面对这些最纯粹的判断（我认为它们并不纯粹,因为它们不是综合性的!）,是自然界和社会世界的无限的、分解的事物。例如（它们是你的例子!）：在权利哲学中没有阶级斗争,但在生活中却有；在经济学中没有剩余价值,但在社会中却有……（以及为什么）去寻找刑法中的原因（causa）,而原因是一个合乎逻辑的概念!……诸如此类……你想过这种思维方式的含义和后果吗？最简单的后果是：没有经验规定的科学,只有所谓纯粹概念的科学②

尽管发生了这一切,这些问题还是不能轻易摆脱,而且很快就会重新出现（即使是以不公开的方式）,也会出现在意大利科学文化的土地上,包括马克思主义和其他方面。

如果说面对"纯粹经济学"的兴起,一些年轻的社会

---

① 拉布里奥拉,1977年,第241页。
② 写给克罗齐的信,1904年1月2日,见拉布里奥拉,1983年,第3卷,第1002—1003页。

主义经济学家选择了以各种方式将新古典主义模态与他们自己传统的模态相结合的逻辑,那么其他人则拒绝这种逻辑,要么完全接受新范式,要么完全拒绝它。乔瓦尼·蒙特马尔蒂尼(Giovanni Montemartini)和安东尼奥·格拉奇亚德伊的情况就是这样,他们代表了这些相反的态度:前者是一名"纯粹经济学家",而且甚至是一名权威的经济学家,而后者则是边际主义的坚决反对者。无论从理论上还是实践上来说,两人都是意大利改良主义社会主义的头号人物。在本卷的下半部分,我们将看到如何对理论和实践上的改良主义进行与经济主题相关的定义,而这些经济主题与资本主义的"崩溃"有关。现在,我们应该注意到,接受边际主义的理论视野,无论是部分还是全部,其本身并不标志着预先确定要进行有利于改良主义或革命社会主义的选择。

格拉奇亚德伊无疑是年轻的社会主义经济学家中唯一拒绝边际主义和这些"组合"逻辑的人,即使他并不是完全不被"纯粹经济学",特别是其帕累托版本所吸引。在他晚年回头研究这些主题时,他将完全接受将边际主义视为资本主义的辩护理论和与马克思主义斗争的有效武器的论点。[1] 但在他年轻时的激烈辩论中[2]却没有这种论点的痕迹。

---

[1] 格拉奇亚德伊,1943年。

[2] 格拉奇亚德伊,1901年:《论享乐主义价值理论》(Intorno alla teoria edonistica del valore),载《社会改革》,1900年,第875—883页。两项研究中的第一项于1900年由都灵的鲁克斯出版社(Roux)以手册形式出版。

格拉奇亚德伊分析的中心不是作为整体理论的纯粹经济学，也不是它的方法，而完全是**享乐主义**价值理论。他在这一点上是一致的，他认为实证科学和心理生理学和生理学一样，所得出的结果是矛盾的，或至少所标示的过程远不如享乐主义者在他们的价值理论中所预想的那样线性。因此，没有科学基础可以支撑建立在"递减享受的原则"基础上的价值理论。① 为此，格拉奇亚德伊以极大的兴趣看待与帕累托使自己成为主角的享乐主义的逐渐决裂。在这方面，他与"塞利尼（Céligny）的隐士"有一段表露心迹的书信交换。② 然而，虽然这段书信交换让我们看到他对帕累托处理独立于边际主义理论原则的经济均衡主题的方式的兴趣甚至是钦佩，但仍然存在着边际主义的**假设**，③ 即市场需求的曲线不能完全独立于效用的程度来考虑。对于格拉奇亚德伊来说，这种假设来自新学派的基本错误，即"已经相信有一种天生的买东西的倾向。这一错误来自个人主义的方法"。④ 而坚持交换关系的个体性意味着拒绝接受理解经济现象的**社会性**的可能性。即使考虑到他对帕累托的工作深为钦佩，这一要素在他们不同观点的分歧中也是

---

① 《论享乐主义价值理论》，载《社会改革》，1900 年，第 871 页。
② 布西诺于 1971 年在《意大利历史评论》（*Rivista Storica Italiana*）上发表了帕累托写给格拉奇亚德伊的信，随后这些信出现在他的《通信》（*Correspondance*）中。我使用了菲尔特里内利基金会档案馆中保存的原件，因为有一些旁注是格拉奇亚德伊亲手写的。
③ 来自于他 1904 年 3 月 29 日的信件。
④ 格拉奇亚德伊在 1901 年 1 月 10 日的信件页边空白处所作的注释。

决定性的。在格拉奇亚德伊看来，边际主义的"原罪"不允许这位意大利最伟大的纯粹经济学理论家从一个模式中脱身，在这个模式中，"各层次和各阶级之间的深刻差异消失了……在……过于简单的形象之后"。① 这里似乎呼应了多年前阿基尔·洛里亚在提出**政治经济学**的问题时拒绝**经济学**的说明。

> 为什么资本家可以免除自己的劳动，从而占据这样一个立场：如果不获取利润，资本的预期就没有意义或目的？为什么工人要去乞求资本家为他提供生活必需品的钱，为什么他不能自己生产这些东西？简而言之，为什么我们会有"现成商品"的快乐的所有者，他们的生活可以不劳而获，而与此相对的是许多人为了生活，被迫从这些前者那里寻求资本，并为他们工作至筋疲力尽？②

相反，蒙特马尔蒂尼几乎没有从普遍存在的洛里亚氛围中脱身，无论如何，这确实在他的著作中留下了某些痕迹。当他的主要理论作品在1899年问世时，莱昂·瓦尔拉斯评价作者

> 是……对经济体系有全面见解的六个人之一，根

---

① 格拉奇亚德伊，1948年，第19页。
② 洛里亚，1901年，第11页。

第三章 19世纪90年代的马克思主义：基础——及正统？

据这一体系，**边际统一**是消费者（金融家、资本家、工人）提供服务和对产品需求的基础，而边际生产力是生产者—企业家对服务需求和供给的基础。

他认为作者"由于他的博学、发明和阐述的天赋，在这个小团体中名列前茅"①。实际上，这本小册子是一次成功的尝试，把已经在交换领域广泛使用的边际效用范畴应用于生产领域，这是巴罗内几年前在意大利开始的尝试。②现在他不仅证明了自己完美掌握了边际主义分析技术（明显地从早期门格尔主义的享乐主义滑向一般经济均衡的瓦尔拉斯-帕累托主义框架），而且还证明了他相当大的理性自主。

这种对纯粹经济学概念装置彻底的、有意识的效忠，使他（像其他社会主义经济学学者一样，全部或部分接受了这种方法的不同阐述）面临着决不容易解决的理论调和问题。

实际上，这些学者认真面对经济现实和社会现实的目的不仅仅是为了研究它和确定交换的"规则"，而且也是为了在深刻的甚至是革命的意义上改变它。因此，他们对现有社会现实的观点不仅是边际性的而且是结构性的批判，他们所有人都毫无区别地接受了马克思论及阶级斗争时既作为理论又作为事实。这意味着能够就科学方法的选择和

---

① 瓦尔拉斯写给蒙特马尔蒂尼的信，1899年9月19日，见杰斐（编者）1965年，第3卷，第87页。
② 参见巴罗内：《分配研究》（Studi sulla distribuzione），载《经济学家杂志》，1896年，第107—155页、第235—253页。

对现实的认识之间的联系提出适当的问题,以期实现其转变。这意味着要为当时通常倾向于静态地描述经济均衡的理论建构与社会主义观点的动态的、非形式要求之间的关系找到一个可接受的定义;调查阶级斗争的根源是否或怎样陷入作为科学分析对象的经济现象的**腐殖质**中;充分询问所使用的方法论与由此获得的知识的预期用途在多大程度上一致;并提出如何恢复将理论转化为历史和政治术语的可能性的问题。

如果人们不再接受一种经济与社会历史分析高度融合的方法,那么经济理论在社会转型的计划中将扮演什么角色?当然,我们有可能辟出帕累托指示的道路,并明确分开科学领域和政治领域,但对于那些必然要坚持自己的政治计划的科学合理性假设的人来说,这样的道路是难以行得通的,尽管后者不能忽视对公民社会的剖析研究。更具体地说,对于那些像蒙特马尔蒂尼这样给自己提出方法问题的人来说,社会历史层面的恢复与其说是通过政治经济学的形式进行,不如说是通过经济学说的历史进行。[①]

正是在源于派特莱昂尼的"挑衅"的关于经济科学的

[①] 即使在蒙特马尔蒂尼更为适当的理论著作中,也不乏尝试在新的理论体系中恢复马克思的某些范畴,但这些纯粹是学究式练习。"阶级斗争(可以)被视为是生产要素之间和有关财富分配的斗争。"此外,"正是不对称法则解释了整个社会历史,(以及)在阶级斗争原则中表现出来的所有经济斗争。正是根据这项法则,我们必须期待未来进步的组织形式的出现,这将标志着人类历史上所有群体更加公平、更高福祉的曙光"。参见蒙特马尔蒂尼,1896 年,第 28—29 页;1899 年。

辩论中，蒙特马尔蒂尼将有机会澄清一名社会主义经济学家对这一问题的看法。

我们知道，派特莱昂尼在两个紧密相连的连续阶段中，① a）否定了经济学中可能存在不同的学派，因为唯一的基本划分是理解经济学的人士和不理解经济学的人士之间的划分；b）因此，否认了可能存在学说的历史，因为如果只存在一个**真理**，并且是经济学家研究的对象，那么按经济科学的观点来看，研究**错误**的历史是完全没有用的。

相反，虽然蒙特马尔蒂尼坚信关于最终效用程度和边际生产力理论的某些定理的真实性，但他拒绝赋予它们任何绝对价值，因为它们是基于确定的条件进行阐述的理论，因此对于被视为一个整体的经济现象来说是相对的。② 他坚持科学的目的地的相对主义——一种观点的相对主义和历史相对主义。"我们已经有了资本家、工人、消费者等的经济学，"他在一篇**反驳论文**中写道，"不论述不同的对象，因为人们感兴趣的是经济学，而是一个阶级、一个国家或一个人的经济学，以及由此产生的概括。"③

那么，经济学说史的意义何在？在于这样一个事实："在一个确定的社会中，地位最高、占主导地位的阶级在某一特定时刻对经济现象的认识程度，**可以影响一整个系列**

---

① 参见派特莱昂尼，1897 年，1898 年。
② 蒙特马尔蒂尼，1899 年，格里齐欧特，1938 年再版。
③ 转见格里齐欧特，1938 年，第 234 页。

的概念，能够完全改变该社会的面貌。"①

因此，经济科学的历史与研究科学本身有很大不同。在后一种情况下，分析过程首先包括确保将排他性的经济关系与现实中与之相关的其他关系清楚区分开来；但是（在这一点上，连蒙特马尔蒂尼似乎也受到了一些怀疑的影响）是否有可能在"排他性的经济关系"和其他关系之间界定任何精确的界限？此外，这样获得的**真理**有可能一劳永逸地真实吗？

相反，经济学说史使得"渗透到社会行动的秘密中"成为可能，因此这也成为将纯粹的概念和社会转型政治的有效需求紧密结合起来的必不可少的工具。

4 世纪末的马克思全集

能够引证足够明确的文本正文是定义"正统"的一个必要条件，但不是充分条件。实际上，"正统"的特点之一涉及理论讨论和政治讨论的发展，也涉及确定讨论结果的受制方式。在这里，决定性是对那些被认为"经典"的文本的权威性的呼吁，这些文本是为了发挥这样的作用而被选中的。这是一项在结构上具有明显困难和不断重新定义的操作。这不仅仅是政治的直接性和这些同样"经典"的作品在服从于这种直接性时的工具性使用的结果——这种

---

① 转见格里齐欧特，1938年，第240页。重点部分为本书作者所标。

服从性标志马克思主义历史上一个十分漫长的时期。即使所提出的问题在本质上具有文本自身逻辑内在的解释学**优先性**，但对所述核心——**全集**的识别也常常成为争议的对象，尤其是在历史马克思主义中，对政治领域的投射不可完全忽视。我们只需要想一想围绕第一本《马克思恩格斯全集》（*Marx and Engels Gesamtausgabe*）发生的事件，或者关于马克思未出版的作品相对于他已发表的作品应占据什么位置的**争论**。

在19世纪末，这些问题与它们将在20世纪，特别是俄国革命（Russian Revolution）之后所具有的意义不同。因为一直被称为第二国际（Second International）"正统"的特征，"至少在1890—1905年期间，对马克思主义的自由的、多元主义的定义是无可非议的"①，而这些特征无疑与后来在第三国际（Third International）"正统"中显现出来的、在该团体解散后长期存在的特征不同。此外，因为正是在那时开始提出了马克思未出版文本的问题，而且它并不涉及预示着"认识论的断裂"的理论内容的作品。

不过，马克思和恩格斯的**全集**在19世纪末仍然正在形成，在许多方面更多的是由于"大师们"自己的选择，而不是社会主义政党和社会主义运动的选择。首先，是由于决定将某些著作"留给老鼠的牙齿去批判"，后来在马克思去世后，恩格斯提出了同时出版马克思和他自己的文本的

---

① 霍布斯鲍姆，1974年，第243页。

问题。我们将继续看到 19 世纪末社会主义认为是"经典"的一系列作品的特点。同时，我们也许会注意到

> 意大利，诚然是一个在 19 世纪 90 年代知识分子中对马克思主义有着非常浓厚的兴趣的国家，到 1900 年，在意大利几乎可以获得恩格斯选定的全部文集（除了后来的几卷《资本论》），以及由契科提编辑的《马克思、恩格斯和拉萨尔**著作**》（Scritti of Marx, Engels and Lassalle）（1899 年起）也包括了一些进一步的作品。[①]

然而，马克思和恩格斯文本的意大利语版本的历史不是一直都是线性的，它并不必然预示着到 19 世纪末的最终结果。

像《宣言》和《资本论》第一卷这样根本性的重要作品，或者像《哲学的贫困》（*The Poverty of Philosophy*）这样对经济—哲学关系至关重要的作品的翻译，都到来得相对较迟。显然，鉴于围绕"马克思主义政党"发生的事件，由社会主义政治组织提出的任何纲领性倡议也同样迟到了。此外，这样的倡议仅涉及这一时期正在实现的翻译活动的一部分。这也是 19 世纪 90 年代对"正统"的完全特殊定义的一个标志。当涉及科学问题时，这样的正统性完全不存在。安东尼奥·拉布里奥拉早已否认在这方面可能存在任何政治

---

① 霍布斯鲍姆，2011 年，第 181 页。

第三章 19世纪90年代的马克思主义：基础——及正统？

权威，也否认无产阶级政党可以对科学问题做出裁定：

> 我接受**同志们**在党的政治行为方面的固执甚至专横。但是，至于同志们有权作为科学问题的仲裁者发表意见……不，科学永远不会被付诸表决，即使是在所谓的未来社会！①

正如我们所知，安东尼奥·拉布里奥拉的这种预言是错误的。但是，即使是政治上的"正统"（或者至少是依赖于有计划的文本选择的正统）从各方面来看，它的形式也是漏洞百出的网。

在1871—1872年这两年里，我们可以确定，马克思和恩格斯（首先是恩格斯）的文本在意大利民主社会主义报刊上的存在绝非可以忽略不计。正如我们在第一章中所看到的，在此之前所有出版的都是《临时章程》和《成立宣言》的各种版本，这些文本的传播和讨论（正如我们也看到的）将在整个19世纪70年代，甚至在**无政府主义对立面**盛行期间一直持续下去。这些都是激进的文本，没有可以直接识别的理论确定性。这些文本介入是为了与马志尼传统和巴枯宁化的国际划清界限，以明确国际总委员会的未来任务的条款。不足为奇的是，首先是恩格斯，他作为意大利总委员会的代表是这一阶段出版物的主角，在卡菲埃

---

① 安东尼奥·拉布里奥拉：《马克思主义、达尔文主义等》（Marxismo, Darwinismo, eccetera），载《社会批判》，1897年，第189页。

罗与总委员会采取一致行动的时期,是他向恩格斯指出了操作的目标和范围,并注意确保这些文本在社会主义和民主环境中获得最大可能的反响。①

在这两年中,发表了 44 篇马克思和恩格斯的文章(考虑到有些文章转载于不同的报纸),其中 30 篇发表于 1871 年,14 篇发表于 1872 年。② 1873 年只发表了 3 篇这样的文章,其中一篇是作为图利奥·马尔泰洛(Tullio Martello)关于国际的书的一部分,③ 然后直到 1877 年都没有发表其他文

---

① 参见《国际工人协会》(Associazione Internazionale degli Lavoratori),载《自由思想》(Il Libero Pensiero),佛罗伦萨,1871 年,8 月 31 日,总委员会与马志尼争论的核心文本之一,几乎同时出现在 1871 年 9 月 6 日曼托瓦的《火花报》;《罗马尼奥罗报》(Il Romagnolo),拉文纳,1871 年 9 月 9 日;《玫瑰小报》,米兰,1871 年 9 月 13 日;《秩序的座右铭》,那不勒斯,1871 年 9 月 20 日。马克思的另一部重要文章《法兰西内战》由卡菲埃罗编辑和翻译,刊登于《平等报》,吉尔根蒂,第 18 期(1871 年 11 月 12 日),以及第 21、22 和 24 期(1871 年 12 月 3、10 日、27 日)。
② 我们的参考文献不仅包括波西奥 1955 年和马克思和恩格斯意大利语版本的第一本参考书目(布拉沃 1962 年),还包括巴莱、胡内克和其他人在研究方面的增补努力,其结果在随后几年中出现在各种期刊上。目前正在准备马克思和恩格斯意大利语版本的新的参考书目,更新至 1985 年。该书由比阿特丽斯·德·格尔洛尼(Beatrice de Gerloni)博士编辑,我感谢她亲切地允许我使用打字稿。我本人在为吉安·贾科莫·菲尔特里内利基金会和弗里德里希·艾伯特基金会策划的一次展览中对意大利语版本的马克思和恩格斯进行了研究,该展览于 1987 年 9 月 20 日至 11 月 20 日在特里尔举行;参见法维利(编者),1989 年,第 89—117 页。
③ 《法兰西内战》的部分出版物,署名为"国际总委员会",出现在《铁锤报》1873 年,第 134—151 页。这本书的作者很快就会成为自由贸易环境中最著名的意大利学院派经济学家之一,并且是激烈而尖锐的反社会主义者,但该书仍然是一本平衡且材料相对翔实的文本,并且经常包含原始的文献资料。即使在非社会主义环境中,该书对于传播有关国际事务的信息来说也绝非次要的贡献。

章。如果说都在海牙大会后不久写成的两部1873年的作品《论权威》（On Authority）和《政治冷淡主义》（Political Indifferentism）①也是激进的文本，是因为它们在意大利的国际主义运动完全与巴枯宁结盟时直接介入了意大利的局势，那么它们在某些方面与前两年的文章有所不同。在一般原则层面上的论战的发展，使得这些文章的使用背景与它们汇总在一起时的背景非常不同，突出了它们的理论—政治特征。②

1877年的文本③与其说是马克思和恩格斯在意大利的知识成果的质的飞跃，不如说是与意大利恢复接触的标志。然而，1879年将出现一些出版物，使人们能够接触到马克思理论的基本理论节点，即《资本论》第一卷的重要部分的第一个意大利语译本④和卡菲埃罗的"概要"。

---

① 恩格斯的《论权威》（Dell'Autorità），以及马克思的《政治冷淡主义》（L'indifferenza in materia politica）出现在《1874年共和党年鉴》（Almanacco repubblicano per l'anno 1874），洛迪，第3卷，1873年，分别见第33—37页和第144—148页。

② 自1873年的版本以来，《论权威》在意大利已有八个版本，《政治冷淡主义》在意大利已有九个版本。

③ 参见恩格斯：《来自伦敦》（Da Londra），载《人民报》，米兰，1877年2月26日。这封写给恩里科·比尼亚米（Enrico Bignami）的信标志着恩格斯与《人民报》的合作在1872年暂停后重新开始了。这种一直持续到1879年的"国际通信"特别有趣。1877年至1879年间，恩格斯在《人民报》上发表了六篇文章，其中三篇关于英国工人运动，两篇关于德国工人运动，一篇关于德国、法国、美国和俄罗斯的情况概览。

④ 1867年翻译为《自由与公正》的部分实际上太简短了。巴索1962年。另请参见《工业资本主义的起源》（Genesi del Capitalista Industriale），载《人民报》，米兰，1879年，第5期，2月11日、第6期，2月16日、第7期，2月23日、第9期，3月9日。这是关于所谓原始积累的第31章的一个版本，不是直接从德语翻译而来，而是从法语版本翻译而来。

意大利马克思主义史:从起源至第一次世界大战前

在 19 世纪 70 年代,曾有过一些关于《资本论》第一卷意大利语版本的尝试,但是没有取得任何积极成果。这种倡议所产生的社会主义环境没有能力使这种冒险获得成功。当然,要找到一名既精通德语又对社会和经济理论具有直接认识的译者并不容易(甚至在将来也是如此)。求助于法语版本就比较容易。在这里,最重要的约束因素是编辑组织和参与方面的弱点,此外,这也表明了存在更广泛的弱点。在某种意义上,卡菲埃罗的概要很好地代表了这个时代的意大利社会主义能够在多大程度上与拥有像《资本论》这样特征的书籍紧密结合。

这的确是一部精心制作的《资本论》缩写本,忠于原作的论证,而且(在马克思自己看来)优于 19 世纪 70 年代的其他这类作品,包括莫斯特(Most)的作品,特别是考虑到了其引人入胜的版式使其特别适合更广泛的传播。[①] 确实,该文本是通过一种相当宿命论的社会发展概念来过滤的。马克思并非没有注意到这一点,他在写作中强调了阶级意识和阶级斗争的作用;[②] 但尽管如此,这本简短的书仍然可以被视为一个良好的起点。

几年之内,意大利将发行《资本论》第一卷的完整版本;但这不是社会主义努力的结果,而是在学术界和出版业最高层采取的"资产阶级"倡议。

[①] 马克思至卡菲埃罗,1879 年 7 月 29 日,见戴尔·博(编者),1964 年。

[②] 同上。

我们应该进一步深思经济文化的特点，它使《资本论》有可能出现在这样一个官方甚至是享有威信的环境中，而大部分欧洲学术机构认为这本书完全不属于自己的科学范式。图利奥·马尔泰洛所说的新的"人类—技术"经济学是一个多方面现象，一个具有整合机制的现象，倾向于使事物变得可见，同时在凝胶状邻接的氛围中使其力量无效。实际上，正是在"主义"的胶状流动性中〔特别是"进化论""历史主义"（"历史方法"）和"社会学主义"〕，将会出现对《资本论》的第一次专注的阅读和阐述（维托·库斯玛诺的），因此，也会出现杰罗拉莫·博卡尔多对本卷的第一个完整版本。

博卡尔多也许缺乏库斯玛诺的解释的准确性，但他在意大利经济文化中起到了制度性作用，是这位年轻的西西里岛学者所远不能比拟的。除了是一名普通的政治经济学教授之外，博卡尔多还是一名参议员、意大利山猫之眼国家科学院（Accademia dei Lincei）的成员、国务委员会（Council of State）的成员，最重要的是，从1876年开始，他还是《经济学家图书馆》（*Biblioteca dell'economista*）第三辑的负责人。这是意大利最负盛名的经济学丛书，由一家历史悠久且相当具有声望的出版社都灵版式印刷联盟（Unione Tipografico-Editrice di Torino）〔前身是蓬巴（Pomba）出版社〕出版。"对于费拉拉，在《经济学家图书馆》的前两辑中，我们论述的是批判性方法和视角的**选择**问题。对于博卡尔多，我们有一种折中的描述主义"。① 这无疑是一个公平的评价，但《资本论》第一卷必定很难在费拉拉的**选择**中占据显著地位。无论如何，博卡尔多的"折中的描述主义"是处于一种**选择**的背景之中，即上述的"主义"的背景之中。这最终也包括稀释这名"作家"（faiseur des livres）所说的"从卡尔·马克思的作品中"学到的"非常多的东西"②。但是，除了文本的框架和序言中的驱魔外，编辑的存在本身也很重要。

根据罗伊（Roy）的法语版本、由博卡尔多本人编辑的这本书的翻译工作③可能始于 1879 年。该书的 43 个组成部分分期出版于 1882 年至 1884 年，并单独出售。终于在 1886 年，这些部分与利奥波德·雅各比（Leopold Jacoby）的《发展理念》（*Die Idee der Entwicklung*）和尼古拉·车尔尼雪夫斯基（Nikolay Chernyshevsky）的《对约翰·斯图尔特·密尔的批判性看法》（*Critical Observations on John Stuart Mill*）一起被汇集成一卷，④ 它们都被称为"经济学的异教徒"。

这是直到二战结束之后学者、激进的学者和激进分子能获得的《资本论》的唯一一本意大利语译本。都灵出版社将在 1916 年至 1924 年期间重印这一版本，并在 1945 年

---

① 马基奥罗，1970 年，第 498 页。
② 参见博卡尔多，1878 年，第 46 页。
③ 布拉沃，1992 年，第 110—113 页。
④ 《资本论》。《政治经济学批判》，1886 年由尤特出版社（Utet）在都灵出版，见《经济学家图书馆》第三辑的第九卷第 2 篇。

第三章 19世纪90年代的马克思主义：基础——及正统？

后再次重印〔现在由路易吉·菲尔波（Luigi Firpo）重新撰写了引言〕，到1960年又重印了七次。直到1974年，尤特出版社才致力于出版新的版本，目前的版本由布鲁诺·马菲（Bruno Maffi）翻译，奥雷利奥·马基奥罗（Aurelio Macchioro）编辑。

1886年的版本完全属于官方文化内部，但也通过"科学"和"社会问题"表明了"学院"和"社会主义"之间的某种渗透性。这是意大利文化史的一个特点。在这种情况下，社会主义者当然与这一倡议无关，甚至对它感到惊讶。马克思碰巧在去世前不久意识到了这一点，① 而恩格斯直到1893年才意识到这一点。② 然而，鉴于社会主义者在创造他们自己文本的完整版本方面一直存在困难，他们可能最终会使用博卡尔多的译本，其编辑视野似乎几乎是在放纵劳动分工。博卡尔多的版本事实上是为意大利社会主义的"高级"文化服务的，而概要则更多地用于更为广泛的传播。③ 实际上，德维尔的概要也于1893年出版，④ 而拉

---

① 参见图利奥·马尔泰洛致马克思，1883年1月5日，见德尔·博（编者），1964年，第294页。

② 参见屠拉蒂致恩格斯，1893年6月1日，见德尔·博（编者），1964年，第479—480页。

③ 另一方面，屠拉蒂将自己的副本寄给恩格斯以便让恩格斯看到，该副本仍然"完好无损，（其页面）仍未被剪切"：参见屠拉蒂致恩格斯，1893年6月9日，见戴尔·博（编者），1964年，第484页。

④ 《加百列·德维尔（Gabriele Deville）总结的〈资本论〉，前面是对科学社会主义的简短注释》（*Il Capitale riassunto da Gabriele Deville e preceduto da brevi cenni sul socialismo scientifico*），由克雷莫纳（Cremona）的社会出版社（Tipografia sociale）出版于1893年。

意大利马克思主义史：从起源至第一次世界大战前

法格的摘录则在第二年出版。① 后者伴随着帕累托著名的引言，社会主义者对其评价特别严厉，② 同时还有拉法格自己的"反引言"。在卡菲埃罗的概要之后，直到世纪之交后出现的埃托雷·法别蒂（Ettore Fabietti）的1902年卷，才有了意大利对《资本论》的第二次普及化。③

在19世纪80年代，对历史反思十分重要以及作为理论意识形态参考的马克思和恩格斯的其他文本的出版在性质上也是偶然的，没有结构化的社会主义圈子来推进这样的编辑计划。第一个意大利语版本的《社会主义从空想到科学的发展》④ 和《家庭、私有制和国家的起源》⑤（在德语原版出版仅一年后

---

① 《资本论 保罗·拉法格的摘录》（*Il capitale/Estratti di Paolo Lafargue*），由1894年由桑德罗（Sandron）出版于巴勒莫。帕累托的引言出现在第9—85页，拉法格的"反引言"出现在第183—224页。随后于1894年重印。

② 参见《一口吞掉马克思的自由资本主义骑士》，以及埃托雷·金达尼-莱奥尼达·比索拉蒂，《意大利自由主义经济学家的剩余价值诡辩》，载《社会批判》，1893年，第285—288页。

③ 《埃托雷·法别蒂推广的资本论》（*Il Capitale volgarizzato da Ettore Fabietti*），1902年由朱塞佩·奈尔宾出版社（G. Nerbine Editore）出版于佛罗伦萨。

④ 《社会主义从空想到科学的发展》（*Il socialismo utopico e il socialismo scientifico*），1883年由贝内文托的弗朗切斯科·德·真纳罗印刷厂（Stabilimento tipografico F. De Gennaro）出版。由帕斯夸勒·马尔提涅蒂翻译。

⑤ 《家庭、私有财产和国家的起源，就路易斯·亨·摩尔根的研究成果而作》（*L'origine della famiglia, della proprietà privata e dello Stato, in relazione alle ricerche di Luigi H. Morgan*），由作者修订，1885年由贝内文托的·德·真纳罗印刷厂出版。由帕斯夸勒·马尔提涅蒂翻译。在1886年的头几个月，马尔提涅蒂还翻译了《雇佣劳动与资本》（*Wage Labour and Capital*）[参见1886年2月8日马尔提涅蒂致恩格斯的信件，见戴尔·博（编者），1964年，第310—311页]，但正如我们将看到的，这一译文直到1893年才得以出版。

出版）确实是社会主义者倡议的成果——然而，这是一位社会主义者的倡议，他名叫帕斯夸勒·马尔提涅蒂，是一位值得称赞却默默无闻的地方翻译家。他经常用自己有限的资金资助出版他翻译的马克思和恩格斯著作。恩格斯，这位骄傲的"将军"，能够与这位谦逊的社会主义革命战士建立起深厚的关系，这种关系因其严谨的学识、温暖的人性以及对共同理想世界的归属感而堪称典范。

然而，同样这些年里在更加"制度化"的社会主义环境中出版的文本具有不同的重要性，而且数量也远远不够。①

在那十年的末期和19世纪90年代，出现了真正的、适当的质的飞跃。这一转折点（而且是一个特别具有象征意

---

① 《恩格斯在马克思墓前的讲话》（Discorso di Engels sulla tomba di Marx），载《人民报》，米兰，1883年4月；《意大利社会主义杂志》（Rivista italiana di Socialismo）中的《阶级斗争》（《哲学的贫困》中的一些页面），伊莫拉-卢戈（Imola-Lugo），第1期，1886年，第37—40页；《摘自国际工人协会总委员会关于法兰西内战的宣言（1871年）》（Dal Rapporto al Consiglio generale dell'Associazione Internazionale sulla guerra civile in Francia），载《公正》，雷焦艾米利亚，1887年4月3日：《1871年法兰西内战（国际工人协会总委员会宣言）》〔La guerra civile del 1871 in Francia（rapporto del Consiglio generale della Associazione Internazionale dei Lavoratori）〕，见《意大利社会主义杂志》，伊莫拉—卢戈，第2期，1887年，第129—134页、第166—171页、第202—205页、第251—255页、第272—276页、第306—307页、第3期，1888年，第328—332页；恩格斯：《美国工人运动》（Il movimento operaio di America），载《意大利社会主义杂志》，第2期，1887年，第244—250页；恩格斯：《保护关税制度和自由贸易》（Libero scambio e protezionismo），载《心与批评》（Cuore e Critica），萨沃纳（Savona），第2期，1888年，第229页，第3期，第7页。

义的转折点）与《宣言》的意大利语版本有关。

在《宣言》的意大利语版本的历史中，最可直接识别的方面是它首次在意大利半岛上出现时的明显延迟。第一个译本（接下来我们会看一看它的特点）出现在1889年。到那时，有21个德语版本、8个英语版本、7个法语版本、12个俄语版本、2个瑞典语版本、3个丹麦语版本、4个西班牙语版本、2个塞尔维亚语版本、1个葡萄牙语版本、1个捷克语版本、1个波兰语版本和1个保加利亚语版本。[①]自1891年至1902年，这一文本在意大利有四个翻译版本和两个重印版本。

然而，1889年《宣言》在克雷莫纳的《人民的回声》(L'Eco del popolo)上首次分期亮相，结果并不令人愉快。[②]基于德语原著的翻译（相当可疑地归功于莱奥尼达·比索拉蒂）[③]还是遭受了法语版本的污染。该译文不仅有相当多的漏洞，而且似乎已经适应了概要的要求。"它具有概要的所有语言特征，包括简化原作的句法和论证结构，完全丧失其文体价值，削减其词汇的丰富性和语义的复杂性"。[④]

作为单独一卷的《宣言》的第一版，即彼得罗·戈里(Pietro Gori)的版本，只是在更大的完整性方面比《人民

[①] 参见安德烈亚斯，1963年，第380—383页。
[②] 《共产党宣言》(Il manifesto del Partito comunista)，载《人民的回声》，克雷莫纳，1889年，第35期，8月30—31日；第36、37、38、39期，9月；第40、41、42、43期，10月；第44期，11月。
[③] 波西奥，1951年，第446—447页。
[④] 参见科尔泰拉佐(Cortellazzo)，1981年，第95页。

第三章 19世纪90年代的马克思主义：基础——及正统？

的回声》版本有所改善。① 在这一版本中，我们再次可以注意到许多错误、语言上的不准确，以及在再现马克思和恩格斯的语言严谨性方面的困难。

《宣言》意大利语版本的真正转折点出现在党的中央出版机构开始接管这项工作之时。蓬佩奥·贝提尼（Pompeo Bettini）的版本于1892年发表于《阶级斗争》，并于次年作为小册子出版，既是出色的翻译版本，也是完整的翻译版本。② 这些特点再加上该版本由社会批判办事处（Uffici della Critica Sociale）出版，使它成为意大利社会主义对《宣言》的公认译本，到1914年为止又被重印了六次。

然而，这一官方（基本上就是"党"）版本并没有呈现出"正统"的特征。19世纪90年代，另一个版本出现在迪亚诺马里纳（Diano Marina），由利古里亚（Ligurian）社会主义报纸《新时代》（*Era Nuova*）推广的《图书馆》中。③ 该版本又是直接从德语翻译而来，考虑到了贝提尼的版本，但没有仿效。该译本"忠实于原作的字面意义，在每个细节上都一丝不苟地遵循原文，即使在产生某些晦涩的要素

---

① 《共产党宣言》，1847年，1891年由凡图齐在米兰出版。

② "《马克思和恩格斯的共产党宣言（1848）》[（Il Manifesto del Partito comunista di Marx ed Engels（1848）]。蓬佩奥·贝提尼译自德语（Traduzione dal tedesco di Pompeo Bettini）"，载《阶级斗争》，第1期，1892年，第8、10、12、13、15、16、17、19、20、21、22期；《共产党宣言 弗里德里希·恩格斯为意大利读者撰写新序言》（*Con un nuovo proemio al lettore italiano di Federico Engels*），1903年由社会批判社出版于米兰。

③ 《共产党宣言》，附前言（Con prefazione），1897年由首届艺术图片展（Premiata tipografia Artistica）出版于迪亚诺马里纳。

的细节上也是如此"①。该版本不会重印,但即使如此,估计也发行了约8000份。

最后是拉布里奥拉的版本,② 是"最具原创性和最不被动"的翻译,显示出"某种放大文本的趋势,而不是通过减少文本来简化它"③,也标志着该版本与德语原版的相对自主性。也许正是由于这些原因,这一版本不会取代贝提尼的公认译本,但在学者中的传播尤为广泛。

那么,这是一幅相当清晰的全景图了,其中即使是隐含的"官方"地位也没有转化为统一性。

《宣言》在意大利出版的历史可以被视为表明了19世纪90年代确定马克思和恩格斯的意大利语版本**全集**的方式。确切点说,除了具有自己的时代划分的"激进"著作,以及适合于立即使用的著作之外,我们不能真正地说意大利社会主义直到那时在拼凑这一文本主体的基本"骨架"方面已经取得了很大进展。《资本论》第一卷的意大利语版本是社会主义外部领域的成果;在马尔提涅蒂于19世纪80年代翻译的三部具有最大理论价值的作品中,一部尚未出版,另外两部仍然处于受限状态,就像流亡在贝内文托一样,在社会主义运动的分散力量中几乎没有得到任何响应。在19世纪的最后十年,这种情况将迅速改变;但是我们不应

---

① 科尔泰拉佐,1981年,第98页。
② 《共产党宣言》,出现于拉布里奥拉的《纪念共产党宣言》(*In memoria del Manifesto dei Comunisti*),第3版,1902年由勒舍尔(Loescher)出版于罗马,第75—118页。
③ 科尔泰拉佐,1981年,第100页、第103页。

第三章 19世纪90年代的马克思主义：基础——及正统？

该假定存在着任何具体的、明确的计划来构筑这样一部**全集**，或者假定是米兰中心为此奠定了所有基础。

马尔提涅蒂提议出版的作品现在更容易被接受，至少在公开出现恩格斯—洛里亚分裂之前是这样。《社会主义从空想到科学的发展》重新出版（尽管不是由《社会批判》出版），① 它的第一个版本几乎一直是个秘密。因此，《雇佣劳动与资本》② 最终于1893年出版（马尔提涅蒂早在1886年就已翻译出来），但是《家庭、私有制和国家的起源》的第二版却要等到1901年。

尽管马克思的《法兰西阶级斗争》（Class Struggles in France）已经出版，③ 但像恩格斯的《资本论》第三卷序言那样对讨论马克思的经济理论和澄清马克思与洛里亚的关系十分关键的文本，并没有立即在《社会批判》的计划中找到位置。如果说它最初是作为一个非"官方"的选择出现的，这也要再次归功于帕斯夸勒·马尔提涅蒂

---

① 《社会主义从空想到科学的发展》（*Socialismo utopistico e socialismo scientifico*），1892年由弗拉米尼奥·凡图齐（F. Fantuzzi）在米兰出版。

② 《资本和工资，附有作者的参考书目和弗里德里希·恩格斯的介绍》（*Capitale e salario, colla bibliografia dell'autore e con una Introduzione di Federico Engels*），1893年由社会批判办事处出版于米兰。同年，缺少第一部分当代版本出现在《阶级斗争》中。恩格斯为这部作品所作的引言，再次由马尔提涅蒂翻译，已于1891年出版："《资本家与工人之间 马克思认为他们冲突的内在原因》（Fra capitalista e lavoratore. La ragione intima del loro conflitto secondo Marx）"，载《社会批判》，1891年，第148页。

③ 《1848年至1850年的法兰西阶级斗争》（*Le lotte di classe in Francia dal 1848 al 1850*），弗里德里希·恩格斯作序（con prefazione di Federigo Engels），1896年由社会批判办事处出版于米兰。

意大利马克思主义史:从起源至第一次世界大战前

的倡议。①

毫无疑问,《社会批判》和相关出版物是马克思和恩格斯的文本出现最多的地方;但正如我们已经注意到的那样,它们的出版并不符合涵盖一个确定时期的逻辑上安排得当的计划。所做的选择往往是偶然性的,源于有利的偶然环境,或者有时与"政治时刻"有关。鉴于"马克思主义党"(搞政治的政党)面前有许多选择,它需要一颗"北极星"来确定其选择的方位,以及对自然"强大"的政治概念来说所必需的安全的锚定。出版"大师们"所写的文本往往与某些特定场合相关,提及这些文本几乎是必需的。

无论如何,还有许多马克思和恩格斯的19世纪90年代的版本与社会主义文化的最重要的阐述中心没有直接联系。《雾月十八日》(*The Eighteenth Brumaire*)是在罗马的《驴》(*L'Asino*)②的倡议下出版的,《哲学的贫困》则由博洛尼亚的"社会主义图书馆"出版,而该城市的社会主义支部负

---

① 《〈资本论〉第3卷序言》(Prefazione al volume iii del Capitale),载《评论》(La Rassegna),那不勒斯,1895年,第1—2期,第72—100页。完整版本于1896年由罗马纳印刷出版社(Tipografia Editrice Romana)出版,名为《摘自卡尔·马克思〈资本论〉第三卷》(*Dal terzo volume del Capitale di Carlo Marx*)。弗里德里希·恩格斯作序和评论(Prefazione e commenti di Federico Engels)。恩格斯去世后,屠拉蒂也选择出版了陈述恩格斯与洛里亚论战第二阶段的文本的一部分:《弗里德里希·恩格斯的最后一部著作〈资本论〉第三卷的补充和新增》(L'ultimo lavoro di F. Engels. Complementi e aggiunte al iii libro del Capitale),载《社会批判》,1895年,第21、22、23、24期。

② 《路易·波拿巴的雾月十八日》(*Il diciotto brumaio di Luigi Bonaparte*),弗里德里希·恩格斯作序,1896年出版于罗马。

责印刷《法兰西内战》。① 还有一些文章会出现在周刊或日报上，几乎就像承担直接的军事职能一样。②

虽然在这些年里，马克思和恩格斯文本的意大利语版本数量大大增加，但即使在1899年初，在这两人去世之间的几年里，也不是马克思恩格斯**全集**中所有选定的文章都在意大利半岛上翻译了出来。例如，1901年出版的《反杜林论》③、1902年出版的《路德维希·费尔巴哈和德国古典哲学的终结》（*Ludwig Feuerbach*）和《关于费尔巴哈的提纲》（*Theses on Feuerbach*）④，或同样在1901年出版的《哥达纲领批判》（*Critique of the Gotha Programme*）。⑤

实际上，1899年将标志着马克思和恩格斯文本出版进一步的质的飞跃，在1899年和1902年之间达到一个特殊的高峰。⑥ 这是迄今为止为社会主义和意大利文化提供马克

---

① 《1870—1871年法兰西内战或恢复公社》（*La Guerra civile in Francia del 1870—71 o la Comune rivendicata*），1894年由阿佐圭迪印刷公司（Società tipografica Azzoguidi）出版于博洛尼亚。

② 例如，请注意由米兰的《战争报》（La Battaglia）分别于1894年7月14日和8月11日再版了《论权威》和《政治冷淡主义》。

③ 《科学社会主义 反杜林论》（*Il socialismo scientifico contro E. Dühring*），1901年由桑德罗出版于米兰和巴勒莫。

④ 《路德维希·费尔巴哈与德国古典哲学的终结》（*Ludovico Feuerbach e il punto d'approdo della filosofia classica tedesca*），1902年由蒙吉尼出版于罗马，第41—42页为马克思的《关于费尔巴哈的提纲》（These）。

⑤ 《对社会主义民主纲领的批判——作者去世后发表（1875）》[*Per la critica del programma della democrazia socialista-scritto postumo*（1875）]，1901年由蒙吉尼出版于罗马。

⑥ 在契科利提1914年之前编辑的**全集**中出版的36篇文章中，约有23篇于1899年至1902年间出版。

意大利马克思主义史:从起源至第一次世界大战前

思和恩格斯当时大部分可供利用的作品的最重要的尝试。①

---

① 出版的 36 篇为 1) 马克思:《第六届莱茵省议会的辩论》(*The Proceedings of the Sixth Rhine Province Assembly*)(1899 年,第一个意大利语版本);2)《黑格尔法哲学批判》(*Critique of Hegel's Philosophy of Law*)和《论犹太人问题》(*On the Jewish Question*)(1899 年,第一个意大利语版本,由契科提翻译);3) 恩格斯:《英国状况》(*The Condition of England*)(第一个意大利语版本),《国民经济学批判大纲》(*Outlines of a Critique of Political Economy*)(1899 年,由契科提翻译);4) 恩格斯:《英国工人阶级状况》(*The Condition of the Working Class in England*)(1899 年);5) 马克思:《德国的革命与反革命;或者 1848 年的德国》(*Revolution and Counter Revolution; Or Germany in 1848*)(1899 年,第一个意大利语版本);6) 马克思:《〈政治经济学批判〉序言》(*Contribution to the Critique of Political Economy*)(1899 年,第一个意大利语版本);7) 恩格斯:《暴力在历史中的作用:新德意志帝国建立过程中的武力与经济》(*Force and Economics in the Establishment of the New German Empire*)(1899 年,第一个意大利语版本,由契科提翻译);8) 马克思:《揭露科隆共产党人案件》(*Revelations Concerning the Communist Trial in Cologne*)(1900 年,第一个意大利语版本);9) 马克思,《哲学的贫困》(1901 年);10) 马克思:《"新莱茵报"审判案:两次政治审判》(*Two Political Trials*)(1901 年,第一个意大利语版本);11) 马克思:《国际工人协会成立宣言》(*Inaugural Address of the International Workingmen's Association*)(1901 年,由契科提翻译);12) 恩格斯:《"人民国家报"国际问题论文集》(*International Questions in the Volkstaat*)(1901 年,第一个意大利语版本);13) 恩格斯:《论住宅问题》(*On the Housing Question*)(1901 年,第一个意大利语版本);14) 马克思,《国际工人协会和社会主义民主同盟》(*The International Workingmen's Association and the international Alliance of Socialist Democracy*)(1901 年,第一个意大利语版本);15) 马克思:《哥达纲领批判》(*Critique of the Gotha Programme*)(1901 年,第一个意大利语版本,由契科提翻译);16) 恩格斯:《欧洲能否裁军?》(*Can Europe Disarm?*)(1901 年,第一个意大利语版本,由契科提翻译);17) 恩格斯:《路德维希·费尔巴哈与德国古典哲学的终结》(*Ludwig Feuerbach and the End of Classical German Philosophy*)(1901 年,第一个意大利语版本,由契科提翻译。秦梯利于 1899 年出版过片段);18) 马克思:《1848 年至 1850 年的法兰西阶级斗争》(*Class Struggles in France, 1848—1850*)(1902 年);19) 马克思:《路

第三章 19世纪90年代的马克思主义：基础——及正统？

（接上页注①）

易·波拿巴的雾月十八日》(*The Eighteenth Brumaire of Louis Bonaparte*)（1902年）；20）马克思：《法兰西内战》（1902年）；21）恩格斯：《社会主义从空想到科学的发展》（1902年）；22）恩格斯：《恩格斯致保尔·恩斯特（Paul Ernst）》(*Reply to Mr. Paul Ernst*)（1902年，第一个意大利语版本）；23）恩格斯：《布伦坦诺诉马克思 关于所谓捏造引文问题。事情的经过和文件》(*In the Case of Brentano vs. Marx Regarding Alleged Falsifications of Quotations. The Story and Documents*)（1902年，第一个意大利语版本）；24）恩格斯：《德国维护帝国宪法的运动；英国的10小时工作制法案》(*The Campaign for the German Imperial Constitution-The English Ten Hours' Bill*)（1903年，第一个意大利语版本）；25）马克思：《论东方问题：1853年至1856年信件重印》(*The Eastern Question: A Reprint of Letters Written 1853—1856*)（1903年，第一个意大利语版本）；26）恩格斯：《德国农民战争》(*The Peasant War in Germany*)（1904年，第一个意大利语版本）；27）恩格斯：《波亨与莱茵河》(*Po and Rhine*)（1906年，第一个意大利语版本）；28）恩格斯：《关于历史唯物主义的两封信》(*Two Letters on Historical Materialism*)（1906年）；29）恩格斯：《在埃尔伯费尔德的演讲；在伦敦举行的各族人民庆祝大会；傅立叶论商业的片断；瑞士的内战》(*Speeches in Elberfeld-The Festival of Nations in London-A Fragment of Fourier's On Trade-The Civil War in Switzerland*)（1908年，第一个意大利语版本）；30）马克思和恩格斯：《反克利盖的通告》(*Circular against Kriege*)（1908年，第一个意大利语版本）；31）恩格斯：《萨瓦、尼斯与莱茵》(*Savoy, Nice and the Rhine*)（1908年，第一个意大利语版本）；32）马克思和恩格斯：《神圣家族，或对批判的批判所做的批判。驳布鲁诺·鲍威尔及其伙伴》(*The Holy Family, or Critique of Critical Criticism. Against Bruno Bauer and Company*)（1909年，第一个意大利语版本）；33）马克思：《福格特先生》(*Herr Vogt*)（1910年，第一个意大利语版本）；34）恩格斯：《反杜林论：欧根·杜林先生在科学中实行的变革》(*Herr Eugen Dühring's Revolution in Science*)（1911年）；35）马克思和恩格斯：《共产党宣言》(*Manifesto of the Communist Party*)（1914年）；36）《资本论。政治经济学批判》(*Capital. Critique of Political Economy*)第1卷，卡尔·考茨基编辑的新的通俗版本［1915年，由埃托雷·马乔利（E. Marchioli）翻译，第一个意大利语版本］。

意大利马克思主义史：从起源至第一次世界大战前

由于重要的古代历史学家埃托雷·契科提和社会主义出版商路易吉·蒙吉尼（Luigi Mongini）的合作，马克思、恩格斯和拉萨尔的作品分期出版（后来作为合集出现），无疑代表了"意大利文化对马克思的唯一真实的、实质性的研究……直到第二次世界大战结束之后"①。这一出版成果是意大利学术文化中最警觉的要素与来自党自身内的组织努力的结合（但在很长一段时间内并不与党相联系），这一出版产量代表了科学自治的要求与政治运动的文化表现和合法化之间调解的一个高潮。但它是否可以被认为是"大师"作品**全集**的"正统"概念的成果？

---

① 布拉沃，1992年，第79页。

第四章
历史唯物主义

1 什么哲学？什么历史哲学？

到目前为止，我们所论述的意大利马克思主义的路线在多个领域中展开，具有不同程度的理论可识别性。正如我们所看到的，有时非马克思主义原来是马克思主义在社会中扎根（往往是必要的条件）的另一面。**松散的马克思主义**与马克思主义的**松散的**可识别性或近乎缺乏可识别性相呼应。与此同时，**松散的**马克思主义并没有对理论的严密性提出崇高的要求，它不可能这样做。相反，历史唯物主义的领域本身就包含了识别理论马克思主义的必不可少的标准。这是那些专注于马克思主义"哲学"问题的学者们的主要研究领域。

1983 年（这一年的马克思研究，在经常提及的"马克思主义之死"之后，如今看来是如此久远，然而"马克思

意大利马克思主义史：从起源至第一次世界大战前

主义之死"本身已经沉浸在最后的"马克思主义的危机"之中）是一位总是与任何形式的解释性教条主义无关的历史学家埃里克·霍布斯鲍姆，重新提出了马克思主义的一些具体内容的身份内涵问题，尤其是历史唯物主义的问题。面对"我们什么时候是马克思主义者？"的问题，霍布斯鲍姆揭示了众多"马克思主义者"分类的非本质特征，这些分类可能甚至常常具有误导性。然而，他确实注意到确认一个区别点的可能性，并认为为此有必要"回到19世纪末制定的马克思主义的基本原则"作为参照点，并回到其核心，即"与其说是一套学说、结果和文本"，不如说是"**来自唯物史观的应用的方法**"。这显然

> 为非常广泛的解释（甚至有时是相反的解释）留下了空间，但仍然都可以自诩为"马克思主义"。其中任何一个都不能简单地说"它不是马克思主义"来反驳……然而，某些思维方式或观点可以被归类为非马克思主义，与它们是否由自我定义为马克思主义者人士所代表无关。**这就是难以归因于唯物史观的分析的情况。**[①]

霍布斯鲍姆的这一范式似乎在历史解释的层面上具有显著的说明能力。然而，尽管该范式牢固地建立在马克思

---

① 霍布斯鲍姆，1983年，第169页，重点部分为本书作者所标。

第四章 历史唯物主义

主义的假设之上，但是仍然在理论领域中不断提出了不少问题——就像那些在 19 世纪末已经提出的问题一样。

历史唯物主义的主题以一种复杂的聚合形式出现，但在其中还是可以区分出一种理论的展开、历史作品的具体生产以及社会主义工人运动的发展，这种运动以各种"科学"或"意识形态"的形式（或同时以两种形式）来与这种理论建立关系。这些都是社会主义和马克思主义之间更普遍的相遇过程的非次要方面，是其方式和特征。有时，它们的传播更为分散，而在其他时候，它们在更为"紧密"的意义上被掌握和/或理论化。这些方面普遍传播，它们是 19 世纪最后三十年在史学和社会科学的开放领域中进行的无数次"方法之争"的实质，扩大了马克思和马克思主义理论在不同文化背景下的影响，同时也允许不同文化之间的渗透，模糊了它们之间的分离。每当它们被掌握得更紧之时，就证实了激进的知识分子最近经常获得的理论稳固性方面的倾向。尽管这两个要素有时会形成对比，但不应总是被视为独立和矛盾的。实际上，这一时期马克思主义—社会主义的激进活动的新衣，不可避免地在很大程度上由这个时代的文化织物织就。

在某种程度上，这又是一种**松散的马克思主义**；这种马克思主义也活跃在不同于 19 世纪 80 年代"作为阶级的党"的形成过程的背景下。将历史唯物主义与意大利文化的很大一部分联系在一起的千丝万缕，以及这一理论的阐述在 19 世纪 90 年代达到的非常高的水平，都使唯物史观在

意大利马克思主义史:从起源至第一次世界大战前

理论马克思主义的不同组成部分中拥有完全特殊的地位。在**世纪末**(fin de siècle)"知识革命"① 的总的背景下(充满了划时代的辉煌,预示着未来它的突破次数远超过分析性创造所带来的成就),"马克思主义的危机"以一种全然特殊的方式牵涉到了历史唯物主义(即马克思方法的核心要素)。经济学更多地处于火线地带:劳动价值理论、"资本主义崩溃"的主题——简而言之,这些问题可能牵涉到神圣的"科学性"的基础和社会主义的更适中的"新道路"。这些是在其他文化中无法还原的问题。

相反,"辩证法的苦涩分泌物""尽管被唯物主义的'甜酒'所掩盖",仍然通过一千条溪流喂养着史学和哲学,② 可能看起来与社会主义和阶级斗争的命运关系不大。此外,即使是现在已经放弃对马克思学的兴趣的克罗齐,在处理马克思主义这一层面的方式时,也以一种完全不同于他在寻找和定义纯粹"经济原则"时对马克思主义经济范畴得出的结论的方式。

在克罗齐作品的许多段落中,他以各种形式对历史唯物主义在他自己的智力成熟以及意大利历史和哲学文化中的作用进行了积极评价。他在 1927 年撰写的《1871 年至 1915 年的意大利历史》(*Storia d'Italia dal 1871 al 1915*)中,仔细考虑了"马克思主义的"社会主义及其中心内核,即唯物史观。这些并不是新的观点,但他在一篇并非为专

---

① 该表达出自斯图尔特·休斯(Stuart Hughes),1977 年,第 33 页。
② 克罗齐,1921 年,第 2 卷,第 233 页。

家设计的文本中重新提出这些观点（一篇在意大利历史上非常重大的时刻具有明确的道德—公民功能的文本）赋予了它们特殊的意义。此外，克罗齐在这里追溯了意大利文化长期发展的内在有机路径，能够改变这种文化的进程并为其注入生命的存在的各个阶段。

他的出发点是他对意大利文化的实证主义，特别是1871—1890年期间的实证主义的负面评价（这可以被认为是理所当然的）。在这一时期，"'哲学家'这一名称，'哲学'这一词语……成为声名狼藉的术语"。当史学"不是（像他们说的那样）在细节之间移动（史学必须总是在细节之间移动，不知道任何与它无关的细节或决定）而是在与其中心无关的细节之间移动"。而当最缺少的是任何"强大的思想"时，① 社会主义已经提出了这样一种思想。但是在马克思主义在意大利出现之前，一种与人道主义和一般革命主义界限不清的社会主义已经在该国的文化中没有发挥任何作用；尽管其倡导者慷慨热情地努力传播这一信息，但他们仍然"站在国家生活和文化生活的边缘：那些古怪、狂热或精神错乱的人，他们的研究没有任何纪律、自我教育不足、所受训练参差不齐，或者是那些不学无术的人的学生"②。

然而，拉布里奥拉那时真正发现了他早先听过风声的马克思，现在"每个院系的大学生，那些最聪明的人，以

---

① 克罗齐，1967年，第124、125、133页。
② 同上，第139页。

意大利马克思主义史:从起源至第一次世界大战前

及许多经济学教师,还有法律、历史和科学的教师"都转向了社会主义,或者受到了社会主义的强烈影响。现在,"马克思主义的社会主义(来)填补撕裂了意大利人的思想和理想的空白"①。

对克罗齐来说,毫无疑问的是

> 意大利对马克思主义的社会主义的接受及其所引起的骚动是……对更好的基础和更深刻的见解的一系列复杂的纠正、恢复和修复,为意大利文化提供了新的内容,**把软弱无力的文化拾起来,将其置于由骨头组成的结构上**。②

因此,"意大利哲学的重新觉醒……首先是通过马克思主义及其历史唯物主义"实现的,因此"……所有意大利文化和思想都被马克思主义的社会主义所渗透并注入了新的活力"③。

拉布里奥拉开创了这一时期,鉴于"他的批判精神不允许他成为正统",他最好的经验传给了"他的一名学生",后者"沿着(拉布里奥拉)开辟的道路前进",对"马克思的所有主要论点进行了批判"。④ 这使得马克思主义最富于

---

① 克罗齐,1967年,第142页。
② 同上,第143页,重点部分为本书作者所标。
③ 同上,第146、148页。
④ 同上,第153页。

营养的汁液，净化了言过其实和明显的虚假，以持久的方式进入意大利文化和国民生活的循环。

当然，克罗齐的这种模式相当符合这位那不勒斯哲学家对他自己的知识经验和他自己在意大利文化中的作用的看法，但是与此同时，这种模式也成功地准确说明了这样一种氛围：在一代年轻学生对文化复兴的关注和马克思的历史唯物主义之间形成了必然的遭遇。

此外，历史唯物主义的主题和错综复杂的问题群在19世纪90年代的意大利文化中具有重要性和普遍性，仅看理论的高点是无法看到这一点的。

罗伯特·米契尔斯在他的《意大利马克思主义史》(*Storia del marxismo in Italia*)[①]的附录中出版的文献目录中指出，19世纪90年代有79本"历史唯物主义专著"，接下来十年的前八年有59本。米契尔斯的文献目录当然是建立在广泛的标准之上的，因为它包含了"**所有**围绕马克思和他的思想的著作，无论是书籍、小册子、评论文章和新闻文章，无论是好是坏，是支持还是反对"。[②] 但就历史唯物主义而言，文章的数量可能比这个更多。事实上，米契尔斯把他的文献目录分为"历史唯物主义专著""《资本论》专著""价值理论""集中和积累理论专著""日益严重的贫困和危机专著""总的马克思主义的作品""与马克思主义有关的农业问题著作"和"所谓马克思主义的危机著

---

① 米契尔斯，1909年，第1—55页。
② 同上，第1页。

作"。历史唯物主义是绝妙的横向主题。例如,即使在"《资本论》专著"或"所谓马克思主义的危机著作"中,也有克罗齐、朱弗里达(Giuffrida)、阿图罗·拉布里奥拉、安东尼奥·拉布里奥拉、洛里亚等人的贡献,他们也介入了关于唯物史观的辩论,尽管方式不同。但特别是"总的马克思主义的作品"清楚地证明了这种横向性。文献目录中的这一部分所引用的文章,19世纪90年代的有155篇,20世纪头八年有125篇,而且看来这些作品中确实有大量论述历史唯物主义的问题。我们只需要看一看秦梯利关于马克思的著作的例子;虽然其中一本《历史唯物主义批判》(*Una critica del materialismo storico*)确实出现在"历史唯物主义专著"中,但另一本《马克思的哲学》(*La filosofia di Marx*)则出现在"总的马克思主义的作品"中。然而在这篇文章中,几乎不难注意到历史唯物主义的中心地位。

发表这些文章的出版物并不局限于社会主义或符合社会主义特点的报刊。几乎所有的意大利主要期刊都对这一主题感兴趣,从《法律档案》到《历史研究》(*Studii storici*),从《经济学家》(*L'Economista*)到《经济学家杂志》,从《新选集》到《社会改革》,从《科学哲学评论》(*Rivisita Filosofica Scientifica*)到《意大利社会学评论》(*Rivisita Italiana di Sociologia*)。在这里,我们也看到了跨学科的横向性,这必然反映在吸收历史唯物主义"汁液"的领域的广度上,即使程度上有很大不同。

当然,实证主义在很大程度上确实为历史唯物主义的这种广泛扩散的时刻提供了文化"储备"。然而，我们应该小心，不要从负面角度来考虑一个具有如此差异化的分析方法和结果的现象。在这一现象中，我们可以找到能够对"社会和道德科学的基础开展批判性反思"的贡献，① 其方式与实证主义者的史学"科学主义"的常见观点不相符合。

实际上，帕斯夸勒·维拉里（Pasquale Villari）19 世纪 90 年代初的文章②将在克罗齐对实证主义史学的论战反思中发挥关键作用，不能像这种限制性的解释方法所暗示的那样被轻易地扁平化为平面。相反，维拉里的方法论实证主义证明能够提供一种关于历史的论述，这种论述在广泛的表述中都得到了明智的平衡。首先，这种论述拒绝盲目崇拜事实，而是强调对解释模型的需要——**可供把玩的**假说。此外，在这篇长文中，一种反系统的、非整体化的精神贯穿始终，明确拒绝决定论的僵化，拒绝通俗的历史哲学，显然也拒绝只有内行才懂的哲学。总而言之，这是一个非目的论的、完整的历史主义的轮廓；与任何实证主义的史学"科学主义"的形象彻底决裂，尽管后者的形象并非没有实质。加之在维拉里的文章中仍然存在一个法则结构，其基础是许多显然是某种文化的反映的论证思路。然而，这并没有使本质上开放的方法论方向的实质失效。③

维拉里活动的领域与那些试图将"作为科学的历史"

---

① 加兰，1983 年，第 87 页。
② 维拉里，1894 年。
③ 参见莫雷蒂（Moretti），1980 年、1981 年。

意大利马克思主义史:从起源至第一次世界大战前

与社会主义战斗性结合起来的学者同时所耕耘的土地必定是相邻的,而且在某些区域是重叠的,这正是通过对唯物史观的优先参照实现的。

在这方面,作为征兆的是维拉里的文章和埃托雷·契科提的一篇文本①几乎同时出现,被认为是米兰科学文学学院(Accademia Scientifico-Letteraria)古代历史课程的介绍。埃托雷·契科提是一名激进主义分子、社会主义教授,也是复兴意大利古代世界研究的提倡者,他采用了一种明确反复追溯历史唯物主义的方法论框架。无论是契科提或确切地说是任何生活在那种文化氛围中的年轻知识分子,都无法避免遭遇现在对历史和哲学提出的紧迫问题。

契科提作品中的道德—文化张力与维拉里的当代文本中的相似,即使在一些不那么恰当的方面也是如此,即关于确定支配历史和社会生活如何展开的内在"法则"方面。他更强调"实践和道德**目的**"②,与一套相当模糊的解释标准紧密相连。他明确提到了经济的中心地位,即使是在公开批判洛里亚决定论的条件下,③ 他重申了"生活的各种表现形式的不可分割性"和"各种因素的相互作用的不可分

---

① 埃托雷·契科提,《我们为什么要研究古代历史?》(Perché studiamo storia antica?),载《文化》(*La Cultura*),1892年,第132—141页。
② 这一表述来自特里夫斯,1962年,第239页。
③ 实际上,契科提在重申经济的中心地位时宣称,"正如一些经济学家试图论证的那样,经济要素是政治体制中的唯一因素,这是一种夸大。"埃托雷·契科提:《我们为什么要研究古代历史?》,载《文化》,1892年,第139页。

割性"①。

在这一点上,契科提将受到唯物史观启发的某些要素嫁接于实证主义的**某个**分支上,在与实证主义"作为一种方法论方向"共享的**某种思维框架**内。② 这将被证明是意大利文化史上的一个重要因素,而且甚至是一个具有长远未来的因素,即使它这种文化的许多地下领域中走了不平坦的道路。

意大利文化与历史唯物主义的相遇绝非偶然。这些主题几乎自然而然地从实证主义的浩瀚深海中浮现出来,从它最模糊、最难以捉摸的潮流中(即从**方法论**实证主义中),以及从它最不灵活、最僵化的学究式潮流中——(即从**哲学**实证主义中)浮现出来。由此产生了各种不同的处理历史唯物主义的方式,其中一些有意识地对确定的实证主义预设持批判态度,另一些则倾向于通过将其吸收到决定论传统中去的过程来抑制其方法论上的新颖性,该传统通过该解释模式的"唯物主义"极点,即"经济因素"发挥的极为重要的作用而变得更加僵化。这也必然导致不同的模态,与不同程度的理论意识和理论严谨性相呼应。

因此同样地,在更高的理论层次上,与马克思主义—历史唯物主义的相遇"既不是偶然的,也不是意外的"③。

---

① 埃托雷·契科提:《我们为什么要研究古代历史?》,载《文化》,1892 年,第 139 页。
② 利门塔尼,1924 年,第 1 页。
③ 这一表述来自加兰,1991 年,第 37 页。斯皮里托,1965 年,第 77 页,相反,他认为"秦梯利(对历史唯物主义)的兴趣归因于偶然因素"。布鲁诺,1979 年,第 65 页也部分地提出了这一论点。

意大利马克思主义史：从起源至第一次世界大战前

对于像克罗齐这样的人物来说，情况并非如此，他认为自己是一个非常有限的圈子里（三四个人？）的主角，在意大利，这些圈子正在对"理论马克思主义"进行讨论。对秦梯利来说情况也不是这样，他认为自己是意大利思辨哲学精神的修复者和守护者，因此感到有必要尝试揭示"拉布里奥拉、克罗齐以及所有社会主义者提出的哲学（的）根源"①。

此外，克罗齐从未认为他的马克思主义研究具有意外性；相反，他认为在意大利文化的更新过程中，这些研究是他自己智力成熟的**必要场所**。

如果已经阅读了拉布里奥拉关于赫尔巴特（Harbartian）伦理学的著作，"出乎意料地回应了（克罗齐）对一种理性形式的急切需求，激发了对生活及其目的和责任的信仰"②，这位那不勒斯哲学家的教训将对克罗齐赋予历史意识、更明确来说是赋予哲学以理性形式的需求产生非常不同的影响。

当拉布里奥拉给克罗齐寄来第一篇关于唯物史观的文章时，这后一种需求〔克罗齐说他在写作《在一般艺术概念下还原历史》(*La storia ridotta sotto il concetto generale dell'arte*) 一文时首次感受到〕以势不可当的力量卷土重来，"（克罗齐）读了又读，感觉（他的）思想又被打开了，（无法）从这些在（他的）头脑中传播和扩展的思想和问题

---

① 秦梯利写给贾亚（Jaia）的信件，1899 年 2 月 5 日，见桑迪罗科（Sandirocco）（编者），1969 年，第 264 页。

② 克罗齐，1989 年，第 24 页。

上移开眼神"。

而对经济学的研究,马克思主义认为其等同于现实的一般概念,即哲学,使(克罗齐)有理由转向哲学问题……所有这些中介,像经济研究一样,总是以历史为其最终目的,(他)计划以经济学和历史唯物主义武装起来,在一段时间内回到历史。①

克罗齐兴趣的中心是

首先是史学和方法论次序的问题。他的注意力……集中在……对史学的性质和本质的兴趣上,这不仅仅是偶然或任意的事情;他的注意力集中在研究史学与艺术史(美学)之间的关系;关于是否存在一种不同于史学的历史哲学的问题,以及,如果存在的话,它是否以及在什么范围内具有科学有效性。②

在本书的其他部分,我们已经大体上得出了一个解释,认为有可能在克罗齐的思想传记中找到一个与马克思主义层面并非无关的阶段。③ 他在 1896 年关于历史唯物主义的

---

① 克罗齐,1989 年,第 33 页。
② 参见奥尔德里尼(Oldrini),1986 年,第 239 页。
③ 我很难同意以下说法:"克罗齐的作品没有进入意大利马克思主义历史。它没有进入其中,是因为他限定自己从外部批评马克思。"科拉迪尼(Corradini),1983 年,第 56 页。

著作完全处于这一"内部"阶段,而且,毫无疑问,他关于"洛里亚教授的历史理论"的文章也是如此,这是拉布里奥拉坚持要求的,而且是两人合作讨论的对象——几乎是一个联合计划中的必要中转站。拉布里奥拉确定了这一联合计划,当时他认为克罗齐(被"足智多谋的攻击"所吸引)对恩里科·菲利(Enrico Ferri)的一些观点给予了过多的重视,他用以下措辞表达了自己的看法:"我认为我们有更有意义的事情要做(**传播科学社会主义**),然后将跟随有能力利用它的人。"①

至于他的论文《论历史唯物主义的科学形式》(*On the scientific form of historical materialism*)②,我们当然不能说这表达了拉布里奥拉和克罗齐的共同观点,即使后者确实认为"拉布里奥拉和(他)之间的分歧似乎不(可能)是实质性的"。③ 稍后我们将有空间来反思这种"分歧"。拉布里奥拉强调,在克罗齐的"讲稿"中存在一种"**形式上的预设**",④ 这种预设有时会导致作者延伸文本,以便"知道得比他实际上的确知道得更多",但他也确认,克罗齐的所有"观点和保留意见"都是"有凭有据的";也就是说,它们有"在事物本身之内的基础",而不是"纯粹的主观或仅存

---

① 拉布里奥拉写给克罗齐的信件,1896年12月24日,见拉布里奥拉,1983年,第3卷,第755页。重点部分为本书作者所标。
② 克罗齐,1961年,第1—21页。
③ 同上,第18页。
④ 这篇文章实际上起源于那不勒斯庞塔尼亚学院的一次"讲座"。

在于他的头脑中"。① 在第二次阅读克罗齐的文本后,他认为他的朋友的"观点"比他第一次考虑时的"意义"还要"**更大**"。② 那么,克罗齐的阐释是可以接受的,完全合情合理地**属于**"事物本身"的**内部**。在随后的几个月里,拉布里奥拉仅仅粗略地回顾这篇论文,指出它"给许多人留下了极好的印象"③。我们知道,拉布里奥拉在某些情况下进行了坚决而严厉的干预,在这些情况下他认为那些与他参与同一个计划的对话者所提供的解释结果与一个概念领域无关,而该概念领域部分是要被界定的,部分是要被构建的。索雷尔就是一个例子。实际上,拉布里奥拉曾对克罗齐本人评论过(在他们"传播科学社会主义"的共同计划期间,而且恰恰是关于最协调地插入这一计划的文本,即"洛里亚教授的历史理论")关于价值理论的说明"确实(做了)一些破坏其效果的事情",这是不合时宜的。④ 他在处理纯粹经济学的问题时没有圆滑地忍着不表态,而是部署了一大堆的论据。⑤ 拉布里奥拉却对克罗齐对他关于历史

---

① 拉布里奥拉致克罗齐,1896 年 5 月 24 日,见拉布里奥拉,1983 年,第 3 卷,第 668 页。
② 拉布里奥拉致克罗齐,1896 年 5 月 25 日,见拉布里奥拉,1983 年,第 3 卷,第 669 页。
③ 拉布里奥拉致克罗齐,1896 年 6 月 6 日,见拉布里奥拉,1983 年,第 3 卷,第 675 页。
④ 拉布里奥拉致克罗齐,1896 年 12 月 25 日,见拉布里奥拉,1983 年,第 3 卷,第 757 页。
⑤ 拉布里奥拉致克罗齐,1897 年 1 月 1 日、5 日,见拉布里奥拉,1983 年,第 3 卷,第 759—762 页、第 762—763 页。

意大利马克思主义史:从起源至第一次世界大战前

唯物主义的第一篇论文的解释采取了相当超然的态度,这一事实相当重要,也是为了更好地界定经常展开讨论的克罗齐本人和秦梯利①与拉布里奥拉的理论之间的关系——这一理论将深深影响意大利"理论马克思主义"的路线。

> 秦梯利对马克思理论的态度不太利于理解它——我们甚至可以说,他带着事先构成的敌意对待马克思理论,这种敌意在政治上由对社会问题的漠不关心决定,在哲学上由对黑格尔的反唯物主义解释决定。②

我相信,我们可以完全赞同乌戈·斯皮里托(Ugo Spirito)的这一判断,这也更有助于缓解一名年轻学者的明显悖论,尽管他在"结构上"是反马克思主义者,但在19世纪90年代的意大利,为了理论上高水平的思辨哲学,他必然要遇到马克思,更确切地说,是遇到拉布里奥拉对马克思的阐释。

因此,克罗齐和秦梯利经由拉布里奥拉发现了马克思。他们对马克思的解释与拉布里奥拉的解释之间的差异,成为了无论是马克思主义还是非马克思主义的意大利历史哲学文化都无法忽视的一个重要比较点。

---

① 奥尔德里尼,1994年,第206页。"两人也都将拉布里奥拉视为古典思想传统和那不勒斯大师哲学的延续和真正的继承人,这并非没有道理。"

② 斯皮里托,1965年,第78页。

当然，克罗齐和秦梯利邂逅马克思的道路是不同的，就像他们周游马克思主义的旅行结果也是不同的，尽管在某些地点他们的轨迹似乎确实很接近。

正如我们已经看到的，克罗齐的出发点是需要在更为严密的理论基础上建立自己的历史**话语**，而在拉布里奥拉身上，他找到了他认为（在一定时期内）完全能够满足这种对基于理论的启发式方法的要求的反应。即使当这种协调变得模糊然后分散时，这种文化经验的实质性痕迹仍然是他知识世界的组成部分。他有时会声称继承那些他认为对滋养意大利文化具有积极作用的因素。此外，他与拉布里奥拉的相遇也转变为与马克思的**直接**相遇。他真正接触了马克思的一些主要文本，从《神圣家族》(*Die heilige Familie*)（他拥有的这本极为稀有书是由拉布里奥拉本人赠送的）到《资本论》和其他较为次要的文本，出于理论和语言学—学术兴趣他预先倾向于研究这些文本，而这些兴趣综合起来代表了克罗齐史学的最佳方面。这一直接关系导致了克罗齐对马克思主义阐释的双重发展：一方面是对马克思命题的理解、解释、分析和批判，另一方面是对这些命题和马克思主义者的著作进行比较，以揭示"真正的"马克思。即使在1899年，当他与拉布里奥拉的争吵已经彻底爆发，他们的观点之间的分歧已经变得非常广泛时，他仍然会给他的老师写下这样的话："**马克思主义的危机**，在其理论方面，几乎总是需要对马克思的命题提供一个更正确、更现实的解释，而不是他的追随者提供的敷衍潦草的

意大利马克思主义史:从起源至第一次世界大战前

混合物和夸大其词"。① 秦梯利〔最近完成了关于《马克思的哲学》(*La filosofia di Marx*)的第二篇论文〕永远不可能同意这样的观点。

如果说乔瓦尼·秦梯利与拉布里奥拉笔下的马克思的相遇(在广义上)是与克罗齐相同的文化氛围的结果,那么他的情况在与某种意大利哲学传统〔斯帕文塔(Spaventa)的哲学传统〕和社会问题、社会主义的关系方面截然不同。克罗齐有一瞬间"吸入"了"人类通过劳动和在劳动中得到救赎再生的愿景中的信仰和希望"②,秦梯利则永远不会经历这样的瞬间。③ 实际上,克罗齐和拉布里奥拉一样,在完善自己对斯帕文塔的黑格尔主义的阐释之后,他认为这是他留下的东西(他称之为"老年黑格尔主义"),而对秦梯利来说,斯帕文塔的教训仍然是使意大利哲学获得新生的计划的核心。由于这一原因,秦梯利对历史唯物主义的态度将始终完全停留在属于彻底推测的层面上,停留在"作为对必要事物的必要知识"的哲学上。④ 他对马克

---

① 克罗齐致拉布里奥拉,1899年3月27日,见克罗齐(编者)1987—1988年,第317页及以下。

② 克罗齐,1989年,第35页。

③ 实际上,他的第一篇关于历史唯物主义的论文一开始就自豪地断言思辨哲学的反思对于"社会问题"的重要性。"科学当然可以而且必须参考社会的真实状况,并将其作为自己调查研究的特殊对象;但是科学可以而且必须不能将(这些条件)与适合其本质的事物混合在一起,并将(这些条件)等同于适合其本质的事物。准确地说,(其本质)是精神的形式化阐述的产物,其中(这些条件)注定要提供纯粹的内容。"参见秦梯利,1955年,第14页。

④ 维格纳(Vigna),1977年,第10页。

思文本的真正知识（尤其是在他的两篇论文中的前一篇中）原来"接近于零"①。他的最重要的参照点是二手资料——拉布里奥拉、克罗齐和基亚佩里（Chiappelli）的论文，几乎所有引文都是二手的。

毫无疑问，"秦梯利的足智多谋和敏锐性（他肯定不缺）大大优于他的语言学和批判资料"②。实际上，即使考虑到他前面提到的缺乏直接的原文引用，以及对《关于费尔巴哈的提纲》的某些段落使用了含糊其词的、矫揉造作的翻译，他还是能够展开"关于实践"的论述，而哲学家马克思在意大利的很大一部分路线就是通过该论述流传的："'意大利的'马克思的路线，即在哲学—政治的**复合物**（sunolon）上构建的马克思，这往往与马克思的'唯物主义'存在着有问题的关系。"③

这是大量解释者试图认真面对的一个节点，通常是哲学文化中的节点：这也是一个涉及克罗齐和秦梯利对拉布里奥拉的（和马克思的）历史唯物主义的阐释的节点。事实上，问题在于秦梯利的阐释（即使他的阐释在"内部"知识方面缺乏充分的事实根据，在对分析对象的**同情**方面比克罗齐的情况更有限）是否并不更接近于马克思和拉布里奥拉的历史唯物主义的**哲学**观念。

当然，秦梯利认为历史唯物主义是一种哲学：**他的黑**

---

① 图里（Turi），1996年，第60页。
② 阿加齐，1962年，第235页。
③ 德·乔瓦尼（De Giovanni），1983年，第14页。

意大利马克思主义史：从起源至第一次世界大战前

格尔传统归因于这些术语在历史哲学上的完整意义。① 这是一种极其矛盾的哲学，因此是一种基础非常脆弱的哲学，但仍然是一种哲学，而且是一种历史的哲学。

在他的第一篇论文中，秦梯利就介绍了他在历史唯物主义的**形式**、辩证法及其**内容**、唯物主义之间的区别——这一区别允许他维护这一论题，即这是一种根本性互相矛盾的哲学。在意大利流传的历史唯物主义的两个版本中（洛里亚的和拉布里奥拉的），他坚称正是后者说明了"历史唯物主义学说的最真实、完整的形式，比如它是由马克思提出的，以及可以根据大师的总体愿景和对它的特殊理解和应用来逻辑地发展"。② 正是拉布里奥拉"通过自己思维的哲学倾向，比任何人都更清楚地认识到历史唯物主义学说的理论要求"；③ 对拉布里奥拉来说，就像对马克思一样，"鉴于唯物史观呈现给我们的**形式**，因此只能说是一种真正的、

---

① 克罗齐问过他对"哲学概念"的看法，他回答说："我认为我的历史哲学概念（不是我自己的，而是我们这个世纪的）可以通过反思人类精神的概念来解决。……因为，如果精神不是某种美好而完整的东西，根据先天的活动运作，而是一种逐步的形成（也就是它自身的永恒发展），那么很明显，例如，19 世纪的精神必定与十八世纪的精神有所不同，但又得到了发展并达到了进一步的形成的程度……因此，我们世纪的现代精神需要包含前几个世纪精神的所有程度。……这是生命的必要条件，也是历史的必要条件，即精神的历史必要条件——没有其他的历史。""现代哲学概念是精神对自身的意识（概念）……历史是在其自身的时代、在精神发展的特定时刻客观地、现实地必然的东西"。克罗齐写给秦梯利的信件，1899 年 6 月 29 日，以及秦梯利写给克罗齐的信件，1899 年 6 月 30 日，见克罗齐，1981 年和秦梯利，1972 年。
② 秦梯利，1955 年，第 22 页。
③ 同上，第 34 页。

恰当的历史哲学"①。但如果"正式地考虑",② 唯物史观具有哲学特征，它也包含着无法解决的"内部矛盾"。历史哲学必然以"内在绝对"为对象，而"内在绝对"不属于唯物主义的范畴。③

第二篇论文在直接引用马克思的文本方面更胜一筹，而且最重要的是，它抓住了一个对于"哲学家马克思"来说非常重要的主题，即实践的哲学（该主题将贯穿意大利哲学的重要部分，而不仅仅是马克思主义的灵感的重要部分），但这一事实并没有改变前面强调的潜在的"根本性矛盾"。

秦梯利认为"实践"的概念是马克思哲学建设的"基石",④ 这一点在《关于费尔巴哈的提纲》中得以明确,（正如他所说的那样）他说他特别为这一文本已经"尽（自己的）最大努力"进行了翻译。虽然"尽了（自己的）最大努力"，但这一翻译仍然以唯心主义的风格特点夸大了马克思的一个重要表述。**革命性实践**（Umwälzende Praxis）（一种革命的或有改革能力的实践）变成了改造的实践（一种自我改造的实践?），对马克思来说具有非常现实意义的东西明显消失了，即必须被改革的思想的外部**对象**消失了。这种**刻意的**翻译实际上只是最明显地表明了对马克思的**刻**

---

① 秦梯利，1955 年，第 40 页，重点部分为本书作者所标。
② 同上，第 52 页。
③ 同上，第 56 页。
④ 同上，第 72 页。

意解释，马克思完全被纳入黑格尔本体论的准则中，至少在这位特里尔思想家正在制造"好的哲学"的衡量标准上（这对秦梯利来说有不小的意义）是这样。相反，在黑格尔之外游荡的马克思正在制造"坏的哲学"，确切地说是一种"非哲学"。

> 实践是创造性的活动，对于它来说，真理和事实是转换的（verum et factum convertuntur）。它是活动的必要发展，因为它来自活动的本质，在活动的客体、关联物和产物中得到磨炼。但这一因主体而产生的客体，不过是主体的复制，是其自身的投射，是其**自我异化**（Selbstentfremdung）。①

甚至一些马克思主义者（也许在某些过于"秦梯利"的段落中）将马克思的实践哲学解释为"需要其自身实践的理论"，解释为"与实践有关的对象完全包含在其中"的理论。但他们已无法避免向自己提出这样的问题："物质实践**何时**成为历史？谁把实践转化为有效的历史生活？"再者，他们还不得不在"使抽象劳动成为现实"的"劳动力"的**动态**（dynamis）中确定马克思的**实践**的原则，即允许其扎根于"具体的身体"，并为自己提出改造同样具体的现实的任务。②

---

① 秦梯利，1955年，第87页。
② 德·乔瓦尼，1986年，第32、33、35、43页。

相反，对秦梯利来说，马克思只有在他是一个"天生的唯心主义者"的情况下才依然是一名哲学家。① 他就马克思的历史唯物主义所得出的结论在这方面没有留下任何怀疑的余地：

> 马克思的这种哲学的特点一般是它的折中主义，它的矛盾要素；今天，他的一些追随者不知道如何处理这一问题，他们也许对此没有那么大的过错。在这种哲学的基础上有许多丰富的思想，这些思想单独来看是值得深思的；但正如已经证明的那样，孤立来看，它们不属于马克思，也不能证明"马克思主义"这一词语是合理的，而它本应是尖锐的现实主义哲学的同义词。然而，科学的兴趣确实不是名称的问题；如果黑格尔主义最重要的一些思想能够由于马克思名字的吸引力而渗透到某些人的头脑中，那么也祝"马克思主义"好运！②

因此，即使历史唯物主义建立在一个完全不可逾越的矛盾之上，它也是一种"哲学"和"历史哲学"，恰恰就是（秦梯利告诉我们）卡尔·马克思最忠实的解释者拉布里奥拉所认为的意义。

这是否足以坚称秦梯利对拉布里奥拉的阐释比克罗齐

---

① 秦梯利，1955 年，第 164 页。
② 同上，第 165 页。

的阐释更好地抓住了他关于历史唯物主义的论文中深层的**哲学**红线？"哲学"和"历史哲学"对于秦梯利就像对于拉布里奥拉一样意味着同样的事情吗？

当然，拉布里奥拉永远不可能接受（也没有接受）将历史唯物主义简化为"历史解释的简单准则",① 但他与克罗齐的解释的关系不能仅根据拉布里奥拉自己在某些方面将其定义为"咬文嚼字"的问题来阐释。此外，这种表达方式并没有出现在克罗齐专门论述历史唯物主义的第一篇论文中，而是仅出现在1897年11月的文章中，当时他们观点之间的分歧要素正在开始变得明显。仍然需要解释的是，为什么拉布里奥拉在某种意义上对这些论文中的第一篇，即1896年5月的文章，仁慈地暂缓做出判断，并且承认克罗齐的"观点和保留意见"是有凭有据的。

在这篇论文中贯穿着一些主题，这位那不勒斯哲学家必然不可能认为是无关紧要的。如果这篇文章否认历史唯物主义是一种历史哲学，它仍然强调了一个事实，即它确实与"对历史进行哲学思考"有关；拉布里奥拉自己也会反复使用这一具有相似含义的表述。这篇论文提到了一个"刚刚开始，还需要大量发展"的学说的开放性。② 克罗齐认为，反对"抽象神学"的反神学论战以及贯穿拉布里奥

---

① 克罗齐，1961年，第112页。
② 同上，第9页。

拉著作的反系统精神和反经院哲学①尤其重要。对拉布里奥拉来说，正如我们将看到的那样，历史唯物主义无疑比克罗齐在这第一篇论文中所规划出的特征具有更为广阔的层面和更特别的深度。但是，考虑到克罗齐的阐释的**偏颇性**，在拉布里奥拉看来，它似乎与他的论证逻辑有相似之处。

那么，对于拉布里奥拉来说，历史唯物主义是一种"哲学"，也是一种"历史哲学"，即使在这第二个方面，这一问题也不能参照拉布里奥拉的任何**一个**说法来解决。

那么，拉布里奥拉的"风格"问题根本不是他论述内容之外的要素，他的"风格"完全符合他的哲学目的，并且是其结构性的要素。科拉科夫斯基很好地理解了这一点，并解释说，他的风格的假设的普遍性使我们

> 得出的结论是，他的风格之所以具有普遍性，并非仅仅源于他重视修辞而轻视思想的精确性，更重要的是源于两个方面：一是他对**陈规旧习持怀疑态度**；二是他深信马克思主义并非一个"终极的"、自成体系的历史解释框架，而是理解人类事务的一系列指导原则；这些指导原则必须保持一定的灵活性，而非追求绝对的精确。否则，它们就会沦为一种教条，傲慢地

---

① 直到1898年，他才远离这种阐述方式："蔑视……像经院哲学一样，任何正式阐述的作品，实际上他开始使用不精确的概念，这些概念更多是**总体的印象**"。一年后，他甚至谈起了他"混乱而矛盾的写作方式"。参见克罗齐致秦梯利，1898年2月4日和1899年6月14日，见克罗齐，1981年。

否定历史进程中各种力量的多样性与独特性……从这个角度来看，拉布里奥拉也向意大利马克思主义灌输了对普遍历史的全面解释的怀疑态度。①

"拉布里奥拉的'哲学'没有一种可以用精确的标签、详尽的章节和诗句来分类，这在其展开和唯一的肯定方面是连贯的"，② 而这并不仅仅归功于上述他的"风格"所固有的因素，尽管它们很重要。相反，他的"哲学"在几十年间不断地接触一种"哲学"，通过与哲学发展的关键人物的一系列相遇，以及随着新的知识提出新的有关对哪个问题进行"哲学思考"的问题，他再次系统地阐述并明确说明了接触的"哲学"的基本问题。尽管他拥有稳固的理论基础（这种理论基础在他漫长的求知历程中始终保持连贯），但这一切恰恰否定了对思想进行任何哲学体系化的尝试。

拉布里奥拉如何走近马克思主义并最终成为马克思主义者，这个问题一直是学界争论的焦点。争论的核心在于：他的马克思主义思想是延续了他早期的哲学思考方式，还是与之完全决裂。这个问题在过去和现在都引发了广泛而激烈的学术讨论。这是史学的一个重要节点，也是一个不容易被解开的节点。有时在黑格尔主义和赫尔巴特主义〔或者也许是斯宾诺莎主义（Spinozism）〕及其无限组合的

---

① 科拉科夫斯基，1978年，第183—184页。
② 加兰，1983年，第159页。

战场上，这一节点被过度简化，有可能成为不可能的"正统"、"封闭"和"开放"、各种"批判"程度的"共产主义"之间冲突的纯粹标志。

甚至在拉布里奥拉对其关于历史唯物主义的论文进行阐述的相对简短的时间中，我们也无法确定他有任何系统的"哲学"。然而，我们可以清楚地把握拉布里奥拉在这一特定时期对哲学知识的考虑的粗略特征。

1896年11月，当时拉布里奥拉的思考仍然集中在《历史唯物主义论文集》（*Saggi sul materialismo storico*）上，这位哲学教授写了一篇专门针对学院和他自己的职业的文章；这篇文章成了学年开始的演讲。在这篇文章中，即使他没有定义自己的教学对象（哲学），他至少也确实使其融入大学制度化的科学知识范围内。[1]

实际上，在他关于"大学与科学自由"的演讲中，我们可以立即辨认出对拉布里奥拉的对象给出任何这样的定义的困难。他教授三门学科，即伦理学、教育学和历史哲学。"三个章节，"他说道，"**通过古代传统我们称之为哲学**"。这些学科"**有一段时间（连同哲学剩下的所有方面）发现自己处于一个深刻的危机时期，如果不对单一科学的所有基本问题进行精确检查**，就无法看到或预见到危机的

---

[1] 《大学和科学自由》（*L'università e la libertà della scienza*）（拉布里奥拉，1973年，第2卷，第868—910页）。几个月后发表了这篇演讲的贝内德托·克罗齐写道："对于我来说，我没有什么其他可说的，除了我很自豪地向公众呈献这篇演讲，它的思想和情感是意大利大学礼堂中所听到的最崇高的声音。"（第869页）

意大利马克思主义史：从起源至第一次世界大战前

解决方法"。①

教授的关于这三门学科的讲稿内容逐渐发生转变：不再"试图通过严密的定义和分类来全面把握现实与知识的整体"，而是转向"在特定背景下对具体问题进行深入研究"②。

拉布里奥拉曾自豪地表示，他接受过"**古典哲学**"的直接熏陶与严格训练。这里的"古典哲学"指的是以赫尔巴特和黑格尔为代表的宏大哲学体系。然而，正是这种"古典哲学"的枯竭，导致了哲学的危机。他补充说，这些

> 体系中（现实主义和唯心主义、多元论和一元论、科学心理学和精神现象学、方法的具体说明和全知的辩证法中对所有方法的预期之间）的对立，已经造成了极端后果。黑格尔的哲学已经产生了卡尔·马克思的历史唯物主义，赫尔巴特的哲学产生了……③

因此，再也不可能有"新的哲学体系"了，因为哲学的现状（在这里拉布里奥拉似乎确实让自己走向了一个定义）"包括思想在真正的已知中的内在性；也就是说，包括对已知思想的任何预期的反面"④。这是一个没有对哲学**自身**进行定义的定义；而且他后来即使在另一种情况下也不

---

① 拉布里奥拉，1973 年，第 871 页。重点部分为本书作者所标。
② 同上，第 872 页。
③ 同上，第 873 页。
④ 同上，第 875 页。

会提供这样一个定义:"二十年来,我一直对自成体系的哲学感到厌恶,这种心理倾向使我更容易接触到马克思主义,这是科学精神把自己从'独立式'哲学中解放出来的方式之一。"①

除了历史唯物主义的哲学层面的问题(我们将回头接着讨论)之外,拉布里奥拉的《历史唯物主义论文集》将哲学作为一种具体的知识,其方式与他在"大学与科学自由"的演讲中所提出的一致。

拉布里奥拉指出,他那个时代的主要趋势是"哲学或**自觉的批判性思维**与知识材料的完美同一;彻底消除科学与哲学的传统隔阂。"② 这是一种趋势,一种**愿望**,而不是一种现实;但这一趋势排除了谈起**古典**哲学和自成体系的哲学的任何可能性。

而且:

> 排除那些与神秘事物或神学混淆在一起的哲学思考方式,**哲学**从不意味着科学或一种独特的学说,有它自己的特定对象,而只是关于那些进入经验领域的相同事物的一种程度、一种形式、一个思考阶段。由于这一原因,哲学要么是对科学仍需详述的问题的通用性预期,要么是对科学已经得出的结果的总结和概

---

① 拉布里奥拉,1977年,第230页。
② 同上,第217页。重点部分为本书作者所标。

念性阐述。①

此外,这种哲学的显著特性是其"有条不紊地怀疑"。②

哲学概念作为一种具有高度认识论内容和很大程度的系统不稳定性的知识,③ 与乔瓦尼·秦梯利的概念相去甚远,我们知道,他主张"现代哲学概念"是"精神拥有的对自身的知识"的概念。④

关于"历史哲学"的定义问题,在某种意义上是以"哲学"的定义相同的术语提出的。此外,完全明显的是,"哲学"的确定概念与"历史哲学"的概念有着千丝万缕的联系。然而,与此同时,即使是与**作为哲学**的历史唯物主义密切相关的"历史哲学",也保持着作为历史研究方法论的实质性层面(方法论不能简化为技术)。甚至在拉布里奥拉遇到唯物史观之前,这就已是他思考的一部分。

诚然,对拉布里奥拉来说,历史唯物主义"是作为一种对意大利科学来说新的、未知的东西出现的",⑤ 这也需要以不同的视角对他自己思考的某些环节进行部分的重新

---

① 拉布里奥拉,1977年,第145页。
② 同上,第208页。
③ 斯巴尔贝里(Sbarberi)过于简化地将其定义为"作为认识论的哲学"。参见斯巴尔贝里,1986年,第82页。已故的阿加齐同样强调了这一方面,坚称拉布里奥拉的"辩证思想"与马克思的思想一样,不是一种认识思想,而是一种认识论思想;不是一种科学理论,而是一种批判理论。参见阿加齐,1987年。
④ 阿加齐,1962年,第235页。
⑤ 达尔·帕内,1975年,第342页。

系统阐述和重新定位。在历史研究方法论方面,他基于自己深层的思考,阐述了一些具有持久性的基本特征。早在著名的 1887 年的文章之前,在与欧洲(特别是德国)认识论讨论的最重要的观点的不断接触中,他"表明自己已经对历史哲学任何自成体系的构造产生了强烈的困惑"①。

与历史唯物主义相遇之后,在他 1887 年引言中出现的基本主题必定不会消失,即使这些主题部分会以不同的方式置于并不总是一条线性轨迹的背景中。当这一旅程到达终点时,② 可能可以更好地把握他在历史哲学方面所形成的信念的长期稳固性。

人们如何定义历史哲学?

> (至于)历史哲学的确切概念,毫无疑问,我会回答说,我甚至不能这样做……有了这个(也就是说,不能给它下定义)……我的意思恰好是,哲学的名称,在这个特定的应用中,并不指定一套学说……而是指一种或多或少明确的倾向,尽管这种倾向对我们时代的精神总是具有普遍性,并潜藏在那些已经达到更高科学精确水平的历史学科的预设和结论中。③

这里的尝试不是要产生一种历史哲学,而是要对历史

---

① 波吉,1978 年,第 67 页。
② 拉布里奥拉,1977 年,第 320 页及以下。
③ 拉布里奥拉,1973 年,第 5—6 页。

意大利马克思主义史：从起源至第一次世界大战前

进行"哲学思考"。这是一次最终摆脱历史哲学传统①理解的尝试，即"全哲学史的总纲或图式"；这段历史"产生了一种精神的概念，仅凭其内部形成的推动运作，就像一个在自然界中移动的幻影，没有障碍或影响"②。

拉布里奥拉在他1887年的论文中所表达的对历史的反思，在很大程度上仍然属于方法论层面的内容，但并没有走得那么远，完全认同这一点。"**历史哲学**不能也不应该是以哲学方式叙述的普遍历史，而是关于历史知识的方法、原则和体系的简单研究。"③ 拉布里奥拉断言。但是研究"关于知识的原则和体系"，理由充分地拒绝将形而上学"视为一种方法的整体性观点"，而是"作为对思想经验所必需的概念的批判和纠正"，拒绝任何来自外部的演绎机制，这必然意味着哲学的概念是"对知识原则的批判"④。

---

① "……几年前，大部分书籍的封面都以'历史哲学'为标题（考虑到我们现在所说的情况，这并不正确），这些书在真正的统一性的预设下构思和撰写，思想如果想要完整再现该统一性，就必须渗透该统一性"：拉布里奥拉，1973年，第22页。此外，"因为当我们想要忽略黑格尔或其他我们想要并列的哲学家之类的人在他们的事物本质的整体观念中希望赋予历史统一性概念的地方时，在我们的头脑中，任何研究中都潜藏着一个预设，这始终是事实。也就是说，如果思想重制历史，那么（历史）在某种意义上要么隐藏思想，要么被塑造成有助于将其还原为思想。出于这一原因（提问者可能会补充）人们会正确地再次尝试同样的测试，该测试在其他哲学思考方式的影响下失败了，由于意识形态过多，（但是这一次）带有现实的理解或更多的批判性谨慎。"拉布里奥拉，1973年，第25—26页。

② 拉布里奥拉，1973年，第23、30页。
③ 同上，第32页。
④ 同上，第20、29页。

正如我们将看到的那样，我们在该引言中已经可以确定的最后一个方面仍然是他将历史唯物主义作为一种历史哲学这一解释的一个重要方面，即对最终将为人类集体经验的进程提供方向和意义的进步理念的批判。①

在他的第一部《论文集》中出现了"新的、确定的历史哲学"这一严苛的表达方式，克罗齐将极度轻视这一表达方式，而秦梯利（和其他人）则认为这明确证明了一种被理解为历史哲学的历史唯物主义。对于这个文本，我们该如何看待两种不同的观点？一种是克罗齐的观点：他认为文本中的许多论点，尤其是其核心思想，都与这个定义相互矛盾，仿佛这个定义是拉布里奥拉不经深思就随意写下的。另一种是其他学者的观点：他们认为拉布里奥拉在后续论文中的思想发展，需要对这篇早期文本中的某些基本假设进行修正。

我们可以确定什么可以被认为是他的论文的**发展**路线，尽管这些论文的写作时间相对短暂。拉布里奥拉是一个非常细心的观察者，对文化气候和政治气候的变化有着非常敏感的触角。虽然这并没有使他改变自己的阐述的更深层特征，但毫无疑问可以看到某些调整，其中一些具有一定的重要性。

---

① "……对人类事务的研究必然使我们不仅认识到进步，而且认识到倒退……当进步、态度和愿望的完善和完成的观念被错误地从欣赏标准转变为解释规则时，我们最终无法判断历史研究是否应该使我们倾向于乐观而不是悲观。"拉布里奥拉，1973 年，第 28 页。

意大利马克思主义史:从起源至第一次世界大战前

在第一篇论文中,与历史唯物主义相关的"历史哲学"这一表达方式仅出现过一次。在其他论文中,该表达根本就没有出现。这不应让我们必然得出结论,认为拉布里奥拉在某种程度上是无意中使用了该表达方式。与他之前在1887年的引言中在这方面的阐述和详细说明的意思相比,他在该表达中的意思并无什么不同。"确定的历史哲学"("批判共产主义者"所"设计和发现"其"最初要素"的概念)① "实际上不过是现实思想在历史领域的极端发展,因此也是他已经阐述了一段时间的概念的极端发展"②。

那么,这是一种在完全不同于传统"体系"意义上理解的"历史哲学";这种"历史哲学"尽管无疑是"新"学说的核心时刻,但并没有**全面**定义历史唯物主义。

此外,拉布里奥拉将用以下措辞表达自己对"作为整体的历史唯物主义"的看法,结构为"三种研究顺序":

> 第一种回应了社会主义政党的实际需要,即着手充分了解每个国家无产阶级的具体状况,并使社会主义的活动适应政治复杂性的起因、承诺和危险。第二种可以导致,而且肯定会导致史学方向的更新……第三种包括处理指示性原则,对这些原则的理解和发展需要有(一个)总体方向。

---

① 拉布里奥拉,1977年,第62页。
② 达尔·帕内,1975年,第372页。

在这之前不久,他将历史唯物主义的**形而上学**限定在以"知识的限度和形式"为主要内容的"那些普遍问题"的范围内。①

我们稍后会看到,拉布里奥拉会指出什么模式完全符合**整个**历史唯物主义的表述。就历史的解释而言,《论文集》中确实没有在任何意义上与"古代历史哲学"相似的内容。②

历史唯物主义所固有的"历史哲学",随着拉布里奥拉在《论文集》中的反思的发展,将通过一种更加开放和令人困惑的方法而得到具体说明。如果在 1895 年,他的"形态观"似乎部分是由"必要性"的考虑所引导(即使是建立在"对其起源的手段的意识"基础上的历史必要性③),那么两年后,"未来的社会,我们将带着我们的希望,更确切地说,带着某些幻想将自己投射于其中的社会"(同样的"形态观"),似乎因"考虑到资本主义的巨大复杂性和延伸性而不确定。④ 它将被指定为一种"定向的手段",不能将自己限定在"理论化"假定的历史进程的内在趋势,而是必须深入"无限不平衡和多方面"的历史的确定性中。⑤ 这是一段历史,其连续性"在经验意义上,由文明手段的传播所详细证实"是一个事实,但在这段历史中,"**进步的概**

---

① 拉布里奥拉,1977 年,第 217 页。
② 克罗齐至秦梯利,1897 年 2 月 9 日,见克罗齐,1981 年。
③ 拉布里奥拉,1977 年,第 22、23、35 页。
④ 同上,第 172、272 页。
⑤ 同上,第 148、155 页。

念……并不意味着任何明确的内容"。① 这是一段连续性的思路经常被打断的历史,一段也经历了**倒退**的历史,也是一段面对新的倒退形式无法提供任何保证的历史。②

由于这一原因,我们的学说不能旨在以前瞻性或单一的观点来代表整个人类历史,这种观点在做必要的修改后**重复着一种模式化的历史哲学**……我们的学说并不声称是一种宏伟计划或设计的知识愿景,而仅是一种研究和构想的**方法**。③

具有一定意义的是,拉布里奥拉在马克思的**全部作品**中指出了两个**不同的**地方,作为历史唯物主义不同结构层面的参照模式。就历史哲学作为"研究和构想的方法"而言,拉布里奥拉是在《路易·波拿巴的雾月十八日》中确定了"将新的历史概念塑造成事实层面上的记述的第一次尝试"。相反,"历史唯物主义作为一个整体"所固有的"三种研究顺序"在《资本论》中可以找到。④

因此,历史唯物主义"作为一个整体",在《资本论》的分析结构中得到了重组和认可。这是一个分析模型,其

---

① 拉布里奥拉,1977 年,第 158 页。
② "对任何自成体系的历史哲学提出的最明智、最紧迫的反对意见是冯特(Wundt)提出的:我们不知道历史将在哪里结束。"拉布里奥拉,1977 年,第 345 页。
③ 拉布里奥拉,1977 年,第 98 页。
④ 同上,第 217 页。

中"政治表现为……历史唯物主义的实践，而哲学表现为……对经济学的批判所固有的，这是（马克思的）……处理历史的方式"①。我认为，我们必须认真考虑这样一个概念，即拉布里奥拉特别强调的历史唯物主义的"哲学"自足性依赖这种分析模式的稳固性。

当我们深入理解《资本论》的方法论时——特别是它如何否定并吸收古典哲学传统，以及它与黑格尔辩证法的关系——我们会发现马克思与拉布里奥拉的思想存在着某种显著的相似性。

在马克思仍然是"哲学"的作品中，从《神圣家族》到《德意志意识形态》(German Ideology) 和《哲学的贫困》，都存在着与思辨的历史辩证法逐步的、彻底的决裂，转而采用一种辩证程序，"直接调查研究历史的物质运动的确定性和'经验可证实性'，并仅根据确定性和'经验可证实性'的功能来考虑范畴"②。他从根本上摆脱了这种哲学，尽管后来他在确定抽象的功能模型时再现了某些黑格尔逻辑图式。

同样，拉布里奥拉与黑格尔哲学的关系一直持续不断，但从未有过明确定论。有一个"坏的黑格尔，是历史的哲学家，甚至是历史的'神学家'，一个属于伟大的犹太—基督教末世论的一元论的线性、渐进的时间的哲学家"；有一

---

① 拉布里奥拉，1977年，第217页。
② 达尔·普拉（Dal Pra），1965年，第408页。

意大利马克思主义史：从起源至第一次世界大战前

个"承受着对他的不当解释的负担的黑格尔";① 有一个在"马克思主义的危机"出现在地平线上、"非理性"表现为"出现在这一过程的存在理由中的……矛盾"而需要被重新研究的黑格尔。②

在这样一个模糊的、令人困惑的背景下，对于马克思和拉布里奥拉来说，衡量"黑格尔主义的水平"（被认为是与"科学性的水平"相反的可变因素）似乎并不是说明历史唯物主义总体深度的最佳方式。拉布里奥拉在他与黑格尔主义的关系中真正论证了克服黑格尔主义意味着充分理解它并完全吸收它。

也是在这一意义上，安东尼奥·拉布里奥拉是意大利唯一伟大的知识分子（也是欧洲为数不多的伟大知识分子），作为一名解释者能够将自己定位在他的分析对象的层面上：卡尔·马克思。他之所以是一名伟大的解释者，正是因为他充分理解"1898年的年轻马克思（会）谦虚地（致力于）研究冯特的逻辑"③。因此，他的逻辑是一种解释性结构，能够解决历史—语言学理解的重要时刻，以无可匹敌的分析深度，在一种能够认真应对文化和历史中新事物的哲学/非哲学中激发出来。拉布里奥拉对历史唯物主义

---

① 德·乔瓦尼，1983年，第40页。
② "当非理性被视为过程本身的一个时刻，将我们从抽象理性的简单性中解放出来时，同时也向我们展示了革命消极性在相对必要的历史形式的子宫中的存在。"拉布里奥拉，1977年，第186页。
③ 写给考茨基的信，1898年10月8日，见拉布里奥拉，1983年，第3卷，第882页。

的阐释，极大地推动了19世纪末意大利哲学文化的复兴，并为意大利马克思主义提供了挑战欧洲哲学巅峰的理论基础，尽管这种阐释的"命运"也经历了起伏。

2 唯物主义和"社会主义的哲学"

"……对马克思的全部作品的唯物主义解释的某种反感一直都是意大利马克思主义（也被称为'意大利马克思主义'）的特性之一。"① 诺贝托·波比欧（Norberto Bobbio）在说这句话时，清楚地抓住了在整个20世纪意大利马克思主义经验中以"宏观"形式存在的哲学阐释的基本要素。然而，当这一说法被应用于（这似乎不是波比欧的意图）意大利的理论（哲学）马克思主义的创立时刻时，似乎并不具有同样的解释效力；即应用于安东尼奥·拉布里奥拉的阐述时并不具有同样的解释效力。

一段时间以来，一些研究对拉布里奥拉—蒙多尔甫（Mondolfo）—葛兰西谱系的线性提出了批判性的质疑，这一谱系很快就成为一个相当大的问题。但我认为，在这方面，我们应该接受切萨雷·卢波里尼（Cesare Luporini）谈到意大利理论（哲学）马克思主义发展路线中的"深度断裂"的激进主义立场。② 这种"深度断裂"直接关系到对马克思的"唯物主义"解释，也部分关系到（并且与唯物主

---

① 波比欧，1994年，第79页。
② 卢波里尼，1973年，第1587页。

义问题明显相对应）辩证法的概念和使用。

对《反杜林论》的反思，通常（但并非总是或主要地）标志着对辩证法与唯物主义之间关系的特定历史性评估，以及由此产生的对"社会主义哲学"或肯定或否定的观点选择。轻描淡写《反杜林论》重要性的努力，以及有时声称它与马克思理论的"批判的""开放的""非百科全书式的"维度无关，几乎总是伴随着寻求降低这一理论的唯物主义"水平"，或至少重新定义其"质量"的阐释。

令人费解的是，这部原本旨在批判社会民主主义内部流行的教条式问答和百科全书式知识体系的著作，其理论基础是福格特和毕希纳等人的唯物主义，但最终却出人意料地成为了广受欢迎的"**社会主义教科书**（*Lehrbuch des Sozialismus*）"。当然，这不能因为"当时的主流品味"而"只用外部文化环境的影响来解释"①；相反，它也符合该书自身结构的明显的内部机制。然而，这本书本身也不能被认为是未来几年臭名昭著的苏联辩证唯物主义（Diamat）的原型。这本书提倡使各种不同的解释方法共存。像安东尼奥·拉布里奥拉这样既严苛又挑剔的读者也是这部作品的明确崇拜者，这并非偶然。

他把《反杜林论》定义为"知识青年的心灵之药"，②在贝内德托·克罗齐和他年轻的"学生"似乎致力于一个

---

① 杰拉塔纳（Gerratana），1972 年，第 203 页。
② 拉布里奥拉，1977 年，第 203 页。

共同项目时,他把这本书推荐给了贝内德托·克罗齐。① 在向克罗齐提出这一建议时,他将这本书与普列汉诺夫(Plekhanov)关于霍尔巴赫(Holbach)、爱尔维修(Helvètius)和马克思的文章中唯物主义的反面例子进行了对照,并评论说这些文章似乎是由"一位初学科学的记者"所写。②

这并不是因为该文本代表了一部社会主义的哲学"专著"或"百科全书",相反,这是一个"(正在)不断发展的科学和政治的碎片"的问题。它不是一部"论文集",相反,它是"对立的。除了几个孤立的段落,比如那些产生了独立的小册子(《社会主义从空想到科学的发展》)的段落之外……"③

那么,拉布里奥拉的阐释是一种方法论的阐释,但正如有人正确指出的那样,这不是一个"抽象的方法论"问题。"他提出的方法论阐释是特定主题的内在内容,与确定的内容相关,不能脱离这一背景来理解。"④ 而这些确定的内容也关系到辩证法、唯物主义以及它们与科学和哲学的联系。

多年后,塞巴斯蒂亚诺·廷帕纳罗(Sebastiano Timpanaro)撰写了一系列振奋人心的文章,这些文章的优点是重

---

① 1895 年 5 月 16 日写给克罗齐的信,见拉布里奥拉,1983 年,第 2 卷,第 585 页。
② 1896 年 1 月 28 日写给克罗齐的信,见拉布里奥拉,1983 年,第 3 卷,第 638 页。
③ 拉布里奥拉,1977 年,第 183、203 页。
④ 杰拉塔纳,1972 年,第 121 页。

意大利马克思主义史:从起源至第一次世界大战前

新提出了"唯物主义"的核心问题(这对于意大利马克思主义哲学文化来说非常敏感,这种文化对根据遥远的秦梯利血统的思想解释的"实践"的非唯物主义诉求非常敏感),他还强调了安东尼奥·拉布里奥拉的"唯物主义"层面。① 自然,当他这样做时,他优先考虑了同时也是自己的分析方法的中心环节的方面,首先凸显了这位出生于卡西诺(Cassino)的哲学家对"自然领域"的重视,及其对人类的个人历史和集体历史的决定性影响。②

我们不应低估拉布里奥拉对"自然领域"的重视,以及对所有那些与主体活动仍然不可还原的物理—生物要素的重视,我们将有理由回头继续讲述这一点。但是与此同时,他的唯物主义并不局限于这一层面。拉布里奥拉认为,"**实践的哲学**……即历史唯物主义的核心",在很大程度上保留了其唯物主义本质,尽管后来它成为唯心主义入侵的领域。③ 廷帕纳罗对这种"实践的哲学"始终保持着一种不自信的态度,甚至认为马克思主义本身"尤其是在其第一阶段(直至《德意志意识形态》的早期作品),严格来说,

---

① 廷帕纳罗,1970 年,第 24—29 页。
② 对于拉布里奥拉来说,"从每个人的生物构成对其心理智力特征的影响的三重意义上来说,自然对文化的影响仍然是非常真实的;自然作为一种对科学哲学活动和艺术活动的刺激因素;并且作为这些相同活动的对象。虽然拉布里奥拉明确承认社会背景所发挥的中介作用,但他也非常明确地否认这种中介抵消了来自自然的推动力和条件作用,或者使它们变得无关紧要。"廷帕纳罗,1970 年,第 28—9 页。
③ 拉布里奥拉,1977 年,第 207 页。

并不是唯物主义"。① 相反，对于拉布里奥拉来说，在这一点上是毫无疑问的：马克思"从 1845 年起"就是一名**唯物主义者**，② 因此，《德意志意识形态》和《关于费尔巴哈的提纲》都是唯物主义作品。③

"人无疑是一种动物，并且通过血统和姻亲关系与其他动物联系在一起"，即使今天人的活动在"人造领域"上展开，但"自然领域"仍然以一种深刻的方式制约着人。④

拉布里奥拉在这一问题上没有表现出不确定：

> ……生活在社会中的人也继续生活在自然中。当然，他们不像动物那样被自然束缚住，因为他们生活在一个人造领域中。但是，自然仍然是人造领域的直接底土……而且，正如我们自然出生为男性和女性一样，我们几乎总是不情愿地死去，被生殖本能所支配。因此，在我们的气质中我们承受着特定的条件，而广义的教育（社会适应）确实可以在一定范围内改变，但永远无法破坏……由于所有这些原因，我们对自然的依赖，无论从史前阶段开始如何削弱，在我们的社

---

① 廷帕纳罗，1970 年，第 16 页。
② 拉布里奥拉，1977 年，第 233 页。
③ 尽管《德意志意识形态》尚未出版，但拉布里奥拉知道它的存在。参见他于 1891 年 2 月 21 日写给恩格斯的信，见拉布里奥拉，1983 年，第 2 卷，第 323 页，以及恩格斯于 1891 年 2 月 27 日写给拉布里奥拉的信，见英文版《马克思恩格斯文集》第 49 卷，第 136 页。《马克思恩格斯全集》第 38 卷，北京：人民出版社 1972 年版，第 45 页。
④ 拉布里奥拉，1965 年，第 86、88 页。

会生活中仍然继续着。①

当他意识到自己卓越的"精神"（其知识水平之高）即将被肉体死亡完全吞噬时，他给朋友克罗齐写了信："这封信因为我试图吞下奶油或可可而被打断，我也没有成功吞下。如你所见。有一些事情是值得欣慰的。遗憾的是，你的新唯心主义对于解决顽固的问题无能为力。"②

然而，同样是这封信也显示了另一种方法论唯物主义的明确痕迹。他责备克罗齐，挖苦地（但不是太多）指责克罗齐把自己描述成"反发展、反历史、反演变、反经验、反起源、反19世纪的**卓越**（思想家）"，指责他不"用任何经验给定的东西"搞科学，而是把自己限制在"所谓纯粹概念的科学"中。三天后，在他寄给朋友的最后一封信中，他再次重申，"与**自然**无关的**精神**……与**历史**无关的**精神**……一定是一尊精美的'马莫齐奥（Mamozio）'。③ 把它寄给我作为主显节前夕的礼物"。④

因此，唯物主义在很大程度上是拉布里奥拉的分析模型所固有的，他将这些分析模型阐述为自己的"哲学"、自

---

① 拉布里奥拉，1965年，第148页，廷帕纳罗也引用过。
② 写给克罗齐的信，1904年1月2日，见拉布里奥拉，1983年，第2卷，第1003页。
③ 波佐利（Pozzuoli）民间传说中的虚构人物，以古罗马律师马沃齐奥（Mavorzio）的雕像为基础，该雕像于1704年出土，头部丢失。
④ 即的"贝法娜（Befana）"的礼物，她是一位神话中的老妇人，在1月5日主显节前夕送礼物，也就是这封信的日期，见拉布里奥拉，1983年，第3卷，第1004页。

己的"历史哲学"的特殊时刻。特别是,"从 1845 年起",马克思的"实践的哲学"代表了自然和历史观念的不同层次汇聚起来的中心——这种观念因其明确拒绝自然、历史、思想的辩证运动的任何"普遍规律"而同样是唯物主义的。

>……历史唯物主义,**实践的哲学**,关系到整个历史和社会人类,因为它结束了所有形式的唯心主义,认为经验上存在的事物是某种预设思想的反映、复制、模仿、结果或类似的东西,因此是自然主义唯物主义的结束,就像人们直到几年前还一直这样传统地理解这个词一样。导致人类历史进程被认为是绝对客观的知识革命出现的时间与另一场成功地将物理自然历史化的知识革命相对应。[1]

如果历史唯物主义"不再是应用于事物的主观批判,而是对事物本身的**自我批判**的重新发现",[2] 那么,位于"人造领域"上的"事物"的"物质性"就和位于"自然领域"上的"事物"的"物质性"一样密集。经济剥削这一悲惨的物质事物(由"严酷而强大的事实事物体系所代表的物质整体:为了生产财富而组织的贫困")是一种完全无法简化为仅有思想活动的"事物"。对唯心主义的两个方

---

[1] 拉布里奥拉,1977 年,第 208 页。
[2] 拉布里奥拉,1965 年,第 118 页。

面（无论是"形而上学主观"还是"形而上学客观"①）的拒绝适用于"人工"领域和"自然"领域。拉布里奥拉对《反杜林论》的赞赏也体现在他对书中两种"领域"的共同阐释问题的关注，而这与该书所提供解决方案的暂时性和不确定性无关。

这两种"领域"内在的辩证关系，是否必然保证我们能够理解它们并找到通往真理的道路？或者说，辩证法的"困境"是否意味着我们的分析工具需要进一步完善？②

在拉布里奥拉"一再使用"的《反杜林论》中，③ 在《自然辩证法》（*Dialectics of Nature*）中更是如此（拉布里奥拉显然不可能熟悉这部作品），辩证法的"困难"尤为鲜明地显露出来。

恩格斯在《反杜林论》中在辩证法的两个概念之间犹豫不定。第一个概念是把辩证法简化为一种思想方法："在以往的全部哲学中仍然独立存在的，就只有关于思维及其规律的学说——形式逻辑和辩证法。其他一切都归到关于自然和历史的实证科学中去了。"④

第二个概念是将辩证法扩展，使之成为运动的普遍

---

① 哈弗曼（Havemann），1965 年，第 26 页。
② 写给卡尔·考茨基的信，1897 年 8 月 10 日，见拉布里奥拉，1983 年，第 3 卷，第 797 页。
③ 写给恩格斯的信，1894 年 6 月 13 日，见拉布里奥拉，1983 年，第 2 卷，第 492 页。
④ 英文版《马克思恩格斯文集》第 25 卷，第 26 页。《马克思恩格斯文集》第 9 卷，北京：人民出版社 2009 年版，第 28 页。

规律。

> 它是一个极其普遍的，因而极其广泛地起作用的规律，重要的自然、历史和思维的发展规律；这一规律，正如我们已经看到的，在动物界和植物界中，在地质学、数学、历史和哲学中起着作用。①

因此，正是通过否定之否定的辩证法，也就是这段话提到的法则，思想的辩证法与现实的辩证法相结合，"人造领域"与"自然领域"相结合。

尽管拉布里奥拉对《反杜林论》深为钦佩，但他不会基于第二个概念展开自己对"唯物主义"和唯物主义**实践**哲学的阐述。在这第二个概念的基础上的实践哲学。首先，他表示，当他强调辩证法本身的"困难"时，他指的正是辩证法的两种提法之间尚未解决的紧张关系。

在他 1894 年 6 月 13 日写给恩格斯的那封著名的信中，我们不仅可以辨认出我们后来将看到的"辩证概念"和"遗传概念"之间的区别（这不仅仅是一种"文字上的"区别，而是一种极为重要的区别，尽管拉布里奥拉故意使用了轻描淡写的陈述），还能辨认出明确选择支持《反杜林论》中概述的辩证法的概念之一。

拉布里奥拉只提到恩格斯的两个提法中的一个，即辩

---

① 英文版《马克思恩格斯文集》第 25 卷，第 131 页。《马克思恩格斯全集》第 20 卷，北京：人民出版社 1971 年版，第 154 页。

意大利马克思主义史:从起源至第一次世界大战前

证法是"思想的形式,不按照事物本身的面目(作为事实、固定的类型、范畴等等)来设想事物:为此,它本身必须像思想一样处于不断的运动之中"。[①] 既然是这样,辩证法的层面就是与意识**形式**相关的层面:"行为的形式意识以及与经验和观察相关的知识和思想的过程"。由于这一原因,"起源概念"既不是"辩证概念"的替代品,也不是"辩证概念"的同义词;相反,正如拉布里奥拉所解释的,它是"更全面的"。实际上,它"既包含了事物生成中的**真实内容**,也包含了将它们理解为生成中的存在的形式逻辑技巧",而"辩证法这一词语只代表了**形式方面**"[②]。

如果我们考虑到拉布里奥拉将永远否认思想感知真实的生成的(辩证)方式与事物生成的具体逻辑之间的任何**镜向**关系,那么他所做的区分的重要性就更加明显了。

他的《讨论》中有一段话……在这方面的清晰性堪称典范。在《资本论》中,马克思没有使用包罗万象的辩证方法,相反,"是资本主义生产的对立条件,在公式中得以阐明,它们本身作为矛盾出现在思想的头脑中……这些对立……这一庞大的经济矛盾体系……是**具体的二律背反**"[③]。

因此,"辩证的矛盾"与"思想进行的方式"有关,而"具体的二律背反"与历史的真实进程有关。在 19 世纪末,

---

① 写给恩格斯的信,1894 年 6 月 13 日,见拉布里奥拉,1983 年,第 2 卷,第 492—493 页。重点部分为本书作者所标。
② 同上。
③ 拉布里奥拉,1977 年,第 185—186 页。重点部分为本书作者所标。

"理解和发展历史唯物主义的最大困难不在于掌握马克思主义的形式方面,而在于把握蕴含这些形式的事物"①,这并非偶然。

这些"具体的二律背反"的实质是"富人和穷人、生活优渥的人和生活痛苦的人、压迫者和被压迫者"的对立,在这个世界上,"财富产生了贫穷……(和)进步产生了倒退"②。

拉布里奥拉对"辩证的矛盾"(思想形式)和"具体的二律背反"(现实中的对立)的区分,使他能够强调存在对思想的不可还原性,并在他所使用的分析工具的条件下做到这一点。同样地,它援引了年轻的哲学家马克思(正式来说还不是一名唯物主义者)的深刻的科学唯物主义,他也指出了"经验单一性"和"**真正的**对立面"③ 是不能通过任何黑格尔式的**中介**结合的环节。

与贝内德托·克罗齐的主张相反,甚至在自由主义的意大利,"理论马克思主义"也不会在19世纪末"死亡"。实际上,马克思主义理论不仅限于哲学层面,而且(正如我们将在随后的章节中看到的)还与经济学家马克思密切相关,即使是以一种非常有问题的方式。反过来说,克罗齐对马克思的经济范畴产生兴趣的结果,最终会以阐述实

---

① 拉布里奥拉,1977年,第265页。
② 拉布里奥拉,1902年,第27、57页。
③ 英文版《马克思恩格斯文集》第3卷,第83页。《马克思恩格斯全集》第3卷,北京:人民出版社2002年版,第112页。科莱蒂1974年特别强调了这种类型的"真实反对"。

质性的哲学范畴的形式出现。

然而,哲学层面上的"理论马克思主义"也没有随着 20 世纪的到来而衰竭。相反,恰恰是在克罗齐不仅宣告马克思主义(十年前发生的)死亡而且宣告社会主义死亡的时期,一项具有举足轻重的理论意义的行动正在进行,确切来说是一项旨在将马克思主义"重新构建"为"社会主义的哲学"的行动。由罗多尔夫·蒙多尔甫(Rodolfo Mondolfo)作为领军人物的这一行动不能仅仅被视为安东尼奥·拉布里奥拉在 19 世纪 90 年代阐述的理论框架的发展。这两位哲学家生于不同的年代、形成方式不同,并在不同的政治和文化环境中活动〔而且(为什么不呢)也具有不同的知识地位,尽管蒙多尔甫的"哲学"解释具有无可置疑的意义〕,他们之间的差异正是具体体现在他们所使用的理论框架之间的。

直到拉布里奥拉去世前一个月,他还在重申他对马克思主义作为"唯物主义"的解释,并继续与初露端倪的"新唯心主义"做斗争。相反,蒙多尔甫的"重建"的核心是否认马克思主义是一种唯物主义;同时,还有一些东西远远超出了新唯心主义的影响,而新唯心主义不再仅仅是初露端倪。

在蒙多尔甫孜孜不倦地重新阐述马克思主义学说时,他得出了一种唯意志论哲学,这也许不符合两位社会主义的创始人的意图,但无疑是一种完全合乎逻辑的、恰当的结构，因为它毫不费力地、未加改动地发展和连接了两位伟大思想家的思想。蒙多尔甫相对德国新康德主义评论家的优越性恰恰在于，他不想纠正或完成、更不想部分地拒绝马克思主义学说，而是仅仅发展它所包含的、但由于各种原因不知道自己包含的、或不想发展的富有成效的要素……秦梯利在对卡尔·马克思哲学的研究中（阿尔卑斯山以外的新康德主义者判断错误，忽视了这一点）揭示了马克思主义实践的真正终极意义，即个人创造社会，而社会又反作用于个人，使他成为社会人。蒙多尔甫不仅发展了这一概念，而且用马克思和恩格斯自己著作中的论据来论证这一概念。蒙多尔甫的注释的重要性还在于，他没有将社会主义与马克思主义、实践与理论分开，而是将他从这两位共产主义思想家自己的作品中汲取的实践的哲学置于对政治行动的恰当批判中进行检验，评价革命主义、改良主义、工团主义和最高纲领主义。①

安东尼奥·波吉（Antonio Poggi）曾是拉布里奥拉的学生，②

---

① 波吉（Poggi），1925年，第202、205页。
② 波吉自20世纪初就对伦理社会主义感兴趣，他曾就一篇获奖论文向拉布里奥拉征求意见，该论文的中心思想是调和马克思主义和伦理学，拉布里奥拉答复说："我相信你建议的第一篇论文更可取；但你应该这样来设想：从**与历史唯物主义相关的道德理想**的方面来看〔这不是一个**调和**它们的问题（如你所说），而是考虑两个真正存在的事实，考虑它们相互之间的关系〕"。写给阿弗雷多·波吉（Alfredo Poggi）的信，1902年12月30日，见拉布里奥拉，1983年，第3卷，第980页。

意大利马克思主义史：从起源至第一次世界大战前

他与蒙多尔甫、巴拉托诺（Baratono）、巴索等人一起在20世纪20年代初关于"伦理社会主义"的讨论中成为主角，提供了蒙多尔甫在法西斯主义最终胜利的前夕"重建"的形象。即使在"社会主义哲学"仍然是政治和文化辩论的热门话题的背景下，① 波吉在这里恰当地强调了蒙多尔甫"重建"的基本要素：它的唯意志论的唯心主义，它对秦梯利的分析方法的重视，以及它作为"整体"马克思主义的特征。

那么，这是唯心主义的影响吗？毫无疑问，但这必然不是一个单一的过程。此外，早在多年前加兰就警告说，不要过分简单化地使用众多20世纪的"主义"，指出"基于'唯心主义的重生'和'实证主义的修正'的必不可少的需求"，②

---

① 我在这里指的不仅是"伦理社会主义"的问题，而是（首先是）使用蒙多尔甫的马克思主义社会主义哲学来分析随着俄国革命开启的新的历史阶段。蒙多尔甫将他从1909年至1912年阐述的对马克思的阐释和他对新阶段的解释紧密结合在一起。面对那些指责他过分想追随"马克思的脚步"〔《追随马克思的脚步》（*Sulle orme di Marx*），他的一部主要作品的标题〕的人士，他答复说："我必须……清除马克思主义学说变形的领域，恢复它的真实路线，以便能够着手对当前的历史时刻进行冷静的考查和直接的批判。"参见他的《对批评者的回应》（*Risposte ai Critici*），《追随马克思的脚步》第二版序言（蒙多尔甫，1920年，第9页）。此外，在他于1919年至1923年期间出版的这本书的不同版本中，他用自己更为直接的政治辩论性的战后著作，以及通过某些文本上的改动，来调整他更为明确的理论性的第一次世界大战前的文本。参见1919年版本和1923年第三版，共2卷：各由卡佩利出版社（Cappelli）在博洛尼亚出版。

② 参见加兰，1966年，第1卷，第169页。

第四章 历史唯物主义 Ⅱ

意味着最终混淆任何"等级制度中的秩序"①的频繁的渗透。最近的研究表明，在20世纪的头十年中，"唯心主义的重生"如何与其他思潮共存，并在一段时间内相对于这些其他思潮处于少数派地位："仍然是在1910年，克罗齐和秦梯利的新唯心主义还未像人们普遍认为的那样被公认为霸权哲学。"②当然，除了"高级"唯心主义，确切地说，除了不是同一回事的克罗齐和秦梯利的高级唯心主义，还有一种"庸俗唯心主义"，它在新闻出版界中的逻辑与"严密的哲学"在"科学界"中的逻辑不同。当蒙多尔甫开始反思作为"社会主义哲学"的马克思主义时，与其说是在实证主义的范围内，不如说是在以实证主义危机为标志的氛围中，"庸俗唯心主义"已经给人留下的印象是在新闻出版界（包括大部分社会主义新闻界）取得了霸权，独立于继续作为学术界特点的黏性和一系列相互依存关系。正如加兰进一步指出的：

> 对蒙多尔甫来说，从启蒙运动思想到马克思主义、从霍布斯（Hobbes）到恩格斯的旅程，并不是在罗伯托·阿迪戈（Roberto Ardigò）的指导下在思想世界中的和平漫步。这是从政治斗争和社会主义者在意大利

---

① 加兰，1966年，第1卷，第184页。
② 迪·乔瓦尼（Di Giovanni），1996年，第5页。

意大利马克思主义史:从起源至第一次世界大战前

与土耳其战争前夕的阵痛中产生的需求,促使他参与到从理论上澄清费尔巴哈、马克思、恩格斯和拉萨尔的立场——他是在如今实证主义危机的共同氛围中这样做的,这一危机无处不在……①

这一旅程的某些方面(至少就其确实穿过了"思想世界"而言)可以为我们提供关于蒙多尔甫的"整体"马克思主义的质量的有用指针。正是他的参照点,即"向导"阿迪戈,使他能够将唯心主义和实证主义"整合"在"现实主义"中,作为对知识的两面性的回应;"在意识中,'我'和'我之外'形成一个不可分割的真实整体。我们可以在脑海中区分布料的一面和另一面,但无法在不破坏布料的情况下将它们分开;在意识中,'我'和'我之外'也是如此"。② 早在1908年他开始马克思主义之旅时,就特别欣赏阿迪戈,因为后者已经"摆脱了相对和绝对的二元论"。同样地,他认为有可能"整合"自然法和马克思主义,因为他认为从根本上说,"洛克(Locke)所确立的原则的逻辑结果是生产资料的共同财产"③——不管对洛克的这种阐释到底有多么有根

---

① 加兰,1983年,第223页。
② 蒙多尔甫,1991年,第164页。
③ 同上,第46页。

有据。①

蒙多尔甫将在他的"社会主义哲学"的建构中使用这种"整合"机制,并非偶然的是,该哲学拥有紧凑、系统的特征,② 这在安东尼奥·拉布里奥拉的阐述中基本不存

---

① 蒙多尔甫对洛克的财产概念进行了分析,以证明该文的基本假设,而后者是决定性的重要部分:法国大革命和社会主义的"理论原则"之间不存在"对立",而是一种"串联和历史的连续性"(蒙多尔甫,1991年,第32—33页)。由于洛克的司法—政治哲学构成了"人权宣言"的"理论准备",因此有必要说明他的哲学在逻辑上导致了"对生产资料的财产权,确保所有人工作权利的社会义务,以及根据每个人的劳动分配产品"(第46页)——一言以蔽之,有必要证明洛克已经奠定了共产主义的基础,尽管他本人并不是有意为之。这种对连续性的主张要求对洛克的理论进行重大的"修正",因为在蒙多尔甫看来,洛克未能区分消费资料和生产资料。

蒙多尔甫解释的分析性弱点恰恰在这一点上充分显现出来,因为洛克事实上并非没有注意到**商品**(或消费资料)与**资源**(或生产资料)之间的区别:"(土地)自然产生的果实和它所养活的动物"与"土地和**其中的一切**"〔《政府论 下篇》(*Second Treatise*),第26节,重点部分为本书作者所标〕。尽管如此,这位哲学家仍为圈地进行了辩护,这是真实的土地占用的历史进程,危及到每个人正式承认的占用自由;因此,蒙多尔甫认为的矛盾实际上正是洛克的**问题**——证明资本主义的占用形式与每个经济主体不可剥夺的自然权利的兼容性。

蒙多尔甫似乎没有掌握洛克的劳动概念的复杂性:不可否认,它是合法占用的法律名称,但它也是一个基本的生产要素:"劳动财产应该能够超过土地的共有财产"(《政府论 下篇》,第40节;哈斯利特(Haslett)(编者)1970年,第314页;重点部分为原文所标。)——即仍然可供占用的土地。换句话说,对洛克的观点具有决定性意义的是为充分利用每个人的劳动而创造条件:与土地不同,劳动是一种无限的资源,能够为任何追求(正如人们必须追求)自我保全的神圣必需的人提供生活的"必需品和便利"。参见法里纳(Farina),1996年。

② 蒙多尔甫将明确地把历史唯物主义描绘为一个"体系"。参见蒙多尔甫,1952年,第9页。

在。蒙多尔甫对马克思主义的"重建"难道不是从"整合"到脱离唯物主义的"真正的"费尔巴哈这一过程中开始的吗？即使恩格斯在《反杜林论》中使用了"唯物主义一元论的最绝对的表达方式"，然而由于在他之前的所有作品中，他仅使用了一个唯物主义的"术语"，而他对"思辨唯心主义"的反对是通过否定任何唯物主义哲学的"实践的哲学"明确说明的，① 他还能真正被视为一名唯物主义者吗？而且，最重要的是，如果辩证法对恩格斯来说也是"现实的可理解性的形式和条件"②，尽管《反杜林论》沉溺于趋向将哲学从自然科学的范围内删除的"辩证唯物主义"，这种辩证法本身也许不是对抗任何形式的唯物主义的主要解药？

在这里，"整合"是"系统化建构"的一个要素，而"辩证法"则是对"唯物主义"的否定：这些要素将成为一个哲学计划的特点，该计划寻求对社会主义历史的某个周期所提出的问题给出答案，因为社会主义历史与意大利社会和文化相关。

自 1908 年至 1912 年这段时期，蒙多尔甫阐述了他自己的马克思主义阐释的核心内容，这些确实不能被认为完全同质。这一时期见证了从增长展望（1908 年）到危机展望（1911 年）的转变，这至少部分解释了蒙多尔甫在基于"社会经济分析和历史经验分析"的社会主义理论与基于

---

① 蒙多尔甫，1952 年，第 206 页。
② 同上，第 400 页。

"纯粹哲学意识"的反思之间的摇摆不定,而后者最终占了上风。① 然而,还有一种"同质性"的要素也超越了这一时期,使我们更好地理解罗多尔夫·蒙多尔甫的计划及其实现。1908 年,在他为《社会批判》撰稿时,当时佛罗伦萨大会已确认了改良主义者对党的支配权,他的介入是为了消除"马克思主义的终结",这种说法如今不仅在《晚邮报》(Corriere della Sera)上被提及,(而且最重要的是)在许多改良主义者圈子里都已被**默许**。② 我们将在下一章中更仔细地审视改良主义和理论层面之间的关系。但还有一个事实是,在 20 世纪第一个十年末,一些受改良主义启发的理论正在发展与马克思主义无关的要素,而改良主义的创始人似乎对此漠不关心。因此,三年后蒙多尔甫发现自己直接卷入了与"庸俗唯心主义"的辩论中,处于一种宣告马克思主义和社会主义都已死亡的氛围中,这不是面对一种新的文化氛围的问题,而是面对一种已经在《社会批判》专栏中流传了一段时间的唯心主义和反马克思主义。

相反,革命工团主义者特别关注研究马克思及其理论;在蒙多尔甫的记载中,不断出现阿图罗·拉布里奥拉和恩里科·利昂纳的书。因此,诺贝托·波比欧的论点很准确,即"对蒙多尔甫来说,研究马克思和恩格斯的理论思想是在两个方面与修正主义作清算的一种方式",而且"从理论

---

① 扎纳尔多,1979 年,第 185、193 页。
② 蒙多尔甫,1968 年,第 5—7 页。

的角度来看,蒙多尔甫并不属于修正主义历史"①。也许蒙多尔甫的哲学应该被定义为"改良主义哲学"②,但恰恰是上述提到的"整体"马克思主义,是他的"社会主义哲学"的明显特征,也使得这一定义相当有问题。

蒙多尔甫认为社会主义缺乏"一个理论灵魂……一个理论指向",因此"需要一个哲学方向"。③ 他在 1911 年做出了这一明确的纲领性声明,但毫无疑问,这一框架也是他第一项"重建"马克思主义"哲学"方向的重要研究的基础:他 1909 年关于费尔巴哈的文章。这种"哲学方向"必须在"改良主义者和革命者的心理"中"重建",这种心理"在多年来所谓的**科学社会主义**中形成……"。在考虑"理论已经在实践中被超越时,(改良主义者)已经声明放弃了与哲学作清算",而革命者却从未真正反思过"唯意志论哲学",④ 但他们仍然声称从中汲取了灵感。但是

> 任何在社会主义政党中出现的倾向,无论新旧,都不能忽视马克思和恩格斯最先提出的根本要求:与哲学进行彻底清算。在实践的唯意志论取代唯物主义哲学之前,历史现实主义将被颠倒过来解释,用无生命的、无作用的东西来代替有生命的、起作用的人;

---

① 参见 1968 年波比欧第一次接触蒙多尔甫,第 30、32 页。
② 马拉毛(Marramao),1971 年,第 213 页。
③ 蒙多尔甫,1968 年,第 80 页。
④ 同上,第 120 页。

第四章　历史唯物主义

由于缺乏对心理现实的理解，阶级将四分五裂；社会活动取决于意识和意愿的态度，**社会环境**本身由人而不是由物构成，这一事实将无法得到承认。①

蒙多尔甫的方法"整体论"面对着对一种能够为**所有**社会主义哲学提供信息的理论的新要求，也回应了重新定位"传统"倾向的需要。

即使在蒙多尔甫开始对马克思主义进行哲学反思时，"严密的唯心主义"仍不能被视为拥有霸权（特别是在大学），他的"重建"仍将发生在"庸俗唯心主义"混乱发展的氛围中，带有秦梯利印记的"激进唯心主义"的渐进性、纲领性定义，②以及"知识青年"③与社会主义及其文化的分离。他的"重建"被提议作为对这些正在发生的倾向的积极回应。

蒙多尔甫将在1909年至1912年这段短暂的时间内勾勒出"社会主义哲学"的分析结构，以他最重要的理论作品为界：他关于费尔巴哈和恩格斯的论文。该分析结构的基本轮廓显然是"作为一个整体"来构思的，他的整个建构的特点是极端的内部一致性。

蒙多尔甫所概述的"整体"工作的第一个要素将是重新发现费尔巴哈，考虑到其在实践哲学的分析链中占有一

---

① 蒙多尔甫，1968年，第127页。
② 该表达出自迪·乔瓦尼，1996年，第52页。
③ 桑塔瑞利，1977年，第173页。

席之地。实际上，对蒙多尔甫来说，正是马克思为反对费尔巴哈假定的自然主义唯物主义而写的《关于费尔巴哈的提纲》表明，"真正的费尔巴哈的理论，尽管在某些方面远远没有达到马克思在自己这些简短的记录中如此有力地粗略说明的那些理论的精确性和串联性，但在很大程度上是它们的预兆，显示出（与它们的）密切关系。"① 无可否认，马克思做这些记录的意图完全不同，但众所周知，当他"和恩格斯想要将他们的学说与其他学说区分开来"时，他们"用斧头多于用凿子"。然而事实上，他们对费尔巴哈的反对"不过是一种辩证的反对，超越了它所否定的环节，同时该环节也包含在它本身之中"②。实际上，对于蒙多尔甫来说，如果我们审视一下实践哲学的更深层次的方面（其中首先是辩证法），那么马克思和费尔巴哈共同的黑格尔遗产（除了他们"经常表达……（他们）对它的摒弃"③）显示出明显的**连续性**迹象。费尔巴哈的"生活需要"，即具有自身意识的存在的基础，是能够开启一个辩证导向的活动过程的基本原则。如果有人追问"需求意识若非源于对自身存在所受到的否定或限制的感知，又从何而来？"那么需求和需求意识便可被视为辩证活动的根本原则。④ 这一"辩证同一性"的原则是否能被认为（需要的需

---

① 蒙多尔甫，1968 年，第 13 页。
② 蒙多尔甫，1952 年，第 101 页。
③ 蒙多尔甫，1968 年，第 56 页。
④ 同上，第 37 页。

要意识,"在其被赋予的动态价值方面,与黑格尔提出的理性和现实的辩证同一性相对应"①)是自然主义—唯物主义哲学的一个时刻?当然不能。它更像是一个"现实人文主义"的问题,马克思通过为它提供费尔巴哈所缺少的社会学和历史维度来解决这一问题。② 那么,费尔巴哈不值得被"视为一名唯物主义者",相反,他是"实践的唯意志论的创始人"③。

为了支持这一论点,蒙多尔甫提出一个受秦梯利启发的分析框架,正如欧金尼奥·加兰正确指出的那样,该框架与秦梯利的《马克思的哲学》的框架保持了显著的"总体对称性"。④ 蒙多尔甫还从秦梯利对《关于费尔巴哈的提纲》的阐释中采用了**革命实践**(*umwälzende Praxis*)的错误翻译。这一错误对一个实际上以"被改造的实践"为基石的结构非常有利,甚至在认识到这一错误之后,蒙多尔甫认为这是个**幸运的错误**(*felix culpa*),更符合马克思主义解

---

① 蒙多尔甫,1968 年,第 37 页。
② 如何才能全面地把握和理解历史?"费尔巴哈几乎完全没有意识到这一点;他有时会提及这一点,一提即逝……但无法解释这一点,因为它超越了他的框架的范围,(因为)人与自然的斗争本质上是进入历史的唯一(方面)。因此,正是在这一点上,马克思迈出了无比重要的下一步;也就是说,正如他和恩格斯所看到的,从自然主义到历史主义的这一步可以从这一方面考虑。事实上,他将费尔巴哈的人文主义的基本观点搬到了历史的领域中,发展并有机地引出了(费尔巴哈已经阐明过的)概念的后果,即人类活动不应在抽象的个人中寻求,而应该在社会人、在他的相关集体中寻求。"蒙多尔甫,1968 年,第 59 页。
③ 蒙多尔甫,1968 年,第 83 页。
④ 加兰,1983 年,第 225 页。

意大利马克思主义史：从起源至第一次世界大战前

释的精神。①

他的"整合"努力的第二个要素涉及弗里德里希·恩格斯。蒙多尔甫提出了可以被认为是欧洲对恩格斯的辩证唯物主义最早的批判之一，同时他还将恩格斯本人恢复到一种唯意志论的实践哲学中。

《反杜林论》中的恩格斯，或部分《反杜林论》中的恩格斯，已经将自己与马克思区分开来，在（他们）对世界的概念方面，恩格斯将**辩证唯物主义**作为这一问题的解决方案，而马克思将实践哲学作为解决方案；而且在某种程度上，在历史概念本身方面，这也意味着与一般哲学重新联系起来：以至于马克思曾经使用过"现实的历史概念"这一措辞，而恩格斯却引入了"历史唯物主义"② 这一名称（后来一直沿用至今）。"辩证方法已经成为自然科学特有的方法，作为科学真理的方法，它倾向于消除哲学的（方法）。"③ 有时，恩格斯甚至似乎让自己滑向将思想和意识视

---

① "将**革命实践**翻译成'被改造的实践'并没有改变真正的马克思主义概念，而是更为充分地表达了这一概念，还包括**自我改造**（Selbstveränderung）的基本要素（不仅仅是细节）。"他写下了这些文字，尽管承认这种表达"在语法上是不正确的"。蒙多尔甫，1952 年，第 403 页。

② 蒙多尔甫，1952 年，第 9 页。此外："恩格斯，首先是在自然哲学的基础上，更倾向于（而且往往是在口头表达上，而不是在思想的现实中）唯物主义，而马克思，从知识的批判出发，得出了一种实践的哲学，如果我们想要保留词语的正确含义，那么将其定义为'唯物主义'是非常模糊的。"蒙多尔甫，1952 年，第 3—4 页。

③ 蒙多尔甫，1952 年，第 17 页。

为"物质器官"产物的观念。① 尽管如此,对于蒙多尔甫来说,甚至《反杜林论》也不能被视为一部"唯物主义"作品。它的唯物主义往往只是"术语"。例如,在许多段落中,恩格斯似乎沉湎于对社会进程的纯粹"经济"观念。但当他审视构成社会变革基础的经济部分的真正组成部分时,具体的人(阶级)确实出现了。而且"正如恩格斯告诉我们的那样,只有当阶级意识到需要与现实环境做斗争,并具有反抗服从的意志时,才作为一种历史现实、作为一种积极而有效的力量而存在。"② 这不是基于人类因需求而激发的行动的**革命性实践**吗?这是什么**实践**?"对于马克思来说,思想就是**实践**,**实践**就是他的对象;也就是说,这两个名称都出现在实践中,因此在实践中,**思想和现实相一致**。"③

那么,这当然不是秦梯利的"自动实践",一种完全是**思想**的实践,但它必定是一种几乎没有给现实的自主性留下空间的实践。此外,尽管蒙多尔甫经常寻求与拉布里奥拉的立场达成一致(正如我们所看到的,这些一致意见的基础相当薄弱),在这种情况下,他将"实践的改造"与"**对事物的自我批判**相对立,而安东尼奥·拉布里奥拉本人也曾谈到这一点"。④

---

① 蒙多尔甫,1952年,第37页。
② 同上,第257页。
③ 同上,第5页。重点部分为本书作者所标。
④ 同上,第388页。

一种仍然保持**完全哲学化的**实践主义可以出其不意地抢在"庸俗的唯心主义者"(或"绝对的唯心主义者")和"形而上学的决定论者"的年轻社会主义知识分子前头。但与此同时,这使得马克思主义与科学知识之间的关系问题完全没有得到解决:拉布里奥拉本人对这一问题投入了大量精力。这也是《反杜林论》的问题,尽管它具有"辩证唯物主义"特征。

第五章
马克思主义和改良主义

1 改良主义的理论根基是什么?"灾变论"① 的混乱网络

本章标题中出现的两个术语,即**马克思主义**和**改良主**

---

① 本章这一部分所论述的"灾变论"涉及源自(或并非源自)马克思**经济范畴**的概念整体。除了这种考虑灾变论的方式之外,一种没有必然联系的、完全**政治性**的概念也广泛流传,特别是在乔利蒂时代。在后一种情况下,"灾变论"并不包括"逐步贫穷化"过程的自然结果,而是从旧社会到新社会的过渡中的**剧烈收缩**,这一过渡不会没有痛苦。本世纪初的一位革命社会主义者,后来成为革命工团主义者,指责改良主义者"特别"打击"马克思的灾难理论,即社会主义的革命概念",但把"灾难"说成是无产阶级生活条件长期增长的终点。"多年来,我们以各种语气表达和重复了这样一个理念:社会主义必须从优于目前的生活条件中产生,一方面由资本主义的演变而产生,另一方面由无产阶级的抵抗而产生……社会主义的胜利从属于劳动工具的技术发展和无产阶级的经济和道德改善。"阿列维,(Allevi)1901 年,第 29—30、38—39 页。

义，有一个独一无二的特征，即在它们所表示的内容中早已失去了它们的特殊性，但也被用作几乎普遍的范畴，仿佛是为了指定确切的内容，其意义一般被认为是理所当然的。而改良主义的特质（合理性、实用主义、渐进主义），与马克思主义中这些特质（教条主义、抽象性、革命主义）的相应缺乏形成对照，因此被固定在一个两者总是看来似乎相同的空间和时间的维度上。

一般来说，新闻、政治领域是这种语义滑移的首选之地。但是，鉴于其薄弱的科学地位，以及来自政治领域仍然非常热门的主题的不可避免的压力，在这些政治表达和本该负责冷静分析的机构领域之间出现了一个恶性的循环。

有两个特殊的要素是这一循环倾向于被激活的方式的特征：胚胎—遗传的方法，以及所讨论术语的绝对对立。

胚胎—遗传类型的观点预先假定存在一个胚胎型的马克思主义，其中马克思主义未来发展的迹象已经存在，甚至占主导地位。因此，它的全部经验既可以在开始时看到（在据称已经显现出结局迹象的胚胎中），也可以在最终使这些同样的迹象更加清晰的结果中看到。像麦克白的女巫一样，遗传方法的拥护者认为他们可以"观察时间的种子/预报哪种谷物会生长，哪种不会"。

然而，在第一个成长阶段出现的迹象非常多。其中每一个迹象的不同发展都由一系列复杂的组合决定，这些组合通过历史的一般过程而实现。每一个阶段都需要对其自身进行具体的分析，此外，按时间顺序排在后面的阶段不应必然被认为是前面的阶段的发展。

相反,如果我们在察看马克思主义与改良主义的关系时,优先考虑这样一种阐释:其结局已经印刻在了开头,然而逐渐坏死的旧迹象只有从结局处才清晰可见,那么自然会优先考虑这些特征往往会更为极端从而简化的时期。因此可以证明,"马克思主义"和"改良主义"现在是,而且一直是对立的、不可调和的。

事实上,后一种考虑似乎在哲学和政治学作品中找到了更多的支持,因为一般来说,它是通过使用以"范式"为特征的模型制造系统来表达的。然而,一些重新审视这一问题的历史学研究,也受到了这种观点的潜在影响。

马克思主义文献倾向于将资本主义的理论化与对未来的预测联系起来,这种解释倾向在一定程度上找到了其合理性,而且这种倾向不仅出现在 20 世纪初。在今天关于"马克思主义之死"的辩论中,我们可以看到这一点的大量痕迹(即使这一问题颠倒了过来)。这种态度当然扎根于马克思本人准备的土地上,因为他认为描述能够(而且必须)成为社会主义和工人运动的参照点的过程是一项科学任务。在这里,我们肯定不是在谈论《资本论》的分析核心本身。但是,鉴于科学、政治激情、伦理张力[①]的复杂结合,以及

---

① 克罗齐在这方面的评论在今天看来仍然非常具有现实意义:"我们是否想要完全忽视伦理唯心主义在马克思和恩格斯思想中的作用,向他们对伦理价值的拒绝致敬?我想这是另一种情况,我们必须区分表面的思想和真实的思想。"克罗齐,1961 年,第 172 页。

意大利马克思主义史：从起源至第一次世界大战前

如前所述的马克思的整体理论建设所代表的"犬儒主义""乌托邦主义"和"实在主义"① 的复杂结合，由此产生的潮流无论是长期还是短期都很难避免投射到政治领域。所以我们需要找到不同的方式来解决这一问题。在"分析历史"的领域中，马克思方法的各个层次可以被严格区分开来并单独考虑。在这一逻辑领域，资本主义理论的质量不会因其作者关于资本主义崩溃和/或其转变为高级文明的假说（或希望）的实际效果而受到质疑。马克思的扩展再生产模式及其在危机理论中久经考验的运用并没有与柏林墙一起倒下。正如乔安·罗宾森恰当地指出的，"马克思对资本主义的分析，尽管旨在批判资本主义，却有力地论证了其内在逻辑。同样，马歇尔（Marshall）的论点，尽管意在为资本主义辩护，却无意中揭示了其浪费性。"②

然而，在"文化史"的层面上，分析范式的正确性不再是唯一的价值标准。它置身于由不同意义交织而成的复杂网络中，并成为各种力量相互作用的结果。在这个意义上，马克思的扩展再生产模式，也如同柏林墙一样，已成为历史。

为了避免以线性、事后追溯的方式来理解历史进程中的决定性因素，将"改良主义"和"修正主义"作为欧洲

---

① "犬儒主义使他们从不向历史寻求悔恨，乌托邦主义使他们认为有可能指导未来，而现实主义使他们认为，**如果**负责构建乌托邦的阶级确实证明有能力，或者能够……将绝对引入相对，并使乌托邦成为实践—知识的实现方案，就有可能指导未来。"马基奥罗，1991年，第169页。

② 罗宾森，1978年，第71页。

社会主义历史的组成部分加以区分，就显得尤为必要。然而，对于无疑将"改良主义"和"修正主义"联系起来的机制来说，**伯恩施坦辩论**必然是其获得特殊相关性和意义的场所。然而，意大利关于伯恩施坦19世纪末叶反思的到达点的讨论具有特殊性。从"理论马克思主义"的观点来看，考茨基的反对者的声音是修正主义风气的要素之一（但肯定不是主要的要素），这种风气在哲学维度的最高参照点是安东尼奥·拉布里奥拉、贝内德托·克罗齐和乔瓦尼·秦梯利，在经济维度的最高参照点是维尔弗雷多·帕累托和马菲奥·派特莱昂尼。

从政治解释的观点来看，伯恩施坦启发的思想在意大利社会主义的背景下很少有后继者，而且被广泛驳斥。然而，改良主义在20世纪初的社会思潮中占据重要地位。因此，人们倾向于将这一经历定义为"实际的修正主义"，尽管是在特殊情况下，但是这种阐释在细心的观察者和学者如罗伯特·米契尔斯以及主要的政治人物如伊万诺埃·博诺米（Ivanoe Bonomi）甚至菲利波·屠拉蒂中很常见。

事实上，意大利的改良主义有如此的深度和价值，以至于像"实际修正主义"这样的表达方式都不足以定义它。在19世纪末，伯恩施坦在意大利社会主义中鲜有人问津，这并不完全是由于像"绝对反对"的需要这样一个偶然的政治因素；无论如何，在社会主义的马克思主义身份得以确立的关键时刻，这种"绝对反对"的特点在意大利的发展方式与在德国的并不完全相同。

意大利马克思主义史：从起源至第一次世界大战前

考茨基无疑击中了要害，他认为，社会主义与德国社会其他部分之间的强制性分离已证明了它对"科学"核心（马克思主义）的充分假设来说是一个非常积极的背景，不仅能够指导战略，而且能够指导政治战术。

像一般的德国社会民主党人领导层一样，伯恩施坦根本没有脱离考茨基这种对于理论和政治之间关系的看法，根据这种看法，马克思与其说是构建了资本主义的理论，不如说是提供了确定（从而建立了）以下道路阶段的工具：通过资本主义到建立社会主义的道路。因此，提出了这样的论点，即理论和历史的有效展开之间的关系几乎没有任何中介：它们是一个集团，其中一部分的变化**必然直接**使另一方产生相应变化。

这种**基础性**的运作机制，不仅贯穿了德国社会民主党的历史，而且显然也是整个社会主义运动（包括其所有组成部分）的一个显著特征，其影响远不止第二国际。第三国际的氛围，则助长了人们以悲剧和讽刺的视角来审视这一机制。即使是像陶里亚蒂（Togliatti）这样注意区分的知识分子、政治家也会相信，约瑟夫·斯大林（Joseph Stalin）的胜利为马克思主义提供了一个结构。在这种情况下，历史和意识形态似乎在确定"彻底对立"的状态方面是一致的，这并非偶然。

在19世纪的最后二十年中（意大利社会主义的马克思主义身份形成的关键时期），无论"彻底对立"的诸多要素是什么，都没有出现与整个社会的"强制性分离"。菲利

第五章 马克思主义和改良主义

波·屠拉蒂本人必然是社会主义与所有"其他"组织完全"政治"分离的坚定支持者。但是,在"其他"文化方面,尤其是在大学环境中,要揭示这样一条清楚的分界线确实非常困难。

这意味着(连同其许多持续的学术"污染")社会主义文化也是通过与最高水平的科学产物不断密切接触、污染而发展起来的,并积极融入欧洲辩论的局面中。因此,要建立一个自足的**理论集团**,主张自己的**正统观念**相当困难。在"**伯恩施坦辩论**"也开始在意大利社会主义中变得根深蒂固时,"修正"的理论方面已经在社会主义文化内外被广泛讨论,带有明显的渗透区域,而各种可能的理论选择并不被认为意味着直接的政治决定。事实上,我们在这里能看到的实践给理论领域带来了一种极为重要的形式的自主权。

是否真的有可能阐述一种与"普遍理论"、宏观经济领域的经济理论以及社会经济学的丰富性密切相应的改良主义理论?以及在这一领域内,改良主义是否展示出任何特殊性?

矛盾的是,在改良主义者经验的高潮时期写下的这部重大作品中,正是折中主义的洛里亚式的阿图罗·拉布里奥拉(现在处于革命工团主义倾向的边缘)通过对资本主义生产方式的历史分析,重新提出了"社会主义"政治经济学的基本问题。事实上,这些问题都围绕着"经济规律"的所谓"自然"展开和确定的社会关系的现实之间的关系。

拉布里奥拉的著作，旨在调和当时的理论与社会现实之间的关系，并在日常的动态变化中解读社会主义运动的存在理由和历史使命。他的视野涵盖了资本主义的发展历程及其超越方式。①

在20世纪第一个十年的社会主义世界里，这种处理经济问题的方式似乎是革命工团主义者中某些人的专利。当然，他们的回应在很大程度上不足以实现他们为自己的计划所设定的雄心壮志；但即便如此，他们也确实试图将自己置于社会主义经典所指出的经济维度中。

在同一时期，改良主义的经济文化是按照完全不同的指导原则来定位的。伟大的调查研究、方法论的选择和微观分析现在似乎已经被降到一个更加遥远的背景之中。这几乎就好像19世纪末关于"马克思主义危机"的讨论应该被认为是一个决定性的到达点、一条终点线，在它的另一边马克思理论中纠缠的结点被最终解开，而无法解决的结点则被简单地斩断。也就是说，对于改良主义来说，这是一个完全没有障碍的出发点，它可以自由地运用自己来解释所有的实际可能性，没有理论上的复杂性。应用经济学，将"科学"还原为"艺术"，似乎是直接参与"大改革"政治战略的社会主义经济学家们最合适的领域。

加塔诺·萨尔韦米尼已经清楚地理解了改良主义出版物的这一方面，他将其与整个理论产物联系在一起，并且

---

① 拉布里奥拉，1910年。

不仅仅是经济性质的理论产物。

> 社会主义党似乎遭遇了知识分子的枯竭，《社会批判》在试图保持它曾经的多样性和丰富的思想时所经历的困难，都源于这样一个事实：1892年至1901年期间在屠拉蒂的指导下聚集在他周围的几乎整个作家群体，使他的评论成为如此热烈、充满活力的文化中心，但现在已经解散了。每一位作家都放弃了理论，开始工作，不再有时间研究进化是否排除了革命、卡尔·马克思是否是一名马克思主义者，达尔文、马克思、斯宾塞、菲利及其一伙的轻歌剧是否还在上演。《社会批判》不能停留在对思想的评论上，从好的意义上来说，但有时也从坏的意义上来说，它必须成为对事实的评论，因为事实是思想的驱动，而新思想的要素只能来自新事实。①

这种评价对于被指责为唯一仍在产出思想的南方知识分子来说是不公正的，因为他们现在无事可做。然而，它确实准确描述了改良主义文化正在做出的真正卓越的努力，以研究**新的**政治气候向那些认同这一长期政治文化运行的人士提出的一系列复杂的**新任务**（以及已经做出的选择）。

---

① 特瑞·斯特尔（Tre Stelle）（萨尔韦米尼）：《幽灵与现实 政党的疾病》（Spettri e realtà. La malattia del partito），载《社会批判》，1907年，第68页。

诚然，对这种从"科学"到"艺术"的大规模转变内在逻辑进行更深入的分析，并非易事。而且在很多情况下，我们有充分的理由怀疑，这些范畴是否能像弗朗切斯科·费拉拉所认为的那样被运用——即以一种不意味着这些不同领域之间存在任何明显界限的方式。

在 19 世纪 90 年代杰出理论家蒙特马尔蒂尼在纯粹经济学、储蓄、边际生产力领域的理论著作，和他作为劳工局（*Ufficio del lavoro*）这一新设立的重要机构的局长的活动之间是否存在着一个中断点？在描绘**经济规律**的学者的严谨性和陷入社会立法和微观经济学的风云变化的政治**表演者**之间是否存在着一个中断点？或者是否有可能识别出以某种方式将这两个时刻联系在一起的线索？

1901—1902 年爆发的关于社会主义公社的资产负债表和市政改革标准的辩论，可谓一次独特的尝试，它试图以一种与社会主义文化所阐述的经济理论高度契合的方式，为具体的政治行政实践提供理论指导。因此，出现了"纯粹金融"和"**政治表演者**"蒙特马尔蒂尼；恩里科·利昂纳的"和谐的资产负债表"体现了"最大限度的集体享乐主义利益"；阿图罗·拉布里奥拉在将"马克思范畴的准则"应用于市政资产负债表时完全是洛里亚式的谨慎；最后，路易吉·内格罗对马克思的"价值"范畴和"生产价格"范畴的"北极星"的使用，直接对应了这些各个作者在 19 世纪的最后时刻所阐述的一切。

此外，确定这种直接对应关系的困难不仅涉及"理论"

和"应用"经济学的领域。它们还涉及以下两者之间存在或不存在什么联系的问题:(1)在"马克思主义危机"讨论中就"正统性"(正如我们所看到的,在理论领域无法找到)和"修正主义"的定义发生冲突的立场,以及(2)认同社会主义在新世纪初将分裂成的这种或另一种倾向。简而言之,在马克思主义"危机"中采取的立场并不能决定一人是效忠"改良主义"或"革命主义"。这也是因为"左派"和右派的划分(试图区分"修正主义"中的各种思潮)更多的是一种从政治结果中推论出来的由果及因的特性描述,而不是适合区分不同理论趋势的分析性关键。

在坚持需要确定理论阐述的场所和政治选择的场所之间的一系列(往往是非线性的)中介时,我们必然不否认,实际上确实存在一些这样的关系。但是为了更准确地确定这一问题,我们需要具体的分析,而不是概括化的分析。将自己限定在接受这个或那个主人公声称的理论秩序的动机,甚至意味着理论完全瓦解为意识形态。而这不是我们的方法。

在这方面,19世纪末关于马克思主义"灾变论"的讨论尤其具有说服力。另一种老生常谈(包括史学和其他方面)认为在批判、拒绝马克思主义"灾变论"、改良主义和潜在或明确地放弃马克思主义之间存在着直接的关系。这种线性观点不仅在意大利马克思主义文化的实际发展中缺乏基础,而且我们甚至发现,从"灾变论"的共同立场中正在得出不同的政治结论。

在19世纪末的意大利，有关资本主义"瓦解"的主题遵循两种不同的分析潮流来处理。其中一种完全属于理论层面，而另一种虽然从理论节点出发，但可以更直接地转化为政治选择。前者直接处理马克思分析的一个章节（利润率下降的趋势），而后者则在工资问题和在资本主义背景下改善工人条件的可能性的主题下进行。

正是贝内德托·克罗齐在知识和组织上的主动性，导致了对《资本论》第三卷第十四章的一系列具体贡献。他向蓬塔尼亚纳学院（Accademia Pontaniana）提议，特诺雷奖项（Premio Tenore）竞赛的参赛主题应该是"对卡尔·马克思《资本论》第三卷中所含经济理论的批判性阐述"——该卷的第三部分的确专门讨论了利润率下降的趋势。在同一时期，克罗齐发表了他的批判，确定了马克思对这一规律的阐述的方法和结果。①

克罗齐对在马克思看来是"资本主义生产方式矛盾的综合"的阐释，②从各方面考虑，现在回响起了显然已是"过渡"的最后阶段的声音。克罗齐确实坚持认为他的审查"在与马克思学说完全相同的基础上"进行，③但实际上他的论证机制仅反映了马克思分析框架的部分方面，而且有时仅以形式上的方式来展开。

对这种利润率下降的长期"趋势"的"反趋势"，对马

---

① 见克罗齐，1961年，第151—164页。
② 波捷（Potier），1986年，第172页。
③ 克罗齐，1961年，第151页。

克思的整个理论是如此重要,以至于使人怀疑它是否可以被视为"灾变论"。对技术的投资、对不变资本的投资,通过增加资本的有机构成,倾向于降低利润率,但在增加剩余价值率时倾向于提高利润率。自然,马克思认为这第二种趋势注定将取胜,但在"这一规律的固有矛盾"(正是其他尚不明显的"反趋势"的可能性)的总的体系中,"对抗性原因"的发展最终赋予这一理论整体以开放维度。相反,克罗齐忽略了理论整体的这些基本方面,以便专门集中于技术进步的一个特定案例。

即使克罗齐的分析因此无法真正了解并应对马克思的资本主义理论,它仍使得人们对技术投资和生产成本之间的关系能够进行更为仔细的考虑。然而,根据克罗齐的倡议进行理论介入的其他撰稿人,并没有在同一水平上开展工作。

特诺雷奖项得主文森佐·朱弗里达(Vincenzo Giuffrida)并没有超越设定的范围,即辨别利润率下降**趋势**的不规则性和需求下降的周期性危机之间存在的联系。[①] 除此之外,朱弗里达的书可以被认为是一部学究式的阐述作品,其关键部分只是为了满足竞赛问题的条件。

至于其他竞争者,阿图罗·拉布里奥拉只是一闪而过地谈到了利润率下降的趋势这一主题。正如我们在下一章将更好地察觉到的那样,他的书[②]反而更关注马克思的分析范畴和纯粹经济学之间的关系。

---

① 朱弗里达,1899年,第111—112页。
② 拉布里奥拉,1899年。

因此，这种类型的讨论无法对基于"灾变论"的批判而构建的改良主义理论做出任何重要贡献。

关于工资的讨论是一个相当不同的问题，它涉及"绝对反对"的原因核心。事实是，在马克思主义的危机的前夕，社会主义文化中的盛行观点是，有一种马克思主义的工资理论与拉萨尔的"工资铁律"十分相似，以至于它们实际上难以区分。但是与此同时，越来越多的人意识到，实际工资现象正逐渐偏离这样的预测。安东尼奥·格拉奇亚德伊的《资本主义生产》（La produzione capitalistica）一书同时论述马克思的价值理论和实际工资增长趋势的关键主题，在这种情况下必然具有特殊意义。格拉奇亚德伊对政治经济学的理论思考〔他将从政治经济学中获得他的改良主义的主要道路（vie maestre）〕完全包含在他对于1894年关于劳动价值理论的讨论的首次干预和他在1901年与路易吉·内格罗（Luigi Negro）的工资论战之间的短暂时间内。这位社会主义学者重新审视了经济学的重要议题，并对其早期的一些论述做出了局部但重要的修正。这些修正直到战后爆发的巨大危机以及他随之而来的政治立场转变才最终完成。这并非意味着从世纪之交到第一次世界大战期间，格拉奇亚德伊的研究缺乏明确的理论思考。相反，他致力于构建一套严谨的经济理论，这套理论既要**服务**于工人运动，**属于**工人运动，又要成为改良主义的理论基础。然而，一方面，其目的和重点极其实际，另一方面，他的理论的结构性要素（至少就我们研究的视角而言）在19世纪90年代末已经成熟。①

格拉奇亚德伊早期形成的特征是20世纪60年代末的研究对象。然而，上述论述并未提供一种细致的分类视角，以充分展现格拉奇亚德伊在从世纪之交到第一次世界大战前这段漫长时期（其中大部分时间自由主义思潮占据主导地位，且明显缺乏系统的理论建构）所扮演的角色。这种分类视角对于理解他作为一名年轻经济学教授的贡献至关重要。此外，它还能帮助我们分析格拉奇亚德伊在不同时期的思想特点——有些思想与特定历史背景和短期效应密切相关，而另一些则具有更深远的理论内涵和长期影响力。

格拉奇亚德伊也参与其中的1894—1895年关于劳动价值理论的讨论具有极大的"内部"性质：这是一场专家之间的辩论，尽管许多参与者的能力不太强。因此，对"马克思主义政党"的意识形态大厦的损害减少到了最低。假如菲利波·屠拉蒂与安东尼奥·拉布里奥拉都在这方面表达了关切（语气不同、关切不同，而且此时此刻，来自明显不同的国家），那么意大利的政治气候（仍然迫使该党陷

---

① 关于他更普遍的思考，实际上，从1899年末到20世纪初，他才开始向纯粹经济学靠近。他在给艾诺迪的信中这样说道："我已经开始阅读奥地利人的作品。我埋头于帕累托，我非常喜欢他。"格拉奇亚德伊致埃诺迪，巴里，1900年1月14日，伊诺第基金会档案馆（Archivio della Fondazione Einaudi），卡特·格拉奇亚德伊（Carte Graziadei）。这方面的初步成果将在第三章中引用的文章中具体说明。

此外，在这些年格拉奇亚德伊长期忙于的另一项研究中，我们可以看到对马克思主义危机理论的部分重新评价，与广泛的消费不足主义者文献一致。参见格拉奇亚德伊，1909年。

意大利马克思主义史：从起源至第一次世界大战前

入"被围困的堡垒的团结"之中）使得组织者和激进分子感到自己脱离了其抽象特性著称的理论问题。

与此截然不同的是，《资本主义生产》在19世纪末进入的政治和文化背景。这也归功于该书本身识别、寻求与现有文化和组织参照点的关系，试图在所有那些对社会主义"新路线"感兴趣的力量之间进行整合。因此，理论和政治之间建立了比一直存在于1894—1895年辩论中的更为直接的关系。如果说格拉奇亚德伊在那一时期的干预提出了一个独立于价值的剩余价值理论（例如使它本身成为自治的、自主的理论要素），四年后，它将成为工人运动的生产主义和非冲突理论的基础结构。这些结果不一定是理所当然的，实际上，共产党人格拉奇亚德伊将试图把这两个时刻分开。然而在世纪之交，只有当它们被视为一个有机的整体时，才会产生相当大的政治影响。

该书在由"整体实证主义者"① 康涅提·德·马蒂斯创立和指导的所谓"政治经济学实验室"的氛围中完成。值得注意的是，这与其说是为了强调康涅提和洛里亚的任何假设的直接干预（根据安东尼奥·拉布里奥拉毫不公正的说法②），不如说是为了凸显周围环境的影响。也就是说，对于观察"事实"和记录"真理"之间的直接对应的共同信心，对安东尼奥·格拉奇亚德伊严格的实证主义训练产生了影响，这将仍然是他科学方法论最为明显的特性。

---

① 该表达出自福奇，1995年，第601页。
② 写给克罗齐的信，1899年1月29日，见拉布里奥拉，1983年，第3卷，第907页。

当我们分析格拉奇亚德伊和伊诺第之间的丰富交流时，① 我们不仅可以证实这些影响的存在，鉴于这名年轻的社会主义经济学家在都灵大学法学、政治科学院政治、经济学学科工作的时间很短，我们还可以赋予它们比原本假设的更有机的特征。

当然，"方法问题"被放在**首位**："你在上面的方法确实是唯一可以使经济学成为科学的方法。"这种对最严格的实证主义的完全效忠意味着以怀疑的态度看待甚至是洛里亚本人②对社会、经济的重要阐述，并选择（相当具有说

---

① 埃诺迪基金会的档案中保存了约 200 封格拉奇亚德伊的信件，为更精确地定义一种文化氛围提供了宝贵的资料，这种文化氛围在经济领域被证明能够为本身就相当不同的政治机构打上共同的印记。这些信件对于研究以经济学为中心的意大利大学教职机构也很有价值——长期以来被认为是必要的探索领域，但尚未找到其历史学家。在伊莫拉**市立图书馆**（Biblioteca Comunale）的历史档案中无法找到埃诺迪的相应信件，那里保存着格拉奇亚德伊收到的信件，但仅限于 1918 年以后的信件。

② 这就是他对洛里亚的看法，我们在一封信中发现了这一点："我非常喜欢阅读你对洛里亚的看法。我完全同意你的观点。不幸的是，虽然他是一名伟大的天才，但他是一名**卓越的**反实证天才。在这方面，他将非常具有破坏性，因为他非但不能加快经济学的稳固发展，反而会使我们回到**先验**的方法，至少在意大利是如此。许多人……已经开始谈论一个塞住人的耳朵的**大地女士**（signora terra）；出现的社会形态是由于这**对某些**必须发生的**特定目的**是必要的，等等。在我看来，洛里亚的天才与科学的真正利益相一致的唯一一点在于他提出问题的方式；也就是说，说明必须以什么方式提出一个特定的问题，以及它的解决方案必须满足什么条件，以便我们能够将其视为一个确定的问题。例如，你是否记得，他在第一卷中多么清楚地证明了迄今为止所给出的令人感兴趣的理论是不充分的，以及在何种意义上关于这种现象的理论可以被认为是真正的理论？因此，相较所有其他经济学家，他为价值的作用赋予了一个更为精确的概念。（格拉奇亚德伊致伊诺第，博洛尼亚，1896 年 10 月 28 日，于伊诺第基金会档案馆，卡特·格拉奇亚德伊）。

力地）舒尔兹·德里奇的模型。① 格拉奇亚德伊也要感谢舒尔兹·德里奇的统计材料，他在《资本主义生产》和与内格罗关于工资和马克思主义理论的论战中使用了其中的大部分材料。

伊诺第与格拉奇亚德伊之间的关系非常密切：他们勤奋地阅读、评论彼此的研究手稿，交流科学经验和书目参照点，这绝不是形式主义的。② 但是这不仅仅是方法问题，尽管这些问题很重要。我们得到的印象是，格拉奇亚德伊是文化运作和政治计划的一部分，主要由"政治经济学实验室"和《社会改革》圈子所共同参与，倾向于肯定一种社会主义，首先是一种工人运动，具有兼容、合理的特征。也就是说，朝着肯定一种文化和进行阶级斗争的方式的方向发展，在其革命方面和经济理论方面都清除了马克思主

---

① 同样在这封信中，他还对舒尔兹·德里奇作了如下评论："我读了舒尔兹·德里奇的书，发现这是一本非常好的书。我还没有读到过实证方法被运用得如此精确的经济著作，令人惊叹。自从读完这本书后，我的思维方式有了很大的改变。"参见舒尔兹·德里奇，1900 年。这一意大利版本在"实验室"的背景下出现。康涅提·德·马蒂斯将其纳入他指导的《经济学家图书馆》第四辑，并由詹纳科内（Jannaccone）翻译和编辑。格拉奇亚德伊已经读过 1895 年的英语版本。该书是作为对工资铁律理论的驳斥而写，该理论被认为是拉萨尔宣传的马克思主义法则（参见第 121 页）。舒尔兹·德里奇的独特资料来源是"经济学家的实践者"，像阿特金森（Atkinson）这样的工业家，也被格拉奇亚德伊在《资本主义生产》和与路易吉·内格罗关于工资的论战中大量使用。

② 有趣的是，路易吉·伊诺第向格拉奇亚德伊示意了韦伯夫妇（Webbs）的《工会主义史》（*History of Trade Unionism*）的存在，这部作品对意大利工人运动理论的影响极其重要。参见格拉奇亚德伊致伊诺第，1899 年 3 月 8 日，卡特·格拉奇亚德伊。

第五章 马克思主义和改良主义

义的基本方面。总而言之,"马克思主义者"就是**其他人**;格拉奇亚德伊认为自己是其中一员的科学学派将自己定义为反对者这一现实;有时是**放纵的**对手,① 有时是气势汹汹、教条主义的对手,必须"揭开面具",② 或者通过摧毁

---

① "我很高兴看到《前进!》中关于你的演讲的信件;正如你所看到的,对我来说,这些信件也相当不错。可怜的马克思主义者! 从根本上来说,他们是否没有我们所认为的那么凶猛?"——格拉奇亚德伊致伊诺第,1898年11月12日。

② 格拉奇亚德伊致伊诺第,1899年3月5日和11月6日。为了证明他的改良主义和共产主义时期的理论连续性,格拉奇亚德伊在里窝那大会(Livorno Congress)的干预中主张说,他对"卡尔·马克思的经济部分,当然是最不稳定的部分"的批评与二十年前基本相同。同样,他对"马克思主义的重要本质(在于)《共产党宣言》"的认识也没有改变。他主张,"在塑造马克思作品中占上风的不是他严谨的经济概念,而是他哲学、社会、政治的部分……正是在财富增长、资本迅速积累、工人阶级可以施加重大改进、资产阶级民主似乎正在为无产阶级打开权力之门的时期,那些非常有价值的人(我确实欣赏他们,以后也会欣赏)相信自己可以用一个过去的历史时机来解释《共产党宣言》的精神"。参见《意大利社会党第十七次全国代表大会速记报告》(*Resoconto stenografico del xvii Congresso Nazionale del Partito socialista italiano*),1962年由《前进!》出版于米兰,第36—37页。他显然忘了将自己纳入这些"拥有非常伟大天才之人"之中。实际上,在第一次世界大战之前的整个时期,他已对经济理论、阶级斗争方式和工人组织形式之间存在的关系有着非常敏锐的认识。至于《宣言》,值得注意的是,他对王德威尔得(Vandervelde)在纪念《宣言》的一篇文章中对阶级斗争的逻辑做出的"过度"让步感到不满。然而,这篇文章(而且已经带有"修正主义"的印记)却在《宣言》中看到了"资产阶级社会主义和以阶级斗争为基本轴心的社会主义"之间的分道扬镳。参见埃米尔·王德威尔得(E. Vandervelde):《关于〈共产党宣言〉》(*A propos du Manifeste du Parti Communiste*),载《社会主义评论》,1898年,第1卷,第327—341页。正如他在1898年3月26日写给伊诺第的信中所说(卡特·格拉奇亚德伊的信件):"你看到王德威尔得在《社会主义评论》中关于《共产党宣言》的文章了吗? 他做出了多大的让步!"

他们最薄弱的防御工事进行包抄。①

我们可以清楚地确认各个主题,安东尼奥·格拉奇亚德伊将依照尼蒂和洛里亚评论的政治和文化路线,围绕着这些主题来构建他的书的最终逻辑。② 首先,这意味着赋予理论研究一个实际的目的;更具体地说,意味着将研究引向研究社会改革政治所需的条件和兼容性。③ 其次(也是为了这一目的),一旦它的意识形态被清除了悲观主义和"灾变论主义"倾向,就意味着利用所有潜在的改革力量,特别是社会主义和工人运动。此外,"高工资"理论和工人运动理论在资本主义发展中的进步作用在出现在格拉奇亚德伊的文本和某些社会主义出版物中之前,已经出现在《社会改革》中(实际上,代表了某种政治选择的基础)。④ 至

---

① "我找到了一名社会主义者,尽管他顽固不化,但却非常讲道理,而且愿意承认马克思的易错性。这个菲利有点顽劣,但他有一个好的头脑和可靠的直觉。"格拉奇亚德伊致伊诺第,1899年3月5日。

② 几年后,洛里亚将他关于工会的理论整理成一卷。尽管他完全属于现代化的意识形态,强调工人运动在其中的作用,但他也警告说,只有社会主义作为一个整体(工会是其中的"小学",而党是"指南和意识")才能加速资本主义解体的自然运动。见洛里亚1902年、1901年。

③ 洛里亚:《社会科学与社会改革》(Scienza sociale e riforma sociale),载《社会改革》,1894年,第13—17页。

④ 参见(都包含在《社会改革》之内);弗朗切斯科·萨维里奥·尼蒂(F. S. Nitti):《高工资经济》(L'economia degli alti salari),1895年,第481—497页、第557—581页、第740—763页、第824—837页;《工作》(Il lavoro),1895年,第5—23页、第101—115页、第176—192页;卡米洛·苏皮诺(C. Supino):《经济科学与经济现实》(Scienza economica e realtà economica),1896年,第1卷,第397—415页;亚历山德罗·基亚佩里(A. Chiappelli):《社会主义与悲观主义》(Socialismo e pessimismo),1896年,第1卷,第5—10页;卡罗·安杰洛·科尼利亚尼(C. A. Conigliani):《对社会未来的预测》(I pronostici del futuro sociale),1896年,第2卷,第827—844页。

于工人组织在国家现代化进程中的具体地位,"经济科学"正确地指出,工会(**作为"享乐主义主体"**)只有在能够将其"功用期望"与总体(尽管是动态的)经济平衡的需要相匹配时,才能发挥积极作用。①

《社会改革》对劳资关系的看法倾向于用以下术语定义:

> 愿工人们放弃无用的抱怨、暴力的语言、雅各宾派的行为和革命的倾向,并将自己与建议联系起来,以井然有序的坚定和强劲有力的恒心保护自己的社会利益。愿老板和业主不再惧怕树叶每一次的沙沙声,不再总是实施他们的权威,愿他们和他们的同伴也能以公正的节制来维护自己的经济权力,平等对待雇员,与雇员讨论共同利益,并显示出他们有良好的意愿和决心,一直在为和解而努力。②

甚至连(《社会改革》也积极推动)关于在法律上承认工人结社自由主义的建议,目的是赋予其自主权,其含义

---

① 埃马努埃莱·塞拉(E. Sella):《关于工会的一些理论笔记》(Alcuni appunti teorici sui sindacati operai),载《社会改革》,1900年,第449—457页。

② 卡洛·弗朗切斯科·费拉里(C. F. Ferrari):《正在消亡和崛起的世纪中的社会主义和社会改革》(Socialismo e riforma sociale nel morente e nel nascente secolo),载《社会改革》,1900年,第719—752页;引文出自第751页。

也并非完全有利于社会主义和到那时为止已普遍存在的阶级斗争概念。此外，这些论点显然是由当时与格拉奇亚德伊关系非常密切、将很快成为《社会改革》新任主管的同一个人表达的：路易吉·伊诺第。①

在这种情况下，格拉奇亚德伊的书具有一种特殊的价值，即从理论上澄清了意大利社会主义文化和政治活动进行彻底变革的必要性，首先与工人运动的激进逻辑有关，这种逻辑在19世纪90年代期间很少有机会以普遍的方式表现出来。尽管如此，他的书不能仅仅归因于这一层面。

事实上，《资本主义生产》（*La produzione capitalista*）的结构将分为两个尽管相互关联、但有所不同的部分。第一部分与作者截止1897年已在《社会批判》上发表的文章相对应，在这些文章中，他发展了独立于劳动价值理论的剩余理论。第二部分就其本身而言，是对工业发展最先进的国家中的工资和利润的同时期增长进行统计经验和分析性的缜密论证。

这两个部分无疑是相互联系的。实际上，在格拉奇亚德伊看来，只有用"物理"术语来表示生产过程的结果，

---

① 伊诺第在评论发起了新世纪工会主义循环的热那亚大罢工时写道："像热那亚这样的罢工标志着病态的社会状况……让这样的工人阶级有可能通过自己的协会自由地解决劳工问题，与业主和政府一起处理这些问题，那么十年之内你不会再听到人们谈论罢工，因为我们所有人都会意识到保持团结一致反对外国竞争的责任，你不会再看到工人领导人中的社会主义保民官，因为工人将学会处理自己的利益，不再需要导师。"见《社会改革》，1901年，引文出自第91页和第93页。

才能正确地解释分配现象。然而，在格拉奇亚德伊的整体生产中，这两个部分（以及可以从中推论出的不同分析关键）却呈现出非常不同的重要性程度。"没有价值的经济学"仍然是他理论中的一个常量，20世纪20年代，他重新开始思考政治经济学的普遍性主题，当时这一要素基本上没有改变。相反，当民主、社会主义、社会和经济发展作为一条局限性无法辨别的道路的不同方面出现时，高工资理论和"兼容性"理论将与它们似乎密不可分的时刻的独特性保持无可挽救的联系。

19世纪末，社会主义学者们的兴趣明显转向了该书第二部分所探讨的问题。在随后的十五年里，格拉奇亚德伊也将其大部分著作都投入到对这些主题的深入研究中。那么在19世纪末，这本颇有争议的书的作者清楚地知道必须遵循什么道路。即清除社会主义运动中的"灾变论主义的马克思主义"（在他看来，马克思主义只能是灾变论主义），证明改善工人阶级生活水平的条件完全有可能与资本增殖的过程无害地共存，从而与资本主义发展无害地共存。确切点说，证明在某种意义上，一方可以被视为对另一方有用。在此基础上，可以与具有自由进步的文化参照点的社会力量建立牢固的联盟，从而促进有效的"大改革"政策，以"兼容性"和国家的总体利益为指导。

正如我们已经说过的，在这卷书中分析更为恰当的部分，并不缺乏可能产生这种结果的要素。格拉奇亚德伊放弃了马克思的方法，即从劳动力的供给和剩余价值的形成出发，把剩余价值率"转化"为一般平均利润率（抛开这种转化在形式上是否正确的问题）。这种放弃不仅意味着引起生产领域和分配领域之间的决裂，也意味着将"利润"范畴从资本增殖的模式中排除，从而将其从经济分析的视野中消除。这不仅是一种没有"价值"的经济学，也是一种没有"利润"的经济学，至少在马克思对这一概念的理解中是如此；在这种经济学中，剩余，确切地说是剩余产品，在生产过程之外得以确定和分配。"对我来说，"格拉奇亚德伊在写给洛里亚的信中说道，"利润是一个社会和历史事实"，① 因此他在完全洛里亚式的视角下，将资本主义"剥削"的原因归为司法财产关系的领域。因此，社会财富形成模式的内部变化不可能导致财富分配的实质性变化。

这里的分配变量取决于劳动生产率和工资水平之间的功能关系，这种功能关系最终将标志着"高工资"动态周围的具体限制。这里直接明确地提到了韦伯夫妇的书籍，特别是《产业民主》（*Industrial Democracy*）——这些书非常密切地吸引着格拉奇亚德伊和伊诺第的注意力。不难理解，从这一理论观点中可以得出社会主义和工人运动什么样的"新"方向的指针。

实际上，这一观点立即受到了《实验室》中的自由派友人以及《社会改革》的欢迎——路易吉·伊诺第急忙强

---

① 格拉奇亚德伊至洛里亚，1899 年 2 月 14 日，见保存于皮埃蒙特和瓦莱达奥斯塔档案馆管理局（Soprintendenza Archivi del Piemonte e della Valle d'Aosta）的《卡特·洛里亚》。

调，"虽然马克思主义者竞相以严厉的眼光审视现代资本主义，新社会主义的理论家却（给予）对这种资本主义的高度同情和历史性的平和评价"。① 此外，他直接介入了社会主义者之间展开的辩论，进一步呼吁他们认真深入地思考"格拉奇亚德伊具有原创性的、令人产生共鸣的书"。

> 它是社会主义舆论运动的先驱，旨在对当代经济学现象进行更切实可行和冷静的深思。它拟定了社会主义者在实际的经济行动和政治行动中必须遵守的新纲领的主要理论路线。

伊诺第继续说道，法国和意大利的社会主义运动都受到了旧思想和严酷的阶级斗争的启发。现在，经济和社会条件正在发生变化，"走的是一条更为平静、和平的斗争之路"，因此，可以希望法国和意大利的社会主义将开始重塑"英国意义上的"社会斗争。格拉奇亚德伊的书是这种转变发生的"可靠保证"。"两种不同的原则、两种不同的行动体系之间的斗争总是从思想领域开始，然后对现实的、活

---

① 路易吉·伊诺第：《资本主义生产 再版》（La produzione capitalistica, rec.），载《社会改革》，1898 年，第 1173—1176 页。伊诺第认为格拉奇亚德伊是新趋势最伟大的社会主义理论家。詹纳科内更为谨慎，他在书中发现了某些不确定点，但仍然积极强调了格拉奇亚德伊对劳动力和资本生产力的坚持。参见他的《资本主义生产 再版》，载《意大利社会学杂志》（*Rivista Italiana di Sociologia*），1899 年，第 82—93 页。

意大利马克思主义史：从起源至第一次世界大战前

生生的行动产生深刻的影响。"①

伊诺第说得再清楚不过了，他表明自己既深刻认识到一种突破社会主义意识形态传统的理论的重要性（但在其内部已经成熟），又认识到它必然会对社会主义考虑阶级斗争和社会冲突的方式产生影响。

该书在社会主义环境中的接受情况则更为复杂和明确。在《社会批判》的版面上，在特里夫斯的热情洋溢和②内格罗的尖锐批评之间，反应不一。尽管如此，后者的重点与其说在于格拉奇亚德伊对工资动态的"乐观"所开辟的政治前景，不如说在于坚称，即使考虑到马克思的前提，他的分析范畴确实提供了正确解释先进资本主义国家所考虑的趋势的可能性。我们很快就会仔细研究路易吉·内格罗的批判性论点；与此同时，我们会注意到，在更为直接的

---

① 参见路易吉·伊诺第：《利润与资本主义生产的新理论》（Une nouvelle thèorie du profit et de la production capitaliste），载《社会主义评论》，1899年，第1卷，第163—175页，引文出自第174—175页。

② "即使不成为皮亚诺尼（piagnoni）〔吉罗拉莫·萨佛纳罗拉（Girolamo Savonorola）的虔诚信徒〕、不经受乔纳森（Jonathan）〔希伯来圣经中扫罗（Saul）王的儿子〕的驱魔、也不经受以西结（Ezekiel）的烟火闪电……也有可能成为社会主义者……回到那个五月，早上，正如托尼诺（Tonino）（安东尼奥的昵称）所说，就像我现在读他的书一样，我觉得这些想法的历史客观性是真实的，而基本原理的主观性是错误的，它们将会遇到学院派和管制派（发布的）所有开除教籍的通告。但我也觉得在人们当中传播（这些想法）会很有用，作为一种有价值的社会卫生学、作为我们这个时代心灵的健康饮食——这极其令人悲伤和绝望；在'马克思主义危机'发生的地方，我被'社会主义新生'的想法所吸引。"特里夫斯：《乐观社会主义：安东尼奥·格拉奇亚德伊的思想》（Il socialismo ottimista: le idee di Antonio Graziadei），载《社会批判》，1899年，第200—201页。

政治背景之下（在党的日报专栏中），保卫党的意识形态遗产的任务将落在博诺米身上；几年后，他也将成为格拉奇亚德伊的工会主义理论最严苛、最重要的解释者之一，同时也是坚定的捍卫者。在理论论证的层面上，博诺米的辩护软弱无力、令人窘迫，对有关争论故意轻描淡写，因为他指责《资本主义生产》的作者限定自己用商品代替生产商品所需的劳动时间，因此想要不惜一切代价充当一名创新者，而他的分析领域实际上仍然是马克思主义的分析领域。①

格拉奇亚德伊对此的回应既明确又具体，进一步表明他意识到自己的理论（在与党的"马克思主义传统"的拟议决裂中）在目前正在进行的辩论中所承担的角色。他明确说明，马克思的价值和剩余价值理论是"整个马克思主义关于大工业的讨论所特有的悲观主义的原始秘密，以及由此产生的对工人阶级改善（今天）其自身条件可能性的不信任的原始秘密"。然而，剩余产品理论的提出，将重点转移到劳动生产率上，进而突出了工资和利润之间并非总是那么僵硬和对立的关系。他总结说："因此，如果我的剩余产品理论（必然）导致一种社会经济概念，即使它可能是错误的，但必定与马克思的不同，那么博诺米怎么能指

---

① 参见博诺米：《安东尼奥·格拉奇亚德伊的一本书 马克思超越了？》（Un libro di Antonio Graziadei. Marx superato?），载《前进！》，1899年1月3日，以及《一位批评家的回应》（La risposta d'un critico criticato），载《前进！》，1899年1月20日。

意大利马克思主义史：从起源至第一次世界大战前

责我在玩文字游戏呢？"①

然而，《前进！》也想在这场辩论中拥有"科学"的最后决定权，发表了一篇由蒙特马尔蒂尼撰写的评论，对该书表示强烈的不屑；在这篇评论中，格拉奇亚德伊甚至被指控"对政治经济学一无所知"，并且没有一丝批判性的洞察力，依样画葫芦地照搬洛里亚所设定的框架。后者被认为（在他的一大堆论据中）"对年轻的读者来说非常危险"，因为他们还不能掌握《辉煌》（*Illustre*）正在处理的大量材料。《前进！》在这种尖锐的不屑之前有一个说明，强调它所发表的文章具有严格的"科学"性质，而且其作者不属于"马克思主义学派"②。这样做似乎是说，不仅是以"马克思主义的教条主义"的理由拒绝格拉奇亚德伊的分析的"政治家"，而且职业经济学家也不能被怀疑是马克思主义。值得注意的是，边际主义者蒙特马蒂尼就像"正统"的内格罗一样，将在改良主义领域中占据一席之地。那么，事实上，社会主义文化的很大一部分和官方意大利社会党机关报收到格拉奇亚德伊的文章时，对这位年轻的社会主义

---

① 参见格拉奇亚德伊的《我的主》（Pro domo mea），载《前进！》，1899年1月15日。格拉奇亚德伊就博诺米的文章和意大利社会党机关报上可能的回应写信给伊诺第："你愿意在《前进！》中为我辩护吗？证明攻击一本不相信马克思价值理论的书是多么荒谬，而这本书试图用事实证明这一理论是没有必要的，更笼统地说，博诺米的攻击是一种拜占庭式的、学究式的攻击（？）"格拉奇亚德伊致伊诺第，1899年1月6日，见伊诺第基金会档案馆的卡特·格拉奇亚德伊。

② 埃奥斯（Eos）（蒙特马尔蒂尼）：《关于马克思主义的批判》（A proposito di una critica del marxismo），载《前进！》，1899年2月21日。

经济学家并不友好。① 这既是一种防御态度，又低估了②《资本主义生产》在关于"修正主义"和新兴改良主义理论的辩论中所发挥的作用。

正如米契尔斯在 1909 年写道：

> 这样一本由党的社会主义者写就的书，注定会煽起很多尘埃，而且事实的确如此。但是在意大利和其他地方一样，历史上的实践总是先于理论。如果说过去意大利修正主义者在其日常政治中已经与马克思的许多理论决裂并将其抛在一边，那么他们仍然没有成熟到可以毫无异议地接受他们的同志针对马克思提出的理论批判。实际上，党的机关报必然不会非常热情友好地接受格拉奇亚德伊的书，时至今日，即使改良

---

① 矛盾的是，一位革命者并不认为格拉奇亚德伊的严格分析性范畴是对马克思理论的否定，而是马克思理论的发展："马克思主义学派与格拉奇亚德伊之间存在的分歧更多是表面上的，而不是真实的。对于马克思主义者来说……利润来源于剩余劳动，而对于格拉奇亚德伊来说，利润来源于剩余劳动的产品，他将其称为剩余产品。但是我们的朋友并不否认马克思主义学说，因为他承认'工资与利润之间存在对立，即工资不是工人产品的一部分'……此外，他坚持认为（这才是重点）利润来自剩余劳动，尽管他将自己与'就这种剩余劳动的含义和限制而言的经典马克思主义学派'区分开来。为了更好地揭示这两种理论之间的差异，我要补充一点，虽然对于马克思主义者来说，利润仍然是个体工人的总劳动和必要劳动之间的差异，但是对于格拉奇亚德伊来说，它变成了'整个工人阶级的总产品和必要产品之间的差异'。那么总的说来，我几乎可以说，格拉奇亚德伊除了扩展、完善了马克思的利润理论之外，什么也没做。"阿列维，1901 年，第 43 页。

② 例如，在一封写给母亲的信中，屠拉蒂将格拉奇亚德伊定义为"一名伟大的伙伴，但是过于教条主义。"参见屠拉蒂和库里西奥夫 1977 年，1899 年 3 月 5 日的信件。

主义修正主义者早已赶上了他，但在他们的著作中，他们也不愿意对他在破坏马克思主义理论的一个基本概念方面所做的工作给予过多重视。①

在这一评价中，米歇尔斯似乎想当然地将"改良主义"和"修正主义"混为一谈，而这种混淆本身就是一个值得探讨的问题。但与此同时，他的论述也准确地指出了意大利自由主义时期改良主义思潮的普遍特征。

一些学者正确指出，这场针对"灾变论"的激烈理论论争，实际上是在与《资本论》作者的一个模糊影子做斗争——这一点在当时就有学者通过严谨的文本分析指出。不过，在当时的社会主义思潮中，这个"影子"却有着实实在在的影响力。正如我们在前一章所见，当屠拉蒂反对民主社会主义者阿尔贝托尼的税收改革方案时，就毫不迟疑地运用了"灾变论"的概念。②

---

① 米契尔斯，1909年，第113页。
② 此外，几年后屠拉蒂明确解释了社会主义者反对阿尔贝托尼计划的原因。1893年，屠拉蒂认为，"反对它的理由不是原则性的，而是战术性的。"党很虚弱，刚刚开始形成，"如果阶级社会主义政党的新生机体与社会民主或'类似社会'的民主通奸……当时正在虎视眈眈，而阿尔贝托尼当时和现在都是其中最有天赋和最杰出的代表之一，因此它会停止发展和成长；它会很快被吸收……如今"，他继续说道，"改变的不是我们的灵魂，而是有效条件，就像夜晚变成了白天。意大利社会党（Partito socialista italiano）已经有了骨骼结构，并在许多考验中得到锻炼，现在与其说是一种可能令人困惑的倾向，不如说可能会被指责过于僵化"。参见《批评，阿尔贝托尼简介、税收和社会改革》（La Critica, premessa a P. Albertoni, Riforme tributarie e sociali），载《社会批判》，1901年，第5—7页、第19—21页。引文出自第5页。屠拉蒂的解释都非常出色，尽管他没有提及"卡尔·马克思的工资铁律"专门用于反对社会主义者对阿尔贝托尼提议的支持。

这种立场在两个历史时期具有截然不同的作用：在党建立初期确立其马克思主义身份时，以及在面对可能引发革命的严重社会政治冲突时，它起到了凝聚力量的作用。然而，当政治局势变得更加复杂多变时，这种立场反而成为制约发展的桎梏。这就需要在保持意识形态传统的同时，艰难地探索新的行动方案，以增强运动在社会中的影响力和号召力。在 19 世纪末，意大利社会主义的主要派别都深信这一点，但他们也确实遇到了实现这种结合的巨大困难。诚然，格拉奇亚德伊的理论为打破这一困境提供了一条出路。这条路径虽然激进而系统，但它更强调突破性的变革，而非延续性的发展。这意味着在基础时期所构建的形象和身份的层面上付出了巨大的代价：即使像屠拉蒂这样将自己的政治和个人本身与"改良主义"的论点完全联系起来的人，在那一刻也不准备付出这样的代价。他们甚至在随后的时期也不准备这样做。也许在这一点上，《社会批判》的主管也低估了出现在格拉奇亚德伊作品中的明确的理论修正的重要性。实际上，即使是在 1902 年，屠拉蒂也尖锐地否认了以**伯恩施坦辩论**的方式，用理论问题的"遮羞布"① 来证明

---

① 屠拉蒂认为，"真正而恰当的划分，即使不需要理由，至少也需要一个为了体面可以充当遮羞布的学说借口。例如，在德国，他们试图解决构成所谓**马克思主义危机**的重大问题，而考茨基—伯恩施坦的决斗似乎是新生的、无法压制的异端邪说的标志。但在我们的队伍中呢？在这里，我们的学说仍然如此稀缺，党仍然对实质问题〔例如贫困化理论、（不可避免的或其他方式的）财产集中、马克思主义价值理论等〕缺乏热情，以至于我们甚至都没有足够大的遮羞布，所以如果我们想要分裂，我们就会抓住这些悲惨的、纯粹文字上的小问题，这些问题实际上只是草叶。"参见屠拉蒂，1902 年，第 2 页，引用于桑塔瑞利，1977 年，第 63 页。

意大利马克思主义史:从起源至第一次世界大战前

将意大利社会党划分为各种倾向是正确的。如果一段时间后他会开始认真关注伊莫拉教授的阐述所产生的直接的、大众的影响,那么这是关于"劳动党"的固有问题。

然而,尽管屠拉蒂否认了这一点,但恰恰是在1899—1901年,一种特殊的改良主义的基础得以奠定,这种改良主义的理论尊严当然不会比伯恩施坦的低。从安东尼奥·格拉奇亚德伊选择加入共产党的那一刻起,他就一再否认曾与伯恩施坦的"社会民主主义修正主义"有任何关系,并使其与自己的"马克思主义批评"相对照。如果说他采取这种立场的原因很容易理解,那么他在这一时期的论点却难以令人信服。即使考虑到这位意大利学者的理论之旅无疑是完全自主的,但他与恩格斯的前学生的到达点的相似之处依然引人注目。从根本上说,他们正在寻求对一个相同的问题做出回应:调和社会主义文化与资本主义发展的最新趋势——这些趋势似乎完全偏离了马克思理论所建议的分析模式。

因此,他们共享的理论立场,导致了对"崩溃论"的支持、"剥削论"的匮乏,以及对整个"矛盾"图景更为普遍的忽视。此外,他们还共同采用"企业整体"分析方法,并强调市场在量化"剥削"中的重要作用。[①] 在这一点上,

---

[①] 请注意,格拉奇亚德伊关于不同社会阶层之间分享"剩余"的许多说法与伯恩施坦的这种陈述之间有许多相似之处:"依靠……生产中包含的总劳动力……生活的人数远远大于积极从事生产的人数;此外,收入统计数据表明,与生产活跃的社会阶层相比,生产不活跃的社会阶层侵占的总产品的部分远远大于其有效数值权重。他们的剩余劳动是一个可以通过实验证明的经验事实……无论马克思的价值理论是否准确,在承认剩余劳动的存在时完全无关紧要。"伯恩施坦,1968年,第80—81页。

第五章　马克思主义和改良主义

格拉奇亚德伊将比伯恩施坦走得更远，他认为生产要素的供求运转不仅仅对于"剩余"的分配、对于"剩余"的形成是绝对必要的。

即使在20世纪初，格拉奇亚德伊和伯恩施坦之间的关系也受到了一些关注。饶勒斯在《社会主义运动》(Le Mouvement Socialiste)的专栏中写道，他在德国和意大利的理论中发现了一个决定性的贡献，使得社会民主和自由民主之间的界限变得不稳定，甚至不可知。[1] 当然，饶勒斯并非否认工人运动的发展与资本主义生产的利益之间存在关联，甚至也承认与资产阶级中的进步派别结盟的可能性。但这都必须在"由无产阶级及其政党领导的民主联盟"的框架内进行。[2] 因此，他更强调社会主义传统的延续性，而非他所认为的在伯恩斯坦和格拉奇亚德伊的论述中明显存在的断裂。

---

[1] 参见饶勒斯，《伯恩施坦与社会主义方法的演变》(Bernstein et l'évolution de la méthode socialiste)，《社会主义运动》，1900年，第257—273页、第353—368页，以及同年的《社会批判》。另请参见格拉奇亚德伊的回应，《对饶勒斯的回复》(Risposta a Jaurès)，见《社会批判》，1900年，第267—271页、第280页、第289—302页，以及之后同年的《社会主义运动》。几年后，阿图罗·拉布里奥拉在同一篇法语评论中撰文，对伯恩施坦和格拉奇亚德伊进行了进一步的比较。他坚称，革命社会主义与"灾变论"和"崩溃论"有着密切的联系，因此修正主义者伯恩施坦和格拉奇亚德伊集中批评了"最自发的革命"思想。他们早已支持这种剩余理论，以便能够宣传"因为改革，就像向工人索取一部分无偿劳动的多种手段一样"。参见他的《附加价值和改良主义》(Plus Value et reformisme)，载《社会主义运动》，1905年，第213—229页。我们也许会注意到，从根本上来说，这一阐释仅仅是格拉奇亚德伊政治上的翻版。

[2] 平扎尼(Pinzani)，1970年，第302页。

意大利马克思主义史：从起源至第一次世界大战前

从根本上说，那些赞同改良主义观点的人士，甚至许多不赞同改良主义观点的人士之间的分歧，① 与其说是围绕着资本主义制度下工人阶级生活水平得到某种改善的可能性，不如说是围绕着应该如何解释和分析这种情况的方式。事实上，是否有可能在马克思对资本主义发展的分析范围内对这一现象作出解释？无论是否定还是肯定的回答，都不一定意味着与"圣典"的正确解释意见不一。相反，这是一个是否接受马克思所研究的资本主义积累的历史趋势的问题，不仅要考虑到生产力量和财富力量的增长，以及无产阶级生活、工作条件的改善（如果是在一定范围内的非同质化改善），而且还要考虑到它的危机和基本矛盾。在政治领域，正如饶勒斯所确认的那样，在由社会主义论据所证实的改良主义和逐渐与这些论点保持距离的改良主义之间，存在着一个选择。

在意大利，对格拉奇亚德伊处理"灾变论"（工资动态）这一重要理论的方式提出最有力的异议的，是一位在政治社会主义和社会主义文化领域相对"次要"的学者。我们应该反思马克思主义文化当时所具有的能力，即唤醒那些有时与专业知识分子形象相去甚远的人士的强烈兴趣。

---

① 正如一位革命者所说，"……随着旧生产方式的消失，我们看到工资逐步上涨的趋势，正如工人的整体生活水平也正在提高一样；但是，利润的本质决定了工资上涨的限度，超过这个限度，工资上涨就必定会破坏利润本身……如果工资和利润之间仍然存在……持续的对立，那么大肆吹嘘的各个阶级的团结将始终一直是一个虔诚的愿望。"阿列维1901年，第40页。

第五章 马克思主义和改良主义

自学成才的翻译家帕斯夸勒·马尔提涅蒂、几何学家路易吉·内格罗、律师图利奥·科鲁奇（Tullio Colucci）和其他许多人士都把自己的部分生命完全奉献给了马克思和恩格斯作品的普及或解释。他们中的一些人达到了非常高的洞察力水平和知识水平，往往优于许多被认为几乎在制度上被委派讨论马克思主义的人士。

默默无闻的亚历山德里亚（Alessandria）学者[①]路易吉·内格罗就是一位这样的人物，在与非马克思主义改良主义的最具影响力、文化上最具天赋的阐述者的直接论战中，他将称职、准确地确定马克思主义改良主义的一些理论根源。

内格罗明确指出，工资理论不能从马克思经济理论的其他范畴中分离出来。超出这一背景，它就会转变为"形而上学的工资概念"[②]，从而模糊对资本主义生产方式的任何全面了解——对于一名社会主义学者来说，这是努力实现合理的社会变革概念的首要条件。当工资被纳入马克思其他范畴的关系体系中时，它与"灾变论"维度的联系必然减弱（尽管有些人试图强调这种联系），转而呈现出资本

[①] 内格罗作为非学术对话者的地位将会沉重地压在格拉奇亚德伊对他的尊重上。在格拉奇亚德伊与伊诺第的信件中，他仅以贬义的措辞被提及，这些措辞专用于无人知晓的、不重要的人士——"那个内格罗"。参见格拉奇亚德伊至伊诺第，1901 年 1 月 10 日，卡特·格拉奇亚德伊。

[②] 参见路易吉·内格罗：《安东尼奥·格拉奇亚德伊和马克思主义危机》（Antonio Graziadei e la crisi marxista），载《社会批判》，1899 年，第 301—303 页。

主义生产关系和发展中的自然动态。它不是一个独立的变量，而是一个与技术条件、市场情况、社会对立面之间的权力关系等密切相关的变量。然而，在所有这些因素之下，有可能看出它的"一般趋势"。

"最终，"内格罗坚称，"我们看到，根据马克思主义的概念，随着资产阶级经济的发展，劳动力的价值无论是作为物质要素还是作为社会历史要素，都必须随着生产力和劳动强度的逐步提高而逐渐增加。"①

这是当时的格拉奇亚德伊绝对不能同意的论点，他专门做出了回应，以便一劳永逸地切断将马克思主义范畴与资本主义的新趋势联系起来的脐带。首先，他试图证明，在资本主义社会中实际工资不可能增加是马克思和马克思主义者分析的一个基本点。无论他如何宣称自己憎恨"对任何种类的圣典进行塔木德式（Talmudic）②的讨论"，他都只能投身于"僧侣式的……对圣典的解读"③。事实上，他对这些文本的查阅非常短暂，仅限于1847年至1849年间

---

① 参见路易吉·内格罗：《卡尔·马克思的价值理论和工资量》（La teoria del valore di Carlo Marx e la grandezza dei salarii），载《社会主义批判性评论》，1899年，第530—546页。引文出自第542页。另请参见他对《资本主义生产》的评论，见《社会主义批判性评论》，1899年，第187—190页；以及他的《资本主义集权》（*La centralizzazione capitalistica*）（内格罗，1900年）。

② 即犹太教法典式的；《塔木德经》是犹太教法典。——编者注

③ 参见安东尼奥·格拉奇亚德伊：《工资绝对增长符合马克思主义理论吗？》（*Un aumento assoluto del salario è compatibile con la teoria marxista?*），载《社会批判》，1901年，第58—61页、第88—90页。

构思和撰写的两部作品（《宣言》和《雇佣劳动与资本》），因此他根本没有证明自己掌握了马克思的作品。然而，对于那些必须在两者之间做出艰难抉择的马克思主义者来说，任务就显得轻松许多。

其次，他不仅想要更清楚地说明被证实的工资的**绝对**增长，而且还想说明工资总量相对于利润总量的增长趋势。为达成这一目的，他想"以最简单的形式将事实摆在理论面前"，将已经在《资本主义生产》中发表的统计数字（从中只可能了解绝对工资水平）与从美国工业家阿特金森的"非常认真称职的"研究中得出的其他数字以及通常的参照点舒尔兹·格费尔尼兹（Schultze-Gävernitz）结合起来。

他对所掌握的数据的分析使他完全赞同阿特金森的结论，即"随着资本数量和生产力的增加，它从产品中获取的比率绝对增加，但是按比例减少。相反，劳动力的份额在绝对和相对上都增加了。随着劳动力的不断增加，劳动力本身所占的份额也越来越大。①格拉奇亚德伊自己也证实，考虑到与这些工资相对应的购买力以及这些收入统计资料中明显的实物量的减少，因此精确的计算很困难。那么矛盾的是，阿特金森和格拉奇亚德伊的结论在证明他们的观点方面并不具有决定性；相反，他们可以成为支持利润率下降趋势理论的有用例子。

内格罗的回应结果更接近马克思分析的字面意义和方

---

① 安东尼奥·格拉奇亚德伊：《工资绝对增长符合马克思主义理论吗?》，载《社会批判》，1901年，第89页。

意大利马克思主义史：从起源至第一次世界大战前

法，并且在历史层面上也阐述得相当明确，从而摆脱了他的对话者所不屑一顾的"塔木德"层面。他的参考文献既准确又融入具体的背景，① 直到今天仍然具有解释马克思工资理论的有用要素。然而，他仍然过于相信格拉奇亚德伊以及一般的"危机主义者"未能真正理解马克思的理论体系（这在很大程度上是事实），并认为只有掌握了马克思的整体理论，才能找到克服危机在理论和政治层面的根本原因。

至于争论的确切问题（马克思的理论是否能够说明工资的绝对和相对增长现象？），格拉奇亚德伊本人在 20 世纪

---

① 路易吉·内格罗：《马克思主义理论中的工资绝对增长》（L'aumento assoluto del salario nella teoria marxista），载《社会批判》，1901 年，第 108—109 页、第 124—127 页。对于持续不断的论战，参见安东尼奥·格拉奇亚德伊：《再谈马克思主义理论中的工资绝对增长》（Ancora dell'aumento assoluto del salario nella teoria marxista），载《社会批判》，1901 年，第 173—176 页；安东尼奥·格拉奇亚德伊：《始终围绕与工业家利益相适应的最高工资》（Sempre intorno al massimo salario compatibile coll'interesse dell'industriale），载《社会批判》，1901 年，第 200—203 页；路易吉·内格罗：《最后回复格拉奇亚德伊教授关于马克思主义理论中工资增长的问题》（Ultima replica al prof. Graziadei sull'aumento del salario nella teoria marxista），载《社会批判》，1901 年，第 218—220 页、第 253—255 页。内格罗对马克思工资理论的引用主要取自《资本论》（格拉奇亚德伊宣称自己不愿意讨论这部作品，因为它太容易被用于"伏击"），并且也受到了启发，即意识到马克思在 19 世纪 40 年代末国际的经验和他 19 世纪 60 年代的伟大理论著作之间对这一问题的思想变化。内格罗还特别引用了《工资、价格和利润》，（正如我们在第一章中看到的那样）这篇文章的写作正是为了回应那些从实际工资不可能从资本主义内部增加的假设出发的人士的观点，他们试图否认工会组织和斗争的有效性。内格罗引自 1898 年法语版本。因此，我认为要证明内格罗著作中"对马克思的引用不准确"完全没有根据（阿雷，1974 年，第 76 页）。

20年代就大致承认了内格罗的论点的合理性，尽管没有明确提及他的名字。① 在20世纪初，非马克思主义改良主义的理由将在很大程度上压倒基于严格文本分析的论点。

那么，在20世纪初是否存在两种"改良主义"？显然，仅从文化史的视角，不可能对改良主义这样一个涉及复杂现实的问题给出有说服力的答案，（正如我们所知）在这一问题上，"实践"层面占据了极其广阔的空间。然而，我们可以同意这样一个事实：对党的"传统"的两种不同态度的理论根源（以及由此产生的观点）存在于现在被定义为具有典型改良主义特征的政治和文化领域。

实际上，格拉奇亚德伊本人（在其政治和理论发展的第二部分）为我们提供了如何阐释这一过程的深刻见解，试图在他在乔利蒂时代所主张的假定"渐进主义"和最后成为历史失败的"改良主义"之间建立一种区别。②

正如卢森堡（Luxemburg）在**伯恩施坦辩论**的一次干预

---

① "在《资本论》第一卷中（他最明确地关注劳动问题的那一卷），马克思甚至没有含糊地认为工资的永久减少是资本主义经济的现实……更重要的是，马克思明确接受了货币工资的绝对增加的可能性，而不是绝对减少……至于货币工资，即使是在《资本论》中，尽管其形式不如在反复引用的文本〔《工资、价格和利润》，在与内格罗的论战时刻，他对该文本一无所知，但如今反复引用，使用龙格（Longuet）1912年的法语版本〕中广泛，马克思也拒绝接受甚至许多所谓的马克思主义者也想归因于他的信念：即在资本主义经济中，货币工资的绝对水平在所有情况下都会趋于下降，而且还会下降到固定的最低水平。"格拉奇亚德伊，1928年，第9—11页；同样的论点出现于格拉奇亚德伊，1927年，第36—37页，以及1929年。

② 格拉奇亚德伊，1921年，第4—5页。

意大利马克思主义史：从起源至第一次世界大战前

中所说，"渐进主义"就是承认，如果"资本主义发展的步伐比以前想象的要慢"，这就意味着"放慢斗争的步伐"，甚至与对立阶级中较为先进的部分结成部分联盟。相反，改良主义则质疑"不是资本主义社会发展的速度，而是发展的步伐本身，以及随之发生的向社会主义转变的可能性"①。

在这一意义上，格拉奇亚德伊的立场能否被认为是"渐进主义"，似乎非常值得怀疑。然而，我认为，说在20世纪初就已存在一种社会主义"内部"的改良主义文化的要素，以及另一种极有可能模糊成"其他"文化的改良主义文化的要素，而这些观点逐渐被分别定义为"马克思主义改良主义"和"非马克思主义改良主义"，这应该没有争议。

因此，主张格拉奇亚德伊是意大利的伯恩施坦似乎不是夸大其词。鉴于他在几乎完全相同的时期内，完全自主地得出了与德国"修正主义者"相似的结论，这就更有意义了。②

---

① 取自她的《社会改良还是革命?》（Reform or Revolution）：文本来自 www.marxists.org。

② 在他的《科学社会主义如何可能?》（*Wie is Wissenschsftilicher Sozialismus Möglich?*）（伯恩施坦，1901年，第40页）中，这位德国思想家本人曾指出安东尼奥·格拉奇亚德伊是修正主义双头鹰的另一个头。就格拉奇亚德伊个人来说，他在1900年6月26日写给伊诺第的信中写道："我多年前就知道工资上涨了，但是从伊诺第伊灵的《实验室》知道的。"（卡特·格拉奇亚德伊）法莱阿·迪·卡里多尼亚（Falea di Calcedonia）：《社会主义之死（与贝内德托·克罗齐对话）》（La morte del socialismo (Discorrendo con Benedetto Croce)），载《声音》（*La Voce*），1911年2月9日。

因此，我们明白，在世纪之交的意大利社会主义中，争议中理论和实践上的利害关系决不可忽视。在格拉奇亚德伊看来，"马克思主义的危机"导致官方必然宣布理论马克思主义的死亡，并因此消除它作为社会主义的"身份""差异性"和自主性的特征。这将意味着消除一个作为意大利工人党成立基础的特征，它也一直被理解为社会主义的实质、本质。

于是相当引人注目的是，在意大利并没有出现**格拉奇亚德伊辩论**：只有内格罗和后来的隆戈巴尔迪（Longobardi）将认真面对格拉奇亚德伊论点的理论内核。除此之外，人们的反应要么是肤浅的恼怒，要么是漠不关心。

或许这是因为屠拉蒂不是卡尔·考茨基（Karl Kautsky）（至少在这些具体问题上不是），因此可以认为年轻的格拉奇亚德伊是"教条主义者"，而没有很好地理解他的理论的真正意义。或许是因为，考虑到所有因素，相比格拉奇亚德伊这样的论述，"危机主义者"认为纯粹经济学为修改马克思主义提供了更为现代、完善的武器，而他们认为格拉奇亚德伊的论述仍然过于传统和洛里亚式。然而，格拉奇亚德伊主义的影响和渗透，往往是通过一些不那么引人注目的途径实现的，较少受到政治和学术论争的关注。

尽管格拉齐亚德伊问题最初是在一个不太受重视且发展前景不明朗的领域被提出，但它最终在几年后以一种更具活力和影响力的形式重新出现。这一次，它的形式将有所不同，理论现在倾向于转化为政治和组织要求。然而，格拉奇亚德伊将其理论内容的很大一部分投入其中的有关工人运动的讨论,将继续集中在与社会主义的基础和战略有关的问题上(即使是以中介的方式):阶级斗争、马克思主义及资本主义的发展或"崩溃"。

2 屠拉蒂,"马克思主义者"和"改良主义者"

1911年可以说是意大利社会主义经验中的关键一年:它几乎是一种化学溶液,其中引入的一种新元素十分迅速地产生了沉淀物。在这一年里,屠拉蒂主义和乔利蒂主义之间迄今缺失的相遇似乎终于有了可能——但也是在这一年,这两种观点之间的分离将突然再次出现。在政治舞台上的行动的背景下(并且具有结构性节点的全部意义)是意大利垄断资本主义形成的一个基本阶段:集中在"现代化的"战略钢铁产业。这在社会层面上的标志是与工人组织的非常激烈的冲突,以及工人运动的明显失败。同时,还有帝国主义的外部维度:利比亚的战争。

意大利社会主义是否仍然能够独立地解释当前正在发生的一切?换句话说,它是否拥有一套基于马克思主义分析框架的、适用于资本主义发展现状的概念体系?

乔瓦尼·乔利蒂(Giovanni Giolitti)在1911年初,在他著名的4月8日的演讲中早已对这一问题做出了回应。他在议会关于政府声明的辩论结束时发表了这一讲话,此时,这场同样著名的"相遇"据称已经完全成形。乔利蒂清楚地断言,"(自第一次提议社会主义者在政府中进行合作以来)八年过去了,国家已经向前迈进,社会主义政党的纲领已经相当缓和,而卡尔·马克思已经被束之高阁。"同样具有权威性的是,就在这一断言之前仅仅一个月,贝内德托·克罗齐就已宣布"社会主义的死亡"。

此外,草草浏览20世纪10年代之初的社会主义(尤其是改良主义)文献,"危机""堕落"和"死亡"等词语经常在提及党和整个社会主义时反复出现——这些词语如今都是生命"元气"的"枯竭的分枝"。然而,与此同时,有一种**更新**甚至**重生**的意愿,这不能不意味着与文化传统和一系列意识形态参照点的完全分离,而且**革新者**现在认为这些参照点已经完全耗尽,仅剩残留。

这种情况的表现是1911年上半年在《社会批判》杂志上进行的辩论,有些人已胆敢用"第二次修正主义"的字眼来讨论这场辩论。① 虽然这场讨论的质量和结果未必能完全证明其观点,但它仍提供了一个有趣的视角,让我们得以了解在改良主义影响力式微之时,意大利马克思主义的一个重要传播渠道是如何理解马克思主义的。

正是图利奥·科鲁奇这位年轻的哲学学者开启了关于"社会主义危机"的辩论。他深受早已成为主流的唯心主义文化氛围的影响。他的论证在各种不同的文章中得以发展,按照那些试图"翻过这一页"的人士所采用的相同机制

---

① 桑塔瑞利,1977年,第172页。

意大利马克思主义史:从起源至第一次世界大战前

〔既是**破坏**(distruens)也是**构建**(costruens)〕进行明确阐述。前者成了马克思主义的白板,后者则指出了本质上基于伦理的"无产阶级改良主义"的光辉道路。按照科鲁奇的说法,马克思的《资本论》是"考古学的残余……是一本过去的书",因此社会主义不能再指称任何科学实质。然而,即使"马克思主义学说的大部分"如今已被"摧毁",但是仍然存在"无产阶级的实践活动"。当社会主义党在意识形态上与"其**事实上的**地位"相一致时,这些活动将通过明确地不再与"其名称所唤起的理想有任何关系"而得到更为有效的发展。因此,科鲁奇建议将其名称从"社会主义"改为"无产阶级改良主义党"[①]。不过,他还是保留了阶级斗争的"现实",尽管这种"现实"现在已经没有了任何理论参照。更重要的是,同样在这次讨论过程中,另一位年轻的社会主义知识分子问自己,"如果阶级斗争……作为政治斗争和社会改革的工具是马克思主义理论前提的结果,那么既然这一前提已经崩溃,这一结果还剩下什么?"[②]

诚然,这些并不是这场辩论的唯一内容。其特色还有

[①] 参见科鲁奇的《重读马克思》(Rileggendo Marx)、《新社会主义》(Il nuovo socialismo)、《重新征服理想》(La riconquista dell'Ideale)、《社会主义的伟大与衰落》(Gran-dezza e decadenza del socialismo)以及《继承者》(L'erede),载《社会批判》,1911年,分别为第145—147页、第167—168页、第182—183页、第226—233页、第242—245页。

[②] 参见埃托雷·马乔利(E. Marchioli):《超越阶级斗争》(Oltre la lotta di classe),载《社会批判》,1911年,第165—167页。

罗多尔夫·蒙多尔甫的①"教授似的马克思主义",② 及其严谨、智慧的解释能力。但这并没有改变这场辩论的总体"基调",仍然处于最前沿的是现在为马克思主义,并且很快将为社会主义所规定的**深刻**（*de profoundis*），而社会主义一直保持着甚至可以说模糊的来自《资本论》的分析遗产。

菲利波·屠拉蒂的干预对于确保这种"基调"的普遍性来说是一个极为重要的要素。众所周知,面对那些不完全符合《社会批判》路线的文章,屠拉蒂经常会以简短的介绍性说明和评论进行干预,代表着这一仍然是意大利社会主义出版物中最负盛名的"红线"。马克思主义以前的大师继续捍卫他自己在19世纪80年代末和90年代初形成的一些假设：对集体主义未来的信心、阶级斗争的核心作用、经济决定论。但是他缺乏理论上的决心,这本将使他能够把这些假设纳入理论的"主体",而不是简单地断言其存在。在当时的文化斗争中,屠拉蒂真正感兴趣的是与唯心主义的兴起做斗争,重申"社会正义"将是一个高度抽象和不确定的概念,除非"无产阶级的灵魂、无产阶级的痛苦、意志和能量给它打上自己的印记、自己的特性"③。

除此之外,他几乎可以同意他的对话者的说法："改良

---

① 参见罗多尔夫·蒙多尔甫：《在阁楼里翻找》（Rovistando in soffitta），载《社会批判》,1911年,第210—212页。
② 该表达出自阿索尔·罗萨,1975年,第1163页。
③ 参见伊勒·伊戈（Ille Ego）：《真的有矛盾吗？关于下面两篇文章》（Vi è veramente contraddizione? A proposito dei due articoli che seguono）,载《社会批判》,1911年,第164页。

主义……（已经）在理论和实践中认识到……马克思主义基本概念的相对性"以及"阶级斗争本身（已经）变得比它最初的概念要复杂得多"。此外，他认为科鲁奇和马乔利的立场从根本上来说属于社会主义的"内部"，甚至是社会主义生命力的证明："你不会像那样在坟墓之外说话、推理或颤抖……这些不是死者的烦恼。"① 他还指出，**行动**是打破总体理论和文化僵局的关键途径。

因此在1911年，是否连屠拉蒂也完全接受了伯恩施坦的修正主义，但却是在强烈的还原意义上？在他突然回归马克思的几个月后，当时有必要重新定义甚至就资产阶级世界中最民主的色彩而言的党的特性和"差异性"，这怎么可能呢？为什么社会主义者又是"改良主义者，因为他们是革命者"，② 又为什么重新直接提到"我们束之高阁的那个人"？③

显然，改良主义文化成形的过程（屠拉蒂在其中发挥了重要作用）不能以改良主义＝修正主义等式的线性术语来阐释。

在20世纪的头十年里，菲利波·屠拉蒂经常被要求通

---

① 参见《社会批判》，《毒物》（Contravveleno），载《社会批判》，1911年，第225页。
② 参见诺伊（Noi）：《对立面的协议》（L'accordo dei contrari），载《社会批判》，1911年，第340—341页。
③ 参见屠拉蒂–库里西奥夫（T-K）：《我们束之高阁的那个人》（Colui che confinammo in soffitta），载《社会批判》，1913年，第73—74页。

过采纳明显的修正主义和明确的非马克思主义的理论参照点，使他的改良主义变得更为一致。他总是拒绝这样做，在第一阶段是出于强烈的意识形态原因，而在第二阶段（"事实"似乎已经证明是决定性的）基本上是出于政治原因。即使屠拉蒂对政治机会有非常可观的认识，也不足以解释许多人认为的长期顽固不化的原因，而这种顽固不化往往与改良主义本身的实践相矛盾。因此，我们必须仔细检查他在19世纪90年代的马克思主义的"坚硬内核"，因为它面临着世纪末双重危机的考验。

世纪之交对整个意大利社会主义运动来说确实是一个转折点。这并不是因为它与最先进、最自由进步的民主力量（甚至是幕后的政府）建立关系的新方式，相反，而是因为在意大利社会主义的历史上，它似乎第一次真正有可能对目前正在进行的进程的发展产生影响——即加速国家的现代化，从而通过党的自身进步也为社会主义的发展创造客观条件。然而，要产生这样的影响，就必须在以下几个方面进行根本性的变革：与工业发展的现状进行清算，因为这种发展首先是很难与一般的民主，特别是"工业民主"相协调；二是很难与一个与工人阶级及其组织缺乏线性关系的国家相协调；三是很难与意大利经济起飞的中坚力量——那些最强大、经验最丰富的工业家群体相协调；四是最后，也很难与农业状况以及整个农民群体相协调，因为他们的状况本身就是所有"协调"战略严重失衡的结果。

这是一项艰巨的任务。摆在面前的诸多问题，其规模之大，有时甚至超出了社会主义者实际行动能力所及。这些问题无论如何都需要强大的分析工具、完备的理论体系，以及一套既充满活力又与社会主义运动的最终目标和存在理由相契合的理论框架。而这一切都发生在理论真空的条件似乎也正在出现的时刻。或者更好的是，在这一时刻，一种所谓的"修正主义"理论决心成为指明工人运动和改良主义社会主义"新道路"的主角，所面对的不是一个辩证的、替代性的讨论极，而是一个吸收、削弱对比的环境。它出现在一个对理论担忧漠不关心、将这些担忧降格为"学说"事务的背景下。对这种状况的固有风险的认识确实多次出现在讨论中，出现在像屠拉蒂和库里西奥夫这样的人士之间的对话中，他们一直都是"社会主义意识"更为坚定、顽强的传播者。但是，即使是他们明显的怀疑，也与对正在形成的事物的内在合理性的信心相结合，即以"社会主义"的术语来阐释事物的可能性，尽管是根据越来越普遍甚至是通用的理论假设。"意大利去年所经历的不仅仅是一场**科学的危机**。"[①] 安东尼奥·拉布里奥拉评论道，他对于《社会批判》因库里西奥夫和屠拉蒂被捕而经历了漫长的插曲之后恢复出版表示祝贺。然而，在这可怕的两年中所发生的事件，包括"马克思主义的危机"，似乎并没有改变屠拉蒂与马克思主义的特殊关系的条件，就像自**米兰社会主义联盟**（Lega socialista milanese）时代以来就一直

---

① 参见安东尼奥·拉布里奥拉：《我们的任务》（Il nostro compito），载《社会批判》，1899 年，第 147—148 页。

存在的那样。

屠拉蒂于1898年开始就《宣言》和1848年资产阶级革命的五十周年纪念发表了如下评论：

> 在那一年，如果有人敢把这两个事件进行配对和比较（更不用说在两者之间画上等号了），他们很快就会被认为是疯子：一场震撼全欧洲的社会政治大地震，和一本在正义者同盟（League of the Just）在伦敦举行的半秘密会议上出现的小书，没有任何宣传的喧嚣，而且在接下来的20多年里几乎一直都无人知晓……然而半个世纪后，这个伟大的、喧嚣的、普遍的事实似乎变得扁平化、简化了……而那本被忽视的、可忽略不计的小书却成了一本圣经，被视为人类前进的里程碑并受到敬仰。我们可以说，"新的历史由此开始"。①

博诺米明确宣布自己是屠拉蒂的追随者，并在评论梅利诺的作品时插入了对"科学社会主义"的辩护②，就像他很快也对格拉奇亚德伊的作品所做的一样。屠拉蒂本人在给克罗齐和桑巴特的出版物撰文时进一步指出，"在历史上，谈论'马克思的世纪'就像谈论'但丁的世纪'一样

---

① 参见菲利波·屠拉蒂：《两周年庆典的聚会》(L'incontro di due giubilei)，载《社会批判》，1898年，第1—3页。引文出自第1页。
② 参见伊万诺埃·博诺米：《萨维里奥·梅利诺撰写的两本关于社会主义的书》(Due libri sul socialismo di Saverio Merlino)，载《社会批判》，第91—92页、第103—105页。

可以理解。"①

他们绝对无意对社会主义作为"科学"社会主义的定义提出质疑,因为在当时,这就意味着否认他们自己政治存在的基础。然而与此同时,这一定义确实开始逐渐失去其明确的决定性。

那么,在对"科学社会主义"进行了所有的批判和"修订"之后,还剩下什么?屠拉蒂主张:

> 它仍然有……伟大的创新精神——因此它把颠倒了的世界又颠倒过来;最重要的是,它依然保有自我修正、自我批判和精益求精的能力——这是那些宣告它已陷入危机并要求解散它的人所极力吹嘘的。它仍然拥有马克思赋予它的强大生命力,使其能够抵御所有折衷主义者、混乱制造者、所有渴望建立新政党的人,以及各种各样"万能"的中间道路理论的鼓吹者。它仍然生机勃勃,并且充满活力。②

因此,重点转移到了"活着和行动"上,这与菲利波·屠拉蒂的社会主义观念始终所特有的实际关注

---

① 参见伊勒·伊戈:《最近的马克思主义文献》(La recentissima letteratura marxista),载《社会批判》,第126—127页。
② 参见菲利波·屠拉蒂:《乔治·索雷尔的注释,〈科学社会主义的危机〉》(Postilla a G. Sorel, La crisi del socialismo scientifico),载《社会批判》,1899年,第134—138页、第139—141页。引文出自第141页。

相一致。① 但是根据19世纪90年代的屠拉蒂，这种做法必须根植于**一套**理论主张，这些理论主张当时被认为是自成一体的，而且无论如何能够保证年轻的**意大利工人党**在灵感和实践方面完全自主。然而，这些决定性因素的模糊化导致马克思主义（正如我们将看到的）还原为其集体主义和阶级斗争的"基本要素"，反而会形成一种理论上的冷漠。这将使得对目前正在进行的进程（包括阶级斗争）进行任何"社会主义"的详尽阐述变得更为困难。

在20世纪初的意大利，这种阶级斗争正以不可预见的形式展开。世纪之交为工人运动带来了新奇的要素，这些要素在性质上明显是宏观的。不用担心夸张，我们可以说工人运动真正地、适当地"爆发"了。

当然，意大利工会主义的历史并不是从热那亚罢工开始的。相反，早些年形成的激进主义和自治的特点将继续在乔利蒂时代的社会动态中发挥极为重要的作用。然而，只有在1900—1902年表现出的快速增长和非常强大的斗争潜力才能使其成为社会和政治全景中毫无疑问的主角之一。

---

① 屠拉蒂很早就提出了"实践纲领"的必要性，尽管他的出发点是坚信"至于社会主义的理论基础，其实证前提可以说是**科学教条**"；与此同时，"科学党"必须指明实现其拟议最终目标的道路。参见菲利波·屠拉蒂：《实践纲领的必要性》（Necesità di un programma pratico），载《社会批判》，1892年，第228—229页。在雷焦艾米利亚代表大会的筹备过程中，他进一步表示，现在"理论代表大会的时间已经结束，实践代表大会的时间必须开始"，因为在热那亚代表大会上，党已经明确采取了"在科学社会主义旗帜下"的立场。参见《社会批判》，《从热那亚到雷焦艾米利亚 下届代表大会的任务》，载《社会批判》，1893年，第257—258页。

多种期望之间并不总是协调一致的（因此，理论系统化和政治倡议也绝非趋同），现在这些期望将集中于这场工人运动。迄今为止，这场工人运动经常被提及，有时被认为是一种累赘，但现在它终于成为真正的现实。事实上，社会主义党打算（以及需要）解决的根本问题现在正被投射到工会身上：成为国家发展和现代化的主要因素，同时保持其功能完好为向社会主义过渡而努力。此外，在生产关系中处于制度核心的工会，发现自己在这一问题的第一个分支和第二个分支方面都承担着特殊的责任。它们结合的方式，以及各自在整个"合成体"中所占的比例，可以改变工人运动的基本关系（与整个社会主义运动、与马克思主义文化和传统，以及与阶级斗争本身的关系）的基调。菲利波·屠拉蒂强烈地，甚至是戏剧性地感受到了将这两个术语结合起来的必要性（以及与此相关的困难）。

始于1900年第一期《社会批判》的**开篇语**（*heri dicebamus*）（这一开篇语将在该出版物的长期实践中的其他场合反复出现，致力于强调其政治历史的连续性要素和不能随时间而改变的社会主义"本质"的标志），同时也是另一篇文章的前言，该文为与旨在为"进行政治土地开垦工作"的各个人民政党结盟的基础进行辩护。① "科学社会主义"的坚硬内核和作为其基础的"经济唯物主义"无法改变；

---

① 参见屠拉蒂—库里西奥夫：《必要的声明》（Dichiarazioni necessarie），载《社会批判》，1900年，第1—4页。引文出自第2页。

然而,"阶级斗争和集体主义的一般概念具有生命力和内容,准则成为现实"的条件确实发生了变化。① 此外,工会主义的爆发作为当时最重要的新奇事物,或许不能证明使社会主义科学化的学说?随着热那亚的罢工,甚至落后的意大利也开始响应"历史的召唤"了。

"哦,对社会主义的反对意见。"屠拉蒂感叹道,

> 拿工资的教授们的理论反对意见。告诉我们,这个由码头工人组成的卑微的民族,没有人给他们读过《资本论》,也没有人向他们详细说明过《宣言》,他们怎么会使自己变得全心全意……?如果你失去了你的计划,热那亚码头晒得黝黑的人们就会出现在你的眼前。而巴利拉(Balilla)② 喊道:"我可以开始了吗?"巴利拉,当时的时代之子,成了一名马克思主义者,因为时代是马克思主义的,在不知不觉中创作了马克思主义的散文,而正是现在教授们已经如此排斥马克思了。③

---

① 参见菲利波·屠拉蒂:《鉴于大会》(In vista del congresso),载《社会批判》,1900年,第258页。
② "巴利拉"是意大利爱国神话中的英雄,他是一名热那亚男孩,1746年,他在自己的家乡发起了针对哈布斯堡王朝的叛乱,据称,他在向一名奥地利士兵扔石头时高喊了这句话。
③ 参见《社会批判》,《两个世纪后》(Fra due secoli),载《社会批判》,1901年,第2页。

意大利马克思主义史：从起源至第一次世界大战前

在运动中已经出现的情况，非但没有削弱"科学社会主义"的坚硬核心，反而成为其"差异性"的保证，确保它可以被确定无疑地识别出来。只有这种保证才能使得适合一系列广泛战术选择的有利机会成为可能。因此，屠拉蒂在20世纪头几年顽固地捍卫"学说的基本统一性"——"党的统一性"的同义词；① 以及不断重新审视社会主义的独特性和对其领域的精确划定。然而，这片不断更新、耕耘量越来越少的土地，最终变得生产力低下，其边界本身也像鲨革一样缩小了。

然而，与此同时，"学说""集体主义""阶级斗争"的基本原则得到了重申。屠拉蒂也在那篇被视为真正的、适当的改良主义宣言的文章中重申了这些基本原则。②他对集体主义做出了信仰宣言。

> 我认为，大生产的各个领域的统一组织不仅是可能的，而且是不可避免的（如果我不相信这一点，就不会宣称自己是社会主义者），随之而来的价值观确定不是在"官僚"意义上（由行政官员建立自己和自己的权威），而是在创造产品和社会需要的统一性的社会必要时间的双重标准基础上，以科学和民主的方式确

---

① 参见菲利波·屠拉蒂：《鉴于大会》，载《社会批判》，1901年，第258页。

② 参见菲利波·屠拉蒂：《社会主义党与当前的政治时刻》（Il partito socialista e l'attuale momento politico），载《社会批判》，1901年，第209—215页。

定……①

这里特别强调了**最终目标**,在过渡过程中,只有当运动与该目标一致时,它才是社会主义性质的。屠拉蒂对伯恩施坦采取冷淡甚至敌对的立场,其动机主要体现在他对连续性问题的论述上。这一点在"伯恩施坦问题"成为欧洲社会主义内部迫切议题时表现得尤为明显。事实是,伯恩施坦正在呈现的形象使他越来越接近舒尔兹·格费尔尼兹,而不是马克思。② 因此,他不能轻易地被用于寻求将社会主义身份(例如在19世纪80年代和90年代形成的身份)与该运动在20世纪初的新任务结合起来的视角。

在这方面,屠拉蒂对德国社会民主党汉诺威代表大会的评论相当有说服力。在这次大会上,倍倍尔的"正统"决议以216票对21票通过。这位意大利社会主义领导人表示,他对于理论争论没有削弱德国党的实质团结感到满意,但最重要的是因为不可能宣布"马克思主义的终结,也就是实证的现代社会主义的终结"。这里并没有拒绝改革,但它们只能符合如下划定的背景:"党的革命性质并不排除支持所有渐进式改革,这些改革对无产阶级的改进是有用的。但有一个条件:实现改革的努力根本不会抹杀党的革命

---

① 参见菲利波·屠拉蒂:《萨维里奥·梅利诺的自白》(Le confessioni di Saverio Merlino),载《社会批判》,1901年,第291页。
② 受到考茨基欢迎的普列汉诺夫的观察:参见瓦乌布日赫(Waldenberg),1972年。

意大利马克思主义史:从起源至第一次世界大战前

性。"简而言之,必须"每天都有所不同,而且始终保持本质上的相同"①。伊万诺埃·博诺米不久就会在与伯恩施坦的公开论战中再次强调这种在连续性中的变化的概念。同样也是这位博诺米,几年后将完全接纳德国修正主义者的立场;但此时他宣称:"精确衡量运动的最终目标:这就是社会主义政党的真正洞察力所在。既不能忘记有利于逐步推进的最终目标,也不能忘记有利于最终目标的逐步推进。伯恩施坦说运动就是一切,而最终目标什么都不是,这是错误的。不,最终目标并不是什么都不是,因为只有这个最终目标才能为运动指明方向,只有这样,无产阶级才能传播自己的意识。"② 然而,与此同时,意大利拒绝伯恩施坦主义的国际参照点并不是考茨基所代表的参照点——在这一特定时刻,这本来完全正常。然而事实依然是,对于屠拉蒂来说,考茨基是一个过于笨重、在理论上过于确定的人物,他对马克思主义/社会主义/政治选择之间关系抱有过于**强烈的**构想。简而言之,他持有过时的假设。他与考茨基的通信于1901年结束,而这位德国"正统"作家的名字在1914年之前不会再出现在《社会批判》的文章中,这并非偶然。

《社会批判》提供的"对伯恩施坦的回应"(带有官方

---

① 参见《社会批判》,《德国社会党代表大会》(Il congresso socialista tedesco),载《社会批判》,1899年,第257—259页。

② 参见伊万诺埃·博诺米:《新战术》(La nuova tattica),载《社会批判》,1899年,第326—328页。

立场的所有特征，是由让·饶勒斯写的①）——表达了他对屠拉蒂考虑**行动**要求、战术弹性和为自己留下大量可能选择的方式的极大喜爱，同时也小心翼翼地避免在社会主义已经巩固的传统中造成深刻的裂痕。实际上，饶勒斯的论点（屠拉蒂本也可以从头到尾支持）在强调社会主义需要自治和统一的政治原因和理想原因方面慷慨激昂，在**伯恩施坦辩论**提出的理论问题的实质方面却含糊其词，意义不明。

然而，此刻两位领导人对采取什么方向没有疑问。这是屠拉蒂和饶勒斯都将试图全面探索的方向：马克思主义的渐进主义合理化、与民主力量结盟的政策、社会改革政策。

当然，考虑到当时的条件，这是一条艰难的道路，主角们也许证明了他们并没有完全做好准备，但这无疑是一条切实可行的道路，充分体现了马克思主义的合理性。对一条政治和文化道路是否**可行**的历史分析，不应必然从其最终结果中推断出来。

有人认为，"马克思的学说是工人运动绝对反对现有社会和政治结构的意识形态"，19世纪80年代和90年代初的社会主义运动就这样接受了它。如同马克思对资本主义的分析一样，他的历史哲学和社会学的主要原则，也为彻底

---

① 让·饶勒斯（J. Jaurès）：《伯恩施坦与社会主义方法的演变》（Bernstein et l'évolution de la méthode socialiste），载《社会主义运动》，1900年，第257—273页、第353—368页，以及同年同样见《社会批判》。

反对现存政治秩序提供了理论依据。① 毫无疑问，接受马克思主义作为"绝对反对的理论"在整个社会主义工人运动的历史上广泛存在，而不仅仅是在19世纪末或整个第二国际时期。同样，毫无疑问，马克思身上有某些要素（包括极其重要的要素）证明了这种解释的合理性。然而，同样正确的是，马克思关于经济理论的主要分析范畴并没有以排除渐进主义和改革政治视野的方式配置。

屠拉蒂无疑并没有掌握这些理论节点的复杂性，以及将其转化为政治经济学的困难（更确切地说是仍然存在的困难）。当然，在这方面他并不孤单，甚至在欧洲社会主义环境中也是如此。他只是主张，有可能突破"绝对反对的意识形态"，制定扩大自由范围和要求社会正义的社会主义政策，同时依然忠于大师们的教诲。而且，在具体的意大利的情况中，不断引证恩格斯1894年的著名信件。

在断言这种可能性时，他还可以从安东尼奥·拉布里奥拉的支持中获得安慰，后者早先是对他理解理论和政治之间关系的方式最严厉的批评者之一。

我们还应补充一点，拉布里奥拉的批评本可以在新世纪之初的特殊历史时期，以更大的力度被重新提出。如果，正如我们所说，适应性强且不失原则的马克思主义政策（一种乔利蒂向社会主义者提出的改良主义挑战）的合理性本身就存在疑问，那么，在政治和文化上如何"掌握"这

---

① 瓦乌布日赫，1985年，第99页。

一挑战，就显得更为重要。因此，社会主义政治行动逐渐去理论化的看似最可靠的基础无疑是（而且证明是）最不恰当的反应。

因此，在20世纪之初，屠拉蒂试图开启自己的公海航行，但没有放弃旧的航海图。

正因为党的"大树"牢牢扎根于马克思主义的"基本原则"所滋养的**腐殖质**中，唯一可能的新奇性是其枝叶和果实的生长，因此在屠拉蒂看来，谈论多种社会主义倾向没有什么意义。倾向性斗争不过是旧有的马克思-巴枯宁的冲突以没有太大变化的形式重新出现。对于屠拉蒂来说，只有一种社会主义：并且在任何一边，都会滑向无政府主义或资产阶级激进主义。屠拉蒂很难接受"改良主义"这个词，他认为这一词语不仅是对他的阐述的过度简化，甚至是一种神秘化。从1905年下半年开始，该词才成为他的政治和社会主义愿景的一个可接受的称呼。① 正如他所主张的：

> 在德·马里尼斯（De Marinis）的行话中，改革倾向变成了改良主义，而法律主义倾向变成了和平倾向。然而，改良主义对于社会主义改革来说，和平对于法

---

① 参见屠拉蒂1905年9月22日写给博诺米的信，见屠拉蒂和库里西奥夫1959年："改良主义者应该得到承认……你会对此感到惊讶，因为你知道我对这个词语的厌恶。但现在这是唯一的区别点。如果我们提起改革，每个人都会跟随：特别是那些不想要改革的人，以及那些会尽一切可能想要看到改革搁浅的人。"

律主义的社会主义斗争来说,正是资产阶级纲领(无论多么激进)对于我们自己的纲领的意义。改良主义意味着把改革作为目的本身,作为运动的赫拉克勒斯之柱而提出,在转移、遏制和阻碍革命所即刻必需的剂量中做出让步,而不是改善革命的道路。阶级之间的和平与和谐是那些统治者的理想,并且符合他们的利益。但是被压迫者、被统治者需要斗争,需要征服的改革,需要进一步缓解(这种改革)、为社会和经济革命做准备,而且本身就是革命的改革。①

因此,对改革的思考被视为对革命思考的一个组成部分。然而,革命并非从资产阶级民主到社会主义民主的简单线性演进的终点,"因为尽管社会主义确实是从资本主义中脱胎而出,但它是作为一种黑格尔式的否定和对立面而出现的"②。

因此,在这些年里,革命仍然是《社会批判》领导小

---

① 参见菲利波·屠拉蒂:《发现社会主义 激进改良主义和无产阶级革命》(Alla scoperta del socialismo. Riformismo radicale e rivoluzione proletaria),载《社会批判》,1901年,第324页。同样于1903年:"我们渴望一场以事实为依据的革命,而不是依靠不切实际的言辞勉强进行,于是出现了一种趋势,用可爱的小绰号'改良主义'将其系在一起。"见《社会批判》,《管理层的回应》(La direzione risponde),载《社会批判》,1903年,第56页。

② 参见《社会批判》,《博纳尔迪—德卢卡的笔记,〈围绕马志尼和社会主义的最后一次小冲突〉》(Postilla a Bonardi-De Luca, Ultime schermaglie intorno a Mazzini e al socialismo),载《社会批判》,1903年,第148页。

组战略愿景的核心。① 革命绝对不能离开两个过程及其相互作用：**自为**阶级的自我意识的逐渐增长，以及物质生产力的增长。归根结底，这些同样的增长过程将在很大程度上取决于屠拉蒂的马克思主义的第二个基本原理具有什么特征：阶级斗争的特征。而阶级斗争在 20 世纪初的意大利是一种群众性现实，是工厂和田间的社会斗争。

即使在与 19 世纪 90 年代的情况如此不同的情况下，屠拉蒂仍然试图忠于他早先提出的关于党—工会—阶级斗争关系的理论框架。因此，从 1901 年开始，在博洛尼亚农民组织代表大会商议了同样这些组织的"社会主义性质"之后，特里夫斯在《社会批判》的专栏中撰文质疑这一举措是否适时②（与博诺米相比，他基本上重新主张了经济行动和政治行动之间的划分③），屠拉蒂转向扩大了这一问题的范围，使其系统化，以更符合现在对整个运动的定义方式。

在屠拉蒂所谓的"我们的学说"中，**劳工商会**（Camere del Lavoro）和一般工会组织的问题得到了隐含的回应。

---

① 例如，参见库里西奥夫 1901 年 8 月 14 日写给屠拉蒂的重要信函，见屠拉蒂和库里西奥夫 1977 年，第 2 卷第 1 篇。

② 参见克劳迪奥·特里夫斯：《基督教民主联盟应该成为社会主义者吗？》(Debbono le CdL diventare socialiste?)，载《社会批判》，1901 年，第 352—355 页。

③ 参见伊万诺埃·博诺米：《博洛尼亚代表大会的社会主义声明》(Le affermazioni socialiste del congresso di Bologna)，载《社会批判》，1901 年，第 369—371 页。短短两年内，博诺米开始将重点从党转向工会，并明确宣称自己是伯恩施坦主义者。参见他的《社会主义运动的危机》(La crisi del movimento socialista)，《社会批判》，1903 年，第 305—308 页、第 323—325 页。

意大利马克思主义史：从起源至第一次世界大战前

如果每一场政治斗争都是阶级斗争，那么基本上反过来也是如此。因此，他主张说：

> 工人的抵抗不仅是（不幸的是，正如一些社会主义者认为的那样，工人未能在行动中渗入其深刻的革命灵魂）与直接捍卫工资和工时有关的机械性斗争，而且其任务仅限于这种直接捍卫。它是一个支点，周围循环着明显的政治问题和焦虑不安的整体氛围（就像一个不可分割的光环）……作为一个整体，它包括劳工利益和国家具体活动之间的所有关系……可以用一个短语来概括：无产阶级政治。①

劳工和资本之间的日常冲突体现了一种永久性的阶级冲突，这种冲突"将在社会主义中找到它的最终解决办法，正如它在社会主义道路上可以找到其直接和部分解决办法一样"②。工厂里的斗争是**无产阶级政治**，这种阶级斗争的整个可能性范围仍然是未知的。

因此，我们可以理解，为什么屠拉蒂只在战术上重视**联盟**（leghe）是否应该加入党的圈子，或者贸易联合会和**劳工商会**是否应该宣布社会主义的最终目标的问题。从理

---

① 参见菲利波·屠拉蒂：《上一篇文章主题的变化》（Variazioni sul tema dell'articolo precedente），载《社会批判》，1901年，第356页。
② 参见菲利波·屠拉蒂，《上一篇文章主题的变化》，载《社会批判》，1901年，第357页。

论的角度来看（也就是说，根据屠拉蒂尚未认为在事实上有矛盾的理论），工会主义是社会主义的一个方面，是正在形成的社会主义的一个方面，但这一方面仍然是必不可少的，与整个组织不可分割。无论工人运动发展的每个阶段所达到的意识水平如何，这一点都是正确的。①

有人说，屠拉蒂的愿景摒弃了"任何雅各宾派的政党概念"，将政党和工会置于同一平面，没有一方优于另一方，也没有一方统治另一方。相反，他强调两者之间的相互依存关系。然而，党仍然是"意识"教育的重要平台，是政治教学活动的中心。即使在"阶级斗争的起始和终点"之间存在关联，学说和政党也体现了这种关联。（这些后面的论述）是必须在社会斗争的发展过程中得到证实的假设。② 实际上，在20世纪初，正是党（或者更确切地说，是其不愿自我宣布身份的改良主义领导层）为社会主义活动精心制定了总体参考框架。这是一个复杂而脆弱的政治和经济平衡的全景；③ 一个工会主义必须适应的参考框架，

---

① "作为社会主义者，我们主观上相信，每一次无产阶级运动都倾向于并因此隐含着社会主义运动，但这根本不意味着［有关运动］必须——或者实际上可以——意识到这一点。"参见《社会批判》，《社会主义神秘主义》(Misticismo socialista)，载《社会批判》，1901年，第375页。

② 参见里奥萨（Riosa），1983年，第324页。

③ 屠拉蒂特别关注社会斗争的激进主义，以及严重事件使现在开始的、尚未巩固的民主化进程受到质疑的可能性。从这个角度来看，即使是"莫里内拉的使徒"也可能变得危险："昨天乔利蒂打电话给我，跟我谈论莫里内拉的事情。省长告诉他，业主出价合理……马萨伦蒂一定有点狂热。"参见屠拉蒂，1901年5月25日写给库里西奥夫的信件，见屠拉蒂和库里西奥夫，1977年，第2卷，第1篇。

而它在某种意义上也会促进工会的巩固。

诚然，即使像意大利的情况那样，该框架的限制性太强，无法容纳工会经历的多样性，这些最初的理论预设也不会被遗忘。然而，对眼前情况的关注变成了一种普遍现象，提出了"训导"运动的优先需要（鉴于与群众关系的困难和障碍）。在这种情况下（同时也是由于很快就会展开的与革命工团主义者激烈的政治理论斗争的后果）可以建立一个广泛的改良主义阵线，由具有不同的理论参照点和阐述的要素组成，从长远来看甚至由具有不同政治理念的要素组成。

对"无政府主义者"形式进行"训导"的必要性似乎是工人和农民组织主导的社会动态的特征，它不仅涉及一般的政治均衡问题，而且还涉及生产力发展的逻辑问题。在这一点上，屠拉蒂再次在马克思主义的传统中寻找先例。他重申，必须"遵循卡尔·马克思的思想"，同时强调"工业是社会主义不可或缺的条件"，并由此得出"工业家和无产者之间存在某些共同利益领域"的结论。[1] 但是鉴于从马克思的经济理论中推论出马克思主义经济政策的难度（或不可能性?），[2]

---

[1] 参见菲利波·屠拉蒂：《国家代理人和劳工商会》（Gli agenti dello Stato e le Camere del Lavoro），载《社会批判》，1902年，第227页。

[2] 参见马基奥罗1982年的评论。罗密欧·索尔迪（Romeo Soldi）碰巧开启了1894—1895年关于劳动价值理论的讨论，他注意到了这一困难，他认为"经济政策的方向"是"最重要的问题，因为它（必须）代表我们党与所有其他党的区别点"。然而，索尔迪仅限于宣称反对"国家社会主义"，支持完全自由贸易的经济政策。参见他的《社会主义党的经济政策》（La politica economica del partito socialista），载《社会批判》，1900年，第200页。

他最终接受（或屈服于）当时知识市场上出现的生产主义理论。因此，20世纪初的屠拉蒂想要把自己的轨迹牢牢扎根于这样的推理中：十年前他在"马克思主义政党"的组建中发挥了领导作用。

然而，在宣扬现在似乎已经开始的政治旅程背后的马克思主义推理的同时，还存在一种感觉，即它必须首先通过与事物而不是理论的接触在自身内部找到自己的理由。正如屠拉蒂所主张的，"今天我们已经达到了这样一个阶段，即社会主义从其先驱者的思想转化为……生活的内在现实，不再需要教义上的辩解和理论上的说明；它在事物中生机勃勃，就像希腊哲学家一样，通过运动来证明它的存在。"①

恰恰是事实的考验（乔利蒂时代阶级斗争的严酷性和复杂性）会证明把激发屠拉蒂在20世纪初的战略远见的两个要素结合在一起的难度。

3 工人运动的经济理论

在20世纪的头几年，格拉奇亚德伊的"生产主义"纲领毫无困难（更确切地说，没有任何巨大的不和谐）地进入了呼吁改革的潮流，而社会主义者在沿着新路线前进时正在推进这样的改革。在那一时期，《社会批判》似乎已经

---

① 参见《社会批判》，《十二年》（Dodicennio），载《社会批判》，1902年，第369页。

成为无产阶级社会主义和"高级资产阶级社会主义"①（第二次**讲坛社会主义**）之间相遇的主要场所。

在评论尼蒂的《20世纪初的意大利》（*L'Italia all'alba del secolo XX*）一书时，格拉奇亚德伊完全同意作者的观点，即该国最大的问题是"增加生产"。但他又补充了一条重要的意见：

> 我几乎可以说，我们的工人阶级在最近几个月里设法提高工资的全部努力，不应该用实用效果（在分配方面给他们带来的直接物质利益）来衡量，而应该用它对增加生产的可能性后果来衡量。②

几乎在同一时间，伊诺第似乎是在转述他的朋友的话，再次在屠拉蒂的杂志上写道：

> 应该理解的是，如果工人想赚大钱，他们就应该尽力确保资本以最有生产力和最经济的方式使用。这似乎是自相矛盾的，但毫无疑问，到那时意大利人将设法持久地改善他们的条件——也就是说，当他们成为比资本家本身更珍惜资本利益的捍卫者时③

---

① 该表达出自拉纳罗（Lanaro），1979年，第212页。

② 参见格拉奇亚德伊：《新意大利（关于尼蒂教授的书）》（*La nuova Italia, (a proposito di un libro del prof. Nitti)*），载《社会批判》，1901年，第34页。

③ 参见路易吉·伊诺第：《到了犯错误的时候》（*L'ora degli spropositi*），载《社会批判》，1902年，第34页。

事实上，在这里重新提出的（这次是在一个真正有利的环境中）观点正是尼蒂、洛里亚和他们的追随者在19世纪90年代长期致力于的观点。甚至连名字都完全相同：伊诺第、卡比亚蒂、塞拉、苏皮诺和科尼利亚尼。

后者以"经济学家"为笔名发表文章，并坚持认为有必要将工人运动的"合理"行动与进步的社会立法的益处以及**首要的**（in primis）税收改革相结合。① 正是在这一点上，"大改革"的幻想屡屡破灭。

在科尼利亚尼去世后几年内，屠拉蒂发表了他的一篇未完成的文章，被认为是大学课程的准备材料。② 屠拉蒂将他定义为"非常接近社会主义"，并小心翼翼地补充说，"（他）在那次研讨会上揭示的思想与我们在这些页面上所捍卫的同一主题的思想相匹配，这些思想从科尼利亚尼教授的同意中得到了不少安慰和权威。"③

科尼利亚尼教授（"一名高级资产阶级社会主义者"④）所阐述的关于工人运动的作用、"高工资"和生产主义的思想，被小心翼翼地添加到我们迄今所讨论的观点中。同样被添加的还有许多评论、分析和对外国出版物的引用，据称这些出版物有效证明了目前在世界范围内正在发生的趋

---

① 参见《经济学家》：《税收改革和萨纳尔德里部长》（La riforma tributaria e il ministero Zanardelli），载《社会批判》，1901年，第251—252页。
② 参见卡罗·科尼利亚尼：《工人运动和国民生产》（Movimento operaio e produzione nazionale），载《社会批判》，1903年，第105—110页。
③ 参见屠拉蒂对该文的引言。
④ 拉纳诺，1979年，第212页。

意大利马克思主义史:从起源至第一次世界大战前

势。在《介于书籍和杂志之间》(Fra libre e riviste)部分,尽管它没有花篇幅来回顾埃内斯托·切萨雷·隆戈巴尔迪(Ernesto Cesare Longobardi)对工资理论所做的贡献,但它的产出却很多。①

无论其内部阐述如何,如果我们不考虑目前所走的道路与"马克思主义传统"之间关系的较为缓慢发展的论战,"改良主义"阵线似乎仍在向前推进,其所有组成部分都在紧密联系。尽管这一论战缺乏理论深度,但不能过分简单地归结为了解"错误意识"的战术动机。

同样在这一点上,讨论的节点之一是经济理论以及将其转化为经济政策的可能性。正在得到定义的基本上有两种立场:一方面,主张马克思的经济理论不能转化为经济政策,因此寻求并提出了一种完全超出马克思分析范围的将两个领域结合起来的形式。另一方面,它一方面仍然坚

---

① 当"高工资"理论似乎在社会主义经济文化中占据主导地位时,未来的革命工团主义者(与社会主义对抗性愿景联系最紧密的知识分子之一)试图从他认为以马克思理论为基础的自主视角来分析这一现象。隆戈巴尔迪与格拉奇亚德伊进行了一场明确的论战,致力于提供劳动价值理论的分析。"格拉奇亚德伊对有些人试图将他与马克思主义学派的分歧简化为简单的文字游戏感到遗憾,这是完全正确的……马克思主义者关注商品的价值,而格拉奇亚德伊关注商品的质量;由于商品的价值和质量并不总是一起增加,这两种看待它们的方式导致了对经济现象常常相反的态度。"他试图建立的关系与其说是工资量与利润量之间的关系,不如说是工资与利润率之间的关系。他还区分了劳动**强度**和劳动**生产率**,将工资增加的可能性与劳动**强度**的增加联系起来,从而证明"工资和利润之间的普遍对立感"的持续存在。参见隆戈巴尔迪,1903年。

持马克思主义与社会主义的内在关联,另一方面又试图通过承认两者之间存在**实际上的**停滞,来化解这种转变过程中不可避免的困难。

在第一阶段,"改良主义"阵线证明是一条紧凑的阵线,因为其运作基础的假设(促进同质化、现代化工业社会的迅速形成,并确保民主空间的扩大,从而允许真正的、适当的民主革命)足够广泛,赋予生产主义理论更多的是一种视角,一种普遍性指示,而非社会和政治行为的具体准则。当这一时刻到来时(而且很快就会到来)将总体视角转化为关于工会在国家现代化中的作用的具体选择,尤其是在整个社会主义运动中的作用,在这一阵线上部署的力量中将不乏尖锐的矛盾。

早在1904—1905年,格拉奇亚德伊就开始推进理论—政治攻势,寻求对"改良主义"进行最终澄清和更为精确的定义。他通过两篇论文做到了这一点,其中一篇具有学术性质(卡利亚里大学的政治经济学课程的预备文本),而第二篇则具有更为直接的政治特征。

这是他在世纪之交阐述的论点的清晰、前后一致的发展。预备文本的中心主题是:"科学"严谨地解释与经济体系的更高效率相适应的阶级斗争形式。在这一点上,工人运动的政治和首要的经济行动与工业发展的节奏、它的挫折和危机密切相关。在这一框架内,罢工本身被认为是一种"原始"元素,必须被抛弃,以适应国家"总体经济利益"的逻辑。① 如果市场的调节机制自由发挥其作用，那么它最终就是工资量的仲裁者，因为它能够在这一变量和劳动生产率之间建立一种函数关系。正如格拉奇亚德伊所主张的，"由于在自由竞争的体系中，企业家的作用非常重要，并符合真正的、适当的社会效用，那么……不触及，更不超越限制，符合工人自己的利益。"②

此外（这已经不足为奇了）阿蒂利奥·卡比亚蒂（Attilio Cabiati）在同一时间、同一地点撰写了工人组织在鼓励自由市场竞争方面的作用的理论。③

格拉奇亚德伊问自己，意大利工会主义是否真的有可能在采取这种行为准则的同时，与**社会党**这样的政党保持密切联系，这是一支变化无常的力量，其领导人员是容易

---

① "在意大利，工人运动仍然处于起步阶段，因此，尤其是在1900—1902年，损失了大量工作日，因为对于大多数参与其中的人士和和舆论来说，工人组织似乎仍然是罢工的同义词。然而，进步最鼓舞人心的表现之一是：工人组织可以变得更加强大，即使它越来越少地诉诸斗争武器（或者在某种意义上，达到了越来越少地诉诸斗争武器的程度），而这种武器本身总是意味着整个社会的损失。"参见安东尼奥·格拉奇亚德伊：《工人运动 卡利亚里大学政治经济学课程预选》（Il Movimento Operaio. Prelezione al corso di economia politica nella Università di Cagliari），载《社会批判》，1904年，引文出自第170页。

② 安东尼奥·格拉奇亚德伊：《工人运动 卡利亚里大学政治经济学课程预选》，载《社会批判》，1904年，第202页。

③ "工人组织非但没有阻碍竞争的自由发挥，反而为竞争的自由发挥提供了最全面的条件，实现了与这种经济状态相关的假设。那么，组织不仅仅是对工人有直接效用的东西，还是整体经济进步的有力手段"。参见阿蒂利奥·卡比亚蒂：《工人组织的理论基础》（Le basi teoriche dell'orga-nizzazione operaia），载《社会批判》，1904年，第42—47页。

被"马克思主义革命主义"的美妙歌声吸引的知识分子（而且以免我们忘记，这是博洛尼亚代表大会上"顽固的转变"之后的气氛）。我们当然要努力确保真正的改良主义在党内得到认可——这是一种名副其实的改良主义，因为它将建立在坚实的、非马克思主义的理论基础之上。然而，首先是在工会中，"工会主义"① 倾向（幸运的是，就其本质而言，这些倾向已经自发地存在于工人组织中）必须以一种完全独立于政治制度发展的严格的理论为基础。

在格拉奇亚德伊看来，赋予工会主义政策以生命的内在精神是一种功利和实用的精神，也就是说，基于本质上的经济内容。正如他所主张的那样：

> 工会主义首先从经济角度来看，是直接关注其自身利益的工人阶级。因此，正是与最复杂、最多面的现实直接接触的工人阶级：自动对那些不能准确评价它的人施加最严厉、最严重的制裁的现实。②

因此，只有一个完全独立于社会党的工会，才能使工人群众深入持久地扎根于改良主义——这种改良主义首先将自己定义为适应自动经济机制的弹性能力。

---

① 即在英语意义上。工会主义的，Trade-unionist，在英语字面意义上可理解为"产业联盟的"。
② 参见安东尼奥·格拉奇亚德伊：《工会主义、改良主义、革命主义》（Sindacalismo, riformismo, rivoluzionarismo），载《社会批判》，1905年，第196页。

意大利马克思主义史:从起源至第一次世界大战前

每一场阶级斗争都是一场政治斗争——《共产党宣言》在1847年就这样告诉我们。但是无产阶级的先锋们需要几十年的时间来更为深入地钻研这句话的含义。自然,教授们需要再过几十年才能最终也这样做。①

这就是菲利波·屠拉蒂做出的尖锐而严厉的回应——他仍然认为自己是**社会主义联盟**和**意大利工人党**之间交锋的坚定继承者;他和当时的对手恩里科·菲利都认为,自己持有超越阶级地位的'社会主义意识',这种意识即使没有忽视他们的阶级地位,也凌驾于其上。然而,他的新对手与19世纪80年代末的意大利工人党没有什么共同之处,他的态度甚至没有表面上的相似之处。现在提出的经济联盟(生产联盟)是与经济理论特殊的关系的结果。屠拉蒂似乎并未完全理解这一点。

出于这一原因,在与格拉奇亚德伊的论战中,他更多地强调了他认为是倒退和新社团主义的对立论点的要素。在这一层面上,他接受了一场公开的战斗,没有任何妥协的愿望,重新引用了马克思的资料。他在这里很大程度上接受了恩格斯对"阶级"的定义,尽管他使来自外部的"意识"的概念在本质上更加僵化。至于党与阶级的关系,

---

① 参见《社会批判》,《安东尼奥·格拉奇亚德伊的注释,改良主义工团主义》(Postilla a A. Graziadei, Sindacalismo riformista),载《社会批判》,第214页。

他比"马克思主义政党"成立之时的立场走得更远。①

此外,这种立场似乎对工会改良主义的领导人,特别是工程行业的意大利金工工人联合会(FIOM)和劳工总联合会(CGL)的总体阐述没有什么影响。事实是,这里向工会建议的政策,要么来自将工人运动的经济作用简化为区区生产要素的理论,要么来自在无产阶级中逐渐扩展"社会主义意识"的愿景,最终这些政策趋于一致:"合理性"以及对可能发生冲突的十分明确的框架的尊重。实际上,在这一背景下,即使是屠拉蒂在这里援引的"社会主义意识",似乎也被简化到对社会斗争的表现形式进行训导的单维作用。

屠拉蒂试图与工作场所阶级斗争的无产阶级主角建立的关系是一种困难而复杂的关系。对于"缺乏意识"或"教育"的无产阶级的深刻怀疑(在短暂的叛乱和绝望的萧条中显而易见)不仅在《社会批判》负责人的大部分干预中普遍存在,而且在那些社会主义领导集团的大部分干预

---

① "从政治上来说,阶级作为一个阶级什么都不是。更糟糕的是,无产阶级**作为**无产(从属)阶级,是主人们政策的工具……无产阶级现在仍然是这样,只要它的条件和意识是为了适应主人们的利益而塑造的。只有当无产阶级开始理解这一点时(这通常是知识分子、来自另一个阶级的人士的教导的结果)……它才会成为一股威风凛凛的力量。但是接着,它也变成了一个政党。社会主义政党确实是无产阶级(或者无产阶级的一部分),而无产阶级已经意识到自己的处境,并确信自己的解放将通过社会主义来实现。"参见《社会批判》,《安东尼奥·格拉奇亚德伊的注释,政党政治和阶级政治》(Postilla a A. Graziadei, Politica di partito e politica di classe),载《社会批判》,1905年,第248页。

中也普遍存在,① 包括许多像维尔齐和里戈拉这样具有工人阶级背景的工会组织者。

与此同时,屠拉蒂确信如果没有无产阶级的积极参与,任何社会主义政治纲领都不可能得到发展。并且,这种参与表现为区分所谓的社会主义"改良主义"(屠拉蒂将以一种特别麻烦的方式慢慢习惯这一名称,而且并非没有突如其来的彻底改变)与资产阶级"改良主义"的基本区别因素。在屠拉蒂的框架中,这里没有任何矛盾:无产阶级中"社会主义意识"的缓慢而逐步的推进,是生产力本身增长的一个重要因素,将使这两个方面进一步联系并最终完全结合。

然而,在现实的历史进程中,"事情"走的是相当不同的道路。在这个国家,不仅"封建"有产阶级,而且大部分现代有产阶级都明显倾向于与工业和农业无产阶级建立直接关系,没有对工人运动的制度性调解,社会分化极为严重,危机要素几乎是永久性的。这样就很难应用一个完全建立在长期连续性假设基础上的概念框架。

一项长期的、有据可查的、缜密的研究认为,与其他欧洲工业化的经历相比,意大利工人运动的冲突周期并不

---

① 库里西奥夫写的一封关于罢工的信就说明了这一点:"罢工在醉汉的支持下轻松愉快地宣布,并由很快厌倦了任何消遣的孩子们完成。处理这一问题的方法就是把它们串起来,就像对待孩子一样。不要从正面控制他们,保持支持他们的样子,但要尝试给出指示。然而,当我们接触到粗野的、醉酒的群众时,这种有违良心的虚伪是必要的,并且往往是由那些有兴趣登上顶峰、因为缺乏任何其他手段来使自己出人头地的人所引发的。"库里西奥夫致屠拉蒂,1901年8月17日,见屠拉蒂和库里西奥夫,1977年,第2卷第1篇。

独特。根据这种观点，这一运动的周期证明了经济发展与阶级斗争表现形式的数量级之间存在实质性的对应关系。因此，意大利在这一领域中并没有什么反常现象——改良主义社会主义在无产阶级和工人运动中广泛深入地扎根的困难，应该位于一种完全没有冲突的发展愿景的文化中，而不是位于意大利社会冲突的特点以及假定的"冲突过度"中。①

事实上，对罢工频率和集中度的长期定量分析，当然是重要的要素，因为涉及工人斗争和经济周期之间的关系，但它只是多维场景的一部分。

工会作为机构及其活动不能简化为只为符合特定阶段逻辑的功能。它们也是一个文化环节，是价值观的表达，是存在方式和想要存在的方式的表达，是基于某种身份投射的行动模式。它们是与阶级团结以及运动的总体重组的推动力和需求相关的时刻。功能理论只能部分地解释工人冲突的不断复合的性质。只有当格拉奇亚德伊认真研究的假设〔使工会的活动真正成为周期的功能（甚至是必不可少的功能）〕真正适合于意大利工会主义的总体现实，这种理论才会展示出其解释能力。

此外，我们应该考虑（而且这无疑是意大利情况的特性）此冲突的很大一部分，一般来说，意味着一系列高度偶发的"事件"发生在农村，无论是在波河河谷（Po Valley）农业资本主义的先进地区还是在南方的"封建"**大庄园**（*latifundia*）。如果我们也考虑到农民的斗争，这种冲突

---

① 参见雷伊（Lay）和佩桑特（Pesante），1981年。

的数量无疑会明显增加——更确切地说,我们别无选择。

无论客观上确定"冲突过度"的可能性如何,这一点都是正确的。但是无论如何,这种"过度"都会被归因于多种变量,而不是从严格死板的定量层面来界定,包括与理解这种冲突的方式有关的变量。也就是说,变量包括全国范围内人们是如何看待这一冲突的,特别是在那些当时将阶级冲突形式理论化的文化领域。

从这个意义上来说,毫无疑问,对于格拉奇亚德伊的功能主义和屠拉蒂平衡的"社会主义改良主义"战略所衍生的判断标准来说,工农业无产阶级所表达的社会冲突无论是从罢工的数量还是从表达这种冲突的手段来看必定是过度的。

此外,1903年前后,意大利社会主义内部爆发了一场关于工会发展方向的激烈斗争,斗争的一方是改良主义者,另一方是革命工团主义者。这场斗争,尤其是其中展现出的极端对抗性,深刻影响了屠拉蒂对当时工会运动的态度。他认为,工会运动不应受制于改良主义,而应在某种程度上受到革命工团主义的启发。例如,他对铁路工人联合会的不信任(确切点说,公开的敌意)既因为他对公共服务行业的罢工缺乏同情心,也由于该联合会在当时是革命工团主义在工业工会中的据点之一。

实际上,在1905年的工资纠纷中,铁路工人使用阻挠战术(按章工作①),政府趁机集体辞职。因为此事,屠拉

---

① Work-to-rule,按章工作,即合法怠工,为表示抗议而拒绝做超出合同规定的工作。——编者注

蒂无法克制自己，做出了明显过激的反应：

> 我被摧毁了。我相信，很难想象有比这更严重的叛国罪了。他们让布兰科尼（Branconi）成为意大利的国王，让拉布里奥拉成为首相，让布拉奇亚拉格（Braccialarghe）负责外交事务。国家的退位和对国王、议会和民主犯下的叛国罪，足以让南美的各个共和国获得光明。请注意，部长们不仅从铁路工人工会那里，而且从他们遍布各地的间谍那里，也从我们那里非常清楚地知道，这种阻挠行为今天必然会结束，或者最坏的情况是在几天之内必然会结束。①

即使是库里西奥夫，虽然与屠拉蒂一样对无法控制的社会运动缺乏信心，但有时也发现他的反应与这位改良主义领导人自诩为支持者的政策完全不相称，他向屠拉蒂提出了他自己也可以提出的论点。②

---

① 屠拉蒂至库里西奥夫，1905年5月21日，见屠拉蒂和库里西奥夫，1977年。
② "我真的不知道你为什么对韦尔切莱塞（Vercellese）的罢工如此困扰。现在，主人们因为牲畜被遗弃而感到绝望，出于对牲畜的关心，他们对人畜也会变得不那么凶狠。你走合法的道路，让无产阶级尽可能地表达自己的愿望。我认为这两项活动是相辅相成的，如此大规模的运动只会使你变得更强大。将如此广泛和团结的运动归因于像库内奥（Cugnolio）这样的人是荒谬的：像卢卡（Lucca）和乔利蒂这样的人可以这么说，因为挑衅者为服务保守精神做了很多工作。但凭良心来说，我们自己当然不能这么想。"库里西奥夫致屠拉蒂，1907年3月2日，见屠拉蒂和库里西奥夫，1977年。

然而，面对无法从外部进行规范的阶级斗争形式，屠拉蒂的反应不仅仅是私人忧虑。他对促进规范社会冲突形式的关注（通过建立法院认可的强制仲裁委员会）逐渐导致他采用了"资产阶级改良主义"所特有的理论假设，而他在其他领域继续以巨大的毅力与其斗争。因此，他的一些阐述说明了强制仲裁的必要性，这似乎表达了集体谈判本质上被简化为纯粹的技术功能的想法：

> 我们让几位聪明又负责任的、被赋予权力的人士围在一张小桌子旁，来达到逐步解决社会争端的目的（没有其他办法了）……评估相关力量、所代表者的能力和利益（以及）行业的条件……可以为每个时间和地点的每个分歧找到**一个数学上确定且不变的解决方法**：它是那个时间和地点的唯一（解决方法），是对所有相关方面最有用、最公正的方法。①

因此，屠拉蒂的实用主义理论化，以及当前政治需求的压力，使他逐渐断离了他先前认为必须结合起来的一对因素：对意大利社会的新问题持开放态度，及同时保持社会主义传统的特殊性及其基本理论参照点。

因此，在1908年底，当改良主义似乎取得胜利时，屠拉蒂提到了他先前一直否认和反对的改良主义和修正主义

---

① 参见《社会批判》，《铁路工人和政府》（I ferrovieri e il governo），载《社会批判》，1905年，第51页。

之间的结合,这不是偶然的。看来,改良主义肯定会长期指导党的行动,并及时指导工人运动;屠拉蒂写道:"改良主义作为一种理论假设,现在可以被视为一种已知的事实……通过更缓慢的道路、更实际的步骤,以及与情势更密切的联系,它仍将达到相同的最终目标。"①

那么在屠拉蒂看来,意大利的修正主义之路沿着实用主义费尽心机开辟出来的道路行进。然而,这仅从他自己的角度来看才是正确的。毕竟,还存在坚实严谨、在理论上确立的意大利修正主义,即使不能夸耀其产生了德国修正主义,但至少是独立于它的。

然而,屠拉蒂热衷于指出意大利修正主义的实践方面。强调这一点很重要,因为他在这一点上并不打算完全抛弃他的旧信念。他最近的道路并不缺乏不确定因素、难题,甚至是矛盾。

然而,在这一时刻,是与他关系最密切的人物(正如我们将看到的,斯基亚维和库里西奥夫)用他自己先前的论证来反驳他。库里西奥夫这样主张道:

> 在这场争吵中,最能让人回想起伊莫拉代表大会的"为革命而坚持改良主义"的人,或许看起来好像极易受到工团主义和资产阶级的嘲笑,但事实上,他也清晰地综合了我们的改良主义和激进的、慈善的、

---

① 《社会批判》,《不存在的罢工教会了我们什么》(Quel che insegna uno sciopero che non esiste),1908 年,第 209 页。

意大利马克思主义史：从起源至第一次世界大战前

资产阶级改良主义之间的性质差异。①

这并不是说屠拉蒂的著作中已经完全不会提及这一框架。他仍然将改革称为"正在前进的革命"，以及"马克思主义的真正基础"；但这些都是偶发性的说法，是一种具体和确定的选择之外的意识。

同样，将这些要素简化为纯粹的"错误意识"也是错误的。与意大利社会主义的特定阶段以及与假定为意大利民主提供基础的决定相联系的论点，似乎比经常引用的关于连续性的论点更有价值。无论犯下多少计算错误，情况都是如此，而这样的错误并不少。虽然这条据称源自恩格斯1894年信件的思想脉络并未完全中断，某些条件或许有助于重新接续。但不可否认，这条思想联系已经支离破碎，就连屠拉蒂本人在面对时也倍感困扰。

这可以帮助我们理解为什么屠拉蒂在这些年的干预（试图打击"劳工主义"计划和工人运动的"社团主义"倾向，也通过引证旧的马克思主义第9号决议）冒着看来好像强烈的还原主义的风险。也就是说，他的干预被限制在一场争夺统治权的特定斗争中，旨在主张党对工会的纯粹而简单的优先权。

屠拉蒂尖锐地描述了这一问题："社会主义之于工人运

---

① 参见斯基亚维、库里西奥夫、屠拉蒂：《社会党投票选举部长 错误还是退化？》（Il voto dei socialisti per ministero. Errore o degenerazione?），载《社会批判》，1910年，第147页。

动,就像大脑之于动物的脊髓一样——也就是说,社会主义倾向于用反思的行动来取代简单的反射性行动,而反思的行动与这些行动相反,并且抑制了这些行动,即使它只是它们进化的产物。"① 但在这些年,人们往往忽略了大脑本应通过脊髓传递的冲动的社会主义性质,至少在"政党即阶级"的意义上是如此,这已是菲利波·屠拉蒂的马克思主义中最具创造性的要素之一。

如果我们扩大视角,考虑到意大利社会主义最重要的评论所发出的信号,我们就能更好地掌握屠拉蒂试图建立的反抗"工会主义"② 攻势的防线的弱点。他几乎可悲地呼吁博诺米与这一攻势做斗争(呼吁这位现在成为攻势先锋的人)。③

---

① 《社会批判》,《不存在的罢工教会了我们什么》,《社会批判》,1908年,第209页。

② 即在英语意义上的"产业工会主义的"。——编者注

③ 诚然,1905年博诺米的"修正主义"并未得到充分阐明,但屠拉蒂和库里西奥夫认为曼托瓦的社会主义者是他们的"极右派"。此外,当博诺米出版《社会主义新生活》(*Le vie nuove del socialismo*)时,屠拉蒂似乎并没有立即领会它与社会主义传统决裂的要素。他在《社会批判》上发表了该书的一部分,并在序言中做了简短的说明,评论说该书是"我们在所有当代社会主义(文献)中能读到的最深刻、最勇敢的良心考验……在某种程度上这也是我们的书"。《社会批判》,1907年,第340页。一年前,他写过"(博诺米)将准备我们的新《宣言》"(1906年3月17日写给库里西奥夫的信)。相反,格拉奇亚德伊已试图强调其不连贯的要素。他确实说过,这本书"没有试图深入研究与马克思主义理论最密切相关的经济问题",因此表明改良主义的基本理论参考必然依附于这一过去的阐述。但由此他得出了与屠拉蒂截然不同的结论:"二十年的持续宣传和行动现在已经使**联盟**、合作性组织和工人工会能够制定他们自己的政策,而无需仍然受到一个由马克思忠诚主义者组成的政党的保护。"参见安东尼奥·格拉奇亚德伊:《社会主义新道路》(评论),载《前进!》,1907年11月25日。

《社会批判》继续指向基于"阶级合作"的劳资关系模式;如果像斯基亚维和帕利亚里(Pagliari)这样具有崇高威望和影响力的知识分子—组织者指出了其有疑问的要素(不管他们自己的观点有什么不同),那么像克雷斯皮(Crespi)和马乔利这样对组织事务陌生的人反而制造出这种模式的"极端"和僵化版本。鉴于后两者多年来一直出现在刊物的专页上(他们是本评论一些栏目的管理人以及来自伦敦和柏林的记者),他们对塑造这一刊物的总体"基调"做出了很大贡献。

早在1904年,马乔利就坚持认为需要将马克思主义与社会主义分开,现在他得出的结论是,社会主义也需要与无产阶级的命运分开。① 他长期坚持认为,改良主义必须走完整的"修正主义"道路,打破传统,将他称之为"阶级的利益"相对化,并使"阶级合作"成为党和工会活动的有机组成部分,而不仅仅是偶尔为之。② 正如他这样写道:

> 作为总路线,我们必须寻求……使经济平衡的条件尽可能对工人和工会组织有利,这些条件(正如帕

---

① 参见埃托雷·马乔利:《卡尔·马克思最后的批评者》(L'ultimo critico di Carlo Marx),及《从德国选举到意大利社会主义者》(Dalle elezioni tedesche ai socialisti italiani),载《社会批判》,1904年,第203—205页及1907年,第71—74页。

② 参见埃托雷·马乔利:《尝试更新 论社会主义运动的危机》(Tentativi di rinnovamento. Sulla crisi del movimento socialista),载《社会批判》,1907年,第71—74页。

累托和马歇尔等杰出经济学家所证明的那样）受到长期经济波动的支配。①

在这里我们看到，实用主义根本不意味着对精确的理论参照点的蔑视：这仅仅是一个在不同基础的理论之间进行选择的问题。当然，马乔利也没有放过屠拉蒂的马克思主义的所谓"基础"。正如他进一步写道：

> 如果阶级斗争……作为政治斗争和社会变革的工具是马克思主义理论前提的结果，那么既然这一前提已经崩溃了，结果还剩下什么？……社会主义政党有一个理想主义的目的，其手段也必须是理想主义的。阶级斗争不合适的原因有二：一是它建立在错误的前提上，二是它来源于机械唯物主义哲学……②

除了进一步呼吁完全放弃马克思主义文化，③并赞扬英

---

① 参见埃托雷·马乔利：《社会主义在政治选举中获胜的哲学》(Filosofia della vittoria socialista nelle elezioni politiche)，《社会批判》，1909年，第69页。
② 参见埃托雷·马乔利：《"超越阶级斗争"与"阶级斗争与社会正义"》('Oltre la lotta di classe' and 'Lotta di classe e giustizia sociale')，载《社会批判》，1911年，第165—167页及第179—182页。引文出自第165页及第167页。
③ 参见安杰洛·克雷斯皮（A. Crespi）：《围绕当前意大利社会党的危机》(Intorno alla crisi attuale del partito socialista italiano)，载《社会批判》，1907年，第292—294页。

国统治阶级对社会主义的贡献,[1] 克雷斯皮最后还呼吁"拒绝参加罢工的权利"(crumiraggio)。这与自由贸易理论相一致,使公司免受任何可能的"工人组织的垄断"[2]。因此他触及了社会主义感情最敏感的神经末梢之一。

《社会批判》的编辑们并不认同这些"拒绝参加罢工的权利"的立场,马乔利本人也只能奋起防御。然而,屠拉蒂的边注、编辑和解释似乎并未能够从根本上改变围绕评论建立起来的气氛。实际上,除了马乔利和克雷斯皮的干预中真正极端的观点(如拒绝参加罢工的问题),这些观点总是被认为是改良社会主义**内部**的观点,并对其丰富性做出了关键的贡献。

"马克思主义者和改良主义者"屠拉蒂曾想明确界定的领域边界如今逐渐变得模糊。屠拉蒂甚至对把安杰洛·克雷斯皮排除在《社会批判》的专栏之外产生了怀疑,尽管安娜·库里西奥夫(Anna Kuliscioff)要求他这样做。[3]

---

[1] 参见安杰洛·克雷斯皮:《英国社会主义与大陆社会主义》(Socialismo inglese e socialismo continentale),载《社会批判》,1907年,第86—89页。

[2] 参见安杰洛·克雷斯皮:《工人组织和工作自由》(L'organizzazione operaia e la libertà di lavoro),载《社会批判》,1907年,第354—358页。

[3] 库里西奥夫将克雷斯皮的文章描述为"个人主义自由交易者的胡言乱语,尤其是反社会主义的胡言乱语",并建议将其作者排除在《社会批判》之外。然而,屠拉蒂却对此感到非常困惑,他写道:"我们的朋友和合作者太少了……我担心用这样的方法,我们最终会被真空所包围。"参见他们于1908年2月20日及21日的信件,见屠拉蒂和库里西奥夫,1977年。

正是卡比亚蒂对"劳动自由"和工人组织垄断的可能性问题给出了"科学的"回应（结合"经济理论"）。他的参照理论是"一般经济均衡理论"，他还特别提及了作为生产要素的劳动，以及纯粹经济学与现实市场上出现的"摩擦"之间的关系。卡比亚蒂的目标是确定生产过程中的最大集体经济效用。工会不可能代表不平衡的垄断性要素，因为"潜在的竞争总是由人口和生活资料之间的不平衡来保持活力，这种不平衡在长时间内持续存在，而且依靠资本家来维持这种不平衡始终如一"①。只要"工会始终是少数"，工人组织就能消除不同生产要素起点的不平等造成的"摩擦"，并证明瓦尔拉斯和帕累托对这一事实的数学论证的真实性，即"在自由竞争体系中，价格的固定方式是为了在每种排列中提供最大效用"。②

屠拉蒂要求做出这种"科学的"回应，但是对他来说，将这里出现的工会愿景与他旧有的信仰（"每一场阶级运动**作为**阶级运动都必然是一场**政治**运动"）结合起来，肯定仍然很困难；这是他的马克思主义的另一条"基本原理"。

这场工会讨论展现了现代改良主义的真面目——它甚至不再掩饰于模棱两可的马克思主义话语之下。修正主义者对此深信不疑。而格拉奇亚德伊即便意识到这种做法在

---

① 参见阿蒂利奥·卡比亚蒂：《安杰洛·克雷斯皮捍卫工作自由和克鲁米拉的经济诡辩》（I sofismi economici di Angelo Crespi a difesa della libertà di lavoro e di krumiraggio），载《社会批判》，1908 年，第 24 页。

② 同上。

党内斗争中可能在战术上不合时宜，却仍然坚持其理论阐述的清晰性，绝不让步。在他看来，与其在一个注定要被工人运动发展彻底改造的社会主义政党中谋求权威地位，不如成为工人组织稳定的思想文化指引。

出于这一原因，格拉奇亚德伊强烈反对在罗马大会上导致改良主义者和"原教旨主义者"结盟的行动，这既出于已经提到的原因（更重要的是从他的理论清晰度的角度来看），也由于这一行动的成功取决于它似乎遵循了常规的党的"传统"：重新主张被革命—工团主义文化这一异物"侵犯"的身份（正如当时所述）。因此，这意味着完全颠覆了认为改良主义是**新的**社会主义的观点。由于这一原因，格拉奇亚德伊对这一问题的干预因其坦率而残酷。

对他来说，一些人寻求重新依附的社会主义传统是"鲜明的马克思主义"。他认为，革命工团主义者对这一传统提出所有权要求是正确的：

> 任何客观研究马克思主义学说整体的人士都必须认识到，总而言之，革命工团主义者比改良主义者更接近马克思主义的字面意义；我们应该得出结论，改良主义者（我们可以说，由于他们的现代性）已经失去了以该传统的名义发言的忧郁权利。①

---

① 安东尼奥·格拉奇亚德伊：《改良主义和改良主义者》（Riformismo e riformisti），载《前进！》，1906年9月3日。

在他看来，马克思主义传统可以归纳为以下几点：（1）逐步贫穷化，（2）资本主义集中化，（3）工资和利润的绝对对立，（4）工人阶级在资本主义制度下取得收益的虚幻本质，（5）坚信只有工人阶级的劳动才能创造价值。

格拉奇亚德伊用他自己的理论结果来反驳以上每一个观点，这些结果大部分包含在他的《资本主义生产》中。他坚称自从关于"马克思主义危机"的讨论以来，"修正主义"（包括他自己的和伯恩施坦的）起到了至关重要的作用，这是"能够为改良主义倾向准备知识和道德上的理由"的唯一理论方向。他总结说，"真正的真相"是：

> 一般来说，马克思主义是忧愁的悲观主义，因此是灾变论的，也是革命性的。它不赞同改良主义，而是反对改良主义……对于许多人来说，只有当他们能够使自己的学说与实践相一致，言行一致时，改良主义才会不再表现为堕落或个人迁就……①

与意识形态的抽象相比，还有什么比工会主义在有组织的工人运动中积累的组织和提出要求的长期经验更好的"事实"老师呢？确切地说，"由于与经济事实和法律的现实直接接触（人们若是误解或违反这些事实和法律，一定会受惩罚），工会行动恰恰在其开展的领域中发现了对其自

---

① 安东尼奥·格拉奇亚德伊：《改良主义和改良主义者》（Riformismo e riformisti），载《前进!》，1906年9月3日。

身运转的现成的、不可阻挡的支持"。① 按照这种观点，工会行动是在"自然"发展的力量背景下展开的，它的成功最终将取决于是否能够精确识别正在进行的趋势，以及针对这些趋势是否能制定适当的需求政策。

在这一点上，派特莱昂尼几乎是在附和格拉奇亚德伊，因为他否认工会内部可能存在不同的"流派"：正如他所说，这反而是一个"能或不能"的问题。② 按照这种观点，各种倾向是党政领域所特有的，关于"哲学"性质的选择的冲突往往出现在具有广泛主观性空间的地方，而不是在那些必须面对生产和分配过程的"客观性"以及市场的"客观性"的世界中。

那么，革命工团主义者的错误在于他们的政治性远远超过他们的工团主义；也就是说，他们是革命性的，因为他们是政治性的，是对马克思主义学说影响的回应。然而，鉴于工团主义是为了在经济领域运作（在一个维度上，这一维度从本质上来说完全脱离了革命唯意志论的即兴发挥），如果它不想否定自己的工团主义特性，就必须是改良主义的。

如果工会主义要在确保收入的公平分配方面发挥决定性和战斗性的作用，那么它就必须确信，"只有阶级合作才能解决生产问题"。③ 可以理所当然地认为，即使是在分配

---

① 格拉奇亚德伊，1909年，第63页。
② 同上，第65页。
③ 同上，第45页。

领域可以自由展开的这种"阶级斗争",以及社会立法本身,也必然会在资本积累的"自然"逻辑和一般社会利益中遇到不可逾越的障碍。①

简而言之,在20世纪末试图界定社会主义、工团主义、马克思主义和经济理论之间关系的格拉奇亚德伊,对资本主义一旦摆脱了"陷阱和圈套"就能逐渐自我调节的能力展示出深切的信任。这是一个成熟的资本主义,面对一个同样成熟的工人运动,能够"摆脱各种错误的经济思想"〔由政治社会主义(马克思主义)"在工人阶级中"② 播种〕,它将能够保证现代工业民主。因此,它将成为一系列不间断的物质和道德改进的承载者。

那么,最终,社会主义肯定不是资本主义发展的矛盾动力的成果。相反,它源于这样一个事实,即"人类的需求,无论是经济、知识还是道德方面的需求,就其本质而

---

① 格拉奇亚德伊指出,"从这个角度来看,或许可以公平地说,不少意大利改良主义者都遭受了过度乐观的损害,因为我们坚持认为,我们今天可以实现超越我们真正潜力的立法措施。"格拉奇亚德伊,1909年,第88页。在写给他的朋友伊诺第的信中,他进一步保证了他的温和态度以及他特别关心寻求与该制度相协调的解决方案:"我很高兴我的关于《社会主义和工会主义》(Socialismo e sindacalismo)的小册子没有让你不高兴。至于你提到的危险(即改良主义工会可能会成为'通过国家从别人那里抢钱的有组织的土匪'),相信我,这根本不是我的本意。我认为**某种最低限度的**社会立法代表了一种……自然且必然的现象……我认为我们一定不希望这一特定的最低限度(在每个时刻都与许多因素相关,其中最重要的因素是社会财富水平)因雅各宾派的立法狂热而人为地增加。"格拉奇亚德伊致伊诺第,1909年7月8日,路易吉·伊诺第基金会(Fondazione Luigi Einaudi),卡特·格拉奇亚德伊。

② 格拉奇亚德伊,1909年,第31页。

言都是无限的"①。

4 非马克思主义改良主义的表述、历史的回归及再谈改良主义

工人运动的"经济理论"在多大程度上能够影响运动的文化和实践前景？

根据意大利第一份综合意大利劳工总联合会（CGdL）历史的大型研究，在1908年摩德纳代表大会（Modena Congress）之后为工会联盟的活动提供基础的平台的很大一部分从根本上受到了格拉奇亚德伊的详尽阐述的启发。②

毫无疑问，即使对大量现成可用的材料进行简单的调查，也会给人留下这样的印象：这位人物深深扎根于他亲手开垦的土地上。这不仅是后来被定义为"右翼改良主义"的领域，尽管他确实提供了相当一部分理论包袱，③ 而且也是工会主义的领域。一个共同的格拉奇亚德伊式的联系将维尔齐和里戈拉这样的组织者与帕利亚里这样坚定致力于工会主义计划的"外部"知识分子联系起来。

在里纳尔多·里戈拉（Rinaldo Rigola）对意大利工人运动的反思中，他以回忆录作者和历史学家的身份写道，

---

① 格拉奇亚德伊，1909年，第61页。
② 佩佩（Pepe），1972年，第313—315页、第437—439页。
③ 新改良主义的宣言书《社会主义新生活》（尤其是其最后几章）在很大程度上归功于格拉奇亚德伊的分析，甚至在其所精选的词汇方面也是如此。

他强烈地坚持认为"修正主义"的氛围是改良主义工团主义文化的基本参照点：这自然是指伯恩施坦，以及就意大利修正主义来说，还有弗朗切斯科·萨维里奥·梅利诺。[①]格拉奇亚德伊的共产主义之旅可能在某种程度上影响了里戈拉的记忆。相反，在一份私人文本中（1949 年的一封信）福斯托·帕利亚里（Fausto Pagliari）宣称自己不仅是格拉奇亚德伊关于工会的著作的"信徒"（暗示一种有意识的关系），而且首先是《资本主义生产》，他以令人愉快的讽刺将其定义为这位社会主义经济学教授的"第一本**豌豆**（pisello）[②] 书"。

在个人的记忆之外，我们可以找到许多实质性的痕迹，证明工会"经济理论"的影响。其中一些痕迹明确提及了这一理论，将其作为改良主义工会领导层在其中找到许多灵感来源的文化要素。

意大利金属工人联合会这么早就对安东尼奥·格拉奇亚德伊的立场感兴趣，这不是偶然的。这一工程工人联合会是为建立一个由"产业民主"计划启发的产业组织模式做出最坚定努力的工会，其基础是坚实的生产主义和亲产

---

① 参见里戈拉，1946 年，第 203—209 页。
② Piselli〔意大利语中"豌豆"的意思，也与首字母缩写词 PSLI（意大利社会党）相呼应〕也是二战后"巴贝里尼宫（Palazzo Barbarini）"从社会党分裂后属于萨拉盖特派（Saragatians）（反共产主义社会民主党）的绰号。参见帕利亚里 1949 年写给格拉奇亚德伊的信，伊莫拉市立图书馆历史档案馆（Archivio Storico della Biblioteca Comunale di Imola）。卡特·格拉奇亚德伊。

业基础。也许，实施这一计划的清晰连贯性在整个工程工人运动中（尤其是就意大利的工业来说）更多的是作为"形象"① 而不是组织上的现实出现。然而，没有什么能削弱这样一个事实，即当一种文化的马赛克碎片组合在一起时（确实是作为一种"形象"），它们正在呈现出现实的实质，或者无论如何，都肯定会影响现实。

工会活动的"经济"概念，如我们所概述的那样（这一概念决定着劳资关系本身工具的选择和使用，从集体协定到封闭式工场）必然反映在更直接地以工会为导向的使用政党本身的假设中。实际上，早在1905年8月（格拉奇亚德伊的第一篇关于工会经济理论的论文出现于1904年5月），意大利金属工人联合会的官方机关报就开始出现这样的评论："无论其经济目标如何，一个本质上的政治组织不能……大大加快无产阶级的解放。"②

1906—1907年期间，由于指向这一方向的信号越来越多，背后的论证也越来越广泛，对格拉奇亚德伊的提及也越来越明确。有人提到他"在米兰**劳工商会**（Camera del Lavoro）的倡议下"发表的"两次精彩的演讲"，以及"他以巧妙的方式表达的概念，即关于经济组织在践行其**存在的意义**时，不会藏有大量的竞争倾向阻碍其活动的自由展开"③。随后，

---

① 参见安东尼奥利（Antonioli），1983年。
② 参见《冶金学家》（Il Metallurgico），1905年8月1日。
③ 《良好的品牌工会主义》（Il sindacalismo di buona marca），载《冶金学家》，1906年5月1日。

意大利金属工人联合会的机关报发表了《改良主义工会主义和革命主义工会主义》(Sindacalismo riformista e sindacalismo rivoluzionario)①，正是这篇文章引起了菲利波·屠拉蒂最初的担忧反应。

显然，一个建立在贸易基础上的联合会既不是纯学术机构，也不是政治与工会经济的实验室。正因如此，任何立场的线性发展往往会遇到意外阻碍，需要根据战术需要重新调整思路。尽管如此，我们仍能看到一条清晰的思想脉络，这一点在意大利金属工人联合会工会秘书埃内斯托·维尔齐（Ernesto Verzi）的著作中得到了充分体现——该书被视为工会文化的典范之作。②

维尔齐在劳工总联合会的形成过程中发挥了重要作用。因此，该联合会的纲领及后续阐述中包含了一些理论元素，这些元素符合以工会为中心的发展愿景，这一点并不令人意外。它们可以通过另一位改良主义者莫迪利亚尼后来定义为"工会改良主义"的"小"工人阶级政治特征来发展。③"鉴于这些前提，"有人写道，"现在出现的必然是一个摆脱任何社会主义观点的计划，并以'劳工党'取代阶级党……也是在政府层面进行谈判**交换**的工具。"④

也许从来就不存在这样有意识的、主观的决定，而且

---

① 《冶金学家》，1906年10月1日。
② 维尔齐，1907年。
③ 即在英语意义上的"产业联盟主义"。引用于凯鲁比尼，1990年，更多普遍性的观点参见第357—371页。
④ 参见巴巴多罗，1979年，第382页。

意大利马克思主义史：从起源至第一次世界大战前

我们还必须解释改良主义工团主义内部存在的相当明确的立场。但无可否认的是，即使是最明确的观点也不能忽视这样一个事实，即这种文化现在正在内化占据主导地位的经济理论的基本原则之一，即工人运动只能将自己表现为生产要素。即使格拉奇亚德伊是唯一一名对这一假设进行严格的理论系统化的社会主义者，他的理论仍然被立即接受、代谢和使用，这正是因为它与已经付诸实施的倾向和组织模式完全一致。

我们已经说过，在反对革命主义的斗争中出现的因素对屠拉蒂与理论立场逐渐增加的"相容性"产生了显著影响，这些理论立场的起源和发展与他自己"屈服于"改良主义这一倾向的方式不同。然而，同样这些因素也促使其他人去寻找具有**其他**坚实理论根基的改良主义，① 以及一个可以让这种植物茁壮成长没有任何特殊阻碍的地方。

同样，自1905年以来，格拉奇亚德伊一直主张，唯一适合改良主义之树生长的环境是工会。随后，带有一定程度的犹豫和模棱两可，一些最具声望的意大利劳工总联合会领导人同意了他的观点。

这并不是说"劳工党"问题只是基于非马克思主义修正主义框架（首先是在经济领域）为建立有机结构的改良

---

① 屠拉蒂试图通过坦率询问马乔利如此经不起推敲的"社会主义"改良主义由什么组成来压制马乔利时，后者小心翼翼地将自己描绘成与格拉奇亚德伊、帕利亚里和博诺米等人为伍的人。参见埃托雷·马乔利：《我的改良主义》（Il mio riformismo），载《社会批判》，1909年，第108—111页。

主义而进行更普遍斗争的一个附带现象。但无疑，这一背景是必不可少的。没有这一背景，党和工会的关系与工会主义模式的问题远远不会那么深刻。

正是从这一角度出发，像福斯托·帕利亚里这样的人物（他的大部分不懈活动正是与建立一个以"修正主义"为坚实基础的改良主义大厦联系在一起的）不仅利用了格拉奇亚德伊前述的"**豌豆**"书，而且还利用了他的《社会主义和工会主义》。他将这本书作为"对改良主义理论的重大贡献"，并补充说，"它出现得正是时候。社会党首先遭受的是理论上的贫困，需要在黑暗中四处摸索。格拉奇亚德伊的书与其他类似的书是'社会主义危机'的有力解药。"①

在格拉奇亚德伊、韦伯夫妇和伯恩施坦的汁液的滋养下，帕利亚里对"工会主义"的攻势做出了举足轻重的贡献，这正是因为他认为只有工会才能完全接受这些人物所提供的教训。简而言之，在这里，"劳工党"被视为一种工具，使欧洲修正主义更好地阐述的文化在意大利社会主义中扎根；结果社会党几乎无法接受这种文化，更不用说推广这种文化了。帕利亚里在社会主义报刊上的撰文尤其多，而且在某些情况下是过度和重复的；多年来，他一直是负

---

① 参见福斯托·帕利亚里：《改良主义工会主义》（Il sindacalismo riformista），载《社会批判》，1908年，第266页。格拉奇亚德伊在他的《官员组织和改良主义工会主义》（Le organizzazioni dei funzionari e il sindacalismo riformista）中也有暗示，载《社会批判》，1908年，第215—218页。

意大利马克思主义史:从起源至第一次世界大战前

责《社会批判》中的《社会纪事》(Cronaca Sociale) 和《劳工联合会》(*Confederazione del Lavoro*) 中的《工人纪事》(Cronaca Operaia) 等栏目的编辑,而且他的许多干预总是重叠的。

虽然这种产出的大部分是受到我们所谈到的理论指导方针的启发,但如果将它们理解为是极其连贯的或僵化的,那就错了。在现实中,从倾向性斗争中产生的偶然动机往往也会影响战略上的关切,这意味着在任何特定时刻,都可以对这个或那个基本的理论主题给予特别强调。工会联盟的集权化程度会随时代变化而调整,这主要取决于当时反对革命势力的威胁程度和应对的紧迫性。因此,在 1907 年初,他对**劳工商会**的地方主义进行了非常激烈的论战,因为他将后者称为"社会主义宣传"的成果,而不是先进国家的工业发展,因此特别易于使"抵抗运动的机构堕落为主要是政治性的组织"①。而且正是因为"主要是政治性"的组织不能被简化为更普遍的社会经济机制的功能,因此在他看来,它们不可避免地受到革命者的影响。相反,有必要遵循德国提供的模式,当年德国就有可能通过允许这种地方主义存在的空间越来越小来打败革命工团主义。

不可否认,这在德国一直都是可能的,因为即使是德国社会民主党的权威成员(如倍倍尔)也支持工会的立场,

---

① 参见福斯托·帕利亚里:《意大利抵抗组织》(L'organizzazione di resistenza in Italia),载《社会批判》,1907 年,第 113—125 页。引文来自第 124 页。

从而孤立了顽固派（由考茨基所代表）。相反，在意大利的社会党中，仍然普遍存在将革命的工团主义和改良主义——工会主义的工团主义视为两种对立的"夸大其词"的倾向。① 因此，意大利劳工总联合会必须使用一切可以利用的手段来使革命主义植物可能茁壮生长的土壤贫瘠化——而集权化对于这一努力必然是必不可少的。

相反，当这场斗争的要求似乎不那么迫切时，集权化模式就以一种不那么僵化、更为现实的表达形式出现。②

同样，就党与工会的关系问题来说，帕利亚里的立场也没有完全以线性方式发展。诚然，这里的根本性因素是人们经常提到的英国的工党主义（British Labourism）模式的灵感。③ 但与此同时，他对意大利工人和社会主义运动状况的考虑甚至使他假设党在工会组织中发挥着"催化剂"④

---

① 参见福斯托·帕利亚里：《德国工会主义的终结 注释和比较》（La fine del sindacalismo in Germania. Annotazioni e confronti），载《社会批判》，1908年，第77—79页。

② 参见帕利亚里写给里戈拉的信，1909年3月20日，见法维利，1983年。

③ "社会党必须日益成为有组织的工人阶级的体现和政治工具……政党不能被视为比组织进化程度更高、更加优越的有机体……而是组织的工具，因为社会主义和社会主义权力在于工人组织及其政治。"参见福斯托·帕利亚里：《社会党和工人组织》（Il Partito Socialista e l'organizzazione operaia），载《劳工联合会》，1908年4月25日。同类声明在1907年至1909年间帕利亚里的干预中频繁出现。

④ "或许工人运动过于现实，又不够理想主义，无法使党在阶级中的吸收是可取的；该党必然是少数派，尽管有缺陷，但它或许在工人阶级的含糊不清的部分中起到了催化剂的作用。"帕利亚里写给里戈拉，1911年5月15日，见法维利，1983年。

意大利马克思主义史:从起源至第一次世界大战前

的作用——这种作用当然与更普遍建议的模式不完全一致。

改良主义工会主义的文化(以及工会主义和非马克思主义改良主义的文化)是帕利亚里大力传播的文化(他在某些时刻也为其提供灵感)。在阐释这一文化时,必须注意贯穿其中的多重主题,其不同层次的阐述、分析和披露,以及它所经历的各个阶段的不同时刻和韵律。

里戈拉的情况部分有所不同,因为他的观点形态以及他作为意大利劳工总联合会的主要领导人的地位,这也意味着他的行为具有一定的灵活性。他是一个复杂的人物,是"劳工党"经验的核心,但同时也注意不要被关在任何社团主义的牢笼里,在那些年里,他是工会主义模式的坚定捍卫者,这一模式"必须采取资本的对应物的形式,而不是激进的对手的形式"①。然而它也是一个以非常坚定的阶级观念为基础的模型。他也经常援引安东尼奥·格拉奇亚德伊作为理论参照点。

早些时候,里戈拉与格拉奇亚德伊就农村工人联盟的自治组织问题发生过隐晦的**争吵**。如果两人确实在这一问题上基本达成一致,那么这种**争吵**是由于联合会书记对意大利劳工总联合会与其内部联合会〔(在这种情况下是指强大的全国农业工人联合会(Federterra)〕关系的微妙性质更

---

① 参见卡蒂利亚(Cartiglia),1967年,第28页。

第五章 马克思主义和改良主义

为敏感。① 然而当经常被引用的小册子《社会主义与工会主义》问世时，里戈拉对它的提及尤其具有说服力。正如他写道：

> 在这位曾被视为异端的杰出经济学家和社会主义者的著作中……不难发现，无产阶级解放运动已经发展出了一套科学化的工团主义理论……如果我们将格拉奇亚德伊的思想，与我们在这些篇章中基于日常经验所零散阐述的观点，以及其他杰出同仁基于理论所得出的结论进行对比，就会发现它们与格拉奇亚德伊的系统性概括高度吻合。②

---

① 参见安东尼奥·格拉奇亚德伊：《佃农和工薪阶层 严重的组织问题》（Mezzadri e salariati. Un grave problema di organizzazione），载《前进！》，1908 年 5 月 27 日以及里纳尔多·里戈拉：《合作社和互助社联盟与意大利劳工总联合会》（La ldn e la CGdL），载《劳工联合会》，1908 年 12 月 5 日。格拉奇亚德伊与里戈拉在此期间进行了影响深远的信件往来，这对格拉奇亚德伊产生了加速器效应，同时缓和了里戈拉的影响。这些信件保存于菲尔特里内利基金会，卡特·里戈拉（Carte Rigola）。这一事件也让我们看到，格拉奇亚德伊并没有很好地符合"教条主义理论家"的身份，反而证明他善于利用政治工具来传播理论。

② 参见里纳尔多·里戈拉：《社会主义与工会主义》，载《劳工联合会》，1909 年 6 月 5 日。格拉奇亚德伊深知里戈拉公开宣布与自己的阐述密切相关的重要性，他用以下措辞回应道："我深深感谢你……感谢你完全拥护我认为适宜发表的一系列观点。你的赞同给我带来了极大的安慰，一方面是由于你所担任的官方职位，最重要的是由于我对你非常敬重。这是我作为一名学者和社会主义者对工人运动的热爱所期望能获得的最好奖项。"格拉奇亚德伊至里戈拉，1909 年 6 月 10 日，见菲尔特里内利基金会，卡特·里戈拉。

当然,该书中所讨论的段落在各期《劳工联合会》上得到了转载。①

甚至在科斯塔去世后,当格拉奇亚德伊希望成为伊莫拉的候选人时,里戈拉也用以下措辞谈到了他:

> 我们认可他是当代工会运动最清晰的解释者之一,是我们的联合会所追求的……工会活动的**杰出**理论家。随着格拉奇亚德伊的当选……(在议会中)一个更直接接触阶级组织的基调将占有一席之地,他长期以来通过研究已经熟悉了阶级组织。②

这些简短的见解可能足以让我们看到格拉奇亚德伊与意大利社会主义和工团主义环境之间至关重要的关系,以及这些关系的特征。但是,那么他作为**荒野中呼喊的声音**(vox clamans in deserto)这一形象(这一形象往往伴随着对他的改良主义理论的考虑)是从哪里出现的?

或许将格拉奇亚德伊作为一名孤立的"持异端者",对意大利社会主义的真正发展缺乏重大影响的看法,实际上正是源于我们所谈到的连贯性。也就是说,事实上,他自诩自己愿意打破某种历史和传统(坚固的形象和存在方式),而对当下的"黏性"很少表现出关注。

例如,脱粒机管理权之争,就发生在分成制佃农和短

---

① 参见 1909 年 6 月 12 日、6 月 22 日、7 月 17 日以及 9 月 25 日刊。
② 参见《劳工联合会》,1910 年 2 月 12 日。

工之间，这件事促使格拉齐亚德伊撰写了关于土地问题的文章。在文中，他将这一冲突置于农业发展的宏观背景下进行考察，并借此论证了"马克思主义关于农民渐进式贫穷化"的论断并不适用于当时的农业发展趋势。毫无疑问，相较于当时流行的马克思主义通俗解读——后者坚信农村不同社会群体正经历大规模的无产阶级化——格拉齐亚德伊的分析显然更贴近当时社会发展的真实情况。他由此提出的政治和组织建议（为临时工、收益分成的佃农和小业主建立不同的协会，由一个将他们联系在一起的联盟型机构进行协调）无疑具有将这种表达与统一观点的需要结合起来的优点。然而与此同时，这样的建议也面临着长期被忽视的风险，因为格拉奇亚德伊的论点过于生产主义，往往会让人对农村中受社会主义启发的工会组织的据点产生怀疑。他颂扬共同参与管理的形式，认为这是农业活动的最佳经济措施，事实上，这不仅使他神话了收益分成的佃农作为一种制度的重要性和历史的持久性，还导致他在政治和工会行为方面阐述了与日工利益截然相反的立场。更确切地说，他认为雇佣劳动（就其本质而言，对最终产品"无利害关系"）完全不适合在农业中用于营利性用途。相反，未来的前景必须是鼓励"共同利益"管理的发展，从而产生"比单纯的雇佣劳动更自觉、更负责任的劳工供给，雇佣劳动的最终趋势是每个工人对产品的质量和价格都不感兴趣"[①]。面对各种形

---

① 参见格拉奇亚德伊，1913年。这一文本曾于1911—1912年间出现在《社会批判》上；该引文来自《社会批判》，1911年，第25页。

式的殖民地的崛起，在"经济完全不平衡"劳作的农村劳工（日工）这一阶层将逐渐消失。①

在（我们已经注意到的）意大利"真正的资本主义"的趋势似乎已经没有任何能力或意愿来寻求调解时，工会的经济理论，以及在所有层面上以寻求"兼容性"为特征的政治倡议就达到了极限。改良主义工团主义与革命的工团主义面临的冲突动态，往往导致整个工人运动的惨败。此外，除了他们不同的理论和意识形态观点外，在地方"改良主义者"或"革命的"工团主义所提出的需求平台上，并不总是能够找到实质性差异。对于改良主义者（无论是明确的还是更模糊的马克思主义，或者根本没有）已经在其基础上建立起整个政治观点的"带有社会主义印记"的改良，前景十分黯淡。现在，利比亚的战争表明，"社会主义世界"与"资产阶级世界"之间的壁垒仍然很高，甚至其最开明的边缘地带也是如此。如果想要保留其马克思主义血统的改良主义思路和希望能够摒弃它的思路再次部分混杂在由"工人运动的经济理论"所滋养的河流的一些弯道中，那么现在，历史的严酷的回归要求我们重新澄清这一点。

事实上，有一些完全属于改良主义的人物，他们长期以来一直致力于为渐进主义改良方法开辟一条符合社会主义特征基本要素的清晰道路。其中一个例子是亚历山德

---

① 《社会批判》，1911年，第87页。

罗·斯基亚维，他与屠拉蒂关系密切，即使在这位"大师"似乎向通用改良主义的形式摇摆时，他仍然是屠拉蒂主义者。

斯基亚维与帕利亚里在相同的主题范围内活动，并且都在意大利改良主义社会主义的一个关键性机构——人道主义协会（Società Umanitaria）工作；然而，他们的改良主义的框架仍然有所不同。他们对马克思的教训的不同阐释是解释他们之间这种差异的一个极为重要的因素。

从19世纪90年代到乔利蒂时期，斯基亚维一直是马克思作品的翻译者和传播者，他还与首次为意大利提供广泛的、有机的马克思和恩格斯著作**全集**的尝试进行了某种形式的合作：由埃托雷·契科提推动的倡议。

但是在20世纪初，他作为翻译者—传播者的职能具有了与改良主义实践直接相关的具体特征。斯基亚维挑选并翻译了马克思和恩格斯的段落，编写了一本名为《社会主义页面》（*Pagine socialiste*）的书，[①] 该书的目标读者是"年轻的宣传员"，而这些段落被有计划地插入了相当有趣的教学活动中。他认为，要想对大师们有不"过分简单化"的理解，以及因此要想在目前正在进行的运动之战中充分运用他们的教诲，就必须与文本建立"语言学"上的正确关系。的确，对于斯基亚维来说，年轻的宣传员如果开展"对马克思主义文献的专注考查"并掌握其"理论核心"

[①] 马克思与恩格斯，1902年。

(对"获得现实感"至关重要),就会产生这样的想法:"坚信他们远没有陷入教条和过分简单化的小公式的狭隘之中,远没有推荐一种首选的方法作为解决占据他们思想的问题的唯一好方法……这些令人敬畏的理论家……把目光集中于生命和自然的多种形式的、复杂有机的表现形式上,提出了斗争所要求的最多样化的手段,而斗争本身就是多种形式和复杂的。"①

他对马克思和恩格斯文本的选择不仅符合这一总体目标,而且似乎预示了斯基亚维后来在整个20世纪初所坚持的政治和知识态度。

他从《哥达纲领批判》中选取了一些段落,试图揭穿工人有权获得其全部劳动成果的陈词滥调,以及资产阶级"只是反动的一帮"的观念。他利用《哥达纲领批判》和《国际工人协会成立宣言》来强调马克思的现实主义,而非他的意识形态偏见:合作社既不是通往社会主义的道路,也不仅仅是面包屑。恩格斯在《人民国家报》中发表的一些段落,并没有将总罢工神话成一种普遍的斗争手段。他还利用了恩格斯的观点来解决似乎是改良主义面临的最实际的问题之一:**住房问题**。这种方法不可避免地获得了安托尼奥·拉布里奥拉的支持,他建议他的前学生在这条路上走得更远,开展"更为全面的工作"②。

---

① 摘自斯基亚维为马克思与恩格斯1902年所作的序言,第10—11页。
② 拉布里奥拉,1983年,第3卷,1902年10月4日的信件。

虽然斯基亚维坚定地参与改良主义的日常实践，但从未成功从事拉布里奥拉向他建议的工作类型。尽管如此，在他这些年丰富的、多种形式的产出中，他仍然忠实于这种方法。事实上，他总是基于有效事实的具体性、对经历的耐心研究以及对欧洲正在进行的进程的比较考查，寻求跟上新的现实，因为他始终拒绝他所谓的"理论教条主义"的解释。① 因此，他对"改良主义方法"的本质始终保持着完全内在的、全心全意的、坚定不移的认同。与此同时，马克思主义分析工具应发挥灵活、清晰的解释性网络的作用，"社会主义认同"意识则提供总体的导向框架。对于斯基亚维来说，这与其说是将改良主义与马克思主义结合起来的问题，不如说是使前者自然地从后者中显现出来的问题，这完全与这样一种说法一致，即国际社会主义的"基本概要"仍然"与大约进入上世纪中叶时建立的概要相同，尽管吸收了时代和事物的演变不断萌芽的所有必需要素"②。斯基亚维自然与屠拉蒂一样，必须应对将马克思的范畴纳入其分析程序的困难。其结果是，有时这两个环节似乎是并置的，或者说，马克思主义维度所假定的唯一解释能力是对初步估计的解释能力。然而，总的说来，学生设计的

---

① 参见亚历山德罗·斯基亚维：《法国农民运动》（Il movimento contadino in Francia），载《社会批判》，1904年，第25—28页。第28页引文。在这篇文章中，我们可以看到他对"土地问题"的原始立场，因为这些立场与"马克思主义教条主义"有关。

② 参见斯提库斯（Sticus）：《从哥达到图尔》（Da Gotha a Tours），载《社会批判》，1902年，第84页。

意大利马克思主义史：从起源至第一次世界大战前

将这两个环节结合在一起的模式，比老师自己的工作存在的漏洞要少。

在20世纪初，包括意大利在内的各国工人运动的真正的、适当的爆发，给整个社会主义带来了前所未有的问题。正是在这同一时刻，斯基亚维开始接触国际上的工团主义经验。在这里，他对似乎是最先进的情况表现出了最大可能的开放性，但没有陷入什么言听计从的地方心态。此外，他感到自己受到一种意识的引导，即在这一国际现象的广大和复杂性中，始终有必要确定无产阶级组织提高自身能力以控制当下进程的途径。

斯基亚维对产业生产状况和市场渠道状况的专注研究，不仅是为了明确识别"兼容性"的限度，从而避免在特定产业中出现令人痛苦的失败或危机。相反，这也是让工人习惯于将自己视为生产发展的首要主体、感到这种发展符合他们自己的集体利益，并认为他们自己是正在形成的统治阶级的问题。① 为此，工人有必要避免自身仅仅被束缚在经济斗争中（即使在英国工会达到的更高、更"科学"的组织水平上），而应当将"当前的经济和议会成就"视为"实现更高目标的手段"。② 这一目标的精确识别（以及识别

---

① 参见亚历山德罗·斯基亚维：《罢工与生产》（Gli scioperi e la produzione），载《社会批判》，1902年，第71—75页、第106—110页、第123—124页、第134—136页、第156—157页、第167—169页、第186—188页、第211—214页。

② 参见亚历山德罗·斯基亚维：《罢工与生产》，载《社会批判》，1902年，第214页。

实现该目标的明确的、非线性的路径）与理论意识已达到的水平有关。

这条道路的非线性特征使得斯基亚维可以说，"通过信任消除危机、通过米勒兰（Millerand）式的（à la）实验和平地战胜政治权力、在英国统治阶级中渗透社会主义精神的梦想"现在已经"消失了"，而且在未来几年，"在我们眼前闪现的梦想，即战争和灾难成为过去的问题，只有一条和平、安宁的进步道路摆在我们面前"的观点也将消失。① 然而，这样的观点绝对不应该阻碍促进经济增长的耐心的日常工作，同时也不应该阻碍在所有不同的环境中加强社会主义力量：党、议会、工会、合作社、市政管理部门，以及在社会主义者在文化和公民教育学方面的多种倡议中。

在改良主义的"社会主义"转向的氛围中，斯基亚维会反思用理论意识来填补这种日常工作的困难，以及在这一意义上改良主义总体缺乏进展的问题。并非偶然的是，除了他的政治倡议（他是这一转变的主角之一，长期以来一直是最强烈要求这一转变的人士之一），他特别致力于"社会主义文化"（*Per la cultura socialista*），这是他策划的《社会批判》的一个栏目，其命名恰如其分。在这里，他尖锐地抱怨说，意大利的社会主义者已经忽视了"社会主义

---

① 参见斯提库斯：《危机理论》（*La teoria delle crisi*），载《社会批判》，1902年，第217—218页。

理论、马克思主义经济学的研究"①。在这种努力中，为了寻求最适合于理解历史上一个事件相当密集的时刻的工具，身份的界限将很快崩溃。当马克思的范畴服务于解释的目的时，这些界限甚至可以被革命的工团主义者使用（或者至少被他们重新部署）。因此，恩里科·利昂纳对"殖民战争"的分析（在马克思的领域，即"历史和经济的领域"中进行的分析）比党的领导层"从过于纯粹的道德和情感的角度来阐述"的分析要好。② 同样，对于一个反思社会主义文化的持续性纲领来说，人们可以求助于罗伯特·米契尔斯，仅仅几个月前他在意大利出版了他的《意大利马克思主义史》。③

鉴于 20 世纪 10 年代初的情况使人们对改良主义自我定义的方式产生了疑问，斯基亚维编织的丝线可以用于重建这种文化的一般模式的艰难工作。这与我们所描述的已被使用殆尽的模式相同，这种模式让屠拉蒂本人感到失望。

这是一个突然感觉到自己赖以建立的政治战略的所有标准消失了（而且是永远消失）的人的绝望，他意识到他没有工具来解读所有新的和未预见到的东西。此外，这甚至发生在他放弃或停止建立某些分析标准之后，因为他认

---

① 参见亚历山德罗·斯基亚维：《为了社会主义文化》（Per la cultura socialista），载《社会批判》，1912 年，第 147—149 页。引文出自第 148 页。

② 参见亚历山德罗·斯基亚维：《扩张主义和殖民地》（Espansionismo e colonie），载《社会批判》，1912 年，第 40—43 页。引文出自第 40 页。

③ 参见米契尔斯写给斯基亚维的信，1911 年 3 月 2 日，菲尔特里内利基金会档案馆（Archivio Fondazione Feltrinelli），（缩微胶卷）。

为这些标准不适合理解"新事物"。曾经试图追随"新事物"的人，现在却被"新事物"背叛了。

屠拉蒂的反应确实是一个感到被背叛的人的反应，正如他在一次针对乔利蒂议员的议会干预中明确指出的那样："正是这种民主的放弃，迫使我们不顾自己的利益也要摆脱它，以保持对自己的忠诚。"① 这几乎是本能的反应，屠拉蒂用以下措辞表示：

> 在政党和阶级的最具决定性的时刻，我们有比能力更高明的东西，比对仗更深刻合理的东西，比巧妙计算效用更有用的东西。有这种本能的、基于直觉的反叛，这种不屈不挠的、不妥协的抗议，真正地、明显地将一种责任与另一种责任区分开来：一种将利益、阶级和精神明确分开的抗议，并将它们置于战场之上。有一个革命的、属于未来的政党，被小小成功的随意奉承而吸引，过于深入敌人的战壕，并突然意识到自己陷入其中。生命的本能让它再次跃起，骄傲地夺回对自己的控制权，并立即撤离。这样，它就完好无损地恢复了对战斗的全部热情，只关心使自己鹤立鸡群，重新确立自己的存在，再次成为自己。②

---

① 参见菲利波·屠拉蒂：《在众议院发表讲话》（Discorso pronunciato alla Camera dei deputati），1912年2月23日。

② 参见菲利波·屠拉蒂：《和平的海市蜃楼》（Il miraggio della pace），载《社会批判》，1912年，第1—4页。

意大利马克思主义史：从起源至第一次世界大战前

毫无疑问，这些话证明了一种政治生活方式，这种方式始终洋溢着道德价值观、对深有感触的原则体系的提及，以及重建的对成为社会主义者的理由的信念。但它们也同样证明了某种政治的失败，低估了改良主义挑战必然"高的"赌注，以及无法掌握其各个阶段，包括缺乏适当的文化工具。

屠拉蒂还希望，社会主义者所宣称的"回归自身"（试图直接回到他们的马克思主义根源）将能够为阐释当下的进程提供一个直接方法，从而使社会主义政策适合时代的挑战。然而，这一希望也基本上一直是虚幻的，原因有很多。即使屠拉蒂在他的马克思主义中声称自己是"正统的"和"德国的"，这也始终是一种原则性的马克思主义，而不是分析性的马克思主义。面对发展这一文化（这一**整个**文化）以使其准备好面对新事物的需要（这是严谨的、非"正统"的马克思主义者安东尼奥·拉布里奥拉所恰当指出的需要），屠拉蒂的回应是将原则简化到其"第一要素"，将提供**积极**回应的根本作用的任务留给**事件**的发展。

现在，社会主义再次作为一种"差异性"出现（即使这种差异性没有以分离的方式提出），而社会主义者再次成为"为实现革命目标的改良主义者"①。再次直接提到"我

---

① 参见诺伊：《对立面的协议》，载《社会批判》，1911年，第340—341页。

们束之高阁的那个人"①。

但在"我们束之高阁的那个人"回归的背景下,它必然要采取骄傲地主张身份的形式。这并非一无是处,也不是完全理所当然的。另一个骄傲的主张由此而来,当战争即将来临,屠拉蒂几乎在他的民主对话者面前大声呼喊,他坚持说"只有我们社会主义者才了解事情的**方式和原因**"②。但这纯粹是激辩,是一个对可以识别的可能性的梦想。屠拉蒂本人最终对此深信不疑,正如我们在他与安娜·库里西奥夫的通信中所发表的闷闷不乐的评论中所看到的那样,他指出几乎完全缺乏对现实的任何分析,或可以定义社会主义者差异性的任何建议。

有人正确地指出,第二国际社会主义领导人的主要特

---

① "只有靠马克思的著作,这个奇迹才得以实现:理想降临到地球上……使自己成为生命、行动、命运、历史、现实……投机者、学究、只见树木不见森林的批评家都来了,把矛头指向那句被证伪的短语,被事件否定的片段;被某一短暂的事件所反驳和否定。这位将整个世界简化为会议厅、将国家简化为与会者、将历史简化为立法机构的部长,向我们讲述了他的被扣押在阁楼里的马克思。然而,马克思的创见和论证,不能仅限于短暂的瞬间,而只能在历史长河中逐渐展现其价值。这座想象中的阁楼里的提坦进行了抵抗,站了起来,将一群密尔米顿人(Myrmidon)留在了他巨大的阴影中。每天的到来,经济现实的演变,社会立场的更迭,无不印证着他的思想。马克思所看到的萌芽的事物就这样变成了一棵树、一片森林。工业日益庞大、托拉斯日益占据主导地位、金融吸纳政治、帝国主义压倒所有人民和国家、无产阶级不断前进、阶级斗争不断扩大,这些成为了自觉,以及摆脱阶级的束缚,不可避免地准备建立一个以团结为基础的人类。"参见屠拉蒂、库里西奥夫:《我们束之高阁的那个人》,载《社会批判》,1913 年,第 74 页。

② 参见诺伊:《争议的教训》(Gli insegnamenti di una polemica),载《社会批判》,1914 年,第 7—8 页。

点之一是，他们在政治、理论或纯粹的意识形态活动之间没有任何明确的划分。当然，在这些领导人中，无论是更强调理论还是政治层面，理论和政治之间的关系都有各种不同的层次。

无疑，屠拉蒂是特别展示出更直接的政治敏感性的领导人之一，以至于在某些时刻他表现得像一位真正的**十足的政治家**（totus politicus）。这并不意味着是一种简化的观察；但当涉及像20世纪初开始的那场运动战争时，他的天赋具有不小的重要性。

在这场战争中，屠拉蒂自信地利用了工人运动和马克思主义。在乔利蒂时代，对训导的需要并不总是占上风：正如他自己反复指出的那样，有时他召唤工人运动的幽灵，以使议会斗争不那么"了无生气"。同样，在某些时刻，他使用马克思主义，或提及马克思主义，作为零星的能量注入。但是，无论是社会运动还是强烈意义上的**文化**，都不能轻易地被用来应对突发的机遇。

与此同时，试图与《开篇语》（heri dicebamus）形成鲜明对比的改良主义显示出其局限性，因为议会中的"社会主义改良主义"处理的是社会经济问题、"伟大的改革"，以及**首要的**税收改革。

早在1910年3月的第一次议会演讲中，格拉奇亚德伊就已明确了一个框架的基石，在欧洲战争的"灾难"发生之前，他将一直忠于这一框架。即旨在平衡账目的国家预算，以及旨在大幅减轻消费者负担的税收改革。从本质上说，这意味着税收制度没有发生真正的改变，该制度既是倒退的，又留下鼓励逃税的重大漏洞。

格拉奇亚德伊阐述这些论点的合理性以及他对预算事务的持续关注（对平衡账目的严格关注，社会立法的要求必须符合这一点），引起了财政部长萨兰德拉（Salandra）的令人尴尬的赞誉。后者表示，格拉奇亚德伊的讲话与财政部的观点十分一致，以至于他认为社会主义者一定是加入了他自己的议会团体。①

菲利波·屠拉蒂痛苦地回应说，格拉奇亚德伊"发表了一场形式得体的演讲，但相关的一切都越来越不社会主义……从根本上说，他是作为一个自由贸易者在发言，就像尼蒂一样……这一切都站在社会主义和现实之外"。②

此外，在议会里，格拉奇亚德伊也会明确表示他对社会主义观点的关键经济概念的坚定信念。他坚持认为，工人运动需要继续完全遵循"今天的经济规律"③，并且"剥削"只是生产关系产生的一种边缘现象，而并非由现在缺

---

① 参见《议会法案 第二十三届立法机关 众议院》（Atti Parlamentari, Leg. xxiii, Camera dei Deputati），1910年3月3日。
② 屠拉蒂与库里西奥夫，1977年，第3卷，1910年3月4日的信件。
③ 格拉奇亚德伊关于收支（Disegno di legg）的发言：1910—1911财年收入预测（Stato di previsione dell'entrata per l'esercizio），《议会法案 第二十三届立法机关 辩论》（Atti Parlamentari, Leg. xxiii, Discussioni），1911年2月24日。

乏不同"生产要素"之间适当分配平衡的市场结构产生。①安娜·库里西奥夫在写给菲利波·屠拉蒂的信中反思了社会主义经济文化的弱点（好像它已奔逃而去），她悲叹说，这种严重的缺陷迫使党委托那些"从纯粹资产阶级政治经济学的角度考虑经济现象"的人。"唉，"她沮丧地总结道，"无论是老人还是年轻人，都不会提出真正的社会主义论述（用科学、意识和信念来攻击资产阶级社会赖以生存的所有基础），因为他们的思想现在已经失去了社会主义方向。"②

库里西奥夫与屠拉蒂甚至不能指望这位几年前还想开辟"社会主义新道路"的人士提供这种"真正的社会主义论述"。博诺米甚至于1907年就创作了一卷书，将自己定位为改良主义的理论—纲领性宣言来看待：《社会主义新生活》。③

事实上，结果并不符合这样的雄心壮志，既是由于这项研究的"质量"问题，也是由于客观上存在获得任何积极回应的障碍。正如我们将看到的，后一方面更为重要。

整本书在两个紧密相连的极点之间游走，试图论证（1）马克思主义无法挽回的〔**严格意义上的**（stricto sensu）〕革命性质，以及（2）民主的（倾向性的）革命性质。

---

① 格拉奇亚德伊对联合会倡议提出的一项动议进行了发言。《议会法案 第二十三届立法机关 辩论》（Atti Parla-mentari, Leg. xxiii, Discussioni），1911年1月28日。

② 库里西奥夫致屠拉蒂，1910年2月1日，见屠拉蒂与库里西奥夫，1977年，第3卷。

③ 博诺米，1907年。

然而，总的来说，这项工作似乎深受与革命工团主义的偶然性论战的影响，其结果是，总的基调与其说是一项以建立或至少是系统化"新道路"为目标的研究，不如说是一种政治干预。

或许出于这一原因，博诺米描绘的马克思的革命过程观的形象似乎相当僵化；实际上，该形象正是按照工团主义者自己认为属于自身革命主义的马克思主义要素的术语提出的。并非偶然的是，"革命体操"这一表达经常反复出现在博诺米的整个论证中，它指的是马克思据说为"共产主义者"规定的、面对所有有利时机应有的态度。

尽管社会主义与民主之间的关联是一个根本性问题，但这个问题本身也可能流于表面。在这里，它缺乏具体的分析维度，而是被简单地投射到一个线性发展进程中。在这个进程中，经济增长、社会发展以及扩大底层民众参与公共事务的空间，被认为是推动历史前进的必要因素，并被赋予了无限的动力。博诺米的观点是"不断生成中的创造"，① 其中立法成果的继承将具有**不可逆转性**和**必然性**的特点。②

这本创作于 1907 年于 1992 年重印，③ 再次提请读者关注这一点，这是在意大利社会党成立一百周年之际。注意到该书反响不佳，1992 年版序言的作者提出了一个非常有

---

① 博诺米，1907 年，第 105 页。
② 同上，第 135 页。
③ 博诺米，1992 年。

趣的问题，我认为这是得出一些结论性意见的必要出发点。[①] 他问自己，是什么原因使得唯一的"可能的社会主义，民主社会主义"（即改良主义社会主义，"《新生活》应该成为圣典"）[②] 几乎直到我们这个时代都无法得到承认，需要如此严酷的历史回归来使其地位不再受到怀疑。

我们无疑应该接受他的建议，即答案并不主要在于工人运动的历史、其意识形态投射和对立倾向。相反，我们应该着眼于最终决定底层阶级融合的机制，在我们的情况中，这意味着要考虑到确切的城市和农村无产阶级的文化和象征参照点。我们需要审视**所有**这些机制，不仅是指制度机制或那些以某种方式附加于政治层面的机制，也包括那些（基于生产关系的独特性）决定物质生活条件及其感受方式的机制：简而言之，生活经验领域的机制。

从这一角度来看，任何对乔利蒂时期工会主义的动态研究以及现在大量关于这一时期底层阶级的社会历史有一定了解的人，都非常清楚地知道，融合的可能性空间非常有限，而且基本上不能实行。此外，除了改良主义和革命的工团主义者总的观点不同之外，众所周知，他们各自的抵抗逻辑实际上是相似的。

然而，坚持这一观点并不意味着排除采取更广泛观点的可能性。风险在于仅仅重新提出"落后"这一范畴来解释意大利的情况的独特性。然而，在灾难前夕，包括法国

---

① 参见基亚里尼（Chiarini）见博诺米1992年的介绍，第11—29页。
② 基亚里尼，见博诺米，1992年，第15页。

和德国在内的西欧大陆的所有主要国家,几乎所有社会主义政党中的改良主义者都会努力签署《新生活》的"圣典",尤其是认同其作者自己的轨迹。他们中不仅包括屠拉蒂,还包括饶勒斯,甚至伯恩施坦;实际上,伯恩施坦在1914年又反思了十五年的"修正主义"的经历。

尽管伯恩施坦没有摒弃修正主义起源的基本框架,但他在这里对它的一些实现路径进行了批判性的回顾。他再次质疑民主和福利不间断扩展的可能性,以及逐步缩小资本和雇佣劳动分别获得的收入之间的差距的可能性。同时,他恢复了马克思的分析包袱中的重要部分。①

面对这一层面的问题,显然不可能说因客观和主观的不成熟而被孤立,而且水平着实不高的"纲领性政治宣言"却预言了"唯一可能的社会主义"。所以我们又回到了最初的问题:为什么"唯一可能的社会主义,即民主社会主义",没有建立起自己的权威?"民主社会主义"与"非民主社会主义"的对立在某些方面贯穿了整个社会主义的历史,无论是在**大灾难之前**或**之后**考虑,它都具有不同的价态,实际上,俄国革命就是这场**灾难**的影响之一。更确切地说,20世纪共产主义的经验使"民主问题"具有了甚至超越20世纪之交的反民主革命者的思想视野的特征。

这一20世纪经验的结束无疑会对社会主义的历史提出问题,但这些问题是什么并不是不言而喻的。我们可以抛

---

① 《马克思主义的不朽》(Das Bleibende des Marxismus),载《争斗》,第2卷,1913—1914年,第224—225页。

开共产主义经验，确信它的结果不仅代表了一个时代的转变（一个真正的、决定时期的宏观危机），而且代表了社会主义历史的**彻底**（tout court）终结。也就是说，社会主义的终结根植于这样一片地形：对资本主义生产方式的**批判**和对其**历史**特征的普遍接受的意识。这株植物的分支非常多，并结出了相当不同的果实，其中一些果实非常苦涩——但社会主义**仅仅**是对社会正义的强烈愿望，脱离经济和社会关系深处动能的发展，并不构成这一片地形的一部分。我们完全有理由认为，如果这株植物现在被连根拔起，因而完全失去生命，那么，一株采用相同名称（其本身已不再必要）的新植物就必须在另一片地形中生长，或者不需要地形，因为它可以利用地上的根系。但是那样的话，以理解这一新植物的生命逻辑为名，对另一个有机体的生命逻辑提出问题，就完全没有意义了。

这本相当朴实无华的 1907 年的书，尤其是其作者后来的演变，可能都是对这一新的有机体的预期，即通用改良主义是唯一可能的社会主义。然而，在"社会主义之死"的理论化与现实资本主义在国内外重新发起的攻势相互交织的关键几年中，正是改良主义者自己将这种"预期"视为异己的事物。

然而，所讨论的划分并非由"民主集中制"的不同概念或是对改良渐进主义是否具有绝对优先权的分歧所决定。相反，核心问题是党的社会主义身份，也就是与到目前为止最能保证这种身份的文化传统相关的问题。

这不仅是一个求助于意识形态**语料库**的令人宽慰的资源的问题（重新被发现的具有象征意义的世界的综合体，该世界具有已被证实的、非常可观的聚合能力），而且也是使用理论本身特有的启发式的、可认知的能力的可能性问题。正如我们所知，这一问题的意识形态方面与科学方面紧密相连。乌托邦式的预测和严谨的、创新的分析能力曾经构成了（如今也构成了）同一**话语**的一部分，对改良假设的为政和从政的方式（**质量**）产生直接影响。

从这一角度来看，博诺米作为 20 世纪头十年的"大改革"（税收改革）的社会主义支持者，其经验可以被视为典范。

客观地说，在乔利蒂时代，**强有力的**社会主义税收改良倡议的空间无疑是广阔的。预算结余连续几年不断增长、即兴的立法机制使得税收制度已经显著的倒退性质更加突出、"对岸"的权威对话者似乎正在发出信号，表明他们决定准备达成协议。因此，博诺米将"大改革"作为他自己在 20 世纪头十年的知识阐述和政治参与的中心点。

1903 年，他提出了一个全面的研究计划，恰当地提出了社会主义立场，与朱利奥·阿莱西奥（Giulio Alessio）和利昂纳·沃勒姆博格（Leone Wollemborg）激进的、进步的自由主义立场并存。尽管博诺米宣称他意识到了"兼容性"的问题，但他对任何"社会主义特殊性"的纲领性排除深深地嵌入了一种文化氛围中，这一文化氛围将改良问题视为意大利税收结构的深刻（尽管是渐进的）变化。税收结构的变化本身被视为社会平衡的附带现象，而社会平衡既极度不公正，又不足以适应现代经济和工业的发展。

但是，随着博诺米与社会主义身份的核心的关系（而不仅仅是其中的特殊要素）开始发生变化，他的税收改革提议的**质量**逐渐下降。1910年，他向米兰议会提出了一个计划，承认财政部的预算平衡机制是不能动摇的，并提出了类似于财政部长宣布愿意接受的边际调整建议。几年前，博诺米曾宣称这些调整是"改革的讽刺"。一年后，他同意了尼蒂的观点，即在一次获得议会多数派热烈欢迎的演讲中，他埋葬了任何寻求再分配意义上的改革的倡议。尼蒂主张，"在意大利，每个人，不论是富人还是穷人，都付出了太多"，因此，反而有必要采取"保护纳税人免受持续的税率上涨"的措施。①

在这些极为具体的问题上（这些问题是"经受考验的改良主义"的重要标志），意大利改良主义的那些卓越创始者的立场显得越来越远离现实。这与库里西奥夫当年对年轻的曼托瓦人博诺米寄予厚望时的态度形成了鲜明对比。如今，在评论博诺米与尼蒂的决裂时，库里西奥夫说道："民主保守主义终于找到了它的理论代言人（?!）……尼蒂正是这样的人，这并不让我感到意外。然而，令所有社会主义者都难以接受的是，博诺米的论述实际上与尼蒂如出一辙，只是表达方式不同（一个平淡无奇，另一个华

---

① 尼蒂，1973年，1911年1月28日演讲。

而不实）。"①

　　社会主义因此被重新确认为限定改良主义的一个要素。即使现在连屠拉蒂和库里西奥夫都难以在创造性的意义上使用这一文化传统的知识范畴，但他们也毫不怀疑其内涵和灵感的能力：其动员能力。他们本可以像波兰哲学家科拉科夫斯基那样，几十年后在"修正主义之旅"中走得很远时提出同样的主张：

> 没有人知道科尔基斯（Colchis）是否真的存在，但可以肯定的是，在通往科尔基斯的路上，有比我们现在生活的国家更好的国家。②

---

① 库里西奥夫至屠拉蒂，1911年1月29日，见屠拉蒂与库里西奥夫，1977年，第3卷。
② 科拉科夫斯基，1969年，第2页。

第六章
马克思主义和革命的工团主义

1 工团主义是否扎根于世纪之交的"修正主义"?

罗伯特·米契尔斯透过意大利国情的特殊性,解释了革命工团主义文化的形成,这种文化(在与改良主义马克思主义者的**辩论**中)始终与马克思主义主题密切相关。正如他写道:

> 在意大利……正统马克思主义和批判马克思主义之间没有斗争……就像德国社会民主主义队伍中发生的那样……实质上,存在着两种不纯的马克思主义在争夺地盘。一般来说,我们可以不用担心自相矛盾地说,在意大利科学社会主义的两种主要潮流中,一种只是专注于对马克思进行实际修改,而没有过多侵入大师的理论领域,而另一种则保留了理论战线上的所

第六章 马克思主义和革命的工团主义 II

有批评，在实践中进行了颇具马克思主义特点的理论探索。特别是在 1906—1908 年，工团主义者满怀热情地研究马克思。①

这一论点在意大利社会主义史学中取得的成功相当断断续续。随后诺贝托·波比欧（Norberto Bobbio）重新提出了该论点，尽管他对工团主义者的评价不太好。②

正如我们在上一章中看到的，将改良主义仅简化到其"实践"维度、贬低其理论基础的问题实际上是一个相当复杂且有争议的问题。相反，当我们浏览当时任何一种倾向的社会主义文献时，米契尔斯的结论是直截了当的：在意大利找到主要的"正统"潮流（即真正代表辩证理论支柱的潮流）十分困难。这一结论第一次接触就将我们带回到修正主义概念开始被定义的时刻：19 世纪末意大利"马克思主义危机"的维度。

本章的讨论对象——革命工团主义，在那时确实并不存在。但是，我仍然认为我们需要从这里开始，以确定这种修正主义的一些重要范畴。

一些学者认为从 1904 年 9 月意大利第一次总罢工开始，工团主义就到达了**终点**（terminus a quo），其他学者则认为这是从革命倾向的一个特殊情况开始的，即米兰期刊《社会主义先锋报》（Avanguardia Socialista），还有一些学者从

---

① 米契尔斯，1979 年，第 332—333 页。
② 波比欧，1987 年，第 1 卷，第 58—63 页。

意大利马克思主义史：从起源至第一次世界大战前

乔治·索雷尔的思想开始被某些意大利知识精英完全接受的那一刻来确定。这些意大利知识精英经常将革命工团主义简化为意大利的索雷尔主义。在这项工作的进程中，我们将看到一种不同的观点日趋成熟，这种观点有助于我们更好地理解革命工团主义的时期划分。然而，考虑到这项研究拥有更具体的重点（即分析文化如何形成和发展），我们主题的流动性必定无法让我们停留在过于僵化的时期划分范围内。例如，阿图罗·拉布里奥拉与恩里科·利昂纳等知识分子后来成为工团主义的杰出代表，尽管他们还很年轻，但他们在19世纪末就已经在当时正在进行的讨论中扮演了极为重要的角色。实际上，正是在这种背景下，他们使无疑不仅仅具有即时重要性的分析范畴日趋成熟，[①]乔治·索雷尔也在同一背景下发挥了主导作用，他"用武力占据了三到四篇评论"。[②] 因此，这一时期可被视为一个特殊的观察站，从中不仅可以了解修正主义在启发革命工团主义知识界的最重要人物中的起源，还可以确认这类修正主义与工团主义本身的发展之间存在或不存在何种关系。因此，乔治·索雷尔、阿图罗·拉布里奥拉和恩里科·利昂纳在很大程度上都是马克思主义"危机"的内部推动者。

[①] 虽然莱昂内的明确的修正主义著作《马克思主义的修正》（La revisione del marxismo）出版于1910年，但其部分内容由1900—1901年撰写的材料组成，即使随后进行了修订和更新。

[②] 该表述来自安东尼奥·拉布里奥拉，1899年4月5日写给路易丝·考茨基（Luise Kautsky）的信，见拉布里奥拉，1899年，第3卷，第915页。

尽管他们之间可能并无直接联系，参与程度也各不相同，但他们共同确立了这场危机的部分基本特征，同时也吸收了其他方面的影响。

正如我们所知，19世纪末的辩论中所讨论的主题结合在一张相当密的网络中。事实证明，哲学、经济学、社会学、认识论和政治学远远不是各不相关、自给自足的领域。因此，讨论中的主角往往在他们自己的特定能力领域之外进行干预。部分（而且**仅仅是部分**）因为不同学科的专业化尚未以最终形式出现，即使这一进程的加速是为正在展开的"马克思主义危机"提供背景的文化氛围的组成部分之一。这样的氛围特别适合索雷尔这类自由独行的业余天才。他们不愿受到任何纪律约束，虽然有时会有过度干预的行为（这并非安东尼奥·拉布里奥拉的无端指责），但他们却往往能够成为连接不同文化经历的纽带。

除了利昂纳和拉布里奥拉的知识分子面貌存在深刻差异之外，他们还只能生活在一个非常不同的环境中，这是因为他们选择成为经济学家，正是在"经济学家职业"日益倾向于以更严格的术语定义其归属条件（从而排除某些人）的时期。但正是在这条通往专业化的"海峡"中（**方法之争**的激烈），围绕着"经济"基础的有争议的路径必然最终显著拓宽了政治经济学话语的界限。"马克思主义危机"的基本轴的一个不可忽视的部分将穿过这一维度。此外，20世纪末，19世纪90年代初就已出现在意大利的具有极高理论权威的"纯粹经济学"，已经进入了与盛行的洛里亚

意大利马克思主义史：从起源至第一次世界大战前

"经济唯社会学论"最终清算的最后阶段。只有到那时，边际主义才真正开始成为经济学。①"洛里亚主义"的边际化不仅意味着"决定论""唯社会学论""历史主义"以及"洛里亚著作中毫无疑问富含的所有'奇怪的独特性'"的终结，同时也正如有人正确指出的，意味着马克思的名字从经济学期刊中消失、历史学家和经济学家之间的裂痕加深、"在'唯物主义'（即结构性）的基础上研究历史的尝试"的衰落。② 因此，"经济学"的建立本身就构成了所讨论的"危机"的基本要素，并迫使那些希望以某种方式留在这两个领域内部的"马克思主义"经济学家采用"修正主义的"概念化。

拉布里奥拉和利昂纳这两位年轻的经济学家的年龄可能差不多，但他们却带着截然不同的思想史在19世纪末"相遇"：前者已经背负着关于马克思主义和经济学的全部理论干预的包袱，这意味着他现在是新一代社会主义者中新兴的主角，而后者将首次在这一确定的背景下定义自己。

直到1898年，阿图罗·拉布里奥拉以其反对马克思的"洛里亚式"批评者（尽管他自己的洛里亚式血统非常明显）和"纯粹经济学"的立场而闻名。他在学生时期（当年即将毕业），几乎是出于学术练习的目的，针对意大利最早的价值理论批评者提出了回应。这个回应是基于他最近

---

① 不同的时期划分请参见布拉奇1980年。
② 福奇，1978年，第675页。通过洛里亚轻松地攻击马克思是可能的，显然这是另一个问题，我们已经在其他地方讨论过。

研读的《资本论》第三卷,虽然他的诠释比较简单且不够明确。① 相对于日益兴起的边际主义(为了缓和争辩,他将其简化为简单的享乐主义唯心理论问题),他反对被划分为阶级的社会的复杂性,以及处于精确的历史阶段的资本主义现实,纯粹经济学的分析工具对这一阶段还是粗浅的涉猎。而且同样在这一点上,面对(边际主义者深深感受到的)要求"将所有各方聚集在单一原则下,构建逻辑推导的法律的有机整体",他回应说,这正是在马克思劳动价值理论的基础上是可能的:"《资本论》第三卷已经毫无疑问地说明了这一点"。②

因此,拉布里奥拉的这些初步尝试完全属于当时马克思主义内部的纲领性尝试,没有表现出特别的独创性,③ 但

---

① 阿图罗·拉布里奥拉:《马克思主义价值理论与平均利润率》(La teoria marxista del valore e il saggio medio del profitto),载《社会批判》,1895 年,第 43—46 页;《马克思关于价值理论的遗作结论》(Le conclusioni postume di Marx sulla teoria del valore),载《社会批判》,1895 年,第 76—79 页。

② 阿图罗·拉布里奥拉:《享乐主义的政治经济学观》(La conception hédoniste de l'économie politique),载《融入社会主义》(*Le Devenir Socia*),1895 年,第 868 页。

③ 恩格斯在如此不稳定的基础上拒绝同意拉布里奥拉编写《资本论》第三卷纲要的计划当然是正确的。是屠拉蒂提出了这一要求,不过恩格斯冷冰冰地回答说,全欧洲只有"六个人能够做到这件事",而且根据《社会批判》上发表的文章,小拉布里奥拉不能将自己看作是其中之一。撇开客观评价不说,就在几个月前,安东尼奥·拉布里奥拉还使恩格斯对阿图罗·拉布里奥拉留下了非常不好的印象,这无疑对恩格斯的态度产生了一定影响。参见信件:阿图罗·拉布里奥拉致恩格斯,1895 年 2 月 15 日;屠拉蒂至恩格斯,1895 年 6 月 19 日;恩格斯致屠拉蒂,1895 年 6 月 28 日;屠拉蒂致恩格斯,1895 年 7 月 1 日,见德尔·博(编者),1964 年。

意大利马克思主义史:从起源至第一次世界大战前

无疑值得仔细阅读。这本身在主流文化氛围(包括学术领域)中具有不容忽视的重要性,① 而且他明确承认正在讨论的主题中最重要的要素。并非偶然的是,在随后两年中,他继续加深自《资本论》第三卷出版以来就已开始的反思,并坚信考虑到不同层次的对马克思的分析的明确阐述,对价值理论进行全面评估的条件现在已经成熟。就他早期的研究成果而言,这种理论反思最终形成了一个重要突破:他发展出了一套更为成熟的研究方法。尽管他的思想发展并非线性前进,但其中一些极具洞察力的见解始终贯穿于他后来的学术思想中。

拉布里奥拉于1897年发表在《社会改革》上的文章充满了试图留在政治经济学批判领域的(部分成功的)尝试。它通过一种解释来做到这一点,试图清楚地阐明古典理论(特别是李嘉图的)和马克思理论之间关于价值在整个经济理论中以及在现实存在的资本主义过程中的功能的观点差异。李嘉图派以及意大利的洛里亚都优先考虑经济变量的数量维度,而根据拉布里奥拉的说法,这使得他们无法理解劳动和劳动力之间的区别,而这对于价值生产的特定历

---

① 弗朗切斯科·科莱蒂是1894—1895年间劳动价值理论讨论的主角之一,他是阿奇尔·洛里亚的学生,曾经考虑将自己的贡献转化为对马克思价值理论的全面研究。他在读《资本论》第二卷时遇到了困难,并以如下措辞向老师寻求帮助:"对卡尔·马克思价值理论的研究进展缓慢……我正在翻译与第三卷(第一部分)有关的最重要的段落,这是一项艰巨的工作。如果您能为我详细说明马克思在哪些段落中概括、缩写了他对总的平均利润率的新理论或解释,我将不胜感激,那么我的进展就能更快继续下去。"科莱蒂致洛里亚,1895年5月28日,作为法维利附录出现1980年。

史关系至关重要。因此，拉布里奥拉特别坚持以纯粹的"物质性"术语来批评马克思的经济范畴（尤其是那些与价值相关的范畴）的解释。他将马克思的大部分过分简单化的反驳归因于当时极为普遍的这种方法。他对价值**形式**问题的评论在当时的文献中相当少见，进一步强化了一个不仅限于寻找价值的"范围"和定义价值的"实质"的框架，并使我们可能看到，《资本论》中的"转变问题"并不局限于价值向价格转变的问题。①

如果马克思在第一卷中的理论论证是在**价值观**的领域内以及第三卷的**生产价格**的领域内进行，拉布里奥拉认为这不是一个逻辑矛盾，而是他整个分析发展的基石。事实上，只有这样的方法才能通过**内部联系**实现生产领域与流通领域的协调重组。价格作为一种附带现象出现，表达了资本主义社会中商品之间的关系，以一般等价物货币为中介；但价格只是价值的一种**形式**，有必要回到价值，从而将生产和交换的社会关系的运转方式附着在现实具体的层面上。无可否认，价值**真正**转化为价格是必要的，在这里，拉布里奥拉显然遇到了他几乎没有意识到的分析困难；② 但是他的理论干预大体上仍然是开放的、问题化的批判性贡

---

① 关于转化问题与价值转化为生产价格的非重合问题，参见维卡（Veca），1973 年及 1975 年，第 169—175 页。

② "……我们认为，可以用比马克思提出的方法更精确的方法来确定平均利润率，自然尊重其基础并根据竞争现象来进行设定。"参见阿图罗·拉布里奥拉：《马克思主义价值理论》(La teoria marxistica del valore)，载《社会改革》，第 256 页。

意大利马克思主义史：从起源至第一次世界大战前

献，同时仍然完全处于马克思的理论领域之内。

拉布里奥拉不仅面临着如何"修正"马克思某些方法论的问题，而且在与弗朗切斯科·萨维里奥·梅利诺的交锋过程中，他开始全面重新思考社会主义与马克思主义之间的关系。通过梅利诺，他还接触到了索雷尔和伯恩施坦正在探讨的一系列复杂问题，从而深入"马克思主义危机"的核心。他为梅利诺写了两篇不同的文章，相隔几个月，① 虽然其部分有所不同，但也有许多极为重要的共同要素。在这两篇文章中，他都尖锐地驳斥了梅利诺更为直接的分析论点：在第一篇文章中，他将自己对马克思主义的批判定义为"不充分的、单一的、错误的"，并宣称他的话语中唯一可取的部分是与"社会主义的**实证**纲领"相关的部分。② 同样，在第二篇文章中，他坚称自己不同意"梅利诺的任何基本论点"，只接受他的建议，即将研究方向转向定义"社会主义的理想和物质内容"，但是嵌入这些陈述的背景对"修正"的假设要开放得多。③

---

① 阿图罗·拉布里奥拉：《支持和反对社会主义》（Pro e contro il socialismo），载《社会批判》，1897年，第213—214页；《社会主义理论的危机》（La crisi della teoria socialistica），载《社会改革》，1898年，第1150—1162页。

② 索雷尔对这篇文章进行了歪曲的阐释（而且可能有兴趣这么做），因为他声称阿图罗·拉布里奥拉邀请马克思主义者利用梅利诺的思想来发展马克思主义，同时保持其实质内容完整。参见索雷尔1898年，第4页，梅利诺作品的序言。

③ 阿图罗·拉布里奥拉：《社会主义理论的危机》，载《社会改革》，1898年，第1161—1162页。

第六章 马克思主义和革命的工团主义

当然，马克思主义仍然是"社会主义的官方理论"，并且是**迄今为止**"最完整、最基本、最完善"的理论。此外，如果社会主义理论不把社会革命作为一个必要的过程，那么它就会向乌托邦主观主义倒退。"马克思主义观念……本质上是经济的。因此，索雷尔写道'不能从纯粹的经济意义上解释马克思的共产主义，首先，它是法学意义上的'，这是错误的"。① 然后，在梅利诺的身后出现了索雷尔，梅利诺显然与他保持着距离，但认为他是一位在理论上更为可靠的对话者，并且在某种意义上属于马克思主义的维度，而来自那不勒斯的那名前无政府主义者则完全不属于马克思主义。正如我们所说，这篇文章也明确摒弃了梅利诺批评拉布里奥拉所说的"资本主义积累规律"的论点。② 然而，值得注意的是，证明"资本主义集中规律"的"虚拟运动"，并否认社会问题是"一个司法问题，因为它的解决可能归功于分配正义原则的实现"③ 的**经济**论据（简而言之，用于反驳梅利诺理论核心的论据）全部来自帕累托的《课程》(*Cours*)……以及部分来自派特莱昂尼1898年的《合作的理论原则》(*Principii teorici della cooperazione*)。

那么，在这一接受"修正主义"论点的阶段，拉布里奥拉与索雷尔不同，他仍然坚持一种具有经济基础而非司

---

① 阿图罗·拉布里奥拉:《社会主义理论的危机》，载《社会改革》，1898年，第1153页。

② 同上。

③ 同上，第1156页。

意大利马克思主义史：从起源至第一次世界大战前

法和伦理基础的"社会生成"的愿景，即使他并不否认无产阶级必须成为更高的道德的承载者；他似乎正在将自己的方向转向**科学经济学的中立性**概念，并且他认为，首先需要进行"修正"工作，这是出于心理秩序的原因，反对教条主义的精神态度，"以摆脱对已经被盲目接受的马克思主义论点的信仰"。①

在探讨这一论点时，学界普遍关注拉布里奥拉的一项具有开创性的研究。这项研究源于1899年蓬塔尼亚纳学院特诺雷奖项竞赛，竞赛主题是"对《资本论》第三卷经济理论的批判性阐述"（由贝内德托·克罗齐提议）。拉布里奥拉在参与竞赛时提出了著名的"修订"观点，这一理论主张对后世产生了深远的影响。这确实是一本重要的书，既对阿图罗·拉布里奥拉自身的知识发展进行了预测，也对马克思主义与纯粹经济学之间的冲突进行了预测，因为学术经济学在19世纪90年代末的意大利成了一门更加专业化的学科。

总的来说，该书被视为结合两种不同的分析工具的尝试（也许是一次混乱且基本上不成功的尝试）。我认为，该书的结论性陈述被过分重视，而这恰恰显示出"信仰的学术职业"的特征。但如果我们从整体角度考虑这项研究，我们会发现这项工作与其说提供了一种整合或组合，不如说提供了一种脆弱的意识形态阐述与一种考虑经济问题的

---

① 阿图罗·拉布里奥拉：《社会主义理论的危机》，载《社会改革》，1898年，第1161页。

第六章 马克思主义和革命的工团主义

方式的并置,这种方式如今在拉布里奥拉脑中根深蒂固,并且基本上注定不会改变。

贯穿全书的知识张力通过古典经济学(拉布里奥拉认为,古典经济学只有在马克思那里才达到了完全成熟)与纯粹经济学之间的持续对抗得到了解释。对于作者来说,毫无疑问:古典经济学家与马克思的方法有能力解释社会经济现象的整体,即它减少了纯粹经济学观点的局限性,该观点从根本上可简化为简单的"交换理论"。当然,可以说马克思的著作分为经济学部分和社会学部分,但实际上这两部分都强烈地相互渗透,而且肯定是以这种方式:"了解人的静态关系的对象,理解人们赖以生存的社会关系是什么、解释人们有效生产物质生活的方式的对象——这就是经济科学的正确(对象),这……产生了社会关系科学"。① 马克思确实提出了他的"庞巴维克及同伴",试图发现"人性"行为的规律,曾经,人性在奴隶制度中实现了最大福祉,今天又在资本主义制度中实现了这一点。但是社会科学的真正任务是研究社会人,即在一个确定的社会中的人,政治经济学不是自然科学,而是社会科学。而且,正是资本主义经济学将人的能力转变为经济范畴。在这种背景下,享乐主义经济学只能被定义为一门"独特的科学,不能与真正严格意义上的政治经济学相混淆"②。

拉布里奥拉在限制了纯粹经济学可能运行的领域后,

---

① 拉布里奥拉,1899 年,第 11 页。
② 同上,第 16 页。

对其自主权施加了严格的限制。实际上，市场现象和竞争现象不能"按照它们自己的条件"来解释；相反，有必要转向分析它们因其而形成有机环节的社会关系。"任何无法将市场符号分解为……所象征的现实（劳动量）的学说都将始终仅仅是措辞。马克思正是从这里开始的，其他以目的地为起点的人却在途中迷失了方向，重又回到了原处。"① 正是由于这一原因，马克思计算生产价格的程序仍然令人信服，因为市场价格的波动总是围绕着引力中心转动：劳动价值"……价格形式是价值形式的表现之一"②。

关于这一基本分析要素的针对"享乐主义者"的论战，作为经济科学概念深刻分歧的直接后果，在整本书中一再出现。这是针对那些抹杀了在"价格的平静领域"中劳动生产价值的身体现实的享乐主义者的一场论战。拉布里奥拉指出，"甚至以色列人也忘记了他们的耶和华（Jehovah），并为自己打造了一头金牛犊"，拉布里奥拉指出，"而且，惩罚确实来得并不慢。"③ 在整本书中，对"客观主义"领域唯一明显的背离在于考虑交换时抽象劳动的评价——这种交换不能根据商品中包含的"有效劳动量"进行。自然，这一切都符合马克思的观点，或许与恩格斯的（理解不清的）解释不一致。④

---

① 拉布里奥拉，1899 年，第 46 页。
② 同上，第 117 页。
③ 同上，第 198 页。
④ 同上，第 169—170 页。

在同一个结论性章节中，拉布里奥拉的最终结论似乎没有遵循他最初的框架。他表示，"马克思《资本论》的目标是研究利润正常形成的规律"，并具体说明利润形成的"正常"过程涉及可再生产的商品，而非不可再生产的商品。简而言之，马克思将他的分析**仅**限定于资本主义生产方式。他**仅**研究了"正常"的利润生产，忽视了其"特殊的变化、扭曲和变形"。在拉布里奥拉看来，这些变化、扭曲和变形对应于某一资本家之间分配利润的方式。既然马克思已经全面彻底地讨论了不同生产部门之间的分配问题，那么剩下的问题就与分析"某一资本家个人利润分配的规律"有关。

纯粹经济学面临的是一项艰巨任务。虽然《资本论》并未关注某些经济问题，但这些问题对于理解经济的根本规律却至关重要，因为它们最终会涉及"经济均衡的所有条件"。因此，纯粹经济学必须致力于解决这些问题，这种研究路径与原有论点的背景虽有逻辑跳跃，却是必要的。鉴于这种分析，拉布里奥拉因此可以得出众所周知的结论，即科学必须"明确地采用这一方法，（其）结果根本不会与马克思主义定律形成对比，因为后者指的是构成心理数学学派研究的基础要素而非对象的事实的次序"[1]。因此，他从需要在经济分析中插入不限于商品**形式**多样性的主题突然转变为接受该学科的新的科学地位：显然是完全人为的

---

[1] 拉布里奥拉，1899年，第291—295页。

意大利马克思主义史:从起源至第一次世界大战前

举动。"经济时刻"的普遍氛围(在**整个**政治经济学倾向于与边际主义等同的时代,有雄心壮志的年轻政治经济学教授能充分感受到这种氛围)足以解释这一矛盾。①

无论如何,我们必须排除这样一种理念,即这本书可以被视为阿图罗·拉布里奥拉的马克思主义或其经济科学概念"转向"的标志。

相反,我们应该强调另一个方面,它一方面虽然部分加强了我们迄今为止所详尽阐述的论点,另一方面使我们能够识别19世纪末拉布里奥拉的马克思主义与革命工团主义意识形态的重要时刻之间明显的连续性要素。②

这一问题主要涉及资本生产力,这不仅在当时,而且在此后的经济学文献中都引发了广泛讨论。这个议题与剥削理论的诸多解释之一有着密切的关联。对此,拉布里奥拉明确否定了资本在利润形成过程中的作用。对他来说,当时关于流通、资本家的禁欲、生产性服务和边际生产力的理论只不过是捍卫特定利益的意识形态表达。劳动是唯一**活跃的**要素,是产生**变革**的要素。准确地说,生产是变

---

① 拉布里奥拉随后的所有科学发展都证明了本书的极端结论与他职业生涯中这一特定时刻的联系程度。此外,1908年的《马克思在经济领域以及作为社会主义理论家的作用》(Marxnell'economia e come teorico del socialismo)的第二版以《马克思工作室》(Studio su Marx)为题出版于1926年,在该版本序言的段落中,他提到了这篇1899年的早期文本,指出它"专门致力于寻找马克思的价值理论和价格论之间的协议范围",而不提及"纯粹经济学"的"根本上"的重要功能。

② 即使像帕累托这样细心的观察者也没有发生转变,他在评论该书时指出,"批评这本书就是批评马克思的理论"。

第六章 马克思主义和革命的工团主义

革的生产,是价值的生产。在这一过程的开始,只有劳动产生两种收入:工资和利润;那么,利润的起源完全在于其作为劳动的本质。拉布里奥拉由此得出这样的结论:"利润作为一种社会必需品"在历史上是合理的,因为存在一个只消费而不生产的阶级。剩余价值是"维持资产阶级的税收"。① 在这里,拉布里奥拉结合并重申了马克思主义传统的两个基石,他无意放弃这一传统:其一,认为资本主义的表征不是已知事实,而是将其视为自身的问题(资本主义"报应"的奥秘);其二,认识到人类的每一项活动只要是劳动产品,都可以从经济角度考虑——这完全符合古典价值理论最深刻的真理。

对于拉布里奥拉来说,没有马克思就不可能思考社会主义,以及与"官方经济学"之间困难的(考虑到所有因素,但也是外部的)关系,在他针对马克思主义危机的政治核心的一次当代干预中得到了充分的证明:对**伯恩施坦辩论**的干预。②

在这篇文章中,拉布里奥拉认为伯恩施坦是对马克思主义的共同态度的最重要代表,这种态度也将索雷尔、梅利诺甚至克罗齐聚集在一起。拉布里奥拉认为,这群知识分子的共同立场仅从心理学的角度来看很有趣,从科学的

---

① 参见拉布里奥拉,1899 年,第 94 页。马克思具体解决资本生产力问题的方式,参见马菲(编者),1969 年,第 92 页。另请参见纳波莱奥尼(Napoleoni)的评论 1972 年,第 120—121 页。

② 阿图罗·拉布里奥拉:《伯恩施坦与社会主义》(Bernstein et le socialisme),载《社会主义评论》,1899 年,第 663—679 页。

意大利马克思主义史：从起源至第一次世界大战前

角度来看当然不是。从科学的角度来看，"危机主义者"只不过是经过曲折的道路回到了"资产阶级观点"和"官方科学"。这并不意味着先发制人地摒弃所有"官方科学"是正确的，就像德国社会民主党所做的那样，或者认为马克思主义是一种独立的知识是正确的。自马克思的时代以来，经济科学已经取得了进步，这不可能不考虑到，但是总体而言，有必要继续对它持批判的态度，并无论如何在其具体的应用领域（不是马克思主义的应用领域）对其进行评价。相反，伯恩施坦最终接受了这一"官方科学"的所有观点，包括他对价值理论在马克思身上所起作用的不理解。此外，恩格斯的前追随者认为，社会剩余价值不仅仅是工人的产物，而是社会所有阶级合作的产物。这意味着对社会主义理念的致命反击，因为利润现在仅仅成了资本家劳动的工资，阶级的废除变成了用社会顶层个人作为代替。

伯恩施坦与梅利诺、索雷尔和克罗齐一样，实际上完全站在社会主义之外。从这一意义上来说，"那么，通常所说的马克思主义危机无非就是某些社会主义者对社会主义的抛弃"。① 伯恩施坦实质上已不再是一名社会主义者，因为他已放弃了马克思的一些基石。他的视野不是阶级斗争与集体主义的视野，而是合作与民主的视野。这意味着将一切都转移到资本主义社会的领域。

这些对伯恩斯坦修正主义的理解，也帮助我们更好地

---

① 阿图罗·拉布里奥拉：《伯恩施坦与社会主义》，载《社会主义评论》，1899年，第677页。

第六章 马克思主义和革命的工团主义

认识到，这位年轻的那不勒斯经济学家对"马克思主义危机"的解读，并非简单地归结为各种"危机论者"（无论他们之间存在多少差异）所共有的最低限度的共同点。阿图罗·拉布里奥拉这一时期的思想历程，能否被准确地定义为"修正主义"，至少就该词的普遍用法而言，是值得商榷的。然而，尽管他与利昂纳在学科专业化方面存在共同问题，但他在世纪末对马克思主义的立场必定与他的朋友和那不勒斯同胞的立场不一致。

"在着手武装起来反对享乐主义之后，恩里科·利昂纳（首先是一位思辨思想家）发生了相反的情况，他本人也转而支持新的经济学说。"朱塞佩·卡尔维诺（Giuseppe Calvino）如此写道，并介绍了这位年轻的那不勒斯社会主义者于1898年初仍是一名学生时发表的关于《共产党宣言》的演讲文本。[①]

当然，恩里科·利昂纳的战斗并不漫长，如果它确实是一场战斗的话。1898年他谈到马克思主义：

> 正在改变社会世界的自发运动的意识理论……不仅仅是……政党的意识，而是……社会的科学。不是阶级的纲领，而是对编织了社会发展的模式、具有历

[①] 参见利昂纳，1901年，第5页。卡伊瓦诺（Caivano）将演讲日期确定为1898年1月，而最近的研究则将其日期确定为2月27日：参见沃尔佩（Volpe），1966年，第413页及以下。

史意义的阶级运动的分析。①

第二年，对利昂纳来说，经济学的社会基础学科仍然呈现出"享乐主义"的范式特征。一个重要的标志是：1899年，他开始潜心研究经济学，经常旁听马菲奥·派特莱昂尼的课程，并在奥古斯托·格拉齐亚尼的指导下撰写获奖论文。格拉齐亚尼是洛里亚的追随者，一位逻辑严谨的专家，自19世纪80年代起就开始使用边际主义（即使是以一种特殊的方式）。② 1899—1900年间，恩里科·利昂纳开始了经济学家的**职业生涯**。

尽管利昂纳1898年文本中超出**经济**领域的一些主题在他的阐述中仍然始终如一，但他作为革命工团主义者的经历最终将为这些主题提供新的信息和新的视角。在这一构想中，在一种自我意识渐趋成熟的时刻，即工人阶级正在逐渐成为主角的历史进程的**必要性**，社会主义政党和有组织的工人运动就不能不重合。即使在这一点上，最重要的工人组织或许并没有"被迫在《宣言》的理论纲要内制定他们的实际行动，并几乎没有注意到这一点"？这是因为"除了工人运动之外，共产党（不可能）发挥任何作用……（作为）在我们眼前展开的自发历史运动的一般表现"。③ 正

---

① 利昂纳，1901年，第14页。
② 参见格拉齐亚尼，1887年、1897年。几年后，他对以下事实给予高度积极的看法：不少社会主义者坚称"最终效用理论"与"马克思主义理论"可以调和。参见格拉齐亚尼1908年，第15页。
③ 利昂纳，1901年，第30页、第33页。

如我们将有更多的机会看到的那样，根深蒂固的决定论基础和强烈声明的唯意志论誓言不仅在同一个运动中，而且在同一个人中，都能很好地共存。

自1899年起，利昂纳以**经济学家**的身份出现，并显露出自己是一名危机主义者。

如果说阿图罗·拉布里奥拉（如同安东尼奥·拉布里奥拉，尽管权威性有所不同）曾断言，"马克思主义危机"很大程度上源于一群知识分子激进分子背叛社会主义阵营，那么恩里科·利昂纳则彻底颠覆了这一论断。相反，他认为既然现在旧的理论大厦正走向毁灭，那么正是这些知识分子提出了为当代社会主义提供"更令人满意的理论"这一如今不可能推迟的任务①。那么，"危机主义者"不仅没有抛弃他们的老家，而且为社会主义开辟了新的视野，从而开辟了新的前景。

在这一方面，利昂纳与梅利诺的《社会主义批判性评论》的合作似乎绝非巧合，因为这是一次持续且特别重要的合作，与阿图罗·拉布里奥拉在其版面中昙花一现般地出现形成鲜明对比。② 利昂纳在对马克思经济理论的基本节

---

① 恩里科·利昂纳：《社会主义新视野》（Nuovi orizzonti socialisti），载《社会批判》，1899年，第252页。另请参见梅利诺的"注册"。《社会主义新视野》，载《社会主义批判性评论》，1899年，第906—908页。

② 阿图罗·拉布里奥拉仅限于对帕累托一部作品的主题进行解释性评论；参见《维尔弗雷多·帕累托，纯粹经济问题是如何产生的》（V. Pareto, Comment se pose le problème de l' Economie pure），载《社会主义批判性评论》，1899年，第761—763页。

意大利马克思主义史:从起源至第一次世界大战前

点做出了贡献之后,[①] 现在首次提出了他自己的经济科学愿景,与《资本论》的整体理论相关。[②]

他也像拉布里奥拉一样,认为马克思是"古典价值概念中的完美者,以及最权威、最伟大的理论家",尽管此时享乐主义带来的"方法论革命"已经彻底地、明确地改变了该学科的分析标准。经济科学领域已经没有更多的空间来容纳想要研究价值**原因**的方法,这种方法本身提出了社会动态中的价值问题,提出了价值的**形式**和**实质**水平之间的差异问题。对经济学来说唯一重要的价值维度(在这里形式和实质是一致的)是在市场领域中交换时可以被挑选出来的价值维度;并且"市场这一词语不仅必须意味着交换阶段,而且还必须意味着作为一个整体的经济现实"。[③] 相反,"马克思主义体系""研究财富的社会方面,与其存在的原始属性,即劳动相关"。[④] 因此,"享乐主义"与"马克思主义体系"所特有的探究领域之间存在着明显的分歧。从正确的意义上来说,经济学是前者的具体领域,而后者

---

① 恩里科·利昂纳:《围绕马克思的经济理论 马克思主义利润率下降规律》(Intorno alle teorie economiche di Marx. La legge marxista della caduta del saggio di profitto),载《社会主义批判性评论》,1899 年,第 521—537 页、第 733—746 页,对贝内德托·克罗齐、阿图罗·拉布里奥拉和文森佐·朱弗里达关于利润率下降趋势的贡献进行了批判性阐述。

② 恩里科·利昂纳:《卡尔·马克思〈资本论〉中的方法》(Il metodo nel "Capitale" di Karl Marx),载《社会主义批判性评论》,1899 年,第 993—1004 页。

③ 恩里科·利昂纳:《卡尔·马克思〈资本论〉中的方法》,载《社会主义批判性评论》,1899 年,第 1001 页。

④ 同上。

则解释了"社会学秩序"的现象。这对应于两种不同方法的使用:"数学和机械"方法,将经济理论建立在其自身内部和有机法则的基础上(现在"可以说,政治经济学完全属于这种方法")① 以及"经济社会学"特有的"因果起源"的"原因论"方法。

在这场争论中,"方法争议"的呼应非常明显,这些呼应与经常回想起的对学科专业化领域的明确定义的需要密切相关。然而,在利昂纳(不仅仅是他的)19世纪末的成果中,精确划定这些不同的领域仍然存在困难。特别是,专门研究经济学的学者很难完全附和帕累托与派特莱昂尼等人的工作,严格地将"'社会问题'排除在社会科学的视野之外",将其与涂尔干所谓的"痛苦的呼喊"的单独的领域联系起来。② 一位身处当时文化氛围,既想保持'学者'身份,又想成为'革命者'的知识分子,能否放弃对"科学的"社会发展理论的追求?

利昂纳使用"经济社会学"这一惯用语来指称马克思的研究领域,两年前贝内德托·克罗齐也在同样的问题上使用了同样的词语。然而,克罗齐有洞察力地警告说"'社会学'这个词(是)使用方式最为多种多样、随心所欲的词之一"。③ 1897年,甚至连克罗齐也没有真正设法完全弄

---

① 恩里科·利昂纳:《卡尔·马克思〈资本论〉中的方法》,载《社会主义批判性评论》,1899年,第1004页。
② 涂尔干,1986年,第99页。
③ 克罗齐,1961年,第72—73页。

清楚，在构建一门社会科学时这一"经济社会学"的作用是什么（在他的文章中变成了"比较经济社会学"[1]）。他告诉我们，这是一种"合法"的研究方法，可以与严格意义上的经济科学并列（平行？）；但他没有告诉我们他赋予了它什么具体功能，也没有告诉我们马克思的分析标准可以在哪些动态的知识领域中使用。1899年，当他与马克思主义的关系进一步发展时，"经济社会学"（或者至少是马克思的"经济社会学"）也许在克罗齐的愿景中找到了更为精确的定位：他解释说，这项研究有力地（使）人们意识到利润的**社会条件性**：这种利润渗出的泪水和鲜血，在**自由放任的**旅行推销员（的）……单方面的、形式主义的阐述中，这种利润似乎源于资本固有的不可思议的美德。**使人们意识到这一点**并不是让人们去**发现科学定律**，而是——使人们意识到它。[2] "使人们意识到""泪水和鲜血"的历史和现实并不是在"搞科学"，而是"使人们意识到痛苦的呼喊"，因此在这一点上，我们离埃米尔·涂尔干的框架并不遥远。

恩里科·利昂纳当然考虑到了克罗齐解决这一问题的方法，在他自己的大部分论证中几乎是谄媚地追随克罗齐。然而，即使他在对马克思的"经济社会学"领域给出更精确的定义时也表现出了困难和不确定性，却并没有得出与克罗齐相同的结论。对他来说，研究资本主义利润形成的

---

[1] 克罗齐，1961年，第111页。
[2] 同上，第167页。

曲折变化不仅意味着堕入无产阶级状况的底层社会，而且（或许最重要的是）意味着社会阶级理论的起点。马克思解释的这一方面将被证明对于革命工团主义的经验具有特殊的重要性。

与这一维度密切相关的是利昂纳将《资本论》的研究视为"就其组成和功能而言的社会普遍规律的科学"的基本要素；① 而这反过来又是资本主义发展理论的前提，或许也可能是预测其结果的前提。

在研究马克思理论时，有必要将两个层面严格区分开来：一方面是对马克思理论本身的直接分析，另一方面是"马克思主义"和"社会主义"在历史上的发展命运。然而，由于马克思主义在历史中所处的特殊地位，这种区分变得极其困难。更具体地说，要将一个刻意投身于社会斗争的理论，与这场斗争最终产生的结果区分开来，这本身就是一项艰巨的任务。

利昂纳希望将这两个层面的话语紧密联系在一起（资本主义理论和对资本主义未来的预测），这一事实符合社会主义运动作为一个整体的第二天性的需要，特别是在漫长的基础时期，甚至在19世纪末，这一时期或许仍在持续。无可否认的是，在更高层次的文化阐述中，围绕确定的分析工具的自主性的反思已经达到了相当高的意识水平——我们只需想想贝内德托·克罗齐与安东尼奥·拉布里奥拉

---

① 恩里科·利昂纳：《卡尔·马克思〈资本论〉中的方法》，载《社会主义批判性评论》，1899年，第1004页。

意大利马克思主义史：从起源至第一次世界大战前

关于历史唯物主义与社会主义之间关系的讨论即可。但是总的来说，占据优势的往往是渗透作用。正如在革命工团主义者中非常明显的那样，有时话语的"预言"部分的发展往往会完全损害其分析方面，而前一个方面的历史困难会对后者产生负面影响，而前者之前已经使后者变得贫困。

利昂纳完全接受克罗齐关于将《资本论》的方法排除在经济学领域之外的观点，其基础是对劳动价值理论的解释性方法的发展，这种方法开始于第三卷出版后，伴随着施密特①与桑巴特的干预②，紧随其后的不仅有克罗齐的干预，还有索雷尔的干预。③ 然而，将价值理论解释为"逻辑事实"（桑巴特）或"科学假设"（施密特）并不一定会导致它被视为"超经济事实"。恩格斯在一场几乎是马克思主义分析标准"内部"的讨论中对施密特和桑巴特的仔细考虑显然完全排除了这样的结论——不仅对他自己来说，而且对他的对话者来说也是如此。价值理论不能被简化为"纯粹的逻辑过程"，而是可以被理解为"历史过程和对这个过程加以说明的思想反映，是对这个过程的内部联系的逻辑研究"的内在内容，④ 而这位社会主义老族长对价值理

---

① 康拉德·施密特：《〈资本论〉第 3 卷》（Der dritte Band des "Kapital"），载《社会政治中央报纸》（Sozialpolitisches Zentralblatt），1895 年，第 22 期，以及见《社会生成》（Le Devenir Social），1895 年，第 181—193 页。

② 桑巴特，1894 年。

③ 索雷尔，1897 年。

④ 英文版《马克思恩格斯文集》第 37 卷，第 882 页。《马克思恩格斯全集》第 46 卷，北京：人民出版社 2003 年版，第 1013 页。

论的看法理所当然地认为施密特和桑巴特与他的一些基本判断范畴是一致的,包括与政治经济学的历史社会特征有关的判断范畴。与这一问题领域相比,克罗齐、索雷尔与利昂纳的立场并不是自然而然的发展,而至少是"质的飞跃"的预兆。

如果对克罗齐来说,这些结果可以被视为决定性的结果,特别是在将他自己的一些关于马克思主义的文章集结成一本书之后("就像收集在灵柩里一样"),那么索雷尔和利昂纳的情况就有所不同了。尽管他们都有共同的革命工团主义,但他们的路线无疑并不重合。将价值理论排除在经济事实领域之外也不会简单地导致其边缘化。相反,这会反复引导他们反思这一理论的认识论地位,并询问它涉及什么类型的"知识"。社会学知识?哲学知识?什么类型的社会学?什么类型的哲学?此外,它与经济学有什么类型的关系?总之,对马克思主义一个关键点的反思将成为更广泛的、真正长期的认识论反思的不可缺少的组成部分,这一反思在许多方面都永远不会枯竭。

与此同时,在世纪之交的这一关键时刻,利昂纳探索了纯粹经济学对因盛行的马克思主义理论上的贫乏而未解决的问题做出回应的所有可能性,这已导致之前被接受为分析性范畴但后来证明只是煽动性口号的内容失去了信誉。他随后完全沉浸在享乐主义中,创作了作为特定"马克思主义修正"基础的材料,而"马克思主义修正"成了工团主义理论世界的组成部分之一。在1900—1901年间,利昂

意大利马克思主义史：从起源至第一次世界大战前

纳将他创作的理论材料与革命工团主义者所倡导的"回归马克思"思潮相结合。这种结合使他对马克思主义的重要性和持久影响有了新的认识，部分观点与他最初的阐述有所不同。在这一理论转变中，有一个核心概念起到了连接作用，使整个理论**在形式上**保持了一致性——这就是阶级斗争的作用。即便作为"危机主义者"的利昂纳，也认识到阶级斗争在现实社会形成过程中的重要性，这一点甚至得到了"最伟大的集体享乐主义者"的认同。事实上，阶级斗争是实现"社会关系革命"的必要手段，只有通过阶级斗争，才能创造出"有效地产生最大效用"的条件。[①]

我们很清楚，几年后，"阶级斗争"将在工团主义意识形态结构中占据近乎神圣的中心地位。有没有可能，在19世纪末，对马克思的理论这一方面的一次特殊阐释，将未来的工团主义知识精英，从利昂纳到索雷尔，都聚集在一起？

> 一旦适用于经济学的批判现实主义方法从索雷尔那里消失（恩里科·利昂纳多年后表示），他就失去了通过资本主义收入与深层经济意义上的工资之间的竞争来把握对立的可能性。因此，阶级斗争在（索雷尔）中具有特殊的意义，更加富有信心，但丧失理性。[②]

[①] 恩里科·利昂纳：《20世纪的经济研究》（Gli studi economici nel xx secolo），载《社会批判》，1901年，第57页、第58页。

[②] 利昂纳，1923年，第24页。

那么，正是由于索雷尔缺乏"马克思主义"并且缺乏对"其经济基础"的关心，因此他尚未理解阶级斗争（**很容易成为一种理论的基本要素**）的"理性"意义。毕竟，索雷尔消除了"与剩余价值事实相关的概念，使他抛弃了从经济角度思考工人阶级问题的可能性"。①

事实上，这种**后验**阐释似乎指的是后来的索雷尔，而不是《工会的社会主义未来》（*Avvenire Socialista dei sindacati*）中的索雷尔，即使在这种情况下也不可能在这两个时刻之间建立任何突然的停顿。

"意大利的"索雷尔的重要性无须强调，这一直是大量文献中引起关注的对象，特别是作为19世纪末"修正主义"的联合主角的索雷尔、克罗齐、安东尼奥·拉布里奥拉和一定程度上也是秦梯利在基本问题上的对话者，这些问题包括"历史唯物主义"，以及作为"哲学"和"科学"的马克思主义。相反，在我们的这一部分工作中，有必要确认在那些未来会成为工团主义理论的主要激励者之间是否存在共同的理论参照点，即在马克思主义的修正领域以及革命工团主义可能发展的这一修正的各个方面。实际上，虽然认识到"工团主义与'修正主义'在同一领域发展，（并且）是其历史意识形态经验的一个章节"无疑是正确的，但这不足以理解这一具体修正的内部机制，无论是其统一性还是差异性。②

---

① 利昂纳，1923年，第68页、第71页。
② 德·克莱门蒂（De Clementi），1983年，第11页。

意大利马克思主义史：从起源至第一次世界大战前

在关于"马克思主义危机"的讨论中，利昂纳和阿图罗·拉布里奥拉显然既不是索雷尔的对话者，也不是他的同伴。他第一次在 1899 年的《社会主义批判性评论》中看到利昂纳的一篇文章，似乎并没有很尊重这位"学生"，这一观点由于利昂纳对阿图罗·拉布里奥拉显示出一定的钦佩而进一步加深。[①] 索雷尔对后者的评论非常严厉，有时甚至是轻蔑的。他们从最初对他的判断是"这个年轻人十分善于言辞，但不深入钻研任何事情，只看到事物的表面"[②]，后来他们提及他时，评价则越来越负面，通过这些，他逐渐将拉布里奥拉视为意大利"正统"思想家的先锋，几乎是屠拉蒂在科学领域的得力助手。因此，虽然阿图罗·拉布里奥拉"胡言乱语""意大利社会主义者认为他是一位杰出人物"，屠拉蒂则认为他是"社会主义科学的希望"。就帕累托来说，则写信给索雷尔，称拉布里奥拉"对价值理论一无所知，除了书面上的反对之外，什么也提出不了"[③]，以至于这位前道路和桥梁工程负责人可以宣称自己"对于正统社会民主在意大利也有类似的捍卫者并不感到不满"，因此这一潮流"将自己置于任何科学讨论之外"[④]。此外，正如我们已经看到的，阿图罗·拉布里奥拉关于"马克思主义危机"的立场与索雷尔完全不同。

---

① 索雷尔致克罗齐，1899 年 8 月 23 日，见索雷尔，1980 年。
② 索雷尔致克罗齐，1897 年 11 月 30 日，见索雷尔，1980 年。
③ 索雷尔致克罗齐，1898 年 10 月 19 日，见索雷尔，1980 年。
④ 索雷尔致克罗齐，1898 年 11 月 11 日，见索雷尔，1980 年。

虽然拉布里奥拉和利昂纳在"马克思主义危机"期间采取了截然不同的立场,但两人都继续坚持认为社会主义的正当的理由必须建立在"经济"基础之上,此外他们的"修正主义"(至于拉布里奥拉是否是一名通常公认意义上的"修正主义者",有人对此表示怀疑)与伯恩施坦的"修正主义"没有特殊的密切关系。这并不是说19世纪末的索雷尔可以被视为伯恩施坦主义者,但无可否认的是,1898年至1900年间在伯恩施坦辩论的背景下,他在法国、意大利和德国的期刊上发表的所有近50篇文章中,似乎一直是恩格斯前追随者的坚定支持者。在他看来,伯恩施坦代表了社会主义的未来。就像马克思一样,他生活在英国,也像这位伟大的大师在现代性方面的思想一样,即生产力从资本主义到其继承者发展的连续性。"在伯恩施坦的帮助下,我们愉快地想象一旦马克思主义不可持续的部分被消除并面对最近的事态发展,马克思主义就构成了一种注定拥有光明未来的哲学学说。"从根本上说,伯恩施坦"诉诸与马克思相同的精神:这意味着**回归马克思主义精神**"①,而如果考茨基获胜,这将意味着现在已经被剥夺了任何科学重要性的马克思主义的决定性毁灭。他向他的朋友克罗齐强调,"社会主义必须沿着伯恩施坦十分理解的道路前进,否则它将成为一种纯粹的学术练习。"② 此外,甚至伯恩施坦本人也不否认,他在形成自己关于马克思理论的一

---

① 索雷尔,1903年,第326页。
② 索雷尔致克罗齐,1898年5月9日,见索雷尔,1980年。

些批判性假设时也受到了索雷尔的刺激。① 从某种意义上说，索雷尔在拉丁欧洲的地位和影响力，相当于伯恩施坦在日耳曼欧洲的作用。

然而，当他写信给后者时（可能是在收到《工会的社会主义未来》之后写的信），正是后者强调了自己赞同法国"修正主义者"的限度，他解释说自己不相信他们"在马克思主义实践和理论的所有观点上都达成了一致"，但相信两人都"以相同的心态解决了这些问题"。因此他继续说道：

> 我们可以将这种心态描述为：接受理论的基本原则，拒绝草率和过分简单化的结论。对我来说，使用"科学"作为"社会主义"的前缀是一种要求或义务，不仅仅是对现实的承认。社会主义只有在拒绝确定任何最终真理的条件下才是科学的，也就是说，只要它仍然是**研究**。②

如果这种"心态"确实与马克思的"心态"相同，那么伯恩施坦就觉得不应该这么说，因为这位特里尔哲学家"在不同的时代并不相同"；和每个人一样，他也有自己的成长和激情。在准备迎接新世纪的资本主义气氛中，不可能确切地确定他的立场可能是什么。即使在他成熟的作品中，他也已经远离了他年轻时特有的"革命布朗基主义"，或许也可以假设他走的是一条"危机主义"道路。

---

① 古斯塔夫松（Gustafsson），1972年，第224—290页。
② 信函转见普拉特（Prat），1983年，此引文位于第131页。

第六章 马克思主义和革命的工团主义 Ⅱ

然而，伯恩施坦有兴趣强调（尽管采取了所有必要的谨慎措施）他们之间的根本分歧，这与索雷尔在英国工会主义范例的基础上发展起来的工会运动的反政治概念有关。这位德国"修正主义者"强调，尽管存在政治层面固有的所有风险，但它仍然是"知识教育的有力手段，也是对公众意识的警钟"。① 工会组织必然能够补救"政治的堕落倾向"，但它们也容易遭受"许多错误和诱惑"。②

此时，索雷尔选择忽略他的这名德国对话者的回应中这一有力的澄清点，而是将注意力集中在他们在反对"正统"的战斗中所持有的共同要素上。甚至许多年后，当这两种"修正主义"最后针锋相对时，索雷尔仍然认为伯恩施坦在他将马克思与"马克思主义学派"分开的工作中、在寻求"现代社会主义基本趋势之间的新的、总是不稳定的和暂时性的平衡"中发挥了"重要而积极的"作用，③ 以及，因而在恢复迄今为止被谴责为贫瘠的学说的生机中发挥了同样的作用。该学说通过**分解**马克思主义获得生机。

即便如此，在这种最低共同标准的表象之下，"马克思主义危机"的政治后果也清晰可见，因为注定会产生深刻分歧的相当不同的表述如今已经成形。即使在这一阶段，这些表述也可以得到预示，正如伯恩施坦清晰易懂地理论化了民主与社会主义错综复杂的关系一样。

---

① 信函转见普拉特（Prat），1983 年，此引文位于第 131 页。
② 普拉特，1983 年，第 132—133 页。
③ 索雷尔，1971 年，第 744 页。

然而，自1898年至1900年，索雷尔在意大利的命运并没有与《工会的社会主义未来》的反响联系起来，也没有任何构建"关于雇佣劳动的书"的计划，这是马克思因形势而未能完成但迫在眉睫的事情。①

从"理论马克思主义"的视角来看，索雷尔、克罗齐和拉布里奥拉（如果算上乔瓦尼·秦梯利，则是四个人）构成了一个理论群体。这个群体通过艰难的内部探索，在极高的理论层面上展现了自己的思想成果。然而，从"政治可译性"的角度来看，其他的理论组合方式往往更受重视。索雷尔—伯恩施坦二者的并列在一家意大利出版物上取得了巨大进展，但该出版物似乎没有注意到，**概括来说**，他们的观点之间存在着分歧。相反，该出版物特别重视的是对"危机"的阐释，这种阐释从所有"灾变论"范畴（逐渐贫困、资本主义集中化、利润率下降趋势）的祛魅开始，导致了"绝对反对"综合征的减弱。弗朗切斯科·萨维里奥·梅利诺白纸黑字地写道，他所理解的社会主义（是工人为争取解放而奋斗的结果，但也是小资产阶级为争取摆脱中产阶级而奋斗和中产阶级为争取摆脱大资产阶级而奋斗的结果）与"索雷尔、伯恩施坦（和）王德威尔得"意指的是同一个社会主义。② 简而言之，梅利诺将索雷尔与

---

① 鲁贝尔，1983年。
② 梅利诺，写给《前进！》的信，1899年1月2日。在另一封写给这家社会主义日报的信中（1899年1月11日），梅利诺与比索拉蒂进行了争论，他坚称"（他所表达的）想法受到了最有才能的作家的欢迎，比如索雷尔（和）伯恩施坦"。

第六章　马克思主义和革命的工团主义 ‖

伯恩施坦和王德威尔得归为一类，还与格拉奇亚德伊和范·科尔（Van Kol）（修正主义的主要倡导者，一段时间后可能被称为"妥协式"社会主义）归为一类，使得连屠拉蒂也可以认为，索雷尔"与梅利诺意见一致，设法将社会主义限制在最低限度计划的普罗克汝斯忒斯（Procrustean）可能主义之内"。① 不仅屠拉蒂这样认为，而且像博诺米和比索拉蒂这样的人也这样认为，他们后来宣称自己是伯恩施坦的改良主义—修正主义的直接继承人，以及几乎所有"政治"意大利社会主义的直接继承人。他们所有人都没有表现出愿意沉湎于一场思想运动，在他们看来，这种思想运动似乎直接反对社会党的**存在理由**（raison d'être），而社会党的正当理由的基础是"工薪阶层"的表达，具有自己的特定利益，"最高的利益是摆脱雇佣劳动的束缚"②。

意大利社会主义的主导气氛，无论是从19世纪90年代构建该党马克思主义身份的方式来看，还是从当时该党所经历的非常困难的关头来看，都不是特别有利于"妥协式"修正主义扎根，其中包括乔治·索雷尔正在推进的修正主义。恩里科·利昂纳与阿图罗·拉布里奥拉必然都没有置身于这种气氛之外，尽管目前仍然很难定义此刻的"顽固

---

① 屠拉蒂：《乔治·索雷尔的注释，〈科学社会主义的危机〉》，载《社会批判》，1898年，第140页。
② 莱奥尼达·比索拉蒂在与梅利诺的争论中使用的表达方式，载《前进!》，1899年5月8日。

意大利马克思主义史：从起源至第一次世界大战前

的修正主义""左翼修正主义"可能包含什么内容。后一个词语被以后的使用所神圣化，似乎并不能完全解释第二个名称与第一个名称的关系，即使它不足以将自己定义为"修正主义"（相对于什么"正统"？）。它属于**左派**，"与其说是因为其本身的修正主义贡献，不如说是因为除此之外，它还保留了从以前的政治和理论经历中继承下来的革命假设，就像在一个密封的容器中一样"。①

除了他们（以不同的程度和必定不一致的立场）参与复杂的政治—文化现象（即第一次"马克思主义危机"）之外，我们似乎无法确定利昂纳、拉布里奥拉和索雷尔之间共同的理论和/或政治核心，其**本身**就可以表明他们未来在激发革命工团主义方面的**共同**作用。或者说，至少，即使存在这一核心的痕迹，也没有绝对清晰地出现在主角们自己的意识中。

"对于我们同时代的人来说，科学首先是一种作用于世界、以有用的方式指引其力量的有条不紊的手段。这一概念与马克思的概念没有什么不同，要求的不是思想（原文如此）'解释世界，而是改变世界'。"② 当索雷尔对马克思科学的某些几乎不属于次要的方面进行批判时，他专注于这一简短的评论，似乎表明"危机"期间测试的科学工具的完善与现在提出的新政治部署之间存在精确的连续性思路。那么，社会科学更新的分析体系能否为未来工团主义

---

① 乔尼那吉（Gianinazzi），1989年，第49页。
② 索雷尔，1903年，第181页。

第六章 马克思主义和革命的工团主义

知识分子所共同规划的模式提供一份草图？

正如我们所看到的，在意大利，此时社会科学分析工具的重新定义主要发生在经济学科领域。这也意味着许多社会主义经济学家正在他们自己学科的范式内寻找社会主义的基础以及向社会主义过渡的过程的基础。因此，利昂纳将"一个资本获得回报的社会"视为"一个违反自然享乐主义法则的社会"，[①] 并将社会主义问题提出为"实现分配正义"的问题。[②] 正如阿图罗·拉布里奥拉所说明的，"社会主义作为确保人类幸福的一种尝试，意味着需要为人们提供比资本主义制度更多的大量物质的和观念的（知识的、道德的、想象的）商品。这就是最庸俗的经济学问题"。[③]

意大利革命工团主义者试图从经济范畴中寻找社会动力的证据，以此证明其政治主张的正当性。这种做法不仅限于工团主义者，未来的改良主义者如蒙特马尔蒂尼也采取了类似方式。他将阶级斗争诠释为不同生产要素之间的永久对抗以及它们相互对立的价值评估。按照这种思路，"不对称定律"就成为解决这一对抗的必然结果。[④]

虽然索雷尔坚持"纯粹经济学"的假设（作为支持

[①] 利昂纳：《20世纪经济研究》（Gli studi economici del xx secolo），载《社会批判》，1901年，第58页。
[②] 利昂纳：《工人联盟与自由主义》（Le coalizione operaie e il liberismo），载《社会批判》，1900年，第235页。
[③] 拉布里奥拉：《社会主义理论的危机》（La crisi della teoria socialista），载《新选集》，1898年，第1160页。
[④] 蒙特马尔蒂尼，1899年，第221—222页。

意大利马克思主义史：从起源至第一次世界大战前

"现代科学"的决定），但从世纪末的"危机"开始，与其说是在（或多或少不可避免的）解决经济矛盾的过程中，不如说是在其彻底转变为"习俗的形而上学"中，他确定了社会主义的未来。[①] 因此，他在 1899 年对马克思的价值理论提出的观点无疑有助于他将这种分析方法与经济领域分开，当时他认为马克思的价值理论"焕发了新的光彩"，因为它"充满了法理学上的关注"。如今，这似乎已成为自明之理，而且最重要的是，也成为非经济剥削理论的基础。[②] 更确切地说，价值理论成了马克思"让我们看到伴随着生产过程的司法过程"的场所，即两种"权利"必然发生冲突的场所，尽管它们诞生于"恰当的"经济交易的基础上，即根据尊重人权和公民权利的自由主义原则购买和出售劳动力的合同。因此，这是一种"马克思主义的解决方案"，在任何意义上都不再具有目的论属性，并且"并非不可避免地源自现代资本主义指导的经济演化"，但是可以"在某些可能在无产阶级中发展的法理理念的影响下实现"[③]。

这种理论"更新"的结果是否会对主角的政治定位、他们提议的质量以及最终对政党路线产生一些影响？

我相信我们可以排除对第一个问题或第三个问题的任

[①] 索雷尔，1903 年，第 188 页。

[②] 在完全不同的背景下，使用完全不同的分析工具箱，克劳迪奥·纳波莱奥尼（Claudio Napoleoni）在他最后的研究中向自己提出了同样的问题，即不仅将马克思的剥削概念完全从劳动价值理论中解放出来，也从经济理论本身中解放出来。参见纳波莱奥尼，1992 年，第 171—192 页。

[③] 索雷尔，1903 年，第 195 页、第 196 页、第 220 页。

何肯定答复。第二个问题则提出了更有问题的问题。

"马克思主义危机"之后,似乎立即开启了一个政治阶段,在这一阶段中,可以通过征服和管理**市镇**(comuni),特别是通过对市政化实践的"不同"运用,在**当地**(in loco)试验某些"社会主义要素"。这种现象后来被广泛称为"市政社会主义"①,由于其在多个领域的重要性,一直是认真批判性研究的对象。在这里,我们的兴趣是强调"危机"的一些分析产品之间的联系,以及理解"市政社会主义"政治的特殊方式。

在1900—1901年间关于市政公司在"市政社会主义"定义中的作用的辩论中,阿图罗·拉布里奥拉与恩里科·利昂纳的声音相当孤立。在社会主义者之中普遍的倾向是将市政化和按照垄断利润再分配的逻辑进行的公社的金融改革结合起来。

正是这一点触发了那些社会主义者(职业是经济学家)的深刻分歧,他们完全接受市政化的自由主义范式,不仅考虑到推动其起源的因素(即在不完全竞争的市场中更好地分配资源的需要),也考虑到这一计划性选择的狭隘的**经济**层面。这是阿图罗·拉布里奥拉和恩里科·利昂纳的共

---

① 一般来说,市政化主题与"市政社会主义"之间没有直接关系。伊诺第、帕累托与派特莱昂尼等自由主义经济学家并不反对选择性的市政化政策,因为他们认识到,在某些倾向于垄断的生产部门中,私人所有者追求利润最大化的"自然"倾向将阻碍更有效地分配资源和实现最大可能的集体福祉的最佳平衡。显然,他们顽固地拒绝接受这种**纯粹的经济**选择与"市政社会主义"之间存在任何联系。

同反应,尽管他们之间存在着不可忽视的差异。

阿图罗·拉布里奥拉公开提到,市政化的决定是"形式上的社会主义"的决定,因为这是经济理性在"人为垄断具有自然垄断的所有特征"的情况下所要求的回应。① 因此,管理市政公司的地方机构的职责必须是尽可能恢复竞争市场的环境,在这种环境中,所提供的服务的销售价格往往会压低到生产价格。② 那么,这将通过并非直接来自改变税收制度的"救济"政策,减少"消费者的苦恼"。

因此,市政化必须保持严格的**经济**特征,绝对不能成为一种不可避免地将"部分税收负担转移给穷人"的"财政权宜之计"③。

事实上,拉布里奥拉的干预措施仍然大体上属于自由市场观点,而自由市场的观点不一定用"纯粹经济学"的术语来解释。

相反,恩里科·利昂纳试图将市政化及其与地方财政

---

① 拉布里奥拉:《论市政社会主义》(Sul socialismo municipale),载《社会批判》,1900 年,第139—141 页〔第 1 期,《市政社会主义和国家社会主义》(Socialismo municipale e socialismo di Stato)〕,第 155—156 页〔第 2 期,《税制改革》(La riforma fiscale)〕以及第 170—172 页〔第 3 期,《市政企业必须盈利吗?》(Le imprese municipali debbono dare un profitto?)〕;引文出自第 140 页。

② "……市政公司必须寻求在不同的财产基础上实现自由竞争的优势。自由竞争只能刻意地、逐步地接近成本价并消除利润;市政公司可以直接实现这一点。"拉布里奥拉:《论市政社会主义》,载《社会批判》,1900 年,第 171 页。

③ 拉布里奥拉:《市政企业及利润》(Imprese municipale e profitto),载《社会批判》,1900 年,第 350 页。

的关系问题，纳入一个更广泛的理论框架中。这个框架的两个理论极点是边沁的功利主义和萨克斯的金融"纯粹科学"。利昂纳致力于将这两种理论有机地结合起来，以此分析市政化问题。

对于利昂纳来说，将纯粹经济学的假设（在其享乐主义维度上）全面应用于贯穿地方财政的标准，是可能打破意识形态主观主义的相对主义并遵循"科学"的可靠轨道的唯一解决方案。按照这一观点，社会主义人道主义的典型观点是错误的，即在确定其地方税收政策时寻求利用正义的抽象概念：因为事实上，"每一次经济金融增值"都是基于效用，"每一次在预算分配中的对正义的估计是对效用的估计"。[①] 这就需要用**最大限度的集体享乐主义**利益的原则来取代之前一直贯穿地方财政的自我中心的地区性愿景。这意味着，在社会主义**市镇**，政府应该努力构建一个**和谐的**资产负债表，"其总和与确保最大集体利益或**最大限度的社会享乐主义**利益所必需的公共财富数量相对应"[②]。只有**和谐的**资产负债表才是**公正的**；因此，社会主义委员会不必担心是否必须将税收水平提高到这一资产负债表确实和谐的程度。正如利昂纳所主张的。

我们确信，社会主义必然也是无可避免地沐浴在

[①] 利昂纳：《市政预算的社会主义标准》（I criteri socialisti per i bilanci comunali），载《社会批判》，1900 年，第 315 页。

[②] 同上。

现实主义之中，并清除其旧的形而上学社会学的覆盖物。(社会主义) 不能由它自己的阐述组成，而必须由**科学**组成。它不会有自己的一套学说，因为它必须不再是一个理论流派，而必须成为科学的反映……这就是为什么笔者毫不犹豫地接受科学所达成的这些结果：**除了个体之外别无他物**。①

满足公共需求无非就是通过集体手段，以尽可能经济的方式满足个人需求。任何为了纪念空洞的意识形态惯例而违反这一原则的行为，比如不惜一切代价促进市政服务社会化的行为，都不利于个人效用，从而不利于正义、不利于社会主义。帕累托不是还坚持认为，假设的社会主义经济组织的最大限度的享乐主义利益归根结底与源自完全竞争体系的最大限度的享乐主义利益相一致吗？对于恩里科·利昂纳来说，最现实连贯的道路似乎确认"社会主义的科学灵魂由纯粹经济学以其最严格的享乐主义阐述所代表"，特别是在"社会主义管理的标准和现代金融观点尤其是萨克斯的金融观点之间建立紧密联系"②。

正如拉布里奥拉的例子一样，我们可以说，利昂纳的这一阐述无疑表明了与经济理论之间的困难关系中存在复

---

① 利昂纳：《市政预算的社会主义标准》(I criteri socialisti per i bilanci comunali)，载《社会批判》，1900 年，第 316 页。
② 利昂纳：《市政预算的社会主义标准 回复伊万诺埃·博诺米》，载《社会批判》，1901 年，第 143 页。

第六章 马克思主义和革命的工团主义 Ⅱ

杂的影响网络,现在这一网络在那些想成为职业经济学家的年轻社会主义者的形成中设法引起了注意。但是作为地方税制改革的具体提案,它也没有任何可行性。

此外,值得注意的是,利昂纳(缺乏新手所特有的灵活性)没有考虑到重要的科学辩论,该辩论也特别强调了**个人享乐主义最大限度和最大限度的集体享乐主义**利益的逻辑通道的问题特征。事实上,这一缺乏任何"桥梁"的问题恰恰引起了那些过去是、现在仍然是"纯粹金融科学"意大利最伟大的倡导者的注意。

与阿图罗·拉布里奥拉和恩里科·利昂纳等人的立场相比,卡戴拉(Caldara)、博诺米和蒙特马尔蒂尼等人在辩论中的介入发言不仅似乎更加现实(无论这次行动是否成功),注重将社会主义战略前景与该国正在经历的社会政治时刻的特殊性结合起来;也似乎更有"科学"依据。

讨论中出现的立场似乎不能归纳为改良主义者与革命者的对立,反而更多的是从这场辩论中的主角在以后(即使不久之后)做出的决定中推断而来。即使我们在这场辩论中必定能找到这些未来选择的一些根源,情况也是如此。拉布里奥拉的论点,以及尤其是利昂纳的论点似乎更多的是"灵感闪现"的结果,当一种具有很强的洛里亚传承的文化面对更大的科学"确定性"全貌时就会拥有这种灵感闪现,而这种科学"确定性"产生于如今在学术界处于霸权地位的经济学派范式。像蒙特马尔蒂尼这样受过边际主义学派训练,并与该学派有直接联系的经济学家,能够在

意大利马克思主义史:从起源至第一次世界大战前

必要的分析区别领域前进,对问题的理解与"大师们"截然不同,并且对他们没有任何恭敬的服从。因此,存在纯粹经济学、市政化和地方机构财政制度的清楚阐述,与未来革命工团主义者假定的"激进主义"相比,这一阐述不能完全被定义为"温和"。

意大利革命工团主义在其历史进程中呈现出多种形式;它有很多"东西",其中包括一个工具,通过它,相当广泛的知识分子群体开始意识到他们有自己的独立功能,并且该工具主动将自己作为参照点,使他们在意大利社会的政治平衡中发挥积极独特的作用。他们中很大一部分人纯粹因为太年轻而没能参与到世纪末的文化氛围中来(马克思主义危机的讨论)。像帕农齐奥(Panunzio)、兰齐洛(Lanzillo)、代·彼德里·图内利(De Pietri Tonelli)与魏斯(Weiss)等人都出生于19世纪80年代,因此正是在革命工团主义正在形成和定义的氛围中面临他们的第一次政治知识分子的考验。奥利韦蒂(Olivetti)、奥拉诺(Orano)、索尔迪与隆戈巴尔迪的情况则部分有所不同,尽管后者(出生于1877年)仅受到"危机"之风的轻微影响。罗密欧·索尔迪与埃内斯托·切萨雷·隆戈巴尔迪都是经济学家,显然对他们来说,"修正"只能通过他们学科的特殊性来进行。即使在这种情况下,这两位也做出了明显不同的选择。索尔迪,① 在他那个时代是引

---

① 准确地说,索尔迪不能被视为工团主义者,因为他的政治活动在这种有机的理论意识形态愿景得到充分阐述之前就突然停止了,因此他的"革命主义"始终保留在意大利社会党的逻辑内部。

发了意大利对马克思劳动价值理论的第一次讨论的"正统"人物，到19世纪末，他从更高的角度完全接受了蒙特马尔蒂尼关于纯粹经济学超越的论点（更确切地说是唯一科学的观点），即马克思主义经济学最终达到的**从工人立场出发的**特殊愿景。① 然而，隆戈巴尔迪是在"危机"之后不久进行的一项研究的作者，在该研究中，剥削理论正是在劳动价值理论的基础上以马克思主义术语重新阐述。② 同样在这种情况下，我们认为确定性分析工具的使用与"革命性"政治选择之间没有任何联系。

奥拉诺与奥利韦蒂可以被认为是"通用"非专业知识分子环境的典型代表，这些知识分子一定程度上体现了意大利革命工团主义的特征，特别是在20世纪初期意大利文化总体上的精英主义、贵族主义、唯意志主义和审美化基调中。即使在19世纪末，奥拉诺与奥利韦蒂也已完全融入某种文化，即缺乏分析知识的实证主义文化。前者站在粗略的决定论社会学心理学的领域；后者站在典型的洛里亚式历史唯物主义领域。③

实际上，奥利韦蒂的获奖论文旨在尝试将历史唯物主义应用于古罗马某些司法制度的研究。其解释结构几乎全部取自资本主义财产分析（*Analisi della proprietà capitalisti-*

---

① 参见罗密欧·索尔迪：《政治经济新动向》（Nuove tendenze dell'economia politica），载《社会批判》，1899年，第300—301页。
② 隆戈巴尔迪，1903年。
③ 参见奥拉诺，1895年、1896年。

ca）的方法。从根本上说，这项研究试图证明：罗马殖民历史是洛里亚历史定律准确性的绝佳证明。更进一步说，这也证实了该定律具有普遍适用性，是一条真正意义上的历史规律①。同时期的另一篇文章强调，"新的进化论主义学说"具有"绝对的方法论价值"，适用于科学的所有分支，即使到目前为止最重要的例子是在政治经济学中找到的，"卡尔·马克思本人也对此进行了研究，其次是一位作为意大利民族光荣的学者……阿基尔·洛里亚"②。

那么，如果"普遍进化法则"非但没有证明是"本世纪三大科学事实之一"，反而证明与新世纪的"科学"不一致，那么"现代社会抗议（并）不是以单纯的需要或粗俗的欲望，或粗略、残酷的论点的名义，而是以科学的名义发出声音"，③ 这种抗议必须找到其他文化参照点，以便继续远离悲惨的"残酷"需求。

2 "左派"马克思主义的早期定义

在阿图罗·拉布里奥拉反思革命工团主义在扩大自身影响力范围时所遇到的困难的时刻（他也开始完善关于运动的"危机"），他回到了过去的《社会主义先锋报》

---

① 奥利韦蒂，1898年，第12页。对这部作品不同的阐释参见佩尔费蒂（Perfetti），1984年，第11—12页。
② 奥利韦蒂，1899年，第12页。
③ 同上，第22页。

(*L'Avanguardia Socialista*)的经历,将其视为运动本身的真正起源。这也意味着革命工团主义具有了一种特殊解释。当时的社会党已经偏离了自己的传统,其文化已蜕变为"官僚观念和过时的慈善主义的混合体"。在这种情况下,显然需要"重新开始",回到基本原则。有必要开始努力将社会主义重建为一种革命的政治现象,一方面恢复对马克思的阐释,证明这种社会主义的正确性,另一方面将理论注入运动中("作为一种教学手段"),这样可以激起"对反抗能量和起义主义的冲击的诉求"。"任何手段都可以",拉布里奥拉警告说,目的是"冲破池塘上这层一动不动的、令人窒息的冰"[①]。

因此,工团主义并不是生来就拥有不同于社会主义传统的自己的理论话语;因此,它不能被视为**意大利索雷尔主义**。索雷尔的指示不仅充当了革命的催化剂,还丰富了对工人运动发展全景的思考。然而,这并不一定意味着工团主义将自己与社会主义之树明显划分开来;从根本上来说,它不过是这棵树的一个重要分支。只是意大利社会党的政治和道德堕落导致了这些影响,而这些影响并不一定印刻在运动本身的起源和发展中。

同一时期,另一位既是工团主义知识分子又是经济学家的人物,对索雷尔在社会主义文化和政治领域的贡献给

---

① 阿图罗·拉布里奥拉:《意大利政党危机 工会成员》(La crisi dei partiti in Italia. I sindacalisti),载《流浪者》(*Il Viandante*),1909 年,第 210 页。

予了积极评价。在他看来，索雷尔使"社会主义思想更加英雄化"的贡献绝非小事。他认为，在无产阶级解放斗争中，不应低估"神话"的作用，也不应忽视正在进行的行动所具有的"伟大的理想具象"。然而，这种理想应当与"斗争的表现"相协调，而斗争的开展则必须考虑各方力量的对比以及可用的手段。总的来说，我们必须认识到"马克思主义……是一个在现实主义方面更真实、更深刻的学派"[①]。

事实上，在《社会主义先锋报》的经验中，马克思主义"现实主义"的教训似乎并没有为该出版物的"基调"提供实质内容，而拉布里奥拉1909年的言论似乎符合这一现实。

实际上，米兰评论的各个版面见证了一项行动的开始，该行动试图为无产阶级提供最严格的坐标，以定义其对社会主义的认同。这与屠拉蒂多年前所开展的行动相同，目的是明确地将"通用社会主义"与"科学社会主义"区分开来，而现在与其说是以"科学"之名，不如说是以"革命"之名正在实施这一行动来反对屠拉蒂（他被假定为陷入慈善社会主义的主角）。此外，阿图罗·拉布里奥拉非常明确地定义了他试图提出问题的措辞，他解释说，"目前使社会党十分恼怒的分歧只不过是由于1846年出现了马克思反对蒲鲁东的文本，因此批判共产主义与伪装成改良主义

---

① 埃内斯托·切萨雷·隆戈巴尔迪：《乔治·索雷尔 暴力理论家》(Giorgio Sorel. Il teorico della violenza)，载《流浪者》，1909年，第27页。

社会主义的模糊的小资产阶级慈善事业之间的决斗突然恢复了。"①

"科学"与"革命"之间的分离对作为革命社会主义政治文化基础的马克思主义框架类型产生了显著的副作用。在这里，拉布里奥拉引用了《哲学的贫困》中的方法，但这当然不是这一时期提出的政治马克思主义的中心主题。

相比之下，屠拉蒂于19世纪80年代末和90年代初在意大利建立的政治马克思主义具有无与伦比的高水平，处于完全不同的水平。它持续不断的知识张力，源于它试图将"科学"与"革命"结合在一起，这种张力也导致产生了丰富的作品，这些作品受到学说图式主义的制约，并且往往以学究式的实证主义为特征，而不是以实证知识为特征，但这只是这一过程的一个方面。与此同时，人们还不断关注各个学科的科学地位及其所取得的成果，同时试图根据知识工具的更新来阐释现实。这导致了马克思主义框架有时不连贯，其解释标准明显不平衡，但它仍然无疑是表述明确、形式多样的。

但《社会主义先锋报》在1902年底做出的选择却并非如此。其马克思主义的特征主要是过分简单化和一维的。为这本出版物定下基调的主线最终重新与从未被击败的"灾难性"概念联系在一起。它对马克思、恩格斯论点的研究方法总体上以背诵教义问答为特征。经过重复，引文就

---

① 阿图罗·拉布里奥拉：《古代决斗》（Duello Antico），载《社会主义先锋报》，1903年8月16日。

变成了"假设"。这些假设的整体形成了一张对社会主义的认同之网,因此有人认为"摧毁这些假设(将摧毁)所有类型的社会主义理论"①。

他们想要恢复的是"社会革命的讽刺而伟大的哲学家,历史灾难的邪恶理论家"马克思,"其坚不可摧的生命力"在于它"**被理解为无产阶级行动的学说**"的理论的作者。②这就是马克思,在他的"体系中(比任何其他体系更甚)暴力在社会变革的手段中占据了**首位**"③。

这个马克思被呈现为唯一能够使社会主义合法化的马克思,因此,革命倾向被认为是唯一"不妥协的社会主义传统的继承者……《共产党宣言》……社会主义的……非私生子后代"④,"卡尔·马克思的尖锐的、有攻击性的、坚决的、毫不羞耻的社会主义的……正统后代"⑤。这是一个革命倾向声称"严格属于"的"马克思主义学派"⑥,由此

---

① U. F.:《国家》(Lo Stato),载《社会主义先锋报》,1903年8月9日。
② 阿图罗·拉布里奥拉:《卡尔·马克思》,载《社会主义先锋报》,1903年3月15日。重点部分为原文所标。
③ 塞尔吉奥·帕农齐奥(Sergio Panunzio):《法制社会主义和革命社会主义》(Socialismo legalitario e socialismo rivoluzionario),载《社会主义先锋报》,1904年1月3日。重点部分为原文所标。
④ 阿尔弗雷多·波莱德罗(A. Polledro),《菲利波·屠拉蒂的悖论》(Per un paradosso di Filippo Turati),载《社会主义先锋报》,1904年1月10日。
⑤ 《胜利后》(Dopo la vittoria),载《社会主义先锋报》,1904年4月14—17日。
⑥ 塞尔吉奥·帕农齐奥:《社会主义者和无政府主义者》(Socialisti e anarchici),载《社会主义先锋报》,1904年7月23日。

产生了它并不打算"以任何方式放弃"的"马克思主义纲领"①。

这种对马克思继承权的专有主张也应该从最近不同倾向之间开始的非常激烈的政治冲突的逻辑来考虑。改良主义必须被"粉碎"为修正主义、必须被"压制"为伯恩施坦的形式,而伯恩施坦又反过来必须被视为与社会主义传统文化完全无关。至多,人们愿意承认伯恩施坦的知识和道德一致性,而相反,那些不准备认为自己是"修正主义者"的改良主义者则不会承认这一点。② 同样的机制显然在改良主义环境的革命者＝无政府主义者等式中发挥着作用。

他们需要国际承认他们的作用,以及欧洲社会主义的各个重要人物对革命者在布雷西亚举行的伦巴第社会主义代表大会（Lombard Socialist Congress）上提出的议程给予（积极要求的）支持这一事实,③ 导致《先锋报》集团将自己定义为（有点夸张）站在这些权威对话者的立场上,有时甚至会固化他们的立场。他们将这样的人物描述为"马克思主义学说最具有权威性的以及经认可的解释者""最（有能力）解释社会主义伟大大师们的思想",也是因为他

---

① 《帕尔马信件》（Corrispondenza di Parma），载《社会主义先锋报》，1904 年 7 月 24 日。
② 阿图罗·拉布里奥拉：《改良主义与虚伪》（Riformismo e ipocrisia），载《社会主义先锋报》，1903 年 9 月 27 日；以及见 10 月 18 日版本，《饶勒斯的社会主义》（Il socialismo di Jaurès）。
③ 参见考茨基的信，其中详细说明了他对布雷西亚（Brescia）议程的支持程度和限度,该信刊登于 1904 年 3 月 20 日的《社会主义先锋报》。

们所考虑到的"私人关系"。① 考茨基是"欧洲马克思主义思想最忠实的继承者",盖德是"在法国无产阶级中实现马克思主义思想的**法国工人党**的领导人"。索雷尔"与马克思主义做斗争,但也以了不起的效率阅读了马克思主义",因此他"回归了马克思"②。

那么,这种观点是否可以被视为一种僵化的、教条式的马克思主义?它是否被一些容易辨识的且根植于当今被称为"正统"的国际环境中的特定标准所定义?一种有意识地(至少被一小部分知识分子核心)用作革命教学的马克思主义,针对的是被认为是"和平主义者(的)"的无产阶级和被认为仍然受到"资产阶级慈善事业"影响的社会主义,这种马克思主义必然是一种高度不稳定的产物,很难将其与考茨基总体性的坚固结合起来。此外,即使在这一行动似乎在这些预先制定的指导方针内展开的短暂时期内(1902—1904年),地表下也存在着一种岩浆流体,其细流滋养了革命工团主义的"马克思主义"。经常提到的"马克思主义精神"结果是一种既过于确切又过于笼统的灵感,必然会加深两极之间从未完全解决的紧张局势。

一种完全政治化的马克思主义能否长久以来避免解决与其文化假设的"科学"维度的关系问题?一些最有意识的知识分子试图通过强调这些领域的(暂时的?)分离来消

---

① 埃内斯托·切萨雷·隆戈巴尔迪:《回归马克思》(Il ritorno a Marx),载《社会主义先锋报》,1904年4月9日。
② 《社会主义先锋报》,1904年4月7—8日。

除这一问题。正如隆戈巴尔迪所问:

> 意大利社会主义是否应该继续从伟大的特里尔思想家的政治思想中汲取灵感,还是应该转变为其他东西?……真的,他的政治思想。我们当中有人仍然完全接受伟大的德国社会主义者从理论上推定的经济制度,也有人认为有必要对(关于)其技术部分(进行)修改和创新。但这不是问题所在。我们必须回归的是马克思主义精神。[1]

其他意识较少的人则将预测中迫在眉睫且**不可避免的**灾难描述为直接源自马克思,从中"社会主义现实……将猛烈地出现",而马克思是一位"(研究过)历史生成规律的学者",其机制与"宇宙生成"的机制相同。[2] 同样在这种情况下,正如在许多其他情况下一样(两种情况我们已经看到了,还有尚未出现的情况),僵化的决定论与极端唯意志论之间的摇摆在没有任何调解机制的情况下展开。

索雷尔出现在意大利革命社会主义者的参照点中应该被视为属于这种"马克思主义教学"行动。索雷尔是"危

---

[1] 埃内斯托·切萨雷·隆戈巴尔迪:《回归马克思》,载《社会主义先锋报》,1904年4月9日。

[2] 参见塞尔吉奥·帕农齐奥:《社会主义的统一》(L'unità del socialismo),载《社会主义先锋报》,1904年10月11日。有关帕农齐奥这一时期严格死板的决定论的更多信息,另请参见他1904年5月1日刊的《阶级斗争和人类团结》(Lotte di classi e Solidarietà umana)。

机主义者"之一,他坚决主张"回归马克思"的需要,这才是真正重要的,比索雷尔本人赋予这种"回归"的特征更重要。《社会主义先锋报》解释道,"我们仅研究了其中蕴含着卡尔·马克思不朽且不断复兴的精神"的那部分索雷尔;这不是索雷尔式马克思主义,而是支持构建他们的"卡尔·马克思"的另一个支柱,建立在"他的灵魂、他的观念、他的最终目标、他永远革命的方法"之上。① 此外,《社会主义先锋报》出版了《工会的社会主义未来》作为附录,与考茨基的《社会革命》(Die soziale Revolution)同时出版。②

1904 年初,阿图罗·拉布里奥拉在米兰出版的作品代表了 1902 年至 1904 年间将这一革命马克思主义的脉络编织在一起所达到的最高点,并且在某些方面具有象征意义。③ 一些史学倾向将《改革与社会革命》(Riforme e rivoluzione sociale)视为意大利革命工团主义的第一个理论文本;索雷尔的影响据称在这部作品中尤为明显。这种解释或许受到这样一个事实的影响:发行量最大的版本是 1906 年的版本,根据(尤其是引言一章)总罢工的经验和现在以相当精确的方式被定义的工团主义理论而修订。

拉布里奥拉的书不仅代表了这一点,还试图为一套马

---

① 参见 W. Mocchi:《最后的化装舞会》(L'ultima mascherata),载《社会主义先锋报》,1904 年 9 月 30 日。
② 从 1903 年 1 月 11 日开始出版考茨基的文本,从同年 6 月 21 日开始出版索雷尔的文本。
③ 拉布里奥拉,1904 年。

第六章 马克思主义和革命的工团主义

克思主义"假设"提供系统性特征以及理论的尊严，这套"假设"形成了相当脆弱和了无生气的网格模式，《社会主义先锋报》的"革命教学"的行动正是以此为基础——改良主义者将其称为拉丁语（latinetto），① 这并非没有道理。

拉布里奥拉为了与改良主义者划出一条不可逾越的差异化界线而引入的区别，在本质上是十分强大的、完全政治性的，就像原本打算支撑它的马克思主义一样。对于拉布里奥拉来说，政党的革命性并不是由于其目的或"理想"（即使指的是社会主义理想），而是由于其活动的"形式和技术方法"。国家是阶级统治的极佳的政治保证者，因此，任何社会变革如果不是首先削弱国家，然后超越国家，那么它就是一场虚幻的变革。"一个寻求通过革命手段达到其目的的政党自然是一个攻击国家现有形式的政党。相反，一个尊重国家现有形式的政党永远不会成为革命政党。"②

反国家主义将是本书的基本主题之一，拉布里奥拉讨论了与这一论点相关的暴力问题。他处理暴力问题（一个绝妙的政治主题）的方式本身就表明了继续完全留在这一维度内部的困难。极端强调已经在《社会主义先锋报》的政治文化环境中广泛传播的唯意志论倾向确实是有风险的，而拉布里奥拉还没有准备好冒这些风险。无可否认的是，他确实以一种唯意志论的方式引证了马克思关于费尔巴哈

---

① （这一难以翻译的表达指代在学校学习拉丁语语法；其含义是死记硬背地学习，但也不准确。）

② 拉布里奥拉，1904 年，第 61 页。

的第十一条提纲，如今这在意大利文化（不仅是马克思主义文化）中很常见：他没有将其理解为"实践的哲学"，更多的是将其理解为"行动的哲学"。他拒绝接受"恩格斯后期关于暴力的立场"，认为这与"马克思主义精神"不一致；但与此同时，他非常关注"将集体和个人的自愿努力与社会制度的内在规律结合起来"的问题。① 他认为这是历史唯物主义最大困难之一的根源。

拉布里奥拉试图给出自己的回应，能够将暴力问题所固有产生的唯意志论与一系列限制其主观要素的参照物联系起来。此外，人们理所当然地认为，暴力不能"任意调动"，② 而必须回应无产阶级组织主观成熟的非常具体的要求以及经济均衡的特定配置。

正是在这一特殊的方面，"暴力环节"的影响将在"经济环节"中找到坚实的锚点。拉布里奥拉认为，"**经济环节是一种暴力行为，成为必要**"，并补充道，"**正是受条件制约的暴力产生了经济的初始条件**。这就是马克思主义。"③

然而，他澄清这种关系术语的逻辑路径并没有超越这样一种认识，即特定的社会经济条件（例如有关工作日时间的条件）是对抗的力量之间权力关系不断变化的结果，以及在特定"强制"的基础上达到的新的"经济"均衡将纳入社会立法。

---

① 拉布里奥拉，1904年，第145页。
② 同上，第154页。
③ 同上，第149—150页。重点部分为原文所标。

第六章 马克思主义和革命的工团主义

但这些并不是本书论证中最具特色的方面，即使它们可以被视为表明了作者在阐述其文本时有意识的、功能性的"偏颇"。更具特色的是那些最终汇入以下要旨的那些方面："马克思主义（曾经是）并且仍然是一种伟大的力量的哲学，一种关于智力暴力作为社会进步因素的和善的理论。"① 阿图罗·拉布里奥拉与马克思理论的关系必定不限于关于"力量的哲学"和"智力暴力的和善的理论"的阐述。我们已经看到了（而且我们还将进一步看到）如今正在逐渐分层的复杂而沉重的关联。他 1904 年的方法基本上是一维性的，这仍然完全属于 20 世纪最初几年"革命性"选择的正当理由。这一选择将导致社会主义激进分子陷入一种持续的伦理政治矛盾的氛围。实际上，资本主义的基本经济关系原来比人们原本想象的"无限的更加严格、更加沉重、更加顽强"。② 因此，需要将革命紧张局势保持在恒定的高水平——这是拉布里奥拉认为改良主义就其本质而言无法长期保证的一点。

如果拉布里奥拉作为一名知识分子和政治人物，以及他的马克思主义本身，远远超越了《社会主义先锋报》与《改革与社会革命》的经验，那么这种经验所赋予实质的马克思主义却仍然在革命工团主义本身的文化以及以各种方式和革命工团主义相交叉的文化中都留下了深刻的印记。年轻的革命社会主义者贝尼托·墨索里尼（Benito Mussoli-

---

① 拉布里奥拉，1904 年，第 163 页。
② 同上，第 198 页。

ni）在1903年和1904年与《社会主义先锋报》合作，发表文章和信件，这并非巧合。他1908年的一篇关于尼采（Nietzsche）的文章（被视为"墨索里尼'意识形态'的第一个具体表现"①）标题为《力量的哲学》（Filosofia della forza），正如拉布里奥拉四年前定义马克思哲学一样，这也许也不是偶然的事情。

从1901年的最后四个月（革命倾向的纲领性宣言在此期间发表）② 到1904年的最后四个月（意大利第一次总罢工）期间，无论是从学说还是组织的角度来看，半岛上都没有制定出可以被定义为革命工团主义的体系。因此，我们在这里无法确定对马克思主义的任何具体的"革命工团主义"阐释。相反，正在形成的是一种逐渐与马克思主义趋同的态度，在政治意识形态的意义上利用它——一种在整个形形色色流动的环境中常见的态度，可以被视为"社会主义左派"，这一环境在博洛尼亚代表大会上形成了短暂的集体（甚至是作为多数派）。

这确实是一个由不同成分组成的集体，其各个部分很快就会在不同的基本轴上分解和重组。然而，他们此时被聚集在一起，是因为他们代表了底层阶级和工人运动的地理区域和碎片，而这些阶级和运动被排除在改良主义计划所呈现的看似紧密、一致的形式之外。《社会主义先锋报》集团、老的意大利工人党成员和工会各部门正在竭力应对

---

① 德·费利斯（De Felice），1965年，第60页。
② 参见拉布里奥拉，1901年。

第六章 马克思主义和革命的工团主义 Ⅱ

斗争数量和结果方面正在发生的逆转,他们几乎很自然地在**菲利主义**(ferrismo)① 的短暂经历中找到了平衡点。

这一经历引起的评价大多来自通常针对一人道德和智力人格的严厉的批判性判断,而这人一度成为屠拉蒂最大的对手。这两个人在道德上和智力上的巨大差异常常被视为历史判断的一个区别性因素。我相信恩里科·菲利自己的人格和文化政治**过程**(iter)可以而且应该与其他东西区分开来,即根深蒂固于社会主义和工人运动中的需求,这些需求围绕这一人物在他生命中的一段特定时期所发挥的功能找到了凝聚的原因。

《社会主义》(菲利自 1902 年起推出的双周刊,明确旨在成为《社会批判》中的反思的替代品)在其封面内页中表示,它希望讨论"社会主义的问题和学说的基本术语和具体态度,**保持社会党的革命精神的活力和主导地位**"②。这一计划的**菲利主义**仍然不确定,因此它不排除改良主义计划可能实现的机会或对**屠拉蒂主义**(turatismo)的最严厉的反对;它将成为各种力量的聚集点,这些力量最小的共同特性是承诺对群众进行革命教学。在这一阶段,这不可避免地意味着对马克思主义的强烈冲突的解释理所当然。

在这方面,恩里科·利昂纳从 1902 年到 1904 年的路线尤其能反映真实情况。在某些方面,利昂纳扮演了**菲利主义**的"理论意识"的角色,这导致他与《社会主义先锋

---

① 即恩里科·菲利所采取的一系列主张和行动。——编者注
② 重点部分为本书作者所标。

报》集团发生了冲突（而且是严重的冲突），他认为这背离了"社会主义原则的共同意识"（的"两种相反的夸张"之一）。①

与此同时，他试图赋予"社会主义精神"以实质和深度，如果没有这种精神，任何局部的斗争和抵抗的尝试都注定缺乏"至关重要的、持续的坚持"（无论其短暂的胜利如何），这使他强调永远需要牢记"对……资本主义生产的对抗性的认识"。② 这导致人们逐渐重新考虑"马克思主义危机"的结果和"修正主义"在改变"从**马克思主义**领域到**民主**领域的社会主义活动的传统理论基础和实践基础"的过程中所扮演的角色，③ 以及坚持需要"被理解为阶级冲突和阶级斗争的节奏的、严格的马克思主义历史进程概念"占上风。④ 恩里科·利昂纳此时所表明的政治路线与《社会主义先锋报》不同，但他们运用马克思主义的方式是相同的，对应着相同的推论。

1904 年 9 月总罢工的短暂而激烈的经历使"社会主义

---

① 恩里科·利昂纳：《从伊莫拉到博洛尼亚》（Da Imola a Bologna），载《社会主义》，1904 年，第 17—20 页。

② 同上。

③ 恩里科·利昂纳：《意大利社会主义危机和博洛尼亚代表大会》（La crisi del socialismo italiano e il Congresso di Bologna），载《热门政治杂志》（Rivista popolare di politica），《文学和社会科学》（lettere e scienze sociale），1904 年，第 175—176 页。

④ 恩里科·利昂纳：《会议结束后 博洛尼亚的"修正主义者"》（A congresso finito. I "revisionisti" a Bologna），载《前进!》，1904 年，4 月 15 日。

左派"政治文化中已经存在的某些倾向突然加速，这些倾向在伊莫拉代表大会与博洛尼亚代表大会之间艰难地形成了自己的部署。只有通过反思这样一个对意大利工人运动历史如此重要的事件（也就是说，反思现在似乎注定要得到承认的"新的、非常有效的手段"），才能使迄今为止一直在革命混合物的流动整体中感到困惑的文化主题可以开始获得自己的自主维度，这一维度现在正在按照我们可以定义为"革命工团主义"的术语进行构建。

而且，这是一个持续保持高度不确定性的结构化过程。没有什么比想象革命工团主义理论在1904年底到1905年初之间就有机地形成一整套教义更不准确的了。革命工团主义永远不会成为一个有机完整的学说。似乎很容易理解，在革命工团主义仍然是意大利社会党的组成部分的时期和在外部组织和定义自己的时期，它以截然不同的形式表现自我。然而，如果我们从其理论主题假定的自主成熟的角度来考虑，那么要解释它的一些观点的突然变化似乎更有问题。更常见的是，在一种充满特殊愤怒的气氛中展开的各派别之间的斗争的动机，既会促使激烈且无法调和的矛盾时刻出现，也会推动其战术上的调整。这些动机还要对革命工团主义经历的结果负部分责任，而显然，这些结果不可能在1904年9月的总罢工之后就彻底确定下来。

在上述具体说明革命工团主义特征的过程中，即使是总罢工这一概念本身，在利昂纳与拉布里奥拉（他们两人显然都是核心人物）的阐述中也有着截然不同的含义。此外，在整个 20 世纪的头几年中，在阿姆斯特丹（Amsterdam）国际代表大会之前（以及在某些方面甚至是之后），并没有关于总罢工的绝对单一的概念。那么，这并不是不同社会主义概念之间的区别性因素。①

利昂纳也许是更深入工会维度内部的知识分子，他很难同意阿图罗·拉布里奥拉所坚持的立场（就这一点而言，这不是长期立场），他声称，"所有的工人阶级社会主义都可以在总罢工中找到，它是……社会革命的简明公式。"②尽管他同意他的朋友的观点，即始于总罢工的工会政治"新时代"③ 对于获得更高水平的"阶级意识"具有无与伦比的（而且不仅仅是象征性的）价值，但他最终认为它在整个革命工团主义愿景中的决定性作用较小。

但是，同时特别强调总罢工作为工人阶级完全自治化进程的加速器的作用，及其与"社会所有其他部分"的直接对立，④ 只能使革命者使用马克思主义的方式更加僵化。拉布里奥拉与利昂纳无疑共同拥有这样的视野，但他们不可能感到自己受到这种视野的限制。

作为职业经济学家和社会科学认识论讨论的参与者，他们对马克思主义的熟悉程度显然有很大差异。绝非偶然的是，正是在他们的政治马克思主义被僵化为一种日益强

---

① 拉加代勒（Lagardelle）（编者），1905 年。
② 摘自阿图罗·拉布里奥拉于 1906 年罗马大会上的干预，见拉布里奥拉，1911 年，第 169 页及以下。
③ 拉加代勒（编者）1905 年引用的利昂纳的干预，第 355 页。
④ 同上，第 351 页。

化的"全面对立"的同时,他们感到有必要在同样的问题维度上重新定义自己与马克思整体理论的关系,而19世纪末的"危机"已表明这些维度并没有得到解决。

3 恩里科·利昂纳与阿图罗·拉布里奥拉的工团主义理论"鼎盛"时期的马克思

与阿图罗·拉布里奥拉相比,恩里科·利昂纳的一生受到革命工团主义的影响更深刻(持续的时间也更长)。我们可以认为拉布里奥拉的工团主义经历在1911年基本上已经结束。同年,拉布里奥拉将他前几年在工团主义评论中发表的一些文本收集在一本书中,"像在坟墓里一样"(就像十年前的克罗齐那样),就好像他想给人一种个人感悟,在这段旅程中,他试图将"科学与革命"结合起来;在这段旅程的最后,似乎有可能看出令人沮丧的失败的征兆。① 两年后,在第二版中,他添加了一篇新写的文章,② 完全明确了仅在1911年的文章中暗示过的内容。更清楚的是,在1943年9月出版的一本没有任何进一步补充或解释的书中(在危机期间整理并于1926年完成),他用旅行者的比喻来指称这种"组合"的经历以及他随后对马克思的"科学"回归:

---

① 参见拉布里奥拉,1911年。
② 拉布里奥拉,1913年,第225—255页。

意大利马克思主义史：从起源至第一次世界大战前

> 离开祖国一段距离，走过陌生的土地，分享过其他民族的生活后，最终才觉得祖国的天更晴朗，空气更清新，人民更友善，风俗更包容。最终我们看到，（马克思的）理论中存在一些问题和答案，是我们在其他作者那里徒劳地寻找过的，如果还需坚持寻找这些问题和答案，我们就必须回归这一理论。①

我们看到，这段穿越"未知之地"的旅程始于19世纪末的"危机"；我们也看到旅行者准备随身携带的一套具有争议的、在某些方面相互矛盾的工具作为行李。正是在这一时刻②他的信念成熟起来（他在工团主义时期从未放弃过这一信念），即"每一个社会主义学说最终都是对流行学说的批判或发展"。③ 所以现在，此刻他面临的任务是为被称为"革命工团主义"的知识和组织整体提供学说结构，拉布里奥拉和其他人一起试图在"确定近代**确切的**经济学原理"的基础上准确地解释"新思想的核心"④。

事实上，与他在1899年《〈资本论〉第三卷研究》

---

① 拉布里奥拉，1943年，第10页。
② 梅利诺描述道，1899年，阿图罗·拉布里奥拉（显然是阿图罗·拉布里奥拉，尽管梅利诺没有提到他的名字）给一位朋友写过这样一句话："理论社会主义一直是政治经济学的影子。既然政治经济学正在呈现出盛行的享乐主义—数学倾向，那么社会主义学说就必须从根本上改变它的方向（否则处死）"。参见弗朗切斯科·萨维里奥·梅利诺：《更多争议》（Altre polemiche），载《社会主义批判性评论》。
③ 拉布里奥拉，1911年，第6页。
④ 同上。

(*Studio sul Ⅲ volume del Capitale*)得出的观点相比，拉布里奥拉对瓦尔拉斯—帕累托（Walrasian-Paretian）范畴的研究方法，以及他试图在该理论的使用与马克思的理论之间建立的关系，似乎并没有在他的革命工团主义岁月中看到特别的发展。即使当他试图确定"意大利经济科学的当前时刻"①，明确地试图证明经济领域和纯粹经济学之间的巧合时，他的论点事实上对于那些真正的边际主义者来说并不令人信服。

帕累托的优点是"扫除了"任何关于价值的"诡辩"，并给予纯粹经济学"更充满活力和系统化的表述"，除了对帕累托的敬意之外，拉布里奥拉最终为此类研究分配的空间比这位"塞利尼（Celigny）隐士"所考虑的空间受到的限制更多。

这位年轻的那不勒斯经济学家限定自己将其定义为纯粹的"利己主义机制"："经济学将（利己）行为与其他行为区分开来，并使其成为自己调查研究的对象，只要它们是符合逻辑和理性的行为。换句话说，经济学研究的是人的一个片段。"

在这一简短的分析部分中，他甚至可以同意派特莱昂尼关于经济学中不存在"流派"的观点，但同时也不能否认"人和社会事实感受到经济……过程的方式不同"。工人、企业家、股市投机者和银行家有着不同的观点；因此

---

① 《论当前经济科学》(*Sul Momento attuale della scienza economica*)，写于1907年，发表于拉布里奥拉，1911年，第3—32页。

产生了不同的利润理论,即"无偿劳动、节制消费、资本的产物"等等。从这个意义上说,可以将经济学称为"阶级科学"。这些都是合情合理的观点,但有所偏颇。一般来说,经济学并不关注利润的起源。从根本上说,社会学家、历史学家和法学家更多地解释了关于生产中人类群体之间关系的最重要问题,而不是经济学家。数学让"需求定律和社会收入完全陷入黑暗"①。

事实上,拉布里奥拉从未克服过他对纯粹经济学的根本上的敌意,纯粹经济学以该学科为自己设定的认识论坐标为主要内容。他的立场清除了与特定社会风气以及经常提到的学术专业化要求相关的说法,只会在有限的技术工具层面上对经济学敞开大门,这些工具可以用于处理"人类活动的片段"。他认为经济学对社会动态领域不具有任何解释潜力。

并非巧合的是,在他写下这些帕累托式颂文的同一时期,他认为自己能够找出隐藏的"回归李嘉图"的征兆,甚至表达了对这一"心理—数学学说"体系的"强烈反感"。因此,他发表了以下声明:

> 我相信,这种反感的根源在于难以接受新经济科学在经济科学中所占据的所有虚构的(衡量标准)数量……新经济学复杂的享乐测量法及其基础上的动态

---

① 拉布里奥拉,1911年,第7页、第8页、第10页、第11页、第31页。

概念（无论是真是假）将注意力从劳动的现实上转移开，劳动作为经济学的基础、条件和要素——确切点说是一种**本质**，用学术术语来说，劳动就是经济学的一切。新经济学愿意将经济过程的所有表现形式纳入交换领域。在交换的夜色中，所有猫都是灰色的。从交换的角度来看，所有经济行为都是平等的。①

因此，如果拉布里奥拉认为他能够在经济文化中找出"回归李嘉图"的征兆，他就认为这对于理解资本主义真正的机制非常有帮助。显然在这里，重新进入这一领域的经济范畴是马克思的范畴，在古典方法论和马克思和李嘉图共同的方法的背景下进行阐释，李嘉图"证明了每一个事实（同时既是主观的又是客观的）由社会的存在、人和事物的社会状况所决定"②。

按照"政治经济学"来阐释工人阶级革命工团主义组织的行动（对于像拉布里奥拉参与的文化来说，这是赋予其"理论"尊严的唯一方法），他宣称，无法真正使用"纯粹经济学"的区分，尤其是所有"数学形而上学"所特有的区别。相反，他引入了"超经济"范畴，这一范畴绝对

---

① 拉布里奥拉：《回归李嘉图》(Il ritorno a Ricardo)，载《自由版面》(Pagine Libere)，1907 年，第 2 期，第 80 页。
② 拉布里奥拉：《回归李嘉图》，载《自由版面》，1907 年，第 2 卷，第 92 页。

意大利马克思主义史:从起源至第一次世界大战前

不应与"非经济"混淆。实质上,这是一个扩大纯粹"利己主义机制"范围的问题,[①] 为了将纯粹经济学视为一个更广泛的分析框架,需要把原本不属于经济学研究范畴的现象纳入其中。

因此,拉布里奥拉将经济学领域定义为"'可契约化'的领域",在这一领域,社会和历史**现状**获得了定义。[②]

"可契约"的领域遍布各种协会,这些协会自然以倾向垄断的方式组织起来,以实现其最大限度的享乐主义利益。然而,即使承认工人组织有能力真正实现劳动力市场的垄断,最终他们也将不可避免地在那个特定时刻碰到企业容纳能力的极限。由此导致边缘企业的倒闭以及随之而来的劳动力市场的紧缩。

有鉴于此,如果工会仍停留在"可契约化"的领域(即"经济学的"领域),它将无法完全实现其目标。因此,在某一(客观和主观成熟的)时刻,它必须突破这一领域,从而进入"超经济"领域,从中建立一个新的经济国家,一个新的经济。在"经济"的一个环节和另一个环节之间,插入了一个"超经济"环节。不应忘记,这种转变在纯粹经济力量的推动下实现。竞争引起了垄断,而摆脱垄断"负面效应"的需要又引起了"超

---

① 拉布里奥拉:《经济和超经济》(L'economico e l'extra-economico),载《自由版面》,1908年,第1357—1372页;1909年,第1卷,第297—311页。

② 拉布里奥拉:《经济和超经济》,载《自由版面》,1908年,第1361页。

经济环节"。① 因此，对于拉布里奥拉来说，这两个环节之间不存在无缝的连续性——"从广泛意义上与我们物质生活有关的一切"，而不是从限制性意义上的"数学形而上学"来自然理解"经济"。②

为了更好地明确"经济"与"超经济"的连续性以及它们之间缺乏"质的"差异，拉布里奥拉将后者定义为"经济的次边缘层，在这一阶层中，阶级以符合其生存需求的方式改变现有经济形式的努力在不知不觉中发展起来"。他指出革命工团主义是训导"工人阶级"的"次经济和超经济"能量的要素。③

如果社会革命只有在集体财富长期增长结束时才有可能发生，那么革命工团主义者宣称他们意识到财富的最关键因素仍然是人本身。这个人越感到"精力充沛、自由、'独特'"，就会创造出更多的财富；这一品质往往恰好就会通过他在特别"超经济"领域的活动而得到发展。

因此，"超经济"范畴适合于双重需要：一是已经提到的从政治经济学角度进行推论的需要，二是不重视革命过程中的伦理唯意志论维度的需要，在这里，这两个需要被认为与经济发展的过程密切相关。这与拉布里奥拉阐释马克思的更深层次的主题相符，正如我们将看到的，也与利

---

① 拉布里奥拉：《经济和超经济》，载《自由版面》，1908年，第1369—1370页。
② 同上，第1370页。
③ 拉布里奥拉：《经济和超经济》，载《自由版面》，1909年，第1卷，第306—307页。

意大利马克思主义史:从起源至第一次世界大战前

昂纳的阐释相符,而另一股革命工团主义的潮流在这方面将采取不同的立场。

拉布里奥拉不断地重新提出马克思主义认知工具与资本主义发展现实之间的关系问题(而且不仅仅是对经济领域边界永恒的重新定义),这一事实清楚地表明了这一点:马克思主义方法在早期《社会主义先锋报》经验及其在《改革与社会革命》中不可避免的必然结果中都表现出故意的偏颇。即使在拉布里奥拉工团主义的鼎盛时期,对马克思主义、科学以及"新"社会主义理论之间关系的重新审视,也几乎是不可避免的。他这样做正是因为他从未想过这些关系可以被简化为"力量的哲学"的学究式唯意志论范式。

拉布里奥拉似乎重新开始界定经济的领域(这一次是为了捍卫哲学家马克思免受"资产阶级"经济学家的批评)以"证明经济学只有用哲学精神来研究马克思主义的经济部分,才能探明真相"①。事实上,这是更为复杂的话语,具有多种含义。它在一定程度上是为了使革命工团主义的马克思主义推论更加明确、不那么肤浅,它也与意大利马克思主义氛围紧密相关,而意大利马克思主义氛围产生于19世纪末克罗齐、秦梯利和老拉布里奥拉之间的讨论中。

那么,对于小拉布里奥拉来说,哲学家马克思和经济学家马克思是不可分割的。实际上,马克思的方法论框架

---

① 拉布里奥拉,1908年,第104页。

有着悠久的根源：存在于他青年时期的著作中，尤其是他关于费尔巴哈的提纲；以及历史唯物主义是将一般哲学研究与政治经济学结合起来的真正纽带。只有极为熟悉马克思哲学著作的领域，才能充分理解他的经济范畴的"密度"。

在纯粹经济学现在简单地以经济学的形式出现的背景下，将一个经济范畴归类为"哲学"实际上是剥夺了它的"科学"尊严。我们只需要想想帕累托，对他来说，"哲学"就是"形而上学"的同义词，而形而上学（除了它可能具有的任何特定含义）不过指的是一些不切实际的东西。

该书的特色也在于指示对于并非**严格意义上的**（stricto sensu）"经济的"马克思的分析，因为他想要"达到经济本身的实质"，因此给自己提出了一个"不属于经济科学"的问题。① 这项研究的总体方向似乎是为了论证短期的经济学家马克思和永恒的社会主义理论家马克思之间的分离（在标题中很模糊）。但是在这里，正如 1899 年的书中一样，重要的也是要警惕那些似乎对当时广泛流行的经济科学概念做出过多让步的公式化表述。论证的总体逻辑最终将与这些表述相悖；此外，还有其他表述以更为连贯的方式符合本书基本的分析方法。拉布里奥拉宣称，"马克思的永恒在于他对资本主义社会的明智理解"，并进一步明确指出，"资本主义社会特有的本质在于其经济特征。"② 因此既然是

---

① 拉布里奥拉，1908 年，第 131 页。
② 同上，第 161、167 页。

这样，也许"永恒"的是资本主义理论家马克思，而非社会主义理论家马克思。而且，如果资本主义的本质在于"其经济特征"，那么是否有可能构建一种忽视"经济范畴"的正确（也是最重要的）使用的资本主义理论？

事实上，本书的很大一部分致力于阐明马克思对资本主义的"明智理解"。

首先，这意味着将资本主义视为一个**问题**；这是一个现象与现实不相符的体系，而马克思的理论被提出来试图"解释现实和对现实的解释"，以解释资本主义的运转机制和意识形态。① 它的叙事方法有助于实现这一目标；它的历史主义与历史学派的历史主义无关，是"一种研究手段，而不是一种阐述手段"：② 从根本上来说，是一种历史逻辑方法。

连接整个资本主义社会的纽带是什么？是商品。商品"确实可以满足具体需求，但也可以作为交换的等价物。该事物有一个内部分裂：其物质实体仍然是能够满足需求的东西，但其唯心主义幻象、价值，却具有社会联系的功能"③。对于拉布里奥拉来说，在这种逻辑中，《资本论》第三卷中所尝试的将价值转变为价格尚未在数量上取得成功，这一点并不那么重要。交换的实质仍然是价值，而价格只是一种形式：实际上，马克思早已试图证明价值和价格的

---

① 拉布里奥拉，1908 年，第 19 页。
② 同上，第 26 页。
③ 同上，第 56 页。

不一致，以及价格不过是价值的"转变"这一事实。

对于拉布里奥拉来说，革命工团主义选择的根本原因恰恰源于这种构建资本主义理论的方法——这是唯一能够描述其"本质"及其特殊的"运动规律"的方法。如果资本主义的"本质"在于"价值"和"价格"之间的区别（有时是对立），并且如果提供劳动的技术手段和社会手段是价值创造的构成要素，那么"解释工资关系在很大程度上就是解释资本主义制度本身"①。从对这一理论核心的共同接受中只能得出一种一致的马克思主义政治立场。这一理论的核心在于，它将分析和"实践马克思主义"活动聚焦于以下几个方面：工资关系问题、工人劳动从属地位引发的对抗，以及至今仍是"识别"资本主义生产方式主要特征的"不可调和的对抗"。工资关系并不是纯粹的经济关系：工资也可以在一定限度内增长，工作条件也可以改善。灾变论在这里被从社会主义者的文化和政治视野中抹去了，因为几乎不可能确定资本主义发展能力的极限。整个社会可以进行改革，但只要现有的生产方式依然存在，"实质性"对立的核心就注定会持续下去。那么，"革命者"与"改良主义者"的区别并不是拒绝"改革"、拒绝"社会立法"或拒绝改善底层阶级生活条件的可能性。相反，问题在于这一切是否能够真正改变资本主义的本质。拉布里奥拉主张：

---

① 拉布里奥拉，1908 年，第 167 页。

对资本主义社会进行变革和改革并不意味着改革或改变资本主义社会。马克思主义者的反改良主义源于他们坚信不可能以不同的方式改造和指导资本主义的本质。但他们并没有声称，如果果仁没有改变，那么周围果肉的质地、颜色或香味也不会改变。①

工会逐渐意识到，解决工人解放问题的唯一办法就是消除这个"果仁"本身，这意味着"马克思主义（是）工人运动的最权威的理论"②。

拉布里奥拉在革命左派的第一个定义中对马克思主义完全政治上的运用，与这种完全属于《资本论》的"经济"范畴的"实践马克思主义"之间存在极其深刻的差异。然而，在革命工团主义意识形态中，两者并没有被视为对另一者的否定：两者都持续存在，并且经常以互补的方式出现。

由于《共产党宣言》在马克思主义理论体系中的核心地位，它成为了一个权威的引用来源。工团主义者可能会选择性地引用《宣言》中的某些段落，以论证其自身理论具有与传统马克思主义不同的重要性。以马克思关于无产阶级作为一个阶级的进步与工人组织的进步同时发生的段落为基础，论证了工会在社会革命过程中的重要作用："将'工团主义'与《共产党宣言》连接在一起的内在的、不可

---

① 拉布里奥拉，1908年，第168页。
② 同上，第216页。

分割的纽带。"① 这也加强了马克思主义观念,这一观念在所有社会主义倾向中普遍存在,即革命只有在资本主义发展的高峰时期才有可能发生。按照这种观点,只有逐步地、无限期地提高控制生产的能力(工会特有的职能之一),才能为取代统治生产过程和整个社会的**阶级**创造有利条件。那么,这并不是一个专门的**政党**解决方案,拉布里奥拉预测这将带来完全的政治专政。他警告说,"这方面有一段古老的历史","通过这一过程建立的政治制度只能有一个名字:资本主义掠夺。这是罗马帝国主义和**国民公会**(Convention nationale)的政治制度。我们对'科学'社会主义的赞扬……"②

因此,革命工团主义者拉布里奥拉尽管宣称是"修正主义",却希望在政治维度和基本理论特征上仍然保持与马克思主义实质上相同。出于这一原因,面对普列汉诺夫攻击他的理论特点,他的反应既仓皇失措又十分激烈。

1907 年,普列汉诺夫开始在《现代世界》(Sovremenny Mir)上发表反修正主义文章,实际上,其中第一篇文章就针对阿图罗·拉布里奥拉。安格里卡·巴拉巴诺夫(Angelica Balabanoff)在"不妥协派"针对"工团主义者"的激烈政治斗争的背景下将这些文本翻译成意大利语,其确切意图是否认"工团主义者"具有任何马克思主义的合法性。这完全符合普列汉诺夫辩论方法的**形式**和**实质**。

---

① 拉布里奥拉,1911 年,第 186 页。
② 同上,第 189—190 页。

意大利马克思主义史：从起源至第一次世界大战前

普列汉诺夫的这些文章以单卷的形式出版，[①] 带来了一种政治文化辩论模式，这种模式在许多意义上与意大利社会主义—马克思主义环境格格不入。这并不是说在不同倾向之间的争论中没有明显的激烈情绪（实际上，仍然存在），无论讨论涉及直接的政治问题、学说问题还是两者兼而有之。也曾经（并且仍然）尝试基于"学说"来取消政治合法性。但"正统"的明确宣告从未表明，有意识地使用手术刀实施的分离会是多么冷酷、尖锐、无法挽回和后患无穷。

作者从引言开始就声明，这篇文本是"马克思主义正统"的正式宣告，因此，该文本想要清除社会主义领域中所有不符合这一学说维度的广泛阐述："我们那些认为工团主义是社会主义的一个方面的同志犯了严重的错误。**事实上，真正的工团主义，即一致的工团主义，与一致的社会主义是不可调和的对立面。**"[②]

普列汉诺夫的许多论点确实具有充分根据。他重新提出了反工团主义论战的常见主题（它与无政府主义和资产阶级经济学家的自由贸易主义的相似之处；对社团主义的指责以及对无产阶级生活条件的日常改善问题无动于衷），他还攻击了几乎一直没有发展起来的论点的薄弱环节。我们可以说，他对拉布里奥拉关于决定论和唯意志论在社会进化过程中的作用的一系列论点进行了相当轻松的研究。

[①] 普列汉诺夫（Plekhanoff），1908年。（不提供英文版本。）
[②] 普列汉诺夫，1908年，第9页；重点部分为原文所标。

拉布里奥拉提到的意识唯心主义和意志唯心主义的重新发现，与他听说过但几乎完全不了解的黑格尔的唯心主义的丰富性和复杂性没有关系（或者只是纯粹的名义上的关系）；与此同时，普列汉诺夫则对此非常了解。因此，普列汉诺夫很容易证明所谓"正统"考茨基式的马克思主义者并不是严格的决定论者。

然而，本书一系列文章最终揭示，凡是超出那些被赋予权威、且因其公认的知识优势而获得授权的人物所划定界限的内容，都被有意识地排除在马克思主义之外，进而被排除在社会主义之外。在这种后来成为马克思主义传统之一范式的观点中，阿图罗·拉布里奥拉因此成为**"爱德华·伯恩施坦（Eduard Bernstein）的连体双胞胎"**①，改良主义和工团主义在考虑现代资本主义发展一般过程的方式上也变得"一模一样"。普列汉诺夫认为，"将这两种潮流放在一起就像一副手套；从某种意义上说，左手与右手相对。但这并不能消除一个事实，**即一个与另一个极其相似。"**② 这是一个逻辑严谨的模型，在相当长的一段时间内，它都将非常适用于现实情况。

拉布里奥拉的回应充斥着过多的恶意和对细节的过分看重，③ 但确实给我们更好地澄清了当时正在进行的有关

---

① 普列汉诺夫，1908 年，第 48 页；重点部分为原文所标。
② 同上，第 49 页。
③ 拉布里奥拉：《反对普列汉诺夫和工会主义的论战》（L'onestà polemica contro G. Plekhanoff e per il sindacalismo），载《自由版面》，1908 年。

意大利马克思主义史：从起源至第一次世界大战前

"正统"和革命工团主义马克思主义问题的讨论的含义。首先，他自豪地宣称自己作为一名理论经济学家的特殊性，与"社会主义理论家"不同。这是为了主张接受纯粹经济学包袱中的分析元素的可能性，主张甚至受到帕累托和派特莱昂尼等人的影响的可能性，但这并不一定意味着与边际主义者在学科地位或经济领域和社会领域之间的关系方面达成普遍一致。经济学家的责任是从他自己的科学领域取得的进步中汲取新的工具；将马克思主义经济学想象为自给自足最终意味着将使它在理论上处于贫乏状态。而自给自足是"正统"的基本方面之一。

对于拉布里奥拉来说，毫无疑问，"工团主义完全可以在马克思主义中找到"。① 它恰恰基于马克思人类学的深刻哲学核心，根据这一核心，人类整体的重组由真实的、个体的人重新占用其分裂的自我即抽象公民的过程组成。这是一项"社会综合"的运作，只有在工人组织的范围内才有可能实现。拉布里奥拉宣称，"只有在工会中才会存在，具体的个人力量与抽象的社会力量融合使人类解放成为可能……工团主义的观念是马克思主义前提的合法延续。"②

然而，这是一个并不渴望获得"正统"地位的"合法性"，因为它是马克思理论深层潮流的产物，而"正统"尚未研究过马克思理论。这一潮流仍然极其重要，应该集中

---

① 拉布里奥拉：《反对普列汉诺夫和工会主义的论战》，载《自由版面》，1908年，第519页。
② 同上，第192页。

精力，而不是浪费时间试图开发同一来源的其他如今已经耗尽或干涸的潮流。实际上，"正统"是一种精神态度，从中衍生出一种处于舒适区内的政治实践。"正统"不是试图正确地解释一种人们应该因其运作能力而保持忠诚的理论，它也能使一套学说失去活力，这些学说有计划地排除了专家们（意识形态方面的抽象概念的守护者）所认为无关的任何元素。

这种对非"正统"马克思主义"合法性"的主张还需要从理解社会动态的可能性方面来进一步界定"纯粹经济学"所特有的空间。拉布里奥拉主张，具备正确认识论立场，并与马克思理论有深刻关联的革命社会主义学者，可以使用边际主义的分析方法来研究社会现象。然而，这些范畴对于容许对资本主义进行"明智理解"的经济分析来说几乎是完全未知的，即使（正如我们将看到的）其他革命工团主义者曾试图使用它们。

对于拉布里奥拉来说，工会活动背景下鼓励单个工人活动的机制无法使用任何"享乐计量"系统来识别或量化，也不符合任何假设的"享乐主义"。在这里，人们不应该看到"对有用的东西的计算"[①]，而应该看到"他恢复的人性的表现"，这是重新掌控自我的时刻，这仍然是工人阶级解放长征的本质核心。这次长征必定也是一场深入经济领域的长途跋涉。

---

① 拉布里奥拉：《反对普列汉诺夫和工会主义的论战》，载《自由版面》，1908 年，第 527 页。

意大利马克思主义史：从起源至第一次世界大战前

因此，拉布里奥拉（或许带有些许修辞色彩）呼吁当时（1913年）几乎完全是边际主义的"官方经济科学"汲取"工人工会主义"的经验，并重构"其理论体系"，因为工会日益增长的社会影响力是"改变经济世界格局的事实"之一。① 他邀请"官方经济科学"去解决一场运动所带来的问题，这场运动开始变得声势浩大，并且拒绝将人类劳动力作为商品、工资或作为价格的"经济"概念。他邀请它继续讨论政治经济学方面的话题；简而言之，就是否定自己的方法论预设。

"现代性"是"革命工团主义和资本主义帝国主义"等现象的承载者，"这些现象不能简化为个人利己主义的概念"②，并且它们的起源和发展仅在"资本主义理论"中才能得以理解。出于这一原因，熟悉马克思理论中并不直接与政治相关部分是必须的。

在这一点上，我们看到了另一种类型的"回归马克思"，其提出方式与20世纪初截然不同。

有两本书对于理解这一回归马克思的全面分析特征至关重要。这两本书往往相当夸张（对于这位多产的作家来说，这并不稀奇），包含了多种多样的"原创"主题，符合洛里亚从不屈服的传统。这两本书的主题不同，但它们由一个共同的灵感联结在一起：都坚信纯粹经济学提出的模型实质上不能用以解释经济发展的机制或其社会决定因素

---

① 拉布里奥拉，1913年，第255页。
② 拉布里奥拉，1912年，第343页。

的机制——从根本上说，这些问题必须成为经济学家行使社会科学家职能时的关注中心。

他的第一本书，虽然谦逊地声称是基于其在1907—1908年间开设的一门大学课程的扩展，但实际上却有着相当宏大的目标：旨在论证其作为一种新的经济史模型是合理的。这将是一部经济史，正是因为它由《资本论》和一般历史唯物主义的方法赋予了活力，它才能摆脱"经验理论家""轶事理论家"与"纯粹理论家"之间由来已久的争论——描述性方法和逻辑机制方法之间的争论。经济史，尤其是资本主义的历史，确切点说，"其历史本质的确定"，是一个可以通过应用逻辑历史方法来研究的典型案例。此外，从中获得的知识—成果也将证明能够促进对确定的经济范畴的使用进行有用的反思。拉布里奥拉宣称，"人类经济学并不独立于某些社会历史形式而存在。因此，我们总是必须从这些形式开始，然后才能回到经济学所使用的逻辑范畴。"[1]

在第二本书中，他再次（这次是明确地）将经济科学的本质问题、经济科学必须回答的问题、不可避免地与此联系在一起的意识形态意义以及"以抽象的方式表示（经济范畴必然提及的）社会关系的需要"的起源作为中心问题。[2]

他明确表示，他意识到经济科学在过去四分之一个世

---

[1] 拉布里奥拉，1910年，第367页。
[2] 拉布里奥拉，1912年，第20页。

纪中确实取得了巨大的技术领域的进步，但与此同时，新的方向并没有证明能够对更为深刻的社会经济学问题做出回应。如果政治经济学要朝这一方向发展，就必须认真考虑马克思的基本内容，正如拉布里奥拉再次坚称的那样，马克思是"我们认为其方法对于我们的研究而言是合理的唯一作者"；① 马克思是"我们这个时代真正的人物"②，因为他将决定历史和经济学的丰富利益置于其分析的中心。

实际上，拉布里奥拉从19世纪末开始的穿越"未知之地"的旅程似乎并没有让他远离自己的祖国。虽然（反复提到的）学科专业化（以及他自己在知识上的不断求索、对貌似新颖的事物的好奇心以及想要把握政治经济学科学地位的愿望）的要求使他去寻求与帕累托式政治经济学更直接的联系，但他这种近距离接触的计划本质上可以说是失败的。与他对马克思的长期解释相比，甚至他对革命工团主义的马克思主义辩护从根本上来说也显得相当不连贯，而他对马克思的长期解释最终应该被视为比通常所呈现的更为连贯。

1926年，他将《资本论》称为"一部普通的正统经济学无法比拟的不朽著作"，一部"至今仍构成成功经济分析的不可逾越的模型，其中对物质经济力量的观察完全与对由此而来的阶级的表达的重要强调交织在一起"③，从根本

---

① 拉布里奥拉，1912年，第83页。
② 同上，第332页。
③ 拉布里奥拉，1943年，第19页。本书的第三章无疑是当时在意大利出版的关于其标题主题"马克思主义的阐述方法"的最具洞察力的文本之一。

上来说，他所说的一切我们都早已在他"穿越陌生之地"的曲折旅程中辨认出来。

然而，恩里科·利昂纳所卷入的马克思主义与工团主义、马克思主义与纯粹经济学、最后的工团主义与纯粹经济学之间关系的混乱问题在本质上是相当不同的。他试图将这个结的所有术语紧密联系在一起，并使其有机系统化。从这个意义上说，利昂纳可以被视为唯一一名向自己提出在马克思主义修正主义的基础上构建完整的工团主义理论问题的意大利知识分子。他是"革命**竞争主义**（concorrenzialismo）（竞争和/或联合）"[①] 最坚定的支持者，在此基础上（通过"经济时刻"）他有可能建立20世纪初的氛围所能提供的最不同的理论兼容性。他仍然忠于他的纲领性评论《融入社会主义》（*Il Divenire Sociale*），他真正支持这一纲领。这篇评论在创刊号就宣称要深入钻研"社会主义与政治经济学的关系"，力求"科学地"证明"社会主义符合经济规律，随着时间的推移，它也是这些（规律）的自然产物"，并论证"马克思的**客观价值理论**（是）谬误的术语，将其与'新学派'的享乐主义法则结合起来"[②]。这是利昂纳多年来特别努力实行的一项计划，寻求与19世纪末"修正主义"文化氛围的连续性要素。

并非偶然的是，就在《融入社会主义》创刊时的一篇

---

① 马基奥罗，1993—1994年。
② 参件《融入社会主义》的封底内页，第1卷，1905年。

长文中,① 他有机地阐述了他将在后来更重要的研究中寻求展开的每个主题:

> 首先,需要修正主义以保存马克思主义方法的科学维度,"驱逐所有那些未经社会现实的严格研究证实的要素"。②
>
> 其次,强调对马克思主义的非"集体主义"解释。这种阐释绝对不能从该学说的核心方面推断得出:价值理论和资本增殖过程。
>
> 马克思(客观)分析维度的特征与享乐主义(主观)分析维度的特征③并不矛盾(而是互补)。马克思的理论是资本主义理论,而不是一般经济理论。在资本主义制度中,历史规律具有客观性,因此马克思的方法"服务于考查货物,即商品的历史形式;后者以逻辑形式服务于对货物的一般考查"④。
>
> 如果经济学完全等同于享乐主义,那么就很难对

---

① 阿德里亚诺·弗里德姆(A. Freedom)(利昂纳):《科学社会主义纲要》(Lineamenti di socialismo scientifico),载《融入社会主义》,1905年,第203—205页、第224—225页、第259—260页、第275—276页、第281—282页;1906年,第44—45页、第157—158页、第174—175页、第189—191页、第204—206页、第214—216页。
② 阿德里亚诺·弗里德姆(利昂纳):《科学社会主义纲要》,载《融入社会主义》,1905年,第203页。
③ "这两种理论……不是**平行的**,而是**连续的**。"弗里德姆·(利昂纳):《科学社会主义纲要》,载《融入社会主义》,1905年,第225页。
④ 阿德里亚诺·弗里德姆(利昂纳):《科学社会主义纲要》,载《融入社会主义》,1905年,第204页。

马克思的分析给出任何学科定义,因此出现了经济"哲学"或经济"社会学"等表达方式。①

最后,从至关重要的劳动价值理论出发,坚持马克思分析维度的"定性"特征。同样,在这种情况下,他的解释并不像某些史学解释所试图赋予的那样具有特殊的新颖性,相反,正如我们所见,这是意大利马克思主义文献和关于马克思主义的文献中相当普遍的主题。

基于这些基本原理对马克思的阐释可以通过哪些段落成为对革命工团主义的解释的一部分?利昂纳打算通过什么过程将像马克思理论这样的"资本主义理论"(他声称将分享马克思的基本假设)与正在建立的"社会主义理论"(他认为这一理论是必要的,并且他视该理论对工团主义的解释为它的第一个构成要素)联系起来?在他的《马克思主义的修正》(*La revisione del marxismo*)② 中,他试图建立

---

① 阿德里亚诺·弗里德姆(利昂纳):《科学社会主义纲要》,载《融入社会主义》,1905年,第215页、第282页。

② 利昂纳,1910年。本书主要由《融入社会主义》已出版的材料组成,尤其是1908年以后的材料。利昂纳在引言中指出了这一点,但仅提到了以他自己的名字发表的文章,而没有提到那些实际上以笔名阿德里亚诺·弗里德姆和奥古斯托·佛朗哥(Augusto Franco)发表的文章。这份材料最初写于本世纪初,但经过大量修改,很可能是从他的"回归马克思"时期开始撰写。参见贾尼纳兹(Gianniazzi)1989年在这方面的评论,第83页。此外,在一些注释中,利昂纳提到了晚于1900—1901年"旧"手稿的文献。

一个能够将这一问题综合体整合在一起的解释框架。

除了频繁的重复环节和该作品的许多自相矛盾之外,也由于利昂纳将不同时期精心制作的材料汇集在一起,该框架的设计最终相当线性。

马克思主义的危机"由(已经)产生这种**必然性**的客观要素决定"①。实际上,社会主义始终遵循政治经济学的进步和曲折。马克思也不例外,抛开价值理论在他的体系中所发挥的自成一体的(*sui generis*)特殊理论功能不谈,这一理论本身就是政治经济学的产物,继承了政治经济学的精华部分。如果经济科学变得"享乐主义","几乎所有大学教职如今都由这一学派占据","马克思主义因此仍然是一个已经被超越的科学阶段的产物"②。那么,现代社会主义的任务就是:填补旧的马克思主义经济框架与纯粹经济学之间的空白。这种"有机的重新适应"过程可能会产生标志着"社会主义理论更加普遍化的胜利"的结果。③

对于利昂纳来说,马克思的方法与纯粹经济学的方法的根本对立不仅在于"历史"规律与"自然"规律之间的明显对立。正是由于马克思的经济学是一种资本主义理论,因此它不同于对那些直接源于**人性**而非短暂的(无论多么漫长和复杂)的历史时期的经济行为的研究。在这一领域,马克思主义和纯粹经济学是无法融合的。"两者之间只有一

---

① 利昂纳,1910年,第47页,重点部分为本书作者所标。
② 同上,第48页、第51页。
③ 同上,第52页。

种可能的比较：看看源自马克思学说的有效的、具有启发性的经济原理是否通过经济科学中的其他手段得到了再次确认和证实，并得到了正确理解。"① 这是社会主义理论向自己提出的首要任务。

马克思的价值理论本身就显然是完全历史方法的产物，在此基础上他提出了自己的分析范畴。事实上，这一理论证明是解释**拜物教**理论的一个基本要素，② 并且只有在这种背景下，**拜物教**本身才可以被完全理解。因此，马克思价值观念的逻辑形式源自"将劳动产品作为商品的歪曲，源自纯粹的历史现象"③。

当然，就其所属的思辨结构而言，这是一个**正确的**理论，但在经济学领域，这是一个**错误的**理论——甚至基于该理论的剩余价值理论也是**错误的**。更准确地说，正如后来专门讨论享乐主义经济学的一本重要的著作所解释的那样，这一理论（马克思理论的基础）"代表了一个按时间顺序被超越的阶段，但可以在科学上重新阐述并用于知识的进一步提升"④。

---

① 利昂纳，1910 年，第 80 页。
② 在这一点上，我们可能会反思直觉的更为长期的连续性，这些直觉时不时以"新"的形式呈现出来。
③ 利昂纳，1910 年，第 101 页。
④ 利昂纳，1910 年，第 222 页。他还更为明确地提出了这个问题："马克思主义是因为它是享乐主义而真实，还是反之亦然？如果接受这一原则，那么只有两个（可能的）结论：（1）马克思主义是对资本主义和使资本主义保持活力的剩余价值之谜的特殊批判，而享乐主义则完全是'经济学'。这就是克罗齐正在接近的结论。或者（2）享乐主义可以通过其他方式解释马克思主义得出的主要结论，并证实这些结论"。显然后者是利昂纳自己的立场。

但是价值理论和剩余价值理论是否也代表了剥削理论的分析关键,以及社会主义可以没有剥削理论吗?

利昂纳认为,从马克思主义的关切出发,得出边际主义定义是可能的:简而言之,有可能得出一种比马克思的剥削理论同样更为"具体"的边际主义剥削理论,因为该理论从工人的个人条件出发。建立一个劳动效用和负效用曲线系统之后,我们不难看出,雇佣劳动者

> 被迫生产超边际效用量,生产对资本家来说是货物,对他自己来说是非价值的商品……这种(成本和效用的)超边际性或剩余边际性标志着……资本家占得的剩余产品程度的精确衡量,形成了调节和助长资本主义利润的剩余价值的基础。①

对于利昂纳来说,这种基于劳动效用—负效用的经验个人数据来考虑、计算剥削程度的方法的具体性,与马克思主义关于对整个工人阶级的剥削的方法不同,解释了"推动无产阶级组织成一个阶级,并让他们所有人认识到自己在(这个阶级)中是一个单一的、不可分割的整体"的"利益"动机。②

---

① 利昂纳,1910年,第121—122页。
② 利昂纳:《享乐主义和马克思主义的剩余价值》(Il plusvalore nel l'edonismo e nel marxismo),载《融入社会主义》,第186页。此外,他认为以数理经济学的方式作为自然法则阐述和解释的主观效用标准,将有助于摆脱马克思过于笼统的客观主义以及"索雷尔、伯恩施坦(和)梅利诺的"伦理主观主义。利昂纳1910年,第153页。

第六章 马克思主义和革命的工团主义 ‖

同时也解释了工人阶级组织的**必要性**，因为工人（面对资本时缺乏任何"选择"的主体）通过联合形式努力实现最大限度的个人效用，而这**必然**导致实现最大限度的集体效用。而这是社会主义的最终目标之一，也是纯粹经济学完全实现的前提。①

从形式上看，恩里科·利昂纳论证的各个环节是有机组成的，但无疑他试图用边际主义术语重新表述马克思的问题，用"剩余边际性"范畴代替"剩余价值"范畴，正如已经正确指出的那样，这种尝试充其量不过是一次"实践练习"②。简而言之，相对于其各个组成部分所探讨的主题，整体的重要性相对较小。从这些组成部分中，我们可以对"批判马克思主义"必须解决的问题获得深刻的认识，尽管它在当时的意大利文化中比人们普遍认为的更为常见。利昂纳痴迷于构建一种成系统的理论，革命工团主义的**经济**理论也将由此产生。而且，这是一个与格拉奇亚德伊已经建立的改良主义**经济理论**平行的过程。与在劳工总联合会中占据重要地位，并推动改良主义"劳工党"假设的格拉奇亚德伊不同，利昂纳从未成功地让他的体系被视为革命工团主义的"主流解释"。在某些方面，他确实被认为是

---

① "最大限度的享乐主义已经恶化的经济主体（马克思称之为无产阶级，这个名字甚至在他那个时代也很流行，用来形容属于资本主义经济中这一阶级的人士）在享乐主义的自然力量的推动下，达到了这种程度。"利昂纳，1910 年，第 259 页。

② 扎加里（Zagari），1975 年，第 274 页。

这场运动的"**卓越**经济学家",① 但事实仍然是,这场运动的多种多样的文化很少认为自己等同于以**经济理论**为中心的解释。

他的书明确致力于工团主义,无疑具有更大的影响力。② 这并不是说它与利昂纳不断提出的论证方法相矛盾。相反,这本书也凸显了这样一个事实:正如改良主义修正主义所主张的(根据利昂纳的说法)那样,社会主义的基础并不在于"政治道德"愿望,而在于"生产力的物质条件"③。这意味着冲突(社会变革的原动力)是"经济主体"之间的冲突,受到作为"主要(经济)调节器"的效用法则的支配。通过这一机制,**经济学**让位于**历史**。④ 然而,所有这些都是隐形的参照点,而整本书中最直接突出的主题与革命工团主义意识形态环境中普遍存在的主题相同。

他引用了马克思1868—1869年间的一些论述,关于工人工会主义的重要性以及国际工人协会的追随者致力于按行业进行组织的需要的一些陈述的权威,以便从中推断出工会优先于党的观点。

他对历史唯物主义进行了"严格"的阐释,并由此推论出国家(政治因素)没有权力改变社会的经济关系的论

---

① 奥拉诺,1931年,第6页。
② 利昂纳,1907年。
③ 同上,第56页。
④ 同上,第58页。

点。作为推断结果,"政党没有创造或改变历史",因此社会变革的主要主体是工人的工会而不是社会党。①

他试图对这种矛盾进行逻辑上的系统化,即关于运动"实践"特征(这是一场"行动是原则和本质"② 的运动,也是一场本质上公然反智的运动)的持续论述和必须指导行动的有机的理论框架之间的矛盾。

最后一个主题让我们回到决定论与唯意志论之间的关系问题(马克思主义传统中不断出现的问题),即这一路线是有组织的工人阶级将逐步完全自主地采取的,还是工人阶级意识之外的一个外部构想的产物。对于利昂纳来说,工团主义并不是真正运动之外的知识构造的产物,而是"作为工人集合体在他们的行业协会中的自发反映……对他们心理**本能**的反应"而诞生。③ 从这个意义上说,这一革命性的决定成为不断重新提出自己的自由选择的成果。然而,与此同时,作为这一工团主义选择基础的阶级意识反过来又是"只有通过需求和**利益**的自然展开才能实现"的形成过程的结果。④ 经济再次创造了历史,而这一问题的不同组成部分因此在形式上一致的命题中相互关联。在革命工团主义总的意识形态建设中,这种形式上的一致性不会特别成功。

---

① 利昂纳,1907 年,第 73 页。
② 同上,第 17 页。
③ 同上,第 53 页。
④ 同上,第 98 页。

4 "小"工团主义知识分子世界中的马克思主义与精英主义

事实上,社会主义经历(工团主义经历是其中的一个阶段,尽管有其自身的时期划分和强度)几乎与恩里科·利昂纳和阿图罗·拉布里奥拉的存在顺序一致。然而,对于大多数革命工团主义知识分子来说,这只与他们生活的一部分一致,代表着他们个人自我认同的一个形成性的、短暂的时刻。对于年长的人来说,革命工团主义代表了这一经历的终点,而对于年轻人来说,这是他们与社会主义维度建立联系的方式。对于他们两者来说,与马克思主义的关系(在马克思主义和社会主义似乎重合的时期)无论如何都是一种必然的关系,是他们将要经历的一段旅程,他们高举"忠诚"于马克思思想"最正确"核心的旗帜,同时又带有一种"异端"气质,表现在工团主义知识分子的思维方式上。

较为"年长"的保罗·奥拉诺(Paolo Orano)后来在不同的语境中、带着不同的意义重新确认了这两个极端之间的某种联系,彼时他已经成为法西斯体系中的一位权威人物。他宣称,马克思对资本主义的诊断完全正确,即使由于马克思分析的现实,即资本主义生产方式,无法进行结构性的自我改造,因此不可能从中推断出任何社会主义政治的要素（任何社会主义的"实现"）。① 与此同时，受马克思主义启发的工人阶级组织的"肋骨"产生了工团主义，开创了"20世纪最新颖、最具建设性的东西……是潜在的理想：培养有信仰的、负责任的工人、有道德的人、纪律、服从，以及因此而产生的控制权"②。那么，工团主义者对马克思主义的"异端式"重塑是否促成了"新人的"形成——即法西斯革命和政权的主角，既是掌权的精英，又是工会中负责任的工人？奥拉诺的阐释无疑是一种后验阐释，其中不乏修饰与某个群体的经历密切相关的个人历史的迹象，但即使像索雷尔这样细心的观察者，也认为像奥拉诺这样的人物的演变过程具有症候式解读的价值。③

特别是对于那些在成为社会主义者之前有过一些社会主义经历的人士来说，这些演变过程表现了发生在意大利文化不断变化的情感的漫长旅程，对"新事物"更加开放，并对改变现有均衡的变化保持警惕。

在工团主义仍然是社会党内部组成部分的时期，这种"小"知识分子的环境分享并促成了我们已经看到的对马克思的完全是政治上的利用。然而，我们应该强调一个方面：

① 奥拉诺，1926年，第27页。
② 奥拉诺，1931年，第7页。
③ "我刚刚在11月10日的《意大利日报》（*Giornale d'Italia*）上读到了保罗·奥拉诺的一篇文章，在我看来，这表明意大利人对社会主义不再有任何兴趣；作者一直为追随当今的趋势，因此他的成长变化可能是有症状的。"索雷尔，1993—1994年，第214页。索雷尔提到的文章是《社会主义嵌合体与战争》（*La chimera Socialista e la Guerra*），奥拉诺在文中宣称社会主义和马克思的阶级斗争理论已死。

在同一话语中,对政治方面的唯意志论夸大与对社会经济发展严格的决定论愿景的重申并存。

《自由版面》的"呈现"(无疑,革命工团主义的评论为我们提供了这一知识分子群体的"漫长旅程"的最具象征意义的表现)在这一点上以一种特别有说服力的方式表达了自己:

> 每个时代都渗透着一种原始的音符〔其**主旋律**(leitmotiv)〕,决定了一个世纪的方向,并在历史的狮身人面像上烙下了一个时代的面貌。我们的时代由工人运动主导,它是历史因果关系、技术和经济演变、思想和历史连续发展的隐晦必然性的政治表达。这是普遍堕落中唯一的力量表达、是意志的显现、对欢乐和生活的热爱,促使人们更多地展现出能量。①

而且,不可能随心所欲地"跳过"发展阶段。即使是革命工团主义者,也认为社会主义革命只有在资本主义成熟的国家才有可能进行。该评论的编辑在评论一篇描述杜马(Duma)暂停运行后布尔什维克(Bolshevik)与孟什维克(Menshevik)之间冲突的文章时,将列宁的立场描述为**唯意志主义**人物的立场,认为俄罗斯在向新的革命成果推进的过程中,在短期内存在持续的紧张局势。他们对俄国

---

① "呈现",《自由版面》,1906 年,第 3 页。

革命的不可避免性和可能的结果提出了严肃的问题："即使这种努力通过一些人祈愿的好运取得了胜利，我们可能也会问，人民群众能够如何利用民主制度。"一个新的工人统治阶级的形成，准备好取代旧的统治阶级，这都需要生产力的长期增长。与此同时：

> 意大利工团主义者（认为）俄罗斯社会民主党的孟什维克少数派服从的需要是非常自然的……意大利社会主义者没有兴趣假设社会主义将在像俄罗斯这样经济落后的国家取得胜利。①

他们看待从巴尔干半岛的混乱到塞尔维亚的动乱，仍然是用看待所有落后国家的观点。②

这是一种双重阐释，马克思一方面是非常严格的社会机制的科学保证者，另一方面又是"革命唯心主义"的预言者……"一种强烈感情的逻辑表达，一种情感、本能和意志的复合体"③。

在1906年出版的一本小册子中（但在1913年以几乎相

---

① 《给 R. Streltzoff 的附言，俄罗斯社会民主主义的两种潮流》(Postilla a R. Streltzoff, Le due correnti della democrazia sociale russa)，《自由版面》，1907年，第一期，第103页。
② 参见奥索尼奥·塞米塔（A. Semita）（奥利韦蒂），《塞尔维亚的革命》(La rivoluzione in Serbia)，载《自由版面》，1907年，第一期，第141—142页。
③ 塞尔吉奥·帕农齐奥：《社会主义的关键时刻》(Il momento critico del socialismo)，载《自由版面》，1908年，第207页。

同的形式重新出售)① 中，奥利韦蒂——正如人们所恰当地观察到的那样——也展现了"一种政治联盟斗争的方法，这种方法……带有……审美的愉悦感……在几乎是文学式、抒情式的追求中，寻找一种斗争的史诗"②，他构建了一个模型来解释工团主义的马克思主义基础（他明确称之为"**马克思主义工团主义**"③），完全符合我们之前看到的他自己的 19 世纪末的"历史唯物主义"。

对于奥利韦蒂来说，无论何种类型的政治领域（政党、国家……）与其经济基础之间都存在直接的对应关系。他完全接受（使用着洛里亚的术语）"政治构造的经济学说"，该学说允许"化学科学中通过分析和综合两种操作进行的双重研究，并且可以通过提出这两个问题转化为政治经济领域：第一，给定一个政党，研究其经济基础；第二，给定一个经济性的党，确立其政治意义和倾向"。④ 这是"一条没有任何例外的规律"，⑤ 因此，逐步的经济增长、社会关系的现代化，必然导致资产阶级和无产阶级之间的对抗走向极端的后果。这是一种激进的对抗，更确切地说是一种惊天动地的趋势，工团主义者通过遵循马克思《共产党

---

① 奥利韦蒂，1913 年。这部作品题为《当代问题》（Questioni contemporanee），但是 1906 年的版本被称为《当代社会主义问题》（Problemi del socialismo contemporaneo）。在 1913 年的版本中，奥利韦蒂删去了有关当时派系斗争的部分内容，并添加了关于"工团主义哲学"的最后一章。

② 摘自佩尔费蒂对奥利韦蒂的介绍，1984 年，第 25 页。

③ 奥利韦蒂，1913 年，第 187 页。重点部分为原文所标。

④ 同上，第 105 页。

⑤ 同上，第 106 页。

第六章 马克思主义和革命的工团主义

宣言》的原始教训，充分理解了其**必要性**——他们"完全"接受了这一教训。①

塞尔吉奥·帕农齐奥在对"法理社会主义"，特别是安东·门格尔（Anton Menger）以及意大利人萨尔维奥利（Salvioli）和加巴（Gabba）发起猛烈的论战时，使用了洛里亚的相同表述（"社会构造的经济基础"②）以及他的方法论限定。帕农齐奥认为，"法理社会主义"实际上无非是团结理念向法律领域的延伸。那么，其出发点不具有**经济性**，而是**伦理性**——因此，它颠倒了马克思主义对于"革命社会主义"所特有的假设，转而寻求从**经济**出发，到达**伦理**，"认为法律不是一个独立存在的实体，而是一种'超结构'，一种根源于**底层经济结构**的'附带现象'"③。因此，司法社会主义作为一种完全抽象的意识形态现象出现，因为它没有"对必然性做出反应"、不是"经济变革的完成"，而是"无因的结果""形而上学、先验的构造、空洞的、乌托邦式的"④。

代·彼德里·图内利重申了国家"完全遵循马克思主

---

① 奥利韦蒂，1913年，第187页。
② 塞尔吉奥·帕农齐奥：《法制社会主义》（Il socialismo giuridico），载《融入社会主义》，1905年，第304页。
③ 同上，第288页。
④ 同上，塞尔吉奥·帕农齐奥：《法制社会主义》（Il socialismo giuridico），载《融入社会主义》，1905年，第304页。1906年，帕农齐奥出版了一本同名的书，其中包括热那亚的《现代书店》（Libreria moderna）。

意大利马克思主义史：从起源至第一次世界大战前

义轨迹"的概念,① 认为国家纯粹源于社会经济均衡,政治领域没有任何程度的自主性。他认为这是革命工团主义与改良主义之间的根本分界线,改良主义与其说是马克思的继承者,不如说是**讲坛社会主义**的继承者。

甚至索雷尔正确地认为天生具备非常敏锐的变革意识的保罗·奥拉诺,也在此时将历史唯物主义解释为经济决定论——并且是在完全积极的意义上。②

论证的这种普遍维度是长期演变中逐渐形成的,被嵌入在有利于其偶然使用的背景中。我们也不能夸大阿基尔·洛里亚的社会经济构想对年轻社会主义知识分子形成的影响,这些知识分子直到19世纪90年代末甚至20世纪初期仍处于思想的萌芽阶段。采纳这一视角将转变为一种真实的、适当的**思维方式**(forma mentis),甚至抵制新的科学要求和哲学要求,这些要求并不缺乏,而且具有不同寻常的意义。这些要求在某种意义上也被"记录"在后来的文化经历分层中,有时被明确提及,但这些要求只是在表面层面上得到整合。当工团主义通过回顾《宣言》中的**政**

---

① 参见阿方索·代·彼德里·图内利(A. Di Pietri Tonelli):《马克思主义观念中的国家》(Lo stato nella concezione marxista),载《融入社会主义》,1905年,第274页。他试图综合恩格斯的《家庭、私有制和国家的起源》,并抱怨说这部著作"确实应该有一个意大利语译本"。事实上,有一个由帕斯夸勒·马尔提涅蒂翻译的1885年版本;虽然这本书可能很难找到,但同样的译本还有一个新版本,1901年由社会批评图书馆(Biblioteca di Critica Sociale)出版。

② 保罗·奥拉诺:《历史唯物主义及其反对者》(Il materialismo storico e i suoi avversari),载《融入社会主义》,1905年,第30—32页。

治激进主义来声称拥有马克思的"革命"遗产时，通过重申其正确性的最直接的"科学"保证来证明由此产生的"绝对反对"选择的合理性，这几乎成为一种条件反射。还有什么比"政治构造的经济理论"和自然主义社会学的整个机制更直接的呢？

有时，长期的**思维方式**会碰巧在同样的推论范围内与文化辩论的最新成果相遇。其结果是通过概念的混合串联来区分的论点——即使它们并不被视为如此，而是能够触及各种各样的论点的贡献。

帕农齐奥的例子就是典型的例子，（随着"旧的机体主义社会学"[①] 的终结）他宣布社会主义最终与社会学分道扬镳。帕农齐奥利用安东尼奥·拉布里奥拉、维尔纳·桑巴特（Werner Sombart）、贝内德托·克罗齐（实际上，除其他外，他几乎没有表现出区分这些作家的能力）的思想资源，以恢复历史唯物主义的哲学自主性，谴责"官方科学"的决定论，这种决定论为社会主义正统观念提供了实质内容，并使卡尔·马克思摆脱了马克思主义日积月累形成的外壳。从这种解放马克思的尝试中兴起的社会主义既基于"马克思主义的基本原则"，又基于"工人工会"，工人工会被视为最适合使武力的使用变得主观和有意识的，而非盲目和机械的工具。与此同时，工人工会"以其所有不同的历史、政治、伦理、司法特征，没有逃脱支配宇宙现象的

[①] 塞尔吉奥·帕农齐奥：《社会主义、工会主义与社会学》（Socialismo, Sindacalismo e Sociologia），载《自由版面》，第一期，第170页。

奇妙连锁反应的法则的统治，而是这些（法则）的最终的、有意识的、深思熟虑的、目的论的、自愿的表现"①。纵观马克思主义的整个历史，"决定论"和"唯意志论"的结合代表了一个持续存在的问题，但逻辑过程的"连锁反应"几乎从未得出过这些表达形式。

在其"奠基"时刻，工团主义文化坚称其拥有优先的继承权，更确切地说是一种严格确定其特征的文化。在完全处于社会党内部的倾向斗争的背景下，这一论点极为重要。随着这一论点逐渐从此时开始显现，它对马克思的阐释确实保留了其中一些基本特征。但它也变得更加多元化，并针对该运动现在所呈现的独特之处进行"量身定制"，更加关注对这些独特之处表现出欣赏和兴趣的外部文化。

1905年，代·彼德里·图内利在一系列非常密切及**必要的**相互依存关系的基础上描绘了马克思主义理论核心的框架。1908年，他为这位特里尔"哲学家"专门写了一本专著，该专著自称其目的是对（存在于从康德到马克思等伟人的后继者身上的）倾向做出反应，"将似乎是一种学说的特征……推向极端"，并使它们成为"单一的、固定的"系统。②

代·彼德里·图内利还证明，他理解某些教条主义系统常常与直接的政治动机相关。他反思了这样一个事实的

---

① 塞尔吉奥·帕农齐奥：《社会主义、工会主义与社会学》，载《自由版面》，第一期，第236页。
② 代·彼德里·图内利1908年，第6页。

后果：马克思不仅是 19 世纪伟大的思想家，更具体地说，他已经被公认为"伟大社会运动的象征"，尽管这一事实对自由地批判他的思想的方法带来了许多困难。这些困难使他得出结论："对这位作者的研究……认真的研究……冷静的研究……也许还没有开始"。①

就他而言，他试图将"作为资本主义社会的学生、将自己置于所有政党之外并高于所有政党的马克思"② 与政治的马克思区分开来。马克思作为资本主义理论家，在这一特定方面是无与伦比的。然而，作为最后一位古典经济学家，他的基本范畴不能成为新经济科学的基础。相反，政治马克思"完全是工人自己的"。如果说不仅是安东尼奥·拉布里奥拉、埃托雷·契科提，而且阿图罗·拉布里奥拉和恩里科·利昂纳（还有贝内德托·克罗齐）对历史唯物

---

① 代·彼德里·图内利，1908 年，第 72 页。
② 代·彼德里·图内利，1908 年，第 64 页。他所说的"在所有政党之外"，也意味着所有那些必须使用资本主义范畴来工作的人士 都可以合法地借鉴马克思："这就是为什么改良主义者和革命者都不能或不想放弃马克思主义的真正原因：（即）既不是国家社会主义者……也不是革命工人运动的新理论家。后者声称自己在援引马克思方面拥有垄断地位，但这并不能证明他们完全了解马克思的体系。政治指令与现实并不相符。当这不仅仅是一个标签问题时，他们要求改良主义者放弃马克思主义标签是徒劳的。简而言之，所有研究或试图改变资本主义社会的人士都有权求助于资本主义社会最好的调查研究者之一，他在这样做的过程中发现真理高于政党。"那些在发达资本主义背景下工作的人士可以借鉴马克思，但有时也确实如此，"在落后国家或取得进步的国家的落后地区，产业利益本身援引马克思主义，以便为产业发展本身的单一问题奠定基础"。参见《框架备忘录》（Rammemorando），载《融入社会主义》，1908 年，第 238 页。

主义的研究已经证明了它作为纯粹社会结构的理论的不可行性，但"对现实历史概念的更好的解释"的观点仍然未被改变。①正是从马克思这名"无产阶级的马基雅维利（Machiavelli）"那里，工团主义者推论出了真正的、适当的"工人运动哲学"。②

因此，根据代·彼德里·图内利的说法，工团主义知识分子文化有三个参照点：学者马克思（资本主义理论家）、（新古典主义）经济科学与"无产阶级哲学"（受革命、政治马克思的启发）。事实证明，开发一个能够在这些层次之间保持富有成效的联系的概念网格并不容易，更不用说将它们凝聚在一起了。更容易的是将学者马克思模糊化到更为遥远的（古典）背景中，更直接地进入当今科学（纯粹经济学）的视野，并通过追随真正的工人运动与一群知识分子自我肯定的逻辑之间困难关系的路径来发展"无产阶级哲学"。很大一部分工团主义知识分子会发现自己的路线深受后者这些坐标的影响，即使是这种道路的具体形式对应于他们的个性和/或专业特性。

代·彼德里·图内利想成为一名学院派经济学家，这一选择不可避免地将他带向了帕累托。他继续研究学者马克思，这使他完善了国家—公民社会关系的概念，这种关系不再局限于"管理整个资产阶级共同事务的委员会"的

---

① 代·彼德里·图内利，1908年，第80页。
② 同上，第94页。

第六章 马克思主义和革命的工团主义

惯例中;① 但是关于经济科学,他需要不同的参照点。从20世纪第一个十年末开始,他后来被定义为"帕累托派的圣保罗"②,在准备讲师职位考试时开始逐步学习学术**课程**,同时开始与维尔弗雷多·帕累托通信。③

1911年,在国家垄断保险问题上发生严重、激烈的政治文化冲突之际,《自由版面》发表了代·彼德里·图内利的一篇文章,赢得了帕累托的热情赞扬。④ 用这位塞利尼的隐士的观点来看,他感到高兴是正确的。即使在语言层面上(这不是次要因素),这位年轻的经济学家现在距离他上次就国家干预经济这一主题所做的干预已经相距数甚远了。⑤ 他已经开始"去掉语言中的装饰品,使之去修饰化,

---

① 代·彼德里·图内利:《社会主义是工人自由的问题》(Il Socialismo come problema della libertà operaia),载《自由版面》,1909年,第437—454页。

② 参见吉卡隆尼·莫纳科(Giacalone-Monaco):《帕累托与代·彼德里·图内利》(Pareto e A. De Pietri Tonelli),《经济学杂志与经济年鉴》(Giornale degli economisti e annali di economia),1963年,第687—694页。

③ 代·彼德里·图内利(编者),1961年,帕累托写给代·彼德里·图内利的47封信。

④ 参见代·彼德里·图内利:《国家与一切》(Lo Stato e gli affari),《自由版面》,1911年,第401—408页、第507—13页。帕累托在给他年轻的对话者的信中写道:"我很高兴读到你关于《国家与一切》的研究,我最喜欢的是你对实验科学方法的看法,通过这种方法反而能推动社会科学的进步,并使其达到自然科学已经达到的水平。我同意你的大部分言论……如果你继续沿着你所走的道路前进,你会对社会科学产生不小的影响。"代·彼德里·图内利(编者),1961年,第113页。

⑤ 代·彼德里·图内利:《因公用事业强行征收资产的行为及社会范围》(Lo svolgimento e la portata sociale della espropriazione forzata dei beni per causa di pubblica utilità),载《融入社会主义》,1907年,第211—218页。

回复到伽利略的风格"。由于他唯一宣称的意图是以理性的方式构建知识，因此他"用符号代替了常见术语，引入并启动了一种中性的、技术性的表达形式"。①

在这里，我们可以看到，他的话与前一年刚刚发布的帕累托自己社会学的第一个重要专门预览之间的令人印象深刻的相似性（当然不仅仅是风格上的）；它们所使用的方法论框架与帕累托文本第二部分和第三部分中的完全相同。②

代·彼德里·图内利建立了一种基于社会力量体系的结构，该体系在国家干预经济领域的不同假设上发生冲突和结合，其结果直接运用了物理定律。基于历史的**旁注论述**，他认为有利于和反对国家干预的力量所依据的假设是错误的（因为它们源于"试图对特殊的、直接的利益进行理论化"）之后，作者在结束这篇文章的第一部分时认为，这种冲突等同于新的政治和经济精英形成的过程。

民主国家必须以群众的相对同意为基础（"工会、工人合作社和联盟"的同意），因此往往被迫使用保护主义、社会立法和公共垄断等超经济手段。面对这种所有现代民主国家都特有的趋势，科学的经济理性不可能产生影响。在这种背景之下，社会主义者有两条路可以走，两条路分别

---

① 吉卡隆尼·莫纳科：《帕累托与代·彼德里·图内利》，载《经济学杂志与经济年鉴》，1963 年，第 693 页。
② 帕累托：《非逻辑之论》(Le azioni non logiche)，载《意大利社会学研究》(Rivista italiana di Sociologia)，1910 年，第 305—364 页。

为精英分子和构成被动群众的工人阶级分子。部分精英分子依靠部分被动群众作为选举基础,可以融入"国家化"机制以获得权力地位。这也意味着革新旧的统治阶级的制度领域。然而,另一部分精英分子会做出不同的选择:他们将"在其组织中采取与其他阶级做斗争的立场(甚至是暴力斗争),并尽可能拒绝与政治制度和经济制度合作"。

我们应该记住,即使是第二种类型的行动(代·彼德里·图内利以及革命工团主义都认同这种行为)也排除了理性方面或社会方面功利主义的动机。作者明确指出,"这一团体的行动显然可以在各种历史中产生一定的效力。这是一种不太考虑当下利益的行动,因此是一种理想的行动。"① "那些不从利益相关方的立场来判断社会运动,而是作为审美家来判断社会运动的人士,且这些美学家甚至热爱暴力的动荡,甚至新的社会创造。"这就是这些美学家所偏好的行动。革命知识分子"审美地"参与了从社会斗争中显现的倡议。作为学者,这位革命知识分子还将建立理性的社会逻辑和经济逻辑的术语,(从冲突之上)观察人们被神话和意识形态所驱动的不合逻辑的关注,在权力精英的永恒变动中寻求对他们自身特定利益的满足。②

代·彼德里·图内利此时走在精英理论的道路上,深

---

① 代·彼德里·图内利:《国家与一切》,载《自由版面》,1911年,第513页。
② 许多年后,代·彼德里·图内利回忆起自己的工团主义过去,会将其准确地理论化为他为自己的精英职能做准备的时刻。参见代·彼德里·图内利(编者),1961年,第47页。

受帕累托的影响。这也是其他大小工团主义知识分子所遵循的道路，① 在革命少数派先锋角色的构想与他们作为拥有**不同**目标的个体之间，保持着一种艰难且对许多人来说几乎不可能维持的平衡。

像利昂纳和拉布里奥拉这样的人士从结构性冲突的社会观出发，恢复了建立在竞争、契约主义、个人主义与反国家主义基础上的自由主义传统的各个方面（与改良主义和议会、平等主义民主相对照）。他们开始认为工团主义也是一种足以支配和引导群众的理论，运用集体心理学并想象出新的、复杂的行动模式，适合于更加复杂的、具有冲突性的社会变革过程。② 他们试图与精英主义权力结构中无法避免的清算旧账，毫无疑问，在这方面他们受强烈冲击当时意大利文化的帕累托之风的影响；但他们并没有突然将先锋理论与精英理论分隔开来。

相反，鼓励这种变化的氛围是一大群知识分子将"工团主义学说"转变为该群体的一位权威代表所称的"一种心态"③。

---

① 弗兰茨·魏斯简单地将帕累托的精英理论比作马克思的阶级斗争理论："帕累托的精英理论无非就是阶级斗争理论，并为冠以'贵族流通'这一冠冕堂皇之名的场合而重新命名。"《无产阶级与经济科学》（Il proletariato e la scienza economica），载《融入社会主义》，1910年，第238页。

② 在这方面，请参见卡瓦拉里（Cavallari）1983年以及乔尼那吉在《乔治·索雷尔手册》（Cahiers George Sorel）1984年，第2页中对此的讨论。

③ 奥利韦蒂，1913年，第2页。阿图罗·拉布里奥拉已使用相同的表达方式来定义革命工团主义。拉布里奥拉，1911年，第116页。

这种逐渐下滑的情况会因真正的运动、党内、工会内以及无产阶级真正的堡垒即**劳工商会**内发生的事件而迅速加剧。毫无疑问，自1906年至1908年的三年间，革命工团主义在几条战线上都遭受了惨败，这标志着工团主义文化倾向已经到了无可挽回的地步，因为这种倾向缺乏与运动的组织维度的直接联系，导致了其局限性和最终的失败。尤其是，帕尔马（Parma）罢工应该被视为意大利革命工团主义历史上的分水岭，因为它导致了工人组织与工团主义知识分子之间的分离。虽然工人组织"正在完善其最终形态，克服与欧洲运动之间的差距"，简而言之，"在（法国）劳工总联合会的立场上"调整自己，① 很大一部分工团主义知识分子将自己的关注点投向了工人抵抗问题**之外**的领域。当时的意大利文化中不乏暗示性的影响，进一步确认了这些知识分子与工人阶级实际斗争的疏离，并使这种疏离变得不可逆转。

然而，所有这一切都是通过一种体验（或提升）战斗性的方式来促进的，这种方式的特征是"狂热的道德张力""对资产阶级利己主义和唯物主义的蔑视"（以及对改良主义社会主义者的蔑视）和"对无产阶级的英雄主义的颂扬"，② 在特定的历史背景下，这种英雄主义很容易转变为对无产阶级本身的蔑视。

在1906年，塞尔吉奥·帕农齐奥利用帕累托来寻找

---

① 安东尼奥利，1990年，第121页、第123页。
② 德·克莱门蒂，1983年，第19页。

意大利马克思主义史：从起源至第一次世界大战前

《社会主义制度》（*Les systèmes socialistes*）所拥护的精英理论与将阶级斗争解释为"工人精英试图以无产阶级的胜利来取代统治……精英的努力"的推动力之间的相似之处。①马克思主义仅在心理意义上和提出主张意义上赋予无产阶级意识；简而言之，马克思主义赋予了它一种已经存在于"工人"的精神视野中的精英功能。②

1908年，帕农齐奥继续将马克思主义视为"工人心理视野和精神视野的符合逻辑的、直接的、快速的、尖刻的、残酷的表达方式……"③他再次回归帕累托，赋予"马克思主义的重要部分以科学尊严"。他指的是阶级斗争理论。但在他的观点中，阶级斗争越来越被理解为某种社会达尔文主义上演的场所，在这里，与其说是整个无产阶级将自己转变为精英，不如说是无产阶级内部的精英为自己确保了统治地位。与此同时，他开始公开表示自己对尼采超人观念的亲近感：

> ……这就是我们所有工团主义者的心理组成。我们用弗里德里希·尼采（Friedrich Nietzsche）和他关于力量和意志的出色的哲学训练了我们的头脑……我对

---

① 帕农齐奥：《社会主义在哪里?》（Dove sta il socialismo?），载《融入社会主义》，1906年，第301页。
② 帕农齐奥：《社会主义在哪里?》，载《融入社会主义》，1906年，第300页。
③ 帕农齐奥：《社会主义的关键时刻》，载《自由版面》，1908年，第207页。

革命史诗和强者阶级想要接管世界上所有权力的暴力冲动感到兴奋。①

奥拉诺还开始发问：考虑到革命工团主义在无产阶级中进行自我普及时所面临的困难，工人是否真的有可能成为新的精英？这些困难不能归因于"知识精英的工团主义者"缺乏"理论大众化"的能力，而是因为"工团主义对工人的要求很高"。② 两年后，即1909年，奥拉诺最终解决了这一困境："没有办法让道德的、审美的、批判的、充满活力的工团主义……进入工厂和田野工人的头脑。"③

同样是在1909年，就在两年的失败和失望的边缘，奥利韦蒂决定明确从**先锋**理论转变到**精英**理论。这一转变的机会出现在博洛尼亚工团主义代表大会的结论之后，由于工团主义者仍然控制的工人组织与意大利劳工总联合会的隶属关系，这次代表大会标志着"无产阶级团结"重组的重要时刻。在奥利韦蒂看来，这次代表大会的结果就像一场在战场上失败的运动的卡诺

---

① 帕农齐奥：《社会主义的关键时刻》，载《自由版面》，1908年，第202、第204页。
② 奥拉诺：《因为工会主义在意大利并不受欢迎》（Perché il sindacalismo non è popolare in Italia），载《融入社会主义》，1907年，第226页。
③ 奥拉诺：《工团主义理论》（La teoria sindacalista），载《自由版面》，1909年，第427页。

意大利马克思主义史：从起源至第一次世界大战前

莎（Canossa）①，原因是其大部分成员先天"不成熟"。事实上，这一事实从本质上来说注定无法改变，② 因此，讲述"无产阶级团结"的故事完全没有意义。那么，工团主义者的任务不是"征募大量奴隶"，而是选择"少数健康的、觉醒的、有意愿的人，他们（会）利用暴力和诡计为自己在资本主义森林中开辟一条道路"③。

托马索·索里基奥（Tommaso Sorrichio）更明确地反对说，他对先锋在革命过程中的作用的看法不是马克思的，而是"对社会革命真实的、恰当的讽喻，不是引导工人走向自我解放，而是更换他们的老板"，④ 之后奥利韦蒂回应说，"工团主义必须是……一种实验性的革命主义。这一实验的对象是工人阶级。希望这一阶级今天或永远也能成为自己的主体，这是一个虔诚的愿望。"⑤

---

① 1077年1月，德皇亨利四世前往意大利北部的卡诺莎城堡向教皇格列高利七世"忏悔罪过"。三天三夜后，教皇才给予亨利四世一个额头吻表示原谅，此后，"卡诺莎"在西方世界成为屈辱投降的代名词。在此处，"卡诺莎"用来形容革命性工会运动的失败和屈辱。——编者注

② "从民众中选出的一千人中，有九百人会适应任何苦难……在剩下的一百人中，大多数人会寻求个人救赎……剩下的只是少数。"奥利韦蒂，《给托马索·索里基奥的附言，对奥利韦蒂文章〈奉献大会〉的注释》（Postilla a T. Sorricchio, Note all'articolo dell'Olivetti "Il congresso della dedizione"），载《自由版面》，1909年，第二期，第11页。

③ 安杰洛·奥利维耶罗·奥利韦蒂（A. O. Olivetti）：《奉献大会》（Il Congresso della dedizione），载《自由版面》，1909年，第一期，第626页。

④ 托马索·索里基奥：《对奥利韦蒂文章〈奉献大会〉的注释》，载《自由版面》，1909年，第二期，第9页。

⑤ 奥利韦蒂：《给托马索·索里基奥的附言，对奥利韦蒂文章〈奉献大会〉的注释》，载《自由版面》，1909年，第二期，第13页。

第六章 马克思主义和革命的工团主义 Ⅱ

这是奥利韦蒂永远不会摆脱的一个落脚点；实际上，在第一次世界大战之后，他声称这是战后新工团主义的连续性元素，因为他现在开始在社团主义和法西斯主义立场之间摇摆不定。① 如果马克思主义现在已经成为德国强加给社会党的**思维方式**的象征，与华而不实的工团主义相对照（"那朵美丽而自由的拉丁花，在强风中颤抖"），它仍然是对历史发展阶段的古老阐释，这些阶段必须达到完全成熟。在这里，这被转变为一种生产主义意识形态，"在最绝对的意义上排除了布尔什维克（让）不成熟的、无能力的无产阶级接管社会运行的可能性"，② 他们假装"通过改变……其政治上层建筑来创新社会"，在这一点上甚至与马克思主义论点本身相矛盾。③ 在这一点上，精英主义和从未降低影响的决定论思想遗产交汇在了一起。

1908—1909 年间，像奥利韦蒂、奥拉诺与帕农齐奥等人的立场现已成熟，很容易进入"激烈"思想的一般背景中，其中《声音》代表了最重要的环节。共同的"英雄理想主义热情"④ 是有助于渗透的要素，更确切地说，这些要素在工团主义圈子内也被视为如此。例如，朱利奥·巴尔尼（Giulio Barni）认为普雷佐里尼（Prezzolini）的考虑以

---

① 奥利韦蒂，1919 年。
② 同上，第 10 页。
③ 奥利韦蒂与德·安布里斯（De Ambris）：《工会宣言》（Manifesto dei sindacalisti），载《自由版面》，1921 年。
④ 该表达方式出自埃米利奥·秦梯利（Emilio Gentile）：参见秦梯利，1972 年，第 69 页。

意大利马克思主义史：从起源至第一次世界大战前

及非《声音》派的科拉迪尼的考虑，作为提供工团主义意识的要素，现在从外部向工团主义者自己澄清了这一点：

> 从普雷佐里尼的研究中显现出来的充满活力的工团主义以及科拉迪尼式的民族主义者对此的帝国主义概念（在许多意义上又联系回马克思社会主义的"野蛮"概念）实际上……工人运动的一个方面，由资产阶级思想所突出。①

巴尔尼在这里所指的"野蛮"概念只是将马克思主义简化为一种"行动的哲学"、一种"力量的哲学"、一种"暴力哲学"，具有一系列不仅在时间上前后相继而且代表了不同文化和情感背景的层次。

无疑，这些并不是革命工团主义者对马克思主义理解的新主题。它们在运动的初始时刻就具有了一定的分量和意义，当时它们出现在一个完全不同的表述的理论复合体的一边，并带有工人阶级是为自身解放而斗争的主要（而且更多的时候，是唯一的）主人公的观念。然而，如果没有这一参照系，它们的分量和意义就会大不相同。

我们能说这一时期的索雷尔的阐释是这种渗透的关键场所吗？是否只有从这一刻起，我们才能谈论"意大利索

---

① 朱利奥·巴尔尼：《真诚！工会、工会主义与工会成员》(Per la sincerità! Sindacati, sindacalismo e sindacalisti)，载《自由版面》，1909年，第70页。

第六章 马克思主义和革命的工团主义 Ⅱ

雷尔主义"？

我们不难看出，1908年以后的时期标志着索雷尔在意大利的命运进入了一个新阶段。他的《对暴力的反思》（*Reflections on Violence*）的出版，尤其是克罗齐编辑该书的工作，扩大了这位法国思想家对意大利文化影响的范围。事实上，克罗齐的工作并不局限于向意大利读者呈现这一文本，而且还引入了对索雷尔的一种解释，这种解释甚至在克罗齐式的民主**环节之内**也引起了注意。① 并非偶然的是，工团主义者、《声音》派、民族主义者以及各种反民主和反改良主义潮流的倡导者都会不经思考地使用"**我们的大师索雷尔**"（*Sorel notre maître*）一词。

我认为我们可以说，"**意大利索雷尔主义**"这一表述并不能完全定义意大利半岛的革命工团主义现象，这种现象特别复杂，通常在非常不同的层面上得到阐明。这不仅在意大利革命工团主义的结构性和组织性维度上显得不足，这根植于由特定的内生因素塑造的工人阶级现实背景中，同时也在其总体的意识形态和文化构建方面存在不足。

虽然利昂纳和拉布里奥拉等最重要的知识分子确实在特定的背景下使用了索雷尔作品中的语言和概念，但他们也保留了自己的理论自主性。实际上，他们的自主理论在

---

① 此外，在后来用作意大利版引言的文本作为评论出现在《评论》杂志上之后，索雷尔宣称自己完全符合克罗齐的解释。参见索雷尔至克罗齐，1907年5月6日，见索雷尔1980年，以及贝内德托·克罗齐：《基督教、社会主义和历史方法》（*Cristianesimo, socialismo e metodo storico*），载《评论》，第五期，1907年7月，第317—330页。

许多极为重要的方面都完全不能简化为索雷尔思想的一些核心范畴。毫无疑问,"小"知识分子对阿尔卑斯山另一边的**"大师"**的影响更为敏感,但他们经常通过在自己的背景下,特别是紧急关头下成熟的主题和关切来调节这种影响。那么,在这里,这是一条非常模糊的界限,不太适合作为解释范式。

然而,意大利索雷尔主义确实出现了,而且它在重要的文化领域和政治领域并非没有影响。虽然它没有作为一场运动引起注意,但它无疑作为一种**氛围**引起了注意。在气候条件各异的氛围中,随着纬度、经度以及地区构成的不同,它产生了不同的效应。革命工团主义尤其受到它的影响,但即使在这种情况下,空间和时间也发挥了根本性的作用,它没有统一性或特征性的"本质"。其他环境(其中一些与工团主义地区毗邻,有时通过艰难联系的渠道与之相连)也受到这一氛围的影响;这些环境可能会打开意想不到的视野。当风向发生变化时,这种变化可能会导致——并且确实导致了——来自不同、相距遥远的源头的水流以不可预测的方式汇聚在一起。

因此,尽管1906年以意大利语出版的《对暴力的反思》一书最初附有利昂纳的序言(除其他外,批评了该书为暴力辩护的各个方面),其反响很大程度上是"内部"的,但在1907年克罗齐干预之后,特别是在他出版了这篇干预文本的1909年版本之后,该书就能够拨动很多不同的琴弦。① 这导致了有时不和谐的音符，但这是同一旋律的一部分。

工团主义者中有一些人，如帕农齐奥（或奥拉诺或奥利韦蒂）特别抓住了索雷尔的对立的激进主义、"完全史诗般的心态"的张力、② 以及暴力的宣泄作用，这证实了一段时间以来已成为他们的行进方向特征的趋势。像隆戈巴尔迪这样的人不太愿意朝这一方向前进，他们继续认为相较索雷尔试图将"柏格森（Bergson）的知识哲学应用于工团主义运动"，马克思的学派"在现实主义方面更真实、更深刻"，但也承认这位法国"大师"在"使社会主义理想变得更加英雄主义"方面的"巨大"功绩。③ 还有一些人，例如科拉迪尼，热情欢迎索雷尔呼吁资产阶级回归其根源，遵从"其祖先的野蛮行为"，以建立一个更强大、更重要的资本主义。④

索雷尔的《对暴力的反思》不能仅以"为暴力辩护"的简化的、一维的观点来阐释。与"政治神话"相关的问

---

① 利昂纳为索雷尔的《总罢工和暴力》（Lo sciopero Generale e la violenza）撰写了序言，该书由《融入社会主义》于1906年出版。该序言由1905年10月至1906年4月期间发表在该出版物中的八篇文章组成。
② 索雷尔，1973年，第365页。
③ 埃内斯托·切萨雷·隆戈巴尔迪：《暴力理论家（乔治·索雷尔）》〔Il teorico della violenza（Giorgio Sorel）〕，载《流浪者》，1909年，第27页。
④ 恩里科·科拉迪尼：《资产阶级改革：索雷尔——对暴力的思考》（La riforma borghese：Sorel-Considerazioni sulla violenza），载《马尔佐科》（Il Marzocco），1909年5月2日。

意大利马克思主义史：从起源至第一次世界大战前

题作为集体意识的一种特殊形式，实际上产生了丰富的文化遗产。但在20世纪00年代末的特定背景下，正是巴尔尼所引起的对他的"野蛮的"马克思主义观念的共鸣似乎在意大利文化和政治中不可忽视的部分中产生了最强烈的反响。有人认为（实际上，这种观念完全不能令人信服）没有人能比索雷尔更好地解释"马克思主义的本质"①。这里提到的"本质"完全是意识形态性的，脱离了对资本主义生产过程和工人阶级的具体分析，因此容易被用作简化的工具。这种本质也通过其他方法进一步被简化，带来了更多的还原主义元素。

这位自认为是索雷尔最忠实的追随者、想成为意大利伯斯（Berth）的人，即阿戈斯蒂诺·兰齐洛，在"暴力的理论"中找到了解决"马克思主义危机"的办法。② 与此同时，他重申了不适合"吸引群众"的工团主义学说的精英主义特征，进一步将"暴力的理论"简化为纯粹的"行动的哲学"，同样认为"马克思主义哲学在其中都可以找到"。③ 那么，民族主义者科拉迪尼在工团主义者奥拉诺的《母狼》（*La Lupa*）中提出的工团主义只是"一种**斗争意志**的形式"，而民族主义"是一种战争意志的形式"，因此这两者是相同的，这难道不是完全符合这些假设吗？④

---

① 吉卡隆尼·莫纳科，1960年，第13页。
② 兰齐洛，1910年，第36页。
③ 同上，第67页。
④ 恩里科·科拉迪尼：《民族主义与工会主义》（Nazionalismo e sindacalismo），载《母狼》（*La Lupa*），第一期，1910年，10月16日。

民族主义和工团主义不是"相同的",民族主义主张也不同于《声音》的主张,但它们之间的交叉要素并非偶然。"野蛮的"马克思主义、精英主义与灾变论代表了恶性循环中相互强化的环节;如果在这一结构中它有一个工团主义中心,那么它也在更为广泛的政治文化领域中发挥作用,遇到了进一步滋养它的要素。

墨索里尼主义现象应该被视为完全属于这一三元组合和这一圈子的内部。有人正确地指出,"革命工团主义的影响代表了一条贯穿……(墨索里尼)长期政治演变的一条或多或少明显的、但始终可辨别的红线"。① 然而,应该明确说明的是,墨索里尼对革命工团主义环境的参与沿着非常特殊和连贯的道路。1903—1904年,他与《社会主义先锋报》合作,当时阿图罗·拉布里奥拉有意识地将马克思主义用作纯粹的意识形态和政治工具。随后他与奥利韦蒂和帕农齐奥建立了更紧密、更重要的关系(实际上,他与后者的通信尤为表明了他的意识形态受影响的方向)。② 相反,他与革命工团主义文化和马克思著作的分析维度的接触没有关系。他对索雷尔、拉布里奥拉和利昂纳等人在这方面的阐述基本上一无所知。他从预言性决定论的马克思主义转变为"尖锐且极其严峻"的马克思主义,即"社会革命"的马克思主义,再到作为革命"心态"的马克思主义,这一转变保持了实质上的连续性,而进入某一阶段并

---

① 德·费利斯,1965年,第40页。
② 佩尔费蒂,1986年。

不意味着失去前一阶段的特征。正如我们所说，他缺少的是分析性的马克思主义：对于墨索里尼本人以及他最适应的革命工团主义环境来说都是如此。

正是由于这一基本环节的遗漏（在这一环节中理论成为认识现实的一个要素，而质疑理论的逻辑成为知识的前提）才使得在墨索里尼和许多像他一样的人的马克思主义中，僵化的决定论和强烈的唯意志论这两个在其他情况下相互矛盾的主题同时存在。主题缺乏深度，假设和陈述中既有旧的残余，也有新的冲动。这是一种在无论是工团主义革命者中还是其他革命者中都广泛传播的马克思主义，并被大部分由一般知识分子、记者、自学成才者，甚至有时是三者兼而有之的人组成的知识阶层所接受。

1913年，墨索里尼创办了一份评论刊物《乌托邦》（Utopia），宣称目标是使该刊物成为革命者的"理论意识"。事实上，理论维度（从我们已经讨论过的意义上来说）在这一倡议中完全不存在。他无视关于这一主题的非常丰富且通常是高水平的文献，他重新强调了"日益贫困化理论、资本集中理论以及预言灾难的末日论"的"当代价值"[①]。此外，他对普雷佐里尼做出了决定论的回应（普雷佐里尼认为恢复意大利社会主义理论意识的努力"毫无希望"），认为理论仅仅是资本主义正在经历的发展阶段的表达方式。在他看来，重要的问题包括"看看现实……是否允许对社

---

① 贝尼托·墨索里尼：《从长远来看》（Al largo），载《乌托邦》，1913年11月22日，第2页。

会主义进行预测"。这一预测与其说是科学的对象,不如说是信仰的对象:"社会革命",他的结论惊呼道,"不是一种心理图式或计算,而首先是一种信仰的行动。亲爱的普雷佐里尼,我相信社会革命。"①

这种将理论简化为绝对唯意志论的做法与塞尔吉奥·帕农齐奥在《乌托邦》中所主张的观点完全吻合,即革命文化的首要任务是在**"必须"**的领域"将思想和行动简化为绝对的统一"。② 马克思主义被赋予了革命哲学的角色,因为它是唯心主义的,与"庸俗唯物主义"完全无关。③ 这一"简化"具有三重性:马克思主义的"简化"、哲学的"简化"与唯心主义的"简化",尽管唯心主义这一术语名义上指的是黑格尔,但它只是被用来作为"欲望的哲学"(唯物主义)的对立面和巩固的社会经济关系(现实主义)的"黏性"特征。

在这一领域,帕农齐奥还认为墨索里尼的"精神"(他的"不妥协的几何风格"④)真正"为……工团主义者带来

---

① 贝尼托·墨索里尼:《绝望的事业——致普雷佐里尼》(L'impresa disperata-a Prezzolini),载《乌托邦》,1914年1月15日,第4—5页。

② 塞尔吉奥·帕农齐奥:《社会主义的理论面与实践面》(Il lato teorico e il lato pratico del socialismo),载《乌托邦》,1914年5月15—31日,第200—201页。重点部分为原文所标。

③ 塞尔吉奥·帕农齐奥:《社会主义的理论面与实践面》,载《乌托邦》,1914年5月15—31日,第201页。

④ "几何风格"指的是一种刚性、无妥协的思维方式,强调精准、清晰和数学般的逻辑。在这里,这个词语似乎是在形容墨索里尼的思想和行动风格,强调明确、不动摇的立场,带有对秩序和结构的强烈追求,类似于几何学中的原则。——编者注

了希望"。此外，如果没有**这种**革命工团主义，那么墨索里尼的"革命社会主义"就会"生活在月球上"①。

几个月之内，**这种**马克思主义的很大一部分就会流入《革命法西斯国际主义行动》（Fascio rivoluzionario d'azione internazionalista）发表的宣言呼吁中。墨索里尼也会很快正式支持这些论点。

正是索雷尔本人（一位真正熟悉马克思文本的学者）严肃地考虑"马克思是否会签署《革命法西斯》的宣言"，这也许并非偶然。②

5 论人的尊严（De hominis dignitate）。工人工团主义马克思主义？费拉拉的《火花》（La Scintilla）与皮翁比诺（Piombino）的《铁锤报》（Il Martello）

根据弗兰齐斯卡·库格曼（Franziska Kugelmann）的记

---

① 塞尔吉奥·帕农齐奥：《社会主义的理论面与实践面》，载《乌托邦》，1914年5月15—31日，第203页、第205页。
② 1914年11月27日致兰齐洛的信，见索雷尔1993—1994年。在1914年12月7日写给兰齐洛的另一封信中，他赞扬了意大利社会主义者的智慧，他们知道让国家远离战争将拯救马克思主义——革命干涉主义者准备摧毁的马克思主义。他总结道："我有时会问自己，马克思主义是否实际上最终不会在意大利找到它的第二故乡？这对意大利来说极为重要，因为意大利将是唯一拥有严肃社会主义意识形态的国家。"类似的概念（"如果意大利成为马克思主义的领先国家会怎样？"）出现在他1914年12月9日写给米西罗利（Missiroli）的信中．索雷尔，1963年，第143页。

述，当卡尔·马克思被告知工人们热情地追随他的学说时，他回答说："他们只有一个愿望，一个相当好理解的愿望，那就是摆脱贫困；但很少有人明白如何做到这一点。"库格曼还回忆道，"有一次，一个工人代表团去马克思那里请他处理社会问题，因为他们已经无法再继续前进了。"①

库格曼的记述提到了19世纪60年代，当时"马克思主义"尚未存在，或者无论是工会还是政治组织，至少还没有主要的工人组织将自己定义为"马克思主义者"。尽管如此，它们表明了"工人阶级"接受马克思所面临的非常巨大的、更确切地说几乎不可逾越的障碍，而马克思甚至无法达到对理论机制的基本理解的门槛。同时，它们也表明工人的生活和工作条件，包括社会冲突逐渐呈现的形式，是这种接受的必不可少的要素，绝对不能忽视。工人们很快就为自己"发明"了他们认为自己需要的马克思主义。

许多年后，当马克思主义至少在欧洲某些地区成为宏观现实时，德国社会民主党（**杰出的**"**科学政党**"）内的"社会主义工人阶级群众""与社会主义理论绝对相距甚远，并且对党的科学文献没有培养任何兴趣"。② 关于社会民主党的一项重要研究的作者补充道，这"并不是反对德国工人'成熟'的论点，他们证明自己在实际上可以积极参与的领域……他们甚至能够赢得政治对手的尊重。"③

---

① 恩岑斯贝格尔（Enzensberger）（编者），1977年，第270页。
② 斯坦伯格，1979年，第194页。
③ 同上，第196页。

意大利马克思主义史:从起源至第一次世界大战前

尽管关于世纪之交意大利社会主义流行文化的文献不是很有分量,但它确实让我们可以说,这里对德国工人的批评也可以延伸到意大利工人身上。这也不是反对意大利工人"成熟"的论点,他们在非常困难的条件下常常表现出组织、团结和发现其生活和工作条件的直接而具体的问题之外的联系的能力。

尽管在党和/或工会中组织起来的工人阶级对马克思理论的基本方面的了解很薄弱(几乎不存在),但我们不应该想象工人的"实践活动"与外在的、模糊的马克思主义之间有任何明确的分离。这种马克思主义并不是没有影响;相反,它常常以多样且有时相互矛盾的方式构成了工人实践活动的恒定的参照框架。

革命工团主义的经验是在马克思主义的参照框架早已确立的时候在意大利工人阶级中发展起来的。自19世纪80年代起,"高级"的马克思主义文献经过了时间的发展变得清晰,甚至改变了观点。我们得到的印象是(正如我们稍后会更清楚地看到的那样)革命工人的马克思主义(如果我们承认可以清楚地识别任何这样的水平)坚持长期恒定的要素,没有特定的演变。在某些方面,旧的《工人联盟》在某种程度上是前马克思主义的马克思主义[①]仍然是一个典

[①] 前马克思主义的马克思主义(pre-Marxist Marxism)是指一种在形式或内容上还没有完全接受马克思主义理论体系的思想观念。它通常指的是那些在马克思主义的基础上发展,但仍存在与经典马克思主义不同或尚未完全与其契合的思潮或理论。比如,某些早期的社会主义思想、工人运动理论或阶级斗争的概念,虽然受到了马克思主义的影响,但在内容上还没有完全达到马克思主义的标准或理论体系。——编者注

范，有待超越。①

《火花》与《铁锤报》这两份出版物（前者是周刊，并且短暂地作为日报出版，后者是周刊，在某些短暂的时期内也曾作为双周刊出版）是两个最重要的革命工团主义据点的表达：费拉拉和皮翁比诺。在极少数具有长期连续性、涵盖整个乔利蒂时代的出版物中，它们因此经历了早期的"社会主义"阶段，然后直接代表了过渡时期的面貌。尽管如此，鉴于它们是不同背景的表达，它们的特征也有所不同，包括它们所针对的无产阶级的现实也有所不同。

在费拉拉，社会主义者和工团主义者所提到的基本无产阶级的所指对象是农民世界。这尤其指传统理解上的农场工人，但也指属于多种多样复杂的共同参与空间的更广泛的工人。与此同时，位于该省中心的城市保留了其传统的、社会清晰的城市结构，表达了在很大程度上与乡村独立的政治文化。绝大多数《火花》的编辑属于这一城市世界，与农村社会基础的强烈的政治—意识形态联系不足以改变他们文化影响的单向性。此外，该报纸最终更多地代表了对马克思主义的调和与庸俗化，而非无产阶级运用它的一面镜子。

相反，在皮翁比诺，在我们纳入考虑的整个时期内，该镇主要钢铁行业的工人占城市总人口的三分之一多一点。因此，社会分层尤其简化，城市无产阶级和日常生活所需

---

① 法维利，1988年，第21—25页。

的"服务"占据绝对优势。《铁锤报》忠实地体现了这一现实。该报的几乎所有编辑（所有长期在职的编辑）都是与钢铁行业相关的工厂的工人，正是他们为这份出版物设定了总的"基调"，即使也有"外部"贡献〔尤其是在翁贝托·帕塞拉（Umberto Pasella）领导**劳工商会**期间〕以及知识阶层中的一些下层人物影响了该报。

在这些报纸中，工团主义者的马克思主义遇到了（重叠、整合）了一些长期理论坐标，这些理论坐标在一段时间内已经定义了现有马克思主义的特征。庆祝1902年圣诞节的一篇社会主义文本清楚地描绘了这些理论坐标的一些基本主题。《铁锤报》的编辑试图阐明他们的"信仰"的特征，

> 一种建立在科学基础上的信仰，它告诉工人他们的救赎必须靠他们自己的努力，一种为现实生活提供补救办法的信仰……：这种信仰不会威胁富人，不向富人提出任何要求，因为它知道，对富人的善心指望不了什么，或者至少能指望的太少，因为他们的利益不可避免地与工人的（利益）直接对立。因此，它对（工人）说：你们是大多数，你们是劳动者，你们有权获得你们辛劳的全部成果：你们有生存的权利。当集体财产取代私有财产时，你们将**在现实中**拥有这项权利，并且你们将通过阶级斗争获得这一权利，在经济

上和政治上组织起来反对富人。①

它的风格和内容是大众传播中传统的风格；作为马克思主义的学说的纽带中所有独特元素的浓缩，这是一篇简短且特别有效的文本。正是马克思主义被认为是必要的，即使在卡尔·马克思已经明确否定的表述中（例如工人获得工人劳动的全部产品的权利）也是如此。这一切出现在与基督教经验相关的背景中，表现为一种宗教性地体验自己政治归属的方式。这是"知识和道德（即宗教）'改革'"②的一个方面，其中马克思主义的大众化及其接受的特征代表了这一核心时刻。

构成上述段落的一系列主题实际上直到第一次世界大战才发生改变。相反，工团主义的经验优先考虑了某些主张，然后往往使这些主张变得更为僵化。这最终通过其所有组成部分的有机协调而得以体现。那么，工人报纸的工团主义经验（或者无论如何，与先进的阶级斗争动态密切相关的报纸的经验）并没有产生广泛的意识形态"创新"，而是强调了"纯粹而简单地回归'基本原则'"的维度。③

"灾变论"和"宿命论"仍然是波河河谷农民的长期前景的北极星，他们的"或多或少遥远的未来福祉……将不可避免地由贫富之间的对立所产生，这种对立将进一步沦

---

① 《圣诞节》（Natale），载《铁锤报》，1902年12月21日。
② 葛兰西，1975年，第3卷，第1985页。
③ 《铁锤报》，1906年8月26日。

为令人震惊的贫困"。有人说,"这就是所谓的灾变论者的马克思主义。"① 皮翁比诺钢铁工人必定会通过这一视野进行活动:

> 毫无疑问,社会主义将征服未来……如此广泛讨论且从未被推翻的财富集中化是……一个事实要素,表明不少资产阶级将面临两难境地:要么摧毁财富,要么将财富集体化。②

至少在**这一阶段**,这一基本的马克思主义必定不是改良主义者与工团主义者之间的区别要素,但就在此时,确实起到区分点作用的马克思主义也开始出现在工人报刊中。目前正在进行的行动的首要主题仍然是主张自身是马克思主义的最好的继承者。《火花》用以下措辞举例说明了这一点:

> ……马克思说了什么?**工人的解放必须由工人自己完成**。工团主义者说了什么?**工人,为自己主张自己的利益,无须律师干预**。马克思说了什么?**国家是资产阶级的执行委员会**。工团主义者说了什么?**不要**

---

① 穆吉克(Mugik):《机器有用还是有害? 农民之间的对话继续》(Le macchine sono utili o dannose? Continuazione del dialogo fra contadini),载《火花》,1905 年 4 月 2 日。
② 柯提斯(Curtius),《走向社会主义》(Verso il socialismo),《铁锤报》,1906 年 8 月 18 日。

相信国家的民主化，因为国家现在是、将来仍然是资本主义最有效的防御。马克思所说的政治家之间的议会角逐是什么？**议会迷**。工团主义者对工人—选民说了什么？……①

与此同时，《铁锤报》声称，工团主义者的功绩是"反对那些试图削弱意大利无产阶级斗志的人——反对偏离社会主义阶级斗争的方法"。这种工团主义自然只能是"诉诸马克思和恩格斯在其著作中所推崇的旧的、真正的为征服而斗争的形式"。马克思主义被呈现为工团主义者与社会主义延续的基石：

> 马克思的写作指出了指导道路：工人自己的努力。为何如此？通过联合：各国无产者联合起来。工会联合起来反对国家这个统治阶级的政治机构，即使它被征服了，也不能作为**工人解放的工具**……卡尔·马克思与弗里德里希·恩格斯在《共产党宣言》的序言中指出，历史经验证明，工人阶级**不能简单地掌握现成的国家机器**，并运用它来达到自己的目的。无疑，意大利社会主义的伟人们认为，马克思的理论不适用于我们这个时代，因为马克思在很多年前就表达了他的

---

① 一名想争辩的工人（Un operaio che vuol discutere）：《宣传拾遗 什么是工会主义？》（Spigolature di propaganda. Che cosa è il sindacalismo?），载《火花》，1906年4月28日。

哲学思想，在他们看来，当时看待事物的方式可能与今天（看待事物的方式）截然不同。在我看来，问题的根源不在马克思，而在于我们的意大利改革派，尤其是当我们考虑他们对待资产阶级政府的态度时，这与社会主义的观念是对立的。①

那么，这就是作为革命主义的工团主义，以及作为革命纯洁性的首要保证的马克思主义。一名工人的理论干预试图打断这一线性模式，有趣的是，这与其说发生在运动的操作需求层面上，不如说只是发生在学说预测方面。他宣称，"我们所有工人都同意革命主义"，然后又定义了革命主义的坐标，"不使自己沦为资产阶级的娼妓、在选举问题上不妥协、不纵容议会迷、依靠总罢工以及必要时也依靠暴力。"然而，工团主义者也认为，"他们的观念正是对马克思主义根源的回归，并且……与实际行动一致"，但与社会主义的观点不符，因为马克思想要"使生产手段和交换手段社会化、共产化"②，而工团主义者则希望将其财产分配给贸易组织，这将使旧制度在新所有者的统治下永久存在。

《火花》现在正在形成一个特定的学说体系，关于工团

---

① 伊特鲁里亚（Etrusco）：《工会主义》（Il sindacalismo），1906 年 6 月 16 日以及 7 月 1 日。

② 达尔迪尼（P. Dardini）：《我要求发言》（Domando la parola），载《铁锤报》，1906 年 9 月 29 日以及 10 月 6 日。

主义马克思主义的论点通常来自民族运动的知识分子，学说体系的形成既有他们的直接理论介入，也有重新出版他们在书籍和期刊中发表的部分文章。因此，利昂纳和拉布里奥拉经常出现在该刊的专栏中。但也不乏由"小"工团主义知识分子中极为重要的一部分人士署名的文章；更确切地说，甚至像吉多·帕塞拉（Guido Pasella）和米歇尔·比安奇（Michele Bianchi）这样的组织者也介入了马克思主义问题。①

通过诉诸国家各个文化殿堂（Parnassus）的各个层面（也包括某些地方方面）而提出的主题，往往会巩固早已在工团主义激进分子中流传的常识要素。它们表明国家是统治阶级的直接表现；国家无力改变经济和社会；议会迷；以及作为力量的哲学的马克思主义。② 原文参考通常都会涉及《共产党宣言》。自1908年起，马克思对《人民国家报》（*Volkstaat*）的一次关于工会的采访中的段落被反复转载——这次采访被视为"工团主义（作为）马克思思想的

---

① 吉多·帕塞拉：《反对乔治·普列汉诺夫并支持工团主义》（Contro Giorgio Plekhanoff e per il Sindacalismo），载《火花》，1909年1月17日；米歇尔·比安奇：《阁楼上的马克思？》（Marx in soffitta?），载《火花》，1911年4月16日。

② 例如参见恩里科·利昂纳：《什么是工会主义》（Che cosa è il sindacalismo），载《火花》，1906年11月18日；保罗·马佐迪（P. Mazzoldi）：《议会迷》（Cretinismo parlamentare），载《火花》，1917年10月19日。安东尼奥·拉布里奥拉：《工会成员面对国家》（I sindacalisti di fronte allo Stato），载《火花》，1908年5月1日。安东尼奥·拉布里奥拉：《无产阶级暴力》（Violenza proletaria），载《火花》，1908年7月11日。

合法继承人的充分完整的辩护"。① 在这些段落中，马克思明确承认工会独立于任何"政治联盟"的必要性，以及工会组织和实践作为改善工人阶级物质生活条件及其政治文化发展的时刻的极大重要性。它们是真正的阶级意识学校，这确实是工会作为"社会主义学校"的观点。② 这份在某些方面充当全国工团主义中心的报纸从这些段落中得出了以下（相当夸张的）结论："第一，马克思将工会看作社会主义的道德工具；第二，对马克思来说，唯一真正的工人政党是工会；第三，工会不能依赖任何政党，因此……也不能依赖社会党"。③

《火花》也证明对工团主义知识分子创作的马克思主义文献相当关注，这些文献在"介于书籍和杂志之间"（Fra Libri e Riviste）一节中专门介绍。该报经常为此投入大量篇幅，例如代·彼德里·图内利的《马克思与马克思主义》（*Marx ed il Marxismo*）④，尤其是拉布里奥拉的《经济学中的马克思与作为社会主义理论家的马克思》（*Marx nell'economia e come teorico del socialism*）和利昂纳的《马克思主义的修正》（*La revisione del marxismo*）。

---

① 《马克思与工会主义》（Marx e il sindacalismo），载《国际》（L'Internazionale），1908 年 10 月 4 日。

② 这是 1869 年 9 月马克思与德国金工工人工会财务主管哈曼（Hamann）的对话采访报道：参见《马克思论工会》（Marx über die Gewerksgenossenschaften），载《人民国家报》，1869 年 11 月 17 日、27 日。

③ 《马克思与工会主义》，载《国际》，1908 年 10 月 4 日。

④ 该卷中的一段内容出现在 1908 年 10 月 3 日的版本中，评论介绍出现在 1908 年 10 月 10 日的版本中。

第六章　马克思主义和革命的工团主义 Ⅱ

致力于研究上述最后两卷书的正是吉多·帕塞拉。他是一位非典型的工团主义者，既是组织者又是议会成员；他不属于工团主义"作家"的小圈子，但很好地代表了这样一些人物：将组织工作与非常严酷的社会冲突中的激进主义紧密联系在一起，而不寻求无用的、声势浩大的分裂。这样一位深受社会主义运动情感影响的人物，会如何解读拉布里奥拉和利昂内理论阐述中的那些无疑是高光的时刻呢？这一"联系"人物又会将什么样的马克思主义形象带入工团主义领域？

正如我们所看到的，拉布里奥拉的书中存在一种持续的张力，一方面表面上倾向于将马克思作为经济学家（属于过去）与作为革命家（属于现在与未来）之间加以区分，另一方面则在分析层面恢复了马克思对资本主义的"明智理解"，因此也恢复了马克思的科学维度。而马兰戈尼（Marangoni）仅捕捉到了这些要素中的第一个。因此，他宣称自己支持"一种思想潮流，这种思想潮流虽然坚称自己在谴责马克思体系、经济秩序和哲学秩序的错误和过时方面是最勇敢的，但（也）证明了在追求现代社会主义最令人敬畏的理论家的革命目标方面是最果断和最真诚的"。更确切地说，是支持将自己描绘成"庞大的马克思主义体系中幸存的、胜利的部分的唯一合法继承人"的工团主义。[1]在他看来，阅读恩里科·利昂纳的《马克思主义的修正》

---

[1] 吉多·马兰戈尼：《论马克思主义学科》（In tema di marxismo），载《火花》，1908年10月24日。

也证实了"幸存的部分"不可能是关于经济学家的马克思主义的部分。①

在工团主义组织者中〔尤其是像罗穆阿尔多·罗西这样拥有工人阶级背景的组织者,和/或那些与争夺需求的日常实践密切相关的人士,比如建筑工人工会秘书法比奥·彼得鲁奇(Fabio Petrucci)〕,严格的机械决定论观点继续主导着社会进程,即使是在普遍存在的"唯心主义"气氛中,也使得他们能够坚持"经济行动"的无中介优先性。彼特鲁奇断然宣称,"社会主义运动的基础不在于能够将不同社会阶层的人们团结为一体的政治道德情感,而仅仅在于经济因素,通过马克思主义历史唯物主义从未被推翻的规律,经济因素构成了任何其他'道德上层建筑'的根本基础"。② 并且鉴于一旦"经济条件发生变化,其之上的所有现有法律关系都必须发生变化"③,因此没有必要从政治角度提出夺取资产阶级国家政权的问题,而是要"在经济本身领域,改变与具有特定经济功能的机构如工会的经济关系,工会只是生产力的革命组织"。④ 为了消除人们对此

---

① 吉多·马兰戈尼:《恩里科·利昂纳的〈马克思主义的修正〉》(La "revisione del marxismo" di Enrico Leone),载《火花》,1909 年 12 月 18 日。

② 法比奥·彼得鲁奇:《民主与社会主义》(Democrazia e socialismo),载《火花》,1912 年 6 月 15 日。

③ 法比奥·彼得鲁奇:《女性的未来》(L'avvenire della donna),载《火花》,1912 年 6 月 20 日。

④ 法比奥·彼得鲁奇:《"征服权力"》(La "conquista del potere"),载《火花》,1912 年 6 月 17 日。

类组织者可能具有"唯心主义"倾向的任何怀疑,即将成为该报主编(1912年8月5日)、曾经是体力劳动者的罗穆阿尔多·罗西以近乎轻蔑的措辞驳斥了一种相反在其他工团主义环境中普遍存在的"心态"。

> 唯心主义者现在和将来都是消极的,而马克思主义理论非常积极……信仰源于情感,并在思想中得以体现——如果我没记错的话,卡尔·马克思无可置疑地确立了两者(情感和思想)的发展是经济基础所固有的、依赖于经济基础的、也是经济基础的结果……①

如果说《火花》可以作为一个相对广泛的音阶的一部分,它听起来是马克思主义的调子,那么《铁锤报》却不是这样。实际上,几乎仅在帕塞利领导**劳工商会**的两年(1909—1911年)中,这份报纸服务于工团主义的宣传,刊登了国家级重要人物的文章,这些人物既包括知识分子,也包括组织者,如巴尔尼、奥拉诺和曼蒂卡(Mantica)。此外,随后由帕塞拉取代的主编朱塞佩·瓦尼(Giuseppe Vanni)和他的前任们一样,仍然也是一名工人(瓦工)。这对他思考和运用马克思主义的方式产生了明显的影响。

我们知道,国际工人协会《临时章程》第一段开头的主张"工人阶级的解放必须由工人阶级自己来争取",在19

---

① 罗穆阿尔多·罗西:《信仰的幻象和幻象的信仰》(L'illusione della fede e la fede dell'illusione),载《火花》,1912年7月19日。

意大利马克思主义史:从起源至第一次世界大战前

世纪 80 年代马克思主义的形成中发挥了至关重要的作用,当时马克思主义开始在有组织的无产阶级中被称为"卡尔·马克思的名言"。二十多年后,工团主义者将其用作他们"对首要原则的忠诚"的进一步确认的标准。这一表述独立于不同圈子的原始精神和定位,被用于工团主义报刊的无数(通常是非常不同的)背景和领域中(其中一些我们已经见过)。显然,《火花》和《铁锤报》都不例外,某些时候它们还将其用作引语。

"马克思的名言"为工人阶级的自豪感和认同提供了强大的推动力,在阶级斗争以尤为激烈的形式展开、几乎没有调解的可能性的情况下,发挥了更大的作用。在费拉拉周围的乡村和皮翁比诺的钢铁厂都是如此。马萨菲斯卡利亚(Massafiscaglia)罢工的农业工人的孩子们(被派去保护罢工破坏者的士兵们在同情心的感动下与他们分享了食物)以及那些在皮翁比诺阿尔蒂福尼(Altiforni)禁止进厂的工人的孩子们(由于他们的父母不能再养活他们,他们被迫到其他城市寻找庇护所)唱着同样激烈的歌谣,前者反对地主,后者反对钢铁厂老板。[1] 这只是社会冲突的一个标志,这些冲突像战争一样展开,人们像经历战争一样经历这些冲突;这些冲突的革命工团主义理论化当然不应被视为这场战争的主要因素。相反,在许多不同的背景下,推动农业无产阶级和工业无产阶级进行"阶级战争"的动机

---

[1] 罗韦里(Roveri),1972 年,第 274 页;法维利。

却利用了结构性因素,并且即使存在"改良主义和工团主义之间的某种可互换性",这些动机也往往会持续存在。①

这次罢工是宣战。1906年麦戈纳(Magona)与罢工工人之间的冲突可以如此来表述:

> 两个半月来,皮翁比诺正在上演阶级斗争中一场具有对抗性特征的事件。一方面,资本在意大利工业中的使用几乎是独一无二的,因此利润极高,另一方面,该行业的工人要求提高工资。资本说不,而劳工却不断要求。资本拒绝,劳工关掉机器,抱臂旁观。战斗已经打响,两种不可调和的利益对立……这是一个生死攸关的问题。②

这一段的结束语对于听到这些话的工人来说肯定有许多意义,而不仅仅是隐喻;不断有罢工失败的例子导致了大规模的裁员,成为一种深远的削弱手段。在罢工实践中,与工人阶级身份相关的经历的组成部分(在工人尊严的深刻意义上,获得高尚的"阶级"意识的艰难)完全被置于危险之中。捍卫这种**尊严**(dignitas)和**高尚**(nobilitas)可能意味着必须处理更具破坏性的个人冲突,正如这封信所表明的那样:

---

① 参见伯加齐(Procacci),1975年,第110页。
② 《铁锤与铁砧》(Martello e incudine),载《铁锤报》,1906年10月27日。

意大利马克思主义史：从起源至第一次世界大战前

亲爱的《铁锤报》，为了保护我作为一名诚实工人的尊严，我公开声明谴责我的两个兄弟以及我的父亲，他们在罢工期间前往阿尔蒂福尼钢铁厂（Stabilmento Alti Forni）从事"**工贼**"劳动（krumiraggio）。将我与他们联系在一起的血缘纽带根本无法阻止我与那些因怯懦而玷污自己的人断绝一切关系，即使他们知道他们的儿子和兄弟被禁止进厂并因此而被牺牲。我必须发表此声明，以便我的**同伴**（compagni）不会将我与那些不幸也与我同姓的人联系在一起。①

基于马克思"众所周知的名言"而阐述的马克思主义最后对这种**尊严**和**高尚**做出了绝对必要的确认。

---

① 《铁锤报》，1910 年 10 月 1 日。

参考文献

不同作者（AAVV）：《经济学批评，关于克劳迪奥·纳波莱奥尼》（*La Critica in economia Su Claudio Napoleoni*），罗马：联合出版社（Editori Riuniti）。

西奥多·阿多诺（Theodor Adorno）：《德国社会学中的实证主义之争》（*The Positivist Dispute in German Sociology*），伦敦：哈珀与罗出版社（Harper and Row）1976年版。

埃米利奥·阿加齐：《青年克罗齐与马克思主义》（*Il giovane Croce e il marxismo*），都灵：埃诺迪出版社1962年版。

埃米利奥·阿加齐：《安东尼奥·拉布里奥拉的马克思主义："科学社会主义"还是"批判共产主义"？》（Il marxismo di Antonio Labriola: "socialismo scientifico" o "comunismo critico"?），见不同作者：《马克思和他的批评者》（*Marx e i suoi critici*），乌尔比诺（Urbino）：夸特罗文蒂出版社（Quattro Venti）1987年版。

意大利马克思主义史：从起源至第一次世界大战前

埃米利奥·阿加齐：《于尔根·哈贝马斯：马克思主义的"批评者"还是"重建者"？》（Jürgen Habermas："critico" o "ricostruttore" del marxismo?），见不同作者：《马克思和他的批评者》，乌尔比诺：夸特罗文蒂出版社 1987 年版。

彼得罗·阿尔伯尼提（Pietro Albonetti）《国际主义者中的安德烈埃·科斯塔（1871—1874）》〔Andrea Costa tra gli Internazionalisti (1871—1874)〕，见阿尔多·贝尔塞利（Aldo Berselli）编：《意大利社会主义史上的安德烈埃·科斯塔》（Andrea Costa nella storia del socialismo italiano），博洛尼亚：穆利诺出版社（Il Mulino）1982 年版。

乔瓦尼·阿列维（Giovanni Allevi）：《改良主义乌托邦》（L'utopia riformista），阿斯科利·皮切诺（Ascoli Piceno）：经济（Economica）出版社 1901 年版。

安东尼奥·阿罗卡蒂（Antonio Allocati）：《介绍》（Introduzione），见《洛里亚—格拉齐亚尼通信（1888—1943）》〔Carteggio Loria-Graziani (1888—1943)〕，罗马：国家档案馆出版物（Pubblicazioni degli Archivi di Stato）1990 年版。

佩里·安德森（Perry Anderson）：《意大利之后的意大利 共和之路》（L'Italia dopo l'Italia. Verso la Terza Repubblica），罗马：卡斯泰尔韦基出版社（Castelvecchi）2014 年版。

伯特·安德烈亚斯：《马克思恩格斯〈共产党宣言〉历史与书目 1848—1918》（Le Manifeste Communiste de Marx et Engels. Histoire et Bibliographie 1848—1918），米兰：菲尔特里内利出版社 1963 年版。

乔瓦娜·安吉利尼（Giovanna Angelini）：《红色彗星 国际主义与第四状态 恩里科·比尼亚米与"平民"1868—1875》（*La cometa rossa. Internazionalismo e Quarto Stato. Enrico Bignami e 'La Plebe' 1868—1875*），米兰：安吉利出版社（Angeli），1994年。

佛朗哥·安德鲁奇（Franco Andreucci）、托马索·德蒂（Tommaso Detti）：《意大利工人运动 传记词典》（*Il Movimento operaio Italiano. Dizionario Biografico*）第3卷，罗马：联合出版社1977年版。

皮埃尔·安萨尔（Pierre Ansart）：《意识形态、冲突与权力》（*Idéologies, conflits et pouvoir*），巴黎：法国大学出版社（PUF）1977年版。

毛里齐奥·安东尼奥利（Maurizio Antonioli）：《团结进步 图像与现实之间的界限（1901—1914）》（*Sindacato e progresso. La fiom tra immagine e realtà（1901—1914）*），米兰：安吉利出版社1983年版。

毛里齐奥·安东尼奥利：《直接行动与工人组织》（*Azione diretta e organizzazione operaia*），巴里（Bari）：拉凯塔出版社（Lacaita）1990年版。

费利斯·安齐（Felice Anzi）：《阿尔特里·坦皮战役（1882—1892）》（*Battaglie d'altri tempi（1882—1892）*），米兰：《前进！》，1917年。

费利斯·安齐：《意大利社会主义工人运动（1882—1894）》（*Il Movimento operaio socialista italiano（1882—*

1894)),米兰:《前进!》,1946年。

朱塞佩·阿雷(G. Are):《意大利自由经济与政治》(*Economia e politica nell'Italia liberale*),博洛尼亚:穆利诺出版社1974年版。

阿黛尔·阿里纳(Adele Arena):《朱塞佩·埃马努埃莱·莫迪利亚尼的理想和政治首要态度》(Formazione ideale e prima attività politica di Giuseppe Emanuele Modigliani),载《工人与社会主义运动》(*Movimento Operaio e Socialista*),1962年,第3—33页。

恩里科·阿尔蒂弗尼(Enrico Artifoni)《萨尔韦米尼—洛里亚关于"权贵与平民"的信件(1895)》(Un carteggio Salvemini-Loria a proposito di "Magnati e Popolani" (1895)),载《亚高山历史书目公报》(*Bollettino Storio-bibliografico subalpino*),1981年,第234—255页。

阿索尔·罗萨、阿尔贝托:《意大利历史上的文化》(*La cultura in Storia d'Italia*)第4卷第2篇,都灵:埃诺迪出版社1975年版。

阿索尔·罗萨、阿尔贝托:《左边的测试1976—1996这二十年的思考》(*La sinistra alla prova. Considerazioni sul ventennio* 1976—1996),都灵:埃诺迪出版社1996年版。

爱德华·阿特金森(Edward Atkinson):《产品分配或交换的机制与形而上学》(*Distribution of Products or the Mechanism and the Metaphysics of Exchange*),伦敦:帕特南父子出版社(Putnam's and Sons)1885年版。

帕特里齐亚·奥德尼诺（Patrizia Audenino）:《社会主义宣传未来社会的预兆》（La prefigurazione della società future nella propaganda del socialismo），见《社会主义初级教育和宣传》（Educazione e propaganda nel primo socialismo），罗马：联合出版社 1995 年版。

伊扎克·倍倍尔:《红色骑兵军》（Red Cavalry），电子书，伦敦：普希金出版社（Pushkin Press）2014 年版。

尼克拉·巴达洛尼（Nicola Badaloni）:《里窝那第一个工人协会》（Le prime società operaie a Livorno），见《里窝那历史公报》（Bollettino Storico Livornese）第 1 卷，第 41—53 页，1951 年。

布罗尼斯拉夫·巴齐科（Bronislaw Baczko）:《乌托邦》（L'utopia），都灵：埃诺迪出版社 1979 年版。

布罗尼斯拉夫·巴齐科（Bronislaw Baczko）:《社会想象力》（L'immaginazione sociale），载《百科全书》，都灵：埃诺迪出版社 1979 年版。

罗兰·班顿（Roland Bainton）:《十六世纪的宗教改革》（The Reformation of the Sixteenth Century），波士顿：信标出版社（Beacon）1952 年版。

米歇尔·巴枯宁（Michel Bakounine）:《巴枯宁作品全集》（Oeuvres Complètes de Bakounine）第 2 卷,《米歇尔·巴枯宁与意大利》（Michel Bakounine et l'Italie），巴黎：自由原野出版社（Champ Libre）1974 年版。

埃蒂安·巴里巴尔（Étienne Balibar）1974 年,《历史

唯物主义五项研究》(Cinq études de materialisme historique)，巴黎：马斯佩罗出版社（Maspero）。

依多美尼欧·巴巴多罗（Idomeneo Barbadoro）:《意大利的工会 从其起源到劳工联合会摩德纳代表大会（1908年）》〔Il sindacato in Italia. Dalle origini al congresso di Modena della Confederazione del Lavoro (1908)〕，米兰：泰蒂出版社（teti）1979年版。

弗朗切斯科·巴尔巴加洛（Francesco Barbagallo）1984年，《尼蒂》，都灵：尤特出版社。

皮耶罗·布拉奇（Piero Barucci）:《边际主义的扩散》(La diffusione del marginalismo)，见马西莫·菲诺亚（M. Finoia）编:《意大利经济思想家1850—1950》(Il pensiero economico italiano 1850—1950)，博洛尼亚：卡佩利出版社1980年版。

莱里奥·巴索（Lelio Basso）:《〈资本论〉段落的第一个意大利语翻译（1867年）》(La prima traduzione italiana di un brano del "Capitale" (1867))，载《社会主义历史杂志》(Rivista storica del socialismo)，1962年，第17页。

里卡尔多·贝洛菲尔（Riccardo Bellofiore）:《夸尔·纳波莱奥尼》(Quale Napoleoni)，载《意大利经济思想》(Il Pensiero economico italiano)，1993年，第1卷，第二章：第99—135页。

里卡尔多·贝洛菲尔（Riccardo Bellofiore）:《走向劳动价值的货币理论 李嘉图根源与新研究途径之间的马克思理

论》(Per una teoria monetaria del valore lavoro. La teoria marxiana tra radici ricardiane e nuove vie di ricerca),见乔治·伦吉尼(G. Lunghini)编:《价值与价格》(Valori e prezzi),都灵:尤特出版社1993年版。

尼克拉·本韦努蒂(Nicola Benvenuti):《德国的政党与工会(1890—1914)》(Partito e sindacati in Germania (1890—1914)),米兰:皮埃特拉出版社(La Pietra)1981年版。

吉安卡罗·贝尔加米(Giancarlo Bergami):《社会问题的发现:格拉夫与德·亚米契斯》(La scoperta della questione sociale: Graf e De Amicis),见埃米利奥·拉菲尔·帕帕(E. R. Papa)编:《实证主义与意大利文化》(Il positivismo e la cultura italiana),米兰:安吉利出版社1985年版。

以赛亚·伯林(Isaiah Berlin):《卡尔·马克思》(Karl Marx),牛津:牛津大学出版社1978年版。

爱德华·伯恩施坦:《工会问题的历史》(Geschichtliches zur Gewerkschaftsfrage),载《社会主义月刊》(Sozialistische Monatshefte),1900年第4期,第376—388页。

爱德华·伯恩施坦:《科学社会主义如何可能?》(Wie is Wissenschsftlicher Sozialismus Möglich?),柏林:社会主义月刊出版社1901年版。

爱德华·伯恩施坦:《社会主义的前提和社会民主主义的任务》(I presupposti del socialismo e i compiti della socialdemocrazia),巴里:拉泰尔扎出版社(Laterza)1968年版。

意大利马克思主义史：从起源至第一次世界大战前

阿尔多·贝尔塞利编：《安德烈埃·科斯塔在意大利社会主义史上》(*Andrea Costa nella storia del socialismo italiano*)，博洛尼亚：穆利诺出版社1982年版。

朱塞佩·贝儿塔（Giuseppe Berta）：《地区工人运动的形成：以纺织业为例（1860—1900）》〔La formazione del movimento operaio regionale: il caso dei tes-sili（1860—1900）〕，见阿尔多·阿戈斯蒂（Aldo Agosti）、吉安·马里奥·布拉沃（Gian Mario Bravo）编：《皮埃蒙特工人运动、社会主义和社会斗争的历史》(*Storia del movimento operaio, del socialismo e delle lotte sociali in Piemonte*) 第1卷，《从前工业时代到19世纪末》（Dall'età preindustriale alla fine dell'ottocento），巴里：德·多纳托出版社（De Donato）1979年版。

杰安彼德罗·贝尔蒂（Giampietro Berti）：《弗朗切斯科·萨维里奥·梅利诺 从社会主义无政府主义到自由社会主义（1856—1930）》〔*Francesco Saverio Merlino. Dall'anarchismo socialista al socialismo liberale*（1856—1930）〕，米兰：安吉利出版社1993年版。

雅克·比岱（Jacques Bidet）：《现代性理论》(*Théorie de la modernité*)，巴黎：法国大学出版社1990年版。

恩斯特·布洛赫（Ernst Bloch）：《卡尔·马克思与人类：希望的材料》(Karl Marx and Humanity: The Material of Hope)，见《论马克思》(*On Marx*)，纽约：赫尔德与赫尔德出版社（Herder and Herder）1971年版。

马克·布洛赫：《封建社会》(*Feudal Society*)，伦敦：

劳特里奇出版社（Routledge）2014年版。

诺贝托·波比欧：《20世纪的意识形态概况》（Profilo ideologico del Novecento），见《20世纪意大利文学史》（*Storia della Letteratura Italiana, Il Novecento*），米兰：加尔赞蒂出版社（Garzanti）1987年版。

诺贝托·波比欧：《罗多尔夫·蒙多尔甫的人文主义》（Umanesimo di Rodolfo Mondolfo），见《大师与同伴》（*Maestri e compagni*），佛罗伦萨：帕西利出版社（Passigli Editori）1994年版。

杰罗拉莫·博卡尔多：《论政治经济学的方法与局限性》（*Del metodo e dei limiti dell'economia politica*），《约翰·埃利奥特·凯尔恩斯，〈政治经济学的一些基本原理〉与约翰·斯图尔特·密尔，〈关于政治经济学一些未解决问题的论文〉》（John Elliott Cairnes, Alcuni principi fondamentali dell'economia politica and John Stuart Mill, Saggi su alcune questioni non ancora risolute di economia politica），都灵：尤特出版社1878年版。

雷莫·博代（Remo Bodei）：《记忆与希望之书》（*Libro della memoria e della speranza*），博洛尼亚：穆利诺出版社1995年版。

加布里埃拉·博纳齐（Gabriella Bonacchi）、亚历山德拉·佩斯卡罗（Alessandra Pescarolo）：《社区文化和职业文化是意大利无产阶级"抵抗"的起源》（Cultura della comunità e cultura del mestiere alle origini della "resistenza" proletaria italiana），载《工人与社会主义运动》，1980 年，第 1 卷，第 37—48 页。

伊万诺埃·博诺米：《社会主义新道路》(*Le vie nuove del socialismo*)，米兰：桑德罗出版社（Sandron）1907 年版。

伊万诺埃·博诺米：《社会主义新道路》，巴里：拉凯塔出版社 1992 年版。

詹尼·波西奥（Gianni Bosio）：《1871 年至 1892 年马克思与恩格斯在意大利的著作》(Gli scritti di Marx ed Engels in Italia dal 1871 al 1892)，载《社会》(*Società*)，1951 年，第 7 卷，第 268—284 页、第 444—447 页。

詹尼·波西奥（Gianni Bosio）：《介绍》（Introduzione），见《卡尔·马克思与弗里德里希·恩格斯 意大利语》(*Karl Marx and Friedrich Engels, Scritti italiani*)，米兰/罗马：前进出版社 1955 年版。

拉迪斯劳斯·冯·鲍特凯维兹（Ladislaus von Bortkiewicz）：《马克思主义体系中的价值和价格》(*Value and Price in the Marxist System*)，个别教育计划，伦敦：麦克米伦出版社（Macmillan）1952 年版。

拉迪斯劳斯·冯·鲍特凯维兹（Ladislaus von Bortkiewicz）：《论〈资本论〉第三卷对马克思基本理论建构的修正》(On the Correction of Marx's Fundamental Theoretical Construction in the Third Volume of Capital)，见《欧根·冯·庞巴维克、卡尔·马克思及其体系的终结》(*Eugen von Böhm-*

Bawerk, *Karl Marx and the Close of his System*),费城：猎户座出版社（Orion Editions）1984 年版。

吉安·马里奥·布拉沃：《马克思与恩格斯，意大利语》(*Marx ed Engels in lingua italiana*)，米兰：前进出版社（Edizioni Avanti！）1962 年版。

吉安·马里奥·布拉沃编：《恩格斯与洛里亚：关系与争议》(Engels e Loria：relazioni e polemiche)，载《历史研究》(*Studi Storici*)，1970 年。

吉安·马里奥·布拉沃：《第一部国际纪录片》(*La prima internazionale documentaria*)，罗马：联合出版社 1978 年版。

吉安·马里奥·布拉沃：《马克思与第一国际》(*Marx e la prima internazionale*)，巴里：拉泰尔扎出版社 1979 年版。

吉安·马里奥·布拉沃：《马克思与恩格斯在意大利 著作的命运与争议有关》(*Marx ed Engels in Italia. La fortuna degli scritti le relazione le polemiche*)，罗马：联合出版社 1992 年版。

莱特里奥·布里格利奥（Letterio Briguglio）：《国家社会主义代表大会与工人传统 1892—1902》(*Congressi nazionali socialisti e tradizione operaista 1892—1902*)，帕多瓦（Padua）：安东尼亚那出版社（Tipografia Antoniana）1971 年版。

莱特里奥·布里格利奥（Letterio Briguglio）：《伯努瓦·马隆与意大利社会主义的起源》(*Benoit Malon e le orig-*

ini del socialismo in Italia），载《复兴运动的历史回顾》（*Rassegna storica del Risorgimento*），1978年，第425—441页。

莱特里奥·布里格利奥（Letterio Briguglio）：《伯努瓦·马隆与意大利的社会主义》（*Benoît Malon e il socialismo in Italia*），帕多瓦：安东尼亚那1979年版。

雷纳托·布罗基（Renato Brocchi）：《意大利抵抗运动的组织》（*L'organizzazione della resistenza in Italia*），马切拉塔：马尔凯出版书店（Libreria editrice marchigiana）1907年版。

路易吉·布尔费雷蒂：《进化实证主义时代意大利的社会主义意识形态（1870—1892）》〔*Le ideologie socialistiche in Italia nell'età del positivismo evoluzionistico* (1870—1892)〕，佛罗伦萨：勒莫尼耶出版社（Le Monnier）1951年版。

路易吉·布尔费雷蒂：《切萨雷·龙勃罗梭》（*Cesare Lombroso*），都灵：尤特出版社1975年版。

米哈伊尔·布尔加科夫（Mikhail Bulgakov）：《白卫军》（*The White Guard*），伦敦：麦格劳希尔出版社（McGraw-Hill）1971年版。

亨利·布热朗（Henri Burgelin）、克努特·朗菲尔特（Knut Langfeldt）与米克洛斯·莫尔纳（Miklós Molnár）：《第一国际，文件集》（*La Première Internationale, Recueil des documents*），第2卷，日内瓦：德罗出版社（Droz），1962年。

乔瓦尼·布西诺（Giovanni Busino）：《维尔弗雷多·帕

累托今天的研究 从圣徒传记到批评（1923—1973）》〔*Gli studi di Vilfredo Pareto oggi. Dall'agiografia alla critica*（1923—73）〕，罗马：贝尔佐尼出版社（Bulzoni）1974年版。

伊塔罗·卡尔维诺：《工人的对立面》（L'antitesi operaia），见《上面有一块石头 文学与社会话语》（*Una pietra sopra. Discorsi di letteratura e società*），都灵：埃诺迪出版社1980年版（1964年）。

卡罗·卡蒂利亚（Carlo Cartiglia）：《里纳尔多·里戈拉与意大利改良主义工会主义》（*Rinaldo Rigola e il sindacalismo riformista in Italia*），米兰：菲尔特里内利出版社1967年版。

科内利乌斯·卡斯托里亚迪斯（Cornelius Castoriadis）：《想象中的社会制度》（*L'institution imaginaire de la société*），巴黎：门槛出版社（Seuil）1975年版。

朱塞佩·卡瓦拉里（Giuseppe Cavallari）：《统治阶级与革命少数派 意大利原始马克思主义：阿图罗·拉布里奥拉、恩里科·利昂纳、埃内斯托·切萨雷·隆戈巴尔迪》（*Classe dirigente e minoranze rivoluzionarie. Il protomarxismo italiano: Arturo Labriola, Enrico Leone, Ernesto Cesare Longobardi*），卡梅里诺（Camerino）：乔文纳出版社（Jovene）1983年版。

安东·契诃夫（Anton Chekhov）：《出诊》（A Doctor's Visit），见杰克·库勒汉（Jack Coulehan）编：《契诃夫的医生：契诃夫医学故事集》（*Chekhov's Doctors: a Collection of*

Chekhov's Medical Tales),伦敦：肯特州立大学出版社（Kent State University Press）2003年版。

多纳泰拉·凯鲁比尼（Donatella Cherubini）：《朱塞佩·埃马努埃莱·莫迪利亚尼 自由主义意大利的改良主义者》（*Giuseppe Emanuele Modigliani. Un riformista nell'Italia liberale*），米兰：安吉利出版社1990年版。

埃米利奥·契科提（Emilio Ciccotti）：《社会主义运动心理学》（*Psciologia del movimento socialista*），巴里：拉泰尔扎出版社1903年版。

伊娃·奇沃拉尼（Eva Civolani）：《1872年夏天米兰和都灵制造业的罢工和工人骚乱》（*Scioperie agitazioni operaie dell'estate 1872 neicompartimanufatturieri di Milano e Torino*），见《工人与社会主义运动》，1977年，第427—455页。

伊娃·奇沃拉尼（Eva Civolani）：《公社之后的无政府主义》（*L'anarchismo dopo la Comune*），米兰：安吉利出版社1981年版。

纳波利昂纳·科拉詹尼：《社会主义与犯罪社会学 社会主义》（*Socialismo e sociologia criminale. Il socialismo*），卡塔尼亚（Catania）：特罗佩阿出版社（Tropea）1884年版。

纳波利昂纳·科拉詹尼：《近期关于集体所有制的一些研究》（*Di alcuni studi recenti sulla proprietà collettiva*），《经济学家杂志》（*Giornale degli economisti*），1887年第2期/第5篇。

纳波利昂纳·科拉詹尼：《犯罪社会学》（*La Sociologia*

criminale），卡塔尼亚：特罗佩阿出版社 1889 年版。

纳波利昂纳·科拉詹尼：《社会主义》(Il Socialismo)，巴勒莫：桑德罗出版社 1899 年版。

弗朗切斯科·科莱蒂：《路易吉·科萨和他在帕维亚的学校》(Luigi Cossa e la sua scuola in Pavia)，《提契诺大学 11 世纪》(Universitatis Ticinensis Saecularia Undecima)，1925 年 5 月 21 日，第 39—40 页。

卢西奥·科莱蒂（Lucio Colletti）：《马克思主义与辩证法》(Marxismo e dialettica)，《政治哲学访谈》(Intervista politico-filosofica)，巴里：拉泰尔扎出版社 1977 年版。

卢西奥·科莱蒂（Lucio Colletti）：《马克思主义与非马克思主义之间》(Tra Marxismo e no)，巴里：拉泰尔扎出版社 1979 年版。

卡罗·科尼利亚尼：《税收经济影响的一般理论》(Teoria generale degli effetti economici delle imposte)，《纯经济学论文》(Saggio di economia pura)，米兰：赫依颇利出版社（Hoepli）1890 年版。

克里斯蒂娜·科拉迪（Cristina Corradi）：《意大利马克思主义史》，罗马：宣言报出版社（manifestolibri）2005 年版。

多梅尼科·科拉迪尼（D. Corradini）：《克罗齐的政治与辩证法》(Politica e dialettica in Croce)，《贝内德托·克罗齐三十年后》(Benedetto Croce trent'anni dopo)，巴里：拉泰尔扎出版社 1983 年版。

意大利马克思主义史:从起源至第一次世界大战前

米歇尔·科尔泰拉佐(Michele Cortellazzo):《19世纪末〈宣言〉在意大利的传播与拉布里奥拉的翻译》(*La diffusione del Manifesto in Italia alla fine dell'Ottocento e la traduzione di Labriola*),《新拉丁文化》(Cultura neolatina),1981年,第41卷,第1—2章:第89—104页。

路易吉·科尔泰西(Luigi Cortesi):《意大利社会党章程》(La costituzione del Partito socialista italiano),米兰:前进出版社1961年版。

路易吉·科尔泰西(Luigi Cortesi):《意大利的社会主义与技术演变》(Socialismo ed evoluzione tecnologica in Italia),载《机器》(Le Machine),《技术史研究中心通报》(Bollettino del Centro di studio sulla storia della tecnica),1971—1972年,第3卷。

埃米利奥·科萨(Emilio Cossa):《古典经济学家的方法与经济科学进步的关系》(*Il metodo degli economisti classici nelle sue relazioni col progresso della scienza economica*),博洛尼亚:特雷维斯出版社(Treves)1895年版。

路易吉·科萨:《政治经济学研究导论》(*Introduzione allo studio dell'economia politica*),米兰:赫依颇利出版社1892年。

路易吉·科萨:《政治经济学第一要素》(*Primi elementi di Economia politica*)第1卷,《社会经济》(Economia sociale),米兰:赫依颇利出版社1895年。

路易吉·科萨:《书目论文和政治经济学》(*Saggi bib-

liografici ed economia politica），博洛尼亚：福尔尼出版社（Forni）1963 年版。

路易吉·科萨：《政治经济学学习指南》（*Guida allo studio dell'economia politica*），米兰：赫依颇利出版社 1976 年版。

安德烈埃·科斯塔：《社会主义的曙光 背景》（*Bagliori di Socialismo. Cenni storici*），佛罗伦萨：内尔比尼出版社（Nerbini）1900 年。

安德烈埃·科斯塔：《我一生的回忆》（*Memorie della mia vita*），载《工人运动》（*Movimento Operaio*），1952 年（1898 年），第 314—56 页。

埃米利奥·科维利：《政治经济学与科学》（*L'Economia politica e la scienza*），那不勒斯：梅迪纳街 25 号印刷厂（Stabilimento tipografico Strada Medina 25）1874 年版。

贝内德托·克罗齐：《意大利史学史》（*Storia della storiografia italiana*），巴里：拉泰尔扎出版社 1921 年版。

贝内德托·克罗齐：《历史唯物主义和马克思主义经济学》（*Materialismo storico ed economia marxista*），巴里：拉泰尔扎出版社 1961 年版。

贝内德托·克罗齐：《马克思主义与纯粹经济学》（*Marxismo ed economia pura*），巴里：拉泰尔扎出版社 1961 年版。

贝内德托·克罗齐：《1871 年至 1915 年意大利历史》（*Storia d'Italia dal 1871 al 1915*），巴里：拉泰尔扎出版社

1967年版。

贝内德托·克罗齐:《给乔瓦尼·秦梯利的信》(*Lettere a Giovanni Gentile*),米兰:蒙达多利出版社(Mondadori)1981年版。

贝内德托·克罗齐:《对自我批评的贡献》(*Contributo alla critica di me stesso*),米兰:阿尔德菲出版社(Adelphi)1989年版。

利迪亚·赫尔林·克罗齐(L. H. Croce)编:《贝内德托·克罗齐写给安东尼奥·拉布里奥拉(1898—1899)的六封信》〔Sei lettere di Benedetto Croce ad Antonio Labriola(1898—1899)〕,见《意大利历史研究所年鉴》(*Annali dell'Istituto italiano per gli studi storici*),第10章。

维托·库斯玛诺:《德国经济研究现状》(Sulla condizione attuale degli studi economici in Germania),载《法律档案》(*Archivio Giuridico*),1873年第2、3、4期,第113—137页、第240—265页、第395—420页;1874年,第2—3期,第284—317页。

维托·库斯玛诺:《德国经济学派与社会问题的关系》(Le scuole economiche della Germania in rapporto alla questione sociale),见《自由贸易学派、讲坛社会主义者、社会保守派、社会主义》(*La scuola del libero scambio, i socialisti cattedratici, i conservatori sociali, il socialismo*),那不勒斯:马尔吉耶里出版社(Marghieri)1875年版。

路易吉·达尔·帕内(Luigi Dal Pane):《安东尼奥·

拉布里奥拉在意大利政治与文化中的地位》(*Antonio Labriola nella politica e nella cultura italiana*)，都灵：埃诺迪出版社1975年版。

马里奥·达尔·普拉（Mario Dal Pra）：《马克思辩证法》(*La dialettica in Marx*)，巴里：拉泰尔扎出版社1965年版。

爱德蒙多·德·亚米契斯（Edmondo De Amicis）：《五月的第一天》(*Primo maggio*)，米兰：加尔赞蒂出版社1980年版。

安德蕾娜·德·克莱门蒂（Andreina De Clementi）：《革命工团主义中的政治与社会》(*Politica e società nel sindicalismo rivoluzionario*)，罗马：贝尔佐尼出版社1983年版。

佐伦·德·费利斯（Renzo De Felice）：《革命者墨索里尼（1883—1920）》〔*Mussolini il rivoluzionario（1883—1920）*〕，都灵：埃诺迪出版社1965年版。

比亚吉奥·德·乔瓦尼（B. De Giovanni）：《意大利哲学家马克思的道路 临时想法》(*Sulle vie di Marx filosofo in Italia. Spunti provvisori*)，载《半人马座》(*Il Centauro*)，1983年，第9章：第3—25页。

比亚吉奥·德·乔瓦尼（B. De Giovanni）：《斯宾诺莎与黑格尔：安东尼奥·拉布里奥拉的客观主义》(*Spinoza e Hegel：l'oggettivismo di Antonio Labriola*)，载《半人马座》，1983年，第9章：第26—47页。

毛里齐奥·戴因诺森（Maurizio Degl'Innocenti）：《菲利

波·屠拉蒂与政治贵族》(*Filippo Turati e la nobiltà della politica*),巴里:拉泰尔扎出版社1995年版。

朱塞佩·德尔·博(Giuseppe Del Bo)编:《马克思和恩格斯与意大利人的通信(1848—1895)》〔*La corrispondenza di Marx e Engels con italiani* (1848—1895)〕,米兰:菲尔特里内利出版社1964年版。

佛朗哥·德拉·佩鲁塔(Franco Della Peruta):《1872年至1877年罗马国际》(*L'Internazionale a Roma dal 1872 al 1877*),载《工人运动》,1952年,第5—34页。

佛朗哥·德拉·佩鲁塔:《复兴运动中的民主与社会主义》(*Democrazia e socialismo nel Risorgimento*),罗马:联合出版社1965年版。

爱德华多·德·马奇(Edoardo De Marchi)、詹弗兰科·拉·格拉萨(Gianfranco La Grassa)、玛利亚·图尔切托(Maria Turchetto):《对于资本主义社会的理论》(*Per una teoria della società capitalistica*),佛罗伦萨:新意大利出版社(La Nuova Italia)1994年版。

代·彼德里·图内利、阿方索(Alfonso):《马克思与马克思主义》(*Marx e il marxismo*),皮斯托亚(Pistoia):蒂普·恰蒂尼出版社(Tip Ciattini)1908年版。

代·彼德里·图内利、彼得罗编:《帕累托著作》(*Scritti paretiani*),帕多瓦:锡丹出版社(Cedam)1961年版。

加百列·德·罗萨(Gabriele De Rosa)编:《给马菲

奥·派特莱昂尼的信》(Lettere a Maffeo Pantaleoni),罗马,1960年。

亚历克西·德·托克维尔:《作品集,第十二卷,纪念品》(Œuvres Complètes, Vol. xii, Souvenirs),巴黎:伽利玛出版社(Gallimard)1964年版。

德·维蒂·德·马可、安东尼奥:《金融经济学的理论特征》(Il carattere teorico dell'economia finanziaria),罗马:帕斯夸卢奇出版社(Pasqualucci)1888年版。

皮耶罗·迪·乔瓦尼(Piero Di Giovanni):《康德与黑格尔在意大利 新理想主义的起源》(Kant ed Hegel in Italia. Alle origini del neoidealismo),巴里:拉泰尔扎出版社1996年版。

丽塔·迪里奥(Rita Di Leo):《亵渎的实验 从资本主义到社会主义,反之亦然》(L'esperimento profano. Dal capitalismo al socialismo e viceversa),罗马:埃迪塞出版社(Ediesse)2012年版。

朱塞佩·迪·门萨:《我们这个时代的社会状况》(Le condizioni sociali dei nostri tempi),载《巴勒莫科学、文学和艺术学院院刊》(Atti della Accademia di Scienze, Lettere e Arti di Palermo),新系列,1874年第4期,第1—25页。

朱塞佩·迪·门萨:《社会主义的演变 卡尔·马克思与他的学说》(Evoluzione del socialismo. Carlo Marx e le sue dottrine),载《巴勒莫科学、文学和艺术学院院刊》,文学与娱乐卷,1874年第4期,第1—18页。

意大利马克思主义史：从起源至第一次世界大战前

弗拉基米尔·卡尔波维奇·德米特里耶夫（Vladimir Karpovich Dmitriev）：《大卫·李嘉图的价值理论 严格分析的尝试》（David Ricardo's Theory of Value. An Attempt at a Rigorous Analysis），《关于价值、竞争和效用的经济论文》（Economic Essays on Value, Competition and Utility），剑桥：剑桥大学出版社（Cambridge University Press）1974年版。

莫瑞斯·多曼杰（Maurice Dommanget）：《马克思主义传入法国》（L'introduction du Marxisme en France），洛桑（Lausanne）：朗康特出版社（Rencontre）1969年版。

费奥多尔·陀思妥耶夫斯基（Fyodor Dostoyevsky）：《罪与罚》（Crime and Punishment），伦敦：科里尔出版社（Collier）1917年版。

迪特·道尔（Dieter Dowe）、克劳斯·滕菲尔德（Klaus Tenfelde）《1870年前后，欧根·杜林在德国工人运动中受到的接待》（La recezione di Eugen Dühring nel Movimento operaio tedesco intorno al 1870），《反杜林论：马克思主义的肯定还是变形？》（L'Antidühring: affermazione o deformazione del marxismo?），载《巴索—伊索科基金会年鉴》（Annali della Fondazione Basso-Issoco），第5卷，米兰：安吉利出版社1983年版。

雅克·德罗兹（Jacques Droz）：《从1848年的工人组织到拉萨尔政党》（Dalle organizzazioni operaie del 1848 al partito di Lassall），《哥达代表大会：工人党与社会主义》（Il Congresso di Gotha: Partito Operaio e socialismo），载《巴

索—伊索科基金会年鉴》,第 3 卷,1981 年。

埃米尔·涂尔干:《涂尔干论政治与国家》(*Durkheim on Politics and the State*),斯坦福大学,加利福尼亚:斯坦福大学出版社(Stanford University Press)1986 年版。

彼得罗·埃莱罗:《社会问题》(*La questione sociale*),博洛尼亚:法瓦与加雷格纳尼出版社(Fava e Garegnani)1874 年版。

彼得罗·埃莱罗:《资产阶级暴政》(*La tirannide borghese*),博洛尼亚:法瓦与加雷格纳尼出版社 1879 年版。

弗里德里希·恩格斯:《社会主义从空想到科学的发展》(Le socialisme utopique et le socialisme scientifique),载《社会主义杂志》(*La Revue socialiste*),1880 年第 3 期:第 164—171 页;第 4 期:第 234—240 页;第 5 期:第 275—286 页。

弗里德里希·恩格斯:《社会主义从空想到科学的发展》,贝内文托:弗朗切斯科·德·真纳罗印刷厂 1883 年版。

汉斯·马格努斯·恩岑斯贝格尔(Hans Magnus Enzensberger)编:《与马克思、恩格斯对话》(*Colloqui con Marx ed Engels*),都灵:埃诺迪出版社 1977 年版。

爱德华多·艾斯波西多(Edoardo Esposito):《寻找(历史)真相》〔Alla ricerca della verità(storica)〕,见保罗·法维利(Paolo Favilli)编:《文学家、历史学家 作为历史的创造性文学》(*Il letterato e lo storico. La letteratura cre-*

ativa come storia),米兰：佛朗哥·安吉利出版社（FrancoAngeli）2013年版。

保罗·法里纳（Paolo Farina）：《思考不断变化的世界 约翰·洛克的经济和政治学研究》（*Pensare il mondo che cambia. Uno studio suecon o miae politica in John Locke*），米兰：盖里尼出版社（Guerini）1996年版。

里卡尔多·福奇（Riccardo Faucci）、恩佐·佩斯夏雷利（Enzo Pesciarelli）编：《古典经济学 起源与发展》（*L'economia classica. Origini e sviluppo*），米兰：菲尔特里内利出版社1978年版。

里卡尔多·福奇：《马克思主义和意大利财产经济理论的修订（1880—1900）：阿基尔·洛里亚等》〔*Revisione del marxismo e teoria economica della proprietà in Italia（1880—1900）：Achille Loria e gli altri*〕，《佛罗伦萨现代法律思想史笔记本》（*Quaderni fiorentini per la storia del pensiero giuridico moderno*），米兰：朱弗里出版社（Giuffrè）1978年版。

里卡尔多·福奇：《意大利的经济科学（1850—1943）》〔*La scienza economica in Italia（1850—1943）*〕，那不勒斯：圭达出版社（Guida）1981年版。

里卡尔多·福奇：《经济、历史、实证主义 康涅提·德·马蒂斯和政治经济学实验室的起源》（*Economia, storia, positivismo. Cognetti de Martiis e le origini del laboratorio di economia politica*），载《社会与历史》（*Società e Storia*），1995年，第599—618页。

保罗·法维利:《皮翁比诺的资本主义与工人阶级〔1861—1918〕》(*Capitalismo e classe operaia a Piombino* (1861—1918)〕,罗马:联合出版社1974年版。

保罗·法维利:《意大利社会主义和马克思的经济理论(1892—1902)》〔*Il socialismo italiano e la teoria economica di Marx* (1892—1902)〕,那不勒斯:图书馆城出版社(Bibliopolis)1980年版。

保罗·法维利:《福斯托·帕利亚里致里纳尔多·里戈拉(1907—1911)信中的改良主义联盟》〔*Il sindacato riformista nelle lettere di Fausto Pagliari a Rinaldo Rigola* (1907—1911)〕,载《历史研究》(*Ricerche Storiche*),第437—492页。

保罗·法维利:《卡罗·科尼利亚尼的社会民主主义与"伟大改革"》(Democrazia sociale e "grande riforma" in Carlo Conigliani),载《社会与历史》,1986年,第819—866页。

保罗·法维利:《卡尔·马克思与弗里德里希·恩格斯的意大利语著作》(*Herausgabeund Verbreitung der Werkevon Karl Marxund Friedrich Engels in Italien*),特里尔:卡尔马克思故居出版社的书信(Schriften aus dem Karl-Marx-Haus)1988年版。

保罗·法维利:《卡尔·马克思、弗里德里希·恩格斯与意大利人》(*Karl Marx, Friedrich Engels und Italien*),第一部分,《目录和澳大利亚书目》(Katalog und Auswahlbibliographie),特里尔:卡尔马克思故居出版社的书信1989

年版。

保罗·法维利：《改革大迷宫 社会主义与自由意大利的"朝贡问题"》(*Il labirinto della grande riforma. Socialismo e 'questione tributaria' nell'Ita-lia liberale*)，米兰：安吉利出版社1989版。

保罗·法维利：《马克思主义与历史 意大利史学创新论文（1945—1970）》〔*Marxismo e storia. Saggio sull'innovazione storiografica in Italia*（1945—1970）〕，米兰：佛朗哥·安吉利出版社2006年版。

佛朗哥·费尔尼亚尼（F. Fergnani）：《马克思主义与乌托邦》（Marxismo e utopia），载《哲学杂志》(*Rivista di filosofia*)，1969年第4期，第463—503页。

弗朗切斯科·费拉拉：《经济科学的意大利本质 给参议员的信 忠实的兰佩蒂科》(L'italianità della scienza economica. Lettere al sen. Fedele Lampertico)，见《弗朗切斯科·费拉拉全集》(*Opere complete di Francesco Ferrara*) 第8卷，罗马：意大利银行协会出版社（Associazione bancaria Italiana）1975年版。

伊尼亚齐奥·斐理伯（Ignazio Filippi）：《主席的社会主义者与马克思对维托·库斯玛诺的批评》(I socialisti della cattedra e Marx nella critica di Vito Cusumano)，见不同作者：《马克思主义与南方文化》(*Il marxismo e la cultura meridionale*)，巴勒莫：帕伦波出版社（Palumbo）1984年版。

罗伯特·芬奇（Roberto Fineschi）：《一个新的马克思

新历史批判版之后的语言学和解释（〈马克思恩格斯全集〉历史考证版第二版）》〔Un nuovo Marx. Filologia e interpretazione dopo la nuova edizione storico-critica（mega2）〕，罗马：卡洛奇出版社（Carocci）2008年版。

迪诺·菲奥罗特（Dino Fiorot）：《马菲奥·派特莱昂尼写给阿基尔·洛里亚的信：两位学者智力成熟过程的阶段和时刻》（Lettere di Maffeo Pantaleoni ad Achille Loria：fasi e momenti del processo di maturazione intellettuale di due studiosi），载《历史与政治》（Storia e Politica），1976年，第439—495页、第553—604页。

维托里奥·福阿（Vittorio Foa）：《工会与社会斗争》（Sindacati e lotte sociali），《意大利历史，文件》（Storia d'Italia, I Documenti），第5卷/第2篇，都灵：埃诺迪出版社1973年版。

埃米利奥·弗兰齐纳（Emilio Franzina）：《克里斯皮诺时期初期的自由主义"好媒体"与左翼自由主义的意识形态前提》（La "buona stampa" liberista e le premesse ideologiche del liberismo di sinistra agli inizi del periodo crispino），载《历史批判》（Critica Storica），1976年，第38—93页。

埃米利奥·弗兰齐纳（Emilio Franzina）：《"自由主义者"、帕累托和意大利民主》（I "liberisti", Pareto e la Democrazia italiana），载《历史批判》，1976年，第81—128页。

毛罗·加莱加蒂（Mauro Gallegati）：《部分分析和纯理

论：意大利的马歇尔政治经济学（1885—1925）》〔Analisi parziale e teoria pura：l'economia politica marshalliana in Italia (1885—1925)〕，载《路易吉·伊诺第基金会年鉴》（Annali della Fondazione Luigi Einaudi），1984年，第355—409页。

卢西安诺·加利亚诺（Luciano Gallino）：《阿基尔·洛里亚与社会进化理论》（Achille Loria e la teoria dell'evoluzione delle società），见埃米利奥·拉菲尔·帕帕编：《实证主义与意大利文化》（Il positivismo e la cultura italiana），米兰：安吉利出版社1985年版。

纳扎里奥·加拉斯（Nazario Galassi）：《安德烈埃·科斯塔的一生》（Vita di Andrea Costa），米兰：菲尔特里内利出版社1989年版。

马西莫·甘奇编：《意大利的民主与社会主义 纳波利昂纳·科拉詹尼的通信：1878—1898年》（Democrazia e socialismo in Italia. Carteggi di Napoleone Colananni：1878—1898），米兰：菲尔特里内利出版社1959年版。

马西莫·甘奇：《纳波利昂纳·科拉詹尼从开始到工人法西斯运动的简介》（Profilo di Napoleone Colajanni dagli esordi al Movimento dei fasci dei lavoratori），《反温和的意大利 从统一到今天的激进派、共和党人、社会主义者、自治主义者》（L'Italia antimoderata. Radicali, repubblicani, socialisti, autonomisti dall'Unità ad oggi），帕尔马：关达出版社（Guanda）1968年版（1959年）。

皮耶兰杰洛·加雷格纳尼（Pierangelo Garegnani）：《马

克思与古典经济学家 剩余理论中的价值和分配》(*Marx e gli economisti classici. Valore e distribuzione nelle teorie del sovrappiù*)，都灵：埃诺迪出版社 1981 年版。

欧金尼奥·加兰：《意大利哲学编年史》(*Cronache di filosofia italiana*)，巴里：拉泰尔扎出版社 1966 年版。

欧金尼奥·加兰：《两个世纪以来 统一后意大利的社会主义与哲学》(*Tra due secoli. Socialismo e filosofia in Italia dopo l'Unità*)，巴里：德·多纳托出版社 1983 年版。

欧金尼奥·加兰：《写给贝内德托·克罗齐的信》(*Lettere a Benedetto Croce*)，佛罗伦萨：萨桑尼出版社（Sansoni）1972 年版。

乔瓦尼·秦梯利：《马克思的哲学 批判性研究》(*La filosofia di Marx. Studi critici*)，佛罗伦萨：萨桑尼出版社 1955 年版。

埃米利奥·秦梯利：《声音与乔利蒂时代》(*La Voce'e l'età giolittiana*)，米兰：派出版社（Pan Editrice）1972 年版。

瓦伦蒂诺·杰拉塔纳（Valentino Gerratana）：《马克思主义史研究》(*Richerche di storia del marxismo*)，罗马：联合出版社 1972 年版。

托马索·吉卡隆尼·莫纳科（Tommaso Giacalone-Monaco）：《帕累托与索雷尔》(*Pareto e Sorel*)，帕多瓦：锡丹出版社 1960 年版。

威利·乔尼那吉（Willy Gianinazzi）：《恩里科·利昂纳

的行程 意大利工人运动中的自由主义与工会主义》（*L'itinerario di Enrico Leone. Liberismo e sindacalismo nel movimento operaio italiano*），米兰：安吉利出版社1989年版。

贾诺拉（G. Antonella Gianola）：《工人运动的起源 阿斯蒂的工人协会 从互助会到劳工商会的诞生》（*Alle origini del Movimento Operaio. L'associazionismo operaio in Asti. Dalle società di mutuo soccorso alla nascita delle camera del lavoro*），库内奥（Cuneo）：弓箭手出版社（L'Arciere）1988年版。

克劳迪奥·乔瓦尼（Claudio Giovannini）：《"平民"文化》（*La Cultura della "Plebe"*），米兰：安吉利出版社1984年版。

文森佐·朱弗里达：《卡尔·马克思〈资本论〉第三卷（批判论述）》〔*Il iii volume del "Capitale" di Karl Marx (esposizione critica)*〕，卡塔尼亚：吉安诺蒂出版社（Giannotti）1899年版。

丹尼斯·吉瓦（Denis Giva）：《"社会改革"派中的自由主义与实证主义》（*Liberismo e positivismo nel gruppo della "Riforma Sociale"*），见埃米利奥·拉菲尔·帕帕编：《实证主义与意大利文化》（*Il positivismo e la cultura italiana*），米兰：安吉利出版社1985年版。

奥斯瓦尔多·格诺基·维亚尼：《三名国际成员》（*Le tre internazionali*），洛迪（Lodi），1875年。

奥斯瓦尔多·格诺基·维亚尼：《社会主义中的集体主义》（*Il collettivismo nel socialismo*），米兰：人民出版社（La

Plebe）1879 年版。

奥斯瓦尔多·格诺基·维亚尼：《资产阶级资本》(*Il Capitale Borghese*)，米兰：社会主义宣传图书馆（Biblioteca di propaganda socialista）1879 年版。

奥斯瓦尔多·格诺基·维亚尼：《意大利的社会主义文献》(La letteratura socialistica in Italia)，载《国际社会主义杂志》，1880 年，第 10—18 页。

奥斯瓦尔多·格诺基·维亚尼：《现代社会主义》，米兰：普尼出版社（Pugni）1886 年版。

奥斯瓦尔多·格诺基·维亚尼：《国际主义者的回忆》(*Ricordi di un internazionalista*)，1909 年，米兰。

奥斯瓦尔多·格诺基·维亚尼：《国际主义者的回忆》，帕多瓦：安东尼亚那出版社 1974 年版（1908 年）。

奥斯瓦尔多·格诺基·维亚尼著，乔瓦娜·安吉利尼编：《超越政治》(*Oltre la politica*)，米兰：安吉利出版社 1989 年版。

古斯塔沃·戈齐（Gustavo Gozzi）《自由主义意识形态和社会政策：在意大利教授社会主义》(Ideologia liberale e politica sociale：il socialismo della cattedra in Italia)，见皮耶兰杰洛·斯奇拉（P. Schiera）、弗里德里希·滕布鲁克（F. Tenbruk）编：《古斯塔夫·施莫勒和他的时代》(*Gustav Schmoller e il suo tempo*)，博洛尼亚：穆利诺出版社 1986 年版。

安东尼奥·葛兰西（Antonio Gramsci）著，瓦伦蒂诺·

杰拉塔纳编:《狱中札记》(Quaderni del Carcere),都灵:埃诺迪出版社1975年版。

安东尼奥·葛兰西(Antonio Gramsci):《狱中札记选集》(Further Selections from the Prison Notebooks),伦敦:劳伦斯和维沙特出版社(Lawrence and Wishart)1995年版。

君特·格拉斯:《铃蟾的叫声》(The Call of the Toad),伦敦:密涅瓦出版社(Minerva)1993年版。

安东尼奥·格拉奇亚德伊:《围绕享受递减规律和最终效用程度原则》(Intorno alla legge del godimento descrescente ed al principio del grado finale di utilità),瓦尔帕莱索(Valparaiso):赫夫曼出版社(Hefman)1901年版。

安东尼奥·格拉奇亚德伊:《企业家竞争联合制度下的价格调查论文》(Saggio di un' indagine sui prezzi in regime di concorrenza e di sindacato tra gli imprenditori),伊莫拉,1909年。

安东尼奥·格拉奇亚德伊:《社会主义和工会主义》,罗马,1909年。

安东尼奥·格拉奇亚德伊:《罗马涅的土地问题 佃农和劳动力》(La questione agraria in Romagna. Mezzadria e bracciantato),米兰:社会批评办公室(Uffici della Critica Sociale)1913年版。

安东尼奥·格拉奇亚德伊:《经济渐进主义和政治渐进主义》(Gradualismo economico e gradualismo politico),罗马:共产党出版社书店(Libreria editrice del Partito Comunista)

1921 年版。

安东尼奥·格拉奇亚德伊：《资本和殖民地》（*Capitale e colonie*），米兰：社会出版社（Casa editrice Sociale）1927 年版。

安东尼奥·格拉奇亚德伊：《资本和工资》（*Capitale e salari*），米兰：莫纳尼出版社（Casa editrice Monanni）1928 年版。

安东尼奥·格拉奇亚德伊：《工会和工资》（*Sindacati e salari*），米兰：特雷维西尼出版社（Trevisini editore）1929 年版。

安东尼奥·格拉奇亚德伊：《边际效用理论与马克思主义的斗争》（*Le teorie dell'utilità marginale e la lotta contro il marxismo*），米兰：博卡出版社（Bocca）1943 年版。

安东尼奥·格拉奇亚德伊：《资本和价值 马克思主义经济学批判》（*Il capitale e il valore. Critica dell'economia marxista*），罗马：列奥纳多出版社（Leonardo）1948 年版。

奥古斯托·格拉齐亚尼：《围绕公共支出的逐步增加》（*Intorno all'aumento progressivo delle spese pubbliche*），摩德纳：索利亚尼出版社（Soliani）1887 年版。

奥古斯托·格拉齐亚尼：《税制累进原因与最终效用原则的关系》（La ragione progressiva del sistema tributario in rapporto al principio del grado finale di utilità），载《经济学家杂志》（*Giornale degli economisti*），1891 年第 1 期，第 157—169 页。

意大利马克思主义史：从起源至第一次世界大战前

奥古斯托·格拉齐亚尼：《金融科学机构》(*Istituzioni di scienza delle finanze*)，都灵：博卡出版社1897年版。

奥古斯托·格拉齐亚尼：《论19世纪意大利和德国的经济关系》(*Sulle relazioni fra gli economici in Italia e in Germania nel secolo xix*)，《19世纪德国经济学的发展》(Die Entwicklung der deutschen Volkswirtschaftslehre im 19 Jahrhundert)，莱比锡（Leipzig）：邓德和洪布洛出版社（Verlag von Dunder & Humblot）1908年版。

本韦努托·格里齐欧特（Benvenuto Griziotti）：《现代收入税、收购税和资本增值税的分配原则》(I principi distributivi delle imposte moderne sul reddito e sugli acquisiti ed incrementi di capitali)，载《经济学家杂志》，1909年第2期，第455—505页。

本韦努托·格里齐欧特（Benvenuto Griziotti）：《帕维亚路易吉·科萨学校附近 马菲奥·派特莱昂尼和乔瓦尼·蒙特马尔蒂尼关于"经济学说历史中的方法问题"的注解和反注解》(Intorno alla scuola di Luigi Cossa in Pavia. Glosse e controglosse di Maffeo Pantaleoni e Giovanni Montemartini a "una questione di metodo nella storia delle dottrine economiche")，载《法律和社会科学研究》(*Studi nelle scienze giuridiche e sociali*)，1938年，第222—260页。

保罗·格罗西（Paolo Grossi）：《另一种拥有方式 统一后法律意识的替代财产形式的出现》(*Un altro modo di possedere. L'emersione di forme alternative di pro-prietà alla coscienza giuridica postunitaria*），米兰：朱弗雷出版社（Giuffré）1977年版。

亨里克·格罗斯曼（Henryk Grossmann）：《马克思、古典政治经济学和动力学问题》（Marx, Classical Political Economy and the Problem of Dynamics），载《资本与阶级》（*Capital and Class*），1977年，第2章，第32—55页，第3章，第67—99页。

瓦西里·格罗斯曼（Vasily Grossmann）：《生活与命运》（*Life and Fate*），伦敦：复古出版社（Vintage）2011年版。

里卡尔多·瓜斯蒂尼（Riccardo Guastini）：《国家、生产和统治阶级》（Stato, produzione e classe dominante），见由罗伯托·芬齐（R. Finzi）编：《国家在经济学家思想中的作用》（*Il ruolo dello Stato nel pensiero degli economisti*），博洛尼亚：穆利诺出版社1977年版。

詹姆斯·纪尧姆（James Guillaume）：《国际歌、文件和纪念品》（*L'Internationale, Documents et Souvenirs*）第1卷，巴黎：乔治·贝莱斯出版社（Georges Bellais）1905—1907年版，第1864—1872页。

詹姆斯·纪尧姆（James Guillaume）：《国际歌、文件和纪念品》第1卷，日内瓦：格罗瑙出版社（Grounauer）1980年版，第1864—1872页。

布·古斯塔夫松（Bo Gustafsson）：《马克思主义与修正主义 爱德华·伯恩施坦对马克思主义及其思想观念的批判》（*Marxismus und Revisionismus. Eduard Bernstein Kritik des Marx-*

*ismus und ihrere ideengeschichtlichen Voraussetzunge*n），法兰克福（Frankfurt）：欧洲出版社（Europäische Verlagsanstalt）1972年版。

乔治·赫普特：《马克思与马克思主义》，见埃里克·霍布斯鲍姆编：《马克思主义史》第1卷，《马克思时代的马克思主义》（*Il marxismo ai tempi di Marx*），都灵：埃诺迪出版社1978年版。

乔治·赫普特：《政党与工会：第二国际的社会主义和民主》（Partito e sindacato: socialismo e democrazia nella ii Internazionale），《哥达代表大会：工人党与社会主义》（Il Congresso di Gotha: Partito Operaio e socialismo），载《巴索—当代社会研究所基金会年鉴》（*Annali della Fondazione Basso-Issoco*），1981年，第3卷。

乔治·赫普特：《国际社会主义的各个方面，1871—1914》（*Aspects of International Socialism*, 1871—1914），剑桥：剑桥大学出版社2011年版。

罗伯特·哈弗曼（Robert Havemann）：《没有教条的辩证法 马克思主义与自然科学》（*Dialettica senza dogma. Marxismo e scienze naturali*），都灵：埃诺迪出版社1965年版。

埃里克·约翰·霍布斯鲍姆（Eric J. Hobsbawm）：《马克思主义的传播（1890—1905）》〔La diffusione del marxismo（1890—1905）〕，载《历史研究》（*Studi Storici*），1974年，第241—269页。

埃里克·约翰·霍布斯鲍姆（Eric J. Hobsbawm）：《从

资本主义向社会主义过渡的政治方面》(Gli aspetti politici della transizione dal Capitalismo al socialismo), 见《马克思主义史》第 1 卷, 都灵: 埃诺迪出版社 1978 年版。

埃里克·约翰·霍布斯鲍姆 (Eric J. Hobsbawm): 《前言》(Prefazione), 见《马克思主义史》第 1 卷, 都灵: 埃诺迪出版社 1978 年版。

埃里克·约翰·霍布斯鲍姆 (Eric J. Hobsbawm): 《19 世纪至 20 世纪的欧洲文化与马克思主义》(La cultura europea e il marxismo tra Otto e Novecento), 见《马克思主义史》第 2 卷, 都灵: 埃诺迪出版社 1979 年版。

埃里克·约翰·霍布斯鲍姆 (Eric J. Hobsbawm): 《今日马克思主义: 开放预算》(Il marxismo oggi: un bilancio aperto), 见《马克思主义史》第 4 卷, 都灵: 埃诺迪出版社 1982 年版。

埃里克·约翰·霍布斯鲍姆 (Eric J. Hobsbawm): 《当我们是"马克思主义者"时》(Quando siamo "marxisti"), 见《马克思一个世纪》(*Marx un secolo*), 罗马: 联合出版社 1983 年版。

埃里克·约翰·霍布斯鲍姆 (Eric J. Hobsbawm): 《工人: 劳动世界》(*Workers: Worlds of Labor*), 纽约: 万神殿出版社 (Pantheon) 1984 年版。

埃里克·约翰·霍布斯鲍姆 (Eric J. Hobsbawm): 《工业社会的工作、文化和心态》(*Lavoro, cultura e mentalità nella società industriale*), 巴里: 拉泰尔扎出版社 1986 年版。

意大利马克思主义史:从起源至第一次世界大战前

埃里克·约翰·霍布斯鲍姆(Eric J. Hobsbawm):《马克思恩格斯著作的财富》(The fortune of Marx's and Engels' writings),见《如何改变世界》(*How to Change the World*),纽黑文(New Haven):耶鲁大学出版社(Yale University Press)2011年版。

沃尔克·胡内克(Volker Hunecke):《1871年之前国际工人协会成立宣言和临时章程在意大利的传播》(La diffusione dell'Indirizzo Inaugurale e degli Statuti Provvisori dell'Associazione Internazionale dei Lavoratori in Italia prima del 1871),载《工人与社会主义运动》,1971年,第115—137页。

沃尔克·胡内克(Volker Hunecke):《米兰的工人阶级和工业革命(1859—1892)》〔*Classe operaia e rivoluzione industrial a Milano*(1859—1892)〕,博洛尼亚:穆利诺出版社1982年版。

威廉姆·杰斐(William Jaffé)编:《莱昂·瓦尔拉斯的通讯》(*Correspondence of Léon Walras*),阿姆斯特丹(Amsterdam),1965年。

布鲁诺·乔萨(Bruno Jossa):《干预》(Intervento),见朱塞佩·卡恰托雷(G. Cacciatore)及法布里齐奥·洛莫纳科(F. Lomonaco)编:《一百年后的马克思和马克思主义》(*Marx e i marxismi cent'anni dopo*),那不勒斯:圭达出版社。

雅克·朱利亚(Jacques Julliard):《工会与政党的关

系。历史模型的多元性与法国案例》（I rapporti sindacati-partiti. La pluralità dei modelli storici e il caso francese），见《第二国际时代的工会和工人阶级》（Sindacato e classe operaia nell'età della seconda internazionale），佛罗伦萨：萨桑尼出版社1983年版。

卡尔·考茨基：《回忆与讨论》（Erinnerungen und Erörterungen），海牙（The Hague）：穆彤出版社（Mouton）。

于尔根·科卡（Jürgen Kocka）：《俾斯麦时代德国的结构变革》（Il cambiamento strutturale della Germania nell'epoca di Bismarck），《哥达代表大会：工人党与社会主义》，载《巴索—伊索科基金会年鉴》，1960年，第3卷。

阿瑟·库斯勒：《中午的黑暗》（Darkness at Noon），哈蒙兹沃思（Harmondsworth）：企鹅出版社（Penguin）1968年版。

莱谢克·科拉科夫斯基：《马克思主义及其超越：关于历史理解和个人责任》（Marxism and beyond: on historical understanding and individual responsibility），伦敦：蓓尔美尔出版社（Pall Mall）1969年版。

莱谢克·科拉科夫斯基：《马克思主义：乌托邦与反乌托邦》（Marxismus: Utopie und Anti-Utopie），斯图加特（Stuttgart）：科尔哈默出版社（Kohehammer）1974年版。

莱谢克·科拉科夫斯基：《马克思主义主流》（Main Currents of Marxism）第1卷，《创始人》（The Founders），牛津：克拉伦登出版社（Clarendon Press）1978年版。

意大利马克思主义史：从起源至第一次世界大战前

莱谢克·科拉科夫斯基：《马克思主义主流》第 2 卷，《黄金时代》（The Golden Age），牛津：克拉伦登出版社 1978 年版。

于尔根·库钦斯基（Jürgen Kuczynski）：《工人阶级的诞生》（Nascita della classe operaia），米兰：试金者出版社（Il Saggiatore）1967 年版。

安东尼奥·拉布里奥拉，《对〈资本论〉第三卷的研究》（Per uno studio sul iii volume del Capitale），见路易吉·达尔·帕内编：《事实与理论》（Fatti e teorie），米兰，1946 年。

安东尼奥·拉布里奥拉：《唯物主义历史观》（La concezione materialistica della storia），巴里：拉泰尔扎出版社，1965 年。

安东尼奥·拉布里奥拉：《哲学和政治著作》（Scritti filosofici e politici），都灵：埃诺迪出版社 1973 年版。

安东尼奥·拉布里奥拉：《唯物史观论》（Saggi sul materialismo storico），罗马：联合出版社 1977 年版。

安东尼奥·拉布里奥拉：《书信体》（Epistolario），罗马：联合出版社 1983 年版。

阿图罗·拉布里奥拉：《卡尔·马克思的价值理论〈资本论〉第三卷研究》（La teoria del valore di Carlo Marx. Studio sul iii libro del Capitale），米兰：桑德罗出版社 1899 年版。

阿图罗·拉布里奥拉：《服务与社会主义 对菲利波·屠

拉蒂的回应》(*Ministero e socialismo. Risposta a Filippo Turati*),佛罗伦萨1901年版。

阿图罗·拉布里奥拉:《改革与社会革命》(*Riforme e rivoluzione sociale*),米兰:米兰出版公司(Società editrice milanese)1904年版。

阿图罗·拉布里奥拉:《马克思的经济学和社会主义理论家》(*Marx nell'economia e come teorico del socialismo*),卢加诺:"自由版面"出版社(Edizioni di 'Pagine Libere')1908年版。

阿图罗·拉布里奥拉:《资本主义 历史概况》(*Il capitalismo. Lineamenti storici*),都灵:博卡出版社1910年版。

阿图罗·拉布里奥拉:《经济、社会主义、工会主义》(*Economia, Socialismo, Sindacalismo*),那不勒斯:那不勒斯出版公司(Società Editrice Partenopea)1911年版。

阿图罗·拉布里奥拉:《经济科学的价值 政治经济学批判导论》(*Il valore nella scienza economica. Introduzione a una critica dell'Economia politica*),那不勒斯:那不勒斯出版公司1912年版。

阿图罗·拉布里奥拉:《经济、社会主义、工会主义》,第2版,那不勒斯:那不勒斯出版公司1913年版。

阿图罗·拉布里奥拉:《马克思的现实》(*L'attualità di Marx*),那不勒斯:莫拉诺出版社(Morano)1943年版。

阿图罗·拉布里奥拉:《对自己的解释》(*Spiegazioni a me stesso*),那不勒斯,1945年。

意大利马克思主义史：从起源至第一次世界大战前

于贝尔·拉加代勒（Hubert Lagardelle）编：《总罢工和社会主义 国际调查》（La grève générale et le socialisme. Enquête international），巴黎：里维埃出版社（Rivière）1905年版。

西尔维奥·拉纳罗（Silvio Lanaro）：《国家与工作 意大利资产阶级文化论文（1870—1925）》〔Nazione e lavoro. Saggio sulla cultura borghese in Italia（1870—1925）〕，帕多瓦：马尔西利奥出版社（Marsilio）1979年版。

奥斯卡·兰格：《马克思主义经济学与现代经济学》（Marxian Economics and Modern Economics），载《经济研究评论》（Review of Economic Studies），1935年六月刊。

奥斯卡·兰格：《政治经济》（Political Economy），第一卷，牛津：培格曼出版社（Pergamon）1963年版。

阿戈斯蒂诺·兰齐洛（Agostino Lanzillo）：《乔治·索雷尔》（Giorgio Sorel），罗马：罗马出版书店（Libreria Editrice Romana）1910年版。

蜜蕾拉·拉里扎·洛利（Mirella Larizza Lolli）：《孔德和意大利（1849—1857）》〔Comte e l'Italia（1849—57）〕，见埃米利奥·拉菲尔·帕帕编：《实证主义与意大利文化》，米兰：安吉利出版社1985年版。

彼得·拉斯莱特（Peter Laslett）编：《两篇政论》（Two Treatises of Governement），剑桥：剑桥大学出版社1970年版。

阿德里安娜·雷伊（Adriana Lay）、玛丽亚·路易萨·

佩桑特（Maria Luisa Pesante）：《没有民主的生产者 从乔利蒂到法西斯主义的工人斗争、企业意识形态和经济发展》（*Produttori senza democrazia. Lotte operaie, ideologia corporativa e sviluppo economico da Giolitti al fascismo*），博洛尼亚：穆利诺出版社1981年版。

科斯坦蒂诺·拉扎里：《记忆》（Memorie），见亚历山德罗·斯基亚维编：《工人运动》，1952年，第598—633页、第789—837页。

恩里科·利昂纳：《共产党宣言周年纪念（马克思主义纲要）》〔*Giubileo del manifesto Comunista（lineamenti di marxismo）*〕，朱塞佩·卡伊瓦诺的序言，那不勒斯：克罗斯出版社1901年版。

科斯坦蒂诺·拉扎里：《工会主义》，米兰：桑德罗出版社1907年版。

科斯坦蒂诺·拉扎里：《马克思主义的修正》（*La revisione del marxismo*），罗马：社会发展图书馆（Biblioteca del Divenire Sociale）1910年版。

科斯坦蒂诺·拉扎里：《新马克思主义——索雷尔与马克思》（*Il neo marxismo-Sorel e Marx*），博洛尼亚：铁道工人工会（Sindacato Ferrovieri）1923年版。

伊夫·勒坎（Yves Lequin）：《19世纪末里昂地区的工人阶级和意识形态》（Classe ouvrière et idéologie dans la région Lyonnaise à la fin du xix siècle），载《社会运动》（*Le Mouvement Social*），1968年第69期，第4—18页。

意大利马克思主义史：从起源至第一次世界大战前

乔瓦尼·李维（Giovanni Levi）:《小的、大的、小的》（Il piccolo, il grande e il piccolo），见《子午线》（Meridiana）的采访，1990年第10期，第211—234页。

卢多维科·利门塔尼（Ludovico Limentani）:《意大利实证主义》（Il positivism italiano），载《话语》（Logos），1924年，第7页。

杰克·伦敦（Jack London）:《马丁·伊登》（Martin Eden），见《小说和社会著作》（Novels and Social Writings），纽约：维京出版社（Viking Press）1982年版。

利亚纳·隆吉诺蒂（Liana Longinotti）:《弗里德里希·恩格斯与"多数派革命"》（Friedrich Engels e la "Rivoluzione di maggioranza"），载《历史研究》，1974年，第769—827页。

埃内斯托·切萨雷·隆戈巴尔迪：《从马克思主义经济学规律看高工资对利润的影响》（L'Influenza degli alti salari sui profitti secondo le leggi dell'economia marxista），那不勒斯：埃托雷·克罗斯出版社（Ettore Croce）1903年版。

阿基尔·洛里亚：《地租及其自然消除》（La rendita fondiaria e la sua elisione naturale），米兰：赫依颇利出版社1880年版。

阿基尔·洛里亚：《政治宪法的经济理论》（Teoria economica della costituzione politica），都灵：博卡出版社1886年版。

阿基尔·洛里亚：《资本主义财产分析》（Analisi della

proprietà capitalista)，都灵：博卡出版社1889年版。

阿基尔·洛里亚：《工人运动与社会立法》（Movimento operaio e legislazione sociale），载《新选集》（Nuova Antologia），1901年九月刊。

阿基尔·洛里亚：《资本主义与科学》（Il capitalismo e la scienza），都灵：博卡出版社1901年版。

阿基尔·洛里亚：《马克思和他的学说》（Marx e la sua dottrina），米兰：桑德罗出版社1902年版。

阿基尔·洛里亚：《工人运动》（Il Movimento operaio），米兰：桑德罗出版社1902年版。

阿基尔·洛里亚：《七十多岁学生的回忆》（Ricordi di uno student settuagenario），博洛尼亚：扎尼切利出版社（Zanichelli）1927年版。

多梅尼科·洛苏尔多（Domenico Losurdo）：《人间天堂与原罪：先知马克思?》（Il paradise terrestre e il peccato originale: Marx profeta?），见《马克思时事 乌尔比诺会议记录1983年11月22—25日》（Attualità di Marx, Atti del convegno Urbino, 22—25 novembre 1983），米兰：尤尼科普利出版社（Unicopli）1986年版。

卡尔·洛维特：《历史的意义：历史哲学的神学意蕴》（Meaning in History: The Theological Implications of the Philosophy of History），芝加哥：芝加哥大学出版社（University of Chicago Press）1957年版。

乔治·伦吉尼：《葛兰西批评政治经济学》（Gramsci

critico dell'economia politica),《政治经济学著作》(Scritti di economia politica),安东尼奥·葛兰西序,米兰:博拉蒂·博林吉耶里出版社(Bollati Boringhieri) 1994年版。

切萨雷·卢波里尼:《马克思主义与20世纪的意大利文化》(Il marxismo e la cultura italiana del Novecento),见《意大利历史、文献》(Storia d'Italia, I documenti),第5卷/第2篇,都灵:埃诺迪出版社1973年版。

奥雷利奥·马基奥罗:《19世纪至20世纪马克思主义与政治经济学》(Marxismo ed economia politica fra xix e xx secolo),见《经济思想史研究》(Studi di storia del pensiero economico),米兰:菲尔特里内利出版社1970年版。

奥雷利奥·马基奥罗:《马克思、马克思主义与经济政策》(Marx, marxismo e politica economica),载《历史研究》(Ricerche Storiche) 1982年,第463—490页。

奥雷利奥·马基奥罗:《乌戈·拉贝诺的社会进化与合作主义》(Evoluzione sociale e cooperativismo in Ugo Rabbeno),《政治经济学史笔记本》(Quaderni di Storia dell'Economia Politica),1985年,第151—172页。

奥雷利奥·马基奥罗:《1900年至1925年间意大利的国家危机与经济思想》(Crisi dello Stato e pensiero economico tra 1900 e 1925 in Italia),他在《法西斯时期的意识形态、职业和技术》(Ideologie, professioni e tecniche nel periodo fascista)会议上发言的打字稿,米兰,1985年11月14—16日。

奥雷利奥·马基奥罗:《1890年代意大利经济学中的马克思主义》(Der Marxismus in der italienisch Nationalökonomie der 1890er Jahre),见《卡尔·马克思、弗里德里希·恩格斯与意大利人》第2卷,书信,特里尔:卡尔马克思故居出版社1989年版。

奥雷利奥·马基奥罗:《当前时刻 伦理政治论文》(Il momento attuale. Saggi etico-politici),帕多瓦:测谎仪出版社(Il Poligrafo)1991年版。

奥雷利奥·马基奥罗:《论约翰·斯图尔特·密尔作为意大利政治家的命运:关于娜迪亚·乌尔比纳蒂(Nadia Urbinati)的一本书》(Sulla fortuna di J. Stuart Mill politico in Italia: A proposito di un libro di Nadia Urbinati),载《意大利经济思想》(Il pensiero economico italiano),1993年,第1章、第2章:第239—251页。

奥雷利奥·马基奥罗:《自由贸易、革命工会主义,阿戈斯蒂诺·兰齐洛》(Liberoscambismo, sindacalismo rivoluzionario, Agostino Lanzillo),《"亲爱的同志"……乔治·索雷尔致阿戈斯蒂诺·兰齐洛1900—1921》("Cher Camarade"…Georges Sorel ad Agostino Lanzillo 1900—1921)简介,见布雷西亚·弗朗切斯科·格米纳罗(Brescia F. Germinario)编:《路易吉·米凯莱蒂基金会年鉴》(Annali della Fondazione Luigi Micheletti),1993—1994年。

奥雷利奥·马基奥罗:《杰罗拉莫·博卡尔多与政治经济学》(Gerolamo Boccardo e l'economia politica),见《利古

意大利马克思主义史：从起源至第一次世界大战前

里亚社会主义的起源》（*Le origini del socialismo in Liguria*），亚历山德里亚：小熊出版社（Edizione dell'Orso）1995年版。

奥雷利奥·马基奥罗：《实证主义时代意大利政治经济学史 草图》（*Per una storia dell'economia politica Italiana nell'età del positivismo. Abbozzi*），载《意大利经济思想》，1996年，第1章。

奥雷利奥·马基奥罗：《革命工团主义、派特莱昂尼主义、墨索里尼主义》（*Sindacalismo rivoluzionario, pantaleonismo, mussolinismo*），载《社会与历史》，1999年，第109—138页。

布鲁诺·马菲编、卡尔·马克思著：《资本论》（*Il Capitale*）：第1册，未出版的第六章，佛罗伦萨：新意大利出版社1969年版。

贝努瓦·马隆：《社会主义史》（*Histoire du socialisme*），卢加诺：维拉迪尼出版社（Veladini）1879年版。

贝努瓦·马隆：《社会主义 实用理论概要》（*Il Socialismo. Compendio teorico pratico*），米兰：社会主义图书馆出版社（Editori della Biblioteca Socialista）1892年版。

加斯通·马纳科尔达（Gastone Manacorda）：《通过代表大会进行的意大利工人运动（1853—1892）》〔*Il Movimento operaio italiano attraverso i suoi congressi*（1853—1892）〕，罗马：联合出版社1963年版。

加斯通·马纳科尔达（Gastone Manacorda）：《马克思和

恩格斯的工人协会、无产阶级的政治自治和有组织的政党》（Associazione operaia, autonomia politica del proletariato e partito organizzato in Marx ed Engels），见《哥达代表大会：工人党与社会主义》，《巴索—伊索科基金会年鉴》，1981 年，第 3 卷。

加斯通·马纳科尔达：《真实的运动和不安的意识》（*Il movimento reale e la coscienza inquieta*），米兰：安吉利出版社 1992 年版。

卡尔·曼海姆（Karl Mannheim）：《意识形态与乌托邦》（*Ideology and Utopia*），纽约：哈科特·布雷斯公司（Harcourt, Brace & Co）1954 年版。

雷纳托·马米尔罗利（Renato Marmiroli）编：《社会主义者和其他人，背光》（*Socialisti e non, controluce*），帕尔马：国家队出版社（La Nazionale）1966 年版。

贾科莫·马拉毛（Giacomo Marramao）：《意大利的马克思主义和修正主义》（*Marxismo e revisionismo in Italia*），巴里：德·多纳托出版社 1971 年版。

图利奥·马尔泰洛：《国际的历史（从其起源到海牙大会）》〔*Storia dell'Internazionale (dalla sua origine al congresso dell'Aja)*〕，帕多瓦：萨尔明兄弟出版社（Fratelli Salmin）1873 年版。

多拉·马鲁科（Dora Marucco）：《互惠主义与政治制度意大利案例（1862—1904）》〔*Mutualismo e sistema politico. Il caso italiano (1862—1904)*〕，米兰：安吉利出版社 1981

年版。

卡尔·马克思:《资本论:保罗·拉法格的摘录》(*Le Capital. Extraits par P. Lafargue*),巴黎:纪尧姆出版社(Guillaumin)1893年版。

卡尔·马克思、弗里德里希·恩格斯:《社会主义版面》(*Pagine socialiste*),热那亚:现代图书馆1902年版。

卡尔·马克思、弗里德里希·恩格斯:《意大利语著作》(*Scritti italiani*),罗马:前进出版社1955年版。

马西里·米格里奥里尼(Luigi Mascilli Migliorini):《卡米洛·普拉姆波里尼和实证文化》(*Camillo Prampolini e la cultura positiva*),见《普拉姆波里尼与改良主义社会主义》(*Prampolini e il socialismo riformista*)第1卷,罗马:前进出版社1979年版。

皮埃尔·卡洛·马西尼(Pier Carlo Masini):《意大利〈资本论〉的第一条新闻,由埃米利奥·科维利撰写》(*La Prima notizia del "Capitale" in Italia in uno scritto di E. Covelli*),载《工人运动》,1951年,第431—436页。

皮埃尔·卡洛·马西尼编:《民主混乱》(*La scapigliatura democratica*),米兰:菲尔特里内利出版社1961年版。

皮埃尔·卡洛·马西尼编:《意大利国际工人协会联合会 官方法案(1871—1880)》〔*La Federazione Italiana della Associazione Internazionale dei Lavoratori, Atti Ufficiali* (1871—1880)〕,米兰:前进出版社1964年版。

皮埃尔·卡洛·马西尼:《里米尼会议的筹备(1871—

1872）》〔La preparazione della conferenze di Rimini（1871—1872）〕，见利利亚诺·法恩扎（L. Faenza）编：《意大利的无政府主义和社会主义（1871—1892）》〔Anarchismo e Socialismo in Italia（1871—1892）〕，罗马：联合出版社 1973 年版。

乌戈·马佐拉（Ugo Mazzola）：《纯粹经济和社会经济中的累进税》（L'imposta progressiva in economia pura e sociale），帕维亚，1885 年。

罗纳德·米克（Ronald Meek）：《劳动价值理论研究》（Studies in the Labour Theory of Value），伦敦：劳伦斯和维沙特出版社（Lawrence & Wishart）1956 年版。

斯特凡诺·梅利（Stefano Merli）：《工厂无产阶级和意大利资本主义》（Proletariato di fabbrica e capitalismo italiano），佛罗伦萨：新意大利出版社 1972 年版。

弗朗切斯科·萨维里奥·梅利诺：《为了反对社会主义对社会主义原则和制度的批判性阐述》（Proecontroil socialismo. Esposizione critica dei principi e dei sistemi socialisti），米兰：特雷维斯出版社 1897 年版。

罗伯特·米契尔斯：《意大利马克思主义史》（Storia del marxismo in Italia），罗马：蒙格里尼出版社（Mongrini）1909 年版。

罗伯特·米契尔斯：《卡尔·马克思的贫困加剧理论及其起源》（La teoria di Carlo Marx sulla miseria crescente e le sue origini），都灵：博卡出版社 1922 年版。

意大利马克思主义史：从起源至第一次世界大战前

罗伯特·米契尔斯：《意大利社会主义运动批判史》（*Storia critica del movimento socialista italiano*），佛罗伦萨：声音出版社（La Voce）1926年版。

罗伯特·米契尔斯：《1911年之前意大利社会主义运动批判史》（*Storia critica del movimento socialista italiano fino al 1911*），罗马：多边形出版社（Il Poligono）1979年版。

约翰·斯图尔特·密尔：《论社会主义》（*Sul socialismo*），米兰：比尼亚米等人（Bignami e c）1880年版。

苏珊妮·米勒（Susanne Miller）：《奥古斯特·倍倍尔和群众》（August Bebel e le masse），见无辜者的马里奥（Mario degli Innocenti）编：《菲利波·屠拉蒂和欧洲社会主义》（*Filippo Turati e il socialismo europeo*），那不勒斯：圭达出版社1985年版。

罗多尔夫·蒙多尔甫：《罗伯托·阿迪戈的思想》（*Il pensiero di Roberto Ardigò*），曼托瓦：蒙多维出版社（Mondovì）1908年版。

罗多尔夫·蒙多尔甫：《追随马克思的脚步》（*Sulle orme di Marx*），博洛尼亚：卡佩里出版社（Capelli）1920年版。

罗多尔夫·蒙多尔甫：《恩格斯的历史唯物主义》（*Il materialismo storico in Federico Engels*），佛罗伦萨：新意大利出版社1952年版。

罗多尔夫·蒙多尔甫：《马克思的人道主义。哲学研究1908—1966》（*Umanesimo di Marx. Studi filosofici 1908—*

1966），都灵：埃诺迪出版社1968年版。

罗多尔夫·蒙多尔甫：《介于社会理论和政治哲学之间罗多尔夫·蒙多尔甫现代良知的诠释者》（*Tra teoria sociale e filosofia politica. Rodolfo Mondolfo interprete della coscienza moderna*），博洛尼亚：克鲁布出版社（Clueb）1991年版。

曼努埃尔·巴斯克斯·蒙塔尔万（Manuel Vázquez Montalbán）：《佛朗哥将军自传》（*Autobiografía del general Franco*），巴塞罗那（Barcelona）：星球出版社（La Planeta）1993年版。

比安卡·蒙塔莱（Bianca Montale）：《热那亚工人联合会和1864—1892年热那亚的马志尼运动》（*La Confederazione Operaia Genovese e il Movimento mazziniano in Genova dal 1864 al 1892*），比萨：马志尼纪念馆1960年版。

雷纳托·蒙特莱昂（Renato Monteleone）：《菲利波·屠拉蒂》，都灵：尤特出版社1987年版。

乔瓦尼·蒙特马尔蒂尼：《纯粹经济学中的储蓄》（*Il risparmio nella economia pura*），米兰：赫依颇利出版社1896年版。

乔瓦尼·蒙特马尔蒂尼：《边际生产率理论》（*La teorica delle produttività marginali*），帕维亚：福斯兄弟出版社（Tip. Fratelli Fusi）1899年版。

乔瓦尼·蒙特马尔蒂尼：《经济理论史的方法问题》（Una questione di metodo nella storia delle dottrine economiche），《哲学杂志》（*Rivista Filosofica*），1899年，第112—121页。

意大利马克思主义史：从起源至第一次世界大战前

毛罗·莫雷蒂（Mauro Moretti）：《帕斯夸勒·维拉里研究的初步准备》（Preliminari ad uno studio su Pasquale Villari），载《意大利哲学评论杂志》（*Giornale critico della filosofia italiana*），1980年，第190—232页。

毛罗·莫雷蒂（Mauro Moretti）：《19世纪下半叶的意大利史学和文化 帕斯夸勒·维拉里研究的初步准备》（La storiografia italiana e la cultura del secondo Ottocento. Preliminari ad uno studio su Pasquale Villari），载《意大利哲学评论杂志》，1981年，第307—372页。

欧蒂诺·莫加里（Oddino Morgari）：《社会主义宣传艺术》（L'arte della propaganda socialista），米兰：阶级斗争办公室（Uffici della Lotta di Classe）1896年版。

让·穆勒（Jean Muller）：《〈共产党宣言〉以来的阶级斗争思想及其演变》（L' idée de lutte de classe s et son evolution depuis le Manifeste commu-niste），巴黎：茹夫等人（Jouve et c）1911年版。

罗伯特·穆齐尔：《没有素质的人》（*The Man Without Qualities*），伦敦：皮卡多出版社（Picador）1997年版。

克劳迪奥·纳波莱奥尼：《马克思未出版的第六章的教训》（*Lezioni sul capitol sesto inedito di Marx*），都灵：博林吉耶里出版社1972年版。

克劳迪奥·纳波莱奥尼：《马克思未出版的第四章的教训》（*Lezioni sul capitolo iv inedito di Marx*），都灵：博林吉耶里出版社1975年版。

克劳迪奥·纳波莱奥尼:《政治经济学论述》(*Discorso sull'economia politica*),都灵:博林吉耶里出版社 1985 年版。

克劳迪奥·纳波莱奥尼:《从科学到乌托邦》(*Dalla scienza all'utopia*),都灵:博林吉耶里出版社 1992 年版。

路易吉·内格罗:《资本主义集权》(*La centralizzazione capitalistica*),都灵:皮卡罗出版社(Piccarolo)1900 年版。

奥斯卡·内格特(Oskar Negt):《孔德和黑格尔的社会学说之间的结构关系》(*Strukturbeziehungen zwischen den Gesellschaftslehren Comtes und Hegels*),法兰克福:欧洲出版社 1964 年版。

奥斯卡·内格特:《马克思主义与恩格斯晚期革命理论》(*Il marxismo e la teoria della rivoluzione nell'ultimo Engels*),见埃里克·霍布斯鲍姆编:《马克思主义史》第 2 卷,《第二国际时代的马克思主义》(*Il marxismo nell'età della Seconda Internazionale*),都灵:埃诺迪出版社 1979 年版。

弗朗切斯科·萨维里奥·尼蒂:《弗朗切斯科·萨维里奥·尼蒂的议会演讲》(*Discorsi parlamentari di Francesco Saverio Nitti*),罗马:众议院(Camera dei Deputati),1973 年。

恩斯特·诺尔特(Ernst Nolte):《马克思主义与工业革命》(*Marxismus und industrielle Revolution*),斯图加特:克莱特—科塔出版社(Klett-Cotta)1983 年版。

恩斯特·诺尔特(Ernst Nolte):《欧洲内战 1917 年至 1945 年》(*Der europäische Bürgerkrieg 1917—1945*),法兰克福:乌尔施泰因出版社(Ullstein)1987 年版。

莱谢克·诺瓦克：《理想化的结构：对马克思科学观的系统解释》(The Structure of Idealization: Towards a Systematic Interpretation of the Marxian Idea of Science)，波士顿(Boston)：雷依代尔出版社(Reidel) 1980 年版。

莱谢克·诺瓦克：《财产和权力 迈向非马克思主义历史唯物主义》(Property and Power. Toward a Non-Marxian Historical Materialism)，波士顿：雷依代尔出版社 1983 年版。

吉多·奥尔德里尼(Guido Oldrini)：《19 世纪最后十年文学中的那不勒斯哲学》(L'Ottocento filosofico napolitano nella letteratura dell'ultimo decennio)，那不勒斯：图书馆城出版社 1986 年版。

吉多·奥尔德里尼：《"理想主义的重生"及其那不勒斯背景》(La "Rinascita dell'Idealismo" e il suo retroterra napoletano)，载《意大利哲学评论杂志》(Giornale Critico della Filosofia Italiana)，1994 年，第 2—3 卷：第 205—225 页。

安杰洛·奥利维耶罗·奥利韦蒂：《对于历史的经济解释 关于罗马法和生活中殖民分配的一些注释》(Per la interpretazione economica della storia. Alcune note sull'assegnazione coloniale nel diritto e nella vita romana)，博洛尼亚：特里夫斯兄弟书店(Libreria Fratelli Treves) 1898 年版。

安杰洛·奥利维耶罗·奥利韦蒂：《垂死世纪的思想》(Il pensiero del secolo che muore)，博洛尼亚：特里夫斯兄弟书店 1899 年版。

安杰洛·奥利维耶罗·奥利韦蒂：《当代问题》(Questioni contemporanee），那不勒斯：出版公司（Società Editrice）1913年版。

安杰洛·奥利维耶罗·奥利韦蒂：《意大利工会主义和无产阶级斗争的五年》（Cinque anni di sindacalismo e di lotta proletaria in Italia），那不勒斯：那不勒斯出版公司（Società Editrice Partenopea）1913年版。

安杰洛·奥利维耶罗·奥利韦蒂：《布尔什维克主义、共产主义和革命工团主义》（Bolscevismo, comunismo e sindacalismo rivoluzionario），米兰：复兴出版社（Casa editrice Risorgimento）1919年版。

安杰洛·奥利维耶罗·奥利韦蒂：《从革命工团主义到社团主义》（Dal sindacalismo rivoluzionario al corporativismo），罗马：波那契出版社（Bonacci）1984年版。

保罗·奥拉诺：《基督教的问题》（Il problema del cristianesimo），罗马，1895年。

保罗·奥拉诺：《撒丁岛的心理学》（La psicologia della Sardegna），罗马，1896年。

保罗·奥拉诺：《赞美我的时代（1895—1925）》〔Lode al mio tempo（1895—1925）〕，博洛尼亚：阿波罗出版社（Casa editrice Apollo）1926年版。

保罗·奥拉诺：《前言》（Prefazione），见恩里科·利昂纳：《政治理论》（Teoria della politica），都灵：博卡出版社1931年版。

基亚拉·奥塔维亚诺（Chiara Ottaviano）：《阿基尔·洛

里亚：典型知识分子的成功》（Achille Loria：il successo di un intellettuale tipo），见埃米利奥·拉菲尔·帕帕编：《实证主义与意大利文化》，米兰：安吉利出版社1985年版。

安德烈埃·帕纳乔内（Andrea Panaccione）：《阐释国际社会主义者拉布里奥拉》（Per una lettura di Labriola socialista internazionale），见不同作者：《19世纪欧洲文化中的安东尼奥·拉布里奥拉》（*Antonio Labriola nella cultura europea dell'Ottocento*），巴里：拉凯塔出版社1988年版。

安德烈埃·帕纳乔内：《对社会主义的痴迷 19世纪末的宣传出版物在意大利的社会主义意识形态》（L'ossessione del socialismo. L'ideologia socialistica in Italia attraverso la pubblicistica di propaganda di fine Ottocento），见《社会主义早期的教育和宣传》（*Educazione e propaganda nel primo socialismo*），罗马：联合出版社1995年版。

马菲奥·派特莱昂尼：《税收转移理论 动态定义和翻译的普遍性》（*Teoria della traslazione dei tributi. Definizione dinamica e ubiquità della traslazione*），罗马：阿道弗·鲍里尼（Tip. Adolfo Paolini）1882年版。

马菲奥·派特莱昂尼：《对公共支出分配理论的贡献》（Contributo alla teoria del riparto delle spese pubbliche），载《意大利评论》（*La Rassegna Italiana*），1883年十月刊：第25—60页。

马菲奥·派特莱昂尼：《纯粹经济学原理》（*Principi di economia pura*），佛罗伦萨：柏培拉出版社（Berbera）1889

年版。

马菲奥·派特莱昂尼：《论经济学家的性格和观点分歧》（Del carattere e delle divergenze d'opinioni esistenti tra economisti），载《经济学家杂志》，1897年，第501—530页。

马菲奥·派特莱昂尼：1898年，《经济学说历史必须具有的特征》（Dei caratteri che debbono informare la storia delle dottrine economiche），载《经济学家杂志》，第407—431页。

埃米利奥·拉菲尔·帕帕：《欧洲关于犯罪人类学"意大利学派"辩论中的犯罪学和社会科学（1876—1900）》〔Criminologia e scienze sociali nel dibattito europeo sulla "scuola italiana" di antropologia criminale（1876—1900）〕，见《实证主义与意大利文化》，米兰：安吉利出版社1985年版。

维尔弗雷多·帕累托：《马克思的价值理论》（La théorie de la valeur de Marx），见《马克思主义与纯粹经济学》（Marxisme et économie pure），日内瓦：德罗出版社1966年版。

维尔弗雷多·帕累托：《社会主义制度》（I sistemi socialisti），都灵：尤特出版社1974年版。

鲍·帕斯捷尔纳克：《安全行为》（Safe Conduct），纽约：新方向出版社（New Directions）1958年版。

鲍·帕斯捷尔纳克：《日瓦戈医生》（Dr. Zhivago），纽约：万神殿出版社195558年版。

意大利马克思主义史:从起源至第一次世界大战前

汉斯·佩尔格(Hans Pelger):《马克思和恩格斯直到1848年的"科学社会主义"、"科学共产主义"和"革命科学"概念》(I concetti di "socialismo scientifico", "comunismo scientifico" e "scienza rivoluzionaria" in Marx ed Engels fino al 1848),见《反杜林论:马克思主义的肯定还是变形?》(L'Antidühring: affermazione o de formazione del marxismo?),载《巴索—伊索科基金会年鉴》第5卷,米兰:安吉利出版社1983年版。

阿道弗·佩佩(Adolfo Pepe):《意大利劳工总联合会的历史》(Storia della CGdL)第1卷,巴里:拉泰尔扎出版社1972年版。

弗朗切斯科·佩尔费蒂(Francesco Perfetti):《介绍》,见《安杰洛·奥利维耶罗·奥利韦蒂 从革命工团主义到社团主义》(A. O. Olivetti Dal sindacalismo rivoluzionario al corporativismo),罗马:波那契出版社1984年版。

弗朗切斯科·佩尔费蒂:《与塞尔吉奥·帕农齐奥通信中关于墨索里尼干涉主义的"对话"》(La "conversazione" all'interventismo di Mussolini nel suo carteggio con Sergio Panunzio),见《当代史》(Storia contemporanea),第1章,1986年,第139—170页。

戴安娜·佩利(Diana Perli):《意大利工人党代表大会》(I congressi del Partito operaio italiano),帕多瓦:安东尼亚那出版社1972年版。

米歇尔·佩罗(Michelle Perrot):《法国工人罢工,

1871 年至 1890 年》(Les ouvriers en grève, France 1871—1890),巴黎:穆彤出版社 1974 年版。

米歇尔·佩罗:《罢工青年,法国 1871—1890》(Jeunesse de la grève, France 1871—1890),巴黎:门槛出版社 1984 年版。

亚历山德罗·佩特雷托(Alessandro Petretto):《根据意大利金融科学传统的税收制度的功能、结构和效果》(Le funzioni, la struttura e gli effetti del sistema tributario secondo la tradizione italiana di scienza delle finanze),他在意大利金融传统(La tradizione finanziaria italiana)研讨会上干预的打字稿,帕维亚:吉斯列理学院(Collegio Ghislieri),1984 年 9 月 18—20 日。

弗兰茨·佩特里:《马克思价值理论的社会内容》(Der soziale Gehalt der Marxschen Werttheorie),耶拿(Jena),1916 年。

卡洛·平扎尼(Carlo Pinzani):《让·饶勒斯 国际与战争》(Jean Jaurès, l'Internazionale e la guerra),巴里:拉泰尔扎出版社 1970 年版。

罗萨诺·皮萨诺(Rossano Pisano):《社会主义的天堂 19 世纪末意大利通过"社会批判"小册子进行社会主义宣传》(Il paradiso socialista. La propaganda socialista in Italia alla fine dell'ottocento attraverso gli opuscoli di "Critica Sociale"),米兰:安吉利出版社 1986 年版。

格奥尔基·普列汉诺夫(Georgij Plekhanoff):《围绕工

会主义和工会成员》(Intorno al sindacalismo e ai sindacalisti)，罗马：蒙吉尼出版社1908年版。

阿弗雷多·波吉：《社会主义与文化》(Socialismo e cultura)，都灵：皮耶罗·戈贝蒂出版社（Piero Gobetti Editore）1925年版。

斯特凡诺·波吉（Stefano Poggi）：《安东尼奥·拉布里奥拉 意大利马克思主义起源中的草药学和精神科学》(Antonio Labriola. Herbartismo e scienze dello spirito alle origini del marxismo italiano)，米兰：朗格内西出版社（Longanesi）1978年版。

克劳迪奥·波利亚诺（Claudio Pogliano）：《康涅提·德·马蒂斯 政治经济实验室起源》(Cognetti de Martiis. Le origini del laboratorio di economia politica)，载《历史研究》，1976年，第139—168页。

卡尔·波普尔（Karl Popper）：《猜想与反驳：科学知识的增长》(Conjectures and Refutations: The Growth of Scientific Knowledge)，伦敦：劳特里奇出版社2014年版。

米歇尔·波塔利亚蒂·巴博斯（Michele Portigliatti-Barbos）：《实证主义文化中的医学和文化人类学》(Medicina ed antropologia culturale nella cultura positivista)，见埃米利奥·拉菲尔·帕帕编：《实证主义与意大利文化》，米兰：安吉利出版社1985年版。

让-皮埃尔·波捷（Jean-Pierre Potier）：《马克思的意大利语读物（1883—1983）》〔Lectures italiennes de Marx

(1883—1983)〕，里昂（Lyon）：大学出版社（Presses Universitaires）1986年版。

米歇尔·普拉特（Michel Prat）：《爱德华·伯恩施坦致索雷尔的一封信》（Une lettre d'Eduard Bernstein à Sorel），见《乔治·索雷尔笔记本》（*Cahiers Georges Sorel*），第1章，第124—133页。

朱利亚诺·伯加齐（Giuliano Procacci）：《在意大利革命工团主义研究会议上的讲话（1974年）》〔Intervento al convegno di studi su Il sindacalismo rivoluzionario in Italia (1974)〕，载《历史研究》，1975年，第109—114页。

埃内斯托·拉焦尼埃里：《德国社会民主党和意大利社会主义者（1875—1895）》〔*Socialdemocrazia tedesca e socialisti italiani* (1875—1895)〕，米兰：菲尔特里内利出版社1961年版。

埃内斯托·拉焦尼埃里：《马克思主义与国际》（*Il Marxismo e l'Internazionale*），罗马：联合出版社1968年版。

吉多·拉法埃利（Guido Raffaelli）：《特伦蒂诺的工人运动从互惠互利到第一个劳工商会（1844—1900）》〔Il Movimento operaio nel Trentino da mutualismo alle prime Camere del Lavoro (1844—1900)〕，载《工人运动》，1955年，第230—251页。

朱塞佩·里卡·萨莱诺（Giuseppe Ricca-Salerno）：《金融学中的新系统学说》（Nuove dottrine sistematiche nella scienza delle finanze），载《经济学家杂志》，1887年，第

375—402页。

朱塞佩·里卡·萨莱诺:《新阶段税制改革 税收累进原则》(La nuova fase delle riforme tributarie. Principio della progressività dell'imposta),载《新选集》,1894年,第35章,第35—50页、第260—280页。

翁贝托·里奇(Umberto Ricci):《三位意大利经济学家:派特莱昂尼、帕累托、洛里亚》(*Tre economisti italiani: Pantaleoni, Pareto, Loria*),巴里:拉泰尔扎出版社1939年。

里纳尔多·里戈拉(Rinaldo Rigola):《意大利工人运动史》(*Storia del movimento operaio italiano*),米兰:多姆斯社论(Editoriale Domus)1946年版。

阿尔塞奥·里奥萨(Alceo Riosa):《第二国际时代意大利工会和工人阶级的经验》(*L'esperienza italiana, in Sindacato e classe operaia nell'età della ii Internazionale*),佛罗伦萨:萨桑尼出版社1983年版。

格哈德·阿尔伯特·瑞特(Gerhard A. Ritter):《德国威廉明娜时期的工人运动》(*Die Arbeiterbewegung im Wilhelminischen Deutschland*),柏林(Berlin):座谈会出版社(Colloquium-Verlag)1959年版。

莱昂内尔·罗宾斯(Lionel Robbins):《论经济科学的本质和意义》(*An Essay on the Nature and Signification of Economic Science*),伦敦:麦克米伦出版社1972年版。

雷吉内·罗宾(Régine Robin):《语言和意识形态》(Langage et idéologies),载《社会运动》,1973年,第85

章：第3—11页。

乔安·罗宾森：《马克思主义：宗教与科学》(*Marxism: Religion and Science*)，每月评论出版社（Monthly Review Press）1962年版，第14、8章：第423—435页。

乔安·罗宾森：《马克思主义经济学论文》(*An Essay on Marxian Economics*)，伦敦：麦克米伦出版社1966年版。

乔安·罗宾森：《对现代经济学的贡献》(*Contributions to Modern Economics*)，纽约：哈科特·布雷斯出版社1978年版。

阿尔多·罗马诺（Aldo Romano）：《意大利社会主义运动史》(*Storia del movimento socialista in Italia*)第1卷，《意大利统一和第一国际》(*L'Unità italiana e la Prima Internazionale*)，巴里：拉泰尔扎出版社1966年版。

阿瑟·卢森伯格（Arthur Rosenberg）：《民主与社会主义》(*Democracy and Socialism*)，纽约：阿尔弗雷德·亚伯拉罕·克诺夫出版社（Alfred A Knopf.）1939年版。

内洛·罗塞利（Nello Rosselli）：《马志尼和巴枯宁 意大利工人运动十二年（1860—1872）》〔*Mazzini e Bakunin. Dodici anni di Movimento operaio in Italia (1860—1872)*〕，都灵：埃诺迪出版社1967年版。

彼得罗·罗西（Pietro Rossi）：《实证社会学与有机社会模型》(*La sociologia positivistica e il modello di società organica*)，见安东尼奥·桑图奇（Antonio Santucci）编：《实证主义文化中的科学与哲学》(*Scienza e filosofia nella cultura* positivista），米兰：菲尔特里内利出版社1982年版。

西尔维娅·罗塔·吉博迪（Silvia Rota Ghibaudi）：《乌托邦和乌托邦主义》（L'utopia e l'utopismo），见吉安·马里奥·布拉沃及西尔维娅·罗塔·吉博迪编：《当代政治思想》（*Il pensiero politico contemporaneo*）第3卷，米兰：安吉利出版社1987年版。

冈瑟·罗特（Guenther Roth）：《德意志帝国的社会民主党》（*The Social Democrats in Imperial Germany*），新泽西州托托瓦（Totowa，nj）：贝德明斯特出版社（Bedminster Press）1963年版。

亚历山德罗·罗韦里（Roveri）：《从革命工团主义到法西斯主义》（*D'al sindacalismo rivoluzionario al fascismo*），佛罗伦萨：新意大利出版社1972年版。

安东尼奥·罗维西（A. Roversi）：《"社会政策协会"和社会问题》（Il "Verein für Sozialpolitik" e la questione sociale），见《19世纪至20世纪德国的政治文化与资产阶级社会》（*Cultura politica e società borghese in Germania tra Otto e Novecento*），由古斯塔沃·科尔尼（G. Corni）及皮耶兰杰洛·斯奇拉（P. Schiera）编辑，博洛尼亚：穆利诺出版社1986年版。

马科斯米里安·吕贝尔（Maximilien Rubel）：《马克思批判马克思主义》（*Marx critique du marxisme*），巴黎：帕约出版社（Payot）1974年版。

马科斯米里安·吕贝尔：《乔治·索雷尔和卡尔·马克

思全集》(Georges Sorel et l'achèvement de l'oeuvre de Karl Marx),《乔治·索雷尔笔记本》,1983 年,第 1 章,第 9—36 页。

米歇尔·萨尔瓦蒂(Michele Salvati):《现实主义与乌托邦》(Realismo e utopia),见保罗·赛洛斯·拉比尼(P. Sylos Labini)编:《卡尔·马克思:是时候制定资产负债表了》(Carlo Marx: è tempo di un bilancio),巴里:拉泰尔扎出版社 1994 年版。

罗伯托·萨尔沃(Roberto Salvo):《维托·库斯玛诺从教授职位的自由主义到社会主义》(Vito Cusumano dal liberismo al socialismo della cattedra),巴勒莫:教育学院笔记本(Quaderno della Facoltà di Magistero)1979 年版。

玛利亚·桑迪罗科(Maria Sandirocco)编:《秦梯利—贾亚通信》(Carteggio Gentile-Jaia)第 1 卷,佛罗伦萨:萨桑尼出版社 1969 年版。

恩佐·桑塔瑞利(Enzo Santarelli):《马克思主义在意大利的修正》(La revisione del marxismo in Italia),米兰:菲尔特里内利出版社 1977 年版。

埃米利奥·萨克斯:《税收评估理论》(La teoria della valutazione dell'imposta),载《经济学家杂志》,1924 年,第 275—312 页。

佛朗哥·斯巴尔贝里(Franco Sbarberi):《安东尼奥·拉布里奥拉马克思主义中的政治秩序和社会》(Ordinamento politico e società nel marxismo di Antonio Labriola),米兰:安

意大利马克思主义史：从起源至第一次世界大战前

吉利出版社1986年版。

罗米达·斯卡尔达菲利（Romilda Scaldaferri）：《意大利讲坛社会主义的外国模式》（I modelli straniero nel socialismo della cattedra italiano），见雷纳托·卡穆里（R. Camurri）编：《适度科学 费德莱·兰佩里科和自由主义意大利》（*La scienza moderata. Fedele Lamperico e l'Italia liberale*），米兰：安吉利出版社1992年版。

沃尔夫冈·施罗德（Wolfgang Schröder）：《党和工会1868—1869至1893年》（*Partei und Gewerkschaft*, 1868—9 bis 1893），柏林：看台出版社（Tribüne）1975年版。

亚历山德罗·斯基亚维编：《菲利波·屠拉蒂（Filippo Turati）通过通讯员的信件（1880—1925）》〔*Filippo Turati attraverso le lettere di corrispondenti* (1880—1925)〕，巴里：拉泰尔扎出版社1947年版。

阿尔多·斯齐亚沃尼（Aldo Schiavone）：《共产主义的账目》（*I conti del comunismo*），都灵：埃诺迪出版社1999年版。

沃尔夫冈·施耐德（Wolfgang Schieder）：《"社会主义"和"社会民主主义"论社会民主党第一个纲领时期政治概念的运用》（"Socialismo" e "socialdemocrazia". Sull'uso dei concetti politici nel period dei primi programme dei partiti social-democratici），载《巴索—伊索科基金会年鉴》第3卷，米兰：安吉利出版社1983年版。

沃尔夫冈·施耐德：《论"科学社会主义"概念的历

史》(Sulla storia del concetto di "socialismo scientifico"),《反杜林论：对马克思主义的肯定还是变形？》，载《巴索—伊索科基金会年鉴》第 5 卷，米兰：安吉利出版社 1983 年版。

皮耶兰杰洛·斯奇拉：《资产阶级实验室 19 世纪德国的科学与政治》(*Il laboratorio borghese. Scienza e politica nella Germania dell'ottocento*)，博洛尼亚：穆利诺出版社 1987 年版。

康拉德·施密特：《基于马克思价值规律的平均利润率》(*Die Durchschnittsprofitrate auf Grundlage des Marx's chen Werthgesetzes*)，斯图加特：迪茨出版社（Dietz）1889 年版。

格哈特·冯·舒泽－盖弗尼兹（Gerhart von Schulze-Gävernitz）：《大产业和经济社会进步》(*La grande industria e il progresso economico e sociale*)，都灵：尤特出版社 1900 年版。

约瑟夫·熊彼特（Joseph Schumpeter）：《经济分析史》(*History of Economic Analysis*)，伦敦：劳特里奇出版社 1986 年版。

西恩（P. Seen）：《什么是"行为科学"？》(What is "Behavioural Science"?)，载《行为科学的历史之旅》(*Journey of the History of the Behavioural Sciences*)，1966 年，第 2 卷：第 107—22 页。

乔治·索拉（G. Sola）：《纳波利昂纳·科拉詹尼的社会学》(*La sociologia di Napoleone Colajanni*)，见《纳波利昂

纳·科拉詹尼与19世纪至20世纪的意大利社会》(*Napoleone Colajanni e la società italiana fra otto e novecento*),恩纳(Enna):埃波斯出版社(Epos)1983年版。

维尔纳·桑巴特:《意大利无产阶级发展史研究》(*Studien sur Entwicklungsgeschichte des italienischen Proletariats*),载《社会立法和统计档案》(*Archiv für soziale Gesetzgebung und Statistik*),1893—1895年,第六、七卷,柏林。

维尔纳·桑巴特:《论对卡尔·马克思经济体系的批判》(*Zur kritik des oekonomischen System von Karl Marx*),载《社会立法和统计档案》,1894年,第7卷,第555—594页。

乔治·索雷尔:《新旧形而上学》(*L'ancienne et la nouvelle métaphysique*),载《新时代》(*Ère nouvelle*),1894年,第2卷,第329—351页、第461—482页、第51—87页、第180—205页。

乔治·索雷尔:《论马克思主义价值理论》(*Sur la théorie marxiste de la valeur*),载《经济学家杂志》(*Journal des Economistes*),1897年,第222—231页。

乔治·索雷尔、萨维里奥·梅利诺:《社会主义的形式和本质》(*Formes et essence du socialisme*)前言,巴黎:吉拉德与布里埃出版社(Girard et Brière)1898年版。

乔治·索雷尔:《马克思主义批判论文集》(*Saggi di Critica del marxismo*),巴勒莫:桑德罗出版社1903年版。

乔治·索雷尔:《给意大利朋友的信》(*Lettere a un am-*

ico d'Italia），博洛尼亚：卡佩利出版社 1963 年版。

乔治·索雷尔：《政治著作》（Scritti politici），都灵：尤特出版社 1973 年版。

乔治·索雷尔：《写给贝内德托·克罗齐的信》，巴里：德·多纳托出版社 1980 年版。

乔治·索雷尔：《"亲爱的同志"……乔治·索雷尔致阿戈斯蒂诺·兰齐洛 1900—1921》，见布雷西亚·弗朗切斯科·格米纳罗编：《路易吉·米凯莱蒂基金会年鉴》，1993—1994 年。

乌戈·斯皮里托：《秦梯利与马克思》（Gentile e Marx'），见《共产主义》（Il comunismo），佛罗伦萨：萨桑尼出版社 1965 年版。

卢西安诺·斯波托（Luciano Spoto）：《社会主义和西西里经济学家》（Il socialismo e gli economisti siciliani），见不同作者：《马克思主义与南方文化》（Il marxismo e la cultura meridionale），巴勒莫：帕伦波出版社 1984 年版。

卢西安诺·斯波托：《维托·库斯玛诺和意大利"金融科学"的基础》（Vito Cusumano e la fondazione della "Scienza delle Finanze" in Italia），巴勒莫：阿蒂丰图形公司（Società Grafica Artifone）1985 年版。

葛瑞·斯特德曼·琼斯（Gareth Stedman Jones）：《恩格斯与马克思主义的起源》（Engels and the Genesis of Marxism），载《新左派评论》（New Left Review），1977 年，第 1 卷/第 106 篇：第 79—104 页。

意大利马克思主义史：从起源至第一次世界大战前

汉斯·约瑟夫·斯坦伯格（H. J. Steinberg）：《从倍倍尔到考茨基的德国社会主义》（*Il socialismo tedesco da Bebel a Kautsky*），罗马：联合出版社1979年版。

汉斯·约瑟夫·斯坦伯格：《德国马克思主义正统的形成与群众接受马克思主义的问题》（La formazione dell'ortodossia Marxista in Germania e il problema della recezione del marxismo da parte delle masse），见《反杜林论：对马克思主义的肯定还是变形？》，载《巴索—伊索科基金会年鉴》第5卷，米兰：安吉利出版社1983年版。

科拉·斯蒂芬（Cora Stephan）：《"同志们，我们决不能让自己被耐心冲昏头脑！"来自社会民主主义的史前时期1862—1878》（*Genossen, wir dürfen uns nicht von der Geduld hinreißen lassen!' Aus der Urgeschichte der Sozialdemokratie 1862—1878*），法兰克福：辛迪加出版社（Syndikat）1977年版。

亨利·斯图尔特·休斯（Henry Stuart Hughes）：《意识与社会》（*Consciousness and Society*），劳登（Londen）：交易出版社（Transaction）1977年版。

保罗·斯威齐（Paul Sweezy）：《资本主义发展理论》（*The Theory of Capitalist Development*），纽约：每月评论出版社1964年版。

加布里埃尔·塔尔德：《实证主义与犯罪》（Positivisme et criminalité），载《犯罪人类学档案》（*Archives de l'anthropologie criminelle*），1887年，第32—51页。

塞巴斯蒂亚诺·廷帕纳罗：《论唯物主义》(*Sul materialismo*)，比萨：尼斯特里—利斯基出版社(*Nistri-Lischi*) 1970年版。

列夫·托尔斯泰：《全集》(*The Complete Works*)，纽约：凯尔姆斯科特协会出版社(Kelmscott Society) 1899年版。

路易吉·托马西尼(Luigi Tomassini)：《八十年代和九十年代之间佛罗伦萨的工人协会 里夫列迪互助会(1883—1922)》〔*Associazionismo operaio a Firenze fra ottanta e novanta. La Società di Mutuo Soccorso di Rifredi* (1883—1922)〕，佛罗伦萨：奥尔什基出版社(Olschki) 1984年版。

恩斯特·托皮奇(Ernst Topitsch)：《意识形态有什么用?》(*A che serve l'ideologia*)，巴里：拉泰尔扎出版社1975年版。

菲利波·屠拉蒂：《抵抗的义务》(*Il dovere della resistenza*)，米兰：社会批评办公室(Uffici della Critica Sociale) 1898年版。

菲利波·屠拉蒂：《意大利社会党及其所谓倾向》(*Il partito socialista italiano e le sue pretese tendenze*)，米兰：社会批评办公室1902年版。

菲利波·屠拉蒂：《议会演讲》(*Discorsi parlamentari*)，罗马，1950年。

菲利波·屠拉蒂、安娜·库里西奥夫：《安娜·库里西奥夫和菲利波·屠拉蒂写给伊万诺埃·博诺米的信》(Lettere di Anna Kuliscioff e Filippo Turati a Ivanoe Bonomi),载《社会主义历史杂志》,1959 年,第 95—120 页。

菲利波·屠拉蒂、安娜·库里西奥夫:《通信》(Carteggio)第 1 卷,都灵:埃诺迪出版社 1977 年版。

伊万·屠格涅夫(Ivan Turgenev):《一名运动员的回忆录》(*Memoirs of a Sportsman*),纽约:查尔斯·斯克里布纳之子出版社(Charles Scribner's Sons)1907 年版。

伊万·屠格涅夫:《父与子》(*Fathers and Sons*),纽约:现代图书馆出版社(Modern Library)1950 年版。

加百列·图里(Gabriele Turi):《乔瓦尼·秦梯利》,佛罗伦萨:君提出版社(Giunti)1996 年版。

列奥·瓦利亚尼(Leo Valiani):《米兰和都灵的第一次重大工人骚乱》(Le prime grandi agitazioni operaie a Milano e Torino),载《工人运动》,1950 年 10—11 月。

列奥·瓦利亚尼:《里米尼会议后对意大利和欧洲无政府主义和马克思主义的思考》(Considerazioni su anarchismo e marxismo in Italia e in Europa dopo la conferenza di Rimini),见利利亚诺·法恩扎编:《意大利的无政府主义和社会主义(1871—1892)》,罗马:联合出版社 1973 年版。

萨尔瓦托雷·维卡(Salvatore Veca):《马克思与政治经济学批判》(Marx e la critica dell'economia politica),米兰:试金者出版社 1973 年版。

萨尔瓦托雷·维卡:《论资本》(Sul Capitale),见《马克思主义与经济理论批判》(*Marxismo e critica delle teorie* economiche），米兰：菲尔特里内利出版社 1975 年版。

埃内斯托·维尔齐：《意大利金属工人工会》（I metallurgici d'Italia nel loro sindacato），罗马：斯耐特出版社（Snt）1907 年版。

费尔南多·维亚内洛（Fernando Vianello）：《破碎的戒指》（L'anello spezzato），载《重生》（*Rinascita*），1978 年，第 15 页。

费尔南多·维亚内洛：《政治经济学批判：昨天和今天》（La critica dell'economia politica：ieri ed oggi），见克劳迪亚·曼奇尼（C. Mancina）编：《马克思与当代世界》（*Marx e il mondo contemporaneo*），罗马：联合出版社 1984 年版。

卡梅隆·维格纳（Carmelo Vigna）：《意大利理论马克思主义的起源》（*Le origini del marxismo teorico in Italia*），罗马：新城出版社（Città Nuova Editrice）1977 年版。

皮埃尔·拉尔（Pierre Vilar）：《马克思主义历史，正在形成的历史：与阿尔都塞的对话》（Marxist History, a History in the Making：Towards a Dialogue with Althusser），载《新左派评论》，1973 年，第 1 期/第 80 篇：第 64—106 页。

帕斯夸勒·维拉里：《历史是一门科学吗?》（La storia è una scienza?），见《各种著作》（*Scritti Varii*），博洛尼亚：扎尼切利出版社（Zanchelli）1984 年版。

乔奇诺·沃尔佩（G. Volpe）：《那不勒斯的社会主义运动和 1898 年 5 月的骚乱》（Il movimento socialista a Napoli ed i moti del maggio 1898），载《克里奥》（*Clio*），1966 年，第 4 页。

马雷克·瓦乌布日赫（Marek Waldenberg）：《红色教皇卡尔·考茨基》（*Il papa rosso Karl Kautsky*），罗马：联合出版社 1972 年版。

马雷克·瓦乌布日赫：《卡尔·考茨基和爱德华·伯恩施坦：两种战略概念》（*Karl Kautsky e Eduard Bernstein: due concezioni della strategia*），见《菲利波·屠拉蒂和欧洲社会主义》，那不勒斯：圭达出版社 1985 年版。

克劳德·威拉德（Claude Willard）：《宾客们》（*Les Guesdistes*），巴黎：社会出版社（Editions Sociales）1965 年版。

玛格丽特·尤瑟纳尔（Marguerite Yourcenar）：《两种生活和一个梦想》（*Two Lives and a Dream*），芝加哥：芝加哥大学出版社 1987 年版。

欧亨尼奥·扎加里（E. Zagari）：《恩里科·利昂纳和工会主义的经济理论》（*Enrico Leone e la teoria economica del sindacalismo*），那不勒斯：圭达出版社 1975 年版。

斯特凡诺·扎马尼（Stefano Zamagni）：《论经济学与哲学之间的关系：扩大经济话语的论据》（*Sulla relazione fra economia e filosofia: argomenti per un ampliamento del discorso economico*），载《政治经济》（*Economia politica*），1994 年，第 11 卷，第 2 章，第 281—314 页。

阿尔多·扎纳尔多（Aldo Zanardo）：《关于当代马克思

主义史》(Per una storia del marxismo contemporaneo)，见《当代马克思主义史 马克思之后马克思主义思想的主要阐释者》(Storia del marxismo contemporaneo. I maggiori interpreti del pensiero marxista dopo Marx)，米兰：菲尔特里内利出版社1974年版。

阿尔多·扎纳尔多：《罗多尔夫·蒙多尔甫马克思主义的主题和特征》(Motivi e caratteri del marxismo di Rodolfo Mondolfo)，见《罗多尔夫·蒙多尔甫著作中的马克思主义和哲学》(Marxismo e filosofia nell'opera di Rodolfo Mondolfo)，佛罗伦萨：新意大利出版社1979年版。

雷纳托·赞盖里（Renato Zangheri）：《意大利社会主义史》(Storia del socialismo italiano) 第1卷，都灵：埃诺迪出版社1993年版。

阿道弗·扎瓦罗尼（Adolfo Zavaroni）：《雷焦艾米利亚社会主义新闻业的起源1882—1890》(Le origini del giornalismo socialista reggiano 1882—1890)，见《普拉姆波里尼与改良主义社会主义》第1卷，罗马：前进出版社1979年版。